Jacob Katz

Vom Vorurteil bis zur Vernichtung

Jacob Katz

VOM VORURTEIL BIS ZUR VERNICHTUNG

Der Antisemitismus 1700–1933

Aus dem Englischen von
Ulrike Berger

Union Verlag Berlin

Der Übersetzung liegt folgende Ausgabe zugrunde:
Jacob Katz, From Prejudice to Destruction. Anti-Semitism, 1700–1933

Lizenzausgabe mit freundlicher Genehmigung der
Harvard University Press, Cambridge/Massachusetts

Katz, Jacob:
Vom Vorurteil bis zur Vernichtung : der Antisemitismus ; 1700–1933 / Jacob Katz. Aus d. Engl. von Ulrike Berger. – Berlin : Union Verlag, 1990
Lizenz.
ISBN 3-372-00379-9

ISBN 3-372-00379-9

Lizenzausgabe für Union Verlag, Berlin 1990

Gesamtherstellung: Hieronymus Mühlberger GmbH, Augsburg
Printed in Germany
700 385 8
040 00

INHALT

V. Teil
Österreich-Ungarn, 1780–1880

VI. Teil
Die Bewegung

VII. Teil
Die Kulmination

Anhang

VORWORT

Vorurteile gegen Juden oder Antisemitismus, wie man heute sagt, sind seit ihrem ersten Auftreten in der Antike seltsam beständig gewesen. Die Kraft und die Allgegenwärtigkeit des antijüdischen Geistes riefen die Aufmerksamkeit von Forschern schon vor seinem tödlichen Höhepunkt im Holocaust hervor. Seitdem ist er das Thema intensiver historischer, soziologischer und psychologischer Forschungen sowie tiefgehender theologischer und philosophischer Debatten geworden. Die meisten dieser intellektuellen Unternehmen wurden von dem Wunsch bestimmt, eine Antwort auf die bohrende Frage zu finden, wie dieses unmenschliche Ereignis, das in seiner Massendimension und in seiner abgrundtiefen Bösartigkeit einmalig ist, geschehen konnte.

Die vorliegende Untersuchung verfolgt einen weniger ehrgeizigen Zweck. Sie will zeigen, wie die Feindseligkeit gegenüber Juden gerade zu dem Zeitpunkt zunahm, als man – nach der Aufklärung und infolge der Durchsetzung moderner Rationalität – hätte annehmen können, daß sie verschwände. Ich erwarte nicht, daß diese historische Untersuchung das Verlangen nach einer endgültigen Antwort befriedigen wird. Sie mag ihr jedoch den Weg bereiten oder zumindest eine Legendenbildung verhindern, die es ermöglicht, den harten Tatsachen auszuweichen.

Ich habe auf frühere Forschungen zurückgegriffen, die in meinem Buch *Exclusiveness and Tolerance: Studies in Jewish-Gentile Relations in Medieval and Modern Times* (1961) zusammengefaßt sind, und mir standen die besten vorhandenen Quellensammlungen zur Verfügung. Neben den großen Schätzen der Jüdischen National- und Universitätsbibliothek in Jerusalem habe ich im Britischen Museum und der Wiener Library London, in der Bayerischen Staatsbibliothek München und der Zentralbibliothek Zürich mehr als ein Jahrzehnt lang Quellen studiert. 1973 bis 1975 konnte ich als Gastprofessor die Universitätsbibliotheken der Harvard und der Columbia Universität benutzen. Einige Ergebnisse wurden schon in wissenschaftlichen Zeitschriften veröffentlicht; hiermit lege ich nun die wichtigsten Ergebnisse meiner Forschungen vor.

Das Buch ist 1980 gleichzeitig auf Hebräisch und Englisch erschienen, in beiden Fassungen vom Verfasser, wobei Rabbi Arthur Super und andere bei der englischen Fassung behilflich waren. Ein Forschungsstipendium des American Jewish Committee ermöglichte die Fertigstellung.

J. K.
Hebräische Universität Jerusalem

VORWORT
ZUR DEUTSCHEN ÜBERSETZUNG

Das Thema Antisemitismus ist ein integrierender Teil historischer Forschung und Darstellung in allen Epochen und Ländern, in denen jüdische Anwesenheit zu diesem Phänomen, früher Judenhaß genannt, Anlaß gab. Das Phänomen variiert von Ort zu Ort und von Epoche zu Epoche. Ob es trotz solchen Wechsels auf gleiche Ursachen zurückgeführt werden kann, ist eine berechtigte Frage, die Vertreter anderer wissenschaftlicher Disziplinen, wie Soziologie, Psychoanalyse und Psychiatrie stellen mögen, die der Ableitung allgemeingültiger Regeln menschlichen Verhaltens nachgehen oder gar die die Gesellschaft beherrschenden Gesetze zu erkennen suchen. Historie dagegen hat es immer mit einer Variante der Erscheinung zu tun. Sie soll zwar nicht die Augen vor der Tatsache verschließen, daß das Phänomen auch unter anderen historischen Gegebenheiten auftrat, ihr wissenschaftlicher Auftrag ist jedoch, den Ablauf der Ereignisse in der gewählten Epoche und im Rahmen eines umgrenzten Raumes zu verfolgen. Die Wahl der Epoche und des geographischen Bezirkes ist immer «willkürlich» im ursprünglichen Sinne des Wortes, soll heißen vom Willen des Verfassers bestimmt, der aber im Gegensatz zur sekundären Bedeutung des Willkürlichen doch seine wohl überlegten Gründe für seine Wahl anzugeben vermag.

Meine zeitliche und räumliche Abgrenzung der Geschichte des Antisemitismus war durch die Überlegung bestimmt, daß, da im Zeitalter der Moderne, dem Trend der Säkularisierung folgend, die Juden zu gleichberechtigten Bürgern des Staates und zu akzeptierten Gliedern der Gesellschaft erklärt wurden, sich eine Möglichkeit für das Verschwinden der Judenfeindschaft bot – wie das in der Tat von vielen Zeitgenossen, Juden wie Nichtjuden, gehofft wurde. Damit war die zeitliche Begrenzung der Epoche, in der die Emanzipierung der Juden stattfand, gegeben; die räumliche war das Gebiet von West- und Mitteleuropa. Daß dann gerade in diesen Ländern, nämlich in Deutschland, Österreich, Ungarn und Frankreich ein Umschwung eintrat, der zur ungeahnten Intensivierung der Judenfeindschaft und schließlich zur Vernichtung führte, ist ein Wesenszug der Geschichte, nämlich ihre Unvorhersehbarkeit.

Trotz verwandter Züge des Antisemitismus in den vier genannten Ländern nimmt seine Geschichte in Deutschland wegen dessen führender Rolle in der letzten Vernichtungsphase eine Sonderstellung ein. Das ist wohl der Grund dafür, daß hier – im nachträglichen Erschrecken sozusagen über das Vergangene und seine Vorgeschichte – so leidenschaftlich wie verlegen sowohl in der Öffentlichkeit als auch in der Geschichtsschreibung gehandelt wird. Doch ist das aktive Interesse an dem historischen Vorgang keineswegs auf deutsche Historiker und Intellektuelle beschränkt. Da das, was in Deutschland vor sich ging, am Ende weltpolitische, vielleicht sogar welthistorische Folgen nach sich zog, wurde es auch nachträglich zum fast zwingenden Gegenstand für Forscher der Geschichte weltweit. Unter diesen nehmen jüdische und besonders israelische Historiker wohl eine Vorzugsstellung ein. Gehören sie doch zu der Kategorie von Menschen, die von den besagten Folgen am unmenschlichsten betroffen wurden. Ob ihre Urteilsfähigkeit durch dies Betroffensein mehr getrübt ist als das derer, die der entgegengesetzten existenziellen Belastung ausgesetzt sind, kann nur aufgrund kritischer Nachprüfung ihrer Forschungsergebnisse ermittelt werden. Erstere dürfen jedenfalls den Anspruch erheben, daß ihre Stimme gehört wird. Ein Grund mehr dafür, daß das Erscheinen der deutschen Übersetzung meiner auf Hebräisch und Englisch geschriebenen Abhandlung, mir eine besondere Genugtuung sein kann.

Der Übersetzung wurde die englische Fassung zugrunde gelegt. Doch wurde sie durch das Kapitel 20 ergänzt, in dem der Verfasser methodologische Rechenschaft ablegt. Dieses Kapitel, das die historische Darstellung vor ihrem Höhepunkt unterbricht, wurde auf Wunsch des amerikanischen Verlegers in der englischen Ausgabe weggelassen. Die besondere Aufmerksamkeit, die ihm von den Hebräisch sprechenden Lesern und Kritikern gewidmet wurde, veranlaßte mich es in der deutschen Fassung zu belassen.

Jacob Katz
April 1988
Hebräische Universität Jerusalem

EINFÜHRUNG

Der Begriff Antisemitismus wurde gegen Ende der siebziger Jahre des 19. Jahrhunderts in Deutschland eingeführt, um die ablehnende Haltung eines Teiles der damaligen Bevölkerung gegenüber Juden zu beschreiben.[1] Es braucht kaum erwähnt zu werden, daß Judenfeindschaft in Deutschland und anderswo kaum ein unbekanntes Phänomen war. Warum brauchte man dann aber einen neuen Begriff? Um diese Frage zu beantworten, vielleicht nur vorläufig, müssen wir die Bedingungen untersuchen, die herrschten, als das Wort *Antisemitismus* seinen Platz in der modernen Sprache erhielt.

In dieser Zeit wurde die legale Judenemanzipation in Deutschland und Österreich-Ungarn abgeschlossen, jenen Ländern, in denen die Judenfrage Regierungen und öffentliche Meinung seit dem Ende des 18. Jahrhunderts beschäftigt hatte. Es ging um die Frage, ob man den Juden ihren Status als Fremde oder Halb-Bürger belassen oder ob ihnen das volle Bürgerrecht zugestanden werden sollte. Alle westlichen Länder standen vor dieser Frage, die die Feudalstruktur in eine Verfassung verwandelt hatten, in der alle Bürger vor dem Gesetz gleich waren. Sollte sich diese Gleichheit auf alle Einwohner einschließlich der Juden erstrecken? Oder sollte diese Minderheit, die durch eigenen wie durch fremden Willen immer eine Sonderstellung hatte, diese auch in Zukunft beibehalten? Auf den ersten Blick hängt die Antwort davon ab, wie der neue Verfassungsstaat seine Beziehung zur christlichen Kirche definiert, von der die Juden ausgeschlossen sind. Wenn sich der Staat in irgendeinem Sinne als «christlich» verstand, dann wäre dies genug, um die Juden nicht als Vollbürger anzusehen. Wenn sich der Staat jedoch ausdrücklich als säkular verstand, dann müßte jedes religiöse Kriterium wegfallen, folglich dürfte zwischen Juden und anderen nicht unterschieden werden. Religion allein entschied allerdings nicht immer über die Stellung der Juden. Das Wort «Jude» rief in den Köpfen der meisten Europäer vielfältige, meist negative Assoziationen hervor, und man konnte Gründe für den Ausschluß der Juden finden, ohne sich direkt auf religiöse Argumente zu beziehen. Deshalb verlief die Einbürgerung der Juden nie ohne Schwierigkeiten, die Emanzipation war vielmehr überall von heftigen Kontroversen begleitet.[2] Im Verlauf dieser Kontroversen, die sich von 1780 an über neunzig Jahre erstreckten, wurde die Frage immer wieder neu gestellt, ob Juden würdig seien, das Bürgerrecht zu erhalten. Verschiedene Gründe pro und contra wurden genannt. Die Gegenargumente enthielten nicht nur Vorurteile, die aus dem Mittelalter überkommen waren, sondern im Kampf um die Emanzipation entstanden neue Anklagen.

Meistens schienen die Gegner der Emanzipation auf verlorenem Posten zu kämpfen, die Einbürgerung der Juden machte Fortschritte. In Frankreich wurde sie während der Revolution 1790/91 erreicht; in Holland und im westlichen Deutschland (Rheinland, Frankfurt, Hamburg) nach der französischen Besetzung 1796–1811; in Preußen als Teil der Reformen von 1812, ähnlich ein Jahr später in Bayern. Diese Emanzipation, die noch nicht so hieß, sondern mit so umständlichen Begriffen wie «die bürgerliche Verbesserung der Juden»[3] bezeichnet wurde, war noch nicht vollständig; nirgendwo wurden die Juden anderen Bürgern völlig gleichgestellt, zum Teil war sie nicht von langer Dauer. An einigen Orten wurde sie wieder aufgehoben. Vor allem war die Zeit nach dem Fall Napoleons bis in die dreißiger Jahre eine Zeit der Reaktion – so wird sie auch in der allgemeinen deutschen Geschichtsschreibung bezeichnet. Der Emanzipationsprozeß wurde unterbrochen, ja zurückgenommen, den Juden zugestandene Rechte wurden wieder begrenzt oder aufgehoben. Aber mit dem Aufstieg des Liberalismus in den dreißiger Jahren begann der Kampf von neuem, und die Stellung der Juden verbesserte sich rasch. In den Revolutionsjahren 1848/49 erklärten alle deutschen Staaten und Österreich-Ungarn das Prinzip der völligen Gleichheit der Juden, und auch wenn die Führer der Revolution die Verwirklichung ihrer Prinzipien nicht erreichten, konnte man doch nicht zum Status quo ante zurückkehren, auch nicht nach der Niederlage der Revolution. Die Grundlagen der reaktionären Herrschaft waren erschüttert, die Autoritäten mußten Reformen initiieren und ihren Bürgern gewisse bürgerliche Freiheiten zugestehen. Die Schritte in Richtung einer parlamentarischen Verfassung und Regierung beeinflußten auch die Judenfrage.

In den norddeutschen Staaten, die unter Bismarcks Führung nach dem Sieg über Österreich 1866 vereinigt wurden, ist die Emanzipation voll durchgesetzt worden. Die Verfassung des vereinigten Staates von 1869 sah vor, daß die Rechte eines Bürgers unabhängig von der Zugehörigkeit zu einer bestimmten Religion waren. Mit der Reichsgründung 1871 wurde das Gleichheitsprinzip auf ganz Deutschland ausgedehnt. Mit der Vereinigung Deutschlands ging eine Lockerung der politischen Bindungen einher, die zwischen Österreich-Ungarn und den deutschen Staaten bestanden. Österreich und Ungarn, die innenpolitisch selbständig waren, hatten die Judenemanzipation schon 1869 durchgeführt. In Frankreich und Holland waren die Juden schon seit drei Generationen emanzipiert. In England wurde erstmals 1858 ein Jude ins Parlament gewählt; dies bedeutete das Ende der grundsätzlichen politischen Unmündigkeit der Juden, eine Einschränkung, die aus der engen Verbindung von Kirche und Staat herrührte.

Jede Untersuchung der Stellung der Juden in den sechziger Jahren, als alle diese Ereignisse geschahen, mußte zu der vernünftigen Annahme führen, daß die europäische Judenheit auf dem Weg zur vollen Integration war. Die Angriffe der Emanzipationsgegner mußten wie das letzte Aufflackern eines

Feuers erscheinen, das von selbst verlöschen würde, wenn sich die Naturalisierung der Juden erst überall vollzogen hatte. Tatsächlich wurde die Situation von den meisten Beobachtern damals, Juden wie Nichtjuden, genau so eingeschätzt. Und aus genau diesem Grund war es ein so fürchterlicher Schock, als in den siebziger Jahren Schriftsteller, Politiker und Wissenschaftler Juden erneut angriffen und in der öffentlichen Meinung ein so großes Echo auf ihre Angriffe fanden, daß eine regelrechte Bewegung entstand, die ihre Gegnerschaft zu Juden offen erklärte. Diese Bewegung verfolgte ihre Ziele in nationalen Parteien und internationalen Organisationen. In einem Punkt waren diese neuerlichen Angriffe viel bedrohlicher als die vergangener Generationen. Als die Juden noch im Ghetto lebten, und kurz nach seiner Auflösung, kamen Angriffe gegen sie von Bürgern, die eine Stellung innehatten, die den Juden vorenthalten war. Deshalb sollten diese Angriffe nur den Status quo verteidigen und befestigen; sie lieferten die Begründung dafür, die Juden in ihrem niederen gesetzlichen und gesellschaftlichen Status zu halten. Jetzt jedoch griffen Bürger andere Bürger an, die vor dem Gesetz gleich waren, und der Zweck dieser Angriffe war es zu zeigen, daß die Juden der ihnen zugestandenen gesetzlichen und gesellschaftlichen Position nicht wert waren.

Die Anhänger der Bewegung hatten unterschiedliche ideologische Hintergründe – christliche, säkulare und auch rassistische –, und sie unterschieden sich auch in Hinsicht auf die angestrebten soziopolitischen Ziele der Bewegung. Einige wollten die Uhr zurückstellen und die Emanzipation für ungültig erklären; andere wollten die Juden nur von bestimmten Stellungen ausschließen und sie auf bestimmte Berufe beschränken. Einzelne gingen sogar so weit, daß sie die Eliminierung der Juden mit allen zur Verfügung stehenden Mitteln forderten.[4] Wie auch immer, alle sahen sich selbst in einem politischen oder sozialen Kampf um die Veränderung des Status quo. Dafür griffen sie auf Argumente aus den Polemiken und Debatten der Vergangenheit zurück. Diese wurden der neuen Situtation angepaßt und um neue erweitert. Natürlich wollte die neue Bewegung nicht als eine erscheinen, die alte Ideologien aufwärmte oder veraltete Ziele verfolgte, ganz im Gegenteil. Sie wollte beweisen, daß sie als Reaktion auf eine neu entstandene Situation hervorgerufen worden war, daß sie entsprechend der neuen Situation neu dachte. Die Vertreter der neuen Bewegung wiesen den Vorwurf zurück, daß sie nur vergangenen Judenhaß fortführten. Sie behaupteten, daß die Grundlage für die frühere Gegnerschaft gegen Juden und Judentum vergangen sei. Früher sei die Religion der Grund für die Trennung zwischen Juden und Christen gewesen, Ursache für Entfremdung und Haß. Jetzt war der Einfluß der Religion entscheidend geschwächt oder ganz verschwunden. Es gab Antisemiten, die sich zum Christentum bekannten, aber auch sie wollten als Anhänger des Prinzips der religiösen Toleranz erscheinen, da dies allgemein akzeptiert war. Die Sprecher der neuen Bewegung suchten nach neuen Schlagworten, die zeigen sollten, wie modern ihr Ansatz war. Die Annahme des Begriffs «antisemitisch» und nicht «antijüdisch» sollte zu dem Glauben verleiten, daß nicht die Jüdischkeit, also die Religion, die Gegnerschaft hervorgerufen hatte, sondern bestimmte Eigenschaften der Juden, die sich in ihrem Verhalten zeigten.

Dieser vereinfachte Überblick über die Vorgänge, die zum Aufstieg der antisemitischen Bewegung in Deutschland in den späten siebziger Jahren führten – eine Bewegung, die sich von dort aus in andere europäische Länder verbreitete oder unabhängig unter ähnlichen Umständen dort entstand –, führt zu dem Schluß, daß, auch wenn der moderne Antisemitismus eindeutig geschichtliche Vorläufer hatte, er bei seinem Auftreten für die direkt Betroffenen, die vor allem, aber nicht ausschließlich Juden waren, eine Überraschung war, und zwar eine schockierende. Wenn «Schock» das plötzliche Bewußtsein einer Verneinung von akzeptierten Vorstellungen und Konventionen bedeutet, dann müssen auch die Antisemiten selbst zu den Schockierten gerechnet werden. Sie fanden sich, scheinbar über Nacht, im Besitz einer Vision, die die Übel ihrer Zeit diagnostizierte, und sie verkündeten lauthals ihre Entdeckung der Lösung. Die panische Reaktion der Juden ist kaum überraschend, ihr Vertrauen in die bürgerliche Gleichberechtigung, die sie nach so langem Kampf erreicht hatten, war erschüttert. Es kam ihnen vor, als sei die Uhr wirklich zurückgestellt, als ob die bösen Geister wieder lebendig geworden wären, von denen sie dachten, sie seien aus der Welt.

Die jüdische Gemeinde reagierte auf zwei Ebenen auf die Welle des Antisemitismus, auf der praktischen und der theoretischen. Eine große politische und parlamentarisch-juristische Verteidigungskampagne mit Appellen an die Öffentlichkeit wurde nach 1880 in Deutschland, Österreich-Ungarn und Frankreich durchgeführt. Auf der politischen Ebene ging es darum, die Parteien und Institutionen zu unterstützen, die gegen den Antisemitismus waren.[5] Manchmal führten die Aktionen der Antisemiten zu Rechtsverletzungen gegen einzelne oder den Status der jüdischen Gemeinde; in diesen Fällen ging man vor Gericht.[6] Gleichzeitig bemühten sich jüdische Organisationen, einige speziell zu diesem Zweck gegründet, die Argumente der Antisemiten zu widerlegen. Diese Bemühungen setzten natürlich eine gewisse theoretische Erkenntnis über das antisemitische Phänomen voraus. Die Apologeten mußten wissen, wogegen sie kämpften. Außerdem versuchten Menschen mit intellektuellen Neigungen, die Realität, der sie begegneten, zu verstehen; manche entwickelten ganze Theorien über die Ursache – oder die Ursachen – des modernen Antisemitismus.

So entstanden zwei Grundkonzeptionen, die die gesellschaftlichen und politischen Haltungen der Theoretiker widerspiegelten. Die eine sah im Antisemitismus eine Anomalie, eine Art sozialer Krankheit, die die Betroffenen mit Vorsicht hätten vermeiden können und die auch nach ihrem Ausbruch noch geheilt oder zumindest gelindert werden könne. Die Anhänger dieser Konzeption sahen die Gründe für die Krankheit in jedem Lebensbereich: wirtschaftlich in der Konkurrenz von Juden mit ihren nichtjüdischen Gegenspielern, sozial in dem Streben von Juden nach neuen gesellschaftlichen Stellungen, religiös im Andauern von bewußter oder unbewußter christlicher Feindschaft, auch nachdem religiöse Toleranz im Prinzip akzeptiert war. Gelegentlich waren diese Erklärungen nicht frei von moralisierenden Obertönen; sie ließen glauben, daß, wenn die Betroffenen sich richtig verhielten – wenn die Konkurrenten der Juden ihren Neid beherrschen würden, wenn die Juden weniger ehrgeizig wären, wenn die Christen echte Toleranz praktizierten –, dann gebe es keinen Raum für Antisemitismus. Dieser Ansatz war in der jüdischen Gemeinde in der ersten Generation nach Aufkommen des Antisemitismus vorherrschend, und er wurde von all denen beibehalten, die die Hoffnung nicht aufgaben, daß durch Überwindung der Vergangenheit letztlich eine gute Beziehung zwischen der jüdischen Minderheit und der nichtjüdischen Mehrheit erreichbar sei.

Die andere Theorie über die Ursache des Antisemitismus war die zionistische Hypothese. Die Verzweiflung darüber, daß die Juden niemals als Gleiche in die nichtjüdische Gesellschaft integriert werden würden, war ein wesentlicher Grund für das Entstehen der zionistischen Bewegung. Diese Verzweiflung war das Ergebnis einer neuen Einschätzung über das Wesen des Antisemitismus. Er erschien nicht länger als vorübergehendes Unglück, als eine Krankheit, die die Zeit heilen würde, sondern wurde als chronischer Zug, der zum innersten Wesen der Betroffenen gehörte, gesehen. Eine staatenlose Volksgruppe inmitten fremder Völker wurde als Grund für die Krankheit diagnostiziert, und die einzige Heilung bestand in einer Operation, d. h. in der Auswanderung in einen Staat, der für genau diesen Zweck zu gründen war. Dies war die Sicht, zu der Theodor Herzl nach dem Dreyfus-Prozeß in Frankreich 1895 gelangte; Leo Pinsker hatte dieselbe Diagnose und dasselbe Heilmittel nach den Pogromen in Rußland 1881 empfohlen.[7]

Neben diesen beiden Grundvorstellungen muß eine dritte erwähnt werden, die sozialistische Hypothese. Diese sieht im Antisemitismus, wie in allen anderen modernen gesellschaftlichen Übeln, das Ergebnis der inneren Natur des kapitalistischen Systems, in dem Juden eine sehr sichtbare Rolle als Kapitalanleger und Handelsvermittler spielen und vom System profitieren, solange es gut funktioniert. Wenn sich in Gestalt von Wirtschaftskrisen Risse im System zeigen, dann werden die Juden als seine sichtbarsten Vertreter zum Zielpunkt der Kritik und Anklage. Eine andere Version besagt, daß der Antisemitismus bewußt als Mittel zur Verteidigung des kapitalistischen Systems geschaffen wurde, indem er die öffentliche Aufmerksamkeit von jenen Rissen ablenkt, die den Untergang des Systems ankündigen. Nach beiden Versionen verschwindet der Antisemitismus mit der Errichtung des erhofften Sozialismus.[8] Obwohl der Antisemitismus nicht zu den Gründen gehört, die zur Schaffung des Sozialismus beitrugen, hat der Sozialismus doch, nachdem es ihn einmal gab, eine Theorie zur Erklärung des Antisemitismus und auch eine Lösung entwickelt.

Jede Theorie, die ein soziales Phänomen erklären will und gleichzeitig, auf der Grundlage dieser Erklärung, ein Aktionsprogramm für die Zukunft vorschlägt, wird zur Ideologie, die schnell dazu neigt, die Unterscheidung zwischen den Fakten und ihrer Einschätzung zu verwischen. In der Tat ist auch weder die Konzeption vom Antisemitismus der Assimilationisten, noch die der Zionisten, noch die der Sozialisten das Ergebnis unvoreingenommer Untersuchungen, von objektiver historischer oder soziologischer Forschung ganz zu schweigen. Später haben sich jedoch weniger voreingenommene Denker und Wissenschaftler mit dem Thema Antisemitismus beschäftigt, ohne ihre Erklärungen mit einem sozialen oder politischen Aktionsprogramm zu verbinden. Es gibt zahlreiche Aufsätze und Studien von einsichtigen Intellektuellen, die das Phänomen des Antisemitismus so untersucht haben, wie sie jedes andere geschichtliche oder gesellschaftliche Phänomen untersucht hätten, das der Erforschung und Erklärung wert war.[9] Der Vorteil des Wissenschaftlers gegenüber dem Ideologen – assimilierter Jude, Zionist, Sozialist, christlicher Missionar oder Antisemit – liegt darin, daß letzterer seine Behauptungen über Gegenwart und Vergangenheit bewußt mit den Erwartungen und Programmen für die Zukunft vermischt, der Wissenschaftler jedoch versucht, zwischen ihnen zu unterscheiden. Ob und in welchem Maß ihm dies gelingt, hängt von seiner Anstrengung und seiner Begabung ab, d. h. von seiner Fähigkeit, die Denkmuster und Forschungsmethoden, die er anwendet, zu kritisieren und zu kontrollieren. Auch wenn die Normen seiner Wissenschaft ihn nicht vor Subjektivität schützen, so unterscheiden sie ihn doch deutlich vom Ideologen.

Die Forschung hat unser Wissen und Verstehen vom Antisemitismus bereichert. Soziologen und Psychologen haben die sozialen und individuellen Faktoren aufgezeigt, die Massen und einzelne dazu führen, antisemitischen Schlagworten und Vorurteilen zu folgen. Soziologische und psychologische Studien haben gezeigt, wie die Betroffenen auf jene reagieren, gegen die ihr Vorurteil sich wendet; sie haben dazu beigetragen, den Prozeß zu verstehen, in dem eine Mehrheit gesellschaftliche Vorbehalte gegen eine Minderheit übernimmt und wie im Nachhinein einer solchen Diskriminierung ideologische und sogar spirituelle Zustimmung gegeben wird. Die Analyse solcher Tendenzen in der Gegenwart läßt sich auf die Erforschung der Vergangenheit übertragen; sie gilt auch und besonders für die Geschichte des Antisemitismus.

Dennoch läßt sich ein angemessenes Verständnis der Vergangenheit nur gewinnen, wenn man die Entwicklung der Ereignisse und den Verlauf historischer Vorgänge verfolgt, und dies geht nur, wenn man die historischen

Quellen selbst untersucht. In den letzten zwei oder drei Generationen haben viele historische Untersuchungen versucht, die Verhaltensmuster von Nichtjuden gegenüber Juden zu ergründen. Wir kennen heute die negativen Aussagen der Antike über die Juden, über ein Volk, das sich in Glaube und Ritus so seltsam von anderen unterschied, das ganze Gemeinden umfaßte, die unter den Nichtjuden lebten, sich aber nicht mit ihnen vermischten.[10] Die jüdische Besonderheit trat noch mehr hervor, als die umgebende Welt vom Christentum erobert wurde, von einer Religion, die aus dem Judentum hervorgegangen war, die die Juden aber nicht annahmen und als spirituelle Wahrheit nicht anerkannten. Es ist außer Frage, daß die christliche Reaktion – von den Polemiken der Kirchenväter gegen die Juden bis zu den Bestimmungen mittelalterlicher Synoden, die Unterdrückung und Ausschluß der Juden festlegten – eine wichtige Rolle dabei spielte, die praktische und die emotionale Beziehung der nichtjüdischen Welt zu den Anhängern des Judentums zu gestalten. Christliche Lehren und Theorien setzten den Status des Juden herab, versperrten seinen Zugang zu vielen Erwerbsquellen, enthielten ihm das Bürgerrecht vor und degradierten ihn zu der Stellung des gerade geduldeten Beisassen, der den besonderen Schutz des Herrschers, Kaisers, Bischofs oder Magistrats, brauchte. Die Randberufe, die dem Juden offenstanden, die Minderwertigkeit seiner sozialen und politischen Stellung machten den Juden zur leichten Beute von Diskriminierung, Spott und Vorurteilen, so daß sein Bild in der Meinung des Volkes die Züge eines teuflischen, untermenschlichen Monsters annahm. Diese Kreatur, deren Menschlichkeit zweifelhaft war, konnte jedes Verbrechen begehen – Verrat, Kindermord, Entweihung christlicher Heiligtümer; und als solcher riskierte er, das Recht zu verlieren, wie andere menschliche Wesen behandelt zu werden.[11]

Die niedrige gesellschaftliche und politische Stellung des Juden und die tief negative Haltung des Nichtjuden ihm gegenüber verstärkten sich seit dem Mittelalter gegenseitig. Daß er einer verachteten und wertlosen Religion folgte, garantierte ihm seinen niedrigen Status, und daß er eine so niedrige Stellung hatte, rief geradezu dazu auf, seinen Glauben und seinen Charakter zu verdächtigen. Dieser Teufelskreis schien jedoch gegen Ende des 18. Jahrhunderts zu zerbrechen – unter den Aufgeklärten sogar früher –, als Dichter und Denker die überkommenen Meinungen über Juden bloßstellten und als gleichzeitig Staatsmänner ihre gesellschaftliche und politische Stellung verbessern wollten. Als die allmählichen Reformen der Staaten die Juden zu gleichberechtigten Bürgern machten, hätte das Netz negativer Einstellungen und Vorurteile, das die Juden umgab, sich auflösen und verschwinden können, aus zwei Gründen. Zum einen hatte die Ideologie ihre Funktion verloren, die die niedrige Stellung der Juden begründete. Zum anderen hatte diese Ideologie ihre Glaubwürdigkeit eingebüßt. Letztlich war der Ausgangspunkt für die Diskriminierung der Juden die Religion oder die christliche Theologie, und diese fand im zeitgenössischen Denken nur noch wenig Unterstützung. Die Frage ist also, wie die antijüdischen Vorurteile ihre Kraft und Zähigkeit behalten konnten. Wie wurden sie weitergegeben und in Begriffe übersetzt, die mit der neuen gesellschaftlichen Wirklichkeit und der neuen geistigen Umgebung übereinstimmten? Diese Fragen sind das Thema dieses Buches.

Ein Schlüssel zur Antwort liegt im Emanzipationsprozeß selbst, wie wir ihn beschrieben haben. Die Juden wurden erst nach mehreren Generationen öffentlicher Debatte emanzipiert. Während der Debatte begründeten Gegner der Emanzipation ihre Stellung damit, daß Juden in eine Gesellschaft und einen Staat integriert werden sollten, die nicht die ihren waren. Die alten Anklagen, die die Degradierung der Juden aus religiöser und theologischer Sicht begründet hatten, paßten nicht mehr in die neue Situation. Die Befürworter der Emanzipation beriefen sich auf die Prinzipien der Aufklärung: Rationalismus, Humanismus und Universalismus. Der Rationalismus setzte die Vernunft an die höchste Stelle, und die Vernunft erlaubte es nicht, daß die Stellung eines Menschen von religiösen Lehren abhing, die von Natur aus irrational waren. Der Humanismus forderte Achtung vor der Menschlichkeit jedes Menschen, einschließlich der des Juden. Der Universalismus verlangte, daß die Rechte aller Menschen von denselben Kriterien bestimmt sein müßten. Die Gegner der Emanzipation antworteten auf diese Prinzipien, daß die Ideale der Aufklärung zwar gültig sein möchten, nicht aber auf Juden zuträfen. In der neuen antisemitischen Lehre wurde den Juden jede Teilhabe an den Rechten von Rationalismus, Humanismus und Universalismus bestritten. Diese Bestreitung scheint unlogisch zu sein. Aber in ideologischen Auseinandersetzungen geht es selten um Logik oder Konsistenz; der Gedankengang wird nicht durch die Suche nach Wahrheit bestimmt, sondern dadurch, daß vorgefaßte Überzeugungen gerechtfertigt werden müssen. Diejenigen, die dagegen waren, daß Juden gleiche politische und gesellschaftliche Rechte erhalten sollten, hatten eine feste Überzeugung, und diese Überzeugung, nicht Logik, bestimmte ihre Argumentation.

Die Schwächen ihrer Argumentation enthüllten sich in der Tat von selbst, aber weniger wegen ihrer mangelnden Logik, als wegen ihres Konflikts mit den zeitgenössischen politischen und gesellschaftlichen Tendenzen. Seit den achtziger Jahren des 18. Jahrhunderts befanden sich die alten gesellschaftlichen und politischen Strukturen in Auflösung. Der auf späten feudalen Landrechten, auf Gilden und Körperschaften gegründete Staat verwandelte sich in einen Staat individueller Bürger, die einer direkten Herrschaft unterstanden. In diesem Staat war kein Raum für die überkommene jüdische Gemeinde, die wie eine Körperschaft strukturiert war, wenn auch die niedrigste der Körperschaften. Die Juden standen dem Staat und seinen Institutionen als Individuen gegenüber; und es war notwendig, ihnen den Status eines

Bürgers zu geben, wenn man sie nicht aus dem Staat entfernen wollte. Die Gestaltung des neuen Staates und seiner Beziehung zu den Bürgern erhielt eine breite und unterschiedliche ideologische Unterstützung, vom Rationalismus des 18. bis zum Liberalismus des 19. Jahrhunderts. Die Bewegung für die Einbürgerung der Juden ruhte auf Vorstellungen dieser Denkrichtungen. Entsprechend schienen ideologische Einwände gegen die neue Entwicklung ein Widerspruch gegen die Wirklichkeit zu sein, und die hinter ihnen stehenden Denkmuster wurden als reaktionär verschrien. Dies ist der Grund für die negative Einstellung der Befürworter der Emanzipation gegen ihre Gegner, die sie als rückständig ansahen. Und dies waren sie zu dieser Zeit tatsächlich.

Der Kampf war jedoch nicht zu Ende, als die formale Emanzipation erreicht war. Die Hoffnung, oder besser: die soziale Utopie, die sich an die Verleihung der Bürgerrechte für Juden knüpfte – daß Juden sich nicht länger von anderen Bürgern unterschieden, außer durch ihren Glauben –, erfüllte sich nicht. Die Juden blieben eine sichtbare Sozialgruppe – durch ihre Heiraten, durch die Konzentrationen auf bestimmte Berufe, durch ihren sozialen Zusammenhang, durch die Beibehaltung besonderer kultureller Gewohnheiten und durch ihre Ablehnung der herrschenden Religion –, auch nach ihrer Naturalisierung.[12] Kaum eine Generation nach der Emanzipation traten die Kritiker der Juden wieder hervor und behaupteten, daß die Nichtjuden schlecht abgeschnitten hätten. Diese Sicht wurde zuerst 1875 in Ungarn von dem liberalen Abgeordneten Győző Istoczy geäußert, wenige Jahre später folgten in Deutschland Adolf Stöcker und seine Parteigenossen. Selbst in Frankreich, wo die Emanzipation seit drei Generationen Wirklichkeit war, kam es zu diesen Vorwürfen; und die enorme Verbreitung von Drumonts Buch *La France Juive* von 1886 zeigt, daß die Öffentlichkeit durchaus geneigt war, auf diese Ansichten zu hören. Nicht alle Ankläger kamen zu denselben radikalen Folgerungen. Einige forderten die Aufhebung der Emanzipation, andere wollten die Juden in ihren Berufsmöglichkeiten einschränken, damit sie keinen Zugang zu Beamten- und Richterstellungen erhielten und die Wirtschaft an der Börse und im Bankwesen nicht beherrschen konnten. Stöcker wandte sich sogar an die Juden selbst und forderte sie auf, ihre Handlungen zu prüfen und ihren Drang nach Macht und sozialem Aufstieg zu bremsen. Zugleich erging der Ruf an die christliche Gemeinde, sich in politischen Parteien und Organisationen zusammenzuschließen, um die eigenen Interessen zu vertreten und die Juden von Orten fernzuhalten, an denen sie unerwünscht waren.

Der Aufstieg des Antisemitismus beschränkte sich nicht auf die Verbreitung und Aufnahme von rein intellektuellen Ideen. Diese Ideen konnten vielmehr dank ihrer inneren politischen und gesellschaftlichen Triebkraft die Oberhand gewinnen. Sie wurden nicht formuliert, um Erkenntnisse und Verständnis zu gewinnen, sondern sie sollten einen Standpunkt verstärken und entsprechendes Handeln im politischen und gesellschaftlichen Leben anleiten. Dies hat Folgen für die Methode, wie die antisemitische Bewegung historisch zu erforschen und darzustellen ist. Es ist natürlich wichtig, die Quellen der antisemitischen Ideologien zu kennen, zu wissen, wie diese Ideen von einer Quelle zur nächsten weitergegeben wurden, wer von wem beeinflußt wurde und ähnliches. Die wichtigere Frage ist jedoch, was die gesellschaftlichen Absichten und politischen Ziele der Ideologen waren, die diese Ideen vertraten, und wie sie sie an die Situation eines bestimmten Zeitpunktes anpaßten.

Ich beginne damit, die Meinungen über Judentum und Juden zu Ende des Mittelalters darzustellen, wie sie vor allem durch einen der großen Judaisten des 17. Jahrhunderts, Johann Andreas Eisenmenger, ausgeführt wurden, der einer der größten Kämpfer gegen die Juden war. Danach werde ich zeigen, wie die Rationalisten das Wesen des Judentums und die Juden sahen, wobei ich mich vor allem einem Denker zuwende, der in seiner Bedeutung, aber auch in seiner Judenfeindschaft unter den Rationalisten herausragt: Voltaire. Als sich später die Möglichkeit der Emanzipation abzeichnete, sollten die Gegner der Juden Eisenmenger und Voltaire ausführlich zitieren und verarbeiten. Natürlich hatte keiner von beiden daran gedacht, daß seine Schriften auf diese Weise wirken würden; ihre Worte wurden von späteren Polemikern verdreht und in Zusammenhänge gebracht, an die sie nie gedacht hatten. Weil die Judenfrage in den Generationen der Emanzipation immer wieder hochkam, wechselte das Bild von den Juden in der Sicht der Zeitgenossen ständig; diesen Auf- und Abstieg werden wir bis zum Ende der Emanzipationszeit verfolgen, als der alte geschichtliche Haß, der scheinbar verschwunden war, neu aufbrach und sich in Form des modernen Antisemitismus neu belebte.

I. Teil

HINTERGRÜNDE
1700–1780

1. Die christliche Tradition: Eisenmenger

Der moderne Antisemitismus kann nicht wirklich verstanden werden, wenn man nur zeitgenössisches Material heranzieht, sei es soziologisches, wirtschaftliches, politisches oder ideologisches. Ein schweres Erbe, das bis ins Mittelalter und die Antike zurückreicht, hat die Beziehung zwischen den Juden und der nichtjüdischen Welt belastet. Dieses Erbe ist mitverantwortlich für den Haß, der gerade dann ausbrach, als man ihn durch veränderte historische Umstände für ausgelöscht hielt. Aber wie weit müssen wir in die Vergangenheit zurück, um die Wurzeln dieser Feindschaft zu entdecken? Müssen wir die jüdischen Gemeinden von Land zu Land begleiten und ihre Veränderungen sowie die der ihnen anhaftenden Vorurteile untersuchen?[1]

Obwohl eine Untersuchung der Beziehung zwischen der jüdischen Gemeinde und der sie umgebenden Umwelt zu verschiedenen Zeiten ihren Wert in sich trägt, sollte sich die Erforschung eines Themas von solcher geschichtlichen Kontinuität auf jene Zeit des Wandels beschränken, in der man sich von der überkommenen Last der Vergangenheit befreite. Das Schicksal wollte es, daß ein christlicher Schriftsteller, Johann Andreas Eisenmenger, gerade in diesem Augenblick der Geschichte des Antisemitismus lebte und in seinem großen Werk *Entdecktes Judenthum* die Traditionen der mittelalterlichen antijüdischen Lehren zusammenfaßte.[2] Eisenmengers Denkstrukturen und die Gründe für sein Buch wurzeln noch ganz in der geistigen Welt des Mittelalters. Mit dem Aufkommen des Rationalismus war es möglich, im *Entdeckten Judenthum* das letzte Aufflackern von Verleumdungen zu sehen, die aus dem traditionellen jüdisch-christlichen Schisma herrührten; und so haben es viele gesehen.[3] Der Rationalismus überbrückte die Spaltung jedoch nicht, sondern konnte nur ihren Charakter verändern, und deshalb gerieten die Verleumdungen Eisenmengers nur für kurze Zeit ins Vergessen. Sie kamen immer wieder neu hervor, und sein Buch speiste die antisemitische Bewegung direkt oder indirekt zu jeder Zeit ihrer Entwicklung.

Eisenmenger wurde 1654 geboren, und sein Buch, an dem er zwanzig Jahre lang gearbeitet hatte, wurde 1700 gedruckt. Die eigentliche Veröffentlichung erfolgte jedoch erst zehn Jahre später. Die Frankfurter Juden veranlaßten die Hofjuden Samson Wertheimer und Samuel Oppenheimer, den

Habsburger Kaiser zu einer Beschlagnahme des Buches zu bringen. Eisenmenger ging vor Gericht, und der Prozeß dauerte Jahrzehnte. Der Verfaser starb 1704, aber seine Erben auf der einen und die, die das Buch verbieten lassen wollten, auf der anderen Seite führten den Kampf fort. Bevor das Verfahren abgeschlossen war, fand Eisenmengers Buch anderswo einen königlichen Förderer. Friedrich I., König in Preußen, half den Erben zu einem Nachdruck in Berlin. Das Titelblatt gibt Königsberg als Druckort an, eine Stadt außerhalb der Jurisdiktion des Kaisers.[4]

Die Hindernisse für Eisenmengers Buch zeigen, daß es sofort als für die Juden schädlich, ja möglicherweise gefährlich erkannt wurde. Der Titel «Entdecktes Judenthum» zeigt seine Absicht: Eisenmenger behauptete, die in den Schriften der Juden versteckten Geheimnisse und damit ihr wahres Wesen zu enthüllen. Sein Buch beeindruckt durch seinen Umfang, etwa 2120 Seiten in zwei Bänden, aber auch durch seine enorme Gelehrsamkeit. Eisenmenger konnte Hebräisch, Aramäisch und Arabisch. Er zitiert Polemiken gegen Christentum und Islam aus etwa zweihundert Büchern, aus Gesetzeswerken (halachot), Predigten, aus der Kabbala und Philosophie und aus volkstümlichen Morallehren. Kurz, Eisenmenger kannte die ganze Literatur, die ein guter jüdischer Gelehrter gekannt hätte. Er hatte den Gebrauch der Bücher teilweise in Kontakt mit jüdischen Lehrern in Frankfurt und Amsterdam gelernt; das Gerücht will, daß er sich als möglicher Konvertit zum Judentum ausgab.[5] Tatsächlich war es zu jener Zeit nicht ungewöhnlich, daß sich nichtjüdische Gelehrte für die Literatur der Juden interessierten.[6] Eisenmenger übertraf seine Vorgänger in der meisterhaften Kenntnis der Quellen und in seiner Fähigkeit, sie tendenziös zu deuten. Er verfälschte seine Quellen nicht, wie dies gegen ihn behauptet worden ist. Er zitiert sie ganz und übersetzt sie wörtlich ins Deutsche. Dennoch enthüllt Eisenmengers Darstellung der Lehren und Überzeugungen der Juden ein Bild vom jüdischen Denken, das von den wirklichen Einstellungen der Juden weit entfernt ist, die aus denselben Büchern lernten und nach ihnen lebten, die er benutzte.

Eisenmengers erklärte Absicht, wie sie im letzten Kapitel des Buches dargelegt wird, ist es, den Juden zur Einsicht ihres Irrtums und zur Anerkennung der Wahrheit des Christentums zu verhelfen. Um die Juden ihrer Religion zu entfremden, fordert Eisenmenger mehrere konkrete Schritte: Begrenzung ihrer wirtschaftlichen Freiheit, Einschränkung ihrer Rechte, das Verbot, gegen das Christentum zu schreiben und die Ächtung ihrer Synagogen und Gerichte. Vor allem will Eisenmenger den Juden die Dummheit und Blasphemie der Überzeugungen aufzeigen, die in ihren Schriften zum Ausdruck kommen, sowie die Immoralität ihrer Gesetze, vor allem der über das Verhalten gegenüber Nichtjuden. Tatsächlich muß Eisenmengers Beschreibung der Grundüberzeugungen und Gebote der Juden zu der Folgerung führen, daß das Judentum eine Mischung aus dümmlichem Aberglauben und verderbten Gesetzen ist. Theologisch wirft er den Juden groben Anthropomorphismus und die Verzerrung der göttlichen Eigenschaften vor; ethisch klagt er sie an, daß sie Verrat, Diebstahl und sogar Mord an Nichtjuden zulassen. Es erhebt sich die Frage, wie Eisenmenger zu diesem düsteren Feindbild vom Judentum gelangte, wo er doch die Quellen korrekt zitierte?

Um Eisenmengers Methode zu verstehen, müssen wir uns zuerst über die Natur der jüdischen Quellen und die exegetischen Methoden klar werden, durch die die jüdische Gemeinde sie verstand.[7] Im Lauf ihrer langen Geschichte hat die jüdische Tradition unterschiedliche Methoden entwikkelt, um das göttliche Wesen so auszudrücken, daß alle es verstehen konnten: mythische Bilder, Metaphorik und anthropomorphe Beschreibungen. Ähnlich wurde Israel und sein Verhältnis zu den Völkern manchmal historisch, manchmal legendenhaft dargestellt. Diese Elemente stammen aus dem Denken einzelner wie auch aus der Kreativität des Volkes. Ähnlich ist auch die Situation in Hinsicht auf praktische Anweisungen, gesetzliche und ethische, die sich in der halachischen Literatur finden. Oft werden gegenteilige Ansichten zu einem Thema festgehalten, manchmal als Kontroverse zwischen Zeitgenossen, manchmal als Ergebnis von Konflikten, wie es sich aus veränderten Bedingungen ergab. Schließlich ist die talmudische Tradition selbst das Resultat einer tausendjährigen Entwicklung, von der Zeit der Perser im 5. Jahrhundert vor bis zum Ende des römischen Reiches im 5. Jahrhundert nach Christus. Die Gesamtheit dieser Tradition wurde von späteren Generationen kanonisiert, die den Unterschied zwischen Früherem und Späterem und den Aussagen nach Lehren der Schriftgelehrten und denen aus Volksquellen ignorierten. Das bedeutet nicht, daß jeder Teil der Tradition denselben Einfluß hatte. In Rechtsfragen wurde ein Interpretationssystem gefunden, mit dem die alten Streitfragen entschieden wurden. Gesetze konnten geändert und Ansichten verworfen werden, wenn sie mit Positionen, die inzwischen erreicht waren, nicht übereinstimmten, und dies geschah teils explizit, teils unbewußt. Die Herausbildung neuer Positionen war teils das Ergebnis innerer Entwicklungen, teils ein Resultat aufgrund einer veränderten Lage der jüdischen Gemeinde. Das biblische und talmudische Judentum, das in der Antike entstanden war, mußte sich den Gegebenheiten des mittelalterlichen Europa anpassen. Anders als ein Volk im eigenen Land oder eine Gemeinschaft, die in Regionen mit mehrheitlich jüdischer Bevölkerung wie in Babylonien lebte, befanden sich die Juden in Europa völlig in der Minderheit, begrenzt auf wenige, ihnen überlassene Berufe. Auch religiös und kulturell hatte sich die Umwelt verändert: anstelle von Götzendienern standen die Juden Christen und später Muslimen gegenüber, Anhänger von Religionen, die sich aus dem Judentum entwickelt und sich von ihm getrennt hatten, mit ihm konkurrierten und es teilweise bekämpften. Einerseits standen Christen und Muslime dem Judentum näher als die antiken Heiden, andererseits reagierten sie ablehnender. Die Denk- und Verhaltensmuster, die die Beziehung des Judentums zum Heiden bestimmt hatten, paßten nicht mehr zu den neuen Umweltbedingungen. Tatsächlich wurden viele Gesetze über das Verhalten zu Heiden in Hinsicht auf Christen und Muslime fallengelassen. Juden machten mit Nichtjuden das ganze Jahr über Geschäfte, auch an den nichtjüdischen Feiertagen; sie liehen und verliehen Geld an sie und beschäftigten Nichtjuden in allen möglichen Stellungen – ein Widerspruch zu den Bestimmungen in Mischna und Talmud, die diese Aktivitäten einschränkten, um die Juden von allem fernzuhalten, was mit heidnischen Riten zu tun hatte, und die den Sozialkontakt mit Nichtjuden möglichst eng begrenzten.

Ähnlich verwandelte sich das Verhältnis der jüdischen Gemeinschaft zu den Völkern der Welt. Die klassische Haltung sah in den Juden ein eigenständiges Volk, das sich von den anderen völlig unterschied. Israel und die Völker erscheinen als zwei sich gegenüberstehende Welten, ohne daß zwischen einzelnen Völkern oder verschiedenen nichtjüdischen Religionen unterschieden wird. Diese Verallgemeinerung war jedoch nur theoretisch in Kraft. Angesichts konkreter Probleme in ihrem Verhältnis zu Christen und Muslimen, deren Lösung von der Einschätzung der jeweiligen Religion abhing, unterschieden die Juden zwischen ihnen und den Heiden. Dennoch behielten Bibel und Talmud, die alten Quellen, die solche Unterscheidungen nicht kannten, ihre Stellung und ihre Autorität. Sie wurden allenfalls im Licht der neu entstandenen Umstände und Ansichten neu interpretiert.

Aus diesem Grund konnte das Studium der jüdischen Schriften allein nicht zeigen, welche Teile der gesetzlichen und geistigen Tradition für spätere Generationen gültig waren. Tatsächlich sah man ganze Abschnitte und Kapitel der Bücher als nicht mehr gültig und bindend an, jedenfalls nicht wörtlich. Die dialektische und homiletische Exegese ermöglichte es denen, die mit den jüdischen Quellen aufwuchsen, die Heiligkeit der gesamten Tradition im Prinzip zu bewahren, trotz aller erstaunlichen Vorschriften und seltsamen Legenden, die darin enthalten waren. Mischna und Talmud waren keine Anleitungen für das alltägliche Verhalten der Juden, sondern Bücher für das Studium. Für sein Verhalten verließ sich der Jude auf das, was er von seinen Eltern und Lehrern gelernt hatte sowie auf neuere Gesetzsammlungen, die die Erfordernisse des Gesetzes den zeitgenössichen Umständen und herrschenden ethischen Ansichten angepaßt hatten. Im Blick auf theoretische Konzeptionen und Glaubensüberzeugungen waren sowieso nie bindende Prinzipien aufgerichtet worden, auch wenn es bestimmte dogmatische Überzeugungen gab, deren Verletzung als Häresie galt. Innerhalb der Grenzen dieser Überzeugungen konnten die Gläubigen die Tradition frei auslegen; und es gab in jeder Generation Prediger, die unendliche Energie darauf verwandten, die Quellen – auch die seltsamsten Legenden darin – mit den Erfordernissen der Vernunft in Übereinstimmung zu bringen. So kann man schließen, daß es eine Institution gab, die die Gesetze wie die Lehren der jüdischen Quellen ergänzte und so zur Übereinstimmung brachte, nämlich die Autorität des Exegeten und Predigers, aus den Schriften seiner Vorgänger das herauszuholen, was den Erfordernissen der Realität, den Geboten der Vernunft und den Verpflichtungen reinen Glaubens entsprach.

Diese exegetisch-homiletische Methode ist das genaue Gegenteil eines historischen Ansatzes, der die Quellen im Licht ihrer Zeit und Entstehungsbedingungen zu verstehen sucht. Die historische Methode ignoriert ganz bewußt, was spätere Generationen in die frühen Quellen hineingelesen haben, und sucht nur nach der ursprünglich beabsichtigten Bedeutung. Oberflächlich machte es Eisenmenger genauso, er ließ die von den zeitgenössischen Juden akzeptierten Deutungen beiseite und versuchte, die Welt des Judentums aus den Quellen selbst zu rekonstruieren. Aber Eisenmenger fehlte auch die geringste historische Einfühlsamkeit, sein Denken entsprach dem exegetisch-homiletischen Vorgehen der Juden, von denen er lernte. Nur die Voraussetzungen, von denen aus sie vorgingen, unterschieden Eisenmenger von den jüdischen Gelehrten. Der jüdische Gelehrte des 17. Jahrhunderts teilte die bei den Juden herrschenden Ansichten über Recht und Unrecht, richtig und falsch, erlaubt und verboten – und er wollte diese Ansichten mit den Quellen belegen. Eisenmenger teilte die in der feindlichen christlichen Gesellschaft über die Juden verbreiteten Ansichten und wurde von ihnen bei seinem Quellenstudium angeleitet. Da nach Meinung der Christen die Juden geistig blind und deshalb unfähig waren, die Wahrheit des Christentums zu erkennen, konnte ihnen jede Verfälschung des göttlichen Wesens zugeschrieben werden. Legenden, in denen Gott Tora studiert, sich in den Gebetsmantel hüllt oder Gebetsriemen anlegt – die von Juden möglicherweise als Ausdruck der Erhabenheit der Gebote oder als Schlüssel zu verborgenen Geheimnissen, aber niemals wörtlich verstanden wurden –, dienten Eisenmenger als Beweis für die grob anthropomorphe Gottesvorstellung der Juden.[8] Eisenmenger sammelte solche Legenden als Beweis dafür, wie vulgär die jüdische Vorstellung vom Göttlichen sei. Andere Volksüberlieferungen, wie die phantastischen Berichte von Rabba bar bar Chana,[9] die von den Juden immer als solche angesehen worden waren, werden als Beleg für die Wertlosigkeit des Talmud angeführt, dem die Juden eine religiöse Autorität fast wie der Bibel beimessen. Fünf Kapitel behandeln jüdische Vorstellungen über den Messias, die Eschatologie und die Auferstehung.[10] All dies soll zeigen, daß die Juden eingefleischtem Aberglauben und trügerischen Vorstellungen anhängen.

Im wesentlichen greift Eisenmenger jedoch die Einstellung des Judentums gegenüber anderen Religionen und ihren Anhängern an. Dies soll zeigen, daß die Religon den Juden gebietet, alles, was anderen Religionen und speziell dem Christentum heilig ist, zu profanieren.[11] Die jüdische Tradition verbietet Raub, Verrat und auch Mord nur an Juden, wähend Eigentum und sogar Leben der Christen vogelfrei sind. Wenn dies der Tenor der Tradition ist, in der Juden von Kindheit an erzogen werden, dann sollte ihr Benehmen nicht überraschen, wenn sie dabei entdeckt werden, daß sie heilige Gegenstände des christlichen Gottesdienstes mißbrauchen, also Hostien entweihen, oder wenn sie bei Verrat, Diebstahl und sogar Mord ertappt werden.[12]

Die jüdische Tradition, deren älteste Schicht die Bedingungen der Antike widerspiegelt, machte es möglich, daß Eisenmenger solche Behauptungen belegen konnte. Die gesetzlichen und ethischen Systeme der Vorzeit waren dualistisch. Sie sollten vor allem die Beziehungen zwischen Angehörigen der Gruppe – Stamm, Volk oder Gemeinde – regeln. Der Schutz des Eigentums und auch des Lebens eines Fremden, nicht zur Gruppe gehörenden, mußte gesondert geregelt werden; und diese Sonderverfügungen erreichten nie eine universale Gültigkeit. Noch in der Zeit der Mischna und des Talmud war umstritten, ob das Eigentum von Nichtjuden gesetzlich geschützt sei. Einzelne Verdächtige – Götzendiener und ähnliche – blieben sogar in Fragen auf Leben und Tod ohne den absoluten Schutz des Gesetzes. Für manche von ihnen galt der Satz «weder aufheben noch herunterstoßen», d. h. sie durften nicht getötet werden, man sollte ihnen in Gefahr aber auch nicht helfen. Für andere, nämlich die *Minim* (Sektierer, Ungläubige), galt der Satz «herunterstoßen, aber nicht aufheben», d. h., man sollte aktiv auf ihren Tod hinarbeiten.[13] Nach dem Gesetz gab es ein Volk, das die Juden vernichten mußten: die Tora sagt (Dtn 25,19), daß Amaleks Gedächtnis ausgelöscht werden soll, und dies Auslöschen wurde als positives Gebot verstanden. Die spätere exegetische und homiletische Literatur zog im allgemeinen bei der Behandlung dieser Fragen keine Folgerungen, die sich auf konkrete Umstände der Zeitgenossen bezogen. Sie behandelte die entsprechenden Gesetze genauso wie andere gesetzliche oder rituelle Fragen, die in der grauen Vorzeit wurzelten und «zur Zeit» nur noch theoretische Bedeutung hatten oder bestenfalls dazu dienten, rein symbolische Überlegungen anzustellen. Zum Beispiel wird das Auslöschen des Gedächtnisses Amaleks im Gottesdienst erwähnt, wenn am Sabbat vor Purim der entsprechende Tora-Abschnitt gelesen wird. So identifizierte die Tradition den bösen Haman des Estherbuches, das zu Purim gehört, mit dem Samen Amaleks.[14]

Es kennzeichnet die Methode, durch die die jüdische Tradition neuen Verhältnissen angepaßt wurde, daß die weitestgehenden Veränderungen am Inhalt dieser Tradition unter Berufung auf ihre Autorität vorgenommen wurden. Die Tradition wurde neu ausgelegt, aber niemals ihrer Macht beraubt. Als sich die Verhältnisse änderten, als die Juden zu einer Minderheit wurden und die Nichtjuden den Götzendienst aufgaben, legten die Exegeten die Quellen so aus, daß jede doppelte Moral in den Geboten modifiziert, wenn nicht völlig ausgelöscht wurde. Die jüdische Lehre wurde dadurch sicher nicht universal in ihren Gesetzen und Moralvorstellungen, denn die gesellschaftlichen Verhältnisse boten dafür keine ausreichende Motivation, und der Ghettojude fühlte sich natürlich moralisch seinen jüdischen Brüdern mehr verpflichtet als Angehörigen der umgebenden Gesellschaft. Aber zugleich wurde Juden sicher nicht gelehrt, daß ihre christlichen Nachbarn die Nachkommen oder Repräsentanten jener antiken Völker oder Sekten seien, denen die Tradition eine niedrige legale oder moralische Stellung zuschrieb.

Aber genau dies behauptete Eisenmenger. Er wollte zeigen, daß jede Herabsetzung oder Diskriminierung, die sich in der jüdischen Tradition gegen irgendein Volk richtete, von den Juden auf ihre christlichen Zeitgenossen angewendet wurde. Die Christen werden mit den *Minim* identifiziert, von denen es heißt: «herunterstoßen, aber nicht aufheben»; mit Amalek, dessen Gedächtnis die Juden auslöschen müssen, und sogar mit den sieben Völkern, die die Eroberer des biblischen Kanaan völlig vernichten sollten. In der Zukunft, im messianischen Zeitalter würde sich der Vernichtungsbefehl auf alle Menschen außer den Juden erstrecken. Und weil die Juden ihren Erlöser jeden Tag erwarteten, war es nur vernünftig anzunehmen, daß sie den Vernichtungsbefehl auch in der Gegenwart an jedem ausführen würden, den sie verletzen oder schädigen konnten.[15]

Eisenmengers Ausgangspunkt war die Überzeugung, daß Juden ihre christlichen Nachbarn gewohnheitsmäßig beraubten und ermordeten. Er glaubte den Berichten über Ritualmorde, Hostienschändungen und ähnliches, ob sie nun aus der Volksüberlieferung stammten oder aus mittelalterlichen Chroniken, die zwischen Phantasie und Wirklichkeit nicht unterschieden. Er belegte diese Überzeugungen mit jüdischen Texten, in denen den Juden von ihrer Religion befohlen würde, die Verbrechen zu begehen, derer er sie anklagte. Wenn Eisenmenger dies beweisen will, erreicht seine Interpretation eine einsame Höhe an Absurdität. Jedesmal, wenn er auf einen Begriff wie «des Todes schuldig» stößt, zum Beispiel «ein Heide, der den Sabbat hält, ist des Todes schuldig», oder «ein Heide, der Tora studiert, ist des Todes schuldig», dann deutet er dies als Forderung, das Todesurteil durch Menschenhand zu vollstrecken, während dieser Begriff im talmudischen Sprachgebrauch nur einen strengen Verweis bedeutet. (So heißt es auch für Juden: «Wer die Worte der Weisen nicht befolgt, ist des Todes schuldig.») Auch jüdische Gelehrte interpretierten Metaphern und Sprachspiele wörtlich, wenn die Folgerungen aus dieser Auslegung mit ihren Ansichten übereinstimmten.[16] Das Besondere bei Eisenmenger ist also nicht seine exegetische Methode, sondern die Voraussetzungen, von denen aus er arbeitet. Für jeden, der sich in der traditionellen jüdischen Literatur auskennt, lesen sich Eisenmengers Interpretationen wie eine Parodie der halachischen und homiletischen Schriften. Man erkennt Steine und Mörtel wieder, aus denen ein vertrautes Gebäude errichtet ist, aber die verschiedenen

Gebäudeteile sind so willkürlich angeordnet und miteinander verbunden, daß sie nicht wiederzuerkennen sind. Dies gilt natürlich nicht für den Leser, der diese Literatur nicht kennt: er kann Eisenmengers Folgerungen Glauben schenken, weil er nicht weiß, daß sie nichts anderes als die Voraussetzungen sind, von denen aus der Verfasser das Material untersucht hat. Dann übernimmt er das Bild von den Juden als einer Gemeinschaft abergläubischer Narren, die ihren Nachbarn feindlich gegenüberstehen und alles verachten, was denen heilig ist. In ihrem Verhalten gegen den Fremden außerhalb ihrer Gemeinschaft ohne jeden Skrupel, betrügen und schädigen sie ihre Geschäftspartner, und dies tun sie, weil ihre Religion es ihnen gebietet. Vor Gericht kann man sich auf ihren Eid nicht verlassen, denn Meineid hat für sie wenig Bedeutung, wenn der Prozeßgegner ein Nichtjude ist. Ihre Loyalität zum Staat ist bloßer Lippendienst; sie brechen das Gesetz, ohne Strafe zu befürchten, und sind bereit, ihren König zu verraten und seinen Feinden als Spione und Agenten zu dienen. Auch wo es um Leben oder Tod geht, kann man dem Juden nicht trauen, und Christen, die sich von einem jüdischen Arzt behandeln lassen, gefährden ihr Leben. Eisenmenger hielt alle Berichte in christlichen Chroniken wie in Volkssagen für wahr, daß viele Kinder durch jüdische Hand zu Tode gekommen seien, um rituellen Gebräuchen Genüge zu tun. Er versuchte, das Vertrauen seiner Leser dadurch zu gewinnen, daß er mit genauer Stellenangabe belegte, daß das absolut unmoralische Verhalten der Juden aus der verderbten Quelle ihrer Religion stammte, aus dem Talmud und der rabbinischen Literatur.[17]

Wenn man die extremen Behauptungen Eisenmengers bedenkt, dann erscheinen seine praktischen Forderungen außerordentlich moderat. Er wollte, wie erwähnt, die Juden beschränken, aber er forderte weder ihre Vertreibung aus den christlichen Ländern noch ihre physische Vernichtung. Auch hier bleibt er der christlichen Tradition treu, die besagt, daß Juden als eine degradierte und entrechtete Schicht unter den Christen leben mögen, damit der fromme Christ das Schicksal derer erkennen möge, die am Gottesmord schuld sind und es verstockt ablehnen, die wahre Religion anzunehmen. Der Hauptgrund für Eisenmengers relative Toleranz ist jedoch, daß man die Hoffnung nicht aufgeben durfte, daß die Juden eines Tages die Wahrheit erkennen und die christliche Religion annehmen würden. Eisenmengers Behauptungen über die Wertlosigkeit der jüdischen Religion sollten den Juden helfen, das wahre Wesen dieser Religion zu erkennen und sie aufzugeben. Eisenmenger wollte sie vor allem davon überzeugen, daß ihre Hoffnung auf Rückkehr zu ihrer früheren Größe nach Auskunft des Messias vergeblich sei. Einer der Gründe, warum Eisenmenger die Entrechtung und Unterdrückung der Juden verschärfen wollte, war, daß sie unter ihrer niedrigen Stellung leiden und einsehen sollten, daß es keine Erlösung daraus gab außer im Christentum.[18]

Im Wesentlichen wich Eisenmenger von der allgemein akzeptierten christlichen Sicht über das Schicksal der Juden nicht ab, über die Gründe für ihr Exil und den Zweck ihrer weiteren Existenz. Das Besondere an seinem Buch ist, daß er sein Bild vom zeitgenössischen Juden in einem breiten Spektrum zeichnet, dessen viele Farben es aus der jüdischen Tradition entnahm. Wie gesagt, Eisenmenger verfälschte seine Quellen nicht und er griff seine Anklagen auch nicht aus der Luft. In allen seinen Behauptungen steckte ein wahrer Kern: die Juden lebten in einer Welt voller Legenden und Mythen, ihre Ethik war dualistisch und hatte für die Innen- und Außenbeziehungen verschiedene Moralstandpunkte, und sie spekulierten in bildhaften Träumen über ihre Zukunft in der messianischen Zeit. Ähnliches hätte man allerdings auch über die Christen sagen können. Ein Kritiker, selbst ein christlicher Theologe, sagte zu Recht, daß man mit Eisenmengers Methoden leicht ein *Entdecktes Christenthum* hätte schreiben können.[19] Tatsache ist jedoch, daß ein solches Buch nie geschrieben wurde, und das Schreckensbild vom Judentum in Eisenmengers Buch hat keine Parallele in einem vom Christentum. Es ist kaum ein Zufall, daß ein *Entdecktes Christenthum* nicht erschienen ist. Das Christentum als Religion der Mehrheit und der Könige in Europa genoß den Schutz der Regierung, und ein Buch wie das von Eisenmenger, das das Christentum verdammte, hätte nie publiziert werden können. Das Judentum dagegen war die Religion einer ausgeschlossenen und machtlosen Minderheit, deren einziger Schutz von der Gnade der Herrscher abhing oder durch den Einfluß irgendeines Hofjuden erkauft wurde. Diese zweifelhafte Stütze hielt nur an einem Ort, um an einem anderen zu versagen. Obwohl es Eisenmenger nicht gelang, sein Buch mit der Erlaubnis Wiens zu veröffentlichen, gelang dies seinen Erben mit der Erlaubnis Berlins. Die schwache politische und gesellschaftliche Stellung der Juden ist eine direkte Folge der Verachtung ihrer Religion, so wie die Armut dem Armen folgt. Deshalb sind nicht die Anschuldigungen gegen die Juden so bemerkenswert, sondern die Tatsache, daß diese nicht zu ihrem Verbot und ihrer Vertreibung aus den christlichen Ländern führten. Diese Inkonsequenz entspricht dem normalen Unterschied zwischen Ideologie und Praxis. Derselbe Friedrich I. von Preußen, der die Veröffentlichung von Eisenmengers Buch erlaubte und dessen Einstellung zu Religion und Charakter der Juden ausgesprochen negativ war, duldete sie aus wirtschaftlichen Gründen in seinem Land.[20] Und die Ideologen selbst gingen in ihren Vorstellungen auch nicht bis an die logische Grenze, wie wir bei Eisenmenger sahen. Sie übten intellektuelle Selbstbeschränkung: zwar seien die Juden abergläubisch und moralisch verderbt, aber man solle sie doch in Ruhe lassen und ihnen die Möglichkeit der Umkehr und Besserung ihrer bösen Wege geben. Auch wenn die Juden die schlimmsten Eigenschaften hatten, so war ihre Verderbtheit doch (nur) eine Folge ihres Glaubens, und sobald sich die Juden zum wahren christlichen Glauben bekehrt hätten, würden sie eine moralische Erneuerung erfahren. Die christliche Erwartung einer «Umkehr der

Juden», d. h. daß die Juden am Ende der Zeiten das Christentum annehmen würden, ist ein wesentlicher Bestandteil der traditionellen christlichen Lehre. Diese Erwartung wirkte als eine Art Gegengift zur Neutralisierung des Giftes, das in den christlichen Vorstellungen vom Judentum enthalten war. Um der Zukunft willen durfte das Judentum jeweils existieren, trotz all der negativen Urteile, die Christen über es verhängten.[21] Die Lebensbedingungen der Juden – und damit zugleich die der sie umgebenden Gesellschaft – waren nicht statisch fixiert. Wenn Eisenmenger und seinesgleichen ihre jüdischen Zeitgenossen als böse ansahen, dachten sie nicht daran, daß diese notwendigerweise auch in der Zukunft so seien. Sie ließen einen Hoffnungsspalt für die Zukunft offen und praktizierten in der Gegenwart relative Toleranz.

2. Die rationalistische Neubesinnung

Johann Eisenmengers *Entdecktes Judenthum* wurzelt noch ganz in mittelalterlichen Denkweisen, als die Theologie das Denken beherrschte und alle die Juden betreffenden Fragen – ihr Gesetz, ihr Charakter, ihr Verhalten – aus theologischer Sicht betrachtet wurden. Deshalb ist Eisenmengers Buch eine Art Nachgeburt, schon zu seiner Zeit veraltet, und genau so wurde es von Kritikern der Aufklärung und des Rationalismus angesehen. Schon zu der Zeit, als Eisenmenger sein Buch schrieb, also in den letzten beiden Jahrzehnten des 17. Jahrhunderts, entstand die neue rationalistische Denkweise, der es unter anderem darum ging, die Axiome der Theologie und die darin gründenden Folgerungen zu überwinden. Zwischen 1680 und 1715 setzte sich dieser neue Ansatz durch.[1] Im Zentrum des rationalistischen Denkens steht der kritische Geist, die Bereitschaft und Fähigkeit, natürliche und geschichtliche Ereignisse aus der Sicht des objektivierenden menschlichen Verstandes zu untersuchen. Erste Knospen dieses Denkens wurden schon in der Renaissance gelegt, jetzt wuchsen sie heran und kamen im Denken von geistigen und moralischen Größen wie Fénelon, Bayle und Toland zur Reife. Wenn bis dahin rationalistische Gedanken eher zufällig und implizit zur Sprache gekommen waren, immer noch im Kompromiß mit der Theologie, so gewinnen sie nun an Kraft; sie werden bewußt und damit zur herrschenden Denkweise. Der Rationalismus versucht, die Natur sowie das Wesen des Menschen und der menschlichen Gesellschaft in ihrer Entwicklung zu verstehen. Gleichzeitig kämpft er gegen die frühere Weltanschauung, die die Köpfe des Menschen noch beherrschte und in der er nur ein Produkt der Phantasie und Täuschung sah.

Der Rationalismus beschränkte sich nicht auf die Theorie, er wollte die Menschen auch dazu anleiten, die Natur zu beherrschen und die Lebensbedingungen durch soziale Reformen zu verbessern, ja, er zielte auf eine ganz neue Gesellschaft. Und tatsächlich veränderte sich die Welt des europäischen Menschen von Grund auf, und zwar seine physische Umwelt – Technik, Wirtschaft, Gesellschaft und Politik – wie seine geistige Welt, sein Denken, die Grundlagen seiner Religion und Philosophie.

Die Emanzipation der Juden in ihren jeweiligen Ländern ist eine der gesellschaftlichen Veränderungen, die die Moderne ausmachen. Verschiedene wirtschaftliche, gesellschaftliche und politische Faktoren trugen zu dieser Veränderung bei, und das Leben der Juden änderte sich von Grund auf, wobei die Wirksamkeit dieser Faktoren von einer entsprechenden Veränderung im Geistesleben abhing. Es war nicht möglich, aus den Juden – den gerade noch am Rand der Gesellschaft geduldeten Fremden – Staatsbürger mit allen politischen Rechten zu machen, solange die überkommene christliche Vorstellung vom Judentum bei ihren Anhängern vorherrschend war. Indem der Rationalismus diese christliche Tradition aus ihren Angeln hob, untergrub er die Autorität des Christentums, seinen Rivalen, das Judentum, zu beurteilen. Der Glaube an die Möglichkeit, daß das Wesen des einzelnen wie das der Gesellschaft formbar ist, gehört zum Rationalismus. Auch die, die an den real existierenden Juden bzw. an dem verbreiteten Bild von ihnen nichts Gutes fanden, konnten an die zukünftige Verbesserung der Juden glauben. Vor allem aber setzte der Rationalismus die Idee des säkularen Staates durch. Dieser Staat kümmert sich nicht um die Religionszugehörigkeit seiner Bürger – zumindest in der Theorie –, und deshalb mußte er ein Haupthindernis auf dem Weg zum jüdischen Bürgerrecht beseitigen.[2]

So war das Aufkommen des Rationalismus von Nutzen für die Juden, ohne ihn ist die Emanzipation nicht denkbar. Von Beginn an jedoch rief die Emanzipation Gegner auf den Plan, die sie aufhalten, verhindern oder begrenzen wollten. Diese beriefen sich nur teilweise auf die alten christlichen Lehren. Denn diese Lehren in ihrer wörtlichen Bedeutung – die Juden seien minderwertig wegen ihrer Sünde, Jesus als Messias abgelehnt zu haben – waren durch die Aufkärung unglaubwürdig geworden, und die Gegner der Emanzipation konnten sich nicht länger auf sie berufen. Die Kritik am Christentum und seinen Quellen war ein integraler Teil des Rationalismus, und wenn auch nicht alle Rationalisten als Atheisten zu bezeichnen sind, so gehörte eine gewisse, teils deutlich ausgesprochene Ablehnung der kirchlichen Lehre doch untrennbar zu dieser Bewegung. Diese Ablehnung christlicher Dogmen mußte notwendigerweise ein Haupthindernis für die Anerkennung von Juden als in Staat und Gesellschaft Gleichberechtigte beseitigen. Und diese Schwächung christlicher Lehren wurde, wie erwähnt, ein wesentlicher Faktor, um den Status der Juden in der Neuzeit wirklich neu zu bestimmen.

Und doch war der Rationalismus mit seiner Kritik am Christentum eine dialektische Bewegung, und sein Einfluß auf die Neueinschätzung von Juden und Judentum war keineswegs einlinig. Denn mit dem Angriff der

Religionskritik auf die christliche Tradition wurde auch das Judentum getroffen, aus zwei Gründen. Zum einen war das Judentum eine der beiden Religionen, deren biblische und teilweise auch rabbinische Quellen der Aufklärung bekannt waren und deshalb zum Thema der Kritik wurden. Im Judentum wurde ein Beispiel für jenes System von Glaube, Zeremonien und Riten gefunden, das die Rationalisten als bedeutungsloses Produkt einer unwissenden Zeit verwarfen. Zum anderen traf die Kritik das Judentum aufgrund seiner Verbindung mit dem Christentum, die sichtbar und sehr bewußt war. Das Christentum konnte das Judentum nicht ignorieren, auch wenn es dieses ablehnte, und es mußte die Quelle, der es selbst entsprungen war, zur Kenntnis nehmen. Der Pentateuch und die Propheten, das ganze Alte Testament wurde zwar von der Kirche in den Schatten des Evangeliums, des Neuen Testaments gestellt, aber seine Autorität war damit nicht aufgehoben, seine Heiligkeit wurde nicht bestritten. Deshalb bedeutete jede Kritik am Christentum eine ähnliche am Judentum. Und selbst wenn die Kritiker nur das Christentum meinten, wurde das Judentum mit getroffen. Und die Kritik am Judentum führte zur Kritik an seinen Anhängern, der jüdischen Gemeinde, die in einer besonderen gesellschaftlichen und politischen Situation war.

Nicht alle, die das Judentum erforschten, fanden es schlecht, und nicht alle, die es schlecht fanden, zogen dieselben Konsequenzen für die damalige jüdische Gemeinde. Aber nach wenigen Generationen wurde die Kritik am Judentum zu einer starken Waffe in der Hand derer, die jede Verbesserung der gesellschaftlichen Stellung der Juden ablehnten – sobald die Judenfrage nämlich virulent wurde. Das Hauptargument lautete kurz zusammengefaßt: die Anhänger dieser minderwertigen Religion seien in einer anständigen Gesellschaft und ihrem Staat fehl am Platze. Damit wird das zweideutige Ergebnis der Religionskritik für die Juden sichtbar. Einerseits hob die Kritik am Christentum jede Grundlage für eine Diskriminierung der Juden aus christlicher Überzeugung auf, andererseits stellte sie selbst neue Waffen für die Gegner der Juden zur Verfügung, als sie deren religiöses Erbe verleumdete.[3]

Die Religionskritik allgemein und die Bibelkritik im besonderen spielten eine wichtige Rolle bei der Meinungsbildung über Juden und Judentum. Ein tiefer Abgrund der Geschichte trennt die Welt der Bibel von der Europas. Viele biblische Aussagen sind dem Europäer fremd, ob es sich um Sitten, Geschmack oder auch Moral handelt. Daß etwa Abraham seine Frau dem Pharao und dem Abimelech angeboten hat, ist dem Leser der Bibel immer befremdlich gewesen, genauso rebelliert das Moralgefühl gegen das Gebot «du sollst nichts leben lassen, was Odem hat» (Dtn 20,16), das sich auf kanaanäische Städte bezieht – und es gibt andere Passagen dieser Art. Solange die Bibel jedoch als Werk einer göttlichen Offenbarung galt, konnte sich dieses Unbehagen nur in Form von Fragen ausdrücken, die zu beantworten waren, und christliche nicht anders als jüdische Exegeten bemühten sich, diesen Stellen in ihrer Auslegung ihre Anstößigkeit zu nehmen. Die Fragen und Einwände konnten die Bibel in ihrer absoluten religiösen und moralischen Autorität nicht treffen. Diese Autorität wurzelte viel zu tief in den Glaubensüberzeugungen von Judentum wie Christentum, und so entstand ein geschlossenes System von Offenbarungsglaube, der Heiligkeit der Bibel und der Unverletzlichkeit des biblischen Wortlauts, das jeder destruktiven Kritik standhielt.[4]

Die veschiedenen Elemente dieses Systems stützten und verstärkten sich gegenseitig, solange sie gültig waren, aber sie brachen alle zusammen, als der Geist rationalistischer Kritik an ihren Wurzeln nagte. Erstmals bei Spinoza klar zum Ausdruck gebracht, aber implizit auch schon früher, verbindet sich die historische Kritik mit Zweifeln an der Offenbarung, d. h. mit Skepsis gegenüber der Verläßlichkeit von in der Bibel erzählten Ereignissen. Und nachdem dieser Zweifel an der Offenbarung und die historische Kritik erst einmal Wirkung zeigten, war der Weg frei, die Werte der Bibel allgemein anzuzweifeln oder lächerlich zu machen.[5]

Dieser Vertrauensverlust in die Zuverlässigkeit biblischer Traditionen veränderte die Grundeinstellung zur Bibel. Jetzt konnte man die biblischen Bücher untersuchen, den Zeitpunkt ihrer Niederschrift bestimmen, die Entwicklung biblischer Gebote und Sitten erklären und die Handlungen biblischer Gestalten moralisch beurteilen.[6] Dies alles geschah zunächst völlig naiv, im totalen Vertrauen auf die Macht der Vernunft, kurz, ohne wissenschaftstheoretische oder methodische Kritik am Kritizismus, die für einen wirklich kritischen Ansatz in der Geschichtswissenschaft unabdingbar ist. Das Vertrauen in die Urteilskraft eines jeden, der logisch denken kann, ist geradezu ein Kennzeichen des frühen Rationalismus. Ein Ergebnis dieses Selbstvertrauens war es, daß die biblischen Bücher nicht länger kritiklos hingenommen wurden, weder wegen ihrer Heiligkeit, die für die Kritiker nicht mehr bestand, noch wegen ihres Alters, das dem kritischen Verständnis und Urteil über eine längst vergangene Welt früherer Zeiten eine Grenze hätte setzen können.

Nicht jeder, der die Welt der Bibel rationalistisch erforschte, kam zu einem negativen Urteil. Ganz im Gegenteil, für manche waren die biblischen Gesetze und Lehren ein Beispiel, das spätere Generationen durchaus anleiten konnte, wenn diese ihre Welt formten: hier fand sich die Weisung für den einzelnen wie für die Gesellschaft. Im 16. Jahrhundert zeichnete Jean Bodin, ein Vorläufer des Rationalismus, ein Bild vom Judentum, d. h. vom Gesetz des Alten Testaments, das für ihn eine religiöse Gesetzgebung par excellence war.[7] Spinoza dagegen war nicht eindeutig. In der ursprünglichen biblischen Gesetzgebung sah er zwar einen Grund für das Wohlergehen des Volkes in alten Zeiten, aber nur bis zum Auftreten der Propheten, die sich selbst eine unverdiente Autorität anmaßten.[8] Im frühen Rationalismus gehörte John Toland zu den uneingeschränkt positiven Beurteilern des Judentums. Toland glorifizierte das antike Judentum als Glaubensüberzeugung wie als gesellschaftlich-politische Lebensweise – allerdings mit dem deutlichen Ziel, das Christentum schlechtzumachen.[9]

Toland gehörte zu den Denkern und Schriftstellern, die als Deisten für das geistige Leben im England und Frankreich des 17. und 18. Jahrhunderts so wichtig wurden. Der Name «Deist» bedeutet, daß diese Denker an Gott glaubten, weil sie davon ausgingen, daß ein Gottesglaube durch menschliche Vernunft und Logik gefordert sei. Von diesem positiven Glauben her griffen sie die religiöse Tradition des Christentums an, weil diese ihre Prinzipien, ihre Riten und ihre Offenbarungen von einer nur behaupteten göttlichen Offenbarung ableitete.[10] Die Anhänger dieses deistischen Glaubens waren sich in den Folgerungen, die sie zogen, keineswegs einig. Einige hielten an einer Offenbarungsvorstellung fest, sie behaupteten aber, daß nichts offenbart worden sei, was nicht auch von der menschlichen Vernunft irgendwann entdeckt würde. Deshalb mußte all das in der religiösen Tradition, was nicht mit der Vernunft übereinstimmte, als menschliche Erfindung abgetan werden; es konnte nicht Ergebnis einer Offenbarung sein, sondern wurde der Erfindung von Priestern einer unwissenden Zeit zugeschrieben. Andere dagegen rechneten auch die Idee einer Offenbarung selbst sowie das biblische Zeugnis davon zu den Produkten verlogener Schriftgelehrter, die zwischen Phantasie und Wirklichkeit nicht unterschieden hätten.[11]

Diese neuen Gedanken waren gewagt, und schon die Tatsache, daß sie publiziert werden konnten, zeigt das Maß an Toleranz im damaligen England an. Die Deisten kamen aus verschiedenen Klassen der englischen Gesellschaft: John Toland war ein Wanderdichter und politischer Publizist; der Earl von Shaftesbury ein aktiver Politiker aus dem Hochadel; Anthony Collins war Gutsbesitzer und Friedensrichter; Thomas Woolston Kleriker und Lehrer an einem College in Cambridge; Matthew Tindal war Rechtsanwalt; Thomas Chubb Handwerker; Peter Annet war ein Schuldirektor und Henry St. John, Viscount Bolingbroke, war Staatsmann und politischer Theoretiker.[12] Sie vertraten alles andere als eine einheitliche Bewegung, nur wenige kannten sich persönlich, und sie nehmen in ihren Werken nur selten Bezug aufeinander. Sie waren jedoch eins in dem ausgesprochen skeptischen Geist ihrer Schriften, und die riefen natürlich heftige Reaktionen seitens der Kirche und anderer Bewahrer der christlichen Tradition hervor, gelegentlich bis zur Exkommunikation dieser Ketzer, wie bei Woolston und Annet. Im allgemeinen jedoch blieb der Streit verbal, Angriff und Gegenangriff erfolgte wiederholt von beiden Seiten.

Die Deisten stellten Einzelheiten der biblisch-christlichen Tradition infrage: es ging um die Naturgesetze, die die in der Bibel berichteten Wunder unmöglich machten, über Widersprüche in den Berichten selbst bis zu Moralforderungen, die nicht duldeten, daß Gott Gebote zugeschrieben wurden, die der Vernunft widersprachen, oder daß die, die sie befolgten, für spätere Generationen als Beispiel dienten.[13] Wie gesagt, diese Autoren richteten ihre Kritik gegen die christliche Tradition, und wenn sie Juden erwähnten, dann meinten sie das biblische Israel. Manche Deisten benutzten die jüdische Ablehnung des Christentums als Rechtfertigung ihrer Sache. Thomas Woolston legt den Spott über die Wunder Jesu in den Mund eines jüdischen Rabbi, der diese Angelegenheit allerdings mit Jesus in einem Geist der Freundschaft und Übereinstimmung bespricht.[14] Peter Annet greift aus einem einfachen Grund auf denselben literarischen Kunstgriff zurück: Juden waren dem Begründer des Christentums nicht verpflichtet und konnten deshalb Dinge sagen, für die ein Christ zweifellos exkommuniziert worden wäre.[15] Trotzdem konnten die Rationalisten ein höchst ungünstiges Bild vom Judentum beschwören, wenn sie die Geschichte der jüdischen Tradition und ihre Riten untersuchten.

Auch im Mittelalter hatten jüdische wie christliche Gelehrte die Herkunft eines Brauchs schon erforscht, ob er wirklich alt war oder von einem anderen Volk übernommen und erst im Nachhinein vom göttlichen Gesetzgeber abgesegnet worden war.[16] Aber das Hauptinteresse der mittelalterlichen Denker war darauf gerichtet, die Geltung der Gesetze zu klären und ihre Bedeutung herauszufinden. Als die Bibel ihre Unantastbarkeit verlor, traten anstelle der Fragen nach Geltung und Bedeutung die nach dem historischen Hintergrund der Bibel, nach dem Ursprung von Geboten und nach ihrer Verwandtschaft mit dem Ritual anderer Völker, von denen die Juden lernten oder die sie lehrten. Die Deisten neigten dazu, die Juden als Lernende zu zeigen; sowohl Shaftesbury wie Collins behaupteten, daß Abraham die Beschneidung von den Ägyptern übernahm.[17] Thomas Morgan sagte, «daß dieses Volk in seinem langen, sechs oder sieben Generationen dauernden Aufenthalt in Ägypten völlig ägyptisiert worden» sei.[18] Deshalb mußte der Gesetzgeber sie entsprechend ihrer inneren Natur behandeln, und diese war ägyptisch. Darum hatten die Israeliten Gebote bekommen, deren Ursprung die Sitten und Gebräuche der unwissenden Ägypter waren.[19]

Solche Behauptungen sollten ursprünglich nur die göttlichen Ursprünge der jüdischen Religion negieren, aber sie führten unvermeidlich auch zur Verachtung der Anhänger dieser Religion, des jüdischen Volkes. Die deistischen Ausführungen über die Moral, über das menschliche Streben nach dem Guten und den Haß auf das Böse, warfen dunkle Schatten auf das biblische Judentum. Der in diesem Gebiet führende Shaftesbury entwickelte die Theorie, daß der Mensch einen angeborenen Sinn für Moral hat, der ihn in seinem Verhalten zu den Mitmenschen leitet.[20] Obwohl andere Deisten diese Theorie von Shaftesbury nicht übernahmen, lehrten auch sie, daß der Mensch keine Religion brauche, um moralisch zu leben, daß er dank seiner Vernunft und Erkenntnis Gutes tun könne. Diese Grundüberzeugung von der ethischen Autonomie des Menschen stellte die gesamte religiöse Tradition infrage. Denn wenn die Moral des Menschen nicht davon abhängt, daß er religiöse Gebote befolgt, dann ist die religiöse Verkleidung, mit denen die jüdische und die christliche Tradition ihre moralischen Imperative umhüllen, überflüssig, sie ist de facto eine unerwünschte religiöse Einmischung. Zudem wurden die Gebote der religiösen Tradition jetzt im Licht einer autonomen Moral untersucht, und viele Einzelheiten hielten der Prüfung nicht stand. Josuas Vernichtungskrieg gegen die Völker Kanaans, der in Übereinstimmung mit einem göttlichen Befehl an Moses geführt wurde, war in der jüdischen wie in der christlichen Tradition immer gerechtfertigt worden, denn beide bestritten Götzendienern das Existenzrecht. Josua diente Cromwell und seinen Soldaten im Krieg gegen die Iren als Vorbild, und die weißen Siedler beriefen sich auf ihn in ihrem Kampf gegen die Indianer. Doch aufgrund seiner Theorie vom angeborenen Sinn für Moral verurteilte Shaftesbury, was im Namen eines göttlichen Gebotes geschehen war:

«Ungeachtet der frommen Bemühungen, die wir als treue Christen unternommen haben mögen, um uns von den Interessen der *Heiden* und *Ungläubigen* zu trennen; ungeachtet der wahrhaftigen Mühen, denen wir uns unterzogen haben, um unsere Herzen zugunsten eines *erwählten Volkes* gegen seine Nachbarvölker und ihre falsche Religion und ihren Götzendienst zu verhärten, wird sich doch eine solche Voreingenommenheit bei uns finden für Geschöpfe, die im selben Bild wie wir geschaffen sind, daß diese uns hindert, jene Strafen mit Genugtuung zu sehen, die diesen *Fremden* und *Götzendienern* von Menschenhand auferlegt wurden.»[21]

Ebenso wehrte sich das ethische Gefühl dagegen, daß die Israeliten die Ägypter ausplünderten,[22] oder daß König David als der Erwählte Gottes ungeachtet seiner unmoralischen Handlungen angesehen werden sollte.[23] David war schon zum Zielpunkt der harten Kritik von Pierre Bayle geworden, die einen Streit für sich hervorrief.[24] Dieses Thema blieb interessant, und fünfzig Jahre nach Shaftesburys kritischen Anmerkungen veröffentlichte Peter Annet 1761 ein ganzes Buch über *The Life of David, the History of the Man after God's Own Heart.* Ein englischer Dichter hatte in einem Loblied König George II. mit dem biblischen König verglichen, und Annet behauptete, daß es beleidigend sei, den englischen König mit jemandem zu vergleichen, der die Frau eines anderen Mannes genommen und den Gatten in den Tod gesandt hatte und der sich noch nach seinem Tod an seinen Feinden gerächt hatte.[25]

Solche Kritik findet sich wiederholt in den Schriften der Deisten, und sie sollte beweisen, daß die Bibel nicht als Offenbarung angesehen werden konnte, weil ihre Moral im Widerspruch zu den Eigenschaften eines gütigen Gottes stand, dessen Existenz von der menschlichen Vernunft gefordert war. Konnte Gott ein Menschenopfer befohlen haben, wie Jephta und selbst

Abraham glaubten? Letzterer mußte seinen Sohn am Ende zwar nicht schlachten, aber er hatte sich nicht gegen dieses Gebot gewehrt.[26] Die Generationen der Bibel waren in Unwissenheit gefangen, und sie sollten keineswegs als Beispiel für die Zukunft gelten, sondern an den Pranger gestellt werden, damit sie ihren Einfluß verloren.

Der Kampf der Deisten richtete sich in erster Linie gegen das Christentum, dessen Ritus und Tradition – zumindest in der offiziell verkündeten Version – den Geist der Deisten abstieß. Das Judentum wurde zum Angriffsziel, einfach weil seine älteste Schicht, die biblische Litearatur, auch die Grundlage des Christentums war. Zugleich behielten die Deisten die Abwertung des Alten Testaments gegenüber dem Neuen bei, wie sie christlicher Tradition entsprach. Solange es um den Wortsinn der Schrift oder um die dogmatischen Traditionen der Kirche ging, wurden das Alte wie das Neue Testament von den Deisten gleich beurteilt und wegen ihrer Irrationalität gleichermaßen abgelehnt. Aber die Deisten nahmen sich die Freiheit, die Quellen unabhängig auszulegen, und der Kampf um dieses Recht ist eines ihrer wichtigsten Themen. Thomas Woolston etwa wollte das Christentum dadurch retten, daß er Erzählungen, Gebote und Lehren allegorisch deutete, wenn ihr Wortsinn den Naturgesetzen oder denen der Logik widersprach.[27] Matthew Tindal und Thomas Morgan unterschieden zwischen dem Wesentlichen und dem Zufälligen. So konnten sie die Existenz einer unbestreitbaren christlichen Lehre festhalten und alles, was Natur und Vernunft widersprach, fremden Einflüssen zuschreiben, wobei das Judentum die erste und wichtigste Quelle solch fremden Einflusses war. Tindal gab dem Christentum gegenüber dem Judentum den Vorzug, sogar einen zeitlichen, wie der Titel seines Buches verrät: *Christianity as Old as Creation.* Das Christentum war die von der Natur dem Menschen eingegebene Religion, das Judentum dagegen eine Abweichung in den Aberglauben, eine Versklavung an den Ritus und die Unterwerfung unter das Joch von Priestern, die die Schwächen der Gläubigen ausnutzten.[28] Morgans Überzeugung kommt im Titel seines Werks zum Ausdruck, *The Moral Philospher*, in dem er das Christentum mit den ethischen Geboten identifiziert, die der menschlichen Natur entsprechen. Die biblischen Schriften, ihre Gestalten, Lehren und Gebote, sind für ihn ein Widerspruch zum wahren Christentum. Die Zufügung des Alten Testaments zum Neuen, selbst wenn es weniger geachtet ist, ist eine Entstellung der christlichen Lehre, die dadurch ihre ursprüngliche Reinheit verliert. Deshalb muß die Verbindung zwischen Altem und Neuem Testament zerbrochen werden, und die Spuren jüdischen Einflusses im Christentum sollten gelöscht werden.[29]

Wegen Morgans konsequenter Haltung in dieser Frage sehen manche Historiker in ihm eine Art geistigen Nachkommen des Marcion, jenes Gelehrten aus dem 2. Jahrhundert, der ebenfalls das Christentum radikal von der jüdischen Tradition trennen wollte und der von den Christen später als

Häretiker angesehen wurde.[30] Marcion hielt jedoch an einer Offenbarungsreligion fest, auch als er das Judentum eliminiert hatte, während Morgan das Christentum mit der natürlichen Religion gleichsetzte, die für ihn der Grundstein autonomer Moral war. Morgan bekannte sich wie Tindal zur natürlichen Religion, ohne den Namen Christ aufzugeben. In einem Dialog vertritt der «christliche Deist» seine Ansichten, sein Gegenüber ist «christlicher Jude».[31] Diesem Muster folgt die Verlängerung des jüdisch-christlichen Konflikts im Bereich des Rationalismus: alles Gute und Schöne wird christlichen Ursprüngen zugeschrieben, alles Böse und Häßliche jüdischen. Diese Tendenz erscheint hier im Rahmen einer innerchristlichen Polemik. Der hier beschriebene Jude ist ein Abstraktum, zusammengesetzt aus Elementen der Schrifttradition. Es gibt kein Anzeichen dafür, daß Tindal oder Morgan ihre Abwertung des Judentums auf ihre jüdischen Zeitgenossen bezogen, um diese ging es bei der Diskussion überhaupt nicht. Das deistische System hatte keine Auswirkungen auf die christliche öffentliche Meinung über Juden; seine Bedeutung liegt darin, daß es eine Möglichkeit andeutete, die später, unter ganz anderen Umständen als denen in England um die Mitte des 18. Jahrhunderts, Wirklichkeit werden sollte.

Während dieser Zeit wurde 1753 die Judenfrage ein Thema in der englischen Öffentlichkeit, aber sie wurde ganz nach traditionellem Muster behandelt. Die Argumente aus den deistischen Abhandlungen, die den Gegnern der Juden hätten helfen können, waren ihnen entweder unbekannt oder sie ignorierten sie – als ob sie gar nicht existierten.

Nach ihrer Vertreibung am Ende des 13. Jahrhunderts hatten Juden um die Mitte des 17. Jahrhunderts begonnen, wieder nach England zurückzukehren. Um die Mitte des 18. Jahrhunderts lebten etwa achttausend Juden in England, einige vom Kontinent eingewandert, andere dort geboren. Letztere waren Untertanen des Königs, aber ihre Religion verschloß ihnen den öffentlichen Dienst, der nur denen offenstand, die den anglikanischen Treueid schwören konnten. Im Ausland geborene Juden unterlagen auch wirtschaftlichen Einschränkungen. Sie durften kein Land kaufen und nicht Teilhaber an englischen Schiffen werden, von denen der Kolonialhandel abhing. Wohlhabende jüdische Kaufleute, von denen einige dem Premierminister der Whigs, Henry Pelham, nahestanden, wollten diese Situation durch ein Naturalisierungsgesetz ändern, das einem Juden durch Parlamentsbeschluß die englische Staatsbürgerschaft ermöglichte. Einen solchen Beschluß zu erreichen, der in jedem Einzelfall eigens beschlossen werden mußte, war ein langwieriger und teurer Vorgang, und er war nur wenigen wohlhabenden und einflußreichen Juden möglich. Dennoch stieß dieser Vorstoß auf heftige Opposition in der Öffentlichkeit, und die Regierung mußte ihre Haltung ändern und das Gesetz widerrufen.[32]

Die moderne Forschung hat ergeben, daß die Empörung gegen das Naturalisierungsgesetz kein spontaner Aufschrei war. Es war während eines

Wahlkampfes, als die Opposition der Tories alles tat, um die Regierung anzugreifen und zu stürzen. Deshalb könne, wie manche glauben, der Erfolg der Opposition nicht als Beweis dafür gelten, daß es in England Antisemitismus gab. Thomas Whipple Perry vertritt diese Ansicht in einem Buch, in dem er die Affäre mit dem ganzen Wissen eines kompetenten politischen Historikers sehr genau beschreibt.[33] Und wenn man unter Antisemitismus aktive gesellschaftliche Judenfeindschaft versteht, dann beweisen die Ereignisse von 1753 seine Existenz nicht. Aber Vorurteile gegen Juden muß es in weiten Kreisen gegeben haben, ohne sie hätte die politische Propaganda die Öffentlichkeit nicht so erregen und mit der Drohung einer Machtübernahme der Juden so erschrecken können.

Man muß deshalb fragen: Was war das Wesen jener Propaganda, die 1753 ein so breites öffentliches Echo in England hervorrief? War es ein Überbleibsel mittelalterlicher Vorstellungen oder war es von Gedanken beeinflußt, die in rationalistischen bzw. deistischen Schriften entwickelt worden waren? Die Antwort ist eindeutig; die antijüdische Propaganda von 1753 stammte aus der christlichen Tradition, nur ganz am Rande bei einigen wenigen stößt man auf Anzeichen der deistischen Judentumskritik.[34] Die meisten Gegner des Naturalisierungsgesetzes hielten an der theologischen Vorstellung fest, daß die Juden zur Rechtlosigkeit verurteilt seien, ein wanderndes Volk unter den Völkern, und daß es sich für einen christlichen Staat nicht gehörte, sie freundlich zu behandeln, sie in größerer Zahl zuzulassen oder ihre Rechte auszuweiten. Andere warnten vor den Verlusten, die einer christlichen Bevölkerung durch Kontakt mit jüdischen Kaufleuten entstehen würden, denn diese galten als untreu und unehrlich.[35] Allerdings konnten sich nur wenige dieser Kritiker auf persönliche Erfahrungen mit einem betrügerischen Verhalten von Juden in Geschäften berufen.[36] Die meisten gaben keinen Hinweis darauf, daß sie je einen Juden persönlich kennengelernt hätten; sie wiederholten lediglich Denkmuster und Stereotypen der christlichen antijüdischen Literatur. Einige sahen (angeblich) düstere Aussichten für England voraus, wenn es mehr Juden geben würde, sie die Institutionen des Landes übernehmen und die Bewohner bewußt oder unbewußt judaisieren würden.[37] Dies entspricht ziemlich genau den von Eisenmenger vertretenen Ansichten. Sein Buch war in England nicht bekannt, aber es beinhaltete ja auch nichts anders als jene christlichen Vorwürfe, deren Grundinhalte jeder kannte, der mit der christlichen Tradition vertraut war. Wer sich an diese Tradition hielt, hatte genügend Argumente gegen die Juden, und er konnte einer zustimmenden Aufnahme in der englischen Öffentlichkeit gewiß sein.

Spuren deistischen Denkens finden sich, wie gesagt, nur am Rande der polemischen Literatur von 1753. Dabei werden Deisten und Juden gelegentlich im selben Atemzug genannt, beide gelten als Verleugner Jesu.[38] Andere fürchten, daß die Anwesenheit von Juden die Anzahl von Deisten und Atheisten vergrößern würde.[39] Wieder andere halten diese beiden Argumente für lächerlich; einer sagt ausdrücklich, daß es unter den Gegnern der Juden Deisten gäbe, die die christlichen Argumente, die in der Öffentlichkeit zu hören sind, keineswegs verachteten.[40] Nur ein Diskussionsteilnehmer mit dem Pseudonym Philo Patriae ging auf die deistische Kritik am Judentum ein, und dies war der konsequenteste und bewußteste Verteidiger der jüdischen Sache, sehr wahrscheinlich selbst Jude.[41] Im Gegensatz zu den Kritikern, die die Unmoral der Juden ihrer Religion zuschrieben, sagte Philo Patriae, man müsse doch zugeben, daß «die jüdische Religion ein wahres Moralsystem lehrt, denn es ist mit der Gottheit unvereinbar, daß sie jemals falsche Gebote gegeben haben soll».[42] Und er schließt: «Wer die Moral der jüdischen Religion bestreitet, schwächt die Beweise des christlichen Glaubens und schafft Raum für einen Sieg der Deisten.»[43] Hier ist also ein expliziter Bezug auf das rationalistische Denken, aber nicht als Anklage gegen die Juden, sondern im Gegenteil zu ihrer Verteidigung.

G. M. Trevelyan hat die Hypothese aufgestellt, daß die Unterbrechung jüdischen Lebens in England als Ergebnis der Vertreibung im Mittelalter verhinderte, daß in der Zeit entscheidender wirtschaftlicher Entwicklung Feindschaft gegen Juden aufkommen konnte. Außerdem habe sich während der Abwesenheit der Juden eine Kultur des Bibellesens entwickelt, die den religiösen Haß auf das erwählte Volk besänftigt habe.[44] Herbert Schöffler ging noch weiter und behauptete, daß die Abwesenheit von Juden es möglich machte, daß das Alte Testament im 16. und 17. Jahrhundert in die englische Kultur aufgenommen werden konnte. Die Gestalten des Alten Testaments wurden nicht mit Juden identifiziert, und so konnte nichts die Engländer daran hindern, sich selbst mit ihnen zu identifizieren.[45] Wenn diese Erklärung richtig ist – und auch ohne direkten Beweis ist sie doch überzeugend einfach –, dann erhellt sie eine Tatsache, auf die wir gestoßen sind: Auch als die Zeiten sich änderten und das Alte Testament das Ziel deistischer Kritik wurde, hatten die Kritiker nicht das Gefühl, daß sie damit die Juden ihrer Zeit kritisierten. Es ist schlicht eine Tatsache, daß die Bibelkritik der Deisten nicht mit Feindlichkeit gegen Juden einherging und in der damaligen antijüdischen Propaganda keinen Platz fand. Sie mußte aus ihrem ursprünglichen Kontext erst herausgelöst und verschärft werden, um sich gegen ein konkretes Ziel zu wenden. Die deistische Lehre durchlief diesen Prozeß, als sie aus der englischen in die französische Richtung übertragen wurde. Der wichtigste Übersetzer ist Voltaire gewesen, und sein Beitrag zur Entwicklung des modernen Antisemitismus verdient ein eigenes Kapitel.[46]

3. Voltaire

Mehr als jeder andere hat Voltaire das rationalistische Denken geformt, das die europäische Gesellschaft dazu bringen sollte, auch die Stellung der Juden zu verbessern.[1] Voltaire bezeichnete sich selbst als Deisten, und er setzte das deistische Denken da fort, wo seine englischen Vorläufer aufgehört hatten. Sein heftiger Kampf gegen die Autorität der Kirche und darum, in Glaubens- und Gewissensfragen der Toleranz zum Durchbruch zu verhelfen, wurzelte in seiner deistischen Sicht. Dieser Kampf begann in den fünfziger Jahren des 18. Jahrhunderts, als die deistische Bewegung in England bereits eindeutig im Niedergang war. Bis zu dieser Zeit wollte Voltaire nur ein guter Schriftsteller, Philosoph und Historiker sein. Doch nun wurde der öffentliche Kampf für religiöse Toleranz seine wichtigste Aufgabe.[2] Voltaire lebte von 1726 bis 1731 in England, und sein Kontakt mit mehreren Deisten verstärkte seine Vorbehalte gegenüber den Lehren der Kirche und des Christentums. Schon vorher hatte er eine rationalistische Weltanschauung entwickelt,[3] auch wenn er seine praktischen Folgerungen für gesellschaftliche Reformen auf rationalistischer Basis erst zwei Jahrzehnte später entwickelte, als er über fünfzig Jahre alt war. Rechtsbrüche, die auf religiöse Intoleranz zurückgingen, veranlaßten Voltaire, seine Passivität aufzugeben; der berühmteste Fall war wohl das Todesurteil gegen den Protestanten Calas in Toulouse, der verdächtigt wurde, seinen Sohn ermordet zu haben, weil dieser angeblich zum Katholizismus konvertieren wollte. Er glaubte, daß die kirchlichen Einschränkungen der Gedankenfreiheit eine zu große Last für die Bürger Frankreichs sei, als daß sie noch länger zu ertragen wäre, und daß die Zeit zum Handeln gekommen sei. Voltaire begann einen totalen Krieg gegen die Grundprinzipien von Staat und Gesellschaft, d. h. gegen den Glauben und die Riten des römischen Katholizismus. Voltaire ergoß seinen Spott über die Erzählungen der Bibel und der Evangelien in Artikeln, Briefen, Gedichten und in der Encyclopédie, die von 1751 bis 1772 von d'Alembert und Diderot herausgegeben wurde, zwei führenden Rationalisten jener Zeit. Die Sitten früherer Generationen erschienen dem aufgeklärten Geist des 18. Jahrhunderts absurd. Die religiösen Weisungen und Gebote hatten jede Bedeutung verloren, ja, sie schienen der akzeptierten Moral geradezu zu widersprechen. Das Schlimmste von allem waren die Wunder, die die Gläubigen – zumindest entsprechend dem Dogma – wörtlich zu glauben hatten.

Voltaires Arbeiten auf diesem Gebiet waren inhaltlich nicht neu. Er zitierte die englischen Deisten ausführlich, nicht so sehr, um ihnen als den Erfindern einer Idee Ehre zu erweisen, sondern um seine Argumente durch die zusätzliche Autorität von Denkern wie Toland, Shaftesbury und Bolingbroke zu stützen, die damals mehr Ansehen genossen als er.[4] Voltaire wollte zeigen, daß in England, das für viele aufgeklärte Franzosen der freie Staat par excellence war, jeder die überlieferten Glaubensprinzipien kritisieren durfte, ohne ein persönliches Risiko einzugehen. Tatsächlich gingen Voltaire und die anderen französischen Philosophen in ihrer Kritik am Christentum weiter als ihre englischen Kollegen, und vor allem gingen sie in ihren sozialpolitischen Ambitionen weit über diese hinaus. Es gibt keine Hinweise dafür, daß die Engländer die Grundlagen der Kirche umstürzen wollten. Sie hatten eher theologische Interessen, sie kämpften um das Recht, die christliche Tradition radikal rationalistisch zu interpretieren oder völlig außer Acht zu lassen und ihr ethisches System ganz säkular zu begründen. Die Franzosen und besonders Voltaire waren militant in ihrem Denken, sie riefen zum Kampf gegen ein Regime auf, das auf betrügerischen Prinzipien gegründet war. Voltaires Schlagwort «écrase l'înfame», was immer es genau bedeutete,[5] ruft die Gemeinschaft der Aufgeklärten auf, Vorurteile abzubauen und Aberglauben auszurotten, wobei dies alles einschloß, was mit dem gesunden Menschenverstand nicht übereinstimmte.

Auch im Gebrauch intellektueller Kritik gingen die Franzosen weiter als die Engländer. Das rationalistische Denksystem hatte in der ersten Hälfte des 18. Jahrhunderts große Fortschritte gemacht und die mannigfachen Elemente dieser Entwicklung kamen in Voltaires brillantem Geist zusammen. Andere hatten den Weg bereitet, aber er war es, der die Geschichtsschreibung auf eine neue Grundlage stellte.[6] Voltaire kam zu neuen Erkenntnissen über gesellschaftliche Triebkräfte und den Wechsel von Aufstieg und Verfall kultureller Kreativität. Dank seiner Bemühungen, die Kultur von Stämmen und Völkern als Naturgeschehen zu erklären, das nach bestimmten erkennbaren Gesetzesmäßigkeiten verläuft, gilt dieser vielseitige Schriftsteller auch als einer der ersten Ethnologen bzw. Anthropologen. Voltaire ging mit diesem anthropologischen Ansatz auch an die Geschichte heran, einschließlich der des biblischen Israel sowie der Juden im Mittelalter und später. Christliche Historiker sahen die jüdische Geschichte von einem theologischen Blickwinkel aus, sie glaubten an das von der Vorsehung bestimmte Wesen der Juden, die zunächst eine göttliche Mission erfüllt, dann aber die Strafe für Rebellion und Verrrat an ihrer Rolle erlitten hatten. Die Kritik der frühen Deisten untergrub diesen Glauben und zerstörte damit die Grundlage für eine theologische Erklärung der Geschichte und des Schicksals Israels. Aber weil sie keine andere Erklärung hatten, folgten auch die Autoren, die den Glauben an die traditionellen Vorstellungen verloren hatten, den überkommenen Klischees. Diese Mischung aus rationalistischer Kritik und einer theologisch-religiösen Ausdrucksweise findet sich noch in den Schriften Spinozas und der meisten englischen Deisten. Voltaire dagegen verwendet die Theologensprache nur noch ironisch, wie wir sehen werden, er brauchte diese Stütze nicht mehr. Er erklärt die Ereignisse der jüdischen Geschichte, der antiken wie der modernen, nicht anders, als er die menschliche Geschichte sonst erklärt, indem er nämlich das Wesen der menschlichen

Gesellschaft und ihre verschiedenen Gestalten untersucht. Mit Voltaire wird der Rationalismus dialektisch. Einerseits lösten die Rationalisten die christliche Tradition auf, die zuvor die jüdische Existenz erklärt und den Juden die Stellung einer von Gott verworfenen Gemeinschaft zugeschrieben hatte; andererseits entwickelten sie eine Konzeption, in die es paßte, die Juden als von Natur aus hassenswert zu kennzeichnen.

Voltaire beschreibt das Judentum in derselben realistischen Begrifflichkeit, die er auch in seiner allgemeinen Geschichtsschreibung verwendet. Wesen, Herkunft und Bedeutung dieser Begrifflichkeit verdienen es, näher betrachtet zu werden. Erste Ansätze zu einer neuen Methode der Erforschung der menschlichen Gesellschaft, das, was wir Ethnologie oder Anthropologie nennen, finden sich in der Renaissance. Die Entdeckung Amerikas, des Fernen Ostens und Afrikas weitete den Horizont der Europäer, als sie auf unzählige Stämme und Völker stießen mit Kulturen, die von den damals in Europa bekannten völlig verschieden waren.[7] Die kulturelle Vielfalt der Welt, wie sie von Reisenden und Missionaren entdeckt wurde, löste Zweifel aus, ob wirklich alle Völker der Welt denselben Ursprung hatten, wie die biblische Tradition behauptete. Und wenn der Mensch einen gemeinsamen Ursprung hatte, dann hatte er sich unter dem Einfluß von Umwelt und Zeit sehr verschieden entwickelt. Als das Vertrauen in überlieferte Antworten verloren ging, entstanden neue Fragen: Welche Kräfte formten eine Gesellschaft oder Kultur? Was hatte sich verändert? Und welche Faktoren bewirkten solche Veränderungen? Die Antworten auf diese Fragen ruhten natürlich noch nicht auf einer wissenschaftlichen Methode, zumeist waren sie nichts als Vermutungen und Annahmen. Der Mut von Denkern und Schriftstellern, ihrer Spekulation freien Lauf zu lassen, kennzeichnet im Guten wie im Schlechten die erste Generation der Aufklärung.

Der Versuch, die Eigenart von Gesellschaften und Kulturen so zu beschreiben, daß ihre Entstehung verständlich wird, erreicht in Voltaires Schriften einen Höhepunkt. Sein *Essai sur les moeurs et l'esprit des nations* unternimmt es, die Wesenszüge der europäischen Völker in ihrer Entstehung darzustellen, ohne auf Einzelheiten ihrer Geschichte einzugehen. In dieser wie in seinen anderen historischen Arbeiten verwendet Voltaire verschiedene Analysemethoden, ohne sie auf ihren Wert kritisch zu untersuchen. Er wußte, daß Ergebnisse früherer Zeiten in den folgenden Epochen sichtbar sind, und in seiner Geschichte der Völker Europas wendet er sich zunächst der Geschichte Chinas, Indiens, Persiens und der arabischen Länder zu. Allgemein behauptet er, daß physische und moralische Gründe die Herausbildung eines Volkscharakters beeinflussen.[8] Zugleich verwendet er Begriffe wie *l'esprit des nations* und *l'esprits du temps*, um zu zeigen, daß Kultur, Gesetze und Sitten einer bestimmten Zeit ein integriertes, in sich verständliches System sind. Der gemeinsame Nenner dieser Grundvorstellungen ist, daß sie historische Ereignisse auf natürliche Weise erklären sollen, ohne Rückgriff auf die übernatürlichen Deutungen der christlichen Tradition, die in früheren Generationen bis zu der, in der Voltaire heranwuchs, fraglos in Geltung standen. Die neue geschichtliche Sicht verwarf die Idee der Vorsehung; sie lehnte die Annahme ab, daß das jüdische Volk für eine führende Rolle in der Geschichte ausersehen war, eine Rolle, die die katholische Kirche in ihrer Theologie für sich in Anspruch nahm. Diese theologischen Prämissen wurden nicht nur als unbrauchbar abgetan, wenn man Geschichte verstehen wollte, sie wurden auch zu den veralteten Zügen des «Geistes der Zeit» früherer Epochen gerechnet.[9] Als Voltaire in seiner militanten Zeit darum kämpfte, das Dogma und die Herrschaft der Kirche zu stürzen, war diese neue geschichtliche Sicht einer seiner wichtigsten Waffen. Er ging davon aus, daß diese Sichtweise eine natürliche Erklärung all dessen finden würde, was bis dahin als Werk göttlicher Inspiration angesehen wurde. Die Geschichte des jüdischen Volkes, Offenbarungsträger bis zum Kommen Jesu, und die Geschichte der Kirche danach wurden als Teil der Menschheitsgeschichte gesehen, die mit denselben Kriterien wie die übrige Geschichte zu erforschen und zu erklären waren. Die jüdische Geschichte war für Voltaire als Geschichte eines antiken Volkes interessant. Und die Tatsache, daß das jüdische Volk die Wurzel des von ihm verachteten christlichen Glaubens war, erhöhte sein Interesse an der Geschichte Israels, zugleich verringerte sie seine Fähigkeit, diese Geschichte in ruhiger Objektivität zu sehen.

Äußerlich gab Voltaire vor, an die Offenbarung der Bibel zu glauben, wie dies von der herrschenden Kirche verlangt wurde. In seinen zahlreichen Aufsätzen über die Bibel, in denen er nach Art der Deisten historische und moralische Kritik übt, erklärt er wiederholt zu Beginn oder am Ende jedes Aufsatzes, daß er als Christ verpflichtet sei, die offenbarten Schriften wörtlich zu glauben.[10] Er neigte sein Haupt in Ehrfurcht vor der göttlichen Weisheit, die die Naturgesetze ändern und Taten vollbringen konnte, die nach menschlichem Ermessen unmöglich waren. Als Historiker habe er jedoch das Recht, die Angelegenheiten entsprechend seiner eigenen Erleuchtung zu beurteilen, also Wahrheit an Fakten zu verifizieren und Handlungen moralisch zu beurteilen. Auf diese Art rettete sich Voltaire vor einer Anklage wegen Häresie, und er rettete seine Bücher vor der allgegenwärtigen Zensur. Zugleich deutete Voltaire an, was er wirklich von der historischen Zuverlässigkeit biblischer Erzählungen und dem moralischen Standard des heiligen Buches hielt, auf dem die Autorität der Kirche ruhte.

Tatsächlich ist die gesamte historische Arbeit Voltaires eine polemische Auseinandersetzung mit dem Christentum, auch wenn es um Themen geht, die mit der biblischen Welt oder der jüdischen und kirchlichen Geschichte nichts zu tun haben. Wenn er in China etwa nur Ruhe, Friedfertigkeit und höchste Moral findet, dann ist sein kritischer Punkt unverkennbar: er will zeigen, daß in China ein Volk mit einem glücklichen Geschick lebt, weil es seine Welt zwar auf den Glauben an eine höhere Macht gründet – wie die Deisten –, aber ohne irrationale Dogmen oder bedeutungslose Riten.[11]

Zur Zeit Voltaires steckte die moderne Geschichtsschreibung noch in den Kinderschuhen, ihre Grundkategorien und kritischen Methoden kristallisierten sich erst langsam, zusammen mit impliziten philosophischen und gesellschaftlichen Entwicklungen, heraus. Voltaires geschichtliche Weltsicht im allgemeinen und seine Beschreibung des Judentums im besonderen sind Ergebnisse am Rande der öffentlichen philosophischen Kontroverse, an der er teilnahm. Der Historiker hatte gerade erst begonnen, die Werkzeuge seines Handwerks zu schmieden, er hatte noch nicht das notwendige Maß an Objektivität erreicht.

Voltaires Subjektivität, ja Willkür wird auch in seinem Urteil über historische Belege deutlich, er hält manche Quellen für verläßlich, andere für unzuverlässig. In der Frage der Entstehung des jüdischen Volkes zeigt er eine deutliche Vorliebe für das Zeugnis griechischer und römischer Geschichtsschreiber gegenüber dem biblischen Bericht über die jüdische Tradition. Ursprünglich lebten die Israeliten als arabischer Nomadenstamm in der Wüste Sinai; wenn sie überhaupt in Ägytpen waren, dann wurden sie von dort wegen ihrer Lepra vertrieben, wie es bei Apion, Tacitus und anderen berichtet wird. Die Patriarchen Abraham, Isaak, Jakob und vielleicht sogar Moses haben nie gelebt. Voltaire findet zahllose Widersprüche in den biblischen Erzählungen über ihre Geschichte, zudem mehr als genug Gelegenheit, die ihnen zugeschriebenen Taten lächerlich zu machen. Viele der Berichte widern den aufgeklärten Gelehrten ethisch an. Abraham etwa überläßt seine Frau dem Pharao für Geld, ist grausam zu seinem Sohn Ismael und ist sogar bereit, seinen Sohn Isaak zu opfern wie jene Barbaren, die Menschenopfer bringen. Moses befiehlt die Hinrichtung einer großen Menge Menschen wegen des goldenen Kalbes; außerdem gibt es die Revolte von Korah und die Affäre mit der midianitischen Frau. Die Eroberer Kanaans setzten seine Grausamkeit fort; sie betrogen die Gibeoniter ganz so, wie ihr Vorfahr seinen Bruder Esau, seinen Vater Isaak und seinen Schwiegervater Laban betrogen hatte.[12]

Die Handlungen biblischer Gestalten, ob ihre historische Existenz zweifelhaft war oder nicht, wurden nicht um ihrer selbst willen von Voltaire erforscht, sondern weil er zeigen wollte, auf wie niedrigem ethischem Niveau die Menschen lebten, deren Vorstellungskraft diese Gestalten geschaffen hatte oder unter denen sie lebten. Voltaire kannte sich in der biblischen Wissenschaft gut aus, die in der Generation vor ihm entstanden war, wie er ja auch die christliche Exegese und Theologie beherrschte. Ihm fehlte aber eine präzise Forschungsmethode, die es ihm ermöglicht hätte, zu definitiven und gut begründeten Folgerungen zu kommen. So übernahm er die meisten seiner Thesen und Theorien von seinen Vorgängern, vor allem den englischen Deisten, ohne immer zu versuchen, die Differenzen zwischen ihnen auszugleichen. Gelegentlich unterlaufen ihm selbst widersprüchliche Aussagen, wenn er Tatsachen behauptet oder Hypothesen belegt.[13] Ihn interessierte nicht so sehr die tatsächliche Wahrheit, sondern er wollte die herrschende Moral und Einstellung der biblischen Zeit aufzeigen, um den Geist des jüdischen Volkes darzustellen. Und als er dieses geistige Bild entworfen hatte, dann fühlte er sich frei, das Volk anhand der von ihm vertretenen rationalistischen Kriterien zu messen.

Für dieses Urteil zog er verschiedene Kriterien heran; das wichtigste ist die Moral. Auf den ersten Blick gehört es zu Voltaires historischer Methode, verschiedene Verhaltensweisen und sich ändernde Moralvorstellungen anzuerkennen. Trotzdem erklärt er eine ethische Norm als für alle Zeiten verpflichtend; und wenn er auf historische Gestalten stößt, die dieser Norm nicht entsprechen, veruteilt er sie schonungslos. Die Generationen der Bibel sind in seinen Augen nicht nur schuldig an Grausamkeit und Betrug, sondern auch einer von ihm streng verurteilten sexuellen Promiskuität. Er lehnt die Polygamie der Patriarchen und Könige ab und mißt sogar Ruths Verhalten, als sie Boas dazu bringen will, sie als nächster Verwandter zu heiraten, mit Maßstäben des 18. Jahrhunderts, «die vielleicht nicht reiner, aber jedenfalls anständiger sind».[14]

Das zweite Kriterium zur Beurteilung vergangener Generationen ist die Vernunft: sind diese Generationen in ihrem Leben der Vernunft oder dem Aberglauben gefolgt? Für Voltaire sind alle Zeremonien und Riten Aberglaube, die keinem klaren Zweck dienen, sondern nur dazu, Gott entsprechend einer anthropomorphen Vorstellung zu versöhnen. Schon der Gedanke, daß Gott Riten wie Opfer, Beschneidung oder den Sabbat befohlen habe und sogar Strafen bis hin zur Todesstrafe für ihre Verletzung vorsieht, ist für den deistischen Gott, der von der Welt menschlicher Handlungen weit entfernt ist, eine Beleidigung und ein Greuel. Und natürlich erscheinen die biblischen Gestalten, gemessen an diesem Kriterium, als in den tiefsten Tiefen des Aberglaubens versunken. Voltaire ergießt seinen Spott über biblische Gebote und Vorschriften, über die Opferriten, gottesdienstliche Zeremonien und Pflichten für den einzelnen. Dabei reichen ihm die Riten, die tatsächlich zur jüdischen Religion gehören, nicht aus; in den Fußstapfen deistischer Gelehrter vor ihm behauptet auch er, daß Menschenopfer zu den in biblischer Zeit praktizierten Riten gehörten.[15]

Voltaires drittes Kriterium ist wissenschaftliche und kulturelle Produktivität. So niedrig er den Wert einer praktizierten Religion im Leben eines Volkes einschätzt, so hoch schätzt er Kunst, Literatur, Wissenschaft und Technik, d. h. all das, was dem Menschen Macht über die Natur verleiht oder sein Leben dadurch verbessert, daß es ihm eine ästhetische Dimension, Eleganz oder Schönheit zufügt. Er beurteilt die Völker der Antike aufgrund dessen, was sie auf diesen Gebieten zustande brachten. Er lobt die Chinesen für die technischen Erfindungen, die die Landwirtschaft voranbrachten und die Bildung großer Städte in ihrem Land ermöglichten. Er feiert die künstlerische Kreativität der Griechen des goldenen Zeitalters. Er verherrlicht den Hellenismus in Alexandrien wegen seiner Fortschritte in Wissenschaft und Technik. In der Geschichte des jüdischen Volkes findet Voltaire beinahe nichts dieser Art, und wenn doch, dann schreibt er dies dem Einfluß der Nachbarvölker zu. Die Israeliten der biblischen Zeit waren weder Künstler noch Handwerker. Mußte Salomon nicht auf Hiram von Tyrus zurückgreifen, als er den Tempel baute? Erzählt das Buch Samuel nicht, daß denen, die in den Bergen wohnten, selbst die einfachsten Eisengeräte fehlten, aus denen ein Pflug zu machen war? Die Israeliten waren nichts als nomadische Hirten oder bestenfalls primitivste Bauern. Sie zeigten nicht die Spur eines Wissens über die Naturgesetze, stattdessen glaubten sie an eine göttliche Quelle für Erscheinungen wie Regen oder den Regenbogen. Die Funktion des Arztes, der den menschlichen Körper und die Ursachen seiner Krankheiten kennt, wurde vom Priester oder Propheten wahrgenommen – genau jenen, die die Schwäche der Menschen nur zu gern ausnutzten, um deren Glauben an ihre eigenen übernatürlichen Kräfte zu befestigen.[16]

Schließlich beurteilt Voltaire Völker und Kulturen noch anhand des politischen Kriteriums, ob sie nämlich ein funktionierendes politisches System entwickeln konnten. Voltaire gilt nicht unbedingt als ein systematischer politischer Denker, Probleme von Staat und Regierung interessierten ihn nur am Rande.[17] Trotzdem nahm er die Fähigkeit von Völkern zur Kenntnis, durch Autorität und Gesetz eine politische Ordnung zu schaffen und äußeren Angriffen auf das Gemeinwesen zu widerstehen, und das Fehlen dieser Fähigkeit ist für ihn eine Schwäche im Volkscharakter. Das zweimalige Exil der Juden war deshalb ein klarer Beweis, daß ihnen die für die Aufrechterhaltung eines Staates notwendigen Eigenschaften fehlten. Die jüdische Armee war schlecht organisiert und ausgebildet. Die Kommandeure wußten wenig von Strategie, und die Soldaten zeigten wenig Mut. Im Grunde neigten die Juden immer zu Handel und Geldverleih, Berufe, die ganz andere Qualitäten erforderten als die des Soldaten oder Staatsmannes.[18]

Voltaire will das mangelnde politische Talent der Juden durch Rückgriff auf die Glaubensüberzeugungen des biblischen Judentums beweisen. Er folgte der herrschenden Sicht christlicher Gelehrter, daß das Alte Testament keine Unsterblichkeit kennt; und dies ist – sehr zu unserer Überraschung – in seinen Augen ein schwerwiegender Mangel. Er selbst glaubte wohl kaum sehr überzeugt an die Unsterblichkeit. Voltaire teilte den deistischen Gottglauben, aber war gegenüber metaphysischen Glaubensprinzipien ein Agnostiker, er hielt sie möglicherweise für wahr, möglicherweise für falsch, aber jedenfalls für unbeweisbar. Die Gründe für seinen Eifer für die Sache der Unsterblichkeit waren praktische, nicht theoretische. Nach Voltaire und den meisten Denkern des 18. Jahrhunderts ist das einzige, was den Menschen innerhalb der Grenzen der Moral hält, der Glaube an Belohnung und Strafe nach dem Tod. Philosophen mögen diesen Glauben anzweifeln und trotzdem Gerechtigkeit und Recht verpflichtet bleiben, aber die Gesellschaft als ganze braucht den Glauben an ein göttliches Gericht, um den Abschreckungseffekt menschlicher Gesetzes- und Ordnungsinstitutionen zu verstärken.[19] Tatsächlich glaubte Voltaire, daß er dieses Glaubensprinzip bei allen alten Völkern außer bei den Juden finden würde. Und doch hatten diese die Möglichkeit gehabt, diesen wichtigen Gedanken von den Ägyptern zu lernen, so wie sie andere, wertlose Lehren und Sitten übernommen hatten.[20] Die Juden, wie Voltaire es sah, waren immun gegen das für eine politische Existenz auf theoretischer Ebene Notwendige, ebenso wie sie unfähig waren, die physischen Bedingungen für die Aufrechterhaltung eines Staates zu schaffen.

So entsteht in den Beschreibungen Voltaires über die biblische Zeit ein Bild von den Juden als ein in jeder Hinsicht minderwertiges Volk, kulturell, religiös, ethisch, sozial und politisch. Diese bösartige Beschreibung, die in den Schriften eines Mannes immer wieder zu finden ist, der als der größte rationalistische Schriftsteller und Philosoph des 18. Jahrhunderts gilt, hatte einen entscheidenden Einfluß darauf, wie die Aufklärer Juden und Judentum einschätzten. Die meisten Äußerungen Voltaires über das Judentum beziehen sich scheinbar auf das Volk und seine religiösen Riten und Gebräuche in biblischer Zeit. Aber er beschränkt sich eindeutig nicht auf diese Zeit. Er zeichnet ein historisches Bild vom Volk und dem Geschehen zur Zeit des zweiten Tempels, greift aber gelegentlich in die Geschichte der Juden in ihren Wanderungen bis zu seiner eigenen Zeit aus.[21] Seine religiösen, kulturellen und ethischen Urteile unterscheiden nur selten zwischen verschiedenen Epochen. Diese Haltung stammt vor allem aus der ethnographischen Tendenz seiner Geschichtsschreibung, die als Ziel der historischen Forschung die Erkenntnis von den spezifischen Charakterzügen eines Volkes hatte. Voltaire leugnet nicht, daß es im Leben, in der Religion und der Kultur der Völker Veränderungen gibt. Aber das erkenntnisleitende Interesse seiner Forschung ist die Entdeckung der unveränderlichen, bleibenden Kennzeichen eines jeden Volkes, nicht so sehr ihre Entwicklung (letzteres ist in der Tat erst eine historische Methode, die einige Generationen nach seiner Zeit entwickelt wurde). Deshalb sieht er im Volk Israel eine einzige geschichtliche Gestalt, deren vorherrschende Merkmale unveränderlich sind, trotz aller Wanderungen und Zerstreuungen durch die Zeiten.

Voltaire läßt die Wirkungen der Zeit nicht außer Acht, und wenn es seiner Absicht dient, dann unterscheidet er sehr wohl zwischen früheren und späteren Generationen. In einem Aufsatz von 1761, einem Sermon über die religiöse Toleranz, läßt er zur Verdammung der damals aktiven Inquisition gegen Conversos in Portugal einen Rabbi aus Smyrna sagen: «Unsere

Feinde sprechen uns schuldig, daß wir die Ägypter beraubten, daß wir einige kleine Völker in von uns belagerten Städten töteten, daß wir Wucher trieben, daß wir Menschenopfer bringen und davon sogar essen, wie Ezechiel sagt. Wir waren ein barbarisches Volk. Aber wäre es gerecht, den Papst und alle Monsignori in Rom zu verbrennen, weil der erste Römer die Sabinerinnen raubte und die Samniten plünderte?»[22] In diesem Fall spricht Voltaire seine jüdischen Zeitgenossen von der Verantwortung für die Sünden ihrer Vorfahren frei, wie es die rationalistische Ethik erforderte. Bei anderen Gelegenheiten aber ignoriert er geschichtliche Unterschiede und behandelt die Juden aller Generationen als Einheit, wie im folgenden Beispiel: «Aber was soll ich über meinen Bruder, den Juden, sagen? Soll ich ihn zum Essen einladen? Ja, vorausgesetzt, daß während des Mahles nicht Bileams Esel I-A schreit; daß Ezechiel sein Frühstück nicht mit unserem Abendessen vermischt; daß nicht ein Fisch kommt, um einen der Gäste zu verschlucken und drei Tage in seinem Bauch zu behalten; daß eine Schlange sich nicht ins Gespräch mischt und meine Frau verführen will; daß es einem Propheten nicht in den Sinn kommt, mit ihr nach dem Essen zu schlafen, wie es der gute Hosea für fünfzehn Francs und ein Büschel Weizen tat; vor allem daß kein Jude mit einer Trompete um mein Haus herumzieht, damit die Mauern einstürzen und mich, meinen Vater, meine Mutter, meine Frau, meine Kinder, meine Katze und meinen Hund erschlagen, wie dies den früheren Sitten der Juden entspricht.»[23] So scherzhaft dieser Abschnitt klingt, so drückt er doch Voltaires Meinung aus, daß die Juden jeder Generation durch dieselben Fehler wie ihre Vorfahren verdorben seien. Um ein weiteres Beispiel zu benennen: Voltaire beschreibt die ägyptischen Zauberer, die mit ihren Zauberkünsten alles verdoppelten, was Moses tat. Er schließt diese Beschreibung mit der ätzenden Bemerkung: «Nur in der Sache der Läuse wurden sie übertroffen; aus diesem Grund ist richtig gesagt worden, daß die Juden mehr als jedes andere Volk über diese Sache wissen.»[24] Voltaires Leidenschaft überspringt die Epochen und ermutigt den Leser, zwischen den Sklaven des Exodus und den Juden des 18. Jahrhunderts nicht mehr zu unterscheiden, die der Verfasser verurteilen will. Über die Prophetie der Juden sagt Voltaire: «Die Propheten, die sie (die Juden) nur wörtlich verstanden, prophezeiten bei hundert Gelegenheiten, daß sie die Herren der Welt sein würden. Aber nie haben sie mehr als ein winziges Stück der Erde für länger als nur ein paar Jahre besessen, und heute nennen sie nicht einmal ein Dorf ihr eigen.»[25] Hier wird der Abstand zwischen Vergangenheit und Gegenwart völlig verwischt.

Auch in der jüdischen wie in der christlichen Tradition wurde die jüdische Geschichte als eine historische Einheit gesehen, letztere sah aber natürlich in der Erscheinung Jesu einen Wendepunkt. Während die traditionelle Sicht, die jüdische wie die christliche, aber davon ausging, daß diese Einheit sich aus einer göttlichen Mission ableitete, erklärte Voltaire sie in Form bleibender Eigenschaften, die im Geist und Wesen des Volkes tief verwurzelt waren. Der Nachweis dieser Eigenschaften konnte aus jeder Epoche in der Geschichte des Volkes gezogen werden; schließlich ist die Einteilung in Epochen im Grunde eine äußerliche, und die Zeit richtet keine Barrieren zwischen die Generationen auf. Deshalb erlaubte es die Methode, daß Voltaire seine Daten von einer Epoche zur nächsten übertrug und die Charakterzüge des biblischen Volkes späteren Generationen zuschrieb. Und es überrascht nicht, daß auch das Umgekehrte geschah, daß Eigenschaften späterer Zeit den biblischen Juden zugeschrieben wurden. Daß Juden zum Geld hingezogen sind, daß sie Wucher und Finanzgeschäfte betreiben, konnte in Hinsicht auf die Berufe der Juden in Mittelalter und Neuzeit durchaus gesagt werden; Voltaire projiziert dieses Stereotyp in die biblische Zeit zurück.[26] Die Bibel deutet auch nicht unbedingt an, daß die Juden über andere Völker herrschen wollten, aber in der talmudischen und mittelalterlichen Zeit entstanden irreführende Vorstellungen über die messianische Ära. Sie wurden die Grundlage für die christliche Polemik, die behauptete, daß die Juden nach Weltherrschaft strebten. Und im Nachhinein fanden die Polemiker für diese Sicht auch Belege in der Bibel; Voltaire übernahm diese christlichen Vorwürfe und schloß sie in sein rationalistisches Urteil ein.[27]

Dies letzte Beispiel erhellt den historischen Hintergrund von Voltaires Einstellung zu den Juden. Zweifellos wollte Voltaire vor allem die herrschende Religion bekämpfen, wenn er die Grundlagen einer Kirche angriff, die ihre Begründung aus der Offenbarung der Bibel bezog. Als er seine rationalistische historische Methode entwickelte, schmiedete er damit die geistigen Waffen für sein Vorhaben. Aber um sein Ziel zu erreichen, mußte Voltaire die Stellung des jüdischen Volkes herabsetzen, seine Kultur als wertlos bezeichnen, seinen Charakter lächerlich machen und über seine hoffnungslosen Träume und seinen unbegründeten Stolz spotten. Zudem bezog sich diese Mißbilligung nicht nur auf ein kleines Volk der Antike, sondern auf eine Gemeinschaft, die im Europa des 18. Jahrhunderts vorhanden war, was Voltaire nicht außer Acht ließ. Voltaire hatte zu verschiedenen typischen Juden seiner Zeit Kontakt. 1726 traf er in London einen Juden namens Medina, an den er eine französische Bankforderung hatte, der jedoch bankrott war. In den fünfziger Jahren in Potsdam tätigte er einige dunkle Geschäfte mit einem Hirschel aus Berlin, gegen den er in einen beschämenden Prozeß verwickelt wird, und dies hat seine Neigung zu den Religionsgenossen seines Gegners kaum verstärkt.[28] Aber wie seine Biographie zeigt, ist Voltaires Einstellung zu den Juden nicht auf solche Erfahrungen zurückzuführen. Seine erste ausgesprochene Herabsetzung der Juden liegt vier Jahre vor seinem Kontakt mit dem Bankier Medina. 1722 gab er Kardinal Dubois Informationen, die Solomon Levy, einen Juden aus Metz, verdächtigen sollten, Spionage für die Österreicher zu treiben. Voltaire würzte seinen Bericht mit Bemerkungen, die mit dem konkreten Fall nichts zu tun hatten, sondern die Juden als solche schlechtmachten. Voltaire spricht von einem «Talent der Juden», überall aufgenommen und dann von jedem Ort wieder vertrieben zu werden. «Der Jude gehört zu keinem Ort außer zu dem, an dem er Geld macht» – würde er deshalb den König nicht ebenso leicht an den Kaiser wie den Kaiser an den König verraten?[29] Schon in diesen frühen Bemerkungen fällt auf, wie sehr es Voltaire behagt, die Fehler der Juden aufzuzählen, Fehler, die sich nicht auf einzelne, sondern auf die ganze Gruppe, den ganzen Stamm beziehen. Voltaires Judenbild ist dasselbe, das die Christen durch Generationen hindurch hatten: eine von der umgebenden Gemeinschaft entfremdete Gruppe mit fremdartiger Sprache und Lebensstil, in Obskurantismus versunkene Anhänger einer anachronistischen Tradition, ihren Glaubensgenossen gegenüber sehr verpflichtet, aber allen anderen gegenüber feindlich, mit denen sie nur Kontakt haben, wenn es um Geschäfte geht, um Wucher und unehrlichen Handel. Darum fühlten Christen sich den Juden überlegen, sie empfanden Haß, Verachtung und Spott für sie. Die christliche Tradition ergänzte dieses Bild noch durch die Vorstellung, daß die Entrechtung der jüdischen Gemeinschaft auf ihre große Sünde zurückging, so rechtfertigte sie zugleich die emotionale Einstellung der Christen zu den Juden. Voltaire und die anderen Rationalisten ließen die theologische Erklärung weg, sie ersetzten sie durch eine charakterologisch-historische. Dennoch wurde das allgemeine Bild und die entsprechende negative Einschätzung nicht verändert, trotz der veränderten Gründe. Wie ein frommer Christ hielt Voltaire daran fest, daß die Juden eine Gruppe von Schuften und Betrügern waren, und er blieb der kollektiven Feindseligkeit treu, die er in seiner frühen christlichen Erziehung ererbt hatte und von der sich zu befreien er nie einen Anlaß sah.

Voltaires Treue zu Resten der christlichen Tradition und entsprechenden Gefühlen könnte als Widerspruch zu seiner sonstigen Stellung erscheinen, der es darum ging, solche Bindungen zu zertrennen.[30] Aber das Aufgeben eines dogmatischen Inhalts einer Tradition bedeutet noch nicht, daß man sich auch von den damit verbundenen emotionalen Ansichten befreit. Voltaire konnte seine Judenfeindschaft in seinem neuen Wertesystem begründen. Feindseligkeit gegen das Judentum in seiner Geschichte war eine hervorragende Waffe im Kampf gegen das Christentum und die Kirche. So konnte Voltaire ohne inneren Konflikt die christliche Tradition aufgeben und zugleich eine negative Einstellung zum Judentum aufrechterhalten.

Außerdem wollte Voltaire gar keine umstürzenden Veränderungen in der Gesellschaft und ihrer Politik. Er hinterfragte weder die Monarchie noch den Adel noch die privilegierte Stellung wohlhabender Bürger gegenüber den unteren Klassen, den Bauern und den Massen. Er kämpfte gegen die Willkür des Regimes und den Fanatismus der Kirche, die oft Hand in Hand gingen, um einzelnen Unrecht zu tun. Er verteidigte solche einzelnen leidenschaftlich, wie etwa die Familie Calas. Seine zukünftige Hoffnung bestand darin, daß als Ergebnis der Verbreitung von Erkenntnis durch Philosophen wie er die Mißbräuche der Autoritäten aufhören und der Staat von den aufgeklärten Prinzipien des Humanismus und der Toleranz regiert werden würde. In seiner wie in der Terminologie seiner Zeitgenossen war ein Philosoph nicht ein Denker, der die Geheimnisse der Welt und des Menschen zu entziffern sucht, sondern ein aufgeklärter Mensch, der nach den Prinzipien der Vernunft handelt, ohne auf Dogmen, Glaubensüberzeugungen oder Riten einer positiven Religion zurückzugreifen. All dies sah er als Aberglauben an, Produkte der Schwäche von intellektuell unreifen Menschen. Der primitive Mensch erschauerte in Ehrfurcht vor dem Wunder von Leben und Tod, wenn er Naturereignisse betrachtete wie Regen, Donner und Blitz. Er kam aus seinen Erfahrungen mit dem Unbekannten zu der Entdeckung, daß es eine höhere Macht geben müsse, die die Ursache der Welt, der Natur und des Menschen war. Aber sein anthropomorpher Verstand war mit dieser Folgerung nicht zufrieden; er schrieb auch die Entdekkung dieser einzelnen Phänomene dem Willen jenes höheren Wesens und seiner Vorsehung zu. Deshalb suchte er nach Wegen, wie er dieses Wesen – durch Gebete, Opfer und Schmeicheleien – dazu bewegen könne, es regnen zu lassen, dem Betenden ein langes Leben oder Wohlstand und Reichtum zu gewähren. Dieser Wunsch, Gottes Gunst zu erlangen, war die Quelle für das Ritual aller positiven Religionen. Es war nichts anderes als Aberglaube, das Produkt der unklaren anthropomorphen Vorstellung des antiken Menschen.[31] Der Vorzug der Philosophen, von denen es einige in jeder Generation gegeben hatte, die aber erst im 18. Jahrhundert eine wirkliche Gruppe geworden waren, bestand darin, daß sie von Aberglauben frei waren. Die Massen würden für immer ihren abergläubischen Vorstellungen folgen.

In seiner Gesellschaftsphilosophie blieb Voltaire aristokratisch, er setzte aber die aufgeklärten Philosophen, die der reinen Vernunft mächtig waren, anstelle des Erbadels an die Spitze seiner gesellschaftlichen Pyramide. Er sah keine Entwicklungen voraus, die diese Situation je ändern könnten. Die aufgeklärten Philosophen würden eine Minderheit bleiben, der Rest der Menschheit würde weiterhin in den Tiefen der Unkenntnis leben und das Joch einer positiven Religion nie abwerfen.[32] Die Juden wurden von Voltaire letzteren zugeordnet, und er sah und suchte keine Möglichkeit einer Verbesserung, weder durch Bildung noch durch politische oder soziale Emanzipation.

Es ist wichtig, sich daran zu erinnern, daß zu Lebzeiten Voltaires die Frage der Judenemanzipation noch keine Frage war. Vorläufer in dieser Richtung – Andeutungen in den Werken von Locke, Toland und vielleicht Montesquieu[33] – waren kaum bekannt, jedenfalls nicht Voltaire. Der Aufklärer hatte allerdings einen Juden neuen Typs kennengelernt, der europäisch erzogen war und selbst etwas zur europäischen Kultur beitrug. Isaac Pinto, Philosoph, Wirtschaftswissenschaftler und vielseitiger Schriftsteller, attackierte Voltaire wegen dessen herabsetzenden Bemerkungen über die Juden in der *Encyclopédie*. Pinto wies darauf hin, daß es zumindest bei den sephardischen Juden gebildete und aufgeklärte Einzelne gab, die sich sehr wohl mit ihren christlichen Kollegen messen konnten. Voltaire antwortete, daß diese, wenn es sie denn gäbe, im Kreis der Philosophen willkommen seien. Solche Einzelnen, so behauptete er, seien aber Ausnahmen, und die Mehrheit der jüdischen Gemeinschaft sei nicht anders als die unwissenden Massen sonst. Und diese Mehrheit, nicht die wenigen Ausnahmen, habe er so hart beurteilt.[34]

Mit dieser Bemerkung eröffnete Voltaire – unwissentlich – den Weg für eine Vision über die Zukunft der Juden in einer aufgeklärten Gesellschaft. Andeutungen dieser Vision finden sich in den Schriften Voltaires, allerdings nicht als bewußte Lösungsversuche für die jüdische Frage, sondern aufgrund der inneren Logik seines neuen Denksystems. Die Aufgabe der christlichen Theologie zerstörte jede Rechtfertigung dafür, das jüdische Volk als Zeugen für die Wahrheit des Christentums existieren zu lassen. Ebenso entbehrte nun die Hoffnung jeder Grundlage, daß die Juden diese Wahrheit irgendwann anerkennen und sich zum Christentum bekehren würden. Eine neue Lösung der Frage nach der zukünftigen Rolle der Juden mußte an die Stelle der christlichen Erwartung ihrer Bekehrung treten. Wenn die negative Einschätzung über das Wesen der Juden richtig war, der ideologische Grund dafür aber nicht länger in Geltung stand, dann wurden sie zu einem merkwürdigen sozialen Phänomen, schädlich und ohne jede Rechtfertigung ihrer Existenz. Was sollte mit dieser Gemeinschaft geschehen, die seit ihren Anfängen an Kultur und menschlichen Werten keinen Anteil hatte, jetzt aber über die ganze Welt zerstreut war und die zum Paradigma und Synonym für Ignoranz und asoziale Beziehungen zu ihrer Umwelt geworden war?

Die Alternative zur Naturalisierung bot sich Voltaire dar, als er 1753 zum Zeugen der Einführung des «Judengesetzes» in England wurde. Voltaire geht in seiner Geschichte auf diese Episode ein, und es ist klar, daß er auf seiten der Gegner stand. Es ist zweifelhaft, ob ihm überhaupt der Gedanke kam, daß die Naturalisierung den Konflikt würde lösen können.[35] Ganz am Rande erwägt er die Möglichkeit einer Rückkehr der Juden in ihr Land; doch dies ist nur ein Gedankenblitz, kaum ein nachdenkenswerter Vorschlag.[36]

Nur an einer Stelle geht Voltaire auf die Frage nach der weiteren Existenz der jüdischen Gemeinschaft unter den Völkern Europas ein. In den Ergänzungen zu seinem *Essai*, 1761 erstmals veröffentlicht, taucht diese Frage auf, als er das Schicksal der Zigeuner behandelt. Was konnte ein besseres Beispiel für Voltaires Sicht über die Stellung der Juden im Sozialgefüge sein? Er sah in den Zigeunern die Reste ägyptischer und assyrischer Heiden, aus ihrer Heimat vertrieben, die ihren Glauben an Zauberer, Magier und Hexenmeister mit sich trugen. «Diese Rasse ist dabei, vom Antlitz der Erde zu verschwinden, denn seit neuestem haben Zauberei, Talismänner, Weissagungen und Teufelsbesessenheit für die Menschen ihren Zauber verloren.» Die Verbreitung der Aufklärung hat die Einkommensquelle der Zigeuner reduziert, und deshalb sind sie dabei, zu verschwinden. Als direkte Fortsetzung dieser Behauptung folgt über die Juden: «Dieselbe Katastrophe kann die Juden betreffen, wenn die Menschengesellschaft sich vervollkommnet, wenn jedes Volk seinen Handel selbst treibt, wenn es die Früchte seiner Arbeit nicht länger mit diesen wandernden Wucherern teilt, dann wird die Zahl der Juden notwendig kleiner werden. Die Reichen unter ihnen haben schon begonnen, ihren Aberglauben zu verachten; es wird nichts anderes als das Los eines Volkes ohne Künste und Gesetze geben, das nicht mehr in der Lage ist, sich durch unsere Nachlässigkeit zu bereichern und deshalb keine separate Gesellschaft mehr aufrechterhalten kann, das seinen alten verderbten Jargon, eine Mischung aus Hebräisch und Syrisch nicht mehr versteht, sogar die eigenen Bücher nicht mehr lesen kann, und das deshalb im Abschaum der anderen Völker aufgehen wird.»[37]

In seiner Begrifflichkeit, seinem Hohn und seiner Verachtung unterscheidet sich dieser Abschnitt kaum von der Art, wie Voltaire sonst über die Juden spricht. Aber in diesem Fall ist der Inhalt neu. Voltaire nähert sich hier der soziologischen Analyse von Marx und seinen Nachfolgern. Die Juden können so lange existieren, wie andere Völker ihren Dienst als Händler brauchen. Wenn sie diese Funktion nicht mehr erfüllen, verlieren sie die Grundlage ihrer Existenz und werden unvermeidlich verschwinden.[38] Voltaire spricht nicht mehr im Rahmen der christlichen Vorstellung, daß die Juden durch Bekehrung zu absorbieren seien, sondern von einer allmählichen Assimilation in den Abschaum der Menschheit, in die verachteten Massen, zu denen sie schon gehören, die sie irgendwann verschlingen werden. Diese Vorhersage ist ein Nebengedanke bei Voltaire, sie ist nicht das Ergebnis tiefer Gedanken oder gelehrter Erwägungen. Trotzdem – vielleicht sogar deshalb – deutet sie eine neue Konzeption über die Stellung des Judentums an, eine neue Sicht seiner Zukunft. Was von der christlichen Einstellung übrig geblieben war, waren Ablehnung, Hohn und Haß. Ohne ideologische Rechtfertigung waren Juden und Judentum einer vernichtenden Kritik ausgesetzt, sie galten als völlig wertlos – verlorene Reste einer alten Zeit, die unter neuen Bedingungen keinen Raum mehr hatten. Die Vorhersage schien deutlich, die behauptete, daß sie zu Recht dazu verurteilt seien, aus der Welt zu verschwinden.

II. Teil

DEUTSCHLAND
1780–1819

4. Der ideologische Gegenangriff

Johann Eisenmenger und Voltaire waren nur eine Generation auseinander; als Eisenmenger 1704 starb, war Voltaire zehn Jahre alt. Ihre geistigen Welten waren jedoch so verschieden wie Tag und Nacht. Eisenmenger lebte noch ganz in der theologischen Welt des Mittelalters, Voltaire war ein Vorbote der Moderne, des Zeitalters der Vernunft. Der Platz der Juden am Rande der christlichen Gesellschaft war von der theologischen Lehre auf Dauer festgelegt. Ihre Bindung an die Bibel, deren Geltung und Heiligkeit auch von den Christen anerkannt wurde, sicherte den Juden ein – wenn auch relativ begrenztes – Existenzrecht. Wenn die Juden von Christen schlecht gemacht und angegriffen wurden, dann nur, weil die jüdische Tradition im Gegensatz zur parallelen christlichen stand. Eisenmenger hatte die jüdische Tradition – das talmudische Judentum in seinen literarischen Verästelungen und seinen moralischen und praktischen Ausdrucksformen – als einzige und unverzichtbare Quelle für seine Aussagen gegen Juden und Judentum. Die Bibel, die Voltaire für seine verächtliche Darstellung des Judentums und seiner Anhänger diente, hatte in Eisenmengers Argumentation keinen Raum.[1]

Eisenmengers und Voltaires Gedankensystem scheinen sich zu widersprechen und auszuschließen, nicht nur in ihrem gedanklichen Inhalt, sondern auch in ihrer gesellschaftlichen Absicht. Eisenmenger wollte lediglich die akzeptierte Haltung der christlichen Welt gegenüber den Juden bestärken und so rechtfertigen, daß sie in einer niedrigen gesellschaftlichen und politischen Position gehalten wurden. Voltaires Denken verbindet sich mit dem Bemühen um grundlegende Veränderungen in der Gesellschaft und besonders im Verhältnis der Juden zur Gesellschaft. Bekanntlich siegte die Veränderung: weniger als eine Generation nach Voltaires Tod 1778 hatte sich die Stellung der Juden in Frankreich und anderen europäischen Ländern verändert, ihre Einbürgerung hatte begonnen. Diese Wende im jüdischen Schicksal war ein direktes Ergebnis jener grundlegenden Veränderung, die über die Länder Europas hinwegfegte und in der Französischen Revolution ihren Brennpunkt hatte. Sie war ein gewaltiger Aufbruch aus der Welt Eisenmengers, aber auch aus der Voltaires. Und doch gerieten die Gedanken dieser beiden nicht in Vergessenheit, denn die Befreiung der Juden war von großen theoretischen Debatten sowie heftigen verbalen Kämpfen und Polemiken begleitet. Die Worte beider Ankläger wurden in der Polemik wieder laut und formten den Antisemitismus späterer Generationen.

Das erste europäische Gesetz, das den Juden das dauernde Wohnrecht in einem Land verlieh, war das Toleranzedikt des österreichischen Kaisers Joseph II. von 1782. Dieses kaiserliche Dekret betraf die Juden in Wien, Niederösterreich, Mähren und Ungarn, und die Zeitgenossen verstanden es als Absichtserklärung des Kaisers, fortan die Juden aller seiner Länder als Untertanen zu betrachten, für deren Wohlergehen er verantwortlich war, genau wie für Untertanen anderer Religionen oder Klassen. Damals war der Gedanke an die Gleichberechtigung aller Bürger noch kaum gedacht worden, und für Juden war schon die Tatsache revolutionär, daß der Kaiser ihr unbeschränktes Wohnrecht anerkannte.

Die Verkündung des Toleranzedikts durch Joseph II. blieb kein Einzelfall. Zwei Jahre später verkündete Ludwig XVI. ein Gesetz, das die elsässischen Juden als Untertanen des Königs von Frankreich anerkannte. Wieder fünf Jahre später, als die Französische Revolution die Klassenschranken aufhob und allen Bürgern gleiche Rechte verlieh, mußte sich Frankreich zwischen zwei Möglichkeiten entscheiden: die Juden als gleichberechtigte Bürger anzuerkennen oder sie zu vertreiben. Die letztere Möglichkeit wurde nur theoretisch erwogen; die Entscheidung der Nationalversammlung, die Juden als Staatsbürger anzuerkennen, war tatsächlich das einzig Realistische. Die Gesetzgebung in allen Ländern, die zwischen 1792 und 1814 unter französische Vorherrschaft kamen, folgte dem Vorbild der Franzosen, also in Holland, den Rheinlanden, in Westfalen, der Schweiz und in Norditalien. Andere Länder wie Baden, Württemberg und Bayern folgten dem österreichischen Muster und erkannten ein – in mancher Hinsicht eingeschränktes – Bürgerrecht der Juden an. Preußen, noch unabhängig, aber von Napoleon besiegt, beschloß innere Reformen, von denen das jüdische Bürgerrecht ein Teil war. Mit dem Ende der napoleonischen Zeit waren alle Juden in West- und Zentraleuropa Bürger oder Untertanen der Staaten geworden, in denen sie lebten. Deshalb wird diese Zeit von Historikern zu Recht in die Epoche der Emanzipation eingeordnet.[2]

Diese Ereignisse weisen nicht gerade auf eine antijüdische Stimmung hin, sondern vielmehr auf den Wunsch, die Juden aus ihrer Isolation zu befreien, sie mit den anderen Einwohnern auf eine gleiche Grundlage zu stellen und sie in die Gruppen zu integrieren, die den Staat ausmachten und für die er sorgte. Praktisch war dies der Fall. Die Situation der Juden wurde drastisch verändert, ihre Stellung unvergleichlich verbessert. Diese wirtschaftlichen, gesellschaftlichen und politischen Errungenschaften verhinderten aber nicht, daß gelegentlich ein extremer Antisemitismus aufkam. Ganz im Gegenteil, gerade die Fortschritte der Juden bei der Verwirklichung ihrer Ziele in der nichtjüdischen Gesellschaft spornten die Opposition derer an, die durch die Integration der Juden in diese Gesellschaft schockiert waren. Die

Idee der Einbürgerung und der Emanzipation der Juden wurde von ihren Anhängern – vor allem Intellektuelle, die sich dafür öffentlich einsetzten – als ein hohes Ideal angesehen. Sie rückte ein schweres Übel zurecht, das von Generationen begangen worden war, die in Blindheit und Ignoranz versunken waren. Ihre Gegner sahen darin aber eine gefährliche Neuerung, deren wirkliche Gefahr in unmißverständlichen Wendungen klarzumachen war. Weil der Glaube an die Einheit der Menschen in dieser Zeit weit verbreitet war, sahen sich die Gegner der Juden gezwungen, Gründe dafür anzuführen, warum bei den Juden eine Ausnahme gemacht werden sollte. Im Verlauf ihrer Bemühungen, ihren Standpunkt zu rechtfertigen, bildete sich eine Sammlung heterogener Motive und Argumente heraus, alte und neue Vorwände wurden genannt, um die antijüdische Polemik zu stützen. Die Vereinigung dieser Motive ist ein neues Kapitel in der Geschichte des Antisemitismus.

Chronologisch gesehen begann der neu-alte Kampf gegen die Juden, sobald die Möglichkeit ihrer Einbürgerung erwogen wurde. Bevor das Toleranzedikt von Joseph II. verkündet war, als sich in Wien und Prag nur das Gerücht verbreitete, daß der Kronrat an eine Ausweitung der jüdischen Rechte dachte, erschienen die ersten Pamphlete, einige für, andere gegen die Juden. Eine der antijüdischen Schriften hatte den Titel *Über die Unnütz- und Schädlichkeit der Juden im Königreiche Böhmen und Mähren.*[3] In Berlin wurde die öffentliche Debatte von einem Buch zugunsten der Juden eröffnet, von Christian Wilhelm Dohms *Über die bürgerliche Verbesserung der Juden*, in dem erstmals die Argumente für eine Verleihung des Bürgerrechts, später der Gleichberechtigung an die Juden zusammengefaßt sind. Dohms Buch folgten zahllose andere Schriften und Artikel, die meisten stimmten mit seiner Meinung überein.[4] Einige waren aber auch kritisch, vor allem die von Friedrich Traugott Hartmann und Johann Heinrich Schulz waren eindeutig giftig.[5] Eine bittere Kontroverse zwischen Befürwortern und Verleumdern ging der Entscheidung über das Bürgerrecht der französischen Juden durch die Nationalversammlung voraus. Feindselige Schriftsteller beteiligten sich an der Polemik, vor allem im Elsaß, wo es eine lange und ununterbrochene Tradition der Judenfeindschaft gab. Der Streit in Frankreich hörte auf, als den Juden 1792 das Bürgerrecht gegeben wurde, aber er begann 1806/07 von neuem, als Napoleon die Judenfrage wieder aufgriff und ihre Gegner eine Möglichkeit sahen, die Juden aus der erreichten Position zu verdrängen.

Wie schon erwähnt, folgten andere Länder dem französischen Vorbild bei der Einbürgerung der Juden, und überall publizierten die Gegner ihre feindseligen Ansichten über Juden und Judentum. In der holländischen Nationalversammlung, die schließlich 1796 den Juden gleiche Rechte verlieh, mangelte es nicht an kritischen Stimmen und Vorbehalten. Ebenso wurde das Bürgerrecht für Juden auch im Rheinland, in Westfalen und Frankfurt nicht ohne Widerspruch durchgesetzt. In dieser Hinsicht war Preußen eine Ausnahme. Dort dauerte die Diskussion über einen veränderten Status der Juden vom Tod Friedrichs II. 1786 bis zur Verleihung des Bürgerrechts 1812.[6] Während dieser ganzen Zeit wurde das Für und Wider von Ministern und Beamten diskutiert. Die Öffentlichkeit hatte sogar noch früher Interesse an der Judenfrage gezeigt, wie wir schon sahen, und dies auch aus einem speziellen Grund. Tatsächlich gab es in der Hauptstadt Berlin zwischen Juden und Christen gesellschaftliche Kontakte wie sonst kaum noch. Hier konnte man Moses Mendelssohn finden, den Freund und Gefährten der großen nichtjüdischen Denker und Schriftsteller. Jüdische Salons wurden von christlichen Intellektuellen und Leuten von Rang besucht. Von daher gab es einen starken gesellschaftlichen Druck, die Gleichberechtigung auch im Politischen zu erreichen. Aber der Regierungsapparat arbeitete langsam, gelegentlich schienen die Reformbemühungen zu versanden, dann wurden sie wieder erneuert. Auch die Intensität der öffentlichen Diskussion wechselte. Wenn immer Reformideen kurz vor der Realisierung standen, wurde sie heftiger, vor allem in den Jahren 1803–1805. Hauptgegner der Juden waren Karl Wilhelm Friedrich Grattenauer, Ernst Traugott von Kortum und Christian Ludwig Paalzow. Sie waren alle nur Gelegenheitsschriftsteller, die schon zu ihrer Zeit kaum Gewicht hatten; aber es nahmen auch einige der großen Denker jener Zeit an der Diskussion über die Juden teil: Herder, Kant und Fichte. Herder tat dies mit einer distanzierten, aber ungünstigen Untersuchung; Kant mit der christlichen Abneigung in philosophischer Verkleidung und Fichte mit großer Leidenschaft und tiefer Feindseligkeit.[7]

Vieles von dem, was gegen die Reform gesagt wurde, war nichts als die Wiederholung dessen, was früher zur Rechtfertigung des Paria-Status der Juden vorgebracht worden war. Trotz der Verbreitung der rationalistischen Aufklärung hielten viele an der traditionellen christlichen Sicht fest, daß die Juden wegen der ungesühnten Sünde der Verwerfung Jesu zu Zerstreuung, Unterdrückung, Leiden und Verachtung bestimmt seien. 1785 machte die Akademie der Wissenschaften in Metz eine Ausschreibung zu der Frage, ob es möglich sei, die Juden Frankreichs – d. h. des Elsaß – produktiver und glücklicher zu machen. Die meisten Antworten besagten, daß dies völlig von den Regierungen abhinge, nur sie könnten den Juden das Bürgerrecht geben, das automatisch zu ihrer Verbesserung und ihrem Glück führen würde. Eine der Arbeiten aber, treu der christlichen Lehre, behauptete, daß die Kirche einen der Beweise für ihre Wahrheit verlieren würde, wenn Juden Bürgerrechte bekämen, nämlich den sichtbaren Sieg der Kirche über ihre Rivalin, die verächtliche Synagoge.[8] Der Theologe und Wissenschaftler Jean André de Luc nahm einen ähnlichen Standpunkt ein, als es um David Friedländers offenen Brief an Propst Teller (1799) ging, auf dem Höhepunkt des Kampfes der preußischen Judenheit um Bürgerrechte. Friedländer versuchte, die Frage der Naturalisierung zu umgehen. Er machte sich zum

Sprecher einer Gruppe reicher Juden in Berlin und schlug vor, daß sie der evangelischen Kirche beiträten, aber ohne deren Dogmen zu übernehmen. De Luc gehörte zu denen, die Friedländers Vorschlag ablehnten, und er warf ihm vor, daß er die Naturalisierung der Juden dadurch erreichen wolle, daß er die Grundlagen der christlichen wie der jüdischen Religion unterminierte. De Luc konnte sich keinen Staat und keine Gesellschaft ohne eine christliche Begründung vorstellen. Das Christentum garantierte dem Juden ein Lebensrecht unter seinem Schutz, vorausgesetzt, daß er an das Alte Testament und die Heiligkeit seiner grundlegenden Gesetze wie die Zehn Gebote glaubte. Der Jude hatte aber kein Recht, Bürger zu werden, in die christliche Gesellschaft integriert zu werden, so lange er bei seiner alten Ablehnung blieb, die «neue Ordnung (anzuerkennen), die Gott durch den der Menschheit seit Adams Sünde verheißenen Erlöser geruhte aufzurichten».[9]

Nur eine Minderheit der Gegner einer Befreiung der Juden begründete ihre Opposition schlichtweg mit der christlichen Lehre. Die lautesten Gegner waren die Aufklärer, die ihre Vorbehalte gegen die christliche Tradition hatten, aber praktisch noch unter ihrem Einfluß standen. Die antijüdischen Stereotypen und Vorurteile, die auf dogmatisch-christlichem Boden gewachsen waren, beeinflußten die Ansichten der Aufklärer auch dann noch, wenn ihre Verbindung zum Christentum brüchig geworden oder ganz aufgelöst war.

Dies betraf vor allem das Bild vom Juden als einer Kreatur ohne jegliche moralische Hemmungen gegenüber Christen. Dies Bild wurzelte im traditionellen christlichen Denken, wie an der Arbeit Eisenmengers zu sehen war, aber seine Wirkung hörte nicht auf, als Eisenmengers Theorien zumindest für die Aufgeklärten ihre Gültigkeit verloren hatten. Die Gegner der jüdischen Befreiung und Gleichberechtigung standen ganz im Bann dieses furchteinflößenden Bildes vom Juden als einer Gefahr für seine Umwelt. Ihre Argumentation hatte etwa folgende Struktur: wenn der Jude schon ein Dorn im Fleisch des Christen war, solange er nur an den äußeren Rändern der christlichen Gemeinschaft lebte, um wie vieles größer müßte dann seine Möglichkeit werden, Schaden anzurichten, wenn er als Bürger mitten in dieser Gesellschaft leben würde? Dieser Vorwurf wurde von dem Christen Ludwig Paalzow und seinen Vorgängern und Nachfolgern erhoben. Daß Juden gegenüber moralischen Vorstellungen unempfindlich seien, war eine uralte christliche Überzeugung; sie war auch dort verbreitet, wo man den Namen Eisenmengers gar nicht kannte, wie etwa an dem Streit um das «Judengesetz» in England 1753 deutlich wird. In Deutschland war dieses Argument aber mit Eisenmenger verbunden; seine Worte wurden immer wieder zitiert und gaben dem Vorwurf sein nicht geringes Gewicht.[10]

Die negative Sicht des jüdischen Charakters, vor allem in moralischer Hinsicht, wurde von der deistischen Literatur verstärkt. Obwohl sie nicht geschrieben wurde, um die Juden ihrer Zeit anzuklagen, war es leicht, sie zugunsten der Polemik gegen die Befreiung der Juden zu wenden. Die zeitgenössischen Juden wurden in der antijüdischen Literatur als die Nachkommen der unkultivierten, unmoralischen Kinder Israels dargestellt, die die mosaische Gesetzgebung von den übrigen Völkern der Welt getrennt hatte. Zugleich hatte dieses mosaische Gesetz den Juden die Idee eingegeben, sie seien das erwählte Volk, an Stellung und Recht der übrigen Menschheit überlegen. Dies sei der Grund, warum die Juden sich von ihren Nachbarn absondern, nicht mit ihnen essen, soziale Kontakte und Mischehen mit ihnen meiden wollten. Diese soziale Isolation war auch der Grund für die doppelte Moral der Juden, die keine Verpflichtung kannte, Nichtjuden gegenüber ehrlich und anständig zu handeln. Einige behaupteten, daß der Jude völlig amoralisch sei, daß bei ihm die Politik die Moral ersetzt habe und er nur egoistischen Interessen folge.[11]

Die Kontroverse zwischen Befürwortern und Gegnern der Judenemanzipation entstand um die Frage, ob die behaupteten negativen Eigenschaften der Juden ein unveränderliches Kennzeichen des Volkes seien oder sich durch Zeit und Umstände ändern könnten. Solange Juden und Judentum aus der Sicht der einfachen christlichen Lehre beurteilt wurden, glaubte man, daß eine moralische Besserung davon abhing, daß die Juden ihren Glauben wechselten und das Christentum annahmen. Als sich die Aufmerksamkeit von den religiösen Unterschieden zu den spezifischen kulturellen und moralischen Eigenschaften der Juden verlagerte, so wie Rationalismus und Deismus diese sahen, erhob sich die Frage, ob die jüdischen Neigungen unveränderlich und für immer in den Juden verwurzelt waren. Die Gegner der Juden neigten natürlich dazu, eine Unveränderbarkeit anzunehmen. Karl Wilhelm Friedrich Grattenauer deutet schon im Titel eines der bösartigsten Bücher der Zeit an, daß die jüdische Mentalität unveränderlich sei: *Über die physische und moralische Verfassung der heutigen Juden*, aber auch er war nicht ganz eindeutig. Er sprach davon, daß die Juden sich von ihren korrupten Eigenschaften befreien könnten und gestand, daß er persönlich Juden kenne, die die mörderischen Eigenschaften der Juden sonst nicht hätten. Andererseits hielt er daran fest, daß ein Jude Jude bliebe, selbst wenn er Christ werde. Die christlichen Prediger rühmten sich ihrer Erfolge bei Judenbekehrungen vergebens, ihre Taufe sei so wirksam wie der Versuch, «einen Mohren weiß zu waschen».[12] Auch Friedrich Buchholz bestritt die Wirksamkeit einer Konversion als Mittel, die Juden von ihren schlechten Eigenschaften zu reinigen; der Jude würde den Schacher nicht wegen seiner Taufe lassen, und wenn er auf jeden Tauschhandel verzichten würde, dann würde er eben «das Sakrament selbst zum Tauschobjekt» machen.[13] Im Gegensatz dazu sah Friedrich Traugott Hartmann in der Konversation den einzigen Weg, wie ein Jude sich von seinem belastenden Erbe befreien könne. Nicht daß Hartmann der Taufe eine reinigende Kraft oder sonst eine religiöse Bedeutung zusprach! Er schrieb den Juden, wie sie in der deistischen Literatur porträtiert waren, noch weitere negative Züge zu. Sie feierten ihre besonderen Feste und hatten eine eigene Gerichtsbarkeit, die sich in ihren Vorstellungen von Recht und Gerechtigkeit von allen übrigen unterschied. Zudem hatten die Juden allen Manifestationen der Isolation ihrer Gemeinschaft eine große Bedeutung und geradezu religiöse Kraft beigemessen. Und weil die jüdische Isolation religiös sanktioniert war, bestand auch keine Hoffnung, daß sie durch innere Reformen oder äußeren Druck je verschwinden oder ausgelöscht würde. Hartmann sah für die Juden kein Heilmittel außer den Übertritt zum Christentum, und auch dieser war für ihn keine Bekehrung – eine Wiedergeburt aus echter Überzeugung, wie es der traditionellen christlichen Lehre entspricht –, sondern die Erklärung, von nun an die Gesetze von Staat und Gesellschaft zu achten. Es ging ihm nicht um die Taufe, sondern darum, daß ein Jude mit dem Wunsch, sich taufen zu lassen, zugleich erklärte: «Ich gehorche den Gesetzen des Staates, ich unterziehe mich der Pflicht, die Regeln zu beachten, die zum Wohl des Staates niedergelegt sind, ich werde die mir obliegenden Pflichten jederzeit erfüllen.»[14]

Die Haltung des jungen Fichte war extremer. Er hielt die Eigenschaften der Juden für so tief in ihrem Wesen verwurzelt, daß sie nicht verändert oder ausgelöscht werden könnten. Fichte fand im jüdischen Wesen zwei Fehler: daß sie eine doppelte Moral hätten und an einen menschenverachtenden Gott glaubten. Der erste Vorwurf ist ein zentrales Thema im christlichen Antisemitismus, wie wir bei Eisenmenger sahen, der zweite stammt aus der Antike und wurde von den englischen und französischen Deisten neu belebt. Fichte fragte: Kann ein Jude «das gewaltige Hindernis vor ihm überwinden, das unbezwingbar erscheint, um Gerechtigkeitsliebe, Menschenliebe und Wahrheitsliebe zu erlangen»? Fichte sagte, daß ein solcher Mensch «Held und Heiliger» sei und daß er, Fichte, nicht glaube, daß ein solcher existierte, bevor er ihn nicht mit eigenen Augen gesehen hätte. Wegen ihrer tief verwurzelten Vorstellungen sollte den Juden nur das notwendige Lebensrecht gegeben werden, den Juden aber «Bürgerrechte zu geben, dazu sehe ich wenigstens kein Mittel als das, in einer Nacht ihnen allen die Köpfe abzuschlagen und andere aufzusetzen, in denen auch nicht eine jüdische Idee sei».[15] Das schreckliche Bild vom Köpfe-Abschlagen zog den Zorn der Kritiker auf sich. Die Bedeutung dieses Satzes liegt aber nicht im Wortsinn, sondern in dem Gedanken, den er vermittelt: Fichte will sagen, daß die Ideen in den Köpfen der Juden ein so wesentlicher Teil von ihnen sind, daß sie nur durch eine physiologische Veränderung zu ändern seien.

Der Streit um die Fähigkeit der Juden, sich von ihren spezifischen Merkmalen zu befreien, ging den einzelnen Juden direkt an, denn um einen solchen Versuch zu unternehmen, mußte er sich von seiner Gemeinschaft trennen. Einige Juden taten dies, aber die jüdische Gemeinde generell zeigte keine Anzeichen der Auflösung, sondern erschien dem Beobachter von außen weiterhin als eine eigene, eng verbundene, gesellschaftliche Gruppe. Ihr Zusammenhalt wurde von den Gegnern der Juden als ein Hindernis für ihre Aufnahme in Staat und Gesellschaft angesehen. Hartmann rechnete diesen innerjüdischen Zusammenhalt zu den Manifestationen, die wegen ihrer religiösen Grundlage die Isolation der Juden verewigen würden.[16] Ernst Traugott von Kortum sprach von dem außerordentlichen «einzigartigen *esprit de corps*», der den Juden mit dem Juden verbinde, trotz ihrer Zerstreuung. Er führt als Beleg die Reaktion der jüdischen Gemeinden an, wann immer ein Mitglied eine, und sei es auch triviale, Beleidigung erfahre, als ob jede Zelle im jüdischen Volkskörper den Schmerz aller anderen teile. Hinter dieser Karikatur steht die ungewöhnliche Solidarität, die die jüdische Gemeinschaft auszeichnete, bevor der Prozeß der Auflösung begann. Jemand, der diese Eigenschaft für unveränderlich hielt, hatte Mühe, zu glauben, daß die Juden in ein anderes Volk oder eine andere Gruppe zu integrieren seien. Die Folgerung mußte sein, daß die Juden ihre innere Einheit auch dann noch bewahren würden, wenn sie mit allen anderen Bürgern gleichberechtigt wären, kurz, daß die Juden ein «Staat im Staat» seien.[17]

Der Begriff «Staat im Staat» wurde in den achtziger Jahren des 18. Jahrhunderts geläufig.[18] Der erste, der ihn in antijüdischen Angriffen benutzte, war Johann Heinrich Schulz. Der Ausdruck bezog sich jedoch zuerst nicht auf die Juden. Er stand für das Bestreben des modernen Staates, wirklich souverän zu werden, womit jeder ethnischen, religiösen oder sozialen Gruppe das Recht abgesprochen wurde, ihre Angelegenheiten autonom zu regeln. Frankreich kämpfte seinen eigenen Kampf gegen die Hugenotten, die bis zur Aufhebung des Edikts von Nantes 1685 nicht nur Religionsfreiheit hatten, sondern eigene befestigte Städte bewohnten, in denen sie die politische und militärische Gewalt hatten. Die Befürworter einer zentralisierten Monarchie sahen in diesem Zustand eine Verletzung der exklusiven Rechte der Zentralgewalt, in den Grenzen des Reiches zu herrschen. Der Ausdruck «Staat im Staat» sollte diesen Standpunkt rechtfertigen und besagte, daß keiner Gruppe erlaubt werden dürfe, sich eine Autorität anzumaßen, die dem Staat allein zustand. Während des 18. Jahrhunderts wurde dann die Macht in den Händen der Staatsgewalt so konzentriert, daß schon die Existenz religiöser, ständischer oder gesellschaftlicher Vereinigungen als Beeinträchtigung der Souveränität des Staates empfunden wurde. Aus diesem Grund – zumindest teilweise – wurde der Jesuitenorden aufgelöst, war es schwierig für die Freimaurer, sich zu organisieren, sollten die Handwerker- und Kaufmannsgilden abgeschafft werden. Alle diese Organisationen übten ein gewisses Maß an Autorität über ihre Mitglieder aus, deshalb wurden sie folgerichtig «Staat im Staat» genannt.

Die jüdischen Gemeinden hatten sogar noch mehr Macht über ihre Mitglieder als diese anderen Zusammenschlüsse. Dennoch verwandten die Kritiker der Juden – Voltaire und andere – diesen Ausdruck ursprünglich nicht. Der Grund ist nur zu deutlich; der Begriff «Staat im Staat» war damals ganz eindeutig. Diejenigen, die ihn benutzten, wollten, daß die religiösen, ständischen und bruderschaftlichen Zusammenschlüsse, die von ihren Mitgliedern zumindest teilweise Loyalität erwarteten, aufgelöst würden und den einzelnen so nicht länger vom allumfassenden Staat trennten. Das Ziel war eine Gemeinschaft, in der alle Bürger direkt mit den Institutionen des Staates zu tun hätten. Eine Anwendung des Begriffs auf die Juden hätte bedeutet, daß diese ihre Gemeinden auflösen und als Bürger aufgenommen würden. Und dieser Gedanke kam damals noch nicht einmal den Verteidigern der Juden in den Sinn, ganz zu schweigen von ihren Gegnern. Die Juden erschienen nicht als Staat im Staat, sondern als Staat am Rande des Staates, der sich nur mühsam selbst erhielt. Und diese Situation dauerte, bis der ideologische, politische und gesellschaftliche Umbruch, der alle Lebensbereiche betraf, geschehen war, der im letzten Drittel des 18. Jahrhunderts sogar die überlieferten Meinungen über die Juden in Frage stellte. Einige Denker wollten den Juden zumindest die Menschenrechte zugestehen, möglicherweise sogar die Bürgerrechte; und der Vorschlag, ihre politische Stellung zu ändern und ihre gesellschaftlichen Bedingungen zu verbessern, entsprang dieser Haltung. Sobald die Reformer diesen Vorschlag machten, änderte sich die Einstellung der Gegner. Juden wurden nicht länger als am Rand der Gesellschaft und des Staates lebend gesehen, sondern man sah sie auf dem Vormarsch ins Zentrum. So erhob sich die Frage, ob sie in der übrigen Bevölkerung aufgehen und ihren Platz als einzelne gegenüber dem allumfassenden Staat einnehmen würden, wie es von den anderen Bevölkerungsteilen erwartet wurde. Die Antwort der Gegner der Juden war negativ, sie bestritten den Juden den Willen oder die Fähigkeit, sich aus den Banden zu lösen, die sie durch Religion, Tradition und Wesen miteinander verknüpften. Sie hielten es für vergeblich, den Juden Bürgerrechte zu gewähren, dies würde ihren sozialen Zusammenhalt und ihr Wesen nicht ändern. Kurz, sie würden nicht aufhören, eine eigene gesellschaftliche Größe zu sein – ein Staat im Staat.

Johann Heinrich Schulz war, wie gesagt, der erste, der 1784 diesen Begriff in Bezug auf die jüdische Exklusivität verwandte, andere folgten entweder unter seinem Einfluß oder selbständig.[19] Diejenigen, die als erste von den Juden als Staat im Staat sprachen, zeigen nicht, daß sie sich der tieferen Bedeutung dieses Begriffs bewußt waren; vielleicht haben sie ihn ganz unreflektiert benutzt, weil sie ihn passend fanden, die Meinung auszudrücken, daß die Juden eine besondere religiös-ethnische Gruppe seien, die in Gesellschaft und Staat nicht integrierbar war.[20] Erst Fichte verwendet den Ausdruck gezielt und in Kenntnis seiner vollen Bedeutung. Fichte behandelt jüdische Angelegenheiten in seinem Buch nur beiläufig, sein Thema ist die philosophische Verteidigung der Französischen Revolution. Fichte bestreitet dem Staat das Recht, seine Bürger voraussetzungslos und auf Dauer als Untertanen anzusehen. Er beschreibt im Gegenteil für seine Leser die Möglichkeit, daß eine wachsende Zahl einzelner sich der Autorität des Staates entziehen und einen neuen Sozialkontrakt schließen könnte, der auf dem Naturrecht gründet. Natürlich erhebt sich sofort die Frage, ob der bestehende Staat die Bildung eines neuen Staates innerhalb seiner Grenzen tolerieren würde; und dies wäre ein Staat im Staat in der vollen Bedeutung des Wortes. Um seine philosophische Konstruktion zu untermauern, greift er auf historische Ereignisse zurück: es ist nichts Neues an dem Phänomen eines Staates im Staat, der bestehende Staat duldet Körperschaften, die so genannt werden sollten, ohne ein Wort darüber zu verlieren. Und dann nennt Fichte diese Körperschaften, die wegen ihres Zusammenhalts als Staat im Staat zu bezeichnen sind: Militär, Adel, Kirche (die evangelische weniger, die katholische stärker), Gilden. Aber an die Spitze stellt Fichte die Juden: «Fast durch alle Länder von Europa verbreitet sich ein mächtiger, feindselig gesinnter Staat, der mit allen übrigen im beständigen Kriege steht, ... es ist das Judentum.»[21] Fichtes Aussagen sind nicht einfach Haßausbrüche. Sie ergeben sich aus seiner Stellung zu einem Problem, das seine Zeitgenossen beschäftigte, nämlich welcher Platz den Juden in einem Staat zukam, der seine Bürger vereinigen wollte, wenn ihre Religion und Kultur sie an der vollen Hingabe an diesen Staat hinderten. Unter Vorbehalten war Fichte bereit, den Juden die «Menschenrechte» zu sichern, d. h. das Recht, als Fremde im Staat zu leben. Aber erst wenn die Juden sich fähig zeigten, ihr Wesen zu ändern, wären sie würdig, das Bürgerrecht zu erlangen.

Im Ton weniger feindselig und auch ohne den Ausdruck «Staat im Staat» definierte Herder die Juden in Europa als ein fremdes asiatisches Volk. Er hoffte auf den Tag, an dem sich in Europa die Frage nicht mehr stellen würde, ob einer Jude oder Christ ist. Diese Frage «ist kein Religionsdisputat mehr, wo über Meinungen und Glauben discurrirt würde, sondern eine einfache Staats-Frage». Er sah die Veränderungen, die in den interreligiösen Beziehungen geschehen waren, und er bemerkte, daß die Christen aufgehört hätten, an der Bekehrung der Juden zu arbeiten. Dennoch war diese Abschwächung der Rivalität zwischen beiden Religionen kein Grund, daß der Staat seine Einstellung zu den Juden änderte. Der Staat hatte die Pflicht, zu fragen, «wie Viele nämlich von diesem fremden Volk, das unter solchem fremden Nationalgesetz, in solcher Denk- und Lebensweise solche und keine andre Geschäfte treibet, diesem und keinem andern Staat entbehrlich, nützlich, oder schädlich sein? Wie man sie anzusehen und anzuwenden habe? dies ist das Problem».[22]

Die Verteidiger der Juden begründeten deren Fehler mit den gesellschaftlichen Bedingungen und sagten voraus, daß, wenn die Juden jeden Beruf erlernen und ausüben dürften, sie ihr Verhalten an das der anderen Bürger anpassen würden. Die Gegner der Juden lachten über diese Verheißung.

Wer die schlechten Eigenschaften des Juden seinen religiösen Überzeugungen zuschrieb, konnte sich nicht vorstellen, wie eine Verbesserung seiner politischen und wirtschaftlichen Situation den Einfluß der Religion überwinden könnte. Und wer die jüdischen Eigenschaften als Teil ihres inneren Wesens sah, konnte sich keine Besserung nur aufgrund äußerer Veränderungen denken. Und dann gab es noch die Opposition derer, die glaubten, daß die Juden ihre Freiheit nur zur Ausbeutung ihrer Nachbarn ausnutzen würden.

Einige bestritten aber nicht nur, daß sich die Moral der Juden durch Veränderungen in ihrer wirtschaftlichen Situation bessern könnte, sondern sie bestritten jede Möglichkeit irgendeiner Veränderung. Sie behaupteten, daß die Berufe der Juden nicht das Ergebnis von Vorschriften seien, die ihre wirtschaftliche Aktivität beschränkten. Es seien die Vorschriften des Judentums und vielleicht auch eine innere Neigung der Juden, die sie von Handwerk und Landwirtschaft fernhielten und ihnen nur Berufe in Handel und Finanzen ließen. Das strenge Verbot, am jüdischen Sabbat zu arbeiten, reiche in sich aus, um die Juden aus der Landwirtschaft fernzuhalten, weil diese keine Arbeitsunterbrechungen zu festgelegten Zeiten gestattete. Zudem gäbe es indirekte wirtschaftliche Gründe für die jüdische Exklusivität. Die Tatsache, daß ein Jude keine Ehe mit einem Christen einging, nicht bei ihm aß und überhaupt nicht in freundschaftliche Beziehungen mit Christen eintrat, hinderte die Entstehung solcher gutnachbarlichen Beziehungen, ohne die weder der Bauer in seinem Dorf noch der Handwerker in seinem Viertel existieren konnten.

Schon Friedrich Traugott Hartmann hatte diese Punkte in seiner Antwort auf Dohms Reformvorschlag angeführt.[23] Ein paar Jahre später versuchte Ernst Traugott von Kortum eine Ausweitung der wirtschaftlichen Analyse, als er auf den Schaden hinwies, der durch die berufliche Einseitigkeit der Juden entstehe. Die Juden hatten keinen Anteil an harten Berufen wie Bauer oder Handwerker, «denn der Jude ist zu faul und zu schwach, um einen von diesen schweren, und ausdauernde Kräfte erfordernden Nahrungswegen zu wählen», außerdem kämen der Verlust eines Arbeitstages pro Woche sowie viele Fest- und Feiertage dazu. Das wirtschaftliche Ergebnis aus der Abwesenheit der Juden von wirklicher Arbeitsleistung sei der Anstieg in den Arbeitskosten, denn auch die Juden benötigten die Dienste der Handwerker, trugen zu ihnen aber nichts bei. Oberflächlich würde der Jude seinen Mangel an physischer Arbeit dadurch kompensieren, daß er seine besondere Aufgabe in der Wirtschaft des Staates erfüllte, nämlich den Handel. Aber Kortum versucht zu beweisen, daß der jüdische Handel, selbst wenn er völlig ehrlich ist, der bürgerlichen Gesellschaft nur schaden könne. Zum Nutzen der Wirtschaft eines Staates gehöre es, daß das Geld dauernd von einer Hand in die andere wandere, damit jeder etwa so viel ausgeben könne, wie er einnähme. «Der jüdische Handel befördert diese freye Circulation jedoch nicht. Der Hebräer gibt immer weniger wieder, als er empfangen. Er ist ein Sumpf, der einen großen Theil des durch ihn laufenden Wassers verschlingt oder einsaugt.» Der Jude spezialisiere sich auf bestimmte Bereiche des Handels und bilde darin ein Monopol zum Nutzen seiner Gemeinschaft. Außerdem träte der Jude nie allein auf, «der Jude handelt niemals als isolirtes Individuum, *sondern als ein Glied der ausgebreitetsten Handelscompagnie* in der Welt».

Seine Unternehmungen haben ein zweifaches Ziel, den persönlichen Gewinn und den direkten oder indirekten Fortschritt seines Volkes. Der Jude lehne kein Geschäft ab, es sei groß oder klein, wenn es «nur nicht mit körperlicher Anstrengung verbunden ist», und er macht daraus dank der Zusammenarbeit mit anderen Juden, auf die er sich verlassen kann, eine Gewinnquelle. Die einzigartige Zusammengehörigkeit der Juden, «dieses Bestreben das gemeinschaftliche Wohl ihres Volks durch alle Mittel zu fördern», befähigt sie zu Unternehmungen, für die andere weder Talent noch Neigung haben. «Man glaubt, den einzelnen Juden handeln zu sehen und doch wirkt die ganze Judenschaft.» Der nichtjüdische Kaufmann wird durch sein Interesse an politischen Ereignissen abgelenkt, durch ein echtes oder eingebildetes Ehrgefühl, durch eine Neigung zur Verschwendung und vor allem durch die Hoffnung, den endgültigen Erfolg durch seine Aufnahme in den Adel zu erreichen. Der Jude ist von all dem frei. Er ist bekannt dafür, sich von der Welt fernzuhalten, ein kontemplatives Leben zu führen, das ihn befähigt, alles, was um ihn herum geschieht, rein geschäftsmäßig zu sehen. Die unvermeidliche Folge aus all diesem ist «eine fortdauernde Anhäufung des baaren Vermögens in den Händen der Juden», das stetige Wachstum des Handelskapitals dieser Gruppe der Bevölkerung und eine entsprechende Abnahme bei christlichen Geschäftsleuten.[24]

Kortums Ausführungen spiegeln die Wirklichkeit der wirtschaftlichen Aktivitäten der Juden wider, allerdings durch eine feindselige Brille gesehen und mit einem negativen Urteil, das eine nur trügerische theoretische Grundlage hat. Die Beweglichkeit, mit der sich Juden an jedem profitablen Unternehmen beteiligten, die enge Kooperation der über die Welt zerstreuten Juden sowie die wirtschaftlichen Vorteile, die sie davon hatten, daß sie jedem anderen Lebensbereich fernstanden – all dies sind Tatsachen, die zu einem günstigen Urteil über das Leben der jüdischen Gemeinschaft hätten beitragen können. Kortums Vorurteile geben diesen Tatsachen jedoch ein falsches Gewicht, sie verzerren die Proportionen. Kortum wendet sich nicht gegen Kaufleute als solche, aber weil er in den Juden einen Fremdkörper in der Gesellschaft sieht, einen Staat im Staat, behandelt er das in ihren Händen gesammelte Kapital so, als sei es dem Staat völlig entzogen. Hier verwendet Kortum eine Grundthese des Merkantilismus, einer Theorie über die richtigen Handelsbeziehungen zwischen Staaten, für die Beurteilung der wirtschaftlichen Aktivitäten von Juden innerhalb eines Staates. In seiner Sicht ist sogar die wirtschaftliche Aktivität von Juden, «beynahe der einzige Punct, in dem der Jude den christlichen Bürger berührt», außerhalb der Staatsgrenzen.[25] Die Künstlichkeit dieser Argumentation ist offenkundig, aber ihre Bedeutung und ihr ideologisches Gewicht hängen nicht von ihrer inneren Logik ab, sondern von dem Motiv, das sie geschaffen hat.

5. Philosophie als Nachfolgerin der Theologie

Die Gegner einer Befreiung der Juden glaubten, daß ihre Argumentation sich auf Eigenschaften lebender Juden gründete, seien sie individuell oder kollektiv. Tatsächlich stammten ihre Anklagen aber, wie unsere Untersuchung gezeigt hat, in Inhalt und Form aus der uralten antijüdischen Tradition. Auch der religiöse Faktor wirkte weiter, er verschwand nicht nach der rationalistischen Revolution, sondern wechselte nur seine Gestalt.

Die rationalistische Kritik führte nicht immer zur Auflösung aller Elemente und Gedanken der religiösen Tradition. Viele Kritiker lehnten zwar die Religion in ihrer neuesten geschichtlichen Form ab oder sprachen sich gegen die institutionalisierte Religion der Kirche aus, rechtfertigten aber ihr ursprüngliches Wesen, wie sie die wahre geschichtliche Natur der Religion in ihrer Entstehungszeit interpretierten. Und keineswegs alle Rationalisten sagten von sich, daß sie nicht länger Christen seien. Ganz im Gegenteil, viele hielten an diesem Namen fest und beanspruchten für sich das Recht, die wahren Absichten des Gründers des Christentums zu erfassen sowie die ursprüngliche Bedeutung seiner Lehre und die Ziele der mit ihm verbundenen Bewegung. Wir sind auf diesen Typ Rationalisten schon bei den Engländern gestoßen – Matthew Tindal etwa – und werden ihm wiederholt bei den Deutschen begegnen. Viele deutsche Denker, darunter die größten Geister ihrer Zeit, deuteten die christliche Tradition so, daß sie in ihr dieselben Prinzipien wie in ihren eigenen Lehren entdeckten. Wenn sie jedoch die jüdische Tradition behandelten, vergaßen sie diese Interpretationsmethoden und wandten die ganze Heftigkeit der rationalistischen Kritik an.[1]

Um der historischen Wahrheit willen muß daran erinnert werden, daß die Juden, als bei ihnen Philosophen aufkamen, dem Christentum später mit gleicher Münze heimzahlten. Auch sie wendeten unterschiedliche Maßstäbe an, wenn sie eine harmonisierende Interpretation des Judentums neben strenge Kritik am Christentum stellten.[2] Im späten 18. und frühen 19. Jahrhundert hatte das Judentum aber keinen philosophischen Repräsentanten außer dem einen Moses Mendelssohn, und der sah sich vor, wenn er öffentlich über das Christentum sprach. Er hatte gute Gründe für diese Vorsicht, denn er war sich seiner Stellung als Vertreter einer nur geduldeten Minderheit sehr bewußt, dessen Meinungen in umstrittenen Fragen nicht nur nach ihrem inneren Wert beurteilt wurden.[3] Das Gegenteil galt für die Vertreter der christlichen Mehrheit. Die christlichen Polemiker und Denker, die das Christentum philosophisch verkleideten, das Judentum aber bloßlegten, standen schlicht in den Fußstapfen älterer Theologen. Die Herabsetzung des Judentums als Religion des «verstoßenen Volkes», die der Religion der herrschenden Völker gegenübergestellt wurde, hat eine lange Tradition, die bis ins früheste Mittelalter zurückreicht. Und die philosophische Begründung dieser Unterscheidung war jetzt, als die theologische Grundlage brüchig geworden war, ein willkommenes ideologisches Hilfsmittel, um die niedrige gesellschaftliche Stellung der Reste des verstoßenen Volkes festzuschreiben, das nun versuchte, sich zu erheben.

Wenn man die Methode einiger weniger polemischen Denker jener Zeit untersucht, wird deutlich, daß sie mit zweierlei Maß gemessen haben. Johann Heinrich Schulz wiederholte die rationalistische Kritik an biblischen Erzählungen und Geboten und sparte auch das späte Christentum nicht aus. Was er am Christentum aber zu kritisieren hatte – seinen Fanatismus, seine Exklusivität, seine Konzentration auf Rituale –, das schrieb er jüdischem Einfluß zu. Für ihn war Moses die Quelle allen Übels, er zeichnete ihn als listigen und tyrannischen Priester, der die Unbedarftheit seiner Anhänger ausnutzt, um ihnen seinen Willen aufzuzwingen. Im Gegensatz dazu war Jesus fleckenlos. Nicht nur wollte Jesus das jüdische Ritual ganz abschaffen, er gelangte auch in seinen Glaubensprinzipien bis zur Wahrheit, d. h. bis zur Wahrheit der Rationalisten, daß Gott nur die letzte Ursache, allerdings ausreichende Ursache für die Existenz der Welt ist und daß es zwischen ihm und dem Menschen keine Verbindung gibt, weder durch Offenbarungen und Prophezeiungen, noch dadurch, daß der Mensch ihn mit Gebet und Opfer versöhnt. Kurz, Jesus war ein aufgeklärter Philosoph, der die Menschheit nur das Moralgesetz lehren wollte, das der menschliche Verstand forderte. Wenn Jesus anscheinend als Prophet mit göttlicher Inspiration auftritt oder sich im Gebet an seinen Vater im Himmel wendet, dann muß man wissen, daß er dies nur tut, um seine Lehre der Gemeinde schmackhafter zu machen, die er erziehen und führen will. Für Moses, den Gründer der jüdischen Religion, gilt das Gegenteil. Selbst wenn er Gebote erläßt, die den Forderungen der Moral entsprechen wie «du sollst nicht stehlen», dann handelt er doch nur als Führer einer Diebesbande, die ohne Polizeigesetze und Verhaltensnormen nicht hätte überleben können.[4]

Schulz' Philosophie ist ein extremes Beispiel für gewagte Naivität, die die Tatsachen den Notwendigkeiten einer tendenziösen Auslegung anpaßt. Indem er aus Jesus einen deistischen Philosophen des 18. Jahrhunderts macht, konnte Johann Friedrich Schulz, der darum kämpfen mußte, seine Stellung als evangelischer Pfarrer trotz seiner häretischen Ansichten zu behalten, sich weiterhin Christ nennen. Gleichzeitig ermöglichte ihm die Übernahme der deistischen Kritik am mosaischen Gesetz, seinen jüdischen

Rivalen Moses Mendelssohn zu bekämpfen und die Forderungen der Gemeinschaft Mendelssohns nach Bürgerrecht im christlichen Staat abzulehnen.[5]

Friedrich Buchholz steht Schulz in Geist und Absicht sehr nahe. Er nennt sein Buch *Moses und Jesus* im Untertitel eine «historisch-politische Abhandlung». Auch Buchholz bezieht sich in seinem Urteil über biblische Erzählungen, über Moses und sein Gesetz auf deistische Quellen. Er nennt den Gesetzgeber einen «ehrgeizigen Betrüger», und sein Gesetz sei steril, weil eine Gesetzgebung, die vor allem auf Angst beruht, «den Geist in Fesseln schlägt, die jede freie Bewegung hemmen», außerdem jedes Talent erstickt. Buchholz' Kritik könnte sich auf jede Religion einschließlich des Christentums beziehen, aber er rechtfertigt und entschuldigt seinen eigenen Glauben mit der Behauptung, daß das Grundprinzip des Christentums die Moral sei. Jesus wollte das ganze Zeremonial- und Ritualsystem zerstören. «Ging die *Religiosität* darüber zu Grunde, so trat die *Moralität* desto herrlicher hervor.» (Hervorhebung im Original.) Dabei bestritt Buchholz den religiösen Zeremonien nicht allen Wert, er wollte die Taufe und das Abendmahl erhalten. Er sah in ihnen ewig gültige Symbole, «beide müssen bleiben, solange uns das Andenken an den Stifter des Christenthums ehrwürdig ist»; und sie werden dank ihrer einfachen tiefen Bedeutung auch dauern, solange das Christentum dauert, und dieses ist ewig, denn es sei – «wenn man von aller Dogmatik abstrahiert – kein gesellschaftlicher Zustand vorstellbar, in welchem man seine Wahrheit (die des Christentums; J. Katz) nicht wiederfinden sollte». Buchholz erlaubt sich beim Christentum eine ethische und symbolische Interpretation, das Judentum dagegen beurteilt er aufgrund seiner äußeren Erscheinung und entsprechend den damit verbundenen Vorurteilen.[6]

In der geistigen Welt jener Zeit waren Schulz und Buchholz nur eine unbedeutende Größe. Deshalb überrascht es, daß das Denken Immanuel Kants, des überragenden Geistes jener Generation, formal gesehen dem ihren sehr ähnlich ist. Auf den ersten Blick übernahm Kant die Religionskritik der Deisten und Rationalisten, daß das Ritual die Gläubigen in die Irre führt, die ihre Pflicht gegen Gott und Mensch durch die Teilnahme an Zeremonien zu erfüllen glauben; daß die Priester die Schwäche der Massen zum eigenen Vorteil ausnutzen. Seine Vorbehalte gegenüber den historischen Erscheinungsformen der Religion führen ihn aber nicht dazu, sie im Prinzip abzulehnen. Er braucht im Gegenteil die Idee der Religion, um die Moralität zu begründen; er sagt, daß die Anerkennung der ethischen Pflichten den Menschen zur Erkenntnis Gottes führe, den er als das absolute Wesen der Moral definiert.[7] So scheint Kants Religion zunächst nichts als die Religion der Vernunft zu sein, eine Art rationalistischer Deismus, nur mit dem Unterschied, daß der Glaube an Gott bei ihm in einem tiefen philosophischen System verwurzelt ist. Dies mag für seine frühen Arbeiten wie die *Kritik der praktischen Vernunft* zutreffen. Aber 1791 veröffentlicht Kant *Die Religion innerhalb der Grenzen der bloßen Vernunft*, und hier erweist er sich als jemand, der darum kämpft, die Grundüberzeugungen, Institutionen und Riten des Christentums zu bewahren, wie die Offenbarung, die Lehre von der Trinität, die Kirche, die Taufe, den Gemeindegottesdienst und ähnliches. Dies will nicht sagen, daß Kant diese Glaubenssätze in ihrer einfachen traditionellen Bedeutung übernahm. Er verurteilte den Supranaturalismus der Religion weiterhin, daß Dogmen und Zeremonien Mittel der Befriedung und Versöhnung seien, von denen das Glück des Menschen in dieser oder seine Erlösung in der kommenden Welt abhingen. Aber er behauptete auch, daß dies eine verzerrte Sicht der christlichen Religion sei, die nur deshalb so weit verbreitet sei, weil der Mensch seelisch schwach sei, zudem sei sie historisch erklärbar. Das Christentum mußte Vorstellungen und Gebräuche, die es von anderen Religionen – und zuerst und vor allem vom Judentum – ererbt hatte, verdrängen, und es war hierbei noch nicht völlig erfolgreich gewesen. Das echte, ursprüngliche Christentum war eine genaue Gestalt der Religion der Vernunft, die den göttlichen Imperativ nur nutzt, um den Menschen zur Erfüllung seiner moralischen Pflicht anzuleiten. Die Glaubensartikel, der Ritus und die Zeremonien sollten dem Gläubigen nur die Prinzipien der Religion der Vernunft zeigen, die in ihnen enthalten sind.[8]

Von diesem Lob des Christentums geht Kant zur Verdammung aller anderen Religionen über, vor allem des Judentums, das in Geschichte und Wesen die Antithese zum Christentum ist. Das Judentum war der Hintergrund für die Entstehung des Christentums – aber letzteres entwickelte sich nicht aus ihm, sondern entstand als sein Gegensatz. Denn im Christentum geht es ausschließlich um die Moral, die sich daraus ergibt, daß der Mensch seine Pflicht durch die Kraft der Vernunft erkennt; seine Glaubenssätze und Praktiken sollen den Gläubigen nur zur Erfüllung dieser Pflicht anspornen. Das Judentum dagegen kennt nur starre Gesetze, Gebote, die der Mensch blind zu befolgen hat, weil sie der Wille Gottes sind. Die Absicht, mit der man diese Gebote befolgt, ist ganz nebensächlich. Selbst wenn ein Gebot ethische Handlungen befiehlt, wie das Verbot von Mord und Diebstahl in den zehn Geboten, bleibt es starres Gesetz. Der Jude befolgt es nicht, weil er von seiner Richtigkeit überzeugt ist, sondern weil es zum Joch der Gebote gehört, das er zu übernehmen hat.[9]

Es ist zweifelhaft, ob Kant wirklich glaubte, daß sich alle die von ihm verteidigten christlichen Prinzipien aus philosophischen Prämissen ableiten ließen. Die strenge Zensur während der Herrschaft Friedrich Wilhelms II. (1786–1797), die jede rationalistische Kritik bändigen wollte, war auf Kants Darstellung seiner Meinung nicht ohne Einfluß. Aber die Furcht vor einem Konflikt mit den Autoritäten wirkte vor allem auf seine Darstellungsweise. Seine Mehrdeutigkeit ließ seine Leser tatsächlich keineswegs im Unklaren.

Es wurde sofort verstanden, daß er nicht daran dachte, die Lehre der Kirche als einfaches Dogma zu verteidigen. Er wollte den Grundvorstellungen des Christentums eine symbolische Bedeutung geben, als ob sie nur ein Ableger der Religion der Vernunft seien, die das kritische Denken akzeptieren konnte. Deshalb blieb Kant ein Dorn im Fleisch der orthodoxen Christen, und der König von Preußen gab ihm den guten Rat, keine weiteren Ansichten zu veröffentlichen, die für den Glauben gefährlich waren. Aber zugleich war Kant ein Führer für die Rationalisten, die wie er selbst die Lehre der Kirche aufgrund ihres geistigen Bewußtseins ablehnen mußten, aber an den Grundvorstellungen und Symbolen festhalten wollten, die ihnen von Jugend auf lieb geworden waren. So bahnte Kant den Weg für einen Ausgleich zwischen der Aufklärung und dem Christentum, allerdings einen Ausgleich auf Kosten des Judentums.[10]

In Kants Ablehnung des Judentums vermischen sich traditionelle christliche Motive mit Argumenten aus der rationalistischen Religionskritik. Das Christentum wird durch eine philosophische Deutung verteidigt, das Judentum aber wird in seiner traditionellen dogmatischen Gestalt beschrieben, wie es seit Spinoza im Deismus und Rationalismus üblich war. Schon das Recht des Judentums, sich Religion im vollen Sinn des Wortes zu nennen, wurde bezweifelt, weil seine Anhänger eine politische Körperschaft bildeten, deren Mitglieder politischen Gesetzen untertan waren, aber keine Kirche, die sie zu einem ethischen Leben anleitete. Deshalb sei die jüdische Gemeinschaft der christlichen unterlegen und dürfte politisch nicht die gleichen Rechte beanspruchen. Kant war sich der Entwicklungen bewußt, die als Folge der Aufklärung in den Reihen der jüdischen Gemeinde vor sich gingen. Juden gehörten zu den ersten, die sein philosophisches System verstanden. Diese Juden akzeptierte er auch als Philosophen, die sich selbst vom Judentum getrennt hatten, von seinen Prinzipien und Geboten. Er hatte die Vorstellung, daß solche Juden, wenn sie nur zahlreicher würden, letztlich die ethische Lehre Jesu annehmen würden – nicht unbedingt in ihrer christlichen Gestalt, aber in der ursprünglichen Form, in der sie dem jüdischen Volk zur Zeit Jesu nahegebracht worden war. Auf diese Weise würde eine jüdische Kirche neben der christlichen entstehen, und deren Mitglieder müßten dann auch im Staat gleichberechtigt werden. Aber Kant hielt Juden, die am alten Judentum festhielten, für minderwertig und des Bürgerrechts nicht würdig. Kant sagte dies expressis verbis, und das Thema wurde von anderen Gegnern der Emanzipation aufgegriffen. Es findet sich in den Schriften von Buchholz, und Ernst Traugott von Kortum berief sich auf Kants Urteil über die Unmoral des Judentums, wenn er gegen die Judenemanzipation argumentierte.[11]

Kants Kompromiß zwischen Philosophie und Christentum fand zu seiner Zeit große Beachtung. Jeder, Gegner wie Anhänger des Christentums, verstand ihn als einen Wendepunkt, das Ende der Feindschaft zwischen Religion und Philosophie und als Anfang einer Synthese beider. Daß dieser Kompromiß auch für das Judentum eine enorme Bedeutung haben könnte, ist den meisten Juden nicht klar gewesen. Eine Ausnahme war Saul Ascher, der verstand, daß ein neu belebtes Christentum mit einem Schuß Philosophie, und zwar vor allem, wenn es zudem mit einer Herabsetzung des Judentums einherging, eine neu gestärkte Quelle für den geschichtlichen Judenhaß werden könnte. Es war Ascher klar, daß eine Definition des Judentums als einer Religion, die jede Sorge um die Moral des Menschen vermissen ließ, als Waffe im Kampf gegen die Juden dienen würde, die ihre Stellung verbessern wollten. Gleich nach Erscheinen von Kants *Religion innerhalb der Grenzen der bloßen Vernunft* erklärte Ascher über das Wesen dieser neuen Opposition: Habe das jüdische Volk bislang politische und religiöse Feinde gehabt, so würden sich jetzt seine moralischen Feinde erheben. Und Ascher erkennt die drohende Gefahr, wenn er von einer «ganz neuen Art der Feindschaft» spricht, deren Prinzipien zwar erst im Entstehen seien, die aber mächtigere Waffen als ihre Vorläufer entwickelt hätte.[12]

Zu jener Zeit wußte Ascher noch nicht, daß ein dritter Philosoph dabei war, seine Ansichten zu formulieren, die ebenfalls dem Muster folgen würden, das Judentum gegenüber dem Christentum herabzusetzen: Georg Wilhelm Friedrich Hegel.

Bei Hegel lassen sich drei Phasen in seiner Haltung zum Christentum unterscheiden, und die Einstellung zum Judentum entspricht jeweils diesen Phasen. In seinen frühen Fragmenten, die er zwischen 1790 und 1800 mehr zur Klärung der eigenen Gedanken als für eine Veröffentlichung schrieb, bezieht er ausdrücklich gegen das Christentum Stellung, sowohl gegen seine Lehre einer Erlösungsreligion als auch gegen seine Organisation in einer durchstrukturierten Kirche. Das Christentum hatte schon in seinen Anfängen das Recht verloren, sich eine Volksreligion zu nennen, wie sie nach Meinung des graecophilen Hegel im antiken Griechenland bestanden hatte. Die Unterlegenheit des Christentums gegenüber der griechischen Religion würde auch im Charakter der beiden Führungsgestalten der zwei Kulturen deutlich, an Sokrates und Jesus. Sokrates war ein Meister und Lehrer, dessen beispielhaftes Verhalten und dessen Geisteskraft für jeden eine Quelle der Inspiration wurde, der ihm begegnete. Jesus dagegen wählte sich zwölf Apostel, die allein zu Trägern seiner Botschaft wurden. Dazu wurde die Wirksamkeit des Christentums von einem rituellen Akt, der Taufe, abhängig gemacht, eine Bedingung, die die moralische Qualität der Botschaft beeinträchtigte. So war der sektiererische Charakter der von Jesus begonnenen Bewegung von Anfang an klar, und es paßte zu dieser Tendenz, daß die Apostel Jesu Forderung nach Glauben nicht als Glauben allgemein verstanden, sondern als Glauben an Jesus als Vorbedingung der Erlösung.[13]

Obwohl diese ersten philosophischen Fingerübungen die relative Unterlegenheit des Christentums gegenüber der griechischen Religion zum Thema hatten, wurde auch das Judentum fast unvermeidlich zum Ziel einer ähnlichen Kritik, denn die Anfangsfehler der Apostel, die sie unfähig machten, das christliche Ideal – vom griechischen ganz zu schweigen – zu verwirklichen, wurden ihrer jüdischen Herkunft zugeschrieben: «Wie langsam sie ihren Blick und ihr Herz von einem jüdischen Messias und Stifter eines Reiches, wo General- und Hofmarschallstellen zu vergeben sein würden, – und von dem Eigennutz, der zuerst an sich denkt, nicht erheben, nicht erweitern konnten zu dem bloßen Ehrgeiz ein Mitbürger des Reichs Gottes zu werden.» Diese Abwertung des jüdischen Messianismus, daß er nur nach materialistischen politischen Zielen strebe, und die Vorstellung, daß dem jüdischen Charakter jede Sorge um andere fehle, sind traditionelle christliche Stereotypen, die hier ganz selbstverständlich in einen antichristlichen Rahmen übertragen werden. Und während sich Hegels Einstellung zum Christentum änderte – in welchem Maße, ist umstritten –, blieb seine negative Einschätzung des Judentums dieselbe.[14]

Die erste Veränderung in Hegels Anschauungen erfolgte sehr früh, *Das Leben Jesu* von 1795 ist ein erster Hinweis darauf. Diese längere Nacherzählung des Evangeliumsberichtes ist von Hegelforschern wegen ihres Mangels an philosophischer Originalität für unbedeutend gehalten worden. Soweit es um Ideen geht, enthält diese Schrift in der Tat nichts anderes als die Darlegung der Kant'schen Ethik, die Jesus in den Mund gelegt wird. Die Ereignisse in seinem Leben, seine Lehren, seine Gleichnisse und seine symbolischen Handlungen einschließlich seines tragischen Todes sollen nur einen Inhalt vermitteln, daß die Tugend, die aus der spontanen Anerkennung des Moralgesetzes durch die Vernunft erwächst, der einzige wirkliche Wert im Leben ist. Seine Nachfolger – und sie allein – werden das Reich Gottes erben. Diese Lehre, die der ursprünglichen Fassung in den Evangelien nicht unähnlich ist, wird in den Begegnungen Jesu mit den Pharisäern wie mit den gewöhnlichen Juden bewiesen. Letztere werden als für solche hohen Ideale ganz unempfindlich gezeichnet, blind durch ihre jüdischen Vorurteile und ihren Mangel an «Sinn für Höheres». Juden konnten weder ihre Hoffnung auf einen politischen Messias aufgeben, der ihre nationale Unabhängigkeit wiederherstellen würde, noch sich vom Joch des Gesetzes befreien, das ihnen äußerlich auferlegt war, d. h. sich der Idee der Kant'schen Ethik der Autonomie nähern und ihre religiöse moralische Heteronomie abwerfen.[15]

In den bisher behandelten Schriften geht es um das Christentum, entweder allein oder als Gegensatz zur Volksreligion. Deshalb spielt in ihnen das Judentum nur eine indirekte, beinahe unbeabsichtigte Rolle. In der *Geist des Christentums und sein Schicksal* von 1796 wird das Christentum dargestellt, wie es sich aus dem Rahmen der jüdischen Geschichte entwickelt, und hier ist das Judentum deshalb der klar definierte Hintergrund für das Wesen des

Christentums. Hier geht er näher auf das Judentum ein, und das Ergebnis ist eine der feindseligsten Darstellungen des Judentums in der Literatur. Hegel scheint alle Vorurteile und Mißverständnisse über das Judentum, wie sie in christlichen wie in rationalistischen Quellen zu finden sind, aufgenommen und in sein philosophisches System verwoben zu haben. Um diese Zeit hatte Hegel seine Tendenz zur Abstraktion voll entwickelt, seine enorme Fähigkeit, Naturereignisse wie geschichtliche Phänomene mit einer spirituellen, wenn nicht metaphysischen Bedeutung zu befrachten. Deshalb erscheint seine negative Beurteilung des Judentums, die im Grunde das altbekannte Stereotyp ist, durch eine philosophische Einordnung verstärkt, die ihr das Aussehen einer metaphysischen Wahrheit verleiht.

Das Wesen des Judentums, seine Natur, sein Charakter und sein Schicksal sind von Anfang an vorherbestimmt: «Mit Abraham, dem wahren Stammvater der Juden, beginnt die Geschichte dieses Volkes, das heißt, sein Geist ist die Einheit, die Seele, die alle Schicksale seiner Nachkommenschaft regierte.» Dieser Anfangssatz der Abhandlung bestimmt ihren Ton und zeigt, daß die geschichtlichen Ereignisse der jüdischen Existenz logisch aus seinem Wesen abzuleiten sind. Hegel bietet eine Definition dieses jüdischen Wesens an: Es ist Distanz, ein Sich-Fernhalten und vielleicht eine Entfremdung von der Welt, von der natürlichen wie der sozialen. Abraham war «ein Fremdling auf Erden, wie gegen den Boden, so auch gegen die Menschen». Diese Distanz beschränkt sich nicht auf den Bereich der sichtbaren Welt, sie wird in die Metaphysik übertragen: «Die ganze schlechthin entgegengesetzte Welt . . . war von dem ihr fremden Gott getragen, an dem nichts in der Natur Anteil haben sollte.» Die Entfremdung zwischen Gott und Natur einerseits, die zwischen den Juden und der Welt andererseits führen zu der exklusiven Beziehung zwischen dem Juden und seinem Gott: «Da die Wurzel seiner Gottheit seine Verachtung gegen die ganze Welt war, so war auch er (Abraham) allein der Günstling . . . in Abrahams und seiner Nachkommen eifersüchtigem Gott (lag) die entsetzliche Forderung, daß er allein, und diese Nation die einzige sei, die einen Gott habe.» Das Judentum als Ganzes wie in seinen Einzelheiten ist unangemessen und verächtlich. Selbst wo die Funktion des jüdischen Gesetzes offenbar menschlich oder gesellschaftlich gut ist, verzerrt die philosophische Interpretation sie in etwas Abzulehnendes. In Hegels Darstellung ist das Judentum ein unnatürliches, unmenschliches, versteinertes gesellschaftliches System, das Ergebnis einer besonderen metaphysischen Neigung des Menschengeistes. Die höchst negativen Töne der Darstellung dienten deutlich dem Ziel, den Gegensatz zum Christentum bzw. zur ursprünglichen Lehre Jesu zu betonen. Die Lehre Jesu fand Anhänger in anderen Völkern. Was die Juden anging, so war Jesu Anstrengung, sie aus ihren selbst auferlegten Begrenzungen zu befreien, vergeblich; die Juden lehnten es ab, sich als Antwort auf den einfachen Ruf der Liebe zu ändern. «Auch sein erhabener Versuch, das Ganze des Schicksals zu überwinden, mußte darum in seinem Volke fehlschlagen.»[16]

Hegel sah das jüdische Volk im Netz seiner uralten Vorstellungen und Neigungen gefangen, die von Anfang an bestanden hatten: «Alle folgenden Zustände des jüdischen Volkes, bis auf den schäbigsten, niederträchtigsten, lausigsten Zustand, in dem es sich noch heutigtags befindet, sind weiter nichts als Folgen und Entwicklungen ihres ursprünglichen Schicksals, von dem – einer unendlichen Macht, die sie sich unüberwindlich gegenübersetzten – sie mißhandelt wurden, und so lang werden mißhandelt werden, bis sie es durch den Geist der Schönheit aussöhnen und so durch die Versöhnung aufheben.» Wenn man diesen Satz seiner philosophischen Verkleidung entkleidet, dann besagt er, daß Hegel die elenden Lebensumstände und den Paria-Status der jüdischen Gemeinschaft ihrer Religion zuschrieb, und daß er keine Aussicht auf Befreiung sah, wenn sie sich nicht aus ihren geistigen Bindungen löste. Die Leiden, denen die Juden in der Vergangenheit ausgesetzt waren und die sie in Zukunft zu erwarten hatten, mußten als ein direktes Ergebnis ihrer selbstgewählten Trennung verstanden werden, die sie vom Rest der Menschheit ausschloß.[17]

Die antijüdische Theorie, die zu jener Zeit nicht ungewöhnlich war, erhielt damit eine philosophische Rechtfertigung. Diese implizierte gleichzeitig eine bestimmte Einstellung zur Frage des jüdischen Bürgerrechts: Juden sollten es nicht erhalten, solange sie an ihrer gegenwärtigen religiösen Haltung festhielten. Dies war auch die Einstellung Kants, wie wir wissen. Allerdings änderte Hegel seine Einstellung später, in seiner Rechtsphilosophie (1820) forderte er kategorisch die gleichberechtigte Aufnahme der Juden in die politische Körperschaft.[18] Dieser Meinungsumschwung erfolgte aber nicht, weil Hegel die Werte der jüdischen Religion neu beurteilte. Er war die Folge aus Hegels Staatstheorie, wie sie in seiner gereiften Philosophie entwickelt wurde. Die formal bestimmte säkulare politische Institution des Staates konnte auf die religiösen Überzeugungen ihrer Bürger keine Rücksicht nehmen. Im Bereich der philosophischen Interpretation und Beurteilung blieb Hegel aber höchst interessiert an der Rolle, die Religion allgemein und Judentum und Christentum im besonderen im Lauf der Geschichte gespielt hatten. Die oben beschriebenen Ansichten waren nur seine ersten Versuche, mit diesem Problem fertig zu werden. Als er später sein Gesamtsystem ausarbeitete, vertiefte und erweiterte er diese Ansichten. Von daher wurden Judentum und Christentum wiederholt erörtert. Es würde den Rahmen dieser Arbeit sprengen, die Entwicklungen und Wandlungen in Hegels Denken im Detail zu verfolgen. Wichtig ist die Tatsache, daß die Rangordnung immer dieselbe bleibt, wie auch immer die beiden Religionen Judentum und Christentum in ihrem Wesen bestimmt werden: Das Judentum bleibt auf der unteren Stufe, es gilt als ein primitiveres Stadium in der Entwicklung des menschlichen – oder absoluten – Geistes. Die Unterlegenheit des Judentums gegenüber dem Christentum bleibt ein integraler Bestandteil in Hegels Denken durch die Zeit hindurch.[19]

Daß dieses Schema, in dem das Judentum dem Christentum untergeordnet wird, in den Systemen verschiedener unabhängiger und tiefer Denker immer wieder auftaucht, daß es ein bleibendes Element ihres Denkens ist, auch wenn sich ihre Ideen sonst extrem unterscheiden mögen, läßt einen glauben, daß sie entweder unfähig oder uninteressiert waren, sich davon zu lösen. Wir werden später noch zahlreiche Beispiele hierfür anführen, ein weiteres soll an dieser Stelle behandelt werden: die Sicht Arthur Schopenhauers, des größten Kritikers und Gegenspielers Hegels.[20]

Schopenhausers Kritik an Hegel und der ganzen idealistischen Philosophie hat viele Seiten, ein Streitpunkt betrifft die traditionelle Religion. Schopenhauer lehnt jeden Versuch ab, einen Kompromiß zwischen Religion und Philosophie zu finden, er betont im Gegenteil die Spannung zwischen beiden. Schopenhauer untersucht die verschiedenen Religionen im Blick auf die Weltanschauung, die in ihren Lehren vertreten wird, ob sie optimistisch oder pessimistisch ist. Es gibt zwei grundsätzliche metaphysische Konzeptionen, die für ihn die verschiedenen Kulturen kennzeichneten. Er fand den Archetyp des Pessimismus – das metaphysische Prinzip seiner Philosophie – in den Religionen des Ostens, vor allem im Buddhismus, und dessen eindeutige Antithese, unbegrenzten Optimismus, im Judentum des Alten Testaments. Im Christentum unterschied Schopenhauer zwischen Kern und Schale. Kern war die Lehre von der Erbsünde, die Sicht von der Welt als Jammertal, die nach Askese verlangten, dem Wesen der pessimistischen Weltanschauung. Dies versöhnte den Philosophen mit anderen, optimistischen Seiten des Christentums. Natürlich ist die Quelle für die Erzählung von Adams Sündenfall im Garten Eden, die Schopenhauer in ihrer christlichen Auslegung als Erbsünde verstand, im Alten Testament. Aber Schopenhauer fand, daß sie da nicht hingehöre, weil sie dem beherrschenden Geist dieses Bibelteils widerspreche. Er kam zu der Folgerung, daß diese Erzählung nur zufällig in die Bibel aufgenommen worden sei, daß sie aus einer anderen Quelle stamme – eine sehr willkürliche Methode, die auch andere Teile der Bibel entsprechend angreifbar machte. Und in der Tat waren die Erzählungen und Gestalten der Bibel das Ziel seiner Verachtung und seines Spotts in bester Voltaire'scher Weise, auf den er sich auch ausdrücklich berief.[21]

Schopenhauers historisch-philosophische Interpretation war einerseits das Ergebnis einer gründlichen Untersuchung verschiedener Kulturen, andererseits behielt sie traditionelle Stereotypen bei. Daß der Pessimist das Judentum ablehnte, das das Handeln des Menschen auf dieser Erde so hoch bewertet, ist verständlich. Aber er hätte seine philosophischen Ideen auch ohne die verächtlichen Seitenhiebe formulieren können, die seine Schriften durchziehen. Schopenhauers Einstellung zum Judentum ist zu Recht als «metaphysischer Antisemitismus» bezeichnet worden.[22] Dies besagt aber nicht, daß er sich vom sozialen Antisemitismus löste, als er ihn auf eine metaphysische Ebene hob. Ablehnung und Verachtung, das gesellschaftliche Schicksal der Juden, wurden jetzt auch noch in die höheren Sphären der philosophischen Gedanken und historischen Untersuchungen erhoben.

In seinen persönlichen Kontakten war Schopenhauer nicht gegen Juden. Er stand in seiner Jugend einigen persönlich nahe, und als er in seinem späteren Leben bekannt und berühmt geworden war, gehörten Juden zu den ersten Anhängern seiner Philosophie und zu denen, die ihn persönlich unterstützten. Hier unterschied er sich nicht von Kant oder Hegel.[23] Auch deren Ablehnung der Juden allgemein hinderte sie nicht daran, einzelne Juden als Ausnahmen anzusehen, die fähig waren, die negativen jüdischen Eigenschaften abzulegen. Wie Kant zu seiner Zeit sah auch Schopenhauer einen Weg, um die Juden in Zukunft von ihrem Judentum zu befreien: Mischehen. Aber gegenwärtig sah der Philosoph die Juden belastet mit dem Erbe ihres Volkes, ein Erbe, das Abscheu und Überraschung erregte, nicht nur wegen seiner erstaunlichen Lebenskraft, sondern auch wegen seiner Fähigkeit, die Juden trotz ihrer Zerstreuung über die Erde zusammenzuhalten – dieses Volk, das nirgendwo zuhause und nirgendwo fremd ist. Und es «behauptet dabei mit beispielloser Hartnäckigkeit seine Nationalität, ja, möchte . . . auch gern irgendwo recht fußen und Wurzel schlagen, um wieder zu einem Land zu gelangen, ohne welches ja ein Volk ein Ball in der Luft ist. Bis dahin lebt es parasitisch auf den andern Völkern und ihrem Boden, ist aber dabei nichtsdestoweniger vom lebhaftesten Patriotismus für die eigene Nation beseelt, den es an den Tag legt durch das festeste Zusammenhalten, wonach Alle für Einen und Einer für Alle stehn; so daß dieser Patriotismus sine patria begeisternder wirkt als irgendein anderer. Das Vaterland des Juden sind die übrigen Juden.»[24] Dieses Lob der jüdischen Solidarität hatte einen Stachel; zu seiner Zeit war es ein Hindernis für die Emanzipation. Als es geschrieben wurde, in den vierziger Jahren des 19. Jahrhunderts, hatten die Juden bereits allgemeine Bürgerrechte; die Frage war damals, ob Juden in die Beamtenschaft des Staates aufgenommen werden sollten. Wie andere Konservative war Schopenhauer dagegen. Und seine Beschreibung der Juden als eigenes, eng verbundenes Volk war ein Argument gegen dieses Recht.

6. Nationalismus und Romantik

Als Napoleon von der politischen Bühne in Europa abtrat, war eine neue Situation geschaffen, nicht nur in den Beziehungen zwischen den Staaten, sondern auch in ihrem Innern; es gab Veränderungen im Wesen der Regierungen, in den sozialen Spannungen, in den Beziehungen zwischen Staat und Religion und in der geistigen Atmosphäre, in Literatur und Kunst. Dies alles betraf direkt oder indirekt auch die Juden, und zwar in den Ländern, in denen sie schon gleichberechtigt waren, ebenso wie in denen, wo die Frage der Gleichberechtigung noch offen war. In Frankreich blieben die Entscheidungen der Nationalversammlung von 1790/91 in Kraft. Napoleons Einfluß, das «infame Dekret» von 1808, traf die Position und sogar die Ehre der Juden, weil es die Juden im Elsaß in ihrer Bewegungsfreiheit und in ihren Berufsmöglichkeiten einschränkte und ihre Glaubwürdigkeit vor Gericht in Frage stellte. Diese Anordnung sollte 1818 auslaufen, aber die Gegner der Juden wollten sie verlängern. Für die Öffentlichkeit im Elsaß – und vielleicht auch anderswo – war die Gleichberechtigung der Juden keine Selbstverständlichkeit, und es gab einige Vertreter, die die Judenemanzipation wieder abschaffen wollten.[1]

In Deutschland wurde die Stellung der Juden wiederholt in parlamentarischen und administrativen Debatten wie in literarischen Kontroversen behandelt. Schon vor der Französischen Revolution hatte es hier Versuche gegeben, die Lage der Juden zum Zweck ihrer Verbesserung zu untersuchen. Aber erst unter dem Druck der französischen Eroberer und unter dem Einfluß ihres herrschenden Beispiels wurden substantielle Schritte in Richtung auf eine Gleichberechtigung unternommen. In den meisten deutschen Staaten erhielten die Juden zwischen 1806 und 1808 das Bürgerrecht, in Preußen 1812. Als die französische Herrschaft beendet war, griff in Deutschland eine revisionistische Stimmumg um sich, der Wunsch, die Spuren der Besetzung und des französischen Einflusses zu löschen. Das Recht der Juden, das unter französischem Einfluß Erreichte zu behalten, wurde bezweifelt, und ihre Gegner sammelten sich, um das Bürgerrecht der Juden wieder aufzuheben oder zumindest in seiner praktischen Bedeutung einzuschränken.

Hauptschauplatz dieses politischen Kampfes war der Wiener Kongreß, wo Regierungsvertreter über Fragen der zwischenstaatlichen Beziehungen verhandelten und wo versucht wurde, soweit wie möglich den vorrevolutionären Status quo wiederherzustellen, also den politischen Rahmen, der vor der napoleonischen Zeit die Staaten des deutsch-österreichischen Reiches vereinigt hatte. Dies wurde der deutsche Bund, der aus 30 Staaten bestand, die ihre politische Unabhängigkeit behielten, aber im Bundestag ein politisches Forum schufen, das in Frankfurt tagen und alle die Staaten betreffenden Angelegenheiten entscheiden sollte. Diese Staaten akzeptierten in Wien gemeinsame Regierungsprinzipien, darunter die Gleichberechtigung der Mitglieder der verschiedenen christlichen Kirchen, der Katholiken, Lutheraner und Reformierten.[2]

Von daher stand auch die Judenfrage auf der Tagesordnung, denn man war sich im Prinzip einig, daß eine einheitliche Regelung für ganz Deutschland wünschenswert sei. Man war sich über die Art dieser Regelung aber nicht einig. Die Meinungsverschiedenheiten zwischen denen, die den Juden nach dem preußischen Vorbild Bürgerrechte geben wollten, und denen, die sie auf die Position vor der Französischen Revolution zurückstufen wollten, waren unüberwindlich. Die Diskussion wurde durch einen Kompromiß beendet, dessen praktische Bedeutung jedoch unklar war. Der Bundestag in Frankfurt sollte eine einheitliche Regelung treffen, und bis dahin sollten die Juden die ihnen von den Staaten jeweils verliehenen Rechte haben. Im ersten Entwurf für diesen Beschluß hatte es geheißen «in den Staaten», nicht «von den Staaten», und das bedeutete die Rechte, die von Regierungen während der napoleonischen Zeit verliehen worden waren. In der endgültigen Fassung hieß es «von den Staaten», und dies wurde so interpretiert, daß damit die Rechte gemeint seien, die von den örtlichen Regierungen erlassen worden waren, die vor Napoleon an der Macht waren und ihren Platz danach wieder eingenommen hatten.[3]

Es ist nicht sicher, ob die Vertreter in Wien, die auf der endgültigen Fassung beharrten, d. h. auch auf dem Ausdruck «von den Staaten», voraussahen, welche Folgen die Veränderung von «in» zu «von» haben würde. Und es war auch tatsächlich nicht der in Wien beschlossene Wortlaut, der über das Schicksal der Juden in den verschiedenen deutschen Staaten entschied. Schon vor der Entscheidung in Wien hatten die Stadträte in Frankfurt, Bremen, Lübeck und Hamburg die während der französischen Besetzung verliehenen Rechte der Juden wieder aufgehoben, und auch später, als die Judenfrage in verschiedenen Gremien diskutiert wurde, bezog man sich kaum auf die Wiener Formulierung. Die Entscheidung wurde von den örtlichen politischen Machthabern gefällt.[4] Und in jedem Fall war es notwendig, die Abschaffung der jüdischen Rechte aus der Zeit der französischen Herrschaft ideologisch zu begründen.

In den Jahren nach der Niederlage Napoleons entstand eine ganze Literatur über die Judenfrage, und sie war mehrheitlich antisemitisch, ganz anders als die Publikationen in der Zeit der Revolution und unter Napoleon. Jetzt erschienen die Befürworter jüdischer Rechte als Anhänger veralteter Vorstellungen, während ihre Gegner von der vorherrschenden Stimmung profitierten. Diese Tendenz kommt sehr deutlich bei Friedrich Rühs zum Ausdruck, dem führenden Vertreter der antijüdischen Meinung. Dieser Berliner Historiker schrieb *Über die Ansprüche der Juden an das deutsche Bürgerrecht*, und er lehnte diese Ansprüche uneingeschränkt und kategorisch ab.[5]

Rühs gab zu, daß auch er in den Jahren der französischen Besetzung an die humanitären Ideen geglaubt hatte, die dazu führten, daß die Juden in verschiedenen Ländern Bürgerrecht erhalten hatten. Er schrieb seinen Meinungsumschwung seinen Forschungen über die jüdische Geschichte zu, auf die er während seiner Arbeit über die Geschichte des Mittelalters gestoßen war.[6] Es ist aber wahrscheinlicher, daß er von der Stimmung im Deutschland vor den Befreiungskriegen und danach erfaßt wurde. Der wesentliche Ausdruck dieser Stimmung war ein vertieftes Nationalgefühl, das alles bewunderte, was in deutscher Kultur und Geschichte wurzelte, und alles ablehnte, was als Ergebnis fremder Einflüsse angesehen wurde. Dieses Gefühl der Besonderheit wurde durch die Erfahrung von Leiden und Kampf vertieft und gestärkt, die die Freiheitskämpfer vereinte. Die Juden in den deutschen Ländern, in denen sie das Bürgerrecht erreicht hatten, vor allem die Juden in Preußen, wollten an dieser einigenden Erfahrung teilhaben. Viele von ihnen dienten in den Armeen ihrer Länder im Kampf gegen Napoleon, und es gab einige, die sich ausdrücklich deshalb freiwillig meldeten, um die Barrieren zwischen der jüdischen Gemeinschaft und ihrer Umgebung abzubauen. Diese Hoffnung erfüllte sich jedoch nicht.[7]

Zu den Charakteristiken des deutschen Nationalismus gehörte die Hinwendung zum christlichen Glauben. Deshalb blieben die Juden außerhalb des nationalen Rahmens, solange sie der christlichen Religion nicht beitraten, auch wenn sie andere Eigenschaften annehmen konnten, die als Wesenszüge des deutschen Volkes angesehen wurden. Rühs begründete seine Argumentation mit der Erklärung: «Das Christentum hat von jeher den Juden seinen heiligen Kreis geöffnet, wo *in Einem Glauben und Einer Liebe* das wahre Heil des menschlichen Geschlechtes aufgegangen ist» (Hervorhebung im Original). Dies war die zeitlose, theologisch-dogmatische Grundlage aller christlichen Aufforderungen an die Juden, das Christentum anzunehmen; im geschichtlichen Kontext damals wurde diese Aufforderung für die Juden eine Bedingung für ihre Integration in die deutsche Nation und die Aufnahme in einen ihrer Staaten: «Ein Volk kann nur zu einem Ganzen werden durch ein inniges Zusammenwachsen aller seiner Eigenthümlichkeiten, durch die gleiche Art ihrer Äußerung: durch Gesinnung, Sprache, Glauben, durch die Anhänglichkeit an seine Verfassung.»[8] Dies ist im wesentlichen die Definition des romantischen Nationalismus, der erwartete, daß sich kollektive Eigenschaften in den kulturellen, religiösen und politischen Traditionen eines Volkes ausdrückten. Diese Eigenschaften sind erblich, aber spätere Generationen müssen sie entwickeln und vollenden. Ein Fremder wie der Jude kann die Eigenschaften eines anderen Volkes übernehmen, und wenn nicht er selbst, dann doch seine Nachkommen, wenn er die Hindernisse beseitigt, die ihn von diesem Volk trennen. Die Bedeutung dieser Bedingung liegt darin, daß ein Jude, um Mitglied des deutschen Volkes zu werden, zuerst den Glauben übernehmen muß, der die Deutschen kennzeichnet, nämlich das Christentum.

Erinnern wir uns, daß auch im Rationalismus Philosophen und Dichter die Juden zur Konversion aufriefen, nicht, weil sie von der religiösen Wahrheit des Christentums so überzeugt waren, sondern als Ausdruck des Wunsches, die Gesetze des Staates und die Sitten der Gesellschaft zu übernehmen, zu der sie gehören wollten. Rühs setzt diesen Gedankengang fort, aber seine christliche Überzeugung ist ehrlicher und tiefer als die der Rationalisten. Letztere respektieren nur die ethischen Lehren des Christentums und nannten sich nur deshalb noch Christen, weil sie die christliche Moral unterstützten. Mit dem Aufkommen der Romantik, die eine wesentliche Rolle bei der Entstehung des neuen Nationalismus spielte, wuchs die Bereitschaft, das Christentum auch in seinen Symbolen und Riten zu respektieren, seinen Inhalt und die Erlebnisse zu übernehmen, die mit seiner Tradition verbunden waren. Der einzelne Christ war der Notwendigkeit enthoben, die Wahrheitsfrage an die christlichen Dogmen, Überzeugungen und Lehren zu stellen. Zudem wurde das Christentum zum integralen Bestandteil des deutschen Nationalismus erklärt, und die christliche Wahrheit war fast automatisch mit diesem Nationalismus gegeben. Die Forderung, daß der Jude erst Christ werden müsse, eine Bedingung für seine Aufnahme in die deutsche Nation, bekam so eine neue Bedeutung. Es ging weder um die Anerkennung der christlichen Wahrheit noch um das Eingeständnis, daß die Ethik der Evangelien die bessere sei. Das Christentum war schlicht ein Teil der deutschen Nationalkultur, und ein Jude, der diese deutsche Kultur annahm, übernahm damit zugleich das Christentum.

Rühs verhehlte seine Überzeugung nicht: «Es wäre besser gewesen, sie (die Juden; J. Katz) hätten sich nicht unter uns angesiedelt.» Da dies aber einmal geschehen war, sollte ihre Anzahl begrenzt werden, und zwar durch das Verbot der Einwanderung und vor allem dadurch, daß man ihren Übertritt zum Christentum förderte, eine wesentliche Bedingung dafür, wenn sie Deutsche werden wollten. Rühs sah hierin die Möglichkeit, «um ihren (der Juden; J. Katz) Übergang zu erleichtern und vorzubereiten». So wäre das Problem ein für allemal gelöst. Aber bis dahin, und Rühs glaubte nicht, daß dieser Zeitpunkt absehbar wäre, wurden die Juden als ein fremdes Volk definiert, das die Deutschen leider tolerieren müßten. Die Juden waren Fremde, vor allem weil sie an der deutschen Kultur nicht teilhatten, und der christliche Glaube war ein wesentliches Grundelement dieser Kultur. Außerdem unterschieden sich die Juden aber noch durch spezifische Eigenschaften, vor allem durch ihre Profitsucht. So behauptete Rühs, «daß es überall nur an den Juden selbst gelegen hat, wenn sie sich auf keine anderen Gewerbe als blos merkantilische legten..., daß sie endlich überall, wo ihnen irgend eine freie Wirksamkeit verstattet war, dieselbe zum Verderben und Schaden der Nichtjuden gemißbraucht und dadurch die Abneigung und den Haß derselben genährt und erhöht haben.» Um diese Behauptung zu begründen, zog Rühs «Tatsachen» aus der jüdischen Geschichte in Spanien und Polen heran, die beweisen sollten, daß die Juden auch da, wo sie freie Bürger waren, ihre Neigung zu Handel, Trödel und Finanzgeschäften nicht aufgaben. Und er glaubte, daß er auch in seiner Generation Beweise dafür gefunden hatte. Seit vierzig Jahren habe man versucht, die bürgerliche Stellung der Juden zu verbessern – «aber hat dies Volk als Gesamtheit in dieser Frist auch nur einen einzigen Schritt zum Bessern gethan»? Der jüdische Glaube lehrte die Juden, daß jede körperliche Arbeit eine Strafe sei, während sie «in der Vermehrung ihres Vermögens durch Handel, Wucher u.

dgl. einen neuen und unmittelbaren Beweis von der Vorsorge Gottes für sein auserwähltes Volk sehn» müßten. Wenn Rühs die Eigenschaften der Juden, ihre Gewinnsucht, ihre Neigung zum Wucher und ähnliches, so beschreibt, dann steht er in der vorrationalistischen christlichen Tradition, und Eisenmenger war die wichtigste Quelle seiner Zitate. Das Ziel dieser Beschreibung war aber nicht einfach die Herabsetzung der Juden. Rühs wollte nicht so sehr den jüdischen Charakter diffamieren, als vielmehr zeigen, daß es eine kollektive jüdische Mentalität gab, die die Juden von ihrer deutschen Umgebung trennte. Diese Mentalität stammte aus dem jüdischen Glauben, und solange er diesem anhing, hatte der Jude kein Recht, dieselben Rechte wie die christlichen Bürger zu fordern. «So lange die Juden Juden bleiben wollen, erklären sie sich für eine besondere und abgesonderte Nation; sie erklären, daß sie nicht mit dem Volk, unter welchem sie leben, zu einem Ganzen verschmelzen wollen.»[9]

Die Definition der Juden als abgesondertes Volk, dem deutschen fremd, zerstörte in Rühs Sicht die Grundlage ihrer Ansprüche auf Bürgerrechte in einem deutschen christlichen Staat. Diese Ansprüche waren in der Zeit der Rationalisten erhoben worden, als sich die Aufmerksamkeit nur auf die Fähigkeit eines Bürgers richtete, zum materiellen Wohlergehen eines Staates beizutragen, weil der Staat nur als Rahmenwerk gesehen wurde, das mechanisch für die Erfüllung der Bedürfnisse der Gesellschaft zu sorgen hatte. Deshalb wurde ein Anwachsen der Einwohnerzahl für günstig gehalten, unabhängig von ihrer Einstellung in geistlichen Dingen. Für Rühs dagegen existierte der Staat in Wahrheit aber nur dank der inneren Einheit seiner Bürger, dank ihres gemeinsamen Glaubens und ihrer Bereitschaft, äußere Vorteile um ewiger heiliger Werte willen zu opfern. Für Rühs bestand eine enge innere Beziehung zwischen dem Wesen eines Staates und dem Charakter des Volkes, das ihn unterhielt, und er drückte damit einen Gedanken aus, der in den Köpfen seiner Zeitgenossen vorherrschend werden sollte.[10]

In dieser Vorstellung war es leicht, einen Grund oder eine Entschuldigung dafür zu finden, daß die Juden von der Gemeinschaft der Bürger auszuschließen seien. «Die Juden als Nation betrachtet haben ihre Landsleute, mit denen sie durch Abstammung, Gesinnung, Pflicht, Glauben, Sprache, Neigung zusammenhängen, auf der ganzen Erde: sie machen mit ihnen eine Einheit aus, und müssen ihnen nothwendig inniger ergeben sein als dem Volk, unter dem sie leben, das ihnen immer fremd bleiben muß.» Aber die Juden sind nicht nur Volk, sondern sogar Staat: «Allein die Juden bilden nicht blos ein Volk, sie bilden zugleich einen *Staat*, ‹die Grundgesetze der jüdischen Religion sind zugleich die Grundgesetze ihres Staats›.» Dieser Satz, in dem Rühs allerdings *Grundgesetze* statt *Grundsätze* schreibt, stammt aus den Erinnerungen des Salomon Maimon, der damit seine Zusammenfassung von Mendelssohns Theorie über das Wesen des Judentums beginnt. Mendelssohn und Maimon bezogen sich allerdings auf die Gesetze des Judentums zu der Zeit, als ein jüdischer Staat wirklich bestand; im Blick auf ihre eigene Zeit lehrten sie, daß der Gehorsam gegenüber den Prinzipien des Judentums von Willen und Gewissen des einzelnen Juden abhing. Nach Mendelssohn gab es deshalb nichts, was vom jüdischen Glauben und seinen Geboten her die Juden daran hinderte, zu dem Staat zu gehören, in dessen Grenzen sie lebten. Rühs gibt dem fraglichen Satz aber eine aktuelle Bedeutung, als ob die Juden seiner Zeit dem Gesetzbuch der jüdischen Tradition unterworfen seien.[11]

Natürlich wußte Rühs, daß eine beachtliche jüdische Minderheit die Sitten des jüdischen Glaubens schon verlassen hatte, ohne zum Christentum überzutreten, aber er schloß auch sie in die jüdische Nation ein, die angeblich durch die Gesetze ihres Staates verbunden war. Hier ist das Stereotyp, das Rühs zur Unterstützung seiner Behauptung brauchte, stärker als seine Wahrnehmung der Wirklichkeit. Die ganze jüdische Gemeinschaft wurde als fremde Nation gesehen, die in ihrem Leben Gesetzen folgt, die nicht die Gesetze des Staates sind, in dessen Schutz sie lebt. Deshalb schien die Folgerung klar, daß diese Gemeinschaft keinen Anspruch auf Bürgerrechte hatte: «Niemand kann zweien Herren dienen, und es ist doch in der That ein sonderbarer Widerspruch, daß ein Bürger des jüdischen Staats oder Reichs zugleich Bürger eines christlichen Staats seyn will.»[12]

Im Licht dieser Folgerung entstand natürlich die Frage, was denn mit diesen fremden Einwohnern geschehen sollte, bis sie nach ihrer erhofften Bekehrung zum Christentum Bürger werden könnten. Rühs antwortete, daß Bürgerrechte nicht dasselbe seien wie Menschenrechte, und wenn Juden auch erstere nicht beanspruchen dürften, so sollten ihnen letztere doch nicht vorenthalten werden. Es war die Pflicht der Regierungen, die Juden vor Ungerechtigkeit und Verletzung zu schützen und einer Haßpropaganda gegen sie keinen Raum zu geben. De facto wollte Rühs die Juden in die Position von vor der Zeit der Reform und Revolution zurückweisen, ihre Zahl begrenzen, wie es Friedrich der Große in Preußen getan hatte, ihnen ein Abzeichen auf der Kleidung vorschreiben, wie es im Mittelalter üblich war. Die Kopfsteuer sollte abgeschafft werden, weil sie degradierend war, aber die Judensteuer, die die deutschen Juden im Mittelalter an die Kaiser gezahlt hatten, sollte wieder eingeführt werden und dem Deutschen Bund zufließen. Für sich sollten die Juden das Recht auf eigene Gerichte haben, aber im Staat sollten sie natürlich kein Amt, keine Ehre oder Macht haben, sie sollten nicht in der Armee dienen dürfen. Die Berufsmöglichkeiten sollten nur soweit ausgedehnt werden, «daß ihnen in keinem einzelnen Staat Vorrechte oder Gerechtsame bewilligt werden, die den deutschen Einwohnern oder andern Deutschen nachtheilig werden können.»[13]

Rühs' Einstellung, die mit dem Aufkommen der Romantik und des Nationalismus geformt wurde, zeigt den dialektischen Prozeß in der Geschichte des Antisemitismus sehr deutlich. Wenn sich in der Zeit vorher christliche und rationalistische Motive in den Argumenten gegen die Juden vermischten, dann sind von den rationalistischen in Rühs' System keine Spuren geblieben. Er lehnte die rationalistische Staatsauffassung ab, weil er das ganze System des Rationalismus ablehnte, deshalb benutzte er auch keine antijüdischen Argumente, die auf rationalistischem Boden gewachsen waren. Nur in der Gleichsetzung von jüdischen Religionsgeboten mit den Gesetzen eines jüdischen Staates dringt ohne sein Wissen ein rationalistisches Motiv in seine Argumentation ein, denn er wußte wohl nicht, daß dieser Gedanke von Spinoza zu Mendelssohn und Maimon gekommen war, von denen er ihn übernahm.[14] Die anderen Züge in seinem Bild von Juden und Judentum entnahm er der christlichen antijüdischen Tradition. Diese Tradition befand sich jetzt aber in einer anderen Situation als früher. Der Staat, den Rühs als christlich bezeichnete, trug diesen Namen zu Recht, weil er sich mit Symbolen und Traditionen des christlichen Glaubens verband, aber seine Bindungen an die Institution der Kirche hatten sich schon lange gelockert. Der Staat war nicht länger der säkulare Arm der Kirche, die ihre Sitten und Prinzipien den Bürgern vorschrieb, und auch Rühs wollte diese alte Herrlichkeit keineswegs zurückhaben. Entsprechendes galt für die jüdische Gemeinde, die nicht länger Macht über ihre Mitglieder ausübte. Juden wie Christen konnten die Verbindung mit ihren religiösen Institutionen lösen oder sie zumindest auf ein unbedeutendes formales Minimum beschränken. Die Säkularisierung der Gesellschaft, die im 18. Jahrhundert begonnen hatte, verlor ihre Kraft auch dann nicht, als die rationalistische Weltanschauung an Einfluß verlor.

Vor diesem Hintergrund muß die soziale und politische Unterscheidung zwischen Juden und Christen durch Rühs gesehen werden. Nach Rühs trennte der Abgrund zwischen den beiden Religionen auch die beiden Gemeinschaften. Aber während im Mittelalter ähnliche Theorien reale soziale und politische Gegebenheiten widergespiegelt hatten, sollte Rühs' Theorie nicht zur Erklärung oder Rechtfertigung einer tatsächlichen Situation dienen, sondern eine Frage entscheiden, die auf der nationalen Tagesordnung stand. Es ging darum, ob die Juden als eine besondere sozio-politische Gruppe anzusehen seien, unabhängig davon, ob sie sich ihrer Religion noch verpflichtet fühlten oder nicht. Der gesellschaftliche und politische Kampf über diese Frage dauerte seit mehr als einer Generation, und Polemiker wie Rühs wollten ihn durch antijüdische Ideologien entscheiden. Als Mittel zu diesem Zweck schufen sie ein Stereotyp vom jüdischen Volk, das seinen Gesetzen in einer Art metaphysischer Treue anhing, die nur durch die Taufe aufzulösen sei. Jede gesellschaftliche oder kulturelle Anpassung der Juden konnte in dieser Sicht nur oberflächlich sein, der Jude würde in allen seinen Verwandlungen derselbe ewige Jude bleiben. Seine Eigenschaften – Halsstarrigkeit und Materialismus, äußerste Treue zu seinen Religionsgenossen und Unempfindlichkeit gegenüber jedem Außenstehenden – waren für die christliche Tradition wie für das kollektive Bewußtsein der meisten europäischen Völker unveränderlich.

Rühs' Theorie wurzelte in einem Denksystem, das damals in Deutschland weit verbreitet war. Er fand Unterstützung bei dem Heidelberger Philosophen Jakob Friedrich Fries, der einen langen Aufsatz in den *Heidelberger Jahrbüchern der Literatur* über Rühs' Buch verfaßte und diesen später als Einzelpublikation veröffentlichte.[15] Fries faßte die Gedanken seines Kollegen in kurzen einprägsamen Formulierungen zusammen. Er verwendete den Begriff «Kaste», den Rühs nur am Rande erwähnt, um das Wesen der jüdischen Gemeinschaft zu bestimmen. Auch bei Fries taucht der Begriff «Staat im Staat» auf, wenn er die Stellung der jüdischen Gemeinschaft bezeichnet. Diese Gemeinschaft wurde als besondere soziale Einheit angesehen, die ihrer Umgebung feindlich gegenübersteht, und es war undenkbar, ihren Mitgliedern Bürgerrechte zu gewähren, wenn sie ihr Wesen nicht völlig veränderten. Die persönliche Freiheit der Juden mußte eingeschränkt werden: sie durften nicht überall wohnen, nur beschränkt Familien gründen und sich nicht ohne ein äußeres Identitätszeichen bewegen.[16]

All dies faßt nur Rühs' Lehren zusammen, aber der Heidelberger Philosoph unterschied sich in einem wesentlichen Punkt von dem Berliner Historiker. Auch er wollte den Juden diese Einschränkungen nur vorübergehend auferlegen, auch er sah das Ende der Judenheit in der Aufnahme der Juden in das deutsche Volk, aber diese Aufnahme mußte in seiner Sicht nicht unbedingt durch eine Konversion zum Christentum erfolgen. Die Juden mußten sich von ihren Traditionen, Geboten und Riten emanzipieren, die in ihnen vermittelte minderwertige Moral ablegen. Aber dies konnte durch eine bewußte kulturelle Anpassung geschehen, die jüdischen Kinder sollten in den christlichen öffentlichen Schulen erzogen werden, ihre Rabbiner sollten an den Universitäten studieren und erklären, «daß sie den Infamien des Talmud nicht anhängen, sondern eine vernünftige Moral der Vaterlandsliebe und allgemeinen Menschenliebe lehren wollen.» Kurz, die Gewährung des Bürgerrechts sollte nicht von einer Annahme des Christentums abhängen, sondern von der Reform, man könnte auch sagen: Sterilisation, des Judentums.[17]

Der Unterschied zwischen Fries und Rühs in diesem wichtigen Punkt hängt natürlich mit ihrer unterschiedlichen Einschätzung der Religion und vor allem des Verhältnisses von Staat und Kirche zusammen. Fries gesteht zu, daß es sinnvoll ist, die Gewährung des Bürgerrechts an Juden von ihrem Übertritt zum Christentum abhängig zu machen, «sieht man das Deutsche Volk als ein christliches an, macht das Christenthum zur Staatsreligion». Aber dies war mit seiner liberalen Haltung und dem Erbe der rationalistischen Tradition unvereinbar, dem er trotz seiner Identifikation mit dem neuen Nationalismus treu blieb. Dies wird auch in seiner Argumentation gegen die Juden deutlich. Rühs hatte die Quelle für die moralische Verderbtheit der Juden in Talmud gesehen, wie dessen Vorschriften in Eisenmengers Buch zu finden waren. Fries fügt hinzu, daß ihre Neigung zu Korruption, Betrug und Ausbeutung schon in den biblischen Erzählungen zum Ausdruck komme: «Wo hat ein anderes Volk auf einer ähnlichen Bildungsstuffe solche elende(n), für die Dichtung bedeutungslose(n), heilige(n) Geschichten, die überall mit angerühmten Diebereien durchwirkt sind?» Ihr Vater Jakob stiehlt seinem Bruder das Erstgeburtsrecht und betrügt seinen Schwiegervater. Seine Söhne verkaufen ihren Bruder in die Sklaverei nach Ägypten, und dieser fromme Mann enteignet das ägyptische Volk. Ihr großer Lehrer Moses raubt silberne und goldene Gefäße in Ägypten. Und so weiter. Wir kennen diese Art der Argumentation aus den Schriften der Deisten, und kein der Bibel treuer Christ würde sich erlauben, sie zu wiederholen.[18]

Im Gegensatz zu Rühs, der die christliche Seite des romantischen Nationalismus vertritt, steht Fries für einen totalen Nationalismus, der keine Verbindung mit dem Christentum eingeht, sondern dessen Vorzüge übernimmt, um an seine Stelle zu treten. Fries lehnt die christlichen Dogmen genauso ab wie den Anspruch der Kirche, eine herrschende Stellung im Staat einzunehmen; er bekämpft die Versuche der Romantiker, wie etwa des Philosophen Schelling, das Gewand der Kirche mit den Flicken einer mystifizierenden, symbolischen Interpretation wieder herzurichten. Wie bei Kant so gründet auch bei Fries die Religion auf einem inneren Glauben und seinen Gefühlswerten, die zum ethischen Handeln anleiten. Und dieses Handeln ist vor allem der Einsatz für öffentliche Interessen, die den einzelnen über seine persönlichen Interessen und Bestrebungen erheben. Während der Jahre der französischen Hegemonie kritisierte Fries seine Landsleute, weil sie kein einheitliches, befreiendes gemeinsames Ziel hatten. Als sie für die Befreiung von Napoleon kämpften, fand er in dem nationalen Erwachen, das mit diesem Kampf einherging, das gemeinsame Ziel, nach dem er strebte, und er setzte es mit dem Inhalt und der Bedeutung der Religion, sprich des Christentums gleich, so wie er es verstand und definierte. In seinen Aufrufen an die deutsche Jugend, an diesem Kampf teilzunehmen und später in der Verwirklichung der nationalen Ziele – die Vereinigung und gesellschaftliche Erneuerung Deutschlands – gab er den nationalen Zielen die ehrwürdigen geheiligten Namen des christlichen Glaubens.[19]

Fries' Einwände gegen religiöse Dogmen und Riten hinderten ihn deshalb nicht daran, christliche Gefühle und Rhetorik in den neuen Nationalismus aufzunehmen. Auch wenn dies nichts als ein verbales und emotionales Element war, genügte es doch, um die Juden von der deutschen Nation auszuschließen. In der Praxis war dies verwässerte Christentum gefährlicher als die Reste von Glauben und Dogma in den nationalistischen Lehren anderer. Dies ist ein Beispiel für ein Phänomen, auf das wir schon hingewiesen haben, daß nämlich ein Antisemitismus, dem jedes echte christliche

Element fehlt, weitergehen kann als christlicher Antisemitismus. Und tatsächlich ist Fries' antijüdische Einstellung militanter als die seiner Vorläufer, von deren Ansichten er ausging. Der Christ Rühs erwartet zuversichtlich und relativ tolerant die Zeit, wenn die Juden den Glauben an Jesus annehmen würden, aber der Säkularist Fries ist ungeduldig, weil die Juden sich standhaft weigern, ihre Religion aufzugeben. Manchmal klingen seine Worte wie eine Pogromdrohung oder wie die Aufforderung, die Juden aus dem Land zu vertreiben. Er malt ein erschreckendes Bild davon, wie das deutsche Volk von den Juden ausgebeutet wird und schließt: «Dies Unwesen kann nicht ohne schreckliche Gewaltthat zu Ende gehen, wenn unsere Regierungen nicht schnell und mit hoher Kraft dem Uebel steuern.» Und an anderer Stelle faßt er seine Sicht so zusammen: «Wenn unsere Juden nicht dem Greuel des Ceremonialgesetzes und Rabbinismus gänzlich entsagen und in Lehre und Leben so weit zur Vernunft und Recht übergehen wollen, daß sie sich mit den Christen zu einem bürgerlichen Verein verschmelzen können, so sollten sie bey uns aller Bürgerrechte verlustig erklärt werden, und man sollte ihnen, wie einst in Spanien, den Schutz aufsagen, sie zum Lande hinaus weisen.»[20] Auch wenn diese Worte des Philosophen nicht als eine Aufforderung zur Bestrafung oder Vertreibung der Juden zu verstehen sind, zeigen diese Gedanken doch die Atmosphäre jener Jahre in Deutschland. Das Existenzrecht des Juden, solange er Jude ist, wurde in Frage gestellt, und diese Zweifel wurden durch unterschiedliche ideologische Hilfe seitens Intellektueller von Rang und Autorität gestärkt.

Die weitverbreitete Judenfeindschaft im Deutschland dieser Zeit läßt sich gut belegen. Der Antisemitismus wurde vor allem dort gefördert, wo der Status der Juden erneut diskutiert wurde, also in den Gebieten und Städten, in denen die Juden unter der französischen Besatzung Positionen errungen hatten, die jetzt wieder aufgehoben werden sollten. Die Stadt Frankfurt ist ein solches Beispiel. Frankfurt war früher eine freie Reichsstadt gewesen, regiert durch einen Senat, der von ihren privilegierten Bürgern gewählt wurde. Seit dem 12. Jahrhundert hatten hier Juden gelebt, sie waren Schützlinge des Kaisers. Als die Macht der Länder und Städte gegenüber der Autorität des Kaisers wuchs, vor allem seit dem 16. Jahrhundert, wurden die Juden Schützlinge des Senats, der die Bedingungen für das Leben der Gemeinde festlegte und den größten Teil der Schutzgelder kassierte; nur noch ein Drittel floß in die kaiserlichen Kassen, ein Relikt der früheren Verbindung der Juden zur Zentralgewalt. Als die Franzosen 1806 die Stadt besetzten, wurden alle diese Verpflichtungen aufgehoben. Die Stadt und ihre Umgebung wurden ein selbständiger Staat, die Regierung ging an Karl von Dalberg, einen Anhänger Napoleons in Deutschland. Auch unter der neuen Regierung in Frankfurt wurde die niedrige Position der Juden zunächst beibehalten, aber nach großen Anstrengungen und vielen Eingaben an die Regierung – sowie als Gegengabe für 440 000 Gulden, das Zwanzigfache der Jahressteuer der Juden, die nun entfiel – wurde den Juden 1811 das volle Bürgerrecht verliehen. Nach der Niederlage Napoleons und der mit ihm verbündeten Armeen 1813 verließ Prinz Karl jedoch Frankfurt, die Regierung ging wieder an den Senat über, und dessen Mitglieder lehnten es kategorisch ab, die den Juden unter Karls Herrschaft gewährten Rechte anzuerkennen.

Die Frankfurter Juden suchten Hilfe in ihrem Konflikt mit dem Senat, und die Vertreter der jüdischen Gemeinde wandten sich zuerst an den Gouverneur der Allianz, Freiherr vom Stein, später an die Vertreter der auf dem Wiener Kongreß versammelten Staaten. Als diese die Judenfrage an den Deutschen Bund überwiesen, war diese Institution der Ansprechpartner, vor allem, seit er von 1816 an in Frankfurt zusammenkam. Und während die Juden ihre Sache den verschiedenen Gremien vorlegten, sorgten sie dafür, daß ihr Protest gegen den Senat weit publiziert wurde. In den Jahren 1814–1817 erschien eine Reihe von Artikeln und Broschüren zur Verteidigung der jüdischen Sache. Im Gegenzug versuchten verschiedene Autoren, die Haltung des Senats verständlich zu machen, um die Öffentlichkeit zu beeinflussen, damit indirekt auch die Personen und Gremien, die ermächtigt waren, eine Entscheidung in der Judenfrage zu treffen. Der Streit behandelte historische, politische und juristische Fragen: ob die jüdische Gemeinde früher dem Kaiser oder dem Senat unterstellt war; ob die Regierung von Prinz Karl legitim gewesen war und ob die von ihm mit den jüdischen Repräsentanten geschlossene Vereinbarung gültig war; ob, wenn diese gültig war, sie für nachfolgende Regierungen, sprich den Senat, bindend war. Beide Seiten versuchten, ihre Ansprüche objektiv darzulegen. Drei juristische Fakultären wurden um Gutachten gebeten, zwei vom Senat, eine von der jüdischen Gemeinde – als ob die Frage durch einen Richter hätte entschieden werden können, der beiden Seiten versucht gerecht zu werden. Tatsächlich war es jedoch ein politischer Streit, und beide Seiten griffen zu allen ihnen zur Verfügung stehenden Mitteln: Druck auf die Entscheidungsgremien und alle Beteiligten, Beeinflussung der Öffentlichkeit durch Darstellungen, die die eigene Sache lobten und die gegnerische herabsetzten.[21]

Hinter den formalen Argumenten standen zwei entgegengesetzte Vorstellungen über die Juden: die eine sah sie als Menschen wie alle anderen und forderte ihre Aufnahme in die Bürgerschaft der Stadt, die andere hielt an der uralten Idee von den Juden als besonderes Volk fest, ohne Wurzeln in den Ländern, in denen sie lebten, und ohne Verbindungen mit dem gesellschaftlichen Umfeld. Die zweite Vorstellung war seit langem in Frage gestellt, aber ihre Anhänger versuchten, ihr durch neue und alte ideologische Argumente erneut Geltung zu verschaffen. Und auch wenn diese Vorstellung in der Argumentation der Gegner der Frankfurter Juden nirgends systematisch ausgearbeitet wurde, so kam sie doch überall zwischen den Zeilen zum Vorschein.

Die Sorgen und Ängste der Frankfurte Bürger von einer Zulassung von Juden in ihre Gesellschaft waren ernstzunehmen. Seitdem die Juden Bürgerrechte erhalten hatten, hatten viele von ihnen ihren Wohnsitz in Straßen verlegt, in denen sie zuvor nicht wohnen durften. 1817 stellte ein Senatssprecher fest, daß Juden außerhalb der Judengasse 48 Häuser oder Grundstücke gekauft und 382 Häuser oder Geschäfte gemietet hätten. Jüdische Kaufleute waren in Geschäftsbereiche vorgedrungen, die ihnen früher verschlossen waren, und ihre Konkurrenz war für ihre christlichen Partner zweifellos lästig. Aber die Klagen der Christen beschränkten sich nicht auf den aktuellen, sichtbaren Schaden, sie griffen auch zu prophetischen Vorhersagen über das, was geschehen würde: «In einigen Jahren werden die meisten christlichen Einwohner Bettler sein», warnte einer. Die Stadt Frankfurt würde eine jüdische Stadt werden, und «die Nachkommen christlicher Kaufleute werden sich glücklich schätzen, wenn jüdische Kaufleute sie als Hausmeister in ihren Warenhäusern beschäftigen.» Die Juden hätten auf jeden Fall unbegrenzte Geldmengen zur Verfügung, und wenn sie das Bürgerrecht bekämen, würden sie ihr Kapital auf Kosten anderer noch vergrößern. Und sie hätten auch keine moralischen Bedenken, die ihre Geldgier beschränken könnten, alle ihre Handlungen seien einzig und allein auf den eigenen Vorteil ausgerichtet. Unter der Herrschaft des Prinzen hätten sie jeden Beruf wählen können, aber sie hätten wie immer das Handwerk gemieden und ihre Freiheit nur dazu benutzt, «ihren Schacher und ungehinderten Wucher» auszuweiten. Zudem strebten sie nach Reichtum, Ehre, Macht und politischem Einfluß. Das Ende würde sein, daß wir «jüdische Anwälte, jüdische Richter, jüdische Steuereinnehmer, jüdische Lehrer und schließlich jüdische Minister und vielleicht sogar eine Art jüdischer Dynastie» bekommen. Diese Zukunftsvision sollte den Leser erschrecken, der gewöhnt war, Juden am untersten Ende der Gesellschaft zu sehen – jetzt wurde ein Bild entworfen, daß der Jude dabei sei, zum Vorgesetzten und Herrscher über den Christen zu werden.[22]

Der Grund, warum Juden für immer in einer niedrigen Position zu verbleiben hätten, wurde aus dem christlichen Wesen der europäischen Länder allgemein und der Stadt Frankfurt abgeleitet. Und dies konnte durch Aussagen gestärkt werden, in denen die Staaten der Heiligen Allianz sich selbst definierten. Wenn die Juden in Frankfurt jetzt behaupteten, daß sie bürgerliche Rechte hätten, dann stellten sie sich mit Katholiken und Calvinisten auf eine Stufe, und damit sogar mit den lutherischen Christen. Dieser Vegleich erschien Georg Friedich Karl Robert schlicht absurd, der die Position des Senats verteidigte; ein Staat, der sich selbst als christlich verstand, der zum Deutschen Bund gehörte und die Gleichheit der christlichen Bürger zum Prinzip erhoben hatte, ein solcher Staat könne keine Bürger, also Einwohner mit gleichen Rechten, aus anderen Weltreligionen aufnehmen.[23] Der christliche Charakter des Staates schloß die Juden aus den Reihen der Bürger aus.

Gelegentlich wird das Argument des christlichen Staates nicht ausdrücklich benannt, sondern mit dem deutschen Nationalismus impliziert, an dem Juden keinen Teil haben konnten. Die Juden beanspruchten ihr Bürgerrecht aufgrund einer Regierungsentscheidung unter der französischen Besatzung, «als erheische die Ertheilung des Nationalrechtes, die Aufnahme in die Nationalgenossenschaft, nichts weiter als die launenhafte Fassung eines Beschlusses; als bedürfe der Eintritt in die Familie eines großen Volkes, dieses im Laufe der Jahrtausende gestifteten, durch Schicksale, Religion, Sitten, Rechte und Gebräuche gestifteten Vereins, dieses über alle Schätzung erhabenen, im Kampfe und Anstrengung erworbenen Erbgutes – nichts weiter als die Eröffnung der Pforte zu diesen Heiligthümern.»[24] Die Religion ist hier nur ein Faktor unter anderen, die das Wesen der Nation ausmachen. Die Juden waren an keinem Teil dieses deutschen kulturellen Erbes beteiligt; sie waren nichts als Ausländer, Fremde.

Die Fremdheit der Juden taucht in den antijüdischen Schriften immer wieder auf. Diese Fremdheit war einer der Gründe, auf die sich Prinz Karl 1807, zu Beginn seiner Herrschaft, berief, als er die Erteilung des Bürgerrechts ablehnte. Die Gegner der Juden wurden nicht müde, ihn immer wieder zu zitieren und auf die Widersprüche in seiner Haltung hinzuweisen. Sie wollten beweisen, daß der Prinz den Juden das Bürgerrecht nur unter dem Zwang des Kapitals oder unter dem Druck der Umstände verliehen hatte. «So lange die durch das Schicksal und eine Reihe von Zufällen unter die christlich-europäischen Völker geworfene jüdische, in ihrem Cultus, ihren Sitten, Gebräuchen und Gewohnheiten und Vorurtheilen noch immer fremde Nation, fremd bleiben wird, d. h. so lange sie sich nicht durch deren gänzliche Ablegung und durch die Annahme der Landessitten, Gebräuche und Gewohnheiten, sodann durch die Ablegung der, jeder Annäherung hauptsächlich entgegenstehenden, Vorurtheile gegen engere Gemeinschaft mit Christen, mit den letzteren, als der Mehrzahl der Einwohner, amalgamiren wird, ist es nicht möglich, und, Wir halten dafür, eben so wenig gerecht, ihnen durchaus gleiche Rechte mit den christlichen Einwohnern zu geben.» Dies taucht immer wieder auf: Der Jude gehört nicht zu dem Land, in dem er lebt; der Jude aus Polen ist kein Pole, der aus England ist kein Engländer, der aus Schweden ist kein Schwede, so kann der Jude aus Deutschland kein Deutscher und der aus Preußen kein Preuße sein. «Die Juden sind ein fremdes Volk, sie sind nur Gäste in den Ländern ihrer Zerstreuung . . . so lange sie selbst fremd, und durch angeerbte und fortgesetzte ausländische Meinungen über Religion, Sitten, Gebräuche und Gewohnheiten Separatisten bleiben.» Hier wird die Religion als erster Faktor genannt, wie bei den meisten Judengegnern. Diejenigen, die die Besonderheit des deutschen Volkes aus seiner exklusiven nationalen Tradition ableiteten, begründeten die Ablehnung jüdischer Rechte mit den undeutschen Charakterzügen der Juden, die sie unabhängig von ihrer Religion hätten: «Nunmehr gehört es zu den unbezweifelten, durch Geschichte zureichend enthüllten, durch einige Ausnahmen nicht zu erschütternden Thatsachen, daß die Juden eine große, weit verbreitete, durch Glauben, politische Grundsätze, eigenthümliche ausländische Sitten fest zusammengehaltene erbliche Gesellschaft von Handelsleuten bilden, welche in diesen Zustand seit dem Aufenthalt ihrer Glieder unter fremden Völkern vermöge einer innern Nothwendigkeit unvermeidlich geraten mußte. Sich selbst sondernd und sich jede Theilnahme an einheimischer nationeller Genossenschaft vorsätzlich selbst versperrend, mußte diese gegenseitig wegen eigener nationeller Beschaffenheit sich auch vor ihnen verschließen.»[25]

Beide Arten der Ablehnung von Juden, die eine auf der Idee des christlichen Staates gründend, wie sie bei Rühs entwickelt ist, die andere im neuen Nationalismus wurzelnd und von Fries vertreten, kommen in dem Frankfurter Streit vor, und beide Autoren werden gelegentlich zitiert. Die ideologischen Grundlagen der Ablehnung mußten von den Frankfurter Polemikern aber nicht aus den Arbeiten dieser beiden Wissenschaftler entnommen werden. Die geistige Atmosphäre der Zeit war mit ihnen geschwängert, und sie tauchen in ähnlichen Begriffen und festen Formulierungen überall auf. Das erste antijüdische Buch, *Was soll bei der neuen Verfassung aus den Juden werden?*, wurde geschrieben, bevor die Arbeit von Rühs erschien, und es nahm seine Sicht vorweg, daß die Juden in allen Teilen der Welt über achtzehn Jahrhunderte hinweg eine «geschlossene Nation» geblieben waren, nur sich selbst verpflichtet, ein Staat im Staat.[26]

Die Absonderung der Juden wurde von ihren Gegnern immer wieder hervorgehoben; sie sahen darin das Haupthindernis für eine Integration. Einer der Verteidiger des Senats beschuldigte die Juden der Inkonsequenz; sie kämpften in der Theorie zwar für Integration, sonderten sich als Gruppe praktisch aber schon durch die Tatsache ihres kollektiven Kampfes ab. Im Widerspruch zu der Regel, daß dieser Kampf eine Sache der einzelnen sei, wollen sie sich «als Ganzes im Ganzen» sehen. Außerdem, so klagte dieser Sprecher der Frankfurter Bürger, hätten die Juden in ganz Deutschland die Sache der Frankfurter Juden zu ihrer eigenen gemacht und handelten danach.[27]

Die Tatsache, daß Juden verschiedener Orte, ja, verschiedener Länder als gesellschaftliche Einheit angesehen werden konnten, wurde als Hinderungsgrund für ihr Bürgerrecht angesehen, und ihre Feinde in Frankfurt wiesen immer wieder darauf hin: «In unseren Tagen erhebt sich ein großes Geschrei über politische Gruppen, aber es ist noch keinem in den Sinn gekommen, daß man kaum eine gefährlichere Gruppe als die Gruppe des jüdischen Volkes finden wird, so lange es in seiner gegenwärtigen Verfassung verbleibt.» Hier könnten die typischen Züge einer politischen Gruppe in Vollendung gesehen werden: Geld, geheime Verbindungen in alle Welt, verläßlicher Nachrichtenaustausch als äußere, Egoismus, religiöser Fanatismus und Haß auf andere als innere Kennzeichen. Radikale Geheimbünde, vor denen diese Generation panische Angst hatte, dienen hier als Modell, um die Ablehnung der Juden zu verstärken. Und es reicht der logische Kurzschluß, daß, wenn diese Geheimbünde gefährlich sind, die Juden noch gefährlicher seien. Einer behauptet schlicht: «Selbst heute noch gibt es eine geheime jüdische Allianz in ganz Europa.» Schon Fichte hatte beklagt, daß die über ganz Europa zerstreuten Juden eine einzige politische Einheit bildeten. Jetzt wurde dieser Klage der Vorwurf zugefügt, daß sie im geheimen, hinter der Szene arbeiteten. Wir haben hier ein ausgezeichnetes Beispiel für die Tendenz, die Juden immer mit dem in einer bestimmten Zeit am meisten gefürchteten und verabscheuten Phänomen zu identifizieren. Der Fall Napoleons ging mit der Unterdrückung sozialer und politischer Bestrebungen einher, deren Erwartungen von den neuen Regierungen nicht erfüllt wurden. Und deshalb entstand die Angst vor dem Wachsen eines Untergrundes von Geheimgesellschaften, die das Überleben des kürzlich restaurierten Regimes gefährden könnten. Sobald diese Angst aufkam, wurden den Juden ensprechend erschreckende Beinamen gegeben; man folgte der Regel, einem bekannten Verbrecher die Schuld an einem neuen Verbrechen zuzuschreiben. Der «Verbrecher» war in diesem Fall eine Minderheitsgruppe in niedriger Position, und es schien erlaubt und vernünftig, angesichts ihrer niedrigen Stellung, ihrer mangelnden Ehre und des behaupteten schlechten Charakters, dieser Gruppe unerwünschte Eigenschaften zuzuschreiben, auch solche, die bei ihr nicht zu finden waren.[28]

Die niedrige Stellung der Juden, die zu grundlosen Anklagen gegen sie führte, zeigte sich in den Beschimpfungen, die in den Schriften ihrer Gegner ganz selbstveständlich vorkommen. Eigentlich ging es um juristische oder politische Aspekte der Frage, ob den Juden dank der Deklaration Prinz Karls oder dank seiner Vereinbarung mit ihnen das Bürgerrecht zukäme, aber ganz nebenbei, als Einleitung einer Abweisung eines bestimmten Argumentes der Juden etwa, kann es dann heißen: «Wie weit jüdische List und Tücke auch gehen mögen...» Ein Senatssprecher spricht von den listigen Machenschaften der Juden und ein anderer nennt einen jüdischen Anspruch schlicht die «Judenlüge», womit impliziert ist, daß Lügen zum Wesen der Juden gehöre. Wenn solche Ausdrücke sich in angeblich objektiven Argumentationen finden, dann enthüllen sie, wie sich der jeweilige Verfasser seinen jüdischen Gegnern überlegen fühlt. Sie deuten an – und manchmal mehr als deutlich –, daß der jüdische Standpunkt in dem Streit wegen ihres moralischen Charakers unbegründet sei, in Wirklichkeit ist ihre machtlose gesellschaftliche Position ausschlaggebend. Gelegentlich wird dies expressis verbis gesagt: «Überraschen mußte es also, wenn einer hohen Bundesversammlung... die Wortführer eines kleinen Theils der Nation in zudringlicher Hastigkeit sich in den Weg stellen.» Und ein Autor, der die historische und juristische Entwicklung des Streites beschreibt, bis dieser die deutsche Bundesversammlung erreichte, wirft den Juden am Ende ihre Unverschämtheit vor, daß sie überhaupt die Zeit dieser hohen deutschen Institution mit ihrer Angelegenheit beanspruchen; sie sollten sich schämen, einem Gremium wertvolle Zeit zu stehlen, das ganz andere, höhere Aufgaben habe, als seine Entscheidungen über die edlen Bestrebungen des deutschen Volkes wegen der Ansprüche der Juden auch nur um einen Tag zu verschieben. Ähnlich kritisiert ein anderer die juristische Fakultär in Gießen, die ein Votum zugunsten der Juden abgegeben hatte, nicht nur, weil ihr jedes Verständnis juristischer Prinzipien fehle, sondern weil die Fakultät zugleich gegen die «Ehre der deutschen Nation» gesündigt habe, als sie «den über die Welt zerstreuten Resten eines orientalischen Volkes» Bürgerechte in einer Stadt zusprach, in der einst die deutschen Kaiser gewählt und gekrönt worden waren.[29]

Die Ansprüche der Juden wurden nicht nur mit Argumenten zurückgewiesen, die gegen sie angeführt werden konnten, sondern auch, weil man sie gar nicht für würdig hielt, einen solchen Rechtsstreit zu führen. Die jüdische Gemeinschaft blieb in den Augen ihrer Gegner eine Gruppe von Schuften und Außenseitern, deren bloßes Existenzrecht in Frankfurt schon zweifelhaft war, um wieviel mehr ihr Bürgerrecht. Die Gegner der Juden wiesen immer wieder darauf hin, daß die Juden aus einem entfernten Land stammten, daß sie nur dank der Gnade der Machthaber Zugang in die Stadt gefunden hatten, unter ganz bestimmten, festgelegten Bedingungen. Einige schlugen sogar vor, daß sich das Problem durch eine Abreise der Juden aus der Stadt lösen lasse. Einer, der sich für eine Bekehrung der Juden einsetzte, schließt seine Darstellung mit dem Wunsch, daß dem Frankfurter Senat doch freies Land zur Verfügung stehen möge, damit er dort – wie der russische Zar – eine größtmögliche Zahl «israelitischer Christen» ansiedeln könne, die in solchen Kolonien in Frieden leben könnten. Ein anderer kommt im Laufe seiner Auseinandersetzung mit den Juden in Frankfurt zu der Überlegung, wie man «die unselige jüdische Gegenwart in ganz Europa» beenden könne, wenn nämlich die herrschenden Mächte mit den Türken dahingehend verhandelten, daß die Juden in ihrem alten verheißenen Land wieder angesiedelt werden könnten, wo sie noch einmal «das in Wahrheit von Gott auserwählte Volk» werden könnten. Dies waren keine praktischen Vorschläge, sondern einfach Wünsche der jeweiligen Autoren, die die ganze Diskussion über die Judenfrage lästig fanden. Wenn irgend möglich, dann wären sie die Juden und damit ihr Problem am liebsten auf einen Schlag losgeworden.[30]

Die in Deutschland während und nach dem Wiener Kongreß herrschende Stimmung zeigt sich deutlich an den Reaktionen des Publikums auf das Stück *Unser Verkehr*, in dem Juden karikiert werden. Der Held ist ein junger Jude, Jakob, dessen Vater ihn in die Welt schickt, das zu tun, was ein jüdischer Vater von seinem Sohn erwartet, nämlich gemäß dem herrschenden Vorurteil Geld zu machen. «Weg! – Gott! das schaine Galt, was er hot mitgenommen! – As de gaihst und kemmst nicht wieder neun und neunzigmool schwerer – will ich der speien in's Angesicht! – Gaih! gaih! – Loß dich treten von de Leit, loß dich werfen aus de Stuben, loß dich verklogen bei de Gerichte, loß dich setzen ins Hündeloch, loß dich binden mit Stricke und Ketten, loß dich paitschen, loß dich martern halb taudt! aber du mußt doch werden raich! –» Der junge Mann hat andere Ansichten. Jakob übernimmt zwar das vom Vater gesetzte Ziel, doch er glaubt, daß er es mit anderen Mitteln erreichen kann. Er sieht sich als begabten Intellektuellen, als Genie: «Ich bin nich geboren zum Handel!» «Ä Kaufmann handelt mit seine Wooren, ä Schenie mit seinen Tälente!» Jakob steht für den unechten Intellektuellen, der aus den Bindungen seiner Gemeinschaft entkommen will und sich selbst täuscht, daß er die Zeichen seines Judeseins nicht habe. Aber er erklärt seine Absicht auf Jiddisch, was den Widerspruch zwischen seinem Selbstbildnis und seinem Wesen zeigt. Die ganze Geschichte soll zeigen, daß der Drang nach Reichtum ohne Anstrengungen tief im Juden verwurzelt ist, daß dies für ihn das Wichtigste im Leben ist. Jakob verliebt sich in die Tochter eines reichen Juden, die als Kind sein Spielgefährte im Judenviertel war, jetzt aber in ihrer Absage an das Judentum noch weiter gegangen ist und in Begleitung des christlichen Kantors zur Kirche geht. Zu Beginn lehnen Vater und Tochter den liebeskranken Jüngling mit Verachtung ab, doch dann kommt die Nachricht, daß Jakob den Hauptgewinn in der Lotterie gewonnen hat, und sofort wird er ein passender Freier und wird als Held des Tages von allen Juden gefeiert, die die Nachricht hörten. Es dringt aber durch, daß die Nachricht falsch war. Nicht Jakob hat den Preis gewonnen, sondern ein anderer Jude, und der arme Jakob muß zu seiner niedrigen Stellung zurück. Er entdeckt, daß es keinen anderen Weg zum Reichtum gibt als den Handel, und er wendet sich ans Publikum: «Meine Herrschaften, meine Herren! hoben Se nix zu schachern?»[31]

Dieses Stück von dem unwichtigen Dichter Karl Borromäus Alexander Sessa, zeigt das Bild vom Juden genau so, wie es in der polemischen Literatur gegen das jüdische Bürgerrecht zu finden ist, und das Stück, wie immer seine künstlerischen Qualitäten sein mögen, erfreut die deutsche Öffentlichkeit in den Jahren, als politische Entscheidungen über das Schicksal der Juden getroffen wurden. Julius Voss, der die Juden gelegentlich verteidigte, folgte der Mode der Zeit und zeichnet in einigen seiner Stücke das jüdische Stereotyp mit all seinen negativen Seiten. In einem Stück, das die andere Seite der Medaille zeigen wollte – wie Dichter und Schauspieler versuchen, von den Juden Geld zu erhalten, indem sie ihnen androhen, ihre häßliche Seite darzustellen –, enthüllt er den Grund, warum der Jude als Thema so beliebt ist: «Diebeshöhlen und Juden sind immer noch der Renner.» Der Jude war das Thema geworden, für das sich alle interessierten, zum Guten oder – in den meisten Fällen – zum Schlechten.[32]

7. Anstiftung zum Aufruhr

Ganz ohne Zweifel wurde das öffentliche Interesse am Thema «Juden» durch einen politischen Faktor verstärkt, durch das Bewußtsein, daß die Frage des Bürgerrechts für Juden, ihrer sonstigen Rechte, ihres Satus und vielleicht auch der Erlaubnis, in bestimmten Orten oder Straßen zu wohnen, noch nicht endgültig entschieden war. Dies erklärt, warum jetzt so viele Veröffentlichungen zum Thema erschienen. 1816 stellte der Historiker Heinrich Luden, Herausgeber der wichtigen Zeitschrift *Nemesis* in Weimar, fest, daß er in kürzester Zeit nicht weniger als acht Artikel über Juden und die sie betreffenden Fragen erhalten habe, von denen er jedoch nur drei veröffentlichte. Von ihm kennen wir die Tendenz dieser Beiträge, daß nämlich nicht ein einziger der vorgelegten Artikel sich vorbehaltlos und uneingeschränkt für ein jüdisches Bürgerrecht in den deutschen Staaten aussprach. Die Frage des Bürgerrechts stand im Zentrum der ganzen Diskussion.[1]

Ludolph Holst veröffentlichte 1818 anonym eine Arbeit *Über das Verhältnis der Juden zu den Christen in den deutschen Handelsstädten*. Er nennt diese Arbeit «geschichtlich authentisch», eine persönliche Einschätzung, die von jüdischen Historikern ernstgenommen wurde; sie zitierten Holst als Beleg für die Stellung der Juden, für ihre wirtschaftlichen und sonstigen Aktivitäten. Dabei handelt es sich in Wahrheit um eine Propagandaschrift, die wahrscheinlich von interessierter Seite in einer der mächtigen Städte in Auftrag gegeben war, vermutlich in Holsts Geburtsort Hamburg, wo die Judenfrage aktuell war. Das Buch war «jedem Politiker im Vaterland zu ernsthafter Erwägung» gewidmet. Man vermißt in ihm aber alles Material, das auf direkter Beobachtung beruht; der Verfasser bringt nichts als antijüdische Verallgemeinerungen, die er als Tatsachen ausgibt. Die Juden verderben den Handel durch Hausiererei und Trödel und ähnliches. Sie entwerten die Währung durch schlechte Münzen, sie handeln mit «Papieren» und führen fiktive Bankgeschäfte durch. Sie importieren schlechte Stoffe aus England, andere Waren und Luxusgüter aus dem Ausland und untergraben so die Verdienstmöglichkeiten der Kaufleute, die auf einheimische Produkte angewiesen sind. Holsts Methode ist ganz einfach: er benennt die Sorgen und Nöte, die gerade aktuell sind, und gibt den Juden die Schuld daran. Steigende Preise, arbeitslose Handwerker, aber ebenso Luxusleben und moralischer Verfall, auch die Zunahme von Findelhäusern, das Ergebnis einer Situation, in der Familien sich nicht mehr ernähren können – an all diesem sind die Juden schuld. Natürlich gibt es keine Beweise dafür, aber weil die Nöte schmerzlich greifbar waren, stießen die Beschuldigungen auf offene Ohren.[2]

Auch wenn Holst seine Anklagen im einzelnen aus der Luft gegriffen hat, ist seine Darstellung der jüdischen Situation im allgemeinen doch nicht völlig wirklichkeitsfremd. Es ist richtig, daß sich die Lage der Juden, verglichen mit der früherer Generationen deutlich verbessert hatte. Die Juden selbst empfanden das, was nach dem Fall Napoleons in den meisten Teilen Deutschlands geschah, als Rückschritt gegenüber dem, was während und kurz nach der Französischen Revolution erreicht worden war. Und angesichts der Erwartungen, die von der Idee der Gleichheit geweckt worden waren, wie sie in der Aufklärung und den Zielen der Revolution vertreten worden war, mußte ihre Enttäuschung umso größer sein. Die Nichtjuden dagegen verglichen fast alle die Situation der Juden ihrer Zeit mit der Stellung vor der Revolution. Sie maßen die jüdischen Fortschritte an dem, was andere Klassen und Gruppen des Staates erreicht hatten, und kamen zu dem Ergebnis, daß sich die Situation der Juden unverhältnismäßig verbessert hatte. Dies wird wiederholt von Holst behauptet, und er gibt damit wohl eine weit verbreitete Meinung wieder. Wie ging es den Juden vor fünfzig Jahren, so wurde gefragt, und wie geht es ihnen heute? Damals lebten sie eingeschlossen in engen Gassen, aus denen sie nie herauskamen, außer um Geschäfte zu machen. Heute findet man sie überall, wo Christen zusammenkommen, in öffentlichen Veranstaltungen wie an Unterhaltungsorten. Juden haben in den vornehmsten Stadtvierteln große Häuser gekauft, wo sie sich früher nie zu zeigen gewagt hätten. War es früher für Juden schwierig, einen Nichtjuden zum Zünden der Sabbatlampen zu finden, dann haben heute die meisten von ihnen nichtjüdische Diener, über die sie direkt oder indirekt herrschen. Während andere Klassen kontinuerlich an Boden verlieren, machen die Juden große Fortschritte.

Holst benutzt das Elend der Bevölkerungsmehrheit, das auf Kriege, unstabile Regierungen und Wirtschaftskrisen zurückgeht, als Hintergrund, vor dem er die Vorteile beschreibt, die die Juden angeblich auf Kosten anderer haben. So konnte er seine Leser leicht mit der Schreckensvision konfrontieren, daß die Juden, wenn sie nicht aufgehalten würden, den Christen die Verdienstmöglichkeit abnehmen würden. Sie würden ihren messianischen Traum verwirklichen, «alle Christen auf einmal zu beseitigen, Deutschland z. B. zum zweiten Canaan zu machen.»[3] Um diese Entwicklung zu vereiteln, legt Holst einen Plan vor, nach dem die Judengegner die Judenfrage gern lösen würden: «Daß der Israelit innerhalb gewisser, von weiser Vorsicht zu bezeichnender, vom Recht und Gerechtsame abgestochener Grenzen durchaus stehen bleiben müsse», so lautet das Ziel. Diese abstrakte Formel hatte für die Generation von Holst durchaus eine konkrete Bedeutung, daß Juden nämlich nicht auf gleicher Ebene wie andere Bürger sein dürften und keine Rechte außer den ihnen speziell verliehenen haben sollten. Das Prinzip, nach dem die jüdischen Rechte zu bestimmen seien, wurde von Holst so formuliert: Die Wohlfahrt der Juden solle von der der Christen abhängig sein, und im Konfliktsfall müßte das Wohlergehen der Christen, Bürger und Herren des Staates, dem der fremden Juden vorangestellt werden. Holst glaubte, daß es auch im jüdischen Interesse sei, einen solchen Kompromiß anzustreben. Sie sollten sich erinnern, was ihnen früher geschehen war, wenn sich die Bevölkerung gegen sie erhob, um sich von ihrer Vorherrschaft zu befreien. Dies könne auch in Deutschland noch einmal geschehen. Holst benennt Anzeichen für solche Unruhe gegen die jüdische Herrschaft. Und was ist der trügerische jüdische Fortschritt wert, wenn «der Jude von der errungenen Höhe auf einmal in ein Nichts hinabsinken und die traurigsten Folgen seines schlecht berechneten Hinanstrebens und seines eben so wenig gemäßigten Übermuths erleiden würde?»[4]

Holsts Buch ist in seiner Art das eindrücklichste, aber seine allgemeinen Themen werden wiederholt auch in anderen zeitgenössischen Veröffentlichungen aufgegriffen. Garlieb Helwig Merkel widmet in seinem Buch *Über Deutschland, wie ich es nach einer zehnjährigen Entfernung wiederfand* (1818) ein Kapitel den Juden. Zu den von ihm festgestellten Veränderungen in Deutschland gehörte auch ein Wechsel in der Situation der Juden: «Indeß die Erstern (die Deutschen) während der Jahre des politischen Unglücks viele ihrer theuersen Rechte einbüßten und verarmten, haben die Letzteren (die Juden) ihren Wohlstand ungeheuer vergrößert, überall bürgerliche Gleichheit mit den Christen zu erlangen gewußt, und sind schon eifrig beschäftigt, diese Gleichheit zu Vorrechten auszuprägen.»[5] In dieser Beobachtung Merkels steckt ein Wahrheitskern, denn die Juden hatten tatsächlich die neue Situation, die sie in der letzten Generation erreicht hatten, wirtschaftlich und gesellschaftlich genutzt. Früher durften Juden in Berlin nur auf der anderen Spreeseite wohnen, gegenüber vom Schloß, jetzt seien sie dabei, jedes in den Hauptstraßen angebotene Haus zu kaufen und die Stadt mit ihren Geschäften zu füllen. Seit langem beherrschten sie das Finanzwesen und den Aktienmarkt, jetzt findet man sie auch an führender Stelle im Buchhandel, der ihnen früher verschlossen war. Beinahe alle Landhäuser am Tiergarten, dem einzigen Freizeitpark der Berliner, seien in jüdischen Besitz übergegangen: «da sitzen denn diese Fremden an schönen Sommerabenden schaarenweise vor ihren Thüren, und sehen die Bürger im Sande oder im Sumpf waten.»[6]

Die Juden bereicherten sich auf Kosten der anderen Bürger. Die Verbreitung jüdischer Geschäfte habe die Mieten in unerträgliche Höhen getrieben; das Eindringen in den Buchhandel habe diesen Beruf zugrunde gerichtet, weil der Markt mit Raubdrucken überschwemmt sei. Wenn die Juden zur Zeit noch knapp hinter den Christen lägen, so sei für die Zukunft zu erwarten, daß sie diese völlig beherrschen würden. Sie sind dabei, die Rittergüter aufzukaufen: «Erlaubt man ihnen das, so werden sie, da ein so ungeheurer Theil des baaren Geldes in ihren Händen ist, in ein Paar Jahrzehenden den verarmten Adel ausgekauft haben, und die ackerbauenden *Bürger* des Staats werden diesen *Fremden* überall mit Dienstpflichten verhaftet, in manchen Provinzen ihnen leibeigen seyn» (Hervorhebungen von Merkel).[7]

Wieder die schon vertraute Mischung aus Tatsachen – die Juden hatten bessere wirtschaftliche und gesellschaftliche Stellungen als Folge ihrer verbesserten politischen Situation erreicht – und einer übertriebenen Darstellung dieser Tatsachen, in der die Leiden anderer den Erfolgen der Juden zugeschoben werden; als letzter Schritt kommt dann immer ein Hinweis auf die drohenden Folgen, die diese jüdischen Errungenschaften in der Zukunft haben werden. Merkel hatte Deutschland wegen anti-französischer Aktivitäten 1806 verlassen müssen und lebte bis 1816 in Riga. Es ist möglich, daß die Abwesenheit in für Deutschland so entscheidenden Jahren seine Augen für die Wahrnehmung der Veränderungen geschärft hat, die vor allem in Preußen für die Stellung der Juden geschehen waren. Das Edikt von 1812 hatte ihnen Freiheit des Wohnortes, des Berufs und im Geschäftsleben zugestanden. Aber es hatte sich nicht nur die Stellung der Juden verändert, auch die Augen des Betrachters waren andere geworden. Zu Beginn des Jahrhunderts, als sich die Öffentlichkeit mit der Judenfrage beschäftigte, war Merkels Sicht die des typischen Aufklärers. In seinem Buch *Briefe über Hamburg und Lübeck*, das 1801 erschien, lobte er die Hamburger Autoritäten für ihr Verständnis, den Juden einen gesicherten gesetzlichen Status zu geben, der es ihnen ermöglichte, ihre Fähigkeiten und ihren Reichtum voll zum Nutzen der Stadt einzusetzen. Und er kritisierte dagegen die Mehrheit der Bevölkerung und jene Bürger, die an christlichen Vorurteilen festhielten und jeden sozialen Kontakt mit Juden ablehnten.[8] Jetzt war von dieser aufgeklärten Toleranz nichts mehr geblieben. Er berief sich auf ideologische Argumente gegen die Verleihung des Bürgerrechts an Juden: «Die Europäischen Staaten sind christlich», und die Rechtfertigung für diesen Titel war, daß es solche seien, «in welchen die Heiligachtung der christlichen Glaubens- und Sittenlehren zur Grundlage der gesellschaftlichen Rechtlichkeit und der politischen Treue aufgestellt ist.» Die etwas schwerfällige Ausdrucksweise zeigt, daß Christlichkeit hier nicht gleichbedeutend war mit der Unterwerfung unter Dogmen oder kirchliche Riten im üblichen Sinn. Christlichkeit kam vielmehr in der Bindung von Staat und Gesellschaft an Symbole und ideologische Vorstellungen christlicher Herkunft zum Ausdruck. Diese Art Christentum beherschte jetzt das öffentliche Leben in Europa, und auch überzeugte Aufklärer wie Merkel schlossen ihren Frieden damit, nicht, weil sie so gläubig gewesen wären, sondern weil sie die Nützlichkeit dieses Christentums anerkannten. Für die Judenfrage hatte diese Anerkennung eindeutige Konsequenzen: Juden konnten nicht in einen Staat oder eine Gesellschaft integriert werden, deren Existenzgrundlage sie nicht anerkannten. Die Juden, «welche, durch Nationalität und Sitten von ihnen (den Christen) geschieden, die christlichen Glaubens- und Sittenlehren nicht für heilig erkennen», dürfen nicht zu Partnern ihrer christlichen Nachbarn werden. Sie bleiben Fremde im christlichen Staat und in der christlichen Gesellschaft, als solche haben sie bestimmte Freiheiten, aber keine Rechte.[9]

Wir kennen diesen Ton; er hallte jetzt in Deutschland wider und betäubte das humanistische Gewissen der Aufklärer. Merkel drückte auch seine Enttäuschung über die höchste politische Autorität in Deutschland aus, die Bundesversammlung in Frankfurt. Die Juden der Handelsstädte Frankfurt und Lübeck hatten hier Klage geführt gegen die Städte, die ihre von der französischen Regierung gewährten Rechte wieder aufgehoben hatten. Für Merkel war es ein Zeichen der Zeit, daß Juden überhaupt wagten, gegen die Autorität zu klagen, in deren Jurisdiktion sie lebten, und daß die Bundesversammlung den Prozeß überhaupt aufnahm und nicht von vornherein zurückwies.[10]

Wie andere Schriftsteller, die gegen die Juden schrieben, fühlte sich auch Merkel als Wächter des deutschen Volkes. Er kommt zu der Schlußfolgerung, daß, wenn die Bürger und Menschen von den Regierungen nicht genügend Schutz gegen die Juden erhalten, sie das Gesetz in die eigene Hand nehmen müssen und selbständig handeln sollen. In der Schärfe seiner Sprache und auch in der Sicherheit, mit der er Vorhersagen über die Zukunft macht, geht Merkel weit über seine Vorgänger hinaus. Er erinnert an Fries' Warnung vor blutigen Unruhen gegen die Juden, wenn diese nicht gestoppt würden. Fries war hierfür kritisiert worden, was wiederum Merkel völlig unbegreiflich fand, zeigten doch alle geschichtlichen Vergleiche, daß er Recht hatte: «Es giebt wenige Länder in Europa, in welchen die Juden nicht irgend einmal *zu viel* gegolten, und sich durch den Mißbrauch, den sie davon machten, nicht Verfolgungen zugezogen haben.» Manchmal kam es zu Verfolgungen wegen des Vorwurfs der Hostienschändung, manchmal auf Grund einer Anklage wegen Ritualmorden an christlichen Kindern – solche Anklagen würden jetzt nicht mehr erhoben. «Aber es können sich wohl andere, vernünftigere Anklagen finden, die nur um so furchtbarer wirken werden.»[11]

Diese Warnungen vor dem Volkszorn gegen die Juden sollten die Autoritäten dazu bewegen, aktiv gegen weitere jüdische Fortschritte einzuschreiten, ihre Rechte nicht weiter auszuweiten und ihnen die schon erreichten wieder zu entziehen. Wenn diese Warnungen aber öffentlich laut wurden, führten sie erst zu einer feindseligen Reaktion gegen die Juden, und deshalb können sie auch als Anstiftung verstanden werden. In den ersten Monaten des Jahres 1819 äußerten zwei Zeitgenossen, ein Jude und ein liberaler Christ, ihre Angst, daß die Juden an Leib und Besitz Schaden nehmen würden, wenn sich die Stimmung weiter verschlechterte.[12] Rahel Varnhagen sagte, nachdem die Unruhen ausgebrochen waren, daß die ständige Anstiftung in Gewalt gegen Juden umschlagen mußte.[13] Die meisten Juden fühlten sich in jenen Jahren nicht sicher; dies kann an einer Episode aus Breslau verdeutlicht werden, die sich 1818 ereignete, als es dort zu einer Art Revolte kam. Ortsansässige Wehrpflichtige, die zum Reservedienst einberufen worden waren, rebellierten gegen den Befehl, daß sie die Stadt verlassen sollten, während andere Soldaten in ihren Häusern einquartiert würden. Die Armee unterdrückte den Aufruhr. Ein Augenzeuge, Wolfgang Menzel, schloß seinen Bericht darüber mit der Beobachtung: «Am nächsten Morgen lachten die Menschen schon wieder, vor allem über den dicken Polizeipräsidenten und über die Juden, die sich während der Unruhen versteckt hatten. Trotz der Tatsache, daß in Breslau regulär zweitausend Juden wohnen, die die Menschen mit ihrem offen protzigen Verhalten auf den Straßen der Stadt stören, hatten sie sich am 23. August (dem Tag der Unruhen) versteckt. Nicht einer steckte seine Nase zur Tür heraus. Ihre Angst wahr gewißlich wohl begründet, denn das ‹Hep, Hep›, das im folgenden Jahr durch Deutschland lief, zeigt, wie verachtet dieses Volk ist.»[14] Menzel bezog sich auf die antijüdischen Unruhen, die im Sommer 1819 ausbrachen. Der Kampfruf der Aufständischen, «Hep! Hep!», wurde zum Namen dieser Unruhen.

Die Hep-Hep-Krawalle begannen in Würzburg am 2. August 1819.[15] Alle Faktoren, die zu einer judenfeindlichen Einstellung beitrugen, waren hier intensiv vorhanden. Der Regierungswechsel zur Zeit Napoleons hatte zu grundlegenden Veränderungen in der Regierung der Stadt und ihrer politischen und gesellschaftlichen Situation geführt. Bis 1803 war Würzburg Hauptstadt eines geistlichen Fürstentums gewesen, und seit ihrer Vertreibung 1567 durften dort keine Juden wohnen. 1803, nach der Abschaffung der katholischen Fürstentümer in Deutschland (Säkularisierung), kamen die Bischofsstadt und ihr Umland an Bayern. Drei Jahre später wurde das Land ein weltliches Fürstentum unter einem Habsburger Herrscher, im Wiener Kongreß kam es wieder an Bayern. Während der österreichischen (Habsburgischen) Herrschaft waren entscheidende Veränderungen in Würzburg erfolgt, eine davon war, daß es Juden erlaubt wurde, in der Stadt zu wohnen. Die Juden der Region nutzten diese Möglichkeit, um 1813 lebten bereits dreizehn Familien in Würzburg, unter ihnen die Brüder Jacob und Solomon Hirsch, ersterer Hofbankier in München. Die Zahl der Juden wuchs in den folgenden Jahren stetig, trotz aller Widerstände seitens der Kaufleute und anderer Interessierter und trotz allgemeiner Vorurteile. Die Bitterkeit kam in Porpagandaschriften zum Ausdruck, die vor der Sitzung der Ständeversammlung im Februar 1819 in München veröffentlicht wurden. Diese Versammlung war dank einer parlamentarischen Verfassung einberufen worden, die König Maximilian Joseph I. unter dem Druck liberaler Kräfte im Staat erlassen hatte. Die Bürger setzten hohe Erwartungen in diese Versammlung; jede Gruppe hoffte, sie würde Maßnahmen zum Nutzen und zur Verbesserung der eigenen Position erlassen. Überall war eine lebendige Diskussion im Gange, und auch die Judenfrage wurde breit diskutiert. Die Juden selbst erhofften eine Verbesserung ihrer gesetzlichen Stellung, die sie zu gleichberechtigten Bürgern machen würde, und auch ihre Hoffnungen wurden durch Schriftsteller und einflußreiche Personen unterstützt. Ihre Gegner übten Druck auf die Versammlung aus, um die Freiheiten der Juden, vor allem ihr Recht auf Hausiererhandel, wieder einzuschränken. In der Versammlung selbst wurde die Sicht der Gegner lautstark vertreten, aber die Verteidiger der Juden blieben auch nicht stumm. Am lautesten meldete sich Professor Josef Behr für die Juden zu Wort, Delegierter der Würzburger Universität, und seine Sicht war typisch für die liberale Kritik. Im Prinzip wollte er die Juden als gleichberechtigte Bürger sehen. In der Praxis machte er die Gleichberechtigung von Änderungen in ihrem Geschäftsleben und von Reformen in ihrer Erziehung und Religion abhängig.

Auch in Würzburg hörte man ein Echo der Münchener Debatten, und von beiden Seiten wurde eine lebhafte literarische Aktivität entfaltet. Ein Memorandum seitens der Juden forderte das volle Bürgerrecht, es wurde im Namen von Solomon Hirsch herausgegeben. Theodor A. Scheuring, ein christlicher Anwalt, veröffentlichte einen scharfen Angriff auf dieses Momorandum, seine Schrift ist eine der härtesten Polemiken jener Jahre in Deutschland.[16] Scheuring sammelte seine antijüdischen Argumente überall. Er übernahm die christlichen und rationalistischen Argumente aus den Büchern von Rühs und Fries, dazu fügte er lokale Beschwerden, die aus dem Fanatismus und der Eifersucht bestimmter Einwohner Würzburgs und seiner Umgebung stammten. Er behauptete, daß die alltägliche Erfahrung zeige, daß jene Gebiete am glücklichsten seien, die «der Geist jüdischer Gewalt und Verderbtheit» noch nicht erreicht habe, und man solle dieses Glück mit der Tragödie jener Regionen vergleichen, die von der Anwesenheit von Juden betroffen seien. Am 10. Juli 1819 kündigte Scheuring das Erscheinen seines Buches im *Intelligenzblatt* an, wobei er den Inhalt kurz zusammenfaßte. Scheurings Worte blieben nicht ohne Antort. Professor Sebald Brendel, Mitglied der juristischen Fakultät in Würzburg, antwortete am 15. und 21. Juli in derselben Zeitung, und Brendel hatte einen konsequenter liberalen Ansatz als sein Kollege Behr. Er griff Scheuring scharf an und warf diesem Intoleranz, Unmenschlichkeit und sogar antichristliche Ansichten vor. Er beschuldigte ihn, daß er das Judentum nicht kenne, weder die Quellen noch andere wichtige Bereiche. Scheuring habe sich eine Autorität auf der Grundlage von unverstandenen Zitaten angemaßt, um eine Frage zu entscheiden, die über seine Kompetenz hinausginge. Brendel kündigte an, daß er ein Buch gegen Scheuring veröffentlichen würde, um seine Position zu begründen, daß den Juden sofort und ohne Vorbehalte volle Bürgerrechte zu gewähren seien. Diese Ankündigung rief wieder eine scharfe, ja beleidigende Antwort von Scheuring hervor, die am Donnerstag, dem 29. Juli 1819, in der erwähnten Würzburger Zeitung gedruckt wurde. Am folgenden Montagabend, dem 2. August, begannen die Judenkrawalle in der Stadt. Juden mußten vor dem «Hep! Hep!»-Geschrei öffentliche Plätze verlassen; erstmals erklang dieser Kampfruf der Angreifer. Der Streit zwischen Scheuring und Brendel hatte die unruhige Atmosphäre angeheizt, es kam zum Überkochen; es war auch ihre ungezügelte Ausdrucksweise, die letztlich zu Gewalttaten führte.[17]

Am 3. August kam Behr aus München zurück. Seine Kollegen und Studenten begrüßten ihm mit einem Umzug, und es ist sehr wahrscheinlich, daß dieser zusätzliche Verkehr die Unruhe in der Stadt noch steigerte. Tatsache ist, daß die Störungen an diesem Tag einen Höhepunkt erreichten. Juden wurden aus den Straßen der Stadt getrieben, ihre Häuser wurden angegriffen, es gab zerbrochene Scheiben, zerstörte Haustüren und demolierte Geschäftsschilder. Auch das Haus von Solomon Hirsch wurde beschädigt. Juden, die sich zur Wehr setzten, wurden zusammengeschlagen. Die Polizei konnte die Störungen nicht aufhalten, die Sicherheitsorgane mußten die Armee zu Hilfe rufen. Trotzdem dauerten die Unruhen bis zum 4. August; sie forderten zwei Todesopfer: Ein Bürger und ein Soldat wurden durch Schüsse getötet. Es gab keine jüdischen Todesopfer; aber viele rannten schreiend aus der Stadt oder sie versteckten sich in ihren Häusern, bis der Sturm vorübergegangen war. Schließlich stellten Armeeverstärkungen Ruhe und Ordnung wieder her. Die Anführer der Unruhen wurden festgenommen und vor Gericht gestellt. Trotzdem dauerten antijüdische Unruhen an, anonyme Aufrufe forderten, daß die Juden aus der Stadt verschwinden müßten und daß ihre geschäftlichen Aktivitäten zu begrenzen seien. Der Ärger wandte sich gegen Brendel, der beschuldigt wurde, von den Juden bestochen worden zu sein. Den ganzen August hindurch, bis Anfang September gärte es. Und inzwischen breiteten sich die Uruhen auf andere Städte aus. In Bayern waren Bamberg und Bayreuth betroffen, in einigen Dörfern kam es zu ernsten Krawallen – in einem Dorf wurde die Synagoge gestürmt, die Tora-Rollen und andere heilige Gegenstände wurden zerstört.[18]

Den Ausbrüchen folgte eine gesteigerte Sorge der Zentralregierung in München. König Maximilian Joseph und andere Beobachter sahen in den Unruhen nicht nur Angriffe gegen Juden, sondern den Beginn einer Erhebung gegen die Regierung, vielleicht sogar eine Verschwörung, die von Revolutionären heimlich angeführt war. Der König reagierte sehr hart. Er setzte die Armee zur Unterdrückung der Störungen ein. Er machte die Stadträte für den Schaden der Unruhen haftbar; und diese erklärten sofort ihre Loyalität und gaben die Verantwortung an radikale, klassenlose Elemente weiter, die sie nicht kontrollieren könnten. Und doch gab es Andeutungen dafür, daß die Autoritäten die Lektion der Unruhen gelernt hatten und die Juden auf ihren Platz verweisen würden. Der Funke, der das Ganze entzündet hatte, war nur zu deutlich: Die Unruhen begannen, weil die Juden an Orten wohnen durften, die ihnen zuvor verboten waren, weil sie in Berufe vorgedrungen waren, die ihnen früher verschlossen waren. Die Protestbewegung fand in intellektuellen Kreisen Unterstützung, während ihre Anklagen die Massen zu Haß und Zerstörung anstachelten. Deshalb kam es zu Gewalttaten.[19]

Die Würzburger Ereignisse dienten auch an anderen Orten in Deutschland, außerhalb Bayerns, als Vorbild. In Frankfurt kam es am 10. August 1819 zu Unruhen, die drei Tage andauerten, und etwa dreißig Städte insgesamt waren betroffen, die wichtigsten waren Heidelberg, Karlsruhe und Hamburg. Die Welle der Unruhen erreichte sogar Kopenhagen und andere Städte in Dänemark. Alle ähnelten sie den Würzburger Krawallen, mit geringfügigen lokalen Abweichungen. In Frankfurt etwa, dem Sitz des Deutschen Bundes, forderten Ländervertreter, daß der Senat für Ruhe und Ordnung zu sorgen habe. Und weil Frankfurt ein so wichtiges Zentrum war, führten die Unruhen hier zu Reaktionen in weit entfernten Regionen. Die Unruhen beeinflußten die Vertreter der deutschen Regierungen in Karlsbad, die zu jener Zeit über Maßnahmen zur Verhinderung revolutionärer Bewegungen berieten, die die Regierungen und den Frieden der Gesellschaft vielleicht bedrohen könnten. In den Diskussionen erließ der Präsident der Versammlung, Fürst Metternich, den Befehl, daß die Bundestruppen in Mainz dem Frankfurter Senat bei der Niederschlagung der Unruhen zur Verfügung zu stehen hätten. Aber obwohl die in Mainz stationierten bayrischen Truppen in Alarmbereitschaft versetzt waren, gelang es dem Senat, die Ruhe in der Stadt ohne äußere Hilfe wiederherzustellen. In Heidelberg nutzten die Aufrüher einen Feiertag, das Prinz-Ludwig-Fest, als die Polizei andernorts beschäftigt war, um über jüdische Häuser herzufallen und sie in einer Weise zu verwüsten, die an die russischen Pogrome einer späteren Zeit erinnert (Bettzeug wurde zerschnitten, Möbel wurden auf die Straße geworfen). Hier wurden die Krawalle durch das Eingreifen von Studenten und Professoren beendet, die den Opfern zu Hilfe kamen. Und diese Universitätsangehörigen wurden von den Behörden gelobt, dafür aber von Seiten der Bevölkerung und auch aus der Universität beschimpft. Daraufhin erklärten diejenigen, die den Juden zu Hilfe gekommen waren, daß sie sich damit keineswegs auf die Seite der Juden gestellt hätten. Sie hätten nur ihre Pflicht, ihre humanitäre Pflicht für den Schwachen und Angegriffenen erfüllt.[20]

In Hamburg dauerten die Unruhen vom 20. bis zum 26. August. Sie begannen mit Belästigungen jüdischer Passanten am Jungfernstieg, der Hauptstraße. Juden wurden aus den Kaffeehäusern vertrieben, es fielen Steine gegen jüdische Häuser. Aber hier setzten sich junge Juden so stark zur Wehr, daß die Krawallmacher behaupten konnten, sie seien die Angegriffenen gewesen. Der Senat rief die Bevölkerung auf, Ruhe und Ordnung zu bewahren, und er befahl der Polizei, auf jeden zu schießen, der nach einer bestimmten Zeit abends noch auf der Straße angetroffen wurde. Diese Warnung des Senats richtete sich zunächst an die Aufständischen, aber als Folge von Protesten aus der Bürgerschaft wurden auch die Juden in die Gruppe derer eingeschlossen, die vor jeder Ruhestörung gewarnt wurden. Obwohl die Unruhen in Hamburg länger dauerten als andernorts, waren sie bei weitem nicht so ernst wie die in Würzburg oder Heidelberg. Trotzdem verließen viele Juden die Stadt und suchten in Altona Zuflucht, das unter dänischer Herrschaft stand und wo es ruhig geblieben war.

Die Hep-Hep-Krawalle dauerten zwar nur zwei Monate, aber ihre Folgen waren ungewöhnlich stark. Trotz früherer Warnungen überraschten sie alle Betroffenen – Juden, Aufständische und Behörden. Und gleich nach Ausbruch der Unruhen erhob sich die Frage, wer verantwortlich sei. Die Behörden in München gingen, wie erwähnt, von der Annahme aus, daß die Unruhen gegen die Juden der Beginn eines Aufstandes gegen die bestehende Regierung sein könnten. Und diese Sicht wurde von fast allen geteilt, die Anhänger dieser Regierung waren. Im März 1819 war der Dichter August Kotzebue in Mannheim von Karl Ludwig Sand erstochen worden. Das Opfer war ein Anhänger des herrschenden reaktionären Regimes, während sein Mörder Mitglied einer radikalen Studentenorganisation an der Universität Jena war. Er wollte seine Tat als schärfsten Protest gegen die Regierung verstanden wissen, als Aufruf an seine Kameraden, ihm zu folgen. Im Juni kam es zu einem ähnlichen Attentat auf einen Minister in Nassau. Die Spannung zwischen den Anhängern der herschenden Regierung und denen, die eine Veränderung wollten, stieg. Zu jener Zeit dauerte in den südlichen Staaten die Debatte darüber noch an, ob die Freiheit der Bürger durch die Gewährung einer Verfassung und die Errichtung einer parlamentarischen Regierung gestärkt werden sollte. Die sichtbare Androhung von Gewalt seitens der Revolutionäre stärkte die Konservativen. Fürst Metternich, der Schöpfer der Reaktion auf dem Wiener Kongreß, wollte jetzt sein System befestigen. Er rief die Karlsbader Versammlung der deutschen Staaten zusammen, um gemeinsame Maßnahmen zur Unterdrückung aufrührerischer Elemente beschließen zu lassen – die Einführung einer strengen Polizeikontrolle, verschärfte Zensur und ähnliches. Die Nachrichten von Unruhen in Würzburg und Frankfurt erreichten Karlsbad während der Diskussionen und Verhandlungen. Und diese Berichte halfen Metternich und seinen Verbündeten, um zu beweisen, daß eine subversive Bewegung gegen die Regierungen existiere und daß die Zeit für eine feste Hand gekommen sei. Es ist möglich, daß Metternich und seine Freunde die Gefahr bewußt übertrieben haben, die von den Angriffen gegen Juden ausging, obwohl sie sicherlich überzeugt waren, daß diese Gefahr bestand und obwohl sie die Angriffe gegen die Juden als Angriff auf die Regierungen verstanden. Und in dieser Ansicht standen sie nicht allein. Verschiedene Stimmen, eine davon jüdisch, behaupteten, daß die antijüdischen Krawalle von Leuten ausgingen, die «alles umstürzen» wollten. Sie warnten davor, die Krawalle als wirklich (nur) antijüdisch zu verstehen; die, die jetzt die Häuser reicher jüdischer Kaufleute plünderten und zerstörten, würden morgen dasselbe an den Häusern christlicher Kaufleute tun, aus denselben Gründen und mit genau derselben Freude an der Zerstörung.[21]

Die These, daß die antijüdischen Unruhen auf eine allgemeine gesellschaftliche Unzufriedenheit zurückzuführen sind, hat in der modernen Geschichtsforschung ihren Ort gefunden. Sie wird von Eleonore Sterling wieder aufgegriffen, wenn diese sagt, daß die antijüdischen Störungen nichts anderes als ein gesellschaftlicher Protest waren, der auf Juden abgelenkt wurde, in Wirklichkeit aber die harte, unterdrückende Regierung meinte.[22] Diese These wird jedoch von den Fakten widerlegt. Die Teilnehmer an den Krawallen waren keineswegs jene, die am Ideal der nationalen Einheit festhielten und gesellschaftliche Veränderungen wollten, also die, die jene Untergrundbewegung trugen, die das herrschende Regime so fürchtete. Diese Untergrundbewegung bestand vor allem aus studentischen Zellen, die an den anitjüdischen Unruhen nicht beteiligt waren. Wir wissen aus Würzburg, daß keine Studenten im Umfeld der Krawalle auch nur anwesend waren. In Frankfurt und Hamburg gab es keine Universitäten, und in Heidelberg waren es Studenten, die den Juden zu Hilfe kamen. Der Grund für die antijüdischen Unruhen war seit langem von der antijüdischen Propaganda bereitet worden, die eine Entscheidung gegen das jüdische Bürgerrecht erreichen wollte. Die Krawalle geschahen an Orten, wo diese Frage noch offen war, in Würzburg, Hamburg und Frankfurt. Sie gingen von den Kreisen aus, die sich durch den Eintritt von Juden in ihren Beruf geschädigt sahen, d. h. von Kaufleuten, die zuvor im städtischen Handel ein Monopol hatten. Unruhe drohte immer, vielleicht auch Angst und Schrekken vor einer Infiltration durch Juden in die Gesellschaft, durch diese Ghettobewohner, die als gefährliche Elemente angesehen wurden, auch dort und dann, wo es gar keine konkrete Konkurrenz gab. Der gewalttätige Angriff auf Juden lag in der Luft. Und doch hatte die politische Führung ihre Augen davor verschlossen, bis es tatsächlich zu Unruhen kam. Überall sonst wurde jede mögliche Bedrohung des gesellschaftlichen Friedens und des herrschenden Regimes genau überwacht. Wenn sich die Feindschaft gegen irgendeine andere Gruppe gerichtet hätte, dann wären die staatlichen Behörden zweifellos massiv eingeschritten, um dies zu verhindern. Nur hinsichtlich der Juden war es erlaubt, die Sache soweit gären zu lassen, daß sie wirklich zu gewalttätigen Ausbrüchen führte.[23]

Damit ist deutlich, daß die Verbesserungen im Status der Juden seit der Zeit, als sie das Ghetto verließen, nur formale Verbesserungen waren. Sie führten nicht dazu, daß Juden gesellschaftlich nicht länger verletzbar waren: beleidigende Äußerungen, Verleumdungen ihres Wesens, Angriffe auf ihren religiösen Glauben waren weiterhin statthaft. Immer noch war die Beziehung zwischen der jüdischen Gemeinschaft und ihrer nichtjüdischen Umwelt durch ein schweres geschichtliches Erbe und durch soziale Spannungen belastet. Diese Spannung allein reicht aus, um die Ausbrüche von Feindschaft zu erklären; es ist nicht nötig, die Erklärung in einer allgemeinen gesellschaftlichen Unzufriedenheit zu suchen. Trotz der Tatsache, daß Juden jetzt ein Teil der Gesellschaft waren, als Bürger des Staates anerkannt –

wenn auch einer niederen Klasse zugehörig –, sie waren immer noch eine erkennbare, gesonderte Gruppe, die für sich selbst und ihre Umgebung ein Problem war. Die Unruhen von 1819, die sich ausschließlich gegen Juden richteten, zeigen, wie tief die Trennung noch war. Obwohl sie nur von bestimmten Gruppen der Bevölkerung wirklich getragen waren, zeigen die Unruhen die Isolation der Juden sehr deutlich, ihre Stellung als eine von der übrigen Gesellschaft in Deutschland abgesonderte Gruppe. Zwar bemühten sich die Behörden sofort, den Juden zu helfen, und gelegentlich erhoben einzelne Nichtjuden ihre Stimme, um das, was geschah, öffentlich zu verurteilen. Aber die Mehrheit zog eben doch die Konsequenz, daß schon die Anwesenheit von Juden in der deutschen Gesellschaft gefährlich sei, auch wenn sie die Gewalt nicht rechtfertigte. Etwa ein Jahr nach den Unruhen untersuchte der Historiker Georg Sartorius die Lage in Deutschland, um zu kären, ob es wirklich eine vorhersehbare revolutionäre Gefahr gäbe, von der Publizisten und Politiker seit einigen Jahren sprachen. Sartorius untersuchte die politischen und gesellschaftlichen Bedingung in allen deutschen Staaten, und er kam zu dem Ergebnis, daß die Ängste vor einer Revolution in den vorangehenden Jahren weit übertrieben worden waren und daß ein wohlüberlegtes kluges Handeln die Gefahr auch für die Zukunft ausschließe. Sartorius sah in den vorjährigen antijüdischen Unruhen ein außergewöhnliches Ereignis, das einzig aus der Spannung zwischen den Juden und ihrer Umgebung zu erklären war, die durch die wachsende Zahl von Juden und ihren Eintritt in Berufe ihrer Konkurrenten verstärkt worden war. Er beurteilte die von den Regierungen unternommenen Schritte zur Niederwerfung der Unruhen als notwendig und legitim, und er forderte auch für die Zukunft eine Politik der Stärke, wenn die Situation dies erfordere, denn unabhängig von der Art der Unruhen, unabhängig auch von ihren Gründen, könne man nie wissen, wohin sie führen und wie weit sie sich ausbreiten würden.[24] Er riet den Behörden, nicht zu warten, bis Unruhen wirklich ausbrechen, sondern präventive Maßnahmen zu ergreifen und vor allem die Gründe für mögliche Unruhen zu beseitigen. Deshalb sollten die Regierungen eine weitere Verbreitung von Juden verhindern, ihr Eindringen in Orte und Berufe aufhalten, wo sie bisher nicht zu finden seien, kurz, sie sollten die Emanzipation stoppen und wenn möglich rückgängig machen. Sartorius war überzeugt, daß die Judenfrage nichts mit anderen Problemen zu tun hatte, die die deutsche Gesellschaft beschäftigten, sondern daß sie lediglich die Schwierigkeiten verdeutlichte, auf die Juden – nach seiner Sicht aus guten und logischen Gründen – stießen, wenn sie versuchten, gleichberechtigte Mitglieder der deutschen Gesellschaft zu werden. Obwohl die Folgerung, die Sartorius aus seiner Diagnose zog, nicht lange gültig sein sollte, der Prozeß der Emanzipation wurde eben nur kurz angehalten, war die Diagnose doch das Ergebnis einer realistischen Beurteilung seiner Zeit, und sie wird von uns geschichtlich bestätigt.

III. Teil

FRANKREICH
1780–1880

8. Revolutionäre Verheißung und katholische Reaktion

Die Fortdauer antijüdischer Gefühle im modernen Deutschland, sogar noch vor dem Ausbruch des politischen Antisemitismus in den letzten Jahrzehnten des 19. Jahrhunderts, wird oft der langsamen politischen Emanzipation in diesem Land zugeschrieben. Und in der Tat entflammten die öffentlichen Debatten über die Judenfrage meist anläßlich einer Maßnahme, die von einer politischen Institution erwogen oder durchgeführt wurde; deshalb blieb die Judenfrage so lebendig.[1] Selbst die antijüdischen Ausführungen von Philosophen wie Kant oder Schopenhauer, so sehr sie bekanntlich mit ihrem System jeweils verbunden waren, gingen von der Frage nach dem politischen Status der Juden aus.[2] Jede neue Diskussion ließ einen ungeklärten Rest zurück, auch wenn die aktuelle Frage schließlich positiv entschieden wurde, und dieser Rest drängte sich wieder in den Vordergrund, als die eigentliche antisemitische Bewegung aufkam.

Der langwierige Streit über die Judenfrage in Deutschland trug dazu bei, daß antijüdische Argumente und Gedanken verstärkt wurden. Aber allein darauf den Ausbruch des offenen Antisemitismus zurückzuführen, heißt zu ignorieren, was in anderen Ländern geschah, in Österreich, in Ungarn und vor allem in Frankreich, wo es einen solchen Streit nicht gab. Und doch war auch hier der Grund bereitet, dem deutschen Beispiel nachzueifern.

Der wesentliche Unterschied zwischen Deutschland und Frankreich ist sicher die Tatsache, daß in Frankreich, dank der Revolution, die Emanzipation auf einmal beschlossen wurde.[3] Die gesellschaftliche Existenz der Juden war innerhalb und außerhalb der Nationalversammlung gründlich diskutiert, in Reden und Schriften behandelt worden. Und aus diesen lassen sich die Gefühle gut erkennen, die gegenüber den Juden herrschten und wie diese Gefühle ideologisch dargelegt wurden. Nach der Revolution war die Judenfrage nur selten von öffentlichem Interesse. Es war eine auffällige Ausnahme, als Napoleon bei der Revision der revolutionären Gesetzgebung über die Juden 1806–1807 die Notabelnversammlung und das Große Sanhedrin berief.[4] Die französische Literatur über Juden, die positive wie die negative, ist während der ersten beiden Drittel des 19. Jahrhunderts ausgesprochen dünn, vor allem, wenn man sie mit ihrem deutschen Gegenstück vergleicht. Nur gelegentlich wird direkt oder indirekt deutlich, wie die Franzosen in diesen ersten Generationen gemeinsamer Bürgerrechte über die Juden dachten.

Um die französische Situation richtig beurteilen zu können, ist es ebenso wichtig, die geringe Zahl jüdischer Gemeinden und ihre Begrenzung auf wenige Gebiete zu berücksichtigen. Zur Zeit der Revolution lebten weniger als 50 000 Juden in Frankreich; davon etwa 8000 frühere Marranen seit der Vertreibung aus Portugal im Süden, in Bordeaux, Bayonne und Marseille. Der größte Teil der Gemeinde, die Aschkenasim, konzentrierte sich auf Elsaß und Lothringen; einige wenige Tausend lebten in Paris, wohin sie aus dem Süden oder Osten gekommen waren.[5] Die aschkenasische Judenheit in den östlichen Departements war ein Problem geworden – aufgrund ihres sozialen Zusammenhalts, ihrer fremden Kultur und vor allem ihrer einseitigen wirtschafltichen Funktion – Geldverleih und Kleinhandel –, was von der lokalen Bevölkerung zutiefst abgelehnt wurde. Der Anspruch der elsässischen Juden auf das Bürgerrecht löste die Debatte in der Nationalversammlung aus, und Klagen über sie veranlaßten Napoleon zum Handeln. In beiden Fällen wurde das Problem in Elsaß-Lothringen zu einer landesweiten Frage. Das Stereotyp des Juden, das sich der öffentlichen Meinung aufdrängte, war das der Juden in Ostfrankreich. Erst später, mit der wachsenden Mobilität nach der Revolution, wurde «der Jude» auch andernorts erkennbar, vor allem in der Hauptstadt. Erst von daher wurde die Judenfrage in Frankreich ein nationales Thema.

Die Judenfeindschaft im Elsaß war literarisch schon vor den Bemühungen um politische Emanzipation laut geworden, und sie war von der rationalistischen Judenkritik völlig unberührt. Sie kommt in einer Schrift von 1779 zum Ausdruck, die anläßlich eines Rechtsstreites verfaßt wurde, in dem jüdische Gläubiger die Zahlung der von ihnen vergebenen Kredite durchsetzen wollten, die von ihren Schuldnern mit gefälschten Quittungen verweigert wurden. François Hell, selbst der Fälschung angeklagt, griff zur literarischen Waffe, um die jüdische Gemeinde als ganze anzugreifen. Hell rechtfertigte die Fälschungen damit, daß sie eine legitime Gegenmaßnahme der elsässischen Bauern gegen ihre jüdischen Unterdrücker sei, die gnadenlosen Wucherer und ewigen Feinde des Christentums.[6]

Hells Schrift lebt ganz in der volkstümlichen Judenfeindschaft, die in Ton und Wortwahl in der christlichen Tradition wurzelte. Nur im Gebrauch des Ausdrucks «Staat im Staat» geht er scheinbar über den Rahmen der christlichen Argumentation hinaus.[7] Dieser Begriff sollte, wie wir uns erinnern, Gruppen anklagen, die sich selbst das Vorrecht einer staatlichen Autorität anmaßten. Er wurde später gegen die Juden benutzt und beschuldigte sie einer staats-ähnlichen Kommune, obwohl sie der Aufnahme in das nichtjüdische Gemeinwesen zugestimmt hatten. Als Hell diesen Ausdruck verwendete, wollte er damit die Juden nicht aufrufen, die Integration in Staat und Gesellschaft zu forcieren. Er wollte mit den Juden als «Staat im Staat» sagen, daß diese absolut fremd und schädlich seien, ein Element, das nicht geduldet werden dürfe. Darum forderte er praktisch die Ausweisung.

Die mögliche Ausweisung der Juden aus Frankreich war in der Nationalversammlung kurz angesprochen worden, aber nicht als reale Möglichkeit, sondern als eine unvernünftige, undenkbare Alternative zu der einzig richtigen Lösung, sie völlig in die neue politische Körperschaft des Staates zu integrieren. Der Abgeordnete für Elsaß-Lothringen hatte in die Debatte das lokale Bild der Juden eingebracht. Ihr fester Gruppenzusammenhalt, ihre ökonomisch parasitären Berufe und ihre moralische Mißachtung aller anderen machten sie unfähig und unwürdig, integriert und in Staat und Gesellschaft aufgenommen zu werden. Der Begriff «Staat im Staat» taucht auch in einer Petition Straßburger Bürger auf, die von Kolmar unterstützt wurde, in der die Nationalversammlung davor gewarnt wird, die elsässischen Juden zu französischen Bürgern zu machen. Der Abgeordnete aus Kolmar faßte seine Einwände gegen das jüdische Bürgerrecht in Frankreich so zusammen: «In keiner Weise haben sie sich je mit den Einwohnern der Gemeinden vermischt, in denen sie seit vielen Generationen leben. Darum kann unbestreitbar gesagt werden, daß sie sich auch im kleinsten Dorf als eine national unterschiedene Gruppe vereinigen. Diese politische Existenz einer Nation innerhalb einer anderen Nation hat gefährliche Folgen, weil ihre (der Juden) Prinzipien anti-sozial sind.»[8]

Die Bezeichnung «Staat im Staat», so unfreundlich sie gemeint war, ist tatsächlich nicht völlig falsch. Sie wurde auch nicht von Verteidigern der jüdischen Sache abgelehnt, deren eloquentester der Abgeordnete von Paris war, Graf Stanislas de Clermont-Tonnerre. Auch er nahm diesen Ausdruck als gegebene Tatsache, zog aber die gegenteilige Folgerung: «Aber, so wird gesagt werden, die Juden haben doch ihre eigenen Richter und besonderen Gesetze. Ich antworte darauf jedoch: Dies ist eure Schuld, ihr solltet es nicht erlauben. Juden als einzelne verdienen alles; Juden als Nation nichts. Man muß ihre Richter ablehnen, sie sollten keine haben, jedenfalls keine anderen als wir. Der gesetzliche Schutz für die Aufrechterhaltung ihrer angeblich gesetzlichen jüdischen Körperschaften muß beseitigt werden. Innerhalb des Staates kann es keine separaten politischen Körperschaften oder Orden geben. Es kann nur individuelle Bürger geben. Es wird gesagt, daß sie selbst ablehnen, Bürger zu werden. Sollen sie das sagen, dann mögen sie ausgewiesen werden; denn es ist unvorstellbar, daß es im Staat eine Gesellschaft von Nicht-Bürgern gäbe, einen Staat im Staat.»[9]

Die Vorstellung von der jüdischen Gemeinde als einer geschlossenen Körperschaft wurde von den Judengegnern in der Nationalversammlung vertreten. Clermont-Tonnerre greift auf denselben Begriff «Staat im Staat» zurück. Er wendet sich gegen diese Sache jedoch nicht, weil er an die behauptete Schädlichkeit der Juden für die nichtjüdische Gesellschaft glaubt, sondern weil die Existenz einer solchen geschlossenen Körperschaft mit der

Grundidee des Staates unvereinbar ist, wie sie von den Befürwortern der Revolution vertreten wird. Dieser Staat verhandelt direkt mit seinen einzelnen Angehörigen, seine Souveränität verlangt, daß kein Orden, keine Gilde, keine Körperschaft zwischen die Bürger und die Institutionen des Staates tritt. Darum mußten alle solche Gruppen, und darunter eben auch die jüdische Gemeinde alten Typs, verschwinden.

Der Abgeordnete aus Kolmar, dessen Rede oben zitiert ist, stimmte mit dieser Schlußfolgerung überein. Aber ihre Konsequenz, nämlich die Aufnahme der Juden als Bürger wie andere, wollte er bis zu einer Zeit verschieben,, in der die Juden des Elsaß sich an die nichtjüdische Gesellschaft angepaßt hätten – dies wurde auch in den meisten deutschen Staaten so gefordert, wie wir sahen.[10] Die revolutionäre Nationalversammlung zögerte jedoch, solche halben Maßnahmen zu ergreifen. Weil der optimistische Glaube an die Formbarkeit des Menschen so groß war, weil sie der befreienden Kraft der Revolution so sehr vertraute, glaubte sie, daß Juden und Nichtjuden fähig seien, in ihrer Beziehung ganz neu anzufangen. Dieses optimistische Vertrauen wurde von M. de Bourge, einem anderen Abgeordneten aus Paris, bündig zusammengefaßt: «Wenn die moralischen und politischen Einwände gegen die Juden irgendeine Grundlage haben, dann besagen sie doch nichts anderes, als daß die Juden wie die Christen sich selbst durch eine neue Verfassung verbessern müssen.»[11] Damit gab er zu, daß Christen und Juden gleichermaßen einer Verbeserung bedurften, und er schlug vor, daß die Verfassung, das Vorbild für eine revolutionierte Welt, das Mittel solcher gemeinsamen Erneuerung sein sollte. In diesem Klima revolutionärer Erwartungen mag es gerechtfertigt gewesen sein, auf eine allgemeine Erneuerung der Gesellschaft zu hoffen. Im Lauf der Zeit sollte der Ruf nach Erneuerung jedoch, wie wir noch sehen werden, ein Ruf nur an die Juden werden – nichtjüdische Kritiker forderten dies von den Juden, und Juden selbst sahen darin ein Ziel, dem sie nachstreben müßten.

Die Erwartung, daß sich die Juden in Sozialstruktur und Mentalität leicht an die umgebende Gesellschaft anpassen würden, ermöglichte die Entscheidung der Nationalversammlung zugunsten der Juden, aber der Rückschlag erfolgte innerhalb einer Generation. Die napoleonische Revision der Judengesetzgebung der Revolution zusammen mit Beschränkungen der legalen Gleichheit der elsässischen Juden für die nächsten zehn Jahre wurden von der Enttäuschung darüber hervorgerufen, daß die Juden sich nicht wie erwartet angepaßt hatten. Die Revision erfolgte aufgrund von Klagen lokaler Behörden im Elsaß, daß die Juden sich geschäftlich nicht korrekt verhielten, und dies, so wurde behauptet, habe sich nach der Gewährung größerer Freiheit für die Juden nicht nur fortgesetzt, sondern verstärkt. Es ist sehr schwer nachzuprüfen, ob diese Klagen durch Tatsachen belegt waren.[12] Unzweifelhaft ist jedoch, daß es in den Berufen der jüdischen Bevölkerung keinen grundlegenden Wandel gegeben hatte. Und der durchschnittliche elsässische Jude hatte sich auch kulturell nicht wesentlich verändert. So erklärt sich die große Diskrepanz zwischen den hochgesteckten Erwartungen der Revolution und der Wirklichkeit fünfzehn Jahre später. Und diese Enttäuschung spiegelt sich in der Literatur, die wie gewöhnlich hinter den politischen und gesetzgeberischen Maßnahmen zurückblieb.

Die Vorbereitung der napoleonischen Revision und die Einberufung der Notabelnversammlung und des Sanhedrin waren die Gelegenheit, die Judenfrage in der Presse und in Broschüren zu diskutieren. Und obwohl es nur um Probleme der beiden östlichen Departements Elsaß und Lothringen ging, gewann die Debatte nationale Bedeutung und Größe – auch weil sie sich in Paris abspielte.

Die Tendenz, die lokalen Probleme der elsässischen Judenheit zum Thema von nationaler Bedeutung zu machen, zeigt sich schon im Vorgehen Napoleons selbst. Er wollte seine Reformen durch eine autoritative jüdische Körperschaft bestätigt sehen, durch das Sanhedrin; und er selbst wollte an führender Stelle die Judenfrage in der postfeudalen und, in mancher Hinsicht, postchristlichen Gesellschaft und ihrem Staat regeln.[13] Diese hinter den praktischen Maßnahmen des Kaisers stehende Absicht wird von zwei Intellektuellen, Poujol und Louis Garbriel M. de Bonald, offen ausgesprochen, die Napoleons Denken beeinflussen wollten und vielleicht auch beeinflußt haben.

Poujol verfaßte seine Schrift *Quelques observations concernants les Juifs en géneral et plus particulièrement ceux d'Alsace* 1806,[14] als klar war, daß Napoleon infolge seines Aufenthaltes in Straßburg im Januar jenes Jahres handeln wollte, um den Klagen der nichtjüdischen Bevölkerung des Elsaß entgegenzukommen. Poujol begann mit einem Überblick über die Lage im Elsaß aufgrund der historischen Erfahrungen der christlichen Länder während der Zeit, in der sie die Anwesenheit von Juden innerhalb ihrer Grenzen gestattet hatten.

Im Blick auf die Situation im Elsaß wiederholte Poujol einfach die Beschuldigungen, daß die Juden zweifelhafte Geschäftspraktiken hätten – Wucher, Hehlerei, Schmuggel, Betrug und ähnliches –, und daß dies für das Wohl der Bevölkerung absolut schädlich sei.[15] Dieser allgemeinen Beschreibung der elsässischen Verhältnisse fügte er dann die verheerende Anklage zu, daß – trotz der durch die Revolution erlangten Freiheit – kein Jude jemals die Möglichkeit genutzt habe, ein Bauer, ein Handwerker oder ein Soldat zu werden und damit die höchst zweifelhaften Geschäfte zugunsten einer nützlichen Beschäftigung aufzugeben. Auch seien die elsässischen Juden nicht aus ihrer kulturellen Isolation herausgekommen; wenn sie dies getan hätten, dann würden sie ihre Kinder nicht weiterhin in derselben talmudischen Art erziehen, in der sie erzogen worden seien.[16] Bei allen Kritikern des Judentums einschließlich Poujol war die Überzeugung verbreitet, daß dieses Erziehungssystem der wesentliche Grund für die schlechte Moral der Juden sei. Und die ganze ethische Trennung der Juden wurde ihrer Bindung an die talmudische Interpretation der Bibel zugeschrieben. Von daher wurde die Abweisung dieser Tradition zu einer unerläßlichen Voraussetzung für eine Verbesserung ihrer Situation gemacht.[17]

In seiner Diagnose der jüdischen Unzulänglichkeit folgte Poujol erkennbar den traditionellen christlichen Vorbildern zur Beurteilung des Judentums. Und er beruft sich in der Tat mehrfach auf christliche Autoritäten, um seine Argumentation zu stützen, unter ihnen Johann Andreas Eisenmenger.[18] Für seine Verbesserung übernimmt er jedoch eine Sicht, die als «Offenbarungs-Deismus» bezeichnet werden könnte. Wir sind ähnlichem schon begegnet, allerdings auf höherem Niveau, nämlich bei deutschen Denkern wie Immanuel Kant. In dieser Sicht besitzen die Juden eine im Grunde gesunde Tradition, die ihre Moral garantieren könnte, letztes Ziel aller Religionen. Diese Tradition findet sich in der ursprünglichen Lehre des Moses, zu der sie zurückkehren müssen und die sie von allen talmudischen Zufügungen reinigen sollten.

In einem seltsam unbeholfenen Versuch, seine jüdischen Zeitgenossen aufzuklären, ging Poujol detailliert auf all jene religiösen Praktiken der Juden ein, die veraltet waren: Beschneidung, Speisevorschriften, Beibehaltung der hebräischen Sprache im Gottesdienst und der eigene Sabbat sowie andere Festtage. Alle diese fälschlich geheiligten Sitten seien mit dem normalen Verhalten der Bürger eines freien Staates nicht vereinbar. Deshalb sollten sie in einer grundlegenden Reform der jüdischen Religion abgeschafft werden. Diese Reform sei der einzige Weg, um das jüdische Volk zu erneuern, letztes Ziel aller Maßnahmen, die in ihrem Interesse unternommen wurden. Weil die Juden jedoch keine Neigung zur Durchführung solcher Reformen zeigten, war es die Pflicht der kaiserlichen Regierung, sie dazu zu ermutigen.[19] Diese Vorstellung entsprach durchaus den Zielen des Sanhedrin, das allerdings in seinem genauen Programm nicht ganz so weit gehen wollte wie Napoleon und seine Berater.

Die Vorstellungen von de Bonald, wie Napoleon in der Judenfrage handeln sollte, gingen weit über die von Poujol hinaus. De Bonald hatte zu den steten Gegnern der Revolution gehört und durfte erst nach dem Aufstieg Napoleons aus seiner Emigration in Deutschland nach Frankreich zurückkehren.[20] Weil er die Philosophie insgesamt ablehnte, die hinter den revolutionären Maßnahmen der Nationalversammlung stand, behauptete er, daß die Zulassung der Juden zum Bürgerrecht aus religiöser Indifferenz oder sogar aus einer bewußten Ablehnung des Christentums entstanden sei. De Bonald sah in Voltaires Judenfeindschaft eine Mischung aus antijüdischer und antichristlicher Idiosynkrasie, die dem Hauptstrom der rationalistischen Philosophie entsprach, der den Weg für die Revolution bereitet hatte und zugunsten des Judentums sowie zum Schaden des Christentums weiterhin am Werke sei.[21] Dies wird in der ganzen Argumentation de Bonalds deutlich, der überzeugt war, daß sich die Lage nach Beendigung der Revolution durch Napoleon verbessern würde.

De Bonald wagte die Behauptung, daß die Einbürgerung der elsässischen Juden durch die Nationalversammlung nur deshalb ohne Proteste der Bevölkerung durchgeführt werden konnte, weil sie nur eine «halbdeutsche Provinz am äußersten Rande des Reiches» betraf. Was in jener Provinz noch vor der Revolution geschehen war, hätte die Franzosen warnen sollen, was sie erwartete, wenn es den Juden erlaubt würde, sich zu vermehren und alle Stellungen einzunehmen, die den Bürgern zugänglich waren. De Bonald zitiert die Schrift von François Hell (1779) und übernimmt dessen Beschuldigungen gegen die Juden, vor allem, weil die Klagen der Elsässer durch die Erfahrungen anderer christlicher Völker bestätigt worden seien – vergangene wie gegenwärtige Erfahrungen. Aus Furcht vor einer jüdischen wirtschaftlichen und gesellschaftlichen Vorherrschaft hätten die deutschen Regierungen, obwohl sie die diskriminierende Kopfsteuer abschafften, zugleich Maßnahmen gegen ein Anwachsen der jüdischen Bevölkerung getroffen. Solche Befürchtungen seien im Elsaß durch Tatsachen bekräftigt worden, weil die Bauern infolge der Revolution zwar von ihren Feudalherren frei wurden, aber nur, um unter die Herrschaft jüdischen Geldes zu geraten. Und angesichts des begrenzten Lebensraumes der europäischen Länder sowie der ungewöhnlichen Fruchtbarkeit jüdischer Familien könnte die unbegrenzte Erlaubnis für die Juden, sich zu vermehren, nur auf Kosten anderer Familien gehen. Ihre nationale Eigenart würde die Juden dazu verleiten, die Situation auszunutzen, ebenso entspräche dies ihrer Treue zur religiösen Tradition.[22]

De Bonald zeichnet ein düsteres Bild von den Folgen der jüdischen Emanzipation. Sein wichtigster Einwand dagegen stammte aber daher, daß die Emanzipation bestimmten theologischen Voraussetzungen widersprach: «Ich glaube, daß eine Regierung, die der Ehre teilhaftig ist, über Christen herrschen zu dürfen, die zudem das Glück hat, selbst christlich zu sein, ihre Untertanen nicht der Herrschaft einer Religion ausliefern darf, die dem Christentum feindlich gegenübersteht und ihm in der Tat unterworfen ist. Mögen Christen von Juden betrogen werden, regiert werden sollten sie von ihnen nicht. Eine solche Unterordnung beleidigt ihre Ehre mehr als die Habgier der Juden ihren Interessen schadet.»[23] Juden durften nicht herrschen, weil ihr Exil integraler Bestandteil der christlichen Lehre über sie war. Und den Juden eine Teilhabe an der Regierung über Christen zu gewähren, war deshalb schlicht eine verdammenswerte, unerträgliche Vorstellung.

Angesichts dieser theologisch begründeten Verdammung der Juden konnte man von de Bonald nicht erwarten, daß er Poujols Hoffnung auf die wohltätigen Auswirkungen einer möglichen Reform des Judentums teilte. Und de Bonald vermutete zu Recht, daß die Erwartung, die Juden könnten sich durch ihre Integration in die Gesellschaft bessern, das Ergebnis einer rationalistischen Deutung ihrer Stiuation war: Ihre Unterdrückung hatte zu ihrer Degeneration geführt, deshalb würde ihre Befreiung zur Regeneration führen. Die Anhänger dieser Sicht «haben ihre Augen bewußt vor dem Licht geschlossen, damit sie nur ja nichts Übernatürliches im Schicksal der Juden sehen konnten». Wer das Gegenteil glaubte, war überzeugt, daß das Elend der Juden, ihr Leiden und ihr Exil, eine Strafe und Sühne für ihre Sünde sowie das Ergebnis des Fluches sei, der auf ihnen lag. Und die Sünde mußte gesühnt werden, bevor ihre politische Lage irgendwie verändert werden konnte: «Um es deutlich zu sagen: Juden können unter dem Christentum keine Bürger werden. *Selbst wenn sie zu Bürgern gemacht werden sollten, werden sie solche nicht wirklich werden*, wenn sie nicht zuerst Christen werden.»[24] Die Hervorhebung, die von de Bonald stammt, zeigt, daß er sich der entscheidenden Bedeutung seiner Folgerung bewußt war, und sie spiegelt das Denken all derer wider, die in der nachrevolutionären Situation die Judenfrage von einer dogmatisch-christlichen Einstellung aus betrachteten. Indem sie die Legitimität der Revolution bestreiten, lehnen sie ihre Folgen im Blick auf die Juden weiterhin ab. De Bonald muß von Napoleon weiterreichende Maßnahmen erwartet haben, als sie der Kaiser erwog, nämlich die Aufhebung der Judenemanzipation für alle Zeiten. Aber selbst wenn ihm bewußt gewesen wäre, daß die Emanzipation nun einmal geschehen war und gültig bleiben sollte, setzte er seinen Kampf fort. Denn für ihn konnten die Entscheidungen der Staatsmänner und ihrer Institutionen in dieser Frage nicht das letzte Wort sein. Selbst wenn den Juden das Bürgerrecht von den Staaten verliehen wurde, blieb es ungültig, weil es von einer höheren Autorität, nämlich der christlichen Tradition, verneint wurde. De Bonalds Behauptung, daß die Juden selbst als Bürger niemals legitime Bürger werden könnten, zeigt eine Art geistigen Vorbehalts, den ein kompromißloser Christ gegenüber allen Handlungen des Staates hatte. Die ewige politische Entrechtung der Juden wird hier zu einer metaphysischen Forderung, die durch eine säkulare Institution wie den Staat nicht geändert werden darf.

Poujol und de Bonald werden von zwei unterschiedlichen Hoffnungen im Blick auf das letztendliche Schicksal der Juden in christlichen Ländern geleitet, und beiden sind wir in unserer Übersicht über die Lage in Deutschland schon begegnet. Der eine erwartete, daß die Juden Juden blieben, sich aber von allen besonderen Zügen freimachen würden, die sie von ihrer nichtjüdischen Umgebung unterschieden. Der andere erwartete die völlige Aufnahme der Juden durch ihre Bekehrung zum Christentum. In Deutschland entwickelten sich diese Ansichten während der Diskussion über die Judenemanzipation, und es ist wohl kein Zufall, daß sie in Frankreich laut wurden, als auch hier – dank der Revisionen Napoleons – die Emanzipation wieder zu einer offenen Frage wurde. Die formale Gleichberechtigung der französischen Judenheit wurde bestätigt – die napoleonischen Restriktionen dauerten nur zehn Jahre –, aber die Erwartung blieb, daß die französischen Juden sich in der Zukunft dem Bild anpassen würden, das von ihnen gemacht wurde.

In den ersten Jahrzehnten der Restauration war die radikalere christliche Sicht weit verbreitet. Als Reaktion auf die Umbrüche der Revolution entdeckte die französische Gesellschaft ihre katholische Vergangenheit und leitete daraus wichtige Elemente einer Weltanschauung der eigenen Gegenwart ab. Sozialwissenschaftler wie Joseph de Maistre, Louis de Bonald, Felicité de Lamennais und andere, die alle nicht unbedeutend waren, fügten ihrer Philosophie christliche Elemente zu, und sie beherrschten das Interesse ihrer Zeitgenossen. Diese Denker akzeptierten zwar bewußt die Folgerungen der Revolution, die nicht rückgängig gemacht werden konnten, aber sie blieben bei ihren Vorbehalten dagegen.[25] Und die Judenemanzipation, die zu den revolutionären Taten gehörte, die nicht unwiderruflich schienen, wurde nicht akzeptiert, sondern verachtet und abgelehnt.

De Bonalds Ausführungen über die lehrmäßigen Gründe gegen die Judenemanzipation, die er anläßlich der napoleonischen Revision entwickelte, können als Beispiel für die vorherrschenden Gefühle auch in den folgenden Jahrzehnten dienen. In einer größeren sozio-philosophischen Abhandlung legt de Bonald selbst die breitere theologische Sicht dar, die sein antijüdisches Urteil sicherte. Das alte Israel war der erste Empfänger der göttlichen Offenbarung, wie sie im mosaischen Gesetz Gestalt angenommen hatte – ein hierarchisches System, das als Vorbild für alle Völker und für alle Zeiten dienen konnte. Diese positive Interpretation des mosaischen Gesetzes – bei Christen keineswegs üblich – war eine willkommene Stütze der konservativen sozio-politischen Struktur, die de Bonald forderte. Aber obwohl das jüdische Volk eine solche ideale Verfassung besaß, fehlte es darin, nach den damit verbundenen hohen Idealen zu leben, weil es von Natur aus gedankenlos und irrend war. Darum war es von Gott gestraft worden, selbst als er noch im eigenen Land lebte.

Als Christus erschien und die Juden ihn nicht als ihren Heiland anerkannten, verloren sie damit endgültig die göttliche Gnade, und zugleich, weil sie nur noch auf sich allein gestellt waren, mußten sie degenerieren. Die natürliche Folge war die Auflösung ihres Reiches und die Zerstörung des Tempels. «Seit dieser letzten Katastrophe ist der Jude über die ganze Welt zerstreut... Vermischt mit allen Völkern, kann er sich doch mit keinem wirklich verbinden... Er bleibt immer allein, immer ein Fremder... ein Volk ohne Land, ein Volk ohne *Macht*... Sein Irrtum wurde zu seinem Verbrechen, und er hält daran fest; er hat seinen Heiland getötet und wartet auf ihn.»[26] Wenn man die Juden so sah, dann konnte man kaum erwarten, daß sie durch den säkularen Akt politischer Emanzipation aus ihrer Verderbtheit erhoben werden würden. Ihre einzige Hoffnung auf Verbesserung bestand darin, daß sie ihren tödlichen Irrtum einsähen und Jesus als Messias anerkannten.

Felilcité de Lamennais, der herausragende Geist unter den katholischen Theologen seiner Zeit, kam zu einer ähnlichen Schlußfolgerung.[27] Er kam von einer traditionellen zu einer liberalen, ja revolutionären Deutung des Katholizismus, die ihn mit dem Papst in Konflikte brachte. Seine Abweichungen waren ein Bestreben, die christliche Lehre den Notwendigkeiten einer modernen Gesellschaft anzupassen; seine Beurteilung von Juden und Judentum blieb davon jedoch völlig unbeeinflußt. Er akzeptierte zwar die Judenemanzipation als fait accompli, sah darin jedoch keinerlei spirituelle Bedeutung. In seinem *Essai sur l'indifference en matière de religion* (1823)[28] und an anderen Stellen wiederholt Lamennais die traditionelle Kirchenlehre über die geistige Blindheit der Juden und die politischen und gesellschaftlichen Folgen dieser Blindheit, und er schreibt dies in einer Sprache, die zweifelsfrei erkennen läßt, daß er selbst mit dieser Lehre übereinstimmt. Die gesamte Existenz der Juden post Christum ist ein verlängertes Wunder, «das bis zum Ende der Tage die unerforschliche Gerechtigkeit und Heiligkeit Gottes bezeugt, den dieses Volk zu verleugnen wagte. Es wird ohne erkennbares Lebensprinzip leben; nichts kann es zerstören, weder Gefangenschaft noch Schwert noch die Zeit selbst. Fremd unter den Völkern, die es verachten, findet es nirgendwo einen Ort der Ruhe... Es trägt in seinen Händen eine Fackel, die die ganze Welt erleuchtet, es selbst aber bleibt im Dunkeln... Überall unterdrückt, ist es doch überall... Alle Völker sehen es vorüberziehen, alle sind von Erschrecken ergriffen bei seinem Anblick, es trägt ein Zeichen, das entsetzlicher ist als das Zeichen Kains. Auf seiner Stirn ist mit eiserner Hand eingegraben: ‹Gottesmord›.»[29]

Wenn solche Anathemata von Denkern wiederholt wurden, die durch philosophische Interpretationen dem Christentum eine neue Lebensberechtigung geben wollten, dann mußten sie die verächtliche und finstere Vorstellung verstärken, die dem Name «Jude» anhaftete. Für den frommen Katholiken in Frankreich war die erste Assoziation mit dem Namen «Jude» wohl die Vorstellung des Todes Jesu, wie in dem Ausdruck «juif deicide» deutlich wird, den es so in keiner anderen europäischen Sprache gibt.[30] Der Ausdruck wurde häufig verwendet, und wenn Lamennais das Wort «Gottesmord» als Hauptmerkmal des Judentums nennt, dann gibt er damit nur ein verbreitetes Gefühl wieder. Es war vor allem der Gottesmord-Vorwurf, der die Juden außerhalb des menschlichen Rahmens ansiedelte. Wer dieses Verbrechen begehen konnte, war jedes anderen fähig – Betrug, Fälschung oder Verrat. Die theologische Verdammung des Juden bereitete so den Boden für seine moralische Verurteilung.

Die Idee vom göttlich verworfenen Juden wurde durch Unterricht und Predigt, den uralten Mitteln zur Verbreitung des christlichen Glaubens, wie durch die katholische Presse in den Köpfen des Menschen fest verankert.

Seit den Anfängen der Restauration versuchte die Kirche, ihre Macht in der Bevölkerung durch Zeitungen und Zeitchriften wiederzugewinnen, und diese wurden ein starkes Mittel für katholische Erziehung und Propaganda. Und natürlich enthielten sie abwertende Urteile über Juden und Judentum, die ein integraler Teil der katholischen Lehre blieben.[31]

Die antijüdische Front erhielt durch einen bestimmten Typus jüdischer Konvertiten unerwartete Verstärkung, die in den ersten Jahrzehnten des nachrevolutionären Frankreich typisch waren. Normalerweise gilt Deutschland als das klassische Land jüdischen Abfalls von der Tradition in den ersten Generationen, die noch unter dem Druck der politischen und gesellschaftlichen Diskriminierung litten. Aber es ist keineswegs sicher, ob es proportional in Frankreich nicht mehr Konvertiten gab als in Deutschland. Sicher ist jedoch, daß es nur in Frankreich den erwähnten Typus des Konvertiten gab, der in Deutschland offenbar fehlte, einer, der selbst aktiv an der Verbreitung des Christentums mitwirkte und seine früheren Religionsgenossen angriff, seine «Brüder im Fleisch». Der emanzipierte französische Jude hatte anscheinend keinen Grund, seine Religion zu wechseln. Aber seltamerweise finden wir gerade in Frankreich eine ganze Reihe von Konvertiten, die ihre Überzeugung darin beweisen wollten, daß sie aktive Missionare wurden und andere Gegner der Juden und des Judentums unterstützten.[32]

Das früheste und wohl bekannteste Beispiel ist das des David Drach, eines gelehrten Rabbiners aus dem Elsaß, Schwiegersohn des französischen Oberrabbiners und selbst ein möglicher Nachfolger für diese Stellung. Drach konvertierte 1823 zum Katholizismus, und er rief einen heftigen Skandal hervor, als es ihm gelang, seine drei Kinder gegen den Willen der verstoßenen Ehefrau mit sich zu nehmen. Nachdem er die Priesterweihe erhalten hatte, wurde er Professor an der Sorbonne und ein aktiver, keineswegs ganz erfolgloser Judenmissionar.[33]

Großes Interesse löste auch die Konversion der Brüder Theodore und Alphonse Ratisbonne aus, die 1827 bzw. 1842 erfolgte.[34] Die Familie Ratisbonne war eine der einflußreichsten Familien im Elsaß. Die Mutter der beiden war die Tochter von Naftali Cerfberr, einem Vorkämpfer für die Gleichberechtigung während der Revolution. Der Vater war der Vorsitzende des *consistoire* in Straßburg. Den Söhnen war eine moderne Erziehung mit nur wenigen jüdischen Inhalten zuteil geworden. Theodore fühlte sich seit seiner frühen Jugend vom Judentum entfremdet, wie allgemein von jeder Religion. Als Jurastudent an der Straßburger Universität kam er jedoch mit einundzwanzig Jahren unter den Einfluß von Louis Bautain, einem katholischen Theologen mit ausgesprochen eigenen Ansichten. Bautain forderte die völlige Identifikation mit der katholischen Tradition, nicht aus irgendwelchen rationalen Gründen, sondern als Akt des Glaubens, und er nannte seinen Ansatz «Fideismus». Der feurige Theologe weckte die schlafenden religiösen Gefühle im jungen Ratisbonne und zwei anderen jüdischen Studenten mit ähnlicher Neigung. Er überzeugte sie, daß allein das Christentum mit seinen Symbolen und Mysterien die religiöse Sehnsucht des Menschen erfüllen könnte. Das Judentum, selbst in der ursprünglichen Gestalt der Lehre des Mose, war nur ein erster Schritt im Verlauf der wahren religiösen Erfahrung, und seine spätere talmudische Form war nur noch pervertiert und verdorben. Diese Theorie paßte zur Einstellung dieser jungen Juden, die sich vom Judentum, wie sie es kannten, entfremdet hatten. Und so diente sie ihnen als Rechtfertigung für ihren Abfall vom Judentum; alle drei wurden katholische Priester.[35] Theodore Ratisbonne versuchte, seine weit verzweigte Familie nach sich zu ziehen. Und sein Bruder Alphonse, der zwölf Jahre jünger war, folgte seinen Spuren, wenn auch nicht unter seinem direkten Einfluß. Alphonse wurde – ohne irgendwelche Vorbereitung, ohne jede Übergangszeit – von einer Vision überwältigt, die er in einer Kirche in Rom hatte, und er wurde ein eifriger gläubiger Christ. Die Brüder gründeten ein Institut in Paris und später in Jerusalem, das sich ganz der Gewinnung jüdischer Seelen zum Christentum widmete.[36]

Wie ähnliche Abtrünnige waren auch die Brüder Ratisbonne davon überzeugt, daß die Emanzipation der Juden nicht ausreiche, um sie aus ihrem Elend zu erheben. Das Gefühl gesellschaftlicher Unterlegenheit trug zweifellos zu ihrem Leiden bei, dem sie durch ihre Konversion entkommen wollten. In seinem Briefwechsel mit den drei Katechumenen führte Louis Bautain nicht nur das Argument von der Unterlegenheit des Judentums gegenüber dem Christentum an, sondern er wies auch auf die niedrige gesellschaftliche Position der Juden hin und zeigte die Konversion als edlen Weg, von beidem frei zu werden. «Der Jude heute ist so, wie er in der Zeit des Titus oder Vespasian war. Er hat seinen besonderen Charakter, besondere Eigenschaften und Physiognomie. Er existiert als eine außergewöhnliche Anomalie weiter, ein Paria unter der Familie der christlichen Völker.» Und dies war nicht weniger als vierzig Jahre nach der Emanzipation![37]

In ihren Aufrufen an die Juden vermischten die Konvertiten gesellschaftliche und spirituelle Argumente. Alphonse Cerfberr de Medelsheim, ein Vetter der Brüder Ratisbonne und selbst Konvertit, wenn auch kein Theologe, veröffentlichte 1842 eine Darstellung der französischen Judenheit in all ihren Gruppierungen und sozialen Elementen.[38] Obwohl er sephardische Juden kannte, denen er positive Eigenschaften zuschrieb, nimmt er den normalen elsässischen Juden als Beispiel: «Er ist listig, habgierig, geldgierig, ohne Glauben, ohne legale Skurpel, besessen von einer fanatischen Hingabe, solange er zu den unteren Schichten seines Volkes gehört.»[39] Offenbar bezieht er sich auf die Juden in den Dörfern und Weilern des Elsaß, die weiterhin ihrem eigenen Lebenstil anhingen sowie den für sie traditionellen Arten des Lebensunterhalts. Tatsächlich wendet Cerfberr aber das traditionelle Stereotyp auch auf jene Juden an, die es geschafft hatten, sich aus ihren früheren Verhältnissen zu befreien.

Zwei Jahre nach diesem Artikel gab Cerfberr ihn als Separatdruck neu heraus, in dem er auf die Kritiker antwortete, die seine Erkenntnisse bestritten hatten. Obwohl Cerfberr ein weniger fanatischer Christ als die Ratisbonnes war, akzeptierte er doch die christliche Lehre, die einer jüdischen Gemeinschaft das Recht abspricht, in einer christlichen Gesellschaft zu leben. In der ersten Fassung hatte Cerfberr die Bemühungen der Juden dargestellt, sich aus eigener Kraft zu regenerieren, aber er schließt seine Beschreibung mit dem zweideutigen Satz: «Wir achten den alten Glauben unserer Väter viel zu sehr, als daß wir nicht hoffen würden, daß Israel wiedergeboren wird im wahren Glauben, daß es sich selbst vor Gott und den Menschen erhebt, wie in seinen eigenen Augen.»[40] In der Neuauflage des Aufsatzes führt er dies weiter aus, und seine Klarstellungen lassen keinen Zweifel über die Absicht seiner gesellschaftlichen Kritik. Er wollte zeigen, daß es in der französischen Gesellschaft keinen Platz gab für Juden, die ihr Judentum nicht zugunsten des Christentums aufgaben.

9. Sozialistische Anklagen

Obwohl der Begriff *Antisemitismus* erst in den späten siebziger Jahren des 19. Jahrhunderts auftaucht, kann er sehr wohl auf frühere Phänomene angewandt werden, so beispielsweise auf den religiösen und theologischen Antisemitismus, wie er in Kapitel 8 beschrieben ist. Wesentliche Elemente der von der antisemitischen Bewegung ausgehenden Propaganda in den letzten Jahrzehnten des 19. Jahrhunderts gab es bereits in der antijüdischen Kritik der neo-katholischen Denker und der jüdischen Konvertiten.

Dasselbe gilt für jenes Phänomen, das «sozialistischer Antisemitismus» genannt werden sollte und das etwa gleichzeitig mit seinem christlichen Gegenstück entstand. Charles Fourier, Alphonse Toussenel, Pierre-Joseph Proudhon und andere soziale Kritiker des Kapitalismus in Frankreich bezogen die Juden in ihre Kritik am System der Geldwirtschaft ein. Juden galten ihnen als Anhänger, Repräsentanten und Symbolfiguren des Systems, und zwar vor allem seiner negativen Seiten.

Beide, die katholischen wie die sozialistischen Antisemiten, übertrugen die Judenfrage aus ihrem lokalen elsässischen Rahmen auf das ganze Land, vor allem auf Paris. Zur Zeit der Revolution und des Kaiserreichs hatte die Judenfrage Paris erreicht, sie war nicht länger auf das Elsaß beschränkt, aber nur auf der Ebene öffentlicher Diskussion und legislativer Tätigkeit. In den folgenden Jahrzehnten jedoch erreichte das konkrete Subjekt dieser Frage, die jüdische Bevölkerung, selbst Paris. Denn wenn die Emanzipation auch nicht bewirkte, was einige optimistische Beobachter erwartet hatten, daß sich nämlich die jüdische Bevölkerung in ganz Frankreich ausbreiten und in der nichtjüdischen Umgebung aufgehen würde, so kam es doch zu einem bedeutsamen Wandel in der demographischen Verteilung, weil eine beträchtliche Anzahl Juden aus dem Elsaß, aus Südfrankreich und aus dem Ausland nach Paris ging. Während der Revolutionszeit hatten nicht mehr als 500 Juden in Paris gelebt, um 1840 war ihre Zahl jedoch auf beinahe 10000 gestiegen, 1860 waren es mehr als 23000. Gleichzeitig war die gesamte jüdische Bevölkerung in Frankreich von 40000 auf 90000 angestiegen; das ging auf eine beträchtliche Einwanderung aus den Nachbarländern, besonders Deutschland, zurück.[1]

Die sozio-ökonomische Struktur und vor allem die kulturelle Gestalt der jüdischen Gemeinde in Paris war ganz anders als die der elsässischen Judenheit. Neben Handwerkern, kleinen Händlern und den Armen bestand die Pariser Judenschaft aus Großen der Geschäftswelt, aus Schriftstellern, Künstlern und Gelehrten. Vor allem saß hier der wichtigste Zweig der Familie Rothschild, deren Ruhm und Finanzkraft zu dieser Zeit einen Höhepunkt erreichte.[2]

Diese neu entstandene Pariser Judenschaft zog die Aufmerksamkeit von Freund und Feind auf sich, aber das Bild, das man sich von ihr machte, war natürlich durch ihre Beziehungen zu jenen elsässischen jüdischen Gemeinden mitbestimmt, aus denen die große Mehrheit der Pariser Juden gekommen war. Wir haben schon gezeigt, wie die neo-katholischen Kritiker traditionelle Vorurteile gegen die elsässischen Juden, die als Vorbild dienten, auf die neu enstandene Judenschaft von Paris übertrugen. Und ein ganz ähnlicher Prozeß der Übertragung und Verallgemeinerung bei der Beurteilung von Juden wurde von den Vertretern des frühen Sozialismus vorgenommen. Die Aufmerksamkeit von Charles Fourier richtete sich auf das festgelegte Bild vom elsässischen Juden. Die Angriffe von Alphonse Toussenel andererseits richteten sich schon gegen den Juden neuen Typs, obwohl die Substanz seiner Vorwürfe wesentlich unverändert die alte war.

Fourier reagierte als einer der ersten gesellschaftlichen Denker auf die Auflösung des halbfeudalen Systems des ancien régime, und er tat dies, indem er eine neue Sicht entwickelte, die die gesellschaftliche Organisation in zuvor unbekannter Weise durchdachte. Sein neues System gründete auf bestimmten Voraussetzungen über die menschliche Natur, und es ist utopisch genannt worden. Der Kern seiner Forderung bestand darin, daß er die Gesellschaft in sozialen Einheiten organisieren wollte, die er Phalanstères nannte. Diese Einheiten würden den Menschen erlauben, in ihrer Arbeit wie in ihrem persönlichen Leben ihren spontanen, ursprünglichen Impulsen zu folgen. Diese waren unter der herrschenden gesellschaftlichen Ordnung unterdrückt und verfälscht worden.[3]

Fouriers Theorie enthält darum eine scharfe Kritik der herrschenden Bedingungen des Menschen und der Gesellschaft sowie eine angenommene

Lösung all ihrer Probleme – vorausgesetzt, die Menschen wären bereit, ihr Leben nach der Vision des sozialistischen Propheten neu zu organisieren. Es war eine äußerst spekulative Vision, die nur wenig von fremden literarischen oder anderen Einflüssen bestimmt war. Andererseits erhielt sie ihre Kraft aus der Beobachtung gesellschaftlicher Mißstände, die aus dem Versagen der gesellschaftlichen Institutionen im Anfangsstadium des Kapitalismus herrührten.

Fourier wurde 1772 als Sohn eines reichen Kaufmannes geboren; weil ihm aber die Fähigkeit oder die Neigung fehlte, in diesem oder einem anderen Beruf erfolgreich tätig zu sein, wurde er Beamter in Lyon. Dort schrieb er bis 1816 seine Bücher während seiner freien Zeit, als er dank eines ererbten Einkommens unabhängig wurde. 1823 ging er nach Paris und erwartete dort, daß sich Anhänger finden würden, die bereit waren, sein geplantes gesellschaftliches Experiment auszuprobieren, vor allem wartete er auf einen Reichen, der die nötigen Finanzmittel für die Anfangsphase bereitstellen würde.[4]

Fouriers gesellschaftliche Diagnose wie seine Utopie sind voll tiefer Vorbehalte und Ressentiments gegen Handel und Geschäfte jeder Art sowie gegen die, die damit ihren Lebensunterhalt verdienen. Er glaubte, daß die schlimmstmöglichen Verbrecher jüdische Hausierer und Geldverleiher waren. Fouriers Phalanstères sollten wirtschaftlich als Selbstversorger aufgebaut sein, damit war die Notwendigkeit, ja die Möglickeit für Handel oder Geschäfte ausgeschlossen, die in seiner Diagnose die wesentlichen Gründe für das Versagen der kapitalistischen Gesellschaft waren. Die Verachtung jüdischer Geschäftsleute – und Fourier dachte hier vor allem an elsässische Juden – war Teil seiner Theorie. Fourier sprach von «Horden von Juden und Vagabunden», die ins Elsaß eingedrungen seien; ein paar Hundert von ihnen waren sogar bis Lyon gekommen, wo Fourier sie persönlich kennenlernen konnte.[5]

Es gibt allerdings keinen Grund für die Annahme, daß Fouriers Vorstellung vom jüdischen Wesen durch eigene Erfahrungen bestimmt gewesen sei. Seine Aussagen, Urteile und Vedammungen spiegeln schlicht die in der damaligen Gesellschaft gängigen Stereotypen wider. Juden waren «unproduktiv und betrügerisch», sie praktizierten Wucher und betrügerischen Bankrott und zielten auf die wirtschaftliche Vernichtung der französischen Bauern und Geschäftsleute. Fourier übernahm das christliche Urteil über die fehlenden moralischen Skrupel der Juden gegenüber Nichtjuden und schrieb ihren finanzellen Erfolg ihrem ungewöhnlichen sozialen Zusammenhalt untereinander zu.[6]

Und doch trägt Fourier einen neuen Gedanken in die antijüdische Theorie ein, wenn er zwischen dem *esprit corporatif* und dem *esprit patriarcal* unterscheidet. Ersterer, den Christen im Unglück zeigen, führt zu «edlen Leiden»; letzterer, den Juden unter ähnlichen Umständen zeigen, war «die

Wurzel unedler Leidenschaften, die sie bis heute erniedrigen.»[7] Die wirkliche Differenz zwischen dem *esprit corporatif* und dem *esprit patriarcal* bleibt obskur, und es ist nicht unerlaubt, wenn man folgert, daß die ihnen zugeschriebenen guten oder schlechten Merkmale aus ihrer jeweiligen Verbindung mit Juden und Christen stammen.

Obwohl Fourier seine Hoffnung auf einen großen gesellschaftlichen Durchbruch an die Gründung der Phalanstères knüpfte, beurteilte er doch auch die politischen und sozialen Zustände in der wirklichen Welt. Und so galt ihm die jüdische Emanzipation zumindest als verfrüht. Er nannte sie «das schändlichste aller neuen Laster der Gesellschaft», das durch das übertriebene Vertrauen der Philosophen in abstrakte Prinzipien zu erklären sei. Religiöse Toleranz dürfe solange für Juden nicht gelten, bis sie ihr Leben verbessert und ihre unsozialen Berufe und abträglichen Praktiken aufgegeben hätten. Da sie dies kaum freiwillig tun würden, sei der Staat verpflichtet, eine aktive Rolle in der Umerziehung von Juden zu spielen: «Um dieses Volk ehrenhaft zu machen, muß man ihm eine kollektive Erziehung zuteil werden lassen und es vor allem zu produktiver Arbeit zwingen, zu Landwirtschaft und Industrie.»[8]

Dies war genau das Programm, das von manchen Möchtegern-Reformern der jüdischen Gesellschaft in Deutschland entwickelt worden war, und Fourier bedauerte, daß Frankreich stattdessen die Gewährung der vollständigen Bürgerrechte gewählt hatte. Durch die übereilte Zulassung der Juden zum Bürgerrecht riskierte die französische Gesellschaft, daß sie von den jüdischen Lastern infiziert würde und auf lange Sicht in ihren lebenswichtigen Interessen Schaden nähme: «Laßt die Juden für ein Jahrhundert in Frankreich, und sie werden ihre Sekte in jeder Kleinstadt organisiert haben; sie werden nur miteinander zusammenarbeiten. Sie werden in Frankreich das werden, was sie in Polen sind und schließlich die kommerziellen Berufe allen Bürgern wegnehmen, die bislang ganz gut ohne Juden ausgekommen sind.»[9]

Fouriers Denken bewegte sich auf zwei Ebenen, der der realen Wirklichkeit und der seiner utopischen gesellschaftlichen Vorstellung. Dies erklärt vielleicht die überraschende Tatsache, daß er in der letzten Veröffentlichung vor seinem Tod den Juden eine Vorreiterrolle bei der Verwirklichung des Fourier'schen Gesellschaftsprogramms zuschrieb. Wie Edmund Silberner vermutet, muß Fourier irgend etwas von einem Plan gehört haben, Juden in Palästina anzusiedeln, und zwar mit Hilfe des Hauses Rothschild. Und enttäuscht wie er war, weil bis dahin noch niemand von Bedeutung versucht hatte, seinen Plan zu verwirklichen, griff er nach diesem letzten Strohhalm. Wenn es stimmte, daß die Juden dabei waren, eine neue Gesellschaft zu errichten, dann würden sie einen Plan für den Aufbau brauchen. Und welchen besseren Plan könnten sie finden als den fertigen der Phalanstères?[10] In dem Wunsch, seine lang geliebte Idee verwirklicht zu sehen, schloß er die

Augen vor den so oft beklagten Lastern des jüdischen Volkes, das er verachtete und beschimpfte, aber das er dennoch nicht für unverbesserlich hielt. Entweder durch eine erzwungene Umerziehung oder durch das Mittel der Phalanstères könnten die Juden in die Menschenfamilie hineinfinden. Wie groß auch immer seine Ablehnung der Juden war, Fourier glaubte nicht, daß ihre Fehler durch ihre Rasse determiniert seien. Wie die meisten Kritiker der Juden und des Judentums in der ersten Hälfte des 19. Jahrhunderts hielt auch Fourier an einer gewissen Hoffnung auf die zukünftige Verbesserung der Juden fest. Dennoch ist das Bild, das er in seinem Werk von den Juden entwirft, das von der verächtlichsten und schädlichsten menschlichen Spezie.

Obwohl Fourier es nicht mehr erlebte, daß seine soziale Utopie verwirklicht wurde, versuchten doch einige Anhänger in den folgenden Jahrzehnten, Siedlungen gemäß den Lehren des Meisters zu errichten. Seine Ideen wurden von seinen Jüngern weiter verbreitet, die eine Schule des gesellschaftlichen Denkens, keine politische Partei vertraten. Die Fourieristen waren keine homogene Gruppe. Im Blick auf die Judenfrage folgten einige den Fußstapfen des Meisters, andere haben sein anitjüdisches Vorurteil offenbar als irrelevant angesehen, vielleicht sogar als Widerspruch zu den Grundlehren der Schule. Erstere werden am stärksten durch Alphonse Toussenel vertreten, in seinem Buch *Les Juifs rois de l'époque, histoire de la féodalité financière*, das als erstes in Frankreich außerhalb des Elsaß seine antijüdische Tendenz schon im Titel ankündigt. Die Grundthese des Buches, die im Untertitel ausgedrückt ist, handelt von der alles durchdringenden Rolle des Geldes im Leben der modernen Gesellschaft, wodurch die Kaptialisten die Kontrolle über den Rest der Gesellschaft erlangen. Um diesen Punkt zu belegen, beschreibt Toussenel sehr detailliert und mit der Leidenschaft des radikalen Sozialreformers den Einfluß der Kapitalisten und ihr Engagement in allen Lebensbereichen. Seine Argumentation geht dann in einen Aufruf an die Opfer des Finanzadels über, gemeinsame Sache mit dem Staat – vertreten durch den König – zu machen, um das System zu zerstören. Die Funktionen der Bankiers und Kapitalisten sollten von Institutionen und Agenturen des Staates übernommen werden.[11]

In seinem Angriff gegen das, was er die «féodalité financière» nennt, greift Toussenel nichtjüdische Bankiers wie Juden an. Einige, wie die protestantischen Bankiers in Genf, werden wiederholt attackiert. Warum nimmt er dann aber die Juden heraus und warum benutzt er ihren Namen im Titel, um das umfassende Phänomen zu benennen? Toussenel würde antworten, daß er schlicht dem üblichen Gebrauch dieses Wortes folgt.

Dem Satz im Vorwort, der die Grundthese des Buches vorwegnimmt, «Les juifs règne et gouverne en France», fügt er die Anmerkung zu: «Ich mache den Leser darauf aufmerksam, daß das Wort *(juif)* hier normalerweise in seiner üblichen Bedeutung verwendet wird: *juif, banquier, marchand d'espèce.*» In einem bemühten Versuch, die damit verbundene Beleidigung auszugleichen, folgen dann längere Ausführungen über den «überlegenen Charakter der jüdischen Nation», über die bedeutende Rolle, die das jüdische Volk in der Geschichte der Menschheit gespielt hat, über die herausragenden Fähigkeiten, die Juden in allen Bereichen der schöpferischen Tätigkeit gezeigt haben. Aber dieses übertriebene Lob wird sodann wieder durch die Beobachtung neutralisiert, daß «alle Leser der Bibel . . ., Juden, Genfer, Engländer oder Amerikaner» glauben, daß Gott ihnen das Recht zur Ausbeutung der Reichtümer der Welt gegeben habe, zum ausschließlich eigenen Nutzen – und damit hat er die Habgier der handeltreibenden Völker dem Einfluß der Hebräischen Bibel zugeschrieben. Die Anmmerkung, die mit einem Lob der Juden beginnt, schließt mit dem überraschenden Satz: «Darum verstehe ich die Verfolgung, die die Römer, die Christen und die Muslime die Juden erleiden ließen. Die uralte universale Abneigung, die der Jude hervorruft, ist nichts als die gerechte Strafe für seinen unbegründeten Hochmut; und unsere Verachtung ist eine legitime Vergeltung für den Haß, den er gegen den Rest der Menschheit zu hegen scheint.»[12]

So mußte diese apologetische Anmerkung, anstatt die Ausgewogenheit des Verfassers zu beweisen, nur den Verdacht eines antijüdischen Vorurteils verstärken, der vom Buchtitel hervorgerufen wird. Kein Wunder, daß der Herausgeber des Buches, das von der Bibliothek der Fourieristen veröffentlicht wurde, sich gezwungen sah, die anitjüdische Tendenz zu bestreiten, die sich hier zeigte. Der Kritiker der *Archives Israélites* protestierte gegen die antijüdischen Implikationen des Buches, und er war sicher nicht der einzige, der so reagierte. Auf jeden Fall fühlte sich auch der Verfasser verpflichtet, das Thema im Vorwort zur zweiten Auflage 1847 erneut aufzugreifen.[13] Zwischenzeitlich hatte Toussenel seine Verbindung mit anderen Fourieristen aufgegeben, und offenbar war er verärgert über die Zensur des früheren Herausgebers, darum vertrat er leidenschaftlich von neuem seine Sache, das Wort «Jude» synonym mit «Kapitalist» zu verwenden: «Es hängt nicht von einer Laune des Verfassers ab, den Sinn *(valeur)* eines Begriffs zu verändern, der durch den Gebrauch sanktioniert ist, und ich finde in meiner Muttersprache keinen besseren Namen als *juif*, um das zu benennen, was ich verdammen will.» Die Verantwortung dafür, daß die Schäden des Handels mit dem Wort «Jude» bezeichnet werden, liegt also in der nationalen Sprachtradition.[14]

Dies war schon in der ersten Auflage die Grundlage seiner Verteidigung, aber dieses Mal versuchte er erst gar nicht zu verbergen, warum er die Sprachtradition benutzte, um seine eigene Sicht über Juden und Judentum zu verkündigen. Das Lob des jüdischen Volkes, das in der ersten Auflage noch dazu dient, seine Schwächen aufzuwiegen, wird jetzt summarisch beiseite getan: «Mir wurde gesagt, daß ich ein Volk mit mehr Respekt behandeln sollte, das so große Dinge getan hat, ein Volk, aus dessen Mitte

Gott so lange Zeit seine Erwählten zu wählen geruhte.» Toussenels Antwort auf diese Kritik ist die totale Bestreitung, daß den Juden in der Vergangenheit oder Gegenwart irgend etwas Gutes nachzusagen sei: «Ich kenne die großen Dinge nicht, die das jüdische Volk getan hat, ich habe nie etwas über ihre Geschichte gelesen außer in dem einen Buch, in dem von nichts anderem als Ehebruch, Inzest und wilden blutigen Kriegen die Rede ist ... wo jedes große Schicksal unweigerlich mit Betrug und List beginnt; wo die Könige, die Heilige genannt werden, Ehemänner ermorden, um deren Frauen zu rauben; wo Frauen, die Heilige genannt werden, in das Bett des feindlichen Generals steigen, um ihm den Kopf abzuschlagen.»[15] Und so geht es weiter, ganz deutlich von Voltaire übernommen, dessen direkter Einfluß auf den französischen Antisemitismus des 19. Jahrhunderts hier zum ersten Mal sichtbar wird.

Aber der Geist Voltaires ist hier nicht in seiner ursprünglichen Reinheit vertreten. Voltaire verband seine antijüdischen Ausfälle, die auf der Verhöhnung des Alten Testaments gründeten, mit Angriffen gegen das Christentum – eine Verbindung, die zwangsläufig ihre Wirkung auf Menschen verlor, die dem Christentum verbunden blieben. Kein gläubiger Christ konnte Voltaires Diffamierung des jüdischen Volkes übernehmen, die nun einmal im Alten Testament wurzelte. Der religiöse Antisemitismus nahm seine ideologischen Waffen, wie wir sahen, aus dem ewigen jüdisch-christlichen Gegensatz, der von den neuen rationalistischen Anklagen völlig unberührt blieb. Toussenel jedoch wollte beides. Er wiederholte Voltaires Vorwürfe in ihrer giftigsten Fassung und blieb zugleich bei dem christlichen Ressentiment gegen die Juden. Er schämte sich nicht, den Gottesmord der Juden anzuführen: «Ich kann nicht das Volk Gottes Volk nennen, das alle vom Heiligen Geist inspirierten Propheten gnadenlos zu Tode brachte, das den Erlöser der Menschen kreuzigte und ihn noch am Kreuz beleidigte.» Diese christologische Anklage wird dann mit dem angeblich asozialen Verhalten der gegenwärtigen Juden verbunden: «Wenn das jüdische Volk wirklich das Volk Gottes wäre, hätten sie den Gottessohn nicht getötet; sie würden nicht weiterhin alle Arbeiter, die Christus erlösen wollte und die Gottes Armee sind, durch Parasitismus und Wucher ausbeuten» – ein erschreckendes Beispiel antijüdischer Schmähungen auf der niedrigsten und primitivsten Ebene.[16]

Indem Toussenel die Finanzherrschaft mit dem Wort «Jude» bezeichnete, hätte er argumentieren können, daß *juif* nur ein Synonym für Bankier, Händler und ähnliches sei; aber weil er dies Wort gebrauchte, um diese Gruppen im Kontext einer kritischen Untersuchung zu bezeichnen, versuchte er, diese mit den negativen Konnotationen zu belasten, die dem Begriff *juif* anhingen. Er wollte alle verdammen, die mit Finanzherrschaft zu tun hatten, und *juif* war ein nützlicher negativer Name dafür.

Und schließlich gebrauchte Toussenel für Finanzleute auch andere Worte, die ausschließlich Juden galten, wie «Israel», «Juda» und «Makkabäer». Zudem richteten sich seine Beleidigungen oft gegen einzelne Juden: die Foulds, die Rothschilds und andere, deren ethnische Herkunft bewußt betont wurde. Toussenel spielte die Rolle hoch, die diese jüdischen Kapitalisten beim Bau der Eisenbahnen gespielt hatten. Er behauptete, daß die Eisenbahnen ihnen überlassen worden seien, weil sie mit den führenden Staatsmännern zusammenarbeiteten und weil die Mehrheit der korrupten Presse dazu Beifall klatschte. Die beiden Kapitalisten wurden so vorgestellt: «M. Rothschild vom Stamme Juda» und «M. Fould vom Stamme Benjamin», und die Presse habe gerufen: «Ehre den Juden!»[17]

Anderswo werden Juden von Toussenel ausdrücklich mit anderen Lebensläufen in der Finanzherrschaft zusammengebracht: protestantische Bankiers aus Genf, Amsterdam und London. So eingeordnet zu werden, machte die Vorwürfe aus der Sicht der französischen Juden nicht gerade leichter. Ganz im Gegenteil, dies muß sie noch schmerzlicher gemacht haben. Mit Kapitalisten fremder Länder aufgeführt zu werden, hieß, als zum französischen Volk und französischen Staat nicht zugehörig angesehen zu werden. Und genau dies wollte Toussenel vermitteln, wie am folgenden Satz deutlich wird: «Ein Vaterland – die Händler haben keines: *Ubi aurum, ibi patria*. Der industrielle Feudalismus ist im kosmopolitischen Juden verkörpert.»[18]

Wenn in der Originalfassung des Buches solche antijüdischen Sticheleien nur gelegentlich offen ausgesprochen werden und angesichts ihrer Randstellung in der gesamten Argumentation an Schärfe verlieren, erscheinen sie gehäuft in der Einführung zur zweiten Auflage und werden bis zu ihrer letzten logischen Folgerung ausgeführt und betont. Toussenel zitiert seinen Meister Fourier über den bedauerlichen Fehler, den Frankreich damit begangen habe, daß es die Juden zu Bürgern machte, und er lobt die russischen und preußischen Regierungen, daß sie umsichtiger handelten. Die russischen Juden sind tatsächlich leichter als eine separate Gruppe erkennbar, dank ihrer kulturellen Eigenschaften, die schon in ihrer Kleidung sichtbar werden. Die äußere Anpassung der französischen Juden an die Kultur ihrer Umgebung ändert aber ihr Wesen nicht. Wie die russischen Juden bleiben auch sie «ein Volk im Volk».[19]

Offenbar wollte Toussenel die zweite Auflage bewußt ausdrücklich antijüdischer als die erste machen. Ein ganzes Kapitel, das der zweiten Auflage zugefügt wird, hat den bezeichnenden Titel *Saint Simon et Juda*. Der Verfasser beginnt mit dem Nachweis, daß die Schule der Saint-Simonisten – im Gegensatz zu den Fourieristen – zur *féodalité financière* beigetragen habe, die bis dahin rein zufällig gewachsen war, indem sie sie mit einem ideologischen Überbau versehen habe. Die Nähe zwischen dem Saint-Simonismus und dem aufkommenden Kapitalismus wird dann schlicht damit begründet, daß Juden an der philosophischen Richtung wie an der wirtschaftlichen

Entwicklung beteiligt sind. «Diese Allianz ist um so natürlicher, als die Kirche der Saint-Simonisten eine ganze Anzahl von Beschnittenen zu ihren Gläubigen zählt.» Und Toussenel kommt im Lauf seiner Ausführungen so oft wie möglich auf die jüdische Herkunft der Saint-Simonisten zurück, die zur Entwicklung der Theorie beitrugen oder aktiv an der Realisierung beteiligt waren – obwohl Enfatin, der Führer der Gruppe und das Hauptziel seiner Angriffe, nicht jüdisch war. Und doch kommt Toussenel zu der Schlußfolgerung, daß es nicht überraschend sei, daß die Anhänger von Saint-Simon in beiden Lagern zu finden sind: «Diese waren Juden; es mußte Gold und Verrat im Herzen des Denkens dieser Leute sein.»[20]

Den Namen «jüdisch» einer Bewegung anzuhängen, bloß weil einige Juden an ihr beteiligt waren, wurde später bei den Antisemiten normal. Toussenel nahm dies in seinem Angriff auf den Saint-Simonismus in der zweiten Auflage seines Buches *Les Juifs rois de l'époque* vorweg. Dies Buch kann zu Recht als antisemitischer Klassiker bezeichnet werden, da es wesentliche Elemente vorausnimmt, die sich später entwickelten. Es gibt jedoch keine Spuren von Rassismus in Toussenels Buch. Er verwendet den Begriff «Rasse», aber ohne ihm irgendeine entscheidende Kraft zuzuschreiben. Er sah sich selbst als Christen und erklärte, daß «es zwischen jener Rasse und uns, den Christen, keine mögliche Allianz geben kann». Gleichzeitig bemerkt er mit Genugtuung, daß «der größere Teil der vornehmen Juden unserer Zeit dem Judentum abschwört». Er hatte mit Sicherheit keine Vorbehalte gegen eine Aufnahme von Juden in die nichtjüdische Umwelt, aber erwartete nicht, daß dies in einem Maße geschehen würde, das die Judenfrage insgesamt lösen könne.[21]

Was den Argumenten von Toussenel ihr spezifisches Gewicht gibt, ist die Verbindung des christlichen Vorurteils gegen Juden als Juden mit dem Protest gegen die wirtschaftlich-gesellschaftliche Rolle, die sie in der nachemanzipatorischen Gesellschaft spielen sollten. Anders als Fourier konzentriert sich Toussenel nicht auf die kleine Gruppe elsässischer Händler, sondern auf die Großkapitalisten in Paris, denen er die vom antijüdischen Vorurteil entwickelten Eigenschaften zuschreibt: «Die Kinder Lothringens sind überzeugt, daß Juden sich nie voneinander verabschieden ohne die Frage: Wieviel hast du heute vom Christen gestohlen? Und dies ist tatsächlich genau das, was zwei Juden heute beim Verlassen der Börse zueinander sagen könnten.» In diesem Hieb, der nur in der zweiten Auflage zu finden ist, haben wir die Kurzfassung einer Übertragung vom Marktplatz im Elsaß auf die Szene wirtschaftlicher Transaktionen in Paris.[22]

Daß es diese Übertragung wirklich gegeben hat, und zwar nicht ohne Einfluß von Toussenels Buch, wird durch eine Reihe von Beispielen bezeugt. Die Rothschilds und die anderen Großbankiers wurden wiederholt nicht nur als Kapitalisten, sondern auch als Juden angegriffen, und seit dem Erscheinen von Toussenels Buch sind diese Angriffe deutlich durch die von ihm entwickelte Ideologie geprägt, bis in die Wortwahl hinein. Rothschild heißt *roi des Juifs* im Titel einer Streitschrift, die von G. Dairnvaell ein Jahr nach Toussenels Veröffentlichung herausgegeben wurde. Dairnvaell verfaßte danach eine zweite Schrift zur Verteidigung der ersten, und er schließt mit einem Epilog, in dem es sich quasi bei den Juden *(aux Israelites)* dafür entschuldigt, daß er den Begriff *juif* verwendet hat, wo er von *vendeurs brocanteurs d'argent* sprechen wollte. Diese Apologie ist so zweideutig wie Toussenels Kommentar zum selben Thema. Indem er sich auf den gewöhnlichen Gebrauch von *juif* als Synonym für «Financier» beruft, glaubt er, dem jüdischen Volk gegenüber seine Schuldigkeit getan zu haben, das einen so ehrenvollen Platz in der Geschichte der Menschheit einnimmt und eine so große Zahl brillanter Individuen hervorgebracht hat. Und dann folgt der unvermeidliche Antiklimax: «Leider glauben sie, daß Gott ihnen das Monopol zur Ausbeutung übertragen hat, und sie haben eine Art Fanatismus entwickelt, wenn es um die Kunst der Ausplünderung der menschlichen Art geht.» Diese Art Jude ist es nicht wert, daß er die ihm verliehenen Bürgerrechte bekommen hat, so heißt es bei Dairnvaell in einer Version des anderen Antisemitismus, den wir nur zu gut kennen.[23]

Die propagandistische Kraft, die in dem Satz *les juifs rois de l'époque* verborgen war, zeigt sich auch darin, daß noch ein anderer Schriftsteller, Pierre Leroux, ihn für eine Abhandlung zur Judenfrage verwendet hat. Leroux war ein Gesellschaftskritiker mit mystischen Neigungen, und er hielt das herrschende sozio-ökonomische System für falsch und beschrieb seine Einwände, indem er die Vorherrschaft des jüdischen über den christlichen Geist in der Neuzeit darlegte. Jüdischer Geist steht hier gleichbedeutend mit Materialismus, mit dem rastlosen Verfolg wirtschaftlichen Gewinns, völlig ungehindert durch irgenwelche Moral, und ähnliches. Daß dies nicht ausschließlich jüdische Eigenheiten waren und daß ihre Macht nicht dem jüdischen Einfluß allein zugeschrieben werden konnte, wurde von Leroux zugegeben. Und doch, er folgt Toussenels Verweis auf die Sprachtradition und zögert nicht, das Wort *juif* zu verwenden, wenn er all die negativen Elemente in der zeitgenössischen Gesellschaft benennt, die zu verurteilen sind.[24]

Wenn Leroux den Ausdruck *les juifs le roi de l'époque* übernimmt, dann folgt er Spuren Toussenels, aber in der Verbindung der christlichen Abneigung gegen die Juden mit der Verurteilung moderner gesellschaftlicher Mißstände mußte er nicht auf einen äußeren Anstoß zurückgreifen. Toussenel griff erst in der zweiten Auflage zu dieser Verbindung, 1847, ein Jahr, nachdem die Abhandlung von Leroux erschienen war. Und letzterer war wirklich besser qualifiziert, um diesem Kurs zu folgen, weil er eine starke Neigung zu theologisch orientierten Spekulationen hatte. Seine Darstellung über die angebliche «Entartung» des jüdischen Wesens ist in der Tat irrational, wenn nicht mystisch angehaucht, ebenso das, was er über den daraus folgenden Einfluß auf die Moral der ganzen Menschheit schreibt. Als die Juden Jesus als Messias ablehnten, befleckten sie sich mit einer Art metaphysischen Übels. Und nachdem dies einmal einen Teil der Menschheit befallen hatte, mußte es auch andere Teile infizieren.[25]

Leroux war in seinen Urteilen über das tatsächliche Verhalten der Juden vielleicht weniger streng als Toussenel. Und er sagte sogar, daß die «Entartung» der Juden zum Teil durch die Behandlung, die sie seitens der Christen durch die Zeit hindurch erlitten hatten, verstärkt wurde. Aber indem er den Ursprung aller gesellschaftlichen Mißstände mit der Ablehnung Jesu durch die sündigen Juden identifiziert, wird Leroux ein hervorragendes Beispiel für den Zusammenfluß religiöser und gesellschaftlicher Ressentiments gegen die Juden in einem ideologischen Komplex.

Die Vermischung antijüdischer Vorurteile mit sozialistischen Lehren und Theorien ist ein weit verbreitetes Phänomen, und es ist nicht auf Autoren beschränkt, die ihre antijüdischen Überzeugungen im Titel ihrer Bücher ankündigen. Pierre-Joseph Proudhon befaßte sich mit Juden und Judentum nicht in einem einzigen seiner Bücher, aber seine mannigfachen Werke sind voll von Hinweisen auf Juden, die ausschließlich negativ sind. Wenn Proudhon den Kapitalismus angreift, dann stößt er auf eine Gruppe, die dank ihrer wirtschaftlichen Rolle in seinem Zentrum zu stehen scheint und darum die Verwerfung des Gesellschaftskritikers auf sich zieht. Diese Übereinstimmung zwischen Sozialismus und Antisemitismus wurde in Frankreich um die Mitte des 19. Jahrhunderts sehr gebräuchlich. Die sozialistische Literatur und ihre Propaganda-Agentur, *la presse rouge*, wurden deshalb ein wichtiges Instrument, um eine Version des Antisemitismus weiter zu verbreiten – genauso wie *la presse noire* das Instrument zur Verbreitung anderer Versionen wurde.

10. Liberale Zweideutigkeiten

Die christlich-missionarische Tendenz, die während der bourbonischen Restauration in der französischen Gesellschaft aufkam, fand ihre Gegner in den Anhängern der Aufklärung und der Revolution. In der ersten Generation nach dem Fall Napoleons, also unter der Herrschaft Louis Philippes, war diese Opposition nur leise, beinahe still, aber später gewann sie ihre Kraft zurück und wurde so lautstark wie ihre Gegnerin. Die französische Geschichte in den Jahrzehnten nach der Julirevolution von 1830 ist beherscht von der Auseinandersetzung zwischen den Vorkämpfern der Re-Christianisierung – den «Klerikalisten», wie ihre Gegner sie nannten – und den Liberalen, den Vertretern eines säkularen Staates und einer säkularen Gesellschaft, «Antiklerikalisten» genannt.

Dieser Spaltung entsprach die Trennung zwischen denen, die den Einschluß der emanzipierten Judenheit in die französische Gesellschaft als Tatsache ansahen, und denen, die ihre Vorbehalte dagegen beibehielten. Daß diese Spaltung nicht absolut war, zeigt die Judenkritik der Sozialisten, die im vorigen Kapitel dargestellt ist. Die Sozialisten standen am linken Rand des liberalen Lagers, aber dennoch vertraten manche von ihnen antijüdische Ressentiments und Ideologien. Sie taten dies zum Teil, weil es so leicht war, in die Kritik an den kapitalistischen Grundlagen der Gesellschaft die Juden als Kapitalisten einzubeziehen; den Liberalen fehlte diese vereinfachte Identifikation. Aber die wirtschaftliche Rolle der Juden war nur ein Faktor, der das anitjüdische Vorurteil einiger Sozialisten verstärkte. Andere Kräfte traditioneller Art waren ebenso am Werke, und diese waren stark genug, um zeitweise die Liberalen mit zu betreffen, die im allgemeinen gegen die antikapitalistische Überzeugung der Sozialisten immun waren.

Der Historiker Jules Michelet kann zumindest für die zweite Hälfte seines Lebens als typischer Vertreter eines durchgängigen Liberalismus angesehen werden. Er wurde 1798 geboren und wuchs in der Tradition des Rationalismus des 18. Jahrhunderts auf; während der prägenden Jahre, die mit der Neubelebung des Christentums in Frankreich zusammenfielen, entwickelte er aber eine geschichtliche Konzeption, in der das Christentum eine besondere Rolle für die Führung der Menschheit einnahm. Was wir aus dieser Zeit über seine Sicht des Judentums wissen, scheint anzudeuten, daß er ihm nicht negativ gegenüberstand; er stellte es im Gegenteil so dar, daß es eine wichtige Aufgabe im göttlichen Plan der Menschheitsgeschichte erfüllte.[1] In den vierziger Jahren, infolge entscheidender persönlicher Erfahrungen und sicher nicht unbeeinflußt vom wachsenden Konflitk zwischen den klerikalen und den fortschrittlichen Teilen der französischen Gesellschaft, stieß Michelet zu den letzteren und wurde einer ihrer radikalsten Sprecher. Seine Hingabe an die Sache des antiklerikalen Liberalismus spiegelt sich seitdem in allen seinen geschichtlichen Arbeiten, die er ohne Zögern in den Dienst des gegenwärtigen Kampfes stellte.[2]

Michelets Sicht kommt am deutlichsten in seiner *Bible de l'humanité* zum Ausdruck (1866), einer Darstellung der religiösen Entwicklung der menschlichen Rasse, die jeder bekannten Zivlisation ihren Platz im geschichtlichen Prozeß zuschreibt. Wie bereits der Titel andeutet, will er die jüdisch-christliche Schrift aus ihrer einizgartigen Stellung verdrängen und durch eine Zusammenfassung der religiösen Schöpfungen aller Zeiten und aller Kulturen ersetzen, die beanspruchen können, in der Vergangenheit wichtig gewesen und Anleitung in die Zukunft zu sein.[3]

Michelet befaßt sich mit den Religionen Persiens, Griechenlands und Ägyptens wie mit dem antiken Judentum. Obwohl das Urteil über das Judentum nur ein Teil seiner Übersicht über die alten Kulturen und Religionen ist, wird doch aus der Art seiner Darstellung klar, daß sie direkt mit zeitgenössischen Problemen zu tun hat, in denen Michelet so leidenschaftlich engagiert war. Wenn er die Erwählung Israels als Gnadenwahl Gottes darstellt, die nicht von der Würdigkeit ihres Objekts abhängt, dann behauptet Michelet, daß das Judentum das Prinzip göttlicher Gnade aufgerichtet hat – die in seinen Augen schändlichste Lehre des Christentums. Weil die göttliche Gnade unabhängig vom Wert ihres Empfängers vergeben wird, widerspricht sie dem Prinzip der Gerechtigkeit und den Forderungen von Moral und Vernunft, auf denen die menschliche Gesellschaft gründen sollte. Michelet ist sich der Tatsache bewußt, daß das Gesetz, zweifellos der genuine Ausdruck des Judentums, der Idee der Gerechtigkeit tief verpflichtet ist. «Ja, aber das Gesetz selbst, das ausschließlich einem *begünstigten* Volk gegeben wurde, einem, das Moses selbst für *unwürdig* erklärte, dieses Gesetz gründet auf einer Grundlage ungerechter Vorliebe.» Die Propheten Jeremia und Ezechiel, das gesteht Michelet zu, verkündeten die Idee absoluter Gerechtigkeit und bestritten die Möglichkeit einer Vergeltung, wenn sie nicht dem Maß von Laster und Tugend beim Einzelnen entsprach. Darin erreichten die Propheten für Michelet einen Standard an Gleichheit, wie er im Zentrum der Lehre des Sokrates stand. Aber die Propheten erreichten diese Höhe erst durch die bittere Erfahrung der Gefangenschaft, die die Grundlagen der jüdischen Existenz erschütterte. Deshalb rechnet Michelet diese moralische Leistung der Exulanten nicht zu integralen Teilen des Judentums.[4]

Dies Beispiel ist typisch für Michelets eklektischen Umgang mit den Quellen in seiner Einschätzung des Judentums. Während im Zusammenhang mit der Idee der Gerechtigkeit spätere Entwicklungen als nicht wirklich jüdisch abgetan werden, wird in anderen Zusammenhängen das, was sich erst später herausbildete, in frühere Epochen der nationalen Existenz zurückprojiziert. Die Neigung zum Handel gilt als integraler Bestandteil des urprünglichen jüdischen Volkscharakters: «Der Jude ist seit seinen Anfängen ein Mann des Friedens, ein Mann des Geschäfts *(homme d'affaires)*. Sein Ideal ist weder der Krieger noch der Arbeiter noch der Bauer. Früher ein nomadischer Hirte, kehrte er später zu seinem nomadischen Leben zurück – als Hausierer, als Bankier oder Trödler *(brocanteur)*.» «Der wahre Jude, der Patriarch» war nicht einfach ein Hirte, er war ein «*berger speculateur*, der es verstand, seine Herde durch intelligente Fürsorge, Zuerwerb und Berechnung zu vergrößern.» Wenn das mosaische Gesetz scheinbar ein ländliches Bauernleben zeigt, wenn es von landwirtschaftlichen Festen und ähnlichem spricht, dann erklärt dies Michelet damit weg, daß es der Versuch des Gesetzgebers gewesen sei, die Israeliten an ein seßhaftes Leben zu gewöhnen, ein Versuch, der fehlschlagen mußte aufgrund der jüdischen Neigung zum Nomadentum.[5]

Wenn Michelet die Juden als ewige Geschäftemacher charakterisiert, dann ist er deutlich im Netz zeitgenössischer Bilder vom Juden gefangen, obwohl er angeblich in die Tiefen einer fernen Vergangenheit hinabsteigt. In dieser seiner Einstellung war er wohl von Alphonse Toussenel beeinflußt, der einst sein Sekretär war und dessen Buch über die Juden ihm mit Sicherheit bekannt war. Es gibt auch unverkennbare Spuren Voltaires in Michelets Einschätzung der Juden und des Judentums. Er folgt ihm in der Behauptung, daß es die Juden waren, die den Wechsel als bestes Mittel (sogar besser als das Gold, dem die Juden immer verfallen waren) erfunden haben, um den Reichtum wandernder Händler zu sichern. Ebenso geht Michelets Urteil auf Voltaire zurück, daß die Juden ein kulturell unfruchtbares Volk seien, wie seine seltsame Einschätzung über die jüdische Bibel, die er als extrem trocken beschreibt, obwohl die Verfasser der Genesis, des Buches Ruth und der Königsbücher ein «echtes erzählerisches Talent» besessen hätten.[6]

Michelet übenahm negative Urteile über Juden und Judentum aus verschiedenen Quellen, ohne zu versuchen, sie zu harmonisieren oder sie mit seinen eigenen Beobachtungen und Ergebnissen in Übereinstimmung zu bringen. Von daher werden die Juden einerseits beschuldigt, in der «engen Form der mosaischen Vorschriften» gefangen zu sein, andererseits wirft er ihnen vor, sich in die mystische Welt der Kabbala verstrickt zu haben, was Michelet aus Adolph Francks Buch *La Kabbala où la philosophie religieuse des Hébreux* gelernt hatte. Er kommt jedoch zu dem Schluß, daß diese mystische Neigung keinen Ausdruck im «Überschwang des Herzens (finden konnte); sie verfiel in die strenge Beobachtung eines Grammatik-Kultes, in die Anbetung der Sprache und in die Religion des Alphabets.»[7]

Trotz Michelets Eklektizismus mangelt es seinem Urteil über die jüdische Rolle in der Geschichte nicht an Originalität. Neben seiner These, daß das Judentum die Quelle der Idee göttlicher Gnade ist, gesteht er zu, daß das Wesen des jüdischen Glaubenssystems aus der jüdischen Situation erwachsen ist: aus der Lage eines wandernden Ausgestoßenen, dem Ritual verfallen, das die exklusive Bindung zwischen dem erwählten Volk und seinem Gott manifestiert. Die Projektion einer besseren Zukunft, die mit der Idee des Messianismus gegeben ist, entschädigt für die gegenwärtigen Leiden dieses Ausgestoßenen.[8]

Diese Deutung der jüdischen Geschichte, wie sie im Titel des Kapitels *Le Juif – l'Esclave* angedeutet ist, erinnert stark an die Vorstellung von den Juden als Paria-Volk, die einige Generationen später von Max Weber entwickelt wurde. Während der große Soziologe seine Ausführungen aber innerhalb der Grenzen wissenschaftlicher Analyse halten konnte, nimmt Michelets Darstellung einen moralisierenden und diskriminierenden Ton an: «Der große und wahre Ruhm der Juden, den sie ihrem Elend verdanken, ist, daß sie allein unter den Völkern der Klage des Sklaven eine Stimme, eine durchdringende, ewige Stimme verliehen haben.» Und was zuerst ein ewiger Ruhm genannt wird, heißt später das Gegenteil. Die Sklavensituation des Juden hat ihm ein Ressentiment gegen die ganze Welt eingepflanzt; sie führte ihn auch zu totaler Fügsamkeit, zu einer Bereitschaft, sich jeder Situation anzupassen und jedem zu dienen, der fähig und willens ist, ihn zu beschützen: «Die Juden werden Könige finden. Es gibt keine besseren Sklaven, niemand untertänigeren, niemand intelligenteren.» Der Jude kann seine Situation ertragen, weil er eine innere Dimension ganz eigener Art entwickelt hat, die im strikten Gesetzesgehorsam zum Ausdruck kommt, und weil er die Hoffnung auf Erlösung und Vergeltung in der Zukunft beibehält, und so berührt ihn sein äußeres Elend nicht. «Indem er sein Gesetz in sich *(en lui)* hält, glaubt er, daß er im Innersten nicht erniedrigt werden kann. In der Praxis (ist dies) eine delikate und schwierige Unterscheidung: innerlich ein Heiliger zu sein, äußerlich das biegsamste Instrument jeder Tyrannei der Welt.»[9]

Obwohl diese Charakteristik des jüdischen Wesens im Kontext der Antike gegeben wird, läßt sie doch keine Zweifel offen, daß sie sich ganz genauso auf die Gegenwart bezieht. Der Historiker selbst, der wohl fühlte, daß seine Zensuren in dieser Darstellung die jüdische Sensibilität beleidigen könnten, verfaßte eine erklärende Anmerkung am Schluß des Kapitels. Er schrieb, daß er sich nur nach langem Zögern über dieses Thema ausgelassen habe. Er bewundere die Juden der Vergangenheit wegen ihres Martyriums und die der Gegenwart wegen ihrer häuslichen Tugenden und der vielfältigen Talente, die sie zeigten. Die jüdischen Tugenden würden aber in der Gegenwart durch Fehler aufgehoben und durch die Verantwortrung für geschichtliche Taten. Das biblische Judentum diene noch immer als Vorbild der Sklavenhalter in den Vereinigten Staaten, und die jüdische Bibel zusammen mit der christlichen sei in ganz Europa *die* autoritative Quelle des Despotismus. Juden dienten weiterhin jeder Tyrannei der Welt und seien dafür besonders geeignet, weil «ihre religiösen Gefühle ihnen erlauben, die (damit verbundene) Sklavenmentalität und Schande leicht zu tragen».[10]

Michelets Anklagen sind ganz deutlich durch seine Abneigung gegen seine jüdischen Zeitgenossen hervorgerufen – typisch für viele radikale Gesellschaftskritiker im 19. Jahrhundert –, weil diese ihm im Kampf für eine bessere Welt nicht an die Seite traten. Solche Ressentiments führten dazu, daß die, die sie fühlten, uralte antijüdische Vorurteile übernahmen, trotz ihrer sonst liberalen und universalen Weltanschauung. Wir sehen am Beispiel Michelet, daß dies nicht ein auf Deutschland begrenztes Phänomen war, wo wir ihm später noch begegnen werden. Der französische Liberalismus wie der französische Sozalismus brachten neben jenem Philosemitismus, der ihrer Grundsturktur eher entsprach, unerfreuliche Vorläufer des Antisemitismus hervor.

Ein Historiker, dessen ganzes Lebenswerk das Bild vom Juden, vergangen wie gegenwärtig, betraf, ist Ernest Renan. Renan war ursprünglich Theologe, wandte sich nach einer religiösen Krise jedoch ganz der Philosophie und Geschichte zu. Neben seinen wissenschaftlichen Beiträgen zur

Sprach- und Religionsgeschichte gilt Renan vor allem als legitimer Deuter des Christentums und zugleich als kompetenter Kenner des Judentums. Einige seiner bedeutendsten Werke, vor allem die *Histoire du peuple d'Israel*, entstanden erst, nachdem die antisemitische Bewegung in den frühen achtziger Jahren aufgekommen war. Wenn ich auf Renans Haltung an dieser Stelle eingehe, dann beziehe ich mich ausschließlich auf Arbeiten, die vor dieser Zeit liegen und sie möglicherweise beeinflußt haben.[11]

Renan vedankt seinen Einfluß auf die Beurteilung von Juden und Judentum im modernen Frankreich vor allem seiner neuen Interpretation über das Wesen des Christentums. Auch nachdem er seinen Glauben verloren hatte, blieb er bei seiner Einschätzung, daß das Christentum als Religion die höchste mögliche Entwicklungsstufe des menschlichen Geistes ist. «Jesus gründete die ewige Religion der Menschheit, die Religion des Geistes, die frei ist von jeder Priesterschaft, von jedem Kult, von jedem Riten-Gehorsam, allen Rassen zugänglich, allen Kasten voraus, mit einem Wort: die absolute Religion.» Diese Formulierung entspricht natürlich genau den Aussagen deutscher liberaler evangelischer Denker und Theologen, die Renan tief beeinflußt haben. Zu dieser Sicht vom Christentum als reiner Spiritualität paßt es, daß Renan das Judentum – den geschichtlichen Hintergrund und inhaltlichen Gegensatz für das Credo, das Jesus verkündete – negativ sah: «Der Judaismus enthielt das Prinzip des engen Formalismus, des exklusiven Fanatismus, der die Fremden verachtet; dies ist der pharisäische Geist, der später zum talmudischen Geist wurde.» Diese völlig überflüssige Bemerkung zur talmudischen Epoche entlarvt Renans Tendenz, sein Urteil über das Judentum über die historische Zeit der Entstehung des Christentums hinaus auszuweiten.[12]

Was in seinem Vortrag von 1862 angedeutet ist *(De la part de peuples Sémitiques dans l'histoire de la civilisation)*, aus dem die Zitate stammen, wird in Renans berühmtestem Buch klar ausgesprochen: in *Vie de Jésus*. Wenn er die angeblich liberalere Richtung des galiläischen Judentums, Jesu Heimat, der Jerusalemer Schule entgegenstellt, dann heißt es weiter: «Der Norden allein hat das Christentum geschaffen. Jerusalem ist dagegen das wahre Vaterland des eigensinnigen Judaismus, welcher von den Pharisäern gegründet, vom Talmud befestigt, durch das Mittelalter bis zu uns gelangt ist.»[13] Selbst wenn man davon ausgeht, daß Renan wirklich glaubte, die ursprüngliche Spiritualität des Christentums rekonstruiert zu haben – und nicht einfach ein Idealbild entworfen zu haben, das ihm gefiel –, dann mußte er sich doch der historischen Realität bewußt sein, daß auch das Christentum sehr bald eine ritualistische und institutionell organisierte Religion geworden war. Es gibt Gründe für die Annahme, die von Renans Kritikern vertreten wird, daß in seinem Bild von Jesus als revolutionärem Propheten, der das Jerusalemer religiöse Establishment zerstören wollte, Renans eigene Rolle in die Vergangenheit zurückgespiegelt ist. Sein und seiner antiklerikalen Gefährten Kampf gegen die Privilegien der katholischen Kirche ist das geheime Thema. Über jeden Zweifel erhaben ist, daß Renan in seinem Jesusbild, dem Held einer nicht ritualistischen, innerlichen Religion, seinen liberalen Zeitgenossen die Möglichkeit zur Beibehaltung ihrer christlichen Identität angeboten hat, während er zugleich die Autorität der Kirche und ihren Anspruch auf übergeordnete geistige Führung ablehnte. Andererseits verneint Renans Darstellung des Judentums als einer rein formalistischen Religion den Juden ähnliche Möglichkeiten in Bezug auf das Judentum. Während er das Christentum somit für den modernen Menschen durch seine Neuinterpretation rettete, erklärte er zugleich das Judentum für total obsolet – eine Diskriminierung, die sich auch bei vielen deutschen Liberalen der Zeit findet.

Die Definition des Judentums als reiner Ritualismus geht natürlich auf die Aufklärung des 18. Jahrhunderts zurück, der der Liberalismus des 19. Jahrhunderts einige seiner wesentlichen intellektuellen Impulse verdankt. Die Reduktion des Christentums auf seine angeblich rein geistigen Komponenten entspricht dem Glaubensbekenntnis der Rationalisten – mit einem Unterschied. Die meisten Rationalisten, die sich als Deisten bezeichneten, gaben den Namen «Christ» auf, während Renan, als er das Christentum neu einkleidete, es erhalten wollte. Die formale Beziehung zum Christentum drückt sich dann in der Beziehung des Christentums zum Judentum aus: Das Judentum wird mit den uralten Argumenten des jüdisch-christlichen Antagonismus abgelehnt, als ob das Christentum seine traditionellen Inhalte noch beibehalten hätte.[14]

Die Pharisäer, die als Vertreter des ganzen jüdischen Volkes angesehen werden, werden in Renans Arbeit über das Leben Jesu als engstirnige Heuchler gezeichnet, die am Tode Jesu schuld sind – ganz wie in allen traditionellen Berichten der Evangelien. Renan äußert Zweifel an der historischen Wahrheit der christlichen Tradition über die Juden, die angeblich die fürchterlichen Worte gesprochen haben sollen: «Sein Blut komme über uns und unsere Kinder»; er fügt jedoch hinzu: «Aber sie sind der Ausdruck einer tiefen historischen Wahrheit.» Während die Juden als einzelne zu Recht nicht für das, was in Jerusalem vor 1800 Jahren geschah, verantwortlich gemacht werden können, bleiben sie als Volk doch schuldig: «Aber die Nationen haben ihre Verantwortlichkeit wie die Individuen. Und wenn jemals ein Verbrechen das Verbrechen eines Volkes war, so war es der Tod Jesu.» Er begründet diese Behauptung damit, daß die religiöse Intoleranz, die ein integraler Teil des biblischen Judentums gewesen sei, zum Tode Jesu geführt habe, und daß die Juden als Volk verantwortlich dafür sind, was sie bewußt als ihr religiöses Erbe übernommen haben. Ja, mehr noch, Juden sind zumindest historisch für alle Intoleranz verantwortlich, die sich im Christentum findet – «die Unduldsamkeit ist nicht eine wesentlich christliche Eigenschaft. Sie ist eine jüdische

Eigenschaft», selbst wenn Juden zu Zeiten die Opfer dieser Eigenschaft geworden sind.[15]

Auch Renans Neuinterpretation des Christentums sprach die Juden also von den traditionellen Vorwürfen nicht frei. Sie erreichte jedoch, daß die alten Vorwürfe verpflanzt wurden, einschließlich des Deizid-Vorwurfs, und zwar von der geschichtlichen auf eine symbolische Ebene. So wichtig die Ablehnung des dogmatischen Christentums gewesen sein mag, sie machte für die diffamierende Funktion der antijüdischen Vorwürfe keinen Unterschied. An die Stelle des Fluches Gottes, der seit Generationen auf den Juden lastete, trat schlicht eine kulturelle oder rassistische Abneigung, die von jetzt an die Nachkommen der Jerusalemer Pharisäer für alle Ewigkeit kennzeichnete.

Der Zusammenhang, in dem Renan auf die nationale Verantwortlichkeit der Juden für religiöse Intoleranz hinweist, scheint anzudeuten, daß er, als er dies zu einer ewigen jüdischen Eigenschaft postulierte, eine kulturelle, nicht eine biologische Determinierung im Sinn hatte. Andererseits benutzte Renan das Wort «Rasse» sehr frei und war tatsächlich der erste Denker, der mit ihm bestimmte geschichtliche Erscheinungen zu erklären suchte. Er war sich der schrecklichen geschichtlichen Folgen nicht bewußt, als er die Vorstellung von «Rasse» in einen Zusammenhang mit Juden brachte.

Der Begriff «Rasse» ist seit dem 17. Jahrhundert von europäischen Denkern sehr häufig verwendet worden, wenn sie die Vielfalt der menschlichen Art beschreiben wollten, der man in den neu entdeckten Weltteilen begegnete. In den ersten Jahrzehnten des 19. Jahrhunderts wurde der Begriff als konzeptionelles Hilfsmittel verwendet, um bestimmte Seiten der europäischen Geschichte zu deuten, wie die Schichtung der mittelalterlichen Gesellschaft, ihre Trennung in Adel und Gemeine. Nach dieser Theorie gingen die verschiedenen sozialen Schichten ursprünglich auf unterschiedliche Rassen zurück, wobei die Gemeinen aus der Urbevölkerung, der Adel aus den fremden Eroberern hervorgegangen waren. Ein weiterer wichtiger Anwendungsbereich für das Wort hing mit der Sprachtheorie zusammen. Nachdem die gemeinsamen Wurzeln der Sprachen entdeckt worden waren, die dann als Indo-Germanische bezeichnet wurden, entwickelten Linguisten die Theorie, daß alle Völker dieser Sprachgruppe denselben Ursprung hatten, nämlich der arischen Rasse entstammten. Die andere große Völkergruppe, deren Sprachen gemeinsame Wurzeln hatten, waren die Semiten, die als eigene Rasse angesehen wurden. Der Höhepunkt dieser Art Rassentheorie wurde von Graf Gobineau erreicht, einem Zeitgenossen Renans, in seinem Aufsatz *Sur l'inégalité des races humaines*. Gobineau unternimmt es darin, die gesamte menschliche Geschichte zu interpretieren, das Aufkommen von Reichen, Kulturen und Zivilisationen als Folgen des Handelns und Zusammenhandelns der drei Rassen, der weißen, der schwarzen und der gelben.[16]

Ernest Renan war ein entscheidendes Glied in der Verbindung von Rassentheorie und antijüdischem Denken, damit trug er zur Entwicklung des modernen Antisemitismus bei. Renan hatte seine wichtige Abhandlung über die Rassentheorie 1848 veröffentlicht, fünf Jahre vor dem Erscheinen von Gobineaus berühmtem Buch. Seine Kenntnis Gobineaus und dessen Arbeit mag sein Vertrauen in die intellektuelle Wirksamkeit der Rassentheorie verstärkt haben. Renan behauptete einen Grundgegensatz zwischen der arischen und der semitischen Rasse, erstere sei mit unendlich vielen natürlichen Begabungen versehen, letzterer mangelten alle positiven Eigenschaften. Renan war später stolz darauf, als erster die Überlegenheit der Arier über die Semiten erkannt zu haben. Sein Anspruch, daß diese Idee von ihm sei, richtete sich nicht gegen Gobineau, der sich für solche Feinheiten nicht interessierte, sondern gegen einen deutschen Linguisten, Christoph Lassen, der beinahe gleichzeitig mit derselben Behauptung an die Öffentlichkeit getreten war.[17]

Trotz Brüchen und Widersprüchen im einzelnen ist die behauptete Dichotomie zwischen den beiden Rassen und die Verteilung von guten und schlechten Eigenschaften zwischen ihnen ein zentrales Thema in allen linguistischen und historischen Arbeiten Renans nach 1848, bis hin zu seinem letzten Werk, *Histoire du peuple d'Israel*. Eine Analyse einer seiner Aussagen zum Thema, die sich in der *Histoire général et système comparé des langues sémitiques* von 1858 findet, genügt, um seine Sicht zu charakterisieren. Renan zählt hier die angeblichen Eigenschaften der beiden Rassen auf: «Das semitische Bewußtsein ist klar, doch wenig umfassend; es nimmt die Einheit hervorragend wahr, versteht die Vielfalt jedoch nicht. Der Monotheismus faßt alle seine Eigenschaften zusammen und erklärt sie.» Von Ton und Zusammenhang her wird deutlich, daß der Monotheismus als ein unterlegenes Stadium in der Entwicklung des religiösen Bewußtseins des Menschen zu verstehen ist: «Diese Rasse (die semitische) hat die Herrschaft über das Universum nie anders als als absolute Monarchie verstanden; in der Theodizeefrage ist sie über das Buch Hiob nie hinausgekommen; die Größe und die Verirrungen des Polytheismus blieb ihr immer fremd.» Warum und in welchem Sinne Verirrungen als lobenswert angesehen werden können, wird nicht verdeutlicht; es ist möglich, daß sie als postitiv gelten, weil sie einfach ein Wesenszug des Polytheismus sind, der über sein Gegenteil, den Monotheismus, gestellt wird. Der Polytheismus ist dem Monotheismus vorzuziehen, weil letzterer zu religiöser Intoleranz, ersterer aber zu Weitherzigkeit führt – ein Vorwurf gegen den Monotheismus, dem wir schon in dem Bericht über das Leben Jesu in seinem rein jüdischen Kontext begegnet sind. Vor ihrer Bekehrung zum Christentum betrachteten die indo-germanischen Völker ihre Religion nicht «als eine absolute Wahrheit ... und darum findet man nur bei diesen Völkern die Freiheit des Denkens, den Geist der Neugierde und der Detailerforschung».[18]

Dieser ganze Abschnitt über den Polytheismus scheint eine undifferenzierte Vorliebe für ihn widerzuspiegeln – eine erstaunliche Einstellung bei einem Menschen, der – wie wir sehen – das Christentum als ewige Religion der Menschheit ansah. Daß Renan sich dieser Widersprüchlichkeit bewußt war, zeigt sein offenkundig vergeblicher Versuch, sie im Schlußsatz dieses Abschnittes zu überwinden: «Ganz ohne Zweifel stammt die Toleranz der Indo-Europäer aus einem tieferen Gefühl der Hingabe an das Geschick der Menschen und aus einer großartigen Weite des Geistes; aber wer würde zu behaupten wagen, daß die semitische Rasse in der Offenbarung der göttlichen Einheit und in der Unterdrückung der lokalen Kulte nicht den Grundstein für die Einheit und den Fortschritt der Menschheit gelegt hat.» Es gibt keinen Zweifel, wo die Sympathien des Autors liegen, aber seine formale Bindung an ein verdünntes Christentum erzwang diese Einschätzung der semitischen Vorstellung von der göttlichen und menschlichen Einheit.[19]

Wenn er die jeweiligen Beiträge von Ariern und Semiten zur Kultur der Menschheit bewertet, ist Renans Urteil unzweideutig: «Der Mangel an philosophischer und wissenschaftlicher Kultur rührt, so scheint es mir, aus dem Mangel an Weite, an Vielfalt und folglich an analytischem Geist, der sie kennzeichnet.» «Die semitischen Völker kennen so gut wie keine Neugier.» Im Blick auf die Künste gilt, daß die Musik wegen ihres subjektiven Wesens die einzige Kunst ist, mit der die Semiten vertraut wurden. Der semitische Geist hat sich allen anderen gegenüber als unbegabt erwiesen.[20]

Dieselbe Trägheit des Geistes zeigt sich bei den Semiten im Blick auf das «bürgerliche und politische Leben ... man findet in ihrer Mitte weder große Reiche noch Handel oder politischen Geist ... Die wahre semitische Gesellschaft ist die des Zeltes und des Stammes». Sein negatives Urteil über die Semiten gipfelt in der Einschätzung ihrer moralischen Fähigkeiten: «Der Semite kennt keine Pflicht außer der sich selbst gegenüber ... ihn zu bitten, sein Wort zu halten, von einer unparteiischen Haltung der Gerechtigkeit zu praktizieren, bedeutet, etwas Unmögliches zu verlangen.»[21]

Wenn man diese Abschnitte liest, muß man an Voltaire und seine deistischen Vorläufer denken, die vom biblischen Israel ähnlich sprachen wie Renan von der semitischen Rasse. Tatsächlich greift Renan auch, trotz gelegentlicher Bezüge zum Koran und anderen nichtjüdischen Quellen, vor allem auf die jüdische Bibel zurück. In der zentralen Frage der Moral zum Beispiel sagt er von Mohammed, daß er «mehr seiner Leidenschaft als seiner Pflicht» gehorchte, eine angeblich semitische Eigenschaft, und dies ist das einzige Beispiel eines nicht-biblischen Bezuges. Neben dem muslimischen Propheten steht eine ganze Reihe biblischer Gestalten, David, Salomo, Samuel, Eli, kurz «fast alle Propheten der alten Schule entziehen sich *(echappent)* ... allen unseren Regeln moralischer Kritik».[22]

Renans Wende vom biblischen Israel zur semitischen Rasse ist nichts anderes als die Verallgemeinerung der deistischen Verurteilung des ersteren. In seinem Versuch, die gemeinsamen Nenner größerer ethnischer Einheiten zu bestimmen, folgte Renan der vorherrschenden Tendenz der linguistischen und historischen Forschung. Auf den ersten Blick ist diese Ausweitung des negativen Urteils auf eine ganze Rasse eine Abschwächung der antijüdischen Spitzen. Die Juden, wenn sie auch in die semitische Rasse eingeschlossen waren, wurden nicht länger hervorgehoben. Die Rasse-Idee hat bei Renan noch nicht die Bedeutung eines biologischen Determinismus angenommen. Die oft diskutierte Frage, ob die verschiedenen Rassen eine gemeinsame oder verschiedene Wurzeln haben – ein Punkt, der mit dem Thema der grundsätzlichen Gleichheit der Menschen zusammenhängt –, wurde von ihm nicht entschieden. Aber wie immer der Usprung gewesen sein mag, Renan ließ tiefgehende Unterschiede aufgrund von Umwelteinflüssen zu. Dieser wichtigste Teil seiner Rassentheorie wird im Blick auf die zeitgenössische Judenheit formuliert: «. . . die Israeliten unserer Zeit, die in direkter Linie von den alten Einwohnern Palästinas stammen, haben nichts vom semitischen Charakter und sind nichts anderes als moderne Menschen, die durch die große Kraft assimiliert sind, die allen Rassen und schädlichen lokalen Wurzeln überlegen ist, die wir die Zivilisation nennen.» Subjektiv kann Renan seine Theorie nicht als antisemitische Waffe gemeint haben. Objektiv jedoch enthielt seine Theorie Elemente, die nur zu leicht für diesen Zweck benutzt werden konnten. Die negative Einschätzung des antiken Judentums, verbunden mit dem Namen des modernen Juden, war in seinem Werk zu offenkundig, als daß dieses hätte übersehen werden können. Die Rassenvorstellung, nachdem sie einmal als quasi-wissenschaftliches Prinzip verkündet worden war, sollte noch bedeutsame Veränderungen erfahren, um Diskriminierung und Degradierung vorzubereiten.[23]

11. Juden und Freimaurer

Obwohl Liberale wie Sozialisten ihre eigenen spezifischen antijüdischen Einstellungen hervorbrachten, blieb es den Katholiken vorbehalten, die stärkste Abneigung gegen die jüdische Integration in Frankreich beizubehalten. Die Katholiken hatten gelernt, sich mit dem Leben in einem säkularen Staat abzufinden, aber sie konnten nicht gezwungen werden, ihre geistigen Vorbehalte gegen dessen Gesetze und Institutionen aufzugeben, ja sogar seine Grundlagen selbst abzulehnen. Die Gleichberechtigung von Juden in Staat und Gesellschaft widersprach der orthodoxen christlichen Sicht; sie war nur durch die Macht revolutionärer Kräfte erreicht worden und konnte deshalb von Katholiken nur als ärgerliche Tatsache anerkannt werden, die jeder inneren ideologischen oder geistigen Rechtfertigung mangelte. Die meisten Katholiken lehnten diese Entwicklung mehr oder weniger bewußt ab.

Es gab für die französischen Schriftsteller keine antijüdische Abhandlung, die Eisenmengers *Entdecktem Judenthum* gleichgekommen wäre. Dennoch waren die Grundelemente der mittelalterlichen christlichen Sicht vom Juden auf verschiedenen Wegen weiter überliefert worden. Der jüdische Konvertit David Drach legte die Kirchenlehre in verschiedenen Büchern dar, in denen er die Überlegenheit des Christentums über das Judentum betonte und zugleich jüdische theologische Gedanken und moralische Vorstellungen herabsetzte.[1] Die *Theorie du judaisme* von Luigi A. Chiarini, in Paris 1830 erschienen, konnte als Kurzversion von Eisenmengers *Entdecktem Judenthum* dienen. Der Verfasser war ein italienischer Priester, der als Professor für orientalische Sprachen an der Warschauer Universität lehrte. Das Buch war anläßlich der Versuche der russischen Regierung geschrieben worden, die Stellung der Juden in Rußland festzulegen. Chiarini gehörte einer Schule an, die sich für eine Versöhnung mit den Juden einsetzte, weil sie auf deren endgültige Bekehrung zum Christentum hoffte. Weil der Talmud als die wesentliche Quelle jüdischer Exklusivität galt, wurde Chiarinis Herabsetzung des Talmud als völlig zeitgemäß angesehen.[2] Auf jeden Fall war sein Buch, das französisch geschrieben und in Paris veröffentlicht worden war, eine willkommene Grundlage für Angriffe auf das Judentum, wenn sich dafür die Gelegenheit bot. Eine solche Gelegenheit war der berühmte Mortarafall 1858, der die liberale Öffentlichkeit in ganz Europa erregte.

Ein sechsjähriges Kind der Familie Mortara, einer jüdischen Familie in Bologna, war von der päpstlichen Polizei entführt worden, weil es während einer lebensgefährlichen Krankheit als einjähriges Kleinkind von einer christlichen Hausangestellten heimlich getauft worden war. Nach dem kanonischen Recht war eine solche Taufe gültig, und die päpstlichen Autoritäten hielten an ihrem Anspruch fest, das Kind als Katholiken zu erziehen – trotz des Einspruchs der Eltern, trotz des weltweiter Skandals, der durch diese Entscheidung ausgelöst wurde.[3]

Natürlich fand die Kirche in den Reihen der Gläubigen ihre Apologeten. In Frankreich war es die klerikale *L'Univers*, herausgegeben von Louis Veuillot, die sich alle Mühe gab, ihre Leser zu überzeugen, daß der Heilige Vater nur seine Christenpflicht erfüllt habe, als er dem getauften Kind eine christliche Erziehung sichern wollte. Sonst wäre dieses christliche Kind von seiner Familie im verächtlichen jüdischen Glauben erzogen worden.[4] Um die Verächtlicheit der Judentums zu beweisen, nutzte der militante Veuillot alle ihm greifbaren Quellen. Er konnte weder Hebräisch noch Aramäisch und scheint nicht in der Lage gewesen zu sein, Eisenmengers *Entdecktes Judenthum* zu lesen. Aber als überzeugter dogmatischer Katholik ging er selbstverständlich davon aus, daß das Judentum theologisch unzureichend sei, und er gab sich mit dem zufrieden, was er aus Drach und Chiarini zitieren konnte.[5] Veuillot galt als der herausragende Intellektuelle bei den Katholiken, er war ein begabter Schriftsteller und Polemiker. Seine scharfe Feder schrieb die schlimmsten Anschuldigungen gegen Juden und Judentum, bis hin zum Ritualmordvorwurf, die in weiten Kreisen des katholischen Frankreichs verbreitet waren.

Der antijüdische Kampf, der durch den Fall Mortara ausgelöst wurde, erhielt durch den Theologen Louis Rupert mit seinem Buch *L'Eglise et la synagogue* (1859) weitere Unterstützung.[6] Die Spitze in Ruperts Antwort auf die Kritiker der Kirche lautete, daß nicht das Christentum, sondern das Judentum seit unvordenklichen Zeiten das Symbol für Intoleranz, Unmoral und Haß sei. Obwohl er von vergangenen Ereignissen spricht, ist klar, daß sich Rupert auf die Gegenwart bezieht: «Hat dieses Volk seine Gewohnheiten und Vorurteile abgelegt?» Dies war eine eindeutig rhetorische Frage, und die negative Antwort verstand sich von selbst: «Ist es ein Wunder, daß das jüdische Volk immer getrennt bleibt, ein Staat im Staate, auch wo es sich mit anderen Völkern vermischt? ... Seine Moral kann nicht in einem Atem mit der Moral der Evangelien genannt werden. Seine Politik unterliegt nicht denselben Maßstäben wie die Politik anderer Völker. Das Ehrenprinzip des Bürgerrechts wird durch die Forderung der Juden nach Weltherrschaft verdunkelt. Vergeblich hat man ihnen Bürgerrechte gewährt. Vergeblich erhalten sie Ehren und Würden. Diese haben sie nicht daran gehindert, an ihren eigenen Ansichten und Prinzipien festzuhalten, auch haben sie ihre Neigung nicht vermindert, nach eben diesen Ansichten und Prinzipien zu handeln. Diese sind so tief in ihnen verwurzelt, daß keine Macht der Welt sie entfernen kann. Die Prinzipien und der Weg des Judentums bleiben so, wie sie waren, zu jeder Zeit und an jedem Ort.» Auch Rupert nahm den Ritualmordvorwurf in seine Liste jüdischer Verbrechen auf; und um diese Anklage zu verifizieren, sammelte er Belege aus der jüngeren und ferneren Vergangenheit. Die letzte Anklage war der Prozeß in Damaskus 1840, von dem er behauptete, daß damit die Angelegenheit ein für allemal über jeden Zweifel entschieden sei.[7]

Weil Juden immer dieselben bleiben, war die Veränderung zu ihren Gunsten, die der moderne Staat durchgeführt hatte, völlig unbegründet. Sie hatte nur erreicht werden können – nach Ruperts Sicht der Geschichte –, weil Kräfte, die den Grundlagen des Christentums feindlich gegenüberstanden, so stark geworden waren. Die jüdische Emanzipation war das Werk der modernen Philosophie, deren Ziel es sei, die einzigartige Stellung des Christentums innerhalb der Weltreligionen zu schwächen. Um die christliche Kirche demütigen zu können, war es notwendig gewesen, «die von Gott verworfene Synagoge auf eine Ebene mit allen anderen Konfessionen zu stellen».[8]

Der eigentliche Ausgangspunkt dieser Angriffe durch Rupert, der Fall Mortara, macht sie keineswegs bedeutungsloser, denn sie offenbaren sehr eindeutig, wie stark die christliche Sicht vom Juden weiterhin war – im Blick auf seine religiöse Stellung, seine geforderte Außenseiterstellung in der Gesellschaft und seine moralische Beurteilung. Die Tatsache der Emanzipation sicherte keineswegs eine ehrenvolle Stellung für die zeitgenössischen Juden. Für Rupert und seine Freunde spiegelten die Juden noch immer das Bild der Pharisäer, wie es die Evangelien gezeichnet hatten, das Bild der Ghetto-Bewohner vergangener Jahrhunderte, und zwar in ihrer Stellung wie in ihrer Mentalität.

Tatsächlich vergrößerte sich der Abstand zwischen dem theologischen Bild von den Juden und der jüdischen Wirklichkeit im Lauf der Zeit immer mehr. In den sechziger und siebziger Jahren war die französische Judenheit dabei, sich in immer wichtigere Teile der französischen Gesellschaft zu integrieren, in wirtschaftlichen und finanziellen Berufen, in der Presse wie in den Wissenschaften.[9] Weil die Juden aber weiterhin auf relativ wenige Berufe konzentriert blieben und untereinander vielfältig verbunden waren, wurden sie immer noch als separate gesellschaftliche Einheit angesehen. Als solche wurden sie von all denen abgelehnt, die Frankreich als christliche Nation vereinigt sehen wollten. Die herausragenden Erfolge, die Juden bei der Erfüllung der ihnen zukommenden Pflichten in Staat und Gesellschaft hatten, versöhnten die anderen nicht mit ihrem Judesein, sondern machten im Gegenteil ihre «Schuld» nur noch größer. Während in den zwanziger Jahren die sozial niedrige Stellung der Juden von Theologen als Beweis ihrer Gottverlassenheit herangezogen wurde, mußten diese jetzt damit fertigwerden, daß die Juden gesellschaftlich aufgestiegen waren. Theodore Ratisbonne sah in seinen jungen Jahren im Elend der Juden einen Beweis dafür, daß sie verworfen seien; jetzt erklärte er, daß ihr Reichtum und Glück ein Zeichen für ihre moralische Verderbtheit sei: «Juden sind keine Juden mehr, aber sie sind auch keine Christen, sie hängen zwischen Vergangenheit und Zukunft. Wie konnte dies den Nachkommen Abrahams, des Vaters, geschehen? ... Von Natur aus fähig und erfinderisch, besessen vom Willen, Macht zu erlangen, so haben die Juden allmählich alle Wege monopolisiert, die zu Reichtum, Ehren und Macht führen; ihr Geist hat die moderne Zivilisation langsam durchdrungen; sie beherrschen die Börse, die Presse, Theater, Literatur, die Verwaltung, die großen Kommunikationswege zu Land und zu Wasser; und dank ihres Glücks und ihres Genius' halten sie die gesamte christliche Gesellschaft in einem Netz umgarnt.»[10]

Der soziale Aufstieg der Juden strafte die christliche Erwartung Lügen, daß die Juden bis zu ihrer Bekehrung zum Christentum am Ende der Zeiten gedemütigt bleiben würden. Dennoch gelang es den Theologen, diese ärgerliche Tatsache zu erklären. Die Weltordnung war auf den Kopf gestellt, die, die nach unten gehörten, waren jetzt oben und umgekehrt, und dies deuteten die Theologen als Zeichen dafür, daß das Ende aller Zeit nahe sei und alle Erwartungen, einschließlich die Bekehrung Israels zum wahren Glauben, kurz vor der Erfüllung stünden.[11] Ob diese Deutung Nichttheologen je eingeleuchtet hat, muß bezweifelt werden, aber die feindselige Darstellung der jüdischen Wirklichkeit, von der sie ausging, hinterließ natürlich ihre Spuren.

Die Tendenz von Rupert und Ratisbonne wurde von Gougenot des

Mousseaux noch breiter ausgeführt, als er 1869 sein Buch *Le Juif, le judaisme et la judaisation des peuples chrétiennes* schrieb. Als hochrangiger Ordensmann schrieb des Mousseaux sehr engagiert, zugleich ziemlich sektiererisch, so daß sein Buch die breite Öffentlichkeit kaum erreichte. Aber wir werden sehen, daß die Bedeutung dieses Buches darin liegt, wie die Gedanken dieses esoterischen Grüblers von späteren Propagandisten benutzt wurden.[12]

Des Mousseaux beginnt damit, die traditionelle Lehre von der göttlichen Verworfenheit des nachchristlichen Juden darzulegen, den er mit den alten wie mit den modernen Verdammungen belastet. Die Treue zur talmudischen Tradition ist die Wurzel jüdischer Unmoral wie Irreligiosität. Selbst dem orthodoxen Judentum fehlt das wesentliche Kennzeichen wahrer Religion: die Institution des Priesteramtes, der Priester als Träger der Autorität, die Trost und Vergebung erteilen darf. Rabbiner – wie die Schriftgelehrten in den Evangelien – sind Gelehrte der Religionskunde, aber sonst nur Laien wie alle anderen Gemeindeglieder. Entsprechend sei es ein Skandal, wenn der jüdischen Gemeinde in Frankreich nicht nur das Bürgerrecht, sondern sogar eine umfassende «kaiserliche Organisation der jüdischen Religion» gegeben worden sei (das *consistoire*, das Napoleon I. eingerichtet hatte), womit der Todfeind der Kriche Christi gleichberechtigt worden sei. Daß viele der emanzipierten Juden in Denken und Verhalten sich von der Orthodoxie entfernt hatten, beeindrucke des Mousseaux gar nicht, denn die Entfernung vom religiösen Denken und Gehorsam führte nicht zu einer moralischen Veränderung. Auch zerstörte das religiöse Schisma im Judentum die Grundeinheit des jüdischen Volkes nicht. Die verschiedenen Parteien in der Judenschaft waren sich einig in ihrem Streben nach Weltherrschaft. Die Kraft hinter diesem Streben sei ein nationaler Instinkt, der allen Mitgliedern der Gemeinschaft gemeinsam sei. Die Trennung in orthodoxe und liberale Juden schien beinahe eine vorherbestimmte Taktik in ihrem Verhalten zur nichtjüdischen Welt zu sein. Die Orthodoxen, die dem talmudischen Lebensweg blind folgen, standen für «den unzerstörbaren Kern des Volkes», während die abweichenden Freidenker, ungehindert durch irgendwelche religiösen Bindungen, in der nichtjüdischen Welt am Werke seien, um die Grundlagen des Christentums zu untergraben und ihre Umgebung mit moralischen Schäden zu infizieren. Dies meint der Titelteil «Judaisierung der christlichen Völker».[13]

Des Mousseaux folgt den Fußstapfen der christlichen Tradition, aber er nimmt auch Gedanken der zeitgenössischen antijüdischen Literatur auf. Sein Buch ist voller Zitate nicht nur von katholischen Autoren wie de Bonald, Rupert und Ratisbonne, sondern auch von verhaßten Gegnern der Kirche, den Liberalen Michelet und Renan. Diese konnten unmöglich eines antijüdische Vorurteils verdächtig werden, weil ihre religiöse Haltung dies ausschloß, und wurden darum als objektive Zeugen zitiert. Toussenels

Buch andererseits wurde benutzt, um den Vorwurf einer jüdischen Vorherrschaft in Wirtschaft und Finanzen zu belegen.[14] Des Mousseaux kannte keinerlei Zweifel an der Wahrheit der antijüdischen Aussagen, woher immer sie stammten, und war zufrieden, daß sie seine Sicht unterstützten, daß die Juden dazu bestimmt seien, die messianische Hoffnung auf Weltherrschaft zu realisieren.

Des Mousseaux erwähnt ausdrücklich die verschwörerische Komponente im jüdischen Drang nach Herrschaft, wenn er zu dem Punkt kommt, der sein folgenreichster Beitrag zur antisemitischen Theorie und Propaganda werden sollte: die Verbindung und teilweise Identität von Juden und Freimaurern. Zu jener Zeit hatte der Gegensatz von Katholiken und Freimaurern schon eine lange Geschichte. Bereits 1738, fünfzehn Jahre nach der Gründung der ersten Freimaurerloge in England, wurden die Freimaurer durch Papst Clemens XII. exkommuniziert. Seitdem wurden sie als Träger häretischer Lehren angesehen, als Feinde des Christentums und vor allem der katholischen Kirche. Wegen des exklusiven und geheimnisvollen Wesens der Logen wurden sie in der öffentlichen Vorstellung ein Ziel von Verdächtigungen und wilden Spekulationen. Es gibt keine Art von Verschwörung, die nicht irgendwann den Freimaurern zugeschrieben wurde. Im nachrevolutionären Frankreich gab es eine volkstümliche These – die von dem Jesuiten August Barruel 1797/98 entwickelt worden war –, daß der große Aufruhr das Werk einer freimaurerischen Verschwörung gewesen sei.[15]

Die katholische Feindschaft gegen die Freimaurer lief parallel zu der gegen die Juden, und gelegentlich wurden beide von antijüdischen Autoren in Österreich und Deutschland verbunden. Diese deuteten eine mögliche Zusammenarbeit beider Gruppen zum Nachteil ihrer gemeinsamen Gegner an, der Kirche und der christlichen Gesellschaft. In Deutschland, wo die Juden große Schwierigkeiten hatten, von den Freimaurern überhaupt akzeptiert zu werden – selbst zu Zeiten, als der Liberalismus stark war –, hatte diese Verdächtigung keine Chance, auf fruchtbaren Boden zu fallen. Nach der Revolution in Frankreich waren die Logen zumindest im Prinzp jedoch bereit, Juden aufzunehmen, und einige führende Persönlichkeiten der französischen Judenheit wie etwa Adolph Cremieux waren auch für ihre führende Rolle bei den Freimaurern bekannt.[16]

Der Gedanke einer jüdisch-freimaurerischen Zusammenarbeit konnte deshalb durch greifbare Tatsachen erhärtet werden, er leuchtete jedem ein, der von der Schuld beider Gruppen von vornherein schon überzeugt war. Des Mousseaux zählt alle Tatsachen auf, die diesen Gedanken stützen konnten, und er ist darum so wichtig, weil er das Thema nicht nur als Verdacht berührt. Strömten die Juden nicht in die Logen hinein, und gelangten sie dort nicht zu den höchsten Ehren – wie Adolph Cremieux, der Präsident der Alliance Israélite Universelle, der zugleich Großmeister der Logen nach schottischem Ritus war? Und verfolgten die Freimaurer nicht dieselben Ziele wie die Juden, wenn sie gegen Christentum und Kirche kämpften? War es nicht klar, daß ihre gemeinsamen Interessen sie zum gemeinsamen Handeln führen mußten?[17]

Wegen seines versponnenen Stils hatten die Ausführungen von des Maousseaux nur wenig Einfluß außerhalb des kleinen Kreises Gleichgesinnter. Hier war seine Anstrengung jedoch nicht vergeblich. Die Idee einer jüdisch-freimaurerischen Identität gewann an Boden und wurde ein Jahrzehnt später von E. N. Chabauty aufgegriffen, der ihr ein noch ausführlicheres und schwerer lesbares Werk widmete. Chabauty glaubte, daß er die Zeichen der bevorstehenden apokalyptischen Katastrophe entdeckt hatte, die sich im Verderben des christlichen Glaubens und der Moral ankündigte. Juden und Freimaurer wurden als die beiden Boten des Bösen ausgemacht, die auf den Verfall und Verderb des Christentums hin arbeiteten. Und weil Verfall das ihnen angemessene Element war, blühten beide Gruppen in der Zerstörung auf, die sie geschaffen hatten, zum Kummer und zur Verzweiflung der Gläubigen.[18]

Chabautys Buch war noch bigotter und obskurer als das von des Mousseaux, und es diente dazu, dessen Hauptgedanken zu verbreiten, wie schon in Chabautys Titel deutlich wird: *Francs-Maçons et Juifs, sixième age de l'Eglise d'après l'Apocalypse.* Die Zusammenstellung von Freimaurern und Juden im Titel beschwor geradezu den Gedanken einer Verschwörung dieser beiden geheimnisvollen Feinde herauf. Zu dieser Zeit wurde dieser Gedanke jedoch wie andere antijüdische Vorwürfe, die in den Abhandlungen von des Mousseaux und Chabauty vertreten wurden, von den meisten als Teil ihrer Verkündigung absurder Vorstellungen und Phantasien angesehen. Später, wie wir noch sehen werden, wurden diese antisemitischen Verleumdungen aus ihrem Zusammenhang gerissen und gewannen einen Einfluß, der ihre destruktive Macht zu unerwarteten Höhen brachte.[19]

IV. Teil

DEUTSCHLAND
1830–1873

12. Das Judenbild der deutschen Liberalen

Das Jahrzehnt nach den Hep-Hep-Krawallen von 1819 ist von Historikern oft als für die Juden stagnierend, rückschrittlich und enttäuschend bezeichnet worden – zu Recht, wenn man es an den Erwartungen der Befürworter der jüdischen Emanzipation mißt. Objektiv jedoch war die Verbesserung der jüdischen Position weit größer als die Rückschritte. Zwar wurde in Preußen, wo das Edikt von 1812 den Juden beinahe die volle Gleichberechtigung gebracht hatte, bis auf ihre Beschäftigung im öffentlichen Dienst, diese Einschränkung eher verstärkt als vermindert; und ähnlich unternahm Bayern keine Schritte, um die vieldiskutierten gesellschaftlichen, wirtschaftlichen und erzieherischen Reformen durchzusetzen, die zur bürgerlichen Gleichberechtigung geführt hätten. Aber in Frankfurt, wo die Juden gegen die Beschneidung ihrer erworbenen Rechte kämpften – und durch ihren Kampf die landesweite öffentliche Debatte auslösten –, wurden ihre Gegner zu Kompromissen gezwungen. 1824 hatten die Juden alle Rechte freier Bürger zurückgewonnen, außer dem der Teilnahme an der politischen Führung der Stadt – freie Wahl des Wohnorts, des Berufs, des Erwerbs von Eigentum. Auch in Hamburg mag der Hep-Hep-Krawall den politischen Fortschritt und die gesellschaftliche Integration verzögert haben, aber er verhinderte nicht die Teilnahme jüdischer Kaufleute und Bankiers an der wirtschaftlichen Entwicklung der Stadt. Und auch die Würzburger Bürger konnten die Juden nicht aus der Stadt entfernen. In Würzburg war das Ergebnis der Krawalle eine strengere Kontrolle der Wohnrechte einzelner Juden. Die, die legal in Würzburg lebten, konnten dort bleiben, und ihnen gelang es, ihre gemeindliche Organisation zu stärken.[1]

Wie immer, im allgemeinen war die Lage der Juden weit besser, als Rühs oder Fries vorgeschlagen hatten, nämlich daß sie in die Ghettos zurückgestoßen würden, ein Judenabzeichen tragen sollten und eine jüdische Sondersteuer zu bezahlen hätten. Im Blick auf ihr praktisches Programm hatten sich diese Judenverfolger als Reaktionäre gezeigt, die Maßnahmen durchsetzen wollten, die gegen die Tendenz der Zeit gingen. Denn trotz des Verlangens zurück nach einer fernen Vergangenheit, das den neu entstandenen Nationalismus und die romantische Bewegung kennzeichnete, bewegten sich Staat und Gesellschaft von der Ständestruktur weg, die zur Ghettoisierung der Juden geführt hatte. Die wachsende Bedeutung der Industrie wie andere Seiten einer Geldwirtschaft führten zu größerer Mobilität, anstatt daß sie dem einzelnen je nach religiöser oder ethnischer Abstammung einen festen Platz zuwiesen. Zudem spielten die Juden eine sichtbare Rolle in der Verwaltung des wachsenden Finanzmarktes und hatten so einen beträchtlichen Einfluß gewonnen. Und die Rothschilds, die jetzt wirklich sehr mächtig waren, spielten eine aktive Rolle bei der Sicherung jüdischer Rechte in ihrer Heimatstadt Frankfurt. Die Beziehungen anderer jüdischer Finanzleute zu den Inhabern der politischen Macht wirkten in dieselbe Richtung.[2]

Der Aufbruch der jüdischen Gemeinde aus dem Ghetto war auch im intellektuellen Leben sichtbar. Die Absonderung der Juden in ihre sprachlich und kulturell eigenständige Welt war seit Moses Mendelssohns Eintritt in den Kreis Berliner Intellektueller gegen Ende des 18. Jahrhunderts durchbrochen. Dies konnte noch als außergewöhnlicher individueller Erfolg gedeutet werden; in den zwanziger und dreißiger Jahren war die Zahl jüdischer Schriftsteller, Dichter, Wissenschaftler und Publizisten aber zu groß und ihre Beiträge viel zu offenkundig, als daß dies als Randerscheinung hätte abgetan werden können. Auch unter den Lesern und im Theaterpublikum waren Juden deutlich erkennbar, und sie leisteten mehr als ihren Anteil. Goethe, der kein großer Freund der Juden oder des Judentums war, fand das gespannte Interesse jüdischer Leser an seinen Werken beachtlich.[3]

Die Vorstellung einer Rückkehr der Juden ins Ghetto mußte unter diesen Umständen absurd erscheinen; sie stand im Gegensatz zur herrschenden liberalen Sicht. Aber die Ablehnung einer Rückkehr zur Vergangenheit beantwortete noch nicht die Frage, wie das Los der Juden in Zukunft aussehen würde. Die Liberalen stellten sich eine Gesellschaft vor, die von vernünftigen Einzelnen mit unbegrenzter Mobilität gekennzeichnet war; eine Laissez-faire-Wirtschaft würde das richtig verstandene Interesse aller Beteiligten sichern; die Freiheit zur Vereinigung aufgrund gemeinsamer religiöser Überzeugung war zu gewährleisten, wobei der Kirche jede Zwangsgewalt abgesprochen wurde. Juden konnten hoffen, in diese Gesellschaft integriert zu werden, wenn sie sich ihren Regeln und Grundsätzen gemäß verhielten. Ob sie dazu fähig seien oder nicht, das war die entscheidende Frage, aber selbst bei einer positiven Antwort wurde die Integration von grundlegenden Veränderungen der jüdischen Sitten, des religiösen Charakters und der Mentalität abhängig gemacht. Um das Ausmaß dieser geforderten Veränderung abzuschätzen – oder um ihre Unmöglichkeit zu beweisen –, finden sich kritische Äußerungen über jüdisches Leben in den Schriften der Liberalen. Für unser Thema, die Weitergabe des negativen Judenbildes von Generation zu Generation, macht es wenig Unterschied, ob die Folgerung eines Autors optimistisch oder pessimistisch war oder ob er an die Fähigkeit der Juden zur Reform glaubte oder nicht. Die Tatsache, daß Juden und Judentum negativ dargestellt wurden, was immer daraus gefolgert wurde, bildete ein Glied in der Kette, das jüdische Sterotyp zu perpetuieren.

C. H. Pfaff war ein Mann von hohem geistigen Niveau und echter liberaler Überzeugung. Er war Wissenschaftler, eine Art Polyhistor, der physikalische, chemische und medizinische Arbeiten ausgesprochen volkstümlich darstellen konnte, und manchmal fühlte er sich berufen, in öffentlich diskutierten Fragen das Wort zu ergreifen.[4] Der Anlaß für seinen Aufsatz zur Judenfrage – in den *Kieler Blättern*, dem Jahrbuch liberaler Professoren veröffentlicht – war die Übersetzung von zwei Abhandlungen zum Thema des dänischen Schriftstellers und Staatsmanns C. F. Schmidt-Phiseldeck. Letzterem ging es um die Frage, welche Stellung der Staat den Juden zuschreiben solle, solange sie als gesellschaftlich eigenständige Gruppe weiterbestanden, die sich ausschließlich in Handel und Finanzen engagierte und von der Masse der Bevölkerung durch die Vorschriften ihrer antiken Religion getrennt blieb. Schmidt-Phiseldecks Antwort bestätigte die Ansicht vieler deutscher Gegner der Judenrechte: Juden konnten nicht mehr als den Schutz ihrer Person und ihres Eigentums beanspruchen – jene universalen Menschenrechte, die der Staat jedem garantierte, der im Land leben wollte, ohne in den einheimischen Volkskörper aufgenommen zu werden, und nur diesem standen die Bürgerrechte zu. Um seine Sicht zu begründen, zeichnete Schmidt-Phiseldeck ein Bild vom Juden als ewigem Fremden, der aufgrund seiner Religion, seines Glaubens an die Besonderheit seiner Abstammung (Samen Abrahams), seiner Verpflichtung gegenüber seinen Brüdern, wo immer sie lebten, und seiner Hoffnung auf eine endgültige Rückkehr in sein altes Heimatland immer von dem Volk getrennt bleiben würde, in dem er zufällig wohnte.[5]

Pfaff folgte Schmidt-Phiseldeck in seinen Vorschlägen wie in seinen Begründungen, aber während der dänische Gelehrte seine These in gelehrter Distanz kühl darlegte, schrieb sein deutscher Kollege mit leidenschaftlichem Feuer. Stagnation – wie ein Sumpf faulen Wassers am Rande des sich stets bewegenden Stroms der Völker – sei das Wesen des jüdischen Lebens durch die Zeiten. Der Hauptcharakterzug der Juden sei eine Qualität, durch die sie paradoxerweise die Vorherrschaft über die Christen gewönnen: «ihre natürliche Gewandtheit und Lebenskraft, ihre Neigung zum Spekulationsgeist, die Konzentration all ihrer geistigen Kräfte auf Gewinn».[6] Die Verbindung ethnischer Exklusivität mit beruflicher Konzentration auf Handel und Finanzen führte dazu, daß Schmidt-Phiseldeck die jüdische Gemeinschaft mit dem Begriff «Kaste» bezeichnete, ein Begriff, dem Pfaff voll zustimmte, der wie gewöhnlich nur die Definition seines Vorläufers verschärfte: Juden waren «eine Kaste von Händlern und Trödlern, die jede ernste, anstrengende Arbeit wie Landwirtschaft und Handwerk scheuen».[7] Die Kastenmitglieder seien untereinander eng verbunden; genau deshalb seien sie von Staat und Gesellschaft im allgemeinen völlig entfremdet, kaum daß sie minimale ethische Verpflichtungen diesen gegenüber anerkannten. Diese doppelte Moral würde – nach Schmidt-Phiseldeck und Pfaff – noch durch die wirtschaftliche Entwicklung der letzten Generation verschärft. Die wachsende Rolle privater Kredite, die Gründung öffentlicher Kapitalfonds und Staatssicherheiten öffnete der Spekulation alle Türen und bot so den Juden, den ewigen Händlern und Bankiers, die Möglichkeit, den Reichtum eines Volkes in ihren Händen zu konzentrieren. Weil die Juden unbedingt als fremde Macht anzusehen seien, rief die Möglichkeit ihrer wirtschaftlichen Vorherrschaft beängstigende Vorstellungen hervor: Juden seien wie eine «schnell wachsende parasitäre Pflanze», die sich um den noch gesunden Stamm schlingt, um daraus ihren Lebenssaft zu saugen, bis der Stamm – von innen zerfressen – verfault und zerfällt.[8]

Ähnliche Bilder werden von anderen Schriftstellern mit ähnlichem Hintergrund für die Juden verwendet. Wir haben Ludolph Holst bereits kennengelernt, wie er vor den Hep-Hep-Krawallen in Hamburg agitierte. Er warnte ständig vor der jüdischen Vorherrschaft über die Bewohner der Stadt, vor und nach den Krawallen. In einem Buch, das 1821 veröffentlicht wurde, behandelte er die Judenfrage erneut – angeblich aus der Sicht der «politischen Wissenschaft» –, und hier zeichnet er ein in jeder Hinsicht giftiges Bild vom Juden.[9] Er führte das jüdische Überleben in all seinen Erscheinungsformen auf einen besonderen Menschengeist zurück, der zum Verderben der gesellschaftlichen Umgebung, in der Juden leben, führen mußte.

Alexander Lips schrieb, daß die Versteinerung des jüdischen Lebens – Ergebnis ihres Verlangens zurück in die Vergangenheit –, die Juden vom menschlichen Ideal der Vervollkommnung ausschlösse.[10] Diese Selbstausschließung von gemeinsamen Idealen der Menschheit führe zu gesellschaftlicher Distanz, diese wiederum zu einer ethischen Indifferenz gegenüber der übrigen Gesellschaft. Auch Lips' Juden bevorzugen den Handel, den sie mit List und Schläue ausüben, gegenüber jedem produktiven Beruf. Von daher greift auch er verständlicherweise auf den Begriff «Kaste» zurück, um die Stellung der Juden in der Gesellschaft zu bestimmen. «Es erscheint der Jude nach wie vor als Zerrbild, als Schatten und Nachtseite der menschlichen Natur.»[11]

J. B. Graser, bayrischer Liberaler wie Lips, der am Ende der zwanziger Jahre schrieb, wiederholt und verstärkt Lips' Vorwürfe. Er betont die Unfähigkeit der Juden, sich zu verändern, ihr hartnäckiges Festhalten an den schmerzlosen, profitablen Berufen des Handels, und er fügt eine höchst verächtliche Beschreibung der jüdischen Religion an, angeblicher Ursprung all der genannten Übel. Wenn man die praktischen Vorschläge für die zukünftige Stellung der Juden ansieht, dann sind Lips und Graser keineswegs judenfeindlich. Lips' Buch wurde sogar von jüdischen Intellektuellen wie Jomtov Lippman Zunz begrüßt, weil es so entschieden für jüdische Rechte eintrat. Und dies zu Recht, denn Lips befürwortete das uneingeschränkte Bürgerrecht für Juden, obwohl er dies mit einer Zwangs-Umerziehung verbunden sehen wollte, dies sei ein Akt gerechter und vernünftiger Staatsführung. Ähnlich wollte auch Graser, ein bekannter Pädagoge im Dienst der bayrischen Regierung, die Juden durch eine Reform ihrer religiösen und pädagogiuschen Institutionen zum Bürgerrecht führen.[12]

Schmidt-Phiseldeck, Pfaff, Holst, Graser und Lips – so verschieden ihre praktische Haltung in der Judenfrage war –, teilten ein sehr ähnliches Bild vom Judentum wie vom normalen Juden. Das negative Bild vom Judentum entstand vor dem Hintergrund einer idealisierten Sicht des Christentums. Keiner dieser Autoren war ein Christ im kirchlichen Sinne, aber alle glaubten, daß sie im Christentum eine Quelle der Inspiration für liberale Gedanken und Einstellungen hätten, die dem Judentum fehlte. Schmidt-Phiseldeck sah im Christentum ein «inneres Gepräge» universaler Gültigkeit, für alle Völker in allen Staatsformen und unter allen Verfassungen anwendbar. Das Judentum dagegen habe eine entschiedene Tendenz zu Isolation. Der «göttliche Gründer des Christentums» habe versucht, das Judentum von seinem Partikularismus zu befreien, aber vergeblich.[13] Pfaff wiederholt diese Sicht in seiner eigenen Beredsamkeit: «Das Christentum ist die Religion der Liebe, die die ganze Menschheit umschließt, die gute Botschaft von einem liebenden Vater, vor dem alle Menschen gleich sind . . . eine Religion, deren Anhänger in ihrem Gründer einen göttlichen Freund und Menschenfreund ehren und feiern, nur weil er diese einfachen, geistbefreienden Wahrheiten in ihrer Reinheit und Unschuld verkündigte und sie durch die Taten seines Lebens und durch seinen Tod versiegelte.»[14] Dies geht einer vernichtenden Herabsetzung des Judentums voraus, aus der oben zitiert wurde. Auch Lips erklärt, daß die christliche Religion («nicht, weil sie die unserige ist, sondern weil es Wahrheit ist») voller Liebe und Toleranz sei, «vom Geist der Humanität und der Sittlichkeit durchdrungen . . . nach dem Bedürfnisse eines anderen, höheren Zeitalters gemodelt», die das Judentum, dem sie entstammte, weit hinter sich zurückließ.[15] Graser vergleicht das Judentum mit dem Christentum im Hinblick auf ihre Institutionen. Der christliche Priester bzw. Pastor überwacht die Erziehung der Kinder und Erwachsenen, ermahnt seine Gemeinde zu einem moralischen Leben, «besucht die Kranken, tröstet und beruhigt die Sterbenden». Nichts von all dem gehört zu den Pflichten eines Rabbiners. Graser behauptete, er habe das Judentum durch direkte Beobachtung des jüdischen Lebens untersucht, aber er war unfähig, es mit anderen als christlichen Maßstäben zu messen. Sein Vorurteil zugunsten seiner eigenen Religion wird am deutlichsten, wenn er die Juden dafür verantwortlich macht, daß sie die Weisheit und Größe Jesu, wie sie in seinen Taten und Lehren offenbart wurden, nicht anerkannt hätten. Diese Eigenschaften Jesu sind der Grund, warum sich dieser liberale Pädagoge zum Christentum bekennt, und eigentlich müßten sie auch den Juden einleuchten.[16]

Der einzige liberale Kritiker, der eine direkte Konfrontation zwischen

Judentum und Christentum zu vermeiden sucht, ist Holst. Die negativen Züge des Judentums sind nach seiner Meinung absolut; sie enthüllen sich selbst in der Begegnung der Juden mit nichtchristlichen Völkern, mit Persern, Griechen und Römern. Dies scheint zunächst auf eine säkulare Rechtfertigung antijüdischer Gefühle auf der Linie Voltaires hinauszulaufen. Aber Holst ist weit davon entfernt, das Christentum abzulehnen, er unterstützt es nachdrücklich wegen seines Universalismus gegenüber dem jüdischen Partikularismus. Die direkte Quelle für Holsts Bild vom Judentum war Eisenmenger. Holst bekennt, wieviel er Eisenmenger und anderen verdankte, aus deren Schriften er seine Beschuldigung entnahm, daß das Judentum gegenüber Nichtjuden moralisch gleichgültig sei, daß Meineid, Raub und Totschlag angeblich erlaubt seien. Er teilte Eisenmengers theologische Voraussetzungen keineswegs und ging die Judenfrage von einem ganz anderen Ausgangspunkt an – dem des politischen Wissenschaftlers. Dennoch diente ihm Eisenmenger als willkommene Quelle für eine moralische Verdammung der Juden.[17]

Diese Bereitschaft, Elemente der christlichen Einwände beizubehalten und sie in den Kontext einer im wesentlichen säkularen Kritik am Judentum aufzunehmen, zeigt sich auch bei anderen Liberalen. Schmidt-Phiseldeck gehört auch zu denen, die die Juden moralisch für unzuverlässig halten; der Eid eines Judens, so sagt er, ist nicht vertrauenswürdig wegen der angeblich totalen Absolution, die durch das Kol-Nidre-Gebet am Versöhnungstag garantiert wird. An anderen Stellen zitiert Schmidt-Phiseldeck Eisenmenger, so daß wir davon ausgehen können, daß das *Entdeckte Judenthum* auch die Quelle für diese Information gewesen ist. Pfaff wiederholt schlicht Schmidt-Phiseldeck. Lips' Bild vom Judentum enthält keine Einzelheiten, die auf Eisenmenger verweisen, aber seine Gesamteinschätzung der jüdischen Moral als Ergebnis der minderwertigen jüdischen Religion entspricht Eisenmengers Muster. Dies ist nicht überraschend, ist doch Eisenmenger das erste Buch, das in Lips' Bibliographie zum Judentum erwähnt wird. J. B. Graser behauptete, er habe das Judentum durch direkte Beobachtung untersucht. Er zitiert eine ganze Liste hebräischer Quellen, um sein Todesurteil über die jüdische Religion und Moral zu stützen; ein zweiter Blick enthüllt jedoch, daß alle diese Zitate aus Eisenmenger abgeschrieben sind, und Grasers direkte Beobachtungen erweisen sich als zumindest deutlich gefärbt durch die uralten Vorurteile christlicher Provenienz.[18]

Zweifellos gingen die liberalen Beurteiler des Judentums über die traditionelle christliche Sicht vom Judentum hinaus. Sie urteilten nicht länger vor allem nach Kriterien dogmatischer Unterschiede zwischen den beiden Religionen. Sie waren an der wirtschaftlichen, sozialen und politischen Rolle interessiert, die die Juden in der Vergangenheit gespielt hatten und in Zukunft vielleicht spielen würden. Vor allem aufgrund der Beurteilung dieser Rolle forderten sie entweder eine größere Freiheit für Juden oder befürworteten den Status quo des eingeschränkten Bürgerrechts. Und doch nahmen sie keineswegs einen ganz säkularen soziologischen, politischen oder ökonomischen Standpunkt ein. Hinter ihren Erwägungen lebte das Negativbild vom Judentum weiter, wie es von früheren Generationen überliefert war. Der Maßstab, an dem das Judentum gegenüber dem Christentum gemessen wurde, war sicherlich nicht die Frage nach der theologischen Wahrheit. Es war vielmehr die Fähigkeit jeder Religion, zu einem moralischen, nützlichen und schönen Leben anzuleiten. Und in allen diesen Punkten fand man das Judentum mangelhaft. Religiöse Minderwertigkeit wurde jetzt als Beleg für soziale, ethische und politische Fehler angeführt, und so ergänzten sich säkulare und religiöse Judenfeindschaft, ja, sie flossen zu einem einzigen ideologischen Konzept zusammen. Das traditionelle Vorurteil gegen Juden wurde durch die jüdische Realität weiterhin gestärkt: unterschieden durch seine Sprache, seine Haltung, seine talmudische Kultur und seine einseitige Berufsstruktur schien der typische Jude während der ersten Jahrzehnte des 19. Jahrhunderts immer noch dem traditionellen Stereotyp zu entsprechen. Diejenigen, die die Juden als separate gesellschaftliche Einheit ansehen wollten, hatten genügend Gründe für diese Sicht.[19]

Und dennoch konnte man die jüdische Gemeinschaft nicht mehr als homogen ansehen. Seite an Seite mit der Gruppe, die zumindest äußerlich dem alten Stereotyp entsprach, entstand jetzt eine neue Art Jude, der alle Merkmale seiner Gruppe abgetan zu haben schien. Dieser aufgeklärte Jude, in modernen Schulen und Universitäten erzogen, beherrschte die Landessprache perfekt; er übernahm die Verhaltensweise seiner Umgebung und war vom traditionellen Judentum religiös ebenso weit entfernt wie ein liberaler Christ vom mittelalterlichen Christentum. Das Aufkommen dieses neuen Typus war zu sichtbar, als daß es der Aufmerksamkeit der Ideologen hätte entgehen können, die den Juden im Rahmen der entstehenden Gesellschaft einordnen wollten. Und tatsächlich beziehen sich auch alle liberalen Judenkritiker auf die Existenz dieses neuen Typs Jude, wobei sie gewöhnlich schon in ihrem Bezug auf ihn die Antwort auf die Frage implizieren, wie die Existenz dieses neuen Juden vom jüdischen Stereotyp unterschieden sei. Schmidt-Phiseldeck charakterisierte die «Mehrheit» der Juden, sie seien kleine Geschäftsleute oder Großhändler, als schädliche Hausierer, aber dann fügte er in Parenthese hinzu: «Diese Beschreibung trifft jedoch nicht auf die aufgeklärten, wahrhaftigen, ehrlich fleißigen (Juden) zu, die der Menschheit zum Ruhme gereichen und sich nicht selten auch in diesem Volk finden.» Damit gibt er eindeutig zu, daß eine beachtliche Minderheit von Juden nicht ins Stereotyp paßte. Aber diese Minderheit wird von der Masse der Gemeinschaft getrennt. Der Ausdruck «zum Ruhm der Menschheit» impliziert sogar, daß diese «guten» Juden zuerst und vor allem als Menschen und nicht als Juden anzusehen seien. Am Ende seines Buches kommt Schmidt-Phiseldeck auf eine Gruppe Juden zu sprechen, die durch Erziehung und

Aufklärung vom Durchschnitt abweichen. Aber diese Variation erscheint ihm keine Verbesserung zu sein. Die Aufklärung sei in den meisten Fällen nur ein Furnier, das kaum die «völlige Indifferenz und kühle Gleichgültigkeit gegen alles» verhülle. Nur eine Minderheit dieser neuen Gruppe besitzt «die wahre religiöse Aufklärung und echte Kultur», die sie zur «Ehre und Säule ihres Volkes» mache.[20] Und die Gegenwart dieser wenigen führt nicht zu einer Veränderung des jüdischen Stereotyps.

Wie immer wiederholt Pfaff nur Schmidt-Phiseldecks Beschreibung des Stereotyps; Lips und Graser kommen selbständig zu ähnlichen Einstellungen. Es gibt «wertvolle Ausnahmen unter ihnen», die gewöhnlichen Berufen nachgehen, der Gesamtheit nützen, die in die Welt hinausgegangen sind und sich aufs engste «durch ihre Herzenskultur, ihre geistige Verfeinerung, durch menschliche und kosmopolitische Gefühle und Annahme aller Formen eines besseren und sozialen Lebens, durch alle Art von Seelenadel» der übrigen Welt verbunden haben. Dieses überschwengliche Lob für die neu entstandene Minderheit schaffte es aber nicht, das Negativbild vom Durchschnittsjuden zu verändern, ganz im Gegenteil, es kann dieses Bild durch den Vergleich sogar verstärkt haben. Auch Graser erhebt den gebildeten und moralisch untadeligen Juden als Gegensatz zum Stereotyp, wenn er sagt, daß Nathan der Weise nicht nur auf der Bühne, sondern auch im Leben zu finden sei. Aber es bedürfe einer ungeheuren Anstrengung der Juden, «die Geschmacklosigkeit, die ihm von Jugend an anhaftet», abzulegen, dasselbe kann für die Ethik gefolgert werden. Auf jeden Fall sind diese Juden Ausnahmen, oft «nur Jude dem Namen nach».[21]

Das Problem des «Ausnahme-Juden» wird von Holst am ausführlichsten behandelt. Er beobachtete in Hamburg, daß einzelne Juden vom traditionellen Weg abwichen: Börsenmakler, die am Sabbat in der Börse erschienen; «die Neugläubigen, die sich gerne Aufgeklärte nennen». Holst kannte auch die Versuche der Reformgemeinde und ihrer Führer in Hamburg, das Judentum von seinen traditionellen rabbinischen Grundlagen zu lösen und neu zu begründen. Aber obwohl Holst in den rabbinischen Quellen die Hauptursache für die moralische Minderwertigkeit der Juden sah, zögerte er doch, die Ablehnung des Rabbinismus durch die Reformjuden als Beginn einer echten moralischen Erneuerung zu akzeptieren. Die Tendenzen der rabbinischen Lehren waren nach Holst zu tief in der jüdischen Mentalität verwurzelt, als daß eine einfache Absage durch die wenigen Ausnahmen sie aufheben könnte. «Was sind aber bei der noch wenig verbreiteten Bildung der Juden die wenigen besser denkenden Männer im Vergleich mit der gesammten Masse des Judenthums: und wie sehr wird man überall gewahr, auf welche *unwiderstehliche* Weise der Geist des Judenthums sich aus dem Busen selbst der besten Juden hervordrängt.»[22]

Ludwig Börne, der eine vernichtende Kritik über Holsts Buch verfaßte, deutete die Hep-Hep-Krawalle sowie die vorangehende und folgende Polemik als das letzte Aufflammen mittelalterlichen Hasses: «Die Flamme des Hasses loderte noch einmal hell, um auf ewig zu verlöschen.»[23] Börne erwartete von der Durchsetzung der Prinzipien des Liberalismus eine Überbrückung des Abgrunds zwischen Juden und Nichtjuden. Ein sicher wesentlicher Schritt auf diesem Weg war die Revolution von 1830, die in vielen deutschen Staaten zur Einführung eines parlamentarischen Systems führte. Im Zuge dieses Erfolges beanspruchten die Juden gleiche Rechte oder die «Emanzipation», wie dies jetzt allgemein hieß.[24] Die Berechtigung dieses Anspruchs, der stolz von Gabriel Riesser, dem großen Vertreter jüdischer Rechte, verkündet wurde, galt als selbstverständlich; aber der Glaube, daß die Gegner der Juden es nicht mehr wagen würden, ihre Stimme zu erheben, wurde enttäuscht. Riessers Forderung wurde durch ein Wiederaufleben der antijüdischen Diskussion beantwortet, diesmal durch einen extremen Liberalen, den Heidelberger Theologen Heinrich Eberhard G. Paulus.[25]

Paulus war von ganzem Herzen Theologe, wenn auch einer besonderen Art, nämlich ein tief überzeugter Rationalist, der sein Christentum dadurch retten konnte, daß er seine verpflichtenden Inhalte auf ein Minimum reduzierte und selbst diese absolut rationalistisch deutete. Jesus wurde weiterhin als der Messias gefeiert, weil sein Leben und Sterben einen radikalen Wandel im Geschick der Menschheit bedeutete, indem er ein neues religiöses Prinzip verkündete. Die Quintessenz dieses Prinzips sei die «Anbetung des universalen Gottes in einer überzeugungstreuen Haltung». Dies sei die Offenbarung, die von den Jüngern Jesu verkündet werden sollte, und in ihrer Verwirklichung würde das Reich Gottes kommen. Wenn Paulus die einzigartige Bedeutung des Christentums in der Weltgeschichte betonte, dann griff er auf theologische Begriffe zurück, die er allerdings von ihrer ursprünglichen Bedeutung trennte. Die theologische Begrifflichkeit diente nur dazu, eine Art Kantianischer Moral zu umhüllen: die Forderung nach Konsequenz in den eigenen ethischen Verpflichtungen. Aber weil diese Pseudotheologie entschieden christlich gefärbt war, trug sie den traditionellen Gegensatz zum Judentum in sich. Wenn das Christentum gleichbedeutend mit Treue zur persönlichen Überzeugung war, dann kannte das Judentum nur die gegenteilige Einstellung, die mechanische Ausübung bestimmter Riten und Zeremonien. Zwar sei die Grundidee der wahren Religion schon bei Abraham aufgetaucht; dies gab Paulus in Übereinstimmung mit einem ausgetretenen Pfad der christlichen Tradition zu. Aber Abrahams Antizipation des Christentums sei von seinen Nachkommen verraten worden, als sie sich dem mosaischen Gesetz unterwarfen. Moses habe zwar vielleicht die Absicht gehabt, die abrahamitische Tradition der wahren Religion weiterzugeben, aber zugleich wollte er sein Volk vor fremden Einflüssen abschirmen und ihm «ein langes, glückliches Leben in den Grenzen des Landes» sichern. Darum zwang er seinem Volk ein ausgeklügeltes Gesetzessystem auf, in dem viele Einzelheiten – wie die Speisegesetze – nur dazu dienen, das jüdische Volk abzusondern. Später vermischten sich der abrahamitische Glaube und das mosaische Gesetz, wobei das Gesetz über den Glauben siegte. Schließlich wurde es zur allgemein akzeptierten Überzeugung, der die Mehrheit der Judenheit immer noch folgte, daß man kein echter Anhänger des jüdischen Glaubens werden könne, wenn man das mosaische Gesetz nicht den Religionslehren zufügte. Das mosaische Gesetz wurde so zur Verfassung eines Volkes im Besitz seines Landes und Staates. Nur in dieser Situation konnte das Gesetz voll erfüllt werden. Und darum sei die messianische Hoffnung ein integraler Teil des jüdischen Glaubens: Sie bedeutete nichts anderes als den natürlichen Wunsch, die notwendigen Bedingungen für die volle Anwendung der Verfassung wiederherzustellen. Paulus bemüht sich angestrengt, den Unterschied zwischen dem christlichen und dem jüdischen Messianismus herauszuarbeiten. Für den Christen ist Messianismus eine universale Idee; für den Juden eine nationale Hoffnung. Der jüdische Messianismus belegt unbestreitbar, daß die Juden das Wesen eines Volkes beibehalten hätten – und diese Schlußfolgerung will Paulus erreichen. Idealiter gehören die Juden ins Land ihrer Sehnsucht, nach Palästina, und sie können nicht gleichzeitig zu irgendeinem anderen Land gehören, zum Beispiel zu Deutschland. In Deutschland sind sie Fremde, ein Staat im Staate. Als Fremde genießen sie den Schutz des Gesetzes, aber sie können nicht erwarten, in die einheimische Bevölkerung integriert zu werden. Wer sich selbst durch Gesetz und Sitte vom Volk trennt, kann nicht mehr als den Schutz des Fremden für sich in Anspruch nehmen, er kann Wohnrecht als «geschütztes Subjekt» erhalten. Der Ruf nach Emanzipation ist deshalb absurd.[26]

Indem Paulus die Juden als Volk definierte, lieferte er eine rationalistische Rechtfertigung für die tiefsitzende Aversion gegen die Möglichkeit, daß Juden mit Christen gleichberechtigt werden könnten. Daß dies zutrifft, zeigt er selbst ganz naiv in folgendem Satz: Warum sollten Juden in Positionen gelangen, in denen sie den nichtjüdischen Staatsbürgern überlegen sein könnten, wenn überall dort, wo Juden leben, eine «allgemeine instinktmäßige Abneigung» gegen sie vorhanden ist? Dieses «unwillkürlich Abstoßende, welches die Persönlichkeit und das Wesen der Juden für uns hat, zu erkären, um diese instinktmäßige Abneigung zu rechtfertigen» – das will Paulus mit seiner historisch-theologischen Analyse erreichen.[27]

Die Absicht, ein weit verbreitetes Vorurteil ideologisch zu sanktionieren, wird in Paulus' Aussagen über die wirtschaftliche Rolle der Juden noch deutlicher. Er wollte, daß der Zugang zum Staatsdienst für Juden auf Dauer versperrt blieb. Er hätte eine Verlagerung von Juden hin zu Landwirtschaft und Handwerk unterstützt, wozu die jüdische Jugend tatsächlich angehalten wurde, vor allem in Baden, und zwar durch staatliche wie durch jüdische Institutionen.[28] Aber diese Versuche, trotz einiger Erfolge, änderten nichts an der wirtschaftlichen Einseitigkeit der Juden. Paulus bringt Beispiele von Juden, die ein Handwerk erlernt hatten, aber später wieder Makler wurden, allerdings fehlte ihm dabei die Einsicht oder der Wille, die tieferen soziologischen Gründe für dieses Phänomen zu erfassen. Stattdessen griff er auf eine historisch-theologische Erklärung zurück und behauptete, daß Juden eine unverbesserliche Neigung zum Handel erworben hätten, seit sie unter anderen Völkern lebten, d. h. seit dem Exil in Babylon. Weil sie auf eine Rückkehr in ihr eigenes Land hofften, wollten sie sich nicht den ortsgebundenen landwirtschaftlichen Berufen verpflichten, die vom mosaischen Gesetz für ihr eigenes Land durchaus vorgesehen seien – eine Beobachtung, die nicht völlig unbegründet ist. Paulus wollte seiner Theorie eine größere Plausibilität verleihen, indem er auf den hebräischen Ursprung des deutschen Wortes «Schacher» verwies, und er behauptete, daß Juden sich niemals auf richtigen Handel einließen, sondern nur auf den nutzlosen und gefahrlosen Zwischenhandel. Nicht Handel mit eigenen Waren, die man zu einem dem Risiko angemessenen Profit verkauft, sei den Juden das Angemessene, sondern «dieses Zwischentragen» mit den Waren anderer, jetzt vor allem mit dem Geld anderer. Der Profit komme durch «alle Art List und Betrug, durch das Ausplündern der Reichen und der Armen, des Adels und des Volkes». Die jüngste Gestalt dieser Situation seien Wechselgeschäfte, die seien erst so «aufgebläht bis zum Extrem, seit sie in die Hände dieses abgesonderten Volkes gefallen sind». Wieder einmal sieht Paulus einen Aspekt der gesellschaftlichen Wirklichkeit, verzerrt ihn aber durch seine voreingenommene, verfälschende Deutung. Nicht daß Juden sich vor allem im «Schacher» engagierten, war der Punkt, sondern daß alles, an dem Juden sich beteiligten, zum «Schacher» wurde.[29]

Im allgemeinen wandte Paulus seine herabsetzende Beschreibung auf alle Juden ohne Unterschied an. Aber gelegentlich fühlte er sich verpflichtet einzuräumen, daß es Ausnahmen von der Regel gebe. Einige reiche Juden hätten es wirklich geschafft, sich endgültig vom Judentum zu lösen. Auch würden die messianischen Erwartungen «von den eher Gedankenlosen» stillschweigend beiseite getan als etwas, das der gegenwärtigen Weltlage und ihren Prinzipien nicht mehr angemessen sei, «aber selten aus tieferer Einsicht». Und Paulus nennt zwei Gründe, warum eine Abwendung von der Tradition jüdischen Denkens die Betreffenden nicht aus der Zugehörigkeit zum jüdischen Volk entlasse, ebensowenig wie dies eine Aufgabe der jüdischen Ritualpraxis könne. Erstens sei die Absage weder entschieden noch konsequent genug. Nicht-toratreue Juden suchten nach sophistischen Entschuldigungen für ihre Nachlässigkeit und nicht nach einem Prinzip, diese zu rechtfertigen. Und die messianische Erwartung würde nicht wegen ihrer Absurdität verlassen, sondern weil sie unpraktisch sei. Zweitens sähen die Abweichler in ihrer Divergenz zum Überkommenen eine Art Privileg für sich persönlich oder für die jeweilige Gruppe, wollten daraus aber keine

Norm für das ganze Volk machen. Zweifellos hatte Paulus jene Flüchtlinge aus dem Ghetto kennengelernt, die für die ersten Generationen der Emanzipation so typisch waren. Er hatte ihren Kampf um kulturelle Anpassung gesehen, aber zweifelte am Erfolg. Auf jeden Fall konnten sie nicht als Repräsentanten des Ganzen gelten. Individuelle Anpassung war keine mögliche Lösung des Problems mit den Juden, solange es keine Anzeichen für eine kollektive Bereitschaft gab, sich auf den Weg der Assimilation zu begeben.[30]

Die religiöse Toleranz, die dieser liberale Theologe so lauthals predigte, wird damit als fadenscheinig, wenn nicht als fiktiv enthüllt. Er akzeptiert Juden nur, wenn sie alle Merkmale und Symbole ihrer Religion aufgeben, einschließlich der Beschneidung («eine unanständige Operation, die nur den grobschlächtigen vergangenen Zeiten gemäß» war). Gleichzeitig findet er es richtig, die Taufe und ihren Ritus leidenschaftlich zu verteidigen, «ein Reinigungssymbol, das keinerlei Anstoß erregt». Die Freiheit des Juden, seine Religion beizubehalten, falls sie von ihren legalistischen Auswüchsen befreit wird, ist bei Paulus eine rein formale Konzession. Paulus' Sicht von der jüdischen Religion als moralischer Größe wird in seiner Schlußfolgerung deutlich, in der er noch einmal die Quintessenz des Judentums zusammenfaßt, diesmal in wahrhaft Voltairescher Ausdrucksweise: Jemand, der es als Teil seiner Religion ansieht, «von den Ägyptern Gold und Silber zu leihen und dann mitzunehmen, daß die Kanaaniter ihm ihr Land zu übergeben hätten» und ähnliches; jemand, der glaubt, daß Gott sein Volk über andere Völker erhoben habe und es am Ende «durch den Messias über alle anderen erheben würde» – so jemandem würde ein Liberaler zwar gewiß seinen Glauben nicht verbieten, aber er würde ihm auch keinen Zugang zu Ämtern geben, wo er schon jetzt «sich auf unsere Kosten für seine bevorrechtete Weltherrschaft üben» könne.[31] So könne man mit gutem Recht den Juden die vollen Bürgerrechte vorenthalten, wenn man sich auf die Lehren des Judentums bezieht. Der Jude, der Bürger werden will, muß nicht nur seine religiöse Praxis aufgeben, sondern auch die Lehren seines traditionellen Glaubens; mit leeren Händen bleibt ihm nur ein Weg offen, um aus seiner Verlegenheit herauszukommen, der Gemeinschaft der wahren Religion, also dem Christentum, beizutreten. Und dies sollte – nach Paulus – auch geschehen. Seine gelegentlichen Vorbehalte dagegen, Juden zur Konversion zu pressen, werden durch seinen Angriff auf Gabriel Riesser Lügen gestraft, der seine Verachtung für diejenigen offen ausgesprochen hatte, die zur christlichen Kirche übertraten, ohne an ihre religiöse Botschaft zu glauben. Paulus sagte, daß es völlig ausreiche, wenn der jüdische Konvertit anerkenne, daß er mit seinem Übertritt vom Judentum zum Christentum eine Entscheidung für das Bessere und Wahrere getroffen habe. Gelegentlich war Paulus sogar bereit, einen Übertritt zum Christentum anzuerkennen, auch wenn der Konvertit sich überhaupt nicht mit seiner neuen Religion identifizierte. Auch wenn der konvertierte Jude nicht besser, manchmal sogar schlechter sei als die Treuen, die im Judentum blieben, so hatte der erste doch der nationalen Absonderung eine Absage erteilt, die die letzteren beibehalten wollten. Aus diesem Grund allein, nicht weil er bestimmten Dogmen abschwöre und andere annehme, könne der Konvertit akzeptiert werden. Er würde zumindest seine Kinder den anderen Staatsbürgern gleichstellen – durch eine ähnliche Erziehung. Politische und kulturelle Gründe sind für Paulus also eine ausreichende Rechtfertigung für Konversionen.[32]

Paulus macht aus dem Christentum eine blasse rationalistische Theorie. In seiner Lehre ist überraschend und sehr erhellend, daß selbst diese schwache Bindung an das Christentum ausgereicht hat, um in ihrer Folge ein so fanatisches Ressentiment gegen den alten Rivalen, das Judentum, mit sich zu führen. Die liberale Deutung des Christentums steuerte nicht auf eine Tolerierung des Judentums zu, sie konnte das Christentum sogar zu einer Quelle um so stärkeren Fanatismus werden lassen.

13. Die Radikalen: Feuerbach, Bauer, Marx

Die vorangehend dargestellten antijüdischen Liberalen stimmten alle in einer positiven Stellung zum Christentum überein. Obwohl sie nach den Lehren der christlichen Kirchen nicht unbedingt orthodox waren, betrachteten sie sich selbst doch als Christen in dem, was für sie das Christentum im Wesen ausmachte und wofür es stand. Und je abgeschwächter dieses Christentum war, um so stärker war der Gegensatz zum Judentum. Natürlich mußte die Zugehörigkeit zum Christentum nicht automatisch eine antijüdische Einstellung bedeuten; viele, die von ganzem Herzen Christen waren, unterstützten den Kampf der Juden um Emanzipation und Gleichberechtigung. Die Christen jedoch, die aus irgendwelchen Gründen gegen Juden waren, verbanden diese Gegnerschaft ideologisch mit ihrer Bindung an das Christentum.

Andererseits haben wir an Voltaire gesehen, daß antijüdische Gefühle und Einstellungen durchaus mit scharfen Angriffen auf das Christentum konform gehen können. In diesen Fällen konnte die rationale Rechtfertigung für die antijüdische Ideologie nicht aus dem Christentum abgeleitet werden, sie mußte anderswo gesucht werden.

Auch in Deutschland kam es zu einem Frontalangriff auf das Christentum, allerdings einige Generationen nach Voltaire und mit anderen philosophischen Voraussetzungen. In den dreißiger Jahren des 19. Jahrhunderts tauchte eine jung-hegelianische Intellektuellengruppe auf: David Friedrich Strauß, Ludwig Feuerbach und Bruno Bauer. Sie traten als extreme Kritiker des Christentums an die Öffentlichkeit, sowie als Protagonisten der politischen und gesellschaftlichen Lehren, die aus dieser Kritik stammten. Die

Verbindung einer radikalen Kritik am Christentum mit einer voll ausgearbeiteten Gesellschaftstheorie fand in den Lehren Karl Marx' ihren Höhepunkt.

Es überrascht nicht, daß auch das Judentum in diese Religionskritik einbezogen wurde und daß gelegentlich daraus Folgerungen für die politische und gesellschaftliche Stellung der Juden gezogen wurden, die noch gar nicht entschieden war. Einige der Junghegelianer – wie Strauß und Feuerbach – kannten keine Judenfeindschaft; Friedrich Wilhelm Carové und Karl Grün gehörten zu den eindeutigen Befürwortern der Emanzipation. Marx und Arnold Ruge andererseits hatten in ihrer Kritik am Judentum keinerlei Sympathie für die Juden, und dies drückt sich in Angriffen auf Juden aus, wenn sich dafür die Gelegenheit ergab.[1] Bruno Bauers Judenhaß war intellektuell und emotional tief verwurzelt; er begleitete ihn durch alle philosophischen Wandlungen, nachdem er die junghegelianische Position verlassen hatte.[2]

Man kann die Radikalen in zwei Gruppen unterscheiden, die Junghegelianer und die Sozialisten. Beide teilen einen fast unbegrenzten Glauben an die Wirksamkeit der Theorie, die Möglichkeit, die geschichtliche und gesellschaftliche Wirklichkeit sowie die Gesetze, denen sie folgt, zu verstehen, um so die Zukunft vorhersagen zu könen. Diese Zukunftsausrichtung gilt für Junghegelianer wie Marxisten gleichermaßen; sie alle versuchen zu erkennen, was die Menschheit erwartet, auch wenn sie nicht unbedingt bereit sind, sich für die praktische Durchsetzung ihrer Folgerungen zu engagieren.

Die Judenfrage, wie das Problem der Emanzipation genannt wurde, lautete: Was soll mit dieser nur halb eingebürgerten Gruppe geschehen, die wegen ihrer beruflichen Enge und ihrer religiösen Unangepaßtheit verdächtig war? Diese Frage konnte von niemandem ignoriert werden, der die herrschenden gesellschaftlichen Bedingungen untersuchte und Aussagen über die Zukunft machen wollte.[3] Die Judenfrage war aus der Auflösung des Ghettos entstanden, eine Folge des Zusammenbruchs der alten Ordnung. Man könnte erwarten, daß alle, denen an einer gründlich veränderten, befreiten Gesellschaft gelegen war, die Integration der Juden in ihre Zukunftsvision eingeschlossen hätten. Einige taten dies, aber längst nicht alle. Die Last der Vergangenheit und die Einzigartigkeit der Juden war auch noch in den Aussagen der radikalen Denker zu spüren, die sich rühmten, alle Reste vergangener Zeiten abgelegt zu haben.

Die allgemeine Neigung der Radikalen, ihre Sicht der Vergangenheit mit den Voraussagen über die Zukunft zu vermischen, formte ihre Einstellung zu Juden und Judentum. Dies kann am Frühwerk des Historikers Heinrich Leo verdeutlicht werden (später ein standhafter Konservativer), der daran ging, die Geschichte des antiken Judentums kritisch darzustellen und aus dieser Analyse eine gültige Beschreibung der unveränderlichen Züge des jüdischen Volkscharakters abzuleiten.[4] Leo war außerordentlich gelehrt und ein origineller Denker, gleichzeitig stand er zu dieser Zeit – 1828 – noch unter dem Einfluß des noch lebenden Meisters Hegel. So definierte er das Judentum mit Begriffen, die stark an Hegels Begrifflichkeit angelehnt sind: «Was zuerst die Eigenthümlichkeit des Jüdischen Volkes anbetrifft, so steht es dadurch vor allen anderen Völkern dieser Welt ausgezeichnet da, daß es einen wahrhaft zerfressenden und auflösenden Verstand besitzt. Wie es Quellen giebt, die jeden Gegenstand, der eine Zeitlang in dieselben geworfen wird, in einen Stein verwandeln, so verwandelten die Juden von Anbeginn an und bis auf den heutigen Tag Alles, was in den Kreis ihrer geistigen Tätigkeit fällt, in ein abstract Allgemeines.»[5] Und der Historiker fährt fort, daß diese Neigung zur Abstraktion für die jüdischen Erfolge im Handel verantwortlich ist; denn nur die Abstraktionsfähigkeit ermöglicht es dem Geschäftsmann, jedes Objekt danach einzuschätzen, wofür es steht, und so seinen Wert zu bestimmen.

Leo gibt zu, daß die Bedingungen zur Zeit der Urväter noch nicht reif waren, diese Charakterzüge zu offenbaren: «Nur in einzelnen Zügen: in Jakobs Betrug, in Josephs eitlen Träumen, tritt schon in diesen ältesten Geschichten jener schneidende Egoismus hervor, der später die Juden in der Historie nur zu sehr auszeichnet.» Der Begriff «Egoismus», der später im Denken von Ludwig Feuerbach und Karl Marx an eine zentrale Stelle rükken sollte, schleicht sich hier fast unbemerkt ein. Aber wie immer, falls der Historiker zögerte, die frühesten Epochen der jüdischen Geschichte so zu charakterisieren, so ließ er sich doch nicht zurückhalten, die jüdische Geschichte aller folgenden Zeitalter so zu verallgemeinern: «Wie der Jude in unserer Zeit sich dadurch besonders auszeichnet, daß er die verschiedensten Gegenstände immer nur nach der Seite des ihnen gemeinsamen Geldwerthes hin in Vergleichung und Betrachtung bringt, wie er hier ein so Allgemeines und Abstractes zugleich, den Werth, zum Mittelpunct seines Lebens zu machen pflegt, so suchte er schon in alter Zeit in allen selbst den geistigsten Verhältnissen und Beziehungen nur ein abstract Allgemeines auf, und diese Eigenthümlichkeit ist Schuld daran, daß die Juden es waren, welche zuerst und am zähesten die Einheit des göttlichen Wesens behaupteten.»[6]

Hier wird die Tendenz, Grundinhalte des Judentums mit der wirtschaftlichen Rolle der jüdischen Gemeinschaft zu verbinden, schlagend offenbar. In diesem Punkt nahm Leo Karl Marx vorweg, wie wir noch sehen werden. In anderer Hinsicht übernahm Leo das antijüdische Stereotyp der liberalen Schule. Das ursprüngliche Christentum wird als das genaue Gegenteil des Judentums gesehen, während seine späteren Auswüchse als Imitation des Judentums gelten. Die katholische Hierarchie ist nichts als die Reproduktion der mosaischen Gesetzgebung, wie diese sich unter der Führung von Priestern und Propheten entwickelt hatte. Während die katholische Hierarchie aber aus den Funktionären einer Kirche besteht, umfaßte die jüdische Hierarchie das ganze Volk; die Einzelbestimmungen der Verfassung, die

Feste und religiösen Zeremonien, vor allem die Beschneidung und die Speisegesetze, sollten das Volk in seiner Abgeschlossenheit bewahren. Aufs Ganze der jüdischen Geschichte gesehen – für deren tragischen Verlauf der Historiker Leo durchaus einige Sympathie empfindet, bei aller Zweideutigkeit –, hat die Verfassung ihr Ziel erreicht. Der Jude überlebte trotz aller widrigsten Umstände, allerdings zu dem Preis, daß seine religiöse Gesetzgebung ihn ständig an seine Sonderstellung erinnerte: «Diese (die Juden; J. Katz) sind nicht wie andere Menschen, sie sind ein aus den Völkern der Erde ausgesondertes, der Gottheit besonders geweihtes Volk.» So behielten die Juden ihren Nationalstolz und vermieden jede Vermischung, kultureller oder gesellschaftlicher Art, mit den anderen Völkern. Dies machte sie «zu dem gehaßten Volke ..., was sie im Alterthum allgemein waren».[7]

Leo ging davon aus, daß die Grundverfassung der jüdischen Gemeinschaft sich seit der Antike nicht verändert hatte. Einmal vergleicht er die Lebensumstände der Juden seiner Zeit mit denen der ersten Exulanten in Babylon: «Einfluß, Reichthum, Bildung, bequemes Leben – alles das konnten die Judäer in ihrem Exil haben, wenn sie Kraft und Geschick hatten. *Sie standen also ungefähr in demselben Verhältnis, wie jetzt bei uns*» (Hervorhebung im Original). Diese beschönigende Behauptung über die Stellung der Juden wollte aber nur sagen, daß das liberale Zeitalter den Juden die Möglichkeit bot, die Umstände zum eigenen Vorteil zu nutzen. Sie implizierte keineswegs, daß die jüdische Absonderung und die daraus folgende feindliche Reaktion der nichtjüdischen Umwelt auf ihr Ende zuging. Die Art, wie Leo die Eigenschaften des jüdischen Volkes beschreibt, macht seine Überzeugung offenbar, daß diese Eigenschaften dauerhaft seien, nicht durch äußere Umstände zu beeinflussen.[8]

Leo war unter den Hegelianern eine Ausnahme, weil er im Rahmen einer Arbeit zur jüdischen Geschichte von Charaktereigenschaften der Juden und von der Frage nach der Kontinuität des jüdischen Volkes sprach. Die anderen Hegelianer äußerten sich zu Juden und Judentum nur in bezug zum Christentum, dessen Rolle sie beschäftigte. Ludwig Feuerbachs *Wesen des Christentums* enthält ein Kapitel über das Judentum, und Bemerkungen dazu finden sich verstreut in seinen philosophischen Schriften.[9] Bekanntlich begann Feuerbach als treuer Schüler Hegels, um sich später zum schärfsten Kritiker des Meisters und seines Denksystems zu wandeln. Der Schüler warf dem Lehrer vor, daß er Religion und Philosophie gleichgesetzt und damit das Wesen beider verfälscht habe. Feuerbach wollte beide strikt unterscheiden, wobei er der Philosophie den gesamten Bereich der Erkenntnis zuordnete und die Religion auf eine rein gefühlsmäßige Größe reduzierte. In dieser Sicht ist Religion nur eine Projektion menschlicher Schwächen und menschlichen Versagens in das Bild eines Gottes, der all das besitzt, was den Menschen leider fehlt. Darum sucht der Mensch Trost und Hilfe bei einem göttlichen Wesen, das er nach eigenem Bild entworfen hat. Wahre Religion

– im Gegensatz zu Theologie und auch Religionsphilosophie, die sekundäre Erscheinungen, Produkte des Denkens sind – stammt aus tief verwurzelten emotionalen Bedürfnissen des Menschen, darum erfüllt sie eine wesentliche Funktion im menschlichen Leben.[10]

Trotz dieser von Feuerbach selbst entwickelten anthropologischen Sicht sah er das Phänomen der Religion im Ganzen der menschlichen Geschichte keineswegs als einheitlich. Hier folgte er Hegel und übernahm dessen dreistufige Entwicklung vom Polytheismus zum Judentum und schließlich zum Christentum. In seinem Buch ging es ihm vor allem um die Darstellung der wesentlichen Züge des Christentums, die Charakterisierung der beiden anderen Religionen diente ihm nur als Hintergrund. Seine Interpretation war ebenso subjektiv gefärbt wie jene der Religionsphilosophen, deren Methode Feuerbach kritisierte, weil sie nicht auf Tatsachen in Geschichte und Anthropologie beruhte. Darum erübrigt es sich beinahe, daß wir Feuerbachs Darstellung im einzelnen verfolgen. Es reicht aus zu sagen, daß das Judentum von allen drei Religionen am schlechtesten wegkommt; es ist den beiden anderen nicht nur unterlegen, sondern in sich bereits ungegnügend und geschmacklos.

Nach Feuerbach ist das Judentum sogar noch minderwertiger als der Polytheismus. Der polytheistische Ansatz sieht die Natur so, wie sie sich den Sinnen offenbart und nimmt sie als Objekt für ästhetische Bewunderung wie für wissenschaftliche Beobachtung und Erforschung. Die jüdische Sicht der Natur aber geht über die direkten Erscheinungen hinaus und projiziert hinter ihnen einen Schöpfer. Als Urheber der Schöpfung ist der Schöpfer Herr der Welt; er kann sie nach seinem Willen manipulieren, wenn er den Lauf der Natur durch anscheinend wunderbare Ereignisse ändert. «Das Wasser teilt sich entzwei . . ., der Staub verwandelt sich in Läuse, der Stab in eine Schlange, der Fluß in Blut, der Felsen in eine Quelle . . . Und alle diese Widernatürlichkeiten geschehen *zum Besten* Israels, lediglich auf *Befehl Jehovas*, der sich um nichts als Israel kümmert, nichts ist als die personifizierte Selbstsucht des israelitischen Volks, mit Ausschluß aller anderen Völker, die absolute Intoleranz – das Geheimnis des Monotheismus» (Hervorhebungen im Original). Während Feuerbach das Wesen der Religion aus den fundamentalen Verlegenheiten des Menschen ableitete, fand er die besonderen Züge jeder Religion im Bewußtsein des Volkes widergespiegelt, das sie entwickelt hatte. Die Besonderheiten der jüdischen Religion lagen für ihn in zwei Besonderheiten des jüdischen Geistes: Utilismus und Egoismus. «Der Utilismus (Nutzen) ist die wesentliche Anschauung des Judentums», schreibt er, und an anderer Stelle heißt es: «Ihr (der Juden) Prinzip, ihr Gott ist das *praktischste* Prinzip der Welt – der Egoismus, und zwar der *Egoismus in der Form der Religion*» (Hervorhebungen im Original).[11]

Feuerbach war überzeugt, daß er diese Prinzipien aus den Lehren der jüdischen Religion abgeleitet hatte – aus der Schöpfungslehre und dem

Glauben an eine besondere Vorsorge Gottes für sein auserwähltes Volk – und daß er erst danach die Übereinstimmung zwischen diesen Prinzipien und den kollektiven Eigenschaften der jüdischen Gemeinschaft entdeckt hatte. Aber es ist wahrscheinlich, daß die Merkmale, die angeblich aus der Analyse der antiken Literatur der Juden erhoben waren, schon a priori im Kopf des Analytikers präsent waren. Sie mögen aus zeitgenössischen Vorurteilen über Juden im allgemeinen stammen und in der Formulierung durch Heinrich Leos Geschichte beeinflußt sein. Die Übereinstimmung von Prinzipien aus den religiösen Inhalten der Bibel mit den behaupteten wenig schmeichelhaften Eigenschaften seiner jüdischen Zeitgenossen erweist sich so als ideologische Verstärkung geläufiger Vorurteile. Feuerbach selbst erlag damit einer Neigung zu spekulativem Denken, vor der er seine Kollegen stets warnte.

Feuerbachs Ruhm gründet in seiner vernichtenden Kritik an spekulativer Philosophie; und diese hatte eine bleibende reinigende Wirkung. Er erreichte dies trotz seines wenig präzisen Denkens, das sich in der Begrifflichkeit und der Anordnung seiner Argumente zeigt, Schwächen, die in seinen Gedanken zum Judentum besonders sichtbar werden. Die Minderwertigkeit des Judentums gegenüber dem Polytheismus und dem Christentum wird schlicht vorausgesetzt. Dies zeigt sich an einem Urteil über das Judentum, das von niemandem sonst je benutzt worden war. Wenn er über die künstlerische und wissenschaftliche Kreativität der Griechen spricht, sagt er: «Der Grieche trieb humaniora, die artes liberales, die Philosophie; der Israelite erhob sich nicht über das *Brotstudium der Theologie*» (Hervorhebung im Original).[12] Vom Judentum zu behaupten, es kenne kein Studium um der Sache willen, konnte nur jemandem einfallen, der jüdisches Leben und Geschichte überhaupt nicht kannte. Feuerbach muß davon ausgegangen sein, daß es für jedes Positive bei Griechen und Christen ein entsprechendes Negatives im Judentum gab.

Über Feuerbachs persönliche Einstellung zu Juden oder über seine Haltung in der Judenfrage ist nichts bekannt. In seiner Jugend hatte er bei Rabbi Wassermann in Ansbach Hebräisch gelernt und war mit dessen Sohn befreundet, der später eine führende Rolle in der Reformbewegung spielen sollte und Rabbiner in Stuttgart wurde. Feuerbach kann diese freundliche Einstellung zu Juden beibehalten haben und muß als überzeugter Demokrat wohl für die Judenemanzipation gestimmt haben, als diese im Frankfurter Parlament 1849 zur Debatte stand, dessen Mitglied er war.[13] Aber eine solche positive Einstellung zu einzelnen Juden wie zur möglichen Aufnahme der jüdischen Gemeinschaft in den nichtjüdischen Staat und seine Gesellschaft konnte durchaus mit den härtesten Verdammungsurteilen über das Judentum im allgemeinen Hand in Hand gehen. Oft verstärkte eines das andere noch. Wenn man das Judentum der Vergangenheit verdammte, dann ebnete dies den Weg für eine liberale Haltung im Blick auf die Zukunft.

Juden waren akzeptabel, sofern sie all das ablegten, das angeblich mit ihrer religiösen Tradition impliziert war. Von daher halfen auch liberale und radikale Denker dabei mit, das düstere Bild des geschichtlichen Judentums aufrechtzuerhalten, und halfen so unwillentlich denen, die aus diesem Bild eine Waffe im politischen Kampf gegen Juden machten.

Auch Bruno Bauer begann als treuer Anhänger Hegels.[14] Nachdem er Privatdozent für evangelische Theologie an der Universität Berlin geworden war, zeigte er in seinen ersten Veröffentlichungen eine unverkennbare Tendenz, die Orthodoxie mit Hegelianischem Denken zu harmonisieren. In dem Aufsatz «Die Prinzipien der mosaischen Rechts- und Religionsverfassung», der 1837 in der *Zeitschrift für spekulative Theologie* erschien, ein von ihm selbst herausgegebenes Organ, legte er die Methoden dar, mit denen das Wesen der alttestamentlichen Welt zu erforschen sei. Gegen die deistische Interpretation, die die mosaischen Gesetze und Institutionen der Erfindungsgabe listiger Priester zugeschrieben hatte, wandte er eine Methode an, die er selbst als genetisch und spekulativ bezeichnete, was bedeuten sollte, daß die Gesetze und Institutionen als Ausdruck des Volksgeistes und seines religiösen Bewußtseins verstanden werden müßten, «religiöses Bewußtsein» war dabei offenbar ein Ersatz für «Offenbarung». Von daher erhielten die biblischen Institutionen wie die biblische Geschichte, die so in gewissem Sinne als göttlich verstanden wurden, viel von der Würde und Unbestreitbarkeit zurück, die sie in der christlichen Tradition erhalten hatten.[15]

Diese Tendenz wird auch in Bauers *Religion des Alten Testaments* (1838) deutlich, ein zweibändiges Werk, in dem Bauer die Prinzipien anwandte, die er in seinem programmatischen Aufsatz entwickelt hatte. Ganz deutlich wollte er die jüdische Bibel vor moralischer Kritik abschirmen, und er erreichte dies mit einer scharfsinnigen philosophischen Neuinterpretation. Die Eroberung Kanaans durch Josua, nach der Bibel ein göttlicher Auftrag, konnte nicht wegen der schrecklichen Vorkommnisse dabei – Auslöschung der Bewohner – einfach von späteren Generationen für sich angesehen werden, seien es nun die Gnostiker der alten Kirche, die englischen Deisten oder moderne Theologen. Dies widersprach der Vorstellung eines göttlichen Willens als solcher. Subjektiv, so erklärt uns Bauer, fühlten sich die Israeliten als Gottesvolk berechtigt, die Kanaanäer zu enterben, und zwar mit allen Mitteln, die ihnen zur Verfügung standen, um das benötigte Land in Besitz zu nehmen. Sie taten nichts anderes als das, was im Gesetz als Vergeltung für die Heidenexistenz der Kanaanäer vorgesehen war. Auf der objektiven, historisch-philosophischen Ebene findet Bauer eine Rechtfertigung höherer Ordnung für die Ausführung der (göttlichen) Anordnung. Der Weltgeist kann sich nur so realisieren, daß der Staat eines Volkes durch den eines anderen ersetzt wird, vorausgesetzt, daß der frühere eine niedrigere Wertordnung vertritt als der spätere. Die Israeliten jener Zeit aber manifestierten die höchste Form des Weltgeistes, damals «in der Spitze *in der Form des religiösen*

Geistes» repräsentiert. Denn während andere Völker nur aus ihrem eigenen Bewußtsein heraus handelten, sich der Tatsache nicht bewußt waren, daß sie ein Stadium in der Entwicklung des Weltgeistes waren, war «im Selbstbewußtsein der Hebräer aber ... der Gedanke ihrer Nationalität, also *das beschränkte Volksbewußtseyn* und *der Gedanke des allgemeinen Zweckes der Geschichte* in Einheit verbunden» (Hervorhebung im Original).[16]

Menschenopfer, wie sie etwa in der Erzählung von Jephtas Tochter dokumentiert sind, waren ein Hauptziel der Kritik für alle, die das Alte Testament schlechtmachen wollten. Obwohl auch Bauer sie eine Verirrung des religiösen Bewußtseins nennt, haben sie doch auch eine positive Seite. Es kommt darauf an, wer jeweils dieses schreckliche Ritual praktiziert. Im Dienste des Baal und der Astarte, wo Menschenopfer mit sittlicher Verderbtheit verbunden sind, sind sowohl die sinnliche Freude als das Opfer eines geliebten Menschen eine Unterwerfung an die Verlockungen der Natur. Menschenopfer im Dienste des biblischen Gottes aber zu bringen, «dazu gehörte eine härtere Stimmung und eine Spannung des Gemüths, welche ... vom ethischen Gegensatz des strengen Herrn und des endlichen Subjects gequält wurde», als solches behalten sie «einen Anklang an den Ernst des Gesetzes».[17]

In diesen Ausführungen wird Bauers Nähe zu Hegels Denken deutlich, wie auch seine konservative, bewahrende Einstellung zur jüdischen Bibel. Es ist höchst unwahrscheinlich, daß er gleichzeitig gegenüber Juden und Judentum als solchen irgendein negatives Gefühl gehabt haben kann. Für ihn war das Judentum der Vorläufer des Christentums, natürlich unvollkommen, aber doch zu seiner Zeit gültig und gerechtfertigt.

In den folgenden Jahren durchlief Bauer jedoch eine geistige Revolution, die seine Bindung an das Hegelsche System entwurzelte, seine Verbindung mit dem Christentum löste und ihn auf seine Aufgabe als scharfer Kritiker des geschichtlichen wie des zeitgenössischen Judentums vorbereitete.[18] Die äußeren Umstände dieser Wandlung sind mit seinem Wechsel von der Universität Berlin an die Universität Bonn verbunden. Er wurde der Bonner Fakultät von den Berliner Autoritäten aufgezwungen, und er erlebte, daß seine Kollegen ihn boykottierten und behinderten. Im Lauf von zwei Jahren (1839-1841) gab er seine bisherige Weltanschauung völlig auf und ersetzte die hegelianische Orthodoxie durch eine totale Ablehnung des Christentums. Zugleich entwickelte er eine höchst kritische Sicht der bestehenden Ordnung, die auf der Zusammenarbeit von Staat und Kirche beruhte.

Im Lauf dieser Wandlung veröffentlichte Bauer unzählige wissenschaftliche Abhandlungen, in denen er nachweisen wollte, daß die Tradition der Evangelien nicht echt sei; daneben griff er in seinen aktuellen Arbeiten die wichtigsten Institutionen der Gesellschaft an. Seine frühere beschützende Einstellung zum Alten Testament wandelte sich jetzt in eine totale Verdammung, die an die englischen Deisten erinnert, die er in seiner Frühzeit bekämpft hatte.

Es gibt ein Schlüsselwort, das Bauers Ausführung im wissenschaftlichen wie im politisch-aktuellen Bereich kennzeichnet: Kritik. Bauer glaubte, daß er mit seiner Ablehnung der spekulativen Methode, mit der die Hegelianer ihr System errichteten, festen Grund gewönne, um sowohl historische Tatsachen zu erkennen als auch den gegenwärtigen Zustand der Gesellschaft zu analysieren, um so Handlungsanweisungen für die Zukunft geben zu können.

Die Frage der Judenemanzipation war zu jener Zeit eine heftig diskutierte Frage, die von den Korrespondenten der *Rheinischen Zeitung* ausführlich erörtert wurde, dem Organ der Radikalen und Sozialisten wie Karl Marx.[19] In einem Brief an seinen Freund Arnold Ruge, den Herausgeber der *Deutschen Jahrbücher*, schrieb Bauer, daß er im Sommer 1842 alles gelesen habe, was seit der Zeit von Dohm und Mirabeau zu diesem Thema geschrieben worden sei. Und nachdem er all das hinter sich gelassen hatte, einschließlich der Beiträge in der Zeitung der Sozialisten, habe er seine eigene Meinung dazu gebildet und sei überzeugt, die einzig wahre Lösung des Problems gefunden ztu haben, «über das so viel geschrieben worden ist, nur kein einziges wahres Wort». Sein Vertrauen in seine Fähigkeit, über seine Vorgänger hinauszugehen, gründete in seinem Zutrauen zu der neu entwickelten Methode der Kritik: Alles, was Judenfreunde und Juden bis dato getan hätten, sei so gewesen, «als ob es keine Kritik gäbe». Er war entschlossen, der Welt zu zeigen, was der Kern des Problems sei, und er erwartete sogar mit einer gewissen Freude den Skandal, den sein unerwartetes Eingreifen in die laufende Debatte auslösen würde.[20]

Das Ergebnis seiner Forschungen war *Die Judenfrage*, zuerst 1842 in den Deutschen Jahrbüchern, dann 1843 gesondert veröffentlicht. Die Schlußfolgerung von Bauers Ausführungen war in der Tat neu, so noch von keinem gezogen, der sich früher zu dieser Frage geäußert hatte. Bauer wird von Historikern oft mit den Gegnern der Emanzipation zusammengesehen, und seine jüdischen Zeitgenossen reagierten genau so auf ihn. Aber dies entspricht seiner Haltung nicht. Bauer bestritt weder die Möglichkeit noch die Wünschbarkeit, daß Juden gesellschaftlich und politisch mit anderen Bürgern gleichberechtigt werden sollten, aber er erklärte, daß die Bedingungen, unter denen dies vorstellbar sei, ganz andere seien, als von den Anhängern dieser Idee vorgeschlagen worden waren. Diese behaupteten, daß religiöse Unterschiede die Rechte des einzelnen im Staat oder seine Stellung in der Gesellschaft nicht beeinflussen dürften: jedes Recht, das Christen hätten, müßte auch den Juden gegeben werden. Aber schon die Tatsache, daß Juden die gleiche Stellung wie Christen forderten, bedeutete, daß beide Religionen auch in Zukunft die Macht über ihre jeweiligen Anhänger behalten würden – eine Aussicht, die dem, was Bauer für die Zukunft wollte, nämlich die Abschaffung aller dogmatischen Religionen, ins Gesicht schlug. Es war sein fast grenzenloses Selbstvertrauen, das an Größenwahn grenzte, das Bauer dazu verführte zu glauben, daß gerade er durch seine Kritik die historischen Grundlagen der christlichen Orthodoxie aufgehoben habe und daß die Gesellschaft diesem sofort entsprechen werde. Was von der religiösen Tradition übrig geblieben war, würde abgetan werden, und der Staat würde sich als Vereinigung freier Menschen neu verfassen.[21]

Bauer glaubte, daß seine Kritik mit dem Zug der Zeit ganz übereinstimmte, es sei undenkbar, daß die Ergebnisse der neuesten Kritik, «der universale Schrei nach Emanzipation und Befreiung von Bevormundung» nicht schon in nächster Zukunft wirksam werden würden. Nicht die Juden allein müßten emanzipiert werden, sondern die ganze Gesellschaft: «Die Frage der Emanzipation ist eine allgemeine, sie ist *die* Frage unserer Zeit.» Wenn dies erreicht würde, würde die Judenemanzipation von selbst folgen. Aber dann würden die Juden aufhören, Juden zu sein, wie die Christen aufhören würden, Christen zu sein – die Emanzipation der Juden sei nur möglich, wenn sie nicht als Juden, also als Menschen, die den Christen für immer fremd blieben, emanzipiert würden, sondern wenn sie zu Menschen werden, die sich nicht länger durch irgendwelche Unterschiede von ihren Mitmenschen trennten.[22] Bauer wiederholte diese Prognose am Ende seines Aufsatzes über *Die Fähigkeit der heutigen Juden und Christen frei zu werden*, mit dem er die Debatte beenden wollte, die sich an seine *Judenfrage* angeschlossen hatte. Die historische Bewegung zur Abschaffung des Christentums wie jeder Religion sei «eine vollendete Tatsache», sie sichere den Sieg über die Religion für die Menschheit und könne nicht länger warten, denn das Freiheitsbewußtsein stünde in völligem Widerspruch zu den herrschenden Bedingungen. Zweifellos sah Bauer sich selbst als Pionier dieser Bewegung, die eine Zeit der völligen Befreiung des Menschen von den Lasten der Vergangenheit einläuten sollte.[23]

Obwohl Bauers Polemik letztlich darauf zielte, die Unterschiede zwischen Juden und Nichtjuden als Folge des Verschwindens der Religion auszulöschen, ging es im größten Teil seiner Argumentation um die andere Seite dieses Ziels, nämlich um den Nachweis, daß eine Emanzipation der Juden nicht denkbar sei, solange beide Religionen irgendwie wirksam blieben. Um diese Behauptung zu belegen, sammelte Bauer alle bekannten Argumente gegen die Judenemanzipation, verschärfte sie durch seinen beißenden Stil und verlieh ihnen durch die Verwendung einer abstrakten Begrifflichkeit eine quasi-philosophische Bedeutung. Ein kongenialer Kritiker wie Karl Grün verstand dennoch, worum es Bauer letztlich ging. Aber der durchschnittliche Leser der *Judenfrage* mußte den Eindruck gewinnen, daß es sich hier um einen scharfen Angriff auf die Sache der Juden handelte, keineswegs darum, eine neue Sicht ihrer Zukunft zu eröffnen.[24]

Bauer übernahm die Definition des biblischen und talmudischen Judentums als einer absolut exklusiven Religion, trotz einiger Versuche durch Propheten und Reformer aller Zeiten, ihr einen universalen Zug zu geben –

Versuche, die praktisch nie wirklich durchgeführt wurden. Diese jüdische Exklusivität, die seit der frühen Antike entwickelt worden war, brachte all jene Leiden über die Gemeinschaft, die diese ihren Gegnern zuschrieb. Am meisten plagte sich Bauer mit der angeblichen Unfruchtbarkeit der jüdischen Existenz. Die Ablehnung des Christentums zur Zeit seiner Entstehung war die Negation des geschichtlichen Fortschritts, und seitdem waren Juden und Judentum vom Hauptstrom der geschichtlichen Entwicklung abgeschnitten – kein Jude hatte daran Anteil, und Spinoza war kein Jude mehr, als er sein System entwickelte. Juden als Juden hatten nichts zur Entwicklung der modernen Welt in Wissenschaft, Philosophie und Kunst beigetragen. Und so auch jetzt, als eine entscheidende Wende in der Geschichte durch die Kritik eines Bruno Bauer und seinesgleichen vorbereitet wurde, wieder einmal standen die Juden im Abseits. Wie verhielten sie sich zu jener Kritik, die Christen an der Religion übten, um die Menschheit von jenem «Erzübel», von der gefährlichsten Selbsttäuschung zu befreien? Was taten sie, um jenen zu helfen, die für eine bessere Welt kämpften? Die Antwort: Nichts. Apathisch und gefühllos taten sie so, als ob sie das Ganze nichts anginge. Anstatt die Strukturen der alten Ordnung einzureißen, um den Weg für die menschliche Freiheit zu bahnen, versuchten sie, für sich eine Nische im bestehenden System zu sichern. Die Emanzipation, die sie erstrebten, hatte nichts mit Befreiung zu tun, sondern nur mit Privilegien – mit der Erlaubnis, weiterhin in dem exklusiven Denken des Judentums leben zu können. Und es sei auch nicht richtig, daß der Kampf für die Judenemanzipation den allgemeinen Wunsch nach Befreiung stärkte. Der jüdische Wunsch war nur ein Nebenstrang des allgemeinen Zuges, nicht umgekehrt.[25]

Im Blick auf die Zukunft war Bauer mit Judentum und Christentum gleich ungeduldig. Er stimmte der radikalen wie der liberalen Forderung zu, daß Juden die Beschneidung aufgeben müßten, forderte aber auch, daß die Taufe wie andere christliche Sakramente als überholte Riten abzuschaffen seien. Wenn er allerdings die beiden Religionen und ihre Anhänger in der Vergangenheit beurteilte, dann machte er Unterschiede. Aus historischen Gründen schätzte er den Glauben, den er verlassen hatte. Das wesentliche geschichtliche Verdienst des Christentums – in seiner protestantischen Ausprägung – war, daß die Kritik in der Art des Bruno Bauer aus ihm, nicht aus dem Judentum, hervorgegangen war. Dies war nicht zufällig, denn im Grunde ging es dem Judentum nur um äußere Formen. Darum konnte die Kritik, die sich innerhalb des Judentums entwickelt hatte, sich natürlich nur auf Äußerlichkeiten der Religion beziehen: Riten, Institutionen und ähnliches. Der Protestantismus hatte jedoch durch seine innere Kraft die Religion der Taten überwunden und sie nur auf den Glauben gegründet, was allerdings im rein geistigen Bereich eine Illusion war. Als diese Illusion aufgelöst wurde, trat jene totale Religionskritik ans Licht, die die Religion völlig auflöste.[26]

So durchdringend solche Beobachtungen sein mögen, so sind sie doch immer noch subjektiv und lassen diskriminierende Töne gegen das Judentum anklingen. Sie sind ein schlagendes Beispiel einer Übertragung einseitiger Urteile über das Judentum in einen nachchristlichen, wenn nicht antichristlichen Kontext. In der Geschichte des Antisemitismus liegt hierin die wesentliche Bedeutung der Gedanken Bauers. Und zugleich erreicht bei Bauer die Ablehnung des Judentums ein zuvor unbekanntes Maß. Er erwartet von den Juden, das Judentum insgesamt auszulöschen, ohne Christen zu werden. Reform oder eine neue Interpretation des Judentums reicht nicht aus. Der Reformjude, auch wenn er das Gesetz ablehnt, will in Moses immer noch einen «Verkünder der Wahrheit», den «Begründer eines neuen – des höchsten – ethischen Prinzips» sehen, darum bleibt er immer noch Jude. Und auch die Umformung der messianischen Idee durch die Modernisten hat keine Bedeutung, denn es ist egal, ob ein realer Messias die jüdische Weltherrschaft aufrichten wird oder ob nur der Glaube an ein solches Reich die Juden der Welt, der Geschichte und den Interessen der Menschen entfremdet. Weil die Taufe als möglicher Ausweg verschlossen ist, gibt es für die Juden keine andere Möglichkeit als die Revolution der Kritik zu unterstützen, wie sie sich in der Vorstellung Bruno Bauers entwickelt hatte.[27]

Bauers Denken ist zu diesem Zeitpunkt seiner Entwicklung noch von höchst abstrakten, abgehobenen Vorstellungen geprägt. Seine Beschreibung der Juden gründet im üblichen Stereotyp und hat wenig mit wirklicher Beobachtung zu tun. Bauer mag Juden gekannt haben, die ihr Judentum beibehalten und das Gebot einhalten wollten und doch seinen Konsequenzen entfliehen wollten – den Makler, der am Sabbat zur Börse ging, aber persönlich keine Geschäfte tätigte; oder den Geschäftsmann, der an diesem Tag in die Synagoge ging und das Geschäft dem nichtjüdischen Partner überließ. Solche Juden waren in der Generation nach dem Ausbruch aus dem Ghetto nicht ungewöhnlich, und Bauer überschüttete sie mit seinem Hohn. Solches Verhalten empörte ihn nicht weniger als einige seiner aufgeklärten jüdischen Zeitgenossen.[28] Bauer hatte auch nur Verachtung für seine jüdischen Gegner übrig, die aufgrund der vielen Widersprüche in der *Judenfrage* sich apologetisch mit seiner Herabsetzung des Judentums in Vergangenheit und Gegenwart beschäftigten, anstatt sich dem nur wenig konturierten Zukunftsentwurf zuzuwenden.[29] Aber die ganze Polemik Bauers bewegt sich auf einer äußerst abstrakten Ebene, und ihr fehlt jede Schärfe, die aus wirklicher persönlichen Betroffenheit rühren könnte. Diese Betroffenheit finden wir in der Fortsetzung der Polemik durch Karl Marx und auch bei Bruno Bauer selbst, nachdem er seinen radikalen Standpunkt aufgegeben und seine antijüdischen Argumente in seine neu gewonnene konservative Weltanschauung integriert hat.

Bauers Kritik rief eine ganze Reihe von Erwiderungen hervor, zumeist von jüdischen Apologeten, die seine antijüdischen Vorwürfe und Vorurteile widerlegen wollten.[30] Die bedeutendste und auf lange Sicht wirksamste Reaktion auf Bauers Thesen kam jedoch aus seinem eigenen Lager, aus der Feder seines früheren Schülers und Freundes Karl Marx.[31] Die Kontroverse zwischen beiden wandte sich Bauers Aussagen über die Triebkräfte in der Entwicklung von Staat und Gesellschaft zu. Anstatt Bauers Urteile über Judentum und jüdischen Charakter zu besänftigen, schien Marx sie noch zu verschärfen. Aber die persönliche Einstellung von Marx zu Juden und Judentum stellt ein Problem dar, das durch zwei sehr verschiedene Tatsachen kompliziert wird – durch seine jüdische Abstammung und durch seine Anwendung antijüdischer Begriffe bei der Ausarbeitung eines seiner Grundthemen, der Theorie des historischen Materialismus.

Marx stammte aus einer alten Rabbinerfamilie. Die Vorfahren seines Vaters waren einige der berühmtesten Talmudisten des 16. Jahrhunderts in Italien und Polen.[32] Angesichts dieser Tatsache haben einige seiner Biographen versucht, in Marx' Denken talmudische Denkmuster zu entdecken.[33] Aber schon Karls Vater, Heinrich Marx, der Sohn des Rabbiners zu Trier, konvertierte zum Christentum ungefähr in der Zeit, als Karl geboren wurde (1818), und Karl wurde zusammen mit seinen sechs Geschwistern 1824 von ihm getauft. Die Mutter, Tochter des Rabbiners zu Nijmwegen in Holland, folgte ein Jahr später, nach dem Tod ihrer Mutter. Welche jüdischen Züge Heinrich Marx in seiner Jugend auch erworben haben mag, so hat er sich zweifellos bemüht, diese vor seiner Konversion loszuwerden. In einem Memorandum an den Landrat des Rheinlandes 1815, das gerade von Preußen annektiert worden war, appellierte er im Auftrag der jüdischen Gemeinde für die Aufhebung aller Restriktionen jüdischer Rechte – ein Überbleibsel aus der Herrschaft Napoleons, die die Emanzipation der ashkenasischen Juden in Frankreich wie in den besetzten Gebieten sehr beschränkt hatte. In seinem Memorandum bestritt Heinrich Marx, daß es irgendeine jüdische Besonderheit gäbe, die einen besonderen Status rechtfertigen könnte, und seine Argumentation erinnert an die Ideologie der radikalen Assimilationisten. Die preußischen Autoritäten stimmten jedoch nicht zu; sie waren selbst gerade dabei, ihr eigenes Emanzipationsedikt von 1812 zu überprüfen, um seine Geltung einzuschränken. Juden würden zu keiner offiziellen Stellung zugelassen werden, eine Einschränkung, die Heinrich Marx direkt betraf, da sie ihm die Ausübung seines Berufs als Rechtsanwalt unmöglich gemacht hätte.[34]

Angesichts dieser Gefahr, seinen Lebensunterhalt zu verlieren, zog es Heinrich Marx vor, sich taufen zu lassen – ein Schritt, der in seiner rationalistischen Einstellung intellektuell gut zu rechtfertigen war, der gesellschaftlich aber eine beträchtliche Belastung darstellte. Er bedeutete den Übertritt in eine neue Gemeinschaft und zugleich die Trennung seiner Verbindungen mit seinen Freunden und Verwandten, die in der Nähe lebten. Einer der Brüder von Heinrich Marx war der örtliche Rabbiner; der Posten war seit langem in der Hand der Familie Marx. Indem Heinrich Marx den Schritt einer Konversion ohne Überzeugung tat, mußte er mancherlei Bedenken und Hindernisse überwinden. Dies zeigt sich daran, daß er seine Familie erst im Lauf der Zeit nachfolgen ließ. Aber nachdem er den ersten Schritt in diese Richtung getan hatte, mußte er den Weg bis zur logischen Konsequenz zu Ende gehen – um den Preis, daß er eigene Skrupel unterdrückte und bestimmte beschämende Situation vermied.[35] Es gibt sichere Anzeichen in der Korrespondenz zwischen Heinrich und seinem Sohn Karl Marx, daß die Familie eine Vogel-Strauß-Politik verfolgte und die Augen vor der Tatsache der jüdischen Herkunft verschloß, sie nie erwähnte und allergisch reagierte, wann immer sie an diese unerfreuliche Tatsache erinnert wurde, und dies gilt auch für das Verhalten von Karl Marx während seines ganzen Lebens.[36]

Kulturell waren der Vater und noch mehr die Söhne zweifellos von der deutschen Umwelt aufgenommen worden. Das Christentum wurde Karl durch seine Erziehung im humanistischen, aber immer noch religiös orientierten Gymnasium nahegebracht. Wenn diese Erziehung ihn auch nicht zum überzeugten Christen machte, so integrierte sie ihn doch geistig in die Welt des christlichen Denkens. Zu den hier aufgenommenen Elementen gehörte das negative Bild von Juden und Judentum – und dieser Bestandteil seines geistigen Rüstzeugs zusammen mit dem Wissen um seine Verbindung zu der verachteten Rasse erklären größtenteils seine Haltung gegenüber Juden und ihren Problemen. In Marx' Ablehnung des Judentums begegnen wir einer besonderen Art des Antisemitismus, der von persönlicher Betroffenheit und einer Art Selbsthaß belastet ist.[37]

Weil das Problem von Juden und Judentum im Denken von Marx' Vorgängern Hegel, Feuerbach und Bruno Bauer eine so auffallende Rolle spielte, war es unvermeidlich, daß auch er gezwungen war, dazu Stellung zu nehmen. Vor allem Bauers Überlegungen, trotz ihrer abstrakten Formulierung, berührten die praktische Frage der Judenemanzipation in Preußen zum Beispiel; sie wurde auch in der Rheinischen Zeitung diskutiert, deren Herausgeber Marx seit 1842 war.[38] In einem Brief an Arnold Ruge von 1843 schrieb Marx, daß sich der Vorsitzende der jüdischen Gemeinde in Köln an ihn gewandt hatte, die Forderungen der Juden nach voller Emanzipation zu unterstützen. Obwohl Marx für diesen Appell nur Verachtung fühlte, glaubte er doch, daß es politisch zweckmäßig und möglicherweise klug sei, ihm nachzugeben: «So widerlich mir der israelistische Glaube ist, so scheint mir Bauers Ansicht doch zu abstrakt.» Wenn er Bauers Sicht als «zu abstrakt» bezeichnet, dann will er damit sagen, daß die Frage auf der Grundlage der realen Verhältnisse entschieden werden müsse. Bauers Vorwurf, daß die Juden unterlassen hätten, der übrigen Menschheit bei der Überwindung des gegenwärtigen Zustands zu helfen, war keine Rechtfertigung für den halb säkularen, begrenzt liberalen Staat, den Juden die Gleichberechtigung vorzuenthalten. Auch wenn die revolutionären Philosophen den existierenden Staat für vergänglich hielten, sollten sie die Gelegenheit doch nicht außer Acht lassen, ihn für seine Inkonsequenz zu kritisieren. Und die Judenemanzipation war eine Gelegenheit für diese Kritik, die Bauer verpaßt hatte, als er an seinen schlecht begründeten theoretischen Vorstellungen festhielt.

Auf der abstrakt philosophischen Ebene gingen Marx Bauers Gedanken nicht weit genug.[39] Bauer erwartete, daß die Gesellschaft vom Fluch der Religion, der christlichen wie der jüdischen, erlöst werden würde, und daß so ein Staat freier Bürger errichtet werden könnte – frei im geistigen wie im politischen Sinn des Wortes. Der Staat würde weiterhin da sein. Bauer hat das Existenzrecht des Staates nie bestritten, das von Marx dagegen leidenschaftlich zurückgewiesen wurde. Marx bestritt die Fähigkeit des Menschen, sich von der Religion schlicht dadurch zu befreien, daß der staatliche Schutz für die religiösen Institutionen aufgehoben wurde. Er glaubte, daß die Religion in der wirtschaftlichen Verfassung der bürgerlichen Gesellschaft verwurzelt sei, in der jeder einzelne von seinen egoistischen Interessen getrieben sei, ohne aus seinen Aktivitäten eine angemessene Befriedigung dieser Interessen gewinnen zu können. Die einzelnen waren miteinander nur durch den monetären Austausch ihrer Waren und Dienstleistungen verbunden, eine Situation, die Marx als Situation der Entfremdung kennzeichnete, also als das Fehlen von Existenzbedingungen, die der wahren Natur des Menschen entsprachen. Wegen ihrer Widernatürlichkeit konnte die bürgerliche Gesellschaft nur mit Hilfe von zwei Instrumenten funktionieren, des Staates und der Religion. Der Staat sicherte eine funktionierende Gesellschaft durch die Ausübung seiner Zwangsgewalt, während die Religion mit ihren Illusionen dem Menschen einen Ersatz für das bot, was ihm durch die Entfremdung fehlte. Religion und Staat waren bestimmt zu verschwinden, wenn die Gesellschaft selbst zu einem Zustand zurückkehrte, der mit der wahren Natur des Menschen übereinstimmte und der Aufhebung der Entfremdung in all ihren Erscheinungsformen folgen würde, mit allen praktischen und geistigen Folgen. Marx glaubte, daß mit dieser neuen Gestalt im Leben der Menschheit die einzelnen spontan als komplementäre Teile eines harmonischen Apparats funktionieren würden. Die Trennung zwischen verschiedenen Religionen und Klassen würden dann verschwinden; die Unterschiede zwischen Juden und Nichtjuden würden sich verwischen. Die Lösung aller jüdischen Probleme wurde damit in diese zukünftige Utopie verlagert. Aber in der Zwischenzeit diente die Utopie als Ausgangspunkt für eine tödliche Kritik an der unerlösten Wirklichkeit der bürgerlichen Gesellschaft; und eine der Hauptlinien der Kritik war die Identifizierung dieser Gesellschaft mit dem Wesen des Judentums.

Es ist völlig zufällig, daß Marx seine geschichtliche Analyse, die zum Kern seiner sozialistischen Lehre werden sollte, erstmals als Anhang einer Polemik über die Judenfrage ausgeführt hat. Diese Vermischung beider

Themen trug zur Klärung jedes einzelnen nichts bei. Sicher, jeder, der sich für die Entwicklung von Marx' sozialistischer Theorie interessiert, kann von ihrer Verbindung mit der Judenfrage absehen, und viele seiner Anhänger taten dies, sie sahen in seinen Aussagen zur Judenfrage nur eine leere, entbehrliche Schale.[40] Vom biographischen Standpunkt aus – und sicherlich im Rahmen unseres Themas hier – ist die Verbindung beider Themen keineswegs irrelevant, wenn die Überlieferung des negativen Bildes von Juden und Judentum durch die Generationen dargestellt werden soll. Auch wenn es ein Zufall war, daß Marx beide Fragen vermischte, dann ist es doch nicht zufällig, sondern sehr bezeichnend, wie er das tat. Marx passierte das gleiche wie Toussenel, der sein Buch zwei Jahre später schrieb, ohne von Marx beeinflußt zu sein. Als Marx die kapitalistische Gesellschaft angriff, da griff er zum verbreiteten Negativbild vom Judentum und zwang es einer Gesellschaft auf, von der die Juden ein Teil waren:[41]

«Welches ist der weltliche Grund des Judentums? Das *praktische* Bedürfnis, der *Eigennutz*.

Welches ist der weltliche Kultus des Juden? Der *Schacher*.

Welches ist sein weltlicher Gott? Das *Geld* ... Die Emanzipation vom *Schacher* und vom *Geld*, also vom praktischen, realen Judentum, wäre die Selbstemanzipation unserer Zeit.»[42]

Diese Sätze erhellen beide Aspekte, den antikapitalistischen und den antijüdischen, in Marx' Thesen zur Judenfrage. Die bürgerliche Gesellschaft ist mangelhaft, weil sie vom Handel abhängt, vom Austausch der Produkte und Arbeit des einen für die seines Nachbarn. Hier wird Handel nicht als solcher bezeichnet, sondern mit dem herabsetzenden Begriff «Schacher», der normalerweise, wie wir sahen, für den verächtlichen Handel der Juden gebraucht wird. Ein anderer Fehler der bürgerlichen Gesellschaft ist, daß die einzelnen nur aus Selbstinteresse arbeiten, womit das egoistische Prinzip herrschend wird. Aber dieses Prinzip wird hier nicht als allgemein menschliches Versagen dargestellt, sondern als wesentlich jüdische Eigenschaft. Wenn Marx Handel mit *Schacher* gleichsetzt, dann folgt er der volkstümlichen antijüdischen Sprachtradition, und wenn er Egoismus zum jüdischen Kennzeichen macht, dann folgt er damit Ludwig Feuerbach, seinem Vorläufer in der philosophischen Kritik. Die Begriffe *Schacher* und *Eigennutz*, mit Judentum verbunden, dienen offenbar dazu, das Wesen der bürgerlichen Gesellschaft zu erläutern, zugleich spiegeln sie aber das Wesen des Judentums wider. Dieses Wesen kommt in der wirtschaftlichen und gesellschaftlichen Funktion der Anhänger der jüdischen Religion zum Ausdruck, aber die Religion selbst ist nur eine ideologische Spiegelung der sozio-ökonomischen Realität. Diese These, die im wiederholten Gebrauch des Wortes «weltlich» in den zitierten drei Fragen anklingt, wird in dem Satz erklärt, den Marx den drei Fragen voranstellt: «Suchen wir das Geheimnis des Juden nicht in seiner Religion, sondern suchen wir das Geheimnis der Religion im wirklichen Juden.» Die Idee hinter diese Formulierung wird von Marx auf alle Religionen angewandt, ja auf den gesamten geistigen Apparat des Menschen in den unerlösten Verhältnissen der bürgerlichen Gesellschaft. Aber die Entwurzelung der Religion und ihre Reduktion auf die Ebene menschlichen Selbstbetrugs wird eben in der Anwendung auf die jüdische Religion verdeutlicht.[43] Somit zieht sich ein deutlich antisemitischer Ton durch Marx' brillanten Aufsatz.[44] Dieser erregte bei Juden weniger Aufmerksamkeit als die Arbeit Bruno Bauers, die ihm voranging. Aber im Lauf der Zeit erwies sich Marx' Aufsatz als einflußreicher. Hier lernten sozialistische Denker wie Lenin das Judentum als Inkarnation des Kapitalismus anzusehen, hier fanden sie die Rechtfertigung, sein Verschwinden zu wünschen und sogar sein Ableben aktiv zu beschleunigen.

14. Das Ärgernis jüdischer Künstler. Richard Wagner

Obwohl die antijüdische Bewegung im späten 18. und frühen 19. Jahrhundert aus Quellen einer weit zurückliegenden Vergangenheit gespeist wurde, erhielt sie doch ihre Stoßkraft aus dem, was gegenwärtig geschah: dem Kampf der jüdischen Gemeinschaft, in Staat und Gesellschaft als gleichberechtigt mit anderen Gruppen und Religionen aufgenommen zu werden. Der Widerstand und die Ablehnung gegen diesen Kampf bestimmte die gesellschaftlichen und politischen Ziele der antijüdischen Angriffe und verlieh ihnen ihre ideologische Färbung.

In den dreißiger Jahren des 19. Jahrhunderts trat eine neue Quelle für die Judenfeindschaft ans Licht. In dieser Zeit erschien eine erste Gruppe jüdischer Denker, Schriftsteller und Künstler in der Öffentlichkeit und wollte zur Kenntnis genommen werden. Vorher hatte es nur einzelne Ausnahmen wie Moses Mendelssohn oder Saul Ascher gegeben, die aufgrund persönlicher Anstrengungen und wegen ihrer herausragenden Fähigkeiten erfolgreich Anteil am deutschen Geistesleben gehabt hatten. Obwohl auch ihr Auftreten zu feindseligen antijüdischen Reaktionen geführt hatte, kam diesen Reaktionen jedoch, weil beide Männer so außergewöhnlich waren, nur mindere Bedeutung zu.[1] In den dreißiger Jahren trat jedoch eine Generation hervor, die seit frühester Kindheit an der kulturellen Annäherung zwischen Juden und Nichtjuden teilhatte. Sie hatten moderne jüdische oder deutsche Schulen und Universitäten besucht oder waren von Privatlehrern unterrichtet worden, wie es in den wohlhabenden Familien der deutschen Gesellschaft üblich war. Zwar genoß nur eine Minderheit der Juden diese moderne Erziehung, aber diese Minderheit war groß genug, um eine beträchtliche Anzahl begabter Denker und Künstler hervorzubringen, deren Erscheinen in der deutschen Öffentlichkeit nicht übersehen werden konnte. Zu ihnen gehörten einige, deren Wirkung auch von der Nachwelt nicht vergessen wurde: die Dichter Heinrich Heine und Ludwig Börne, die Komponisten Felix Mendelssohn und Giacomo Meyerbeer. Andere, die heute vergessen sind, waren bedeutend genug, daß der jüdische Beitrag zu Literatur, Publizistik und Musik bemerkt werden mußte, zu ihnen gehören Moritz Gottlieb Saphir und Berthold Auerbach sowie der Komponist Ferdinand Hiller.[2]

Etwa zwei Drittel von ihnen konvertierten zum Christentum, aber nur selten aus Überzeugung. Die meisten trafen diese Entscheidung aufgrund einer kühlen, rationalen Überlegung nach einer Zeit der Entfremdung von den jüdischen Ursprüngen und einer gleichzeitigen Anpassung an die Kultur der nichtjüdischen Umwelt. Die Konversion verwandelte diese neuen Christen geistig nicht, und sie führte auch nicht zur gesellschaftlichen Integration. Sie galten weiterhin als Juden, zumindest hießen ihre Werke bei denen «jüdisch», die dem Eindringen jüdischer Elemente in die deutsche Kultur ablehnend und mißtrauisch gegenüberstanden.

Die Ablehnung einer Teilnahme von Juden am Kulturleben mußte anders begründet werden als die gegen das jüdische Streben nach politischer und gesellschaftlicher Gleichberechtigung. Die Gegner des jüdischen Bürgerrechts führten angebliche Charaktermängel der Juden an, die Unfähigkeit des toratreuen Juden etwa, seinem Vaterland als Soldat zu dienen, mangelnde wirtschaftliche Produktivität, Unzuverlässigkeit im sozialen Verhalten, zu starke Verbindung mit der eigenen Gruppe und moralische Indifferenz gegenüber allen Fremden. Mit diesen angeblichen Wesenszügen der Juden konnte gut begründet werden, warum sie gesellschaftlich und politisch weiterhin separat bleiben sollten. Weil die jüdischen Intellektuellen und Künstler aber als Individuen auftraten, schien es so, als hätten sie die Hindernisse umgangen, die dem Eintritt der Juden in die Gesellschaft im Wege standen.

Es gehört zum Wesen moderner Gesellschaften, daß kulturelle Funktionen – das Verfassen und Veröffentlichen von Büchern, das Schreiben von Theaterstücken oder Musik – nicht an geschlossene Institutionen geknüpft sind; die Werke und Darstellungen werden für einen offenen Markt aller kulturell Interessierten geschaffen, ganz im Unterschied zu feudalen oder halbfeudalen Zeiten, in denen dies alles von der Hilfe und Unterstützung durch Könige oder Fürsten abhing. Der freie Markt für kulturelle Produktionen öffnet die Kultur für eine Teilnahme von Juden, dies gilt auch für alle anderen Bereiche, in denen ein mehr oder weniger freier Wettbewerb vorherrschte. Zugleich verlangte der freie Wettbewerb nach freier Kritik, und die freie Kritik diente denen, die eine Teilnahme von Juden am Kulturleben ablehnten, als Mittel, ihren Ansichten Gehör zu verschaffen.

Weil kulturelle Ereignisse der freien Kritik ausgesetzt waren, konnten die Kritiker den öffentlichen Geschmack lenken, letzter Richter im Wettstreit. Dieser Wettstreit ermöglichte es Juden, ihren Mut zu beweisen und objektiv aufgrund ihrer individuellen Erfolge beurteilt zu werden. Im Ganzen erwies sich die kulturelle und künstlerische Aktivität zweifellos als günstig für die Juden. Einige jüdische Schriftsteller, Komponisten und Schauspieler wurden prominent, zogen die Aufmerksamkeit der Öffentlichkeit und die Achtung der Kritiker auf sich. Daß sie Juden waren, wurde übersehen oder ignoriert, zumindest von ihren Bewunderern, und wer Einwände gegen sie hatte, gründete sein Urteil auf objektive Kriterien.

Es gab jedoch bedeutende Ausnahmen von dieser Regel. Mancher, der Mängel an der Arbeit der Juden fand, schrieb diese dem jüdischen Ursprung der Verfasser zu. Dies geschah am deutlichsten, als eine Gruppe Schriftsteller ans Licht trat, die sich «Das junge Deutschland» nannte. Angeführt von Karl Gutzkow und Heinrich Laube gehörten zum jungen Deutschland zwei der herausragenden jüdischen Dichter jener Zeit, Heinrich Heine und Ludwig Börne, die zwar beide getauft waren, aber sich selbst weiterhin als Juden ansahen, auch von anderen so gesehen wurden.[3]

Schon der Name der Gruppe zeigt, daß ihre Mitglieder sich als eine Avantgarde sahen, die eine Verjüngung Deutschlands ankündigte. Der erhoffte Erneuerungsprozeß betraf vor allen zwei Gebiete, das politische und das geistige Leben. Das Junge Deutschland wollte, daß eine radikale Demokratie an die Stelle der autoritären Fürstenherrschaft treten sollte. Im Geistigen hatten sie die Utopie eines freien Lebens – von dem sie glaubten, daß es ein solches im antiken Griechenland gegeben habe –, frei von der Last christlicher Dogmen und Tabus, eine Emanzipation des Fleisches.

Natürlich riefen diese Ideen lautstarke Proteste der Konservativen hervor. Der Gegenangriff wurde teilweise persönlich, wenn das junge Deutschland beschuldigt wurde, daß es die materielle und die moralische Kraft Deutschlands unterminieren wolle. Und charakteristischerweise bezog dieser Angriff, vor allem, wenn er sich gegen eines der jüdischen Mitglieder der Gruppe richtete, Judentum und Juden ganz allgemein in das Umfeld seiner Kritik hinein.

Dr. Eduard Meyer aus Hamburg legte sich mit Ludwig Börne an, als dessen «Briefe aus Paris» veröffentlicht wurden.[4] Aus seinem mehr oder weniger freiwilligen Exil in Paris sandte Börne seine Geschoße gegen die Bollwerke der deutschen Gesellschaft, er geißelte die politische Rückständigkeit in Deutschland, die in seiner Sicht nur den trägen Charakter der deutschen Philister widerspiegelte. Die sarkastischen Ausfälle Börnes regten zweifellos viele Deutsche auf, und indem Meyer seinem Zorn Luft machte, konnte dieser Gymnasiallehrer aus Hamburg gewiß sein, daß er im Namen vieler seiner Landsleute sprach.

Meyers Schrift, trotz ihres Titels «Gegen L. Börne, den Wahrheit-, Recht- und Ehrvergessenen Schriftsteller aus Paris», behandelte nicht nur Börne. Heinrich Heines *Reisebilder*, zwei oder drei Jahre zuvor erschienen, hatten ebenfalls Meyers Zorn erregt, vermutlich wegen der Scherze zu

Lasten christlicher religiöser Symbole. Börne hatte nun die Frechheit besessen, den verehrungswürdigsten Dichter Goethe, «Stolz und Krone unseres Volkes», herabzusetzen, ihn vom Sockel zu stoßen und zwei Juden, Heine und Moritz Saphir, an seine Stelle zu setzen. Saphir, der zwar getauft war, doch seinen jüdischen Hintergrund nie verleugnete, ist heute vergessen, aber zu seiner Zeit (1795-1858) war er höchst erfolgreich. Ihn in einem Atemzug mit Goethe zu nennen, kann dennoch durchaus als Geschmacksverirrung bezeichnet werden. Meyers Einwand war jedoch weder ästhetisch noch literarisch. Er nahm Anstoß an Börnes politischen Ideen und wehrte sich gegen die Art, wie sie vorgetragen wurden, und die Leidenschaft seiner Ablehnung wurde noch durch seine Überzeugung verstärkt, daß Börne und seinesgleichen kein Recht hatten, sich in deutsche Angelegenheiten einzumischen. Börne nannte sich selbst einen Deutschen, aber Meyer forderte ihn «in aller Höflichkeit» auf, hiervon Abstand zu nehmen, denn nicht der zufällige Geburtsort mache jemanden zum Deutschen, sondern «deutsche Gesinnung und Vaterlandliebe». Dies klingt, als ob Meyer Börne das Recht bestreitet, sich als Deutschen zu bezeichnen, weil sein persönliches Verhalten diesem nicht entspreche. Aber als er Börnes unpatriotische Arroganz angreift, enthüllt Meyer, was besser verborgen geblieben wäre:

«Börne ist Jude wie Heine, wie Saphir. Getauft oder nicht, das ist dasselbe.» Es sei nicht richtig, den Begriff Jude als Gegenbegriff zu Christ zu benutzen: «Er bezeichnet nicht nur die Religion, sondern eine Nationalität.» «Wir hassen nicht den Glauben der Juden, wie sie uns glauben machen möchten, sondern die vielen häßlichen Besonderheiten dieser Asiaten, die nicht mit der Taufe abgelegt werden können: die häufig auftretende Schamlosigkeit und Arroganz bei ihnen, die Unanständigkeit und Frivolität, ihr vorlautes Wesen und ihre häufig schlechte Grundeigenschaft.»[5]

Börne wurde also nicht wegen seines Verhaltens abgelehnt, jedenfalls nicht deshalb allein. Sein Verhalten bot vielmehr Gelegenheit, die verhaßten Züge aufzuzeigen, die alle Angehörigen seines Volkes teilten. Meyer beeilt sich hinzuzufügen, daß dies Urteil über Juden im allgemeinen nicht die Möglichkeit ausschließt, daß es auch einzelne edlere unter ihnen geben könne. Er selbst kenne solche Juden und würde sich freuen, mehr kennenzulernen. Aber die Ausnahmen machten das Urteil über die Gesamtheit nicht ungültig.[6]

Im Fall Börne und Heine findet Meyer noch andere, erschwerende Umstände, weshalb er sie verdammt. Nicht genug, daß sie das deutsche Volk – zu dem zu gehören sie vorgäben – verleumdeten, sondern sie zeigten auch noch Verachtung für ihre Brüder, die Juden. Juden wie Deutschen gleichermaßen entfremdet, seien sie zu «geschmacklosen Mitteldingern» geworden, die alle Bande der Pietät gelöst hätten. «Sie gehören zu keinem Volk, zu keinem Staate, zu keiner Gemeinschaft; sie fahren durch die Welt wie Abenteurer.» Überall tauchten sie auf, um sich dadurch interessant zu machen, daß sie alles schlecht machen.[7] Dies ist eine zwar feindselige, aber nicht völlig falsche Beschreibung der entwurzelten jüdischen Intellektuellen, für die die Loslösung aus der traditionellen jüdischen Gesellschaft eine tiefe Bedeutung hatte. Auf jeden Fall kannte Meyer die Stellung von Männern wie Börne oder Heine, die sich gesellschaftlich von ihrer Ursprungsgruppe soweit entfernt hatten, wie sie ihrer Zielgruppe fremd blieben. Aber indem er ihre gesellschaftlich schwierige Situation wie ihre individuellen Charakterzüge beiseite ließ, schrieb Meyer alles, was er ablehnte, ihrer jüdischen Herkunft zu.

Meyers Kritik zielte auf jüdische Intellektuelle als solche. Es sollte noch schlimmer kommen, als Aktivitäten von Schriftstellern wie Börne und Heine in der breiten Öffentlichkeit mit dem «frechen» Jungen Deutschland gleichgesetzt wurden. Daß die Äußerungen dieser Gruppe, die gegen das gesamte herrschende Wertesystem gerichtet waren, die konservativeren Teile der deutschen Gesellschaft in Wut versetzen würden, war zu erwarten. Es kann auch nicht überraschen, daß diese Kreise alles ihnen Mögliche tun würden, um das Junge Deutschland schlechtzumachen. Seltsam ist jedoch, daß das Junge Deutschland – trotz überwiegend nichtjüdischer Mitglieder und Anführer – als eine jüdische Erfindung bekannt wurde. Dies läßt sich an Wolfgang Menzel belegen, einer der wichtigsten Gestalten der Zeit.[8]

Menzel war ein wichtiger Literaturkritiker, der sich der nationalen Sache verpflichtet fühlte, seit er in seiner Jugend an den patriotischen Aktivitäten von Schülern und Studenten in den Burschenschaften teilgenommen hatte, die sich nach den Befreiungskriegen abspielten. (Die Schüler wollten eine nationale Erziehung durch körperliche Ertüchtigung, die Burschenschafler durch Kameradschaft in den Studentenvereinigungen.) Trotzdem verband Menzel seinen Patriotismus mit einer aufrechten Verteidigung fortschrittlicher Anliegen in Staat und Gesellschaft. Er verspottete die Gegner der jüdischen Emanzipation in einer geistreichen Erwiderung auf Paulus' Behauptung, daß Juden unfähig seien, in eine nichtjüdische Gesellschaft überzugehen. 1835 erstaunte Menzel seine jüdischen Bewunderer allerdings, als er die Nähe des Jungen Deutschland mit den Zielen Heines erwähnt und fragt, was die Judenheit sich von solcher «literarischen Unfähigkeit» im Blick auf die Emanzipation erhoffe, denn eigentlich sei das Junge Deutschland richtiger als «junges Palästina» zu bezeichnen; außerdem schreibe die Öffentlichkeit alles Schlechte in der Propaganda aus Frankfurt dem Judentum zu.[9] (Letzteres bezieht sich auf die Aktivitäten einiger radikaler Republikaner in Frankfurt.) In einem Versuch, diese Grobheit zu rechtfertigen, erinnert Menzel seine Leser dann an seine vorbehaltlose Unterstützung der jüdischen Emanzipation, eine Sache, die durch eine Verbindung von Juden mit anfechtbaren Ideologien allerdings verdunkelt würde.

Menzel führt keinerlei Beleg dafür an, warum er das Junge Deutschland mit Juden identifizierte, andere taten dies, manche unter seinem direkten

Einfluß. 1836 erschienen zwei anonyme Pamphlete, die die verhaßte Bewegung angriffen. Das «Votum über das junge Deutschland» konzentrierte sich auf Karl Gutzkow, den Kritiker des Christentums, und beschuldigte ihn, veraltete Ideen der Rationalisten des 18. Jahrhunderts wiederbeleben zu wollen. Dann wechselt die Richtung, um eine andere Quelle für die antichristlichen Tendenzen des Jungen Deutschland zu benennen. Sind es nicht «die Kinder Israels», mit denen diese jungen Kosmopoliten so viel Sympathie und «Wahlverwandschaft» zeigen? Gutzkow sei vom rechten Weg abgekommen, als er jüdische Autoren in seinen «Briefen aus Berlin» zitierte, als er ein Drama über Uriel Acosta schrieb, die Rothschilds in einer Biographie schilderte und Wolfgang Menzel wegen der antijüdischen Ausfälle kritisierte. Und wenn Gutzkow von Jesus spräche, dann so negativ, als sei er ein jüdischer Apostat. Der Verfasser dieser Streitschrift behauptet, daß Gutzkows Mentalität übernommene jüdische Charakterzüge zeige: «der ätzende und fressende Intellekt, der nach Leo ein charakteristisches Merkmal des Judenthums» sei.[10] So gezwungen diese Beschreibung angeblich jüdischer Eigenschaften an einem nichtjüdischen Schriftsteller sein mag – vielleicht auch gerade deshalb? –, sie ist ein bezeichnender Beleg für die Tendenz, jüdischen Einfluß überall da zu finden, wo man etwas Schlechtes oder der deutschen Mentalität Fremdes aufdeckte.

Diese Tendenz wird in der zweiten Streitschrift «Die Jeune Allemagne in Deutschland» noch deutlicher und offener, die Samuel Gottlieb Liesching zugeschrieben wird. Schon im Titel zeigt sich, daß die ganze Bewegung des Jungen Deutschland hier als eine Übernahme französischer Ideen und Einstellungen dargestellt ist. Die Schrift ist voll offener Feindschaft gegen Franzosen und einer unqualifizierten Verherrlichung der Deutschen. Erstere sind oberflächlich, frivol, ohne jene Religiosität, «aus der alles Bessere stammt»; letztere sind das genaue Gegenteil, ein Volk, «das in seiner tiefen Religiosität einen festen Halt für seine äußere wie innere Wohlfahrt findet», für seine Geschichte, seine Politik und seine nationale Besonderheit. Darum müsse man das deutsche Volk nach seinen Möglichkeiten beurteilen. Wo es um Tatsächlichkeiten geht, findet Liesching auch in seinem eigenen Land Anzeichen der Feigheit, «verstärkt durch niedrigste Selbstsucht, durch Geld und Genuß ... ein Markt leerer Köpfe und voller Bäuche». Während solche Erscheinungen bei den Franzosen aber als inhärent beurteilt werden, werden sie bei den Deutschen unglücklicher Pflege fremder Gewohnheiten zugeschrieben. Liesching spricht von einer moralischen Stagnation, von «französischem Geist und französischen Manieren», die durch Journalismus, Theater und Literatur der deutschen Öffentlichkeit nahegebracht werden.[11]

Natürlich erhebt sich die Frage, wer die Agenten sind, die dieses «gallische Gift» übertragen? Es können keine Deutschen sein, ihr Schamgefühl und Gewissen würden sich dagegen wehren. Die Franzosen andererseits sind mit der deutschen Sprache und Literatur nicht genügend vertraut, um sie als Mittel zu nutzen. Es gibt aber noch eine dritte Gruppe, denen habe man «um der Menschlichkeit willen» Bürgerrechte gegeben. Ihre Ausdauer sei durch «bittere Schicksale» gestählt, ihr Geist durch zahllose Kämpfe verfeinert, sie hätten ein vielfältiges Talent, «das alles möglich mache außer dem, was ihnen durch die mühsam errungene Emanzipation gegeben sei» – sich zu ent-nationalisieren, nicht länger zu sein, was Geschichte, Religion und innerste Natur erforderten: die Juden. Die Übertragung des französischen Geistes nach Deutschland ist das Werk der Juden, die dafür gut geeignet sind, weil französische und jüdische Mentalität so ähnlich sind. Das hervorstechende Merkmal des jüdischen Wesens ist die Neigung zur Verneinung – möglicherweise ein Ergebnis der Verfolgungen, die sie durch Christen erfuhren, wie Liesching zugunsten der Angeklagten einräumt. Für andere Wesenszüge greift Liesching auf einen Begriff von Heinrich Leo zurück, den «ätzenden Intellekt». Er ist das Mittel der jüdischen Erfolge, deren jüngster «die magische Begabung (sei), aus Papier Gold zu machen», eine Anspielung auf Geschäfte mit Aktien und Sicherheiten. Zugleich wird der jüdische Erfolg durch einen «grandiosen moralischen Betrug» möglich, durch die Fähigkeit der Juden, dem Namen nach sich anderen Völkern anzupassen, aber nicht im Wesen.[12]

Als Grundthese dieses Autors erscheint die Vorstellung, daß die Juden, nachdem sie in die umgebende Gesellschaft aufgenommen worden waren, ihre zerstörerischen Fähigkeiten in einem Maße ausüben konnten, wie es früheren Generationen nicht möglich war. Mit starken, aufwühlenden Bildern greift Liesching auf die mittelalterlichen Vorstellungen von den Juden zurück, die die Brunnen vergifteten und Pest hervorriefen. Zu jener Zeit war dies eine Erfindung der Volksphantasie, aber «die Lüge sollte Wahrheit werden», denn die Verkehrung des keimenden deutschen Nationalgefühls kommt der Vergiftung der Quellen all dessen gleich, was in Leben, Kunst und Literatur «schön und bekömmlich» ist.[13] Obwohl das Junge Deutschland von Liesching auf französische Ursprünge zurückgeführt wird, macht er letztlich die Juden dafür verantwortlich. Offenbar hatte Liesching es nicht nötig, die jüdischen Mitglieder dieser Gruppe mit Namen zu nennen; er hat schlicht den Geist der Gruppe als jüdisch erkannt. Und weil dieser Geist als unmoralisch und zerstörerisch angesehen wurde, konnte er mit dem idealisierten Bild des deutschen Wesens nicht übereinstimmen. Und weil dieser Geist in der deutschen Gesellschaft nur durch äußeren Einfluß wirksam werden konnte, mußten die Juden eben der Träger des Übels sein, weil sie innerhalb der deutschen Gesellschaft arbeiteten.

Dieses im Stil schwerfällige Produkt wäre wohl kaum beachtet worden, hätte Wolfgang Menzel es in seinem *Literaturblatt* nicht besprochen und gelobt. Menzel scheint den Verfasser gekannt zu haben, denn er nennt ihn den Vertreter einer neuen Generation. Und Menzel erklärt auch, daß auch er die Juden für die Äußerungen des Jungen Deutschland verantwortlich macht, weil diese Gruppe den geborenen Juden Heine so bewundert: «Das Junge Deutschland schwört bei nichts Höherem als Heine.» Menzel gesteht zu, daß Heine keineswegs ein politischer oder geistiger Führer hatte werden wollen. Es waren seine Bewunderer, die ihn als solchen sahen und ihn an Radikalismus noch übertrafen – so wurde Heine aus dem Dichter, der er war, ohne sein Wissen in einen «großen Philosophen und Erneuerer der gegenwärtigen Weltsicht» verwandelt, jedenfalls durch Wienbarg. Wienbarg war einer der Ideologen des Jugen Deutschland.[14]

Der Angriff von Wolfgang Menzel war wegen seiner großen Bedeutung besonders schmerzlich für die jüdischen Intellektuellen, die ihre Grundüberzeugungen durch die Schmähschriften angegriffen sahen. Ihre Gefühle wurden von Berthold Auerbach und Jacob Weil in ihren Erwiderungen 1836 ausgesprochen. Auf die früheren Angriffe von Eduard Meyer in Hamburg antwortete Gabriel Riesser.[15] Diese Vorkämpfer der gesellschaftlichen und politischen Emanzipation der Juden hatten ihre Hoffnung darauf gesetzt, daß das Judentum als bloß religiöse Konfession akzeptiert werden könne. Darum kämpften sie gegen eine Identifizierung der Judenheit mit einzelnen, die einen anderen Glauben angenommen hatten. Sie standen zu den liberalen Grundprinzipien, wozu die Verantwortlichkeit des einzelnen gehörte, und so konnten die jüdischen Vertreter ihre Gegner leicht tadeln, daß sie die Fehler einiger weniger einzelner der ganzen Gemeinschaft zuschrieben. Diese Verteidiger der jüdischen Sache glaubten, daß sie ganz in Übereinstimmung mit dem herrschenden Zug der Zeit seien – und wir werden noch sehen, warum ihre Argumentation den Punkt gerade nicht traf und deshalb wirkungslos blieb. Die Argumente ihrer Gegner waren nicht, wie man hätte glauben können, der kleine Rest vergangener Vorurteile. Sie wurden oft wiederholt, sie verschwanden keineswegs, sondern erreichten einen Höhepunkt in der Theorie Richard Wagners nach der Revolution von 1848, jenem Ereignis, das das Ende der liberalen Epoche in seinem Leben wie im Leben vieler seiner Zeitgenossen bedeutete.

Es kennzeichnet die Schärfe der antijüdischen Stimmung, die aus den Angriffen auf das Junge Deutschland erwuchs, daß Heinrich Laube, einer der ersten Führer dieser Bewegung, ein Jahr vor der Revolution in die Reihen der Gegner überlief. In der Einleitung zu seinem Drama *Struensee* berichtet Laube von einem Konflikt mit Giacomo Meyerbeer über ein Drama gleichen Namens, das der Bruder des Komponisten, Michael Beer, verfaßt hatte. Als Laube Meyerbeer seine Absicht mitteilte, eine Variation des Werks seines Bruders zu verfassen, tat der Komponist alles in seiner Macht Stehende – und im Blick auf seine Stellung unter Künstlern und seine guten gesellschaftlichen Verbindungen war dies sehr viel –, um zu verhindern, daß Laubes Drama von irgendeinem Theater gespielt würde. Laube nennt diese Intervention des eifersüchtigen Bruders «Kaufmannskonkurrenz», die mit den «guten Sitten unter deutschen Dichtern» nicht vereinbar sei. Natürlich war Meyerbeer ein nicht konvertierter Jude, zudem war er an die Konkurrenz in der Welt der Pariser Oper gewöhnt.[16]

Es ist unmöglich festzustellen, was an Laubes Bericht der Wahrheit entspricht. Uns interessiert hier die Schlußbemerkung Laubes: «In jüngster Zeit ist ein fremdes Element überall in unsere Mitte eingedrungen. Das ist das jüdische Element. Ich nenne es bewußt ein fremdes, denn die Juden als orientalisches Volk sind von uns heute so geschieden wie vor zweitausend Jahren.» Dann versichert Laube dem Leser, daß er kein Gegner der Judenemanzipation sei – er sei es auch nie gewesen: «Als Mitmenschen haben die Juden das Recht auf menschliche, also bürgerliche Rechte.» Radikale Emanzipation ist in der Tat die einzige Möglichkeit, das Abstoßende am jüdischen Wesen zu entfernen: «Entweder wir werden zu Barbaren und vertreiben die Juden bis auf den letzten Mann, oder wir nehmen sie auf.» Aber sein Vertrauen auf die vorgeschlagene Lösung war nicht stark genug, um seine Haltung gegenüber dem, was er am jüdischen Verhalten abstoßend fand, zu unterdrücken. Laube nimmt die Berliner Judenheit als Beispiel für das, was am jüdischen Wesen allgemein schlecht sei. Das Leben in Berlin ist nicht organisch; selbst das geistige Leben dort ist das Ergebnis mechanischer Kräfte, nicht eines echten, natürlichen Wachstums. Die Judenheit empfände dies als die angemessene Lebensatmosphäre, denn das Judentum, auch in seinen besten Zügen, könne niemals ein «organisches deutsches Wesen» haben.[17]

Von diesem etwas gewundenen Versuch, das jüdische Wesen zu enthüllen, kommt Laube zum wirklichen Ziel seiner Ausführungen, der moralischen Verurteilung seines Gegners: «Aus diesem Element des Judentums, des Berliner Judentums im besonderen, leitet sich die Methode des Herrn Meyerbeer ab, die er in unsere literarische Welt einführt und die wir als uns fremd und abstoßend zurückweisen.» Zwar seien auch deutsche Künstler nicht frei von Neid, aber diese «häßliche Erbschaft der menschlichen Natur» könne doch, wenn schon nicht überwunden, wenigstens niedergehalten werden – dies seien deutsche Künstler gewohnt zu tun. Was dem deutschen Wesen völlig entgegengesetzt sei, sei «der offene Schacher» mit Werken der Kunst und Wissenschaft, die Methode Meyerbeers und seiner jüdischen Genossen. Damit wird der negative Begriff des «Schacher», der schon für die Geschäfte von Juden verwendet wurde, wie wir sahen, auf die jüdische Kunst übertragen.[18]

Allerdings scheint Laube einige Gewissensbisse über die moralische Berechtigung seiner Verallgemeinerungen gespürt zu haben. Zumindest schließt er seine Bemerkungen damit, daß er das jüdische Wesen nicht für unverbesserlich halte. Es gibt einen Weg, «den jüdischen Anstoß» in der Literatur zu entfernen, wie es Berthold Auerbach gelungen sei, «der in sich selbst diesen uns so widerwärtigen Anstoß völlig beherrscht». Auerbach habe dies dadurch erreicht, daß er die Atmosphäre der Kaffeehäuser und Börsen völlig meide und sich in «die keusche Einsamkeit des Landlebens» zurückziehe. Ein anderes Beispiel ist Gabriel Riesser. Wie Riesser diese moralische Verwandlung geschafft habe, wird nicht gesagt. Aber er, Auerbach und ihresgleichen, hätten gezeigt, daß für «zutiefst kultivierte jüdische Naturen» eine Anpassung der Juden möglich sei.[19]

So schwach und konfus Laubes Argumentation auch sein mag, sie belegt sehr deutlich die Tendenz bei Intellektuellen, wirkliche oder angebliche Schwächen jüdischer Konkurrenten deren Judesein zuzuschreiben. Laube erklärte, daß jetzt jeder Dichter das «Eindringen jüdischer Maximen in sein Gebiet» aufzeigen könne.[20] Damit wollte er sagen, daß seine Erfahrung mit Meyerbeer von anderen nichtjüdischen Intellektuellen mit Juden wiederholt werden könnte. Natürlich mußte mit einer wachsenden Zahl von Juden im künstlerischen und literarischen Leben die Möglichkeit zum Konflikt zwischen ihnen und den Nichtjuden zunehmen. Und weil die moralische Minderwertigkeit des Juden ein gängiges Vorurteil war, lag es nur zu nahe, daß die nichtjüdische Seite in einem Konflikt darauf zurückgriff. Sie blieb so vor jeder Selbstkritik bewahrt, brauchte sich auch nicht der Mühe zu unterziehen, die individuellen Eigenschaften oder besonderen Gründe der anderen Seite zu untersuchen. Das geschah Heinrich Laube und später, auf höherer Ebene und mit weiterreichenden Folgen, Richard Wagner.

Das Leben Richard Wagners zerfällt in zwei Teile, mit dem Wendepunkt nach der Revolution 1848 – einem Wendepunkt in seinem musikalischen Schaffen wie in seinen politischen und gesellschaftlichen Einstellungen. Die politische Wende ist durch einen ersten Ausbruch an antijüdischen Gefühlen gekennzeichnet, der in seinem «Das Judenthum in der Musik» niedergelegt ist, einem 1850 anonym veröffentlichten Aufsatz in der *Neuen Zeitschrift für Musik.*[21] Bis zu diesem Zeitpunkt lassen sich keine antijüdischen Handlungen oder Äußerungen Wagners belegen. Er hatte Kontakt zu vielen jüdischen Zeitgenossen, getauften und ungetauften: Heinrich Heine und Berthold Auerbach bei den Dichtern, Felix Mendelssohn, Giacomo Meyerbeer und Ferdinand Hiller bei den Komponisten. Es gab einige sonst unbekannte jüdische Bewunderer, an die sich Wagner um finanzielle Unterstützung wendete, so unbefangen wie an andere Bekannte. Wagner verdankte Meyerbeer dringend benötigte berufliche Hilfe und moralische Unterstützung in seinen ersten Versuchen, als Musiker von Rang anerkannt zu werden, und wir wissen aus zeitgenössischen Quellen, daß diese Verpflichtung offen und dankbar anerkannt wurde.[22]

Im Fall Heine trat Wagner bei einer Gelegenheit in Verteidigung des viel verleumdeten Dichters auf. In einem Artikel in der *Abend-Zeitung* in Dresden schalt Wagner seine Zeitgenossen, «ein Talent, von dem Deutschland nur wenige hat», aus seiner Heimat vertrieben zu haben.[23] In «Das Judenthum in der Musik» bekennt Wagner seine Teilnahme am Kampf um die

Emanzipation der Juden, allerdings wissen wir nicht, ob er daran wirklich praktisch teilgenommen hat. Er spricht im Plural («zu jener Zeit stritten wir für die Emanzipation der Juden»), wahrscheinlich schließt er sich selbst schlicht in die Gruppe der Liberalen ein, die die Emanzipation befürworteten und mit deren politischen und gesellschaftlichen Zielen er sich damals identifizierte.[24]

Wagner befaßte sich mit der Judenfrage, und seine Argumentation im «Judenthum in der Musik» zeigt, daß er mit dem Phänomen Judentum nicht fertig wurde. Die enge Verbindung mit Berthold Auerbach in den Dresdner Jahren (1845-46) machte ihn mit der jüdischen Frage vertraut, wie sie von jemandem erlebt wurde, der dazugehörte. In seiner Autobiographie *Mein Leben*, die er Mitte der sechziger Jahre diktierte, erinnert sich Wagner an Auerbach als den einzigen Juden seines Bekanntenkreises, der gern bereit war, jüdische Angelegenheiten ohne Vorbehalte zu diskutieren. Auerbach war mit dem Judentum in einem Maße beschäftigt, das Wagner schon als Besessenheit erschien, und er wurde zu einer wichtigen Informationsquelle für dieses Thema.[25]

Die Wende in Wagners Einstellung zu Juden und Judentum fällt mit seiner Abkehr vom Liberalismus zusammen oder besser, sie ist ein integraler Teil davon. Sie erfolgte während des unfreiwilligen Exils in der Schweiz nach der Niederwerfung der Revolution, die Wagners Hoffnungen auf eine Verwirklichung seiner künstlerischen Vorstellungen und Wünsche im Zuge einer gesellschaftlichen Neuordnung zerstört hatte. Der radikale Bruch mit seiner ganzen Vergangenheit, den äußere Umstände erzwungen hatten, entsprach einer Bilanz des Bisherigen, alle Hoffnungen setzte Wagner jetzt in die Zukunft. Seine Gedanken zu diesem Thema faßte er in zwei Aufsätzen zusammen, «Die Kunst und die Revolution» sowie «Das Kunstwerk der Zukunft», die in den ersten Monaten des Exils 1849 geschrieben wurden.[26] Diese Aufsätze enthalten eine vernichtende Kritik an den musikalischen und theatralischen Werken der Zeit. Der Aufsatz «Das Judenthum in der Musik» verband ein Jahr später diese Kritik mit der Beteiligung von Juden am künstlerischen Leben der letzten Generationen, die mit einer allgemeinen Verschlechterung zusammenfiel. Auf der persönlichen Ebene gipfelte dieser Aufsatz in einem giftigen Angriff auf Meyerbeer, der zwar namentlich nicht genannt wird, aber offen als Ursache des Verderbs des künstlerischen Geschmacks wie als Nutznießer dieses Verderbs hingestellt wird.

«Das Judenthum in der Musik» ist wie die meisten Schriften Wagners sehr kompliziert. Nur wenn man die einzelnen Gedanken prüft, kann man den zentralen Gedankengang verstehen.

Ein Grundelement dieses antijüdischen Ausbruchs ist emotionaler Abscheu vor dem physischen Erscheinungsbild traditioneller Juden, die Wagner zweifellos kennengelernt hatte, dazu kommt das aus der Literatur übernommene negative Stereotyp. Die Reaktion des Musikers Wagner wurde zuerst durch die jüdische Ausdrucksweise in Sprache und Gesang hervorgerufen: Die Art jüdischen Sprechens «trifft unsere Ohren als absolut fremd und unerfreulich». Wagner beschreibt dies «unwillkürlich Abstoßende» lautmalerisch mit «zischend, schrillend, summsend, murksend». Ähnlich gibt Wagner den Sinneseindruck wider, den man vom Gottesdienst in einer «Volks-Synagoge» erhält, und zwar aufgrund persönlichen Erlebens. Wieder greift der Musiker auf Lautmalerei zurück – «Gegurgel, Gejodel, Geplapper» –, um die Atmosphäre in einer Synagoge zu kennzeichnen und sie zugleich lächerlich zu machen. Hierbei ist daran zu erinnern, daß ein solcher ästhetischer Abscheu gegenüber den überlieferten Formen der jüdischen Volkskultur von den damaligen jüdischen Intellektuellen durchaus geteilt wurde. Nach seiner eigenen Aussage verschloß Wagner während seiner liberalen Epoche die Augen vor der Wirklichkeit der Juden und des Judentums und verteidigte die jüdische Sache aus Prinzip. Jetzt, nach dem Bruch mit diesen abstrakten Prinzipien, kommt die ursprüngliche Abneigung gegen das Jüdische wieder ans Licht. Dies «unwillkürlich Abstoßende», diese «instinktmäßige Abneigung», wie er das nannte, erforderte eine rationale Erklärung. Da Wagner sich seit früher Jugend vom Christentum entfernt hatte, zögerte er, den Bruch zwischen Juden und Christen als Grund für die fortbestehende Entfremdung zu akzeptieren. Und doch gelang es Wagner nicht, eine andere Theorie an die Stelle der christlichen zu setzen. «Der Jude, wie bekannt, hat einen Gott ganz für sich»: dieser Hinweis auf eine fast metaphysische Einzigartigkeit des Juden erinnert an die Lehren Bruno Bauers. Wahrscheinlich hat Wagner solche Aussagen auch direkt oder indirekt von Bauer übernommen, hat sie aber nicht zu einer konsistenten Theorie verarbeitet. Er begnügte sich mit der wiederholten Versicherung, daß die jüdische Existenz allgemeine Abneigung hervorriefe.[27]

Wagner ging es nicht um ein historisches oder philosophisches Verständnis des Judentums, sondern um dessen gegenwärtige Funktion. Am Rande ging er auch auf den wirtschaftlichen Aufstieg der Juden ein, wobei sich angesichts dieses Aufstiegs der Ruf nach Emanzipation als Heuchelei entlarvte: angesichts der Weltsituation sei der Jude «schon jetzt mehr als emanzipiert». Und er sei nicht nur emanzipiert, er herrsche – was bis in die Wortwahl hinein eine Übernahme von Gedanken Bauers ist.[28]

Das Hauptanliegen Wagners betrifft jedoch das Eindringen von Juden in die europäische, besonders in die deutsche Kultur. In dieser Hinsicht muß sein «Judenthum in der Musik» als Höhepunkt der antijüdischen Tendenzen erscheinen, die zuvor in diesem Kapitel beschrieben wurden. Sein zentraler Gedanke heißt «Verjudung der modernen Kunst». Der Begriff «Verjudung» ist hier vermutlich zum ersten Male verwendet. Wagner wollte die Bedeutung seines Themas den Zeitgenossen klar machen. Dringender und folgenreicher als die Verringerung der jüdischen Vorherrschaft in anderen Bereichen erscheint ihm die «Emanzipation vom Druck des Judenthums» im

Bereich der Kultur, und «zu diesem Befreiungskampf» seien die Kräfte zu sammeln.[29]

Die Diagnose «Verjudung» in der modernen Musik gründete sich auf zwei ganz verschiedene Beobachtungen. Zunächst nennt er die Beteiligung von Juden und Menschen jüdischer Herkunft an der Komposition und Aufführung von Musik. Wie wir noch sehen werden, hatte die Taufe für Wagner keinerlei Bedeutung. Wagner nennt hier Felix Mendelssohn, der drei Jahre zuvor gestorben war, und er spielt auf Giacomo Meyerbeer so deutlich an, daß jeder zeitgenössische Leser diesen Hinweise verstehen mußte. Letzterer, der einst als Künstler von Wagner bewundert worden, der als wohlwollender Mentor geschätzt worden war, wird jetzt als Eklektizist abgetan, der seinen unerhörten Erfolg einerseits dem verdorbenen Geschmack des Publikums, andererseits seiner durch ererbten Reichtum noch verstärkten Fähigkeit verdankte, sich und seine Werke ins Zentrum der Aufmerksamkeit zu rücken. Dies Urteil wird übrigens von Heinrich Heine durchaus geteilt. Mendelssohn andererseits gilt Wagner als höchst begabter Musiker, dessen künstlerische Werke aber nicht befriedigen könnten. Dieser erstaunliche Widerspruch ist für Wagner ein Beleg für seine These, daß jüdische kulturelle Schöpfungen nicht genügen können.[30]

Der Kern in Wagners Theorie lautet, daß individuelle Begabung keine Garantie für künstlerische Werke ist. Um seine Möglichkeiten voll auszuschöpfen, bedarf der Künstler der Inspiration durch die künstlerische Tradition des Volkes, zu dem er gehört. Nur durch den Kontakt mit der Volkskunst kann der Komponist oder der Dichter angeregt werden, seine eigenen, höheren Werke zu schaffen. Nach Wagner ist das Unglück der modernen jüdischen Künstler darin zu sehen, daß ihnen eine solche Volkskunst fehlt, auf die sie zurückgreifen könnten. Der jüdische Komponist oder Dichter spielt seine Rolle als Künstler in der Gesellschaft, aber ihm ist der Weg zur volkstümlichen Schicht dieser Gesellschaft verschlossen, von der allein echte Inspiration kommen kann. Und dies aus zwei Gründen: Zum einen fehlt ihm die Einsicht in das, was ihm fremd ist; zum anderen lehnt es diese Bevölkerungsschicht ab, ihre Grunderfahrungen mit ihm zu teilen. Nur bei den reicheren Klassen ist die Abneigung gegen Gemeinschaft mit Juden «durch Berechnung des Vorteils und Beachtung gewisser gemeinschaftlicher Interessen geschwächt oder gebrochen». Aber dieser Teil einer Gesellschaft kann niemals Mittel der Inspiration für einen Künstler sein.[31]

Wagner zeigt sich hier als genauer Beobachter und scharfer Kritiker der jüdischen Assimilation: «Der gebildete Jude hat sich die erdenklichste Mühe gegeben, alle auffälligen Merkmale seiner niederen Glaubensgenossen von sich abzustreifen: In vielen Fällen hat er es selbst für zweckmäßig gehalten, durch die christliche Taufe auf die Verwischung aller Spuren seiner Abkunft hinzuwirken. Dieser Eifer hat den gebildeten Juden aber nie die erhofften Früchte gewinnen lassen wollen: Er hat nur dazu geführt, ihn vollends zu vereinsamen.»[32] Diese Wahrnehmung trifft durchaus auf das zu, was manchen völlig assimilierten Juden geschah. Aber Wagner fügt seinen Beobachtungen noch Behauptungen und Urteile zu, die die Tatsachen eindeutig verfälschten und unbegründete Behauptungen waren.

Weil der «niedere» Jude seinen jiddischen Dialekt sprach, behauptete Wagner, daß kein Jude je in der Lage sei, irgendeine europäische Sprache als seine eigene anzusehen: «Der Jude spricht die Sprache der Nation, unter welcher er von Geschlecht zu Geschlecht lebt, aber er spricht sie immer als Ausländer.» Diese Behauptung gründet natürlich nicht in Beobachtung, sondern ist die Folgerung aus dem Vorurteil von der ewigen Fremdheit der Juden unter den Völkern. «Eine Sprache, ihr Ausdruck und ihre Fortbildung, ist nicht das Werk einzelner, sondern einer geschichtlichen Gemeinsamkeit: Nur wer unbewußt in dieser Gemeinsamkeit aufgewachsen ist, nimmt auch an ihren Schöpfungen teil.» Hier folgt Wagner vermutlich einer Theorie von Fichte, der eine wesentliche Identität zwischen dem historischen Geist eines Volkes und seiner Sprache behauptet hatte – eine Identität, die die Deutschen erreicht hätten, nicht aber die Franzosen, die zwar teutonischer Herkunft seien, aber zu einem Zeitpunkt ihrer Geschichte eine lateinische Sprache annahmen. Wagner wendet diese Theorie auf den einzelnen Juden an, der wegen seiner nicht-deutschen Herkunft nie ein echtes Mitglied der deutschsprachigen Gemeinschaft werden könne. Und was für die Sprache gilt, gilt auch für die anderen Bereiche einer Volkskultur. Und weil ein Jude durch diese Kultur nicht inspiriert werden könne, sei er auch nicht fähig, auf höherer Ebene zu kulturellen Leistungen beizutragen.[33]

Die natürliche Inspirationsquelle eines jüdischen Komponisten war die Musiktradition der Synagoge. Wagner schließt die Möglichkeit nicht aus, daß der jüdische Gottesdienst in seiner «ursprünglichen Reinheit... edel und erhaben» gewesen sei. Aber diese Tradition ist «nur in aller widerwärtigster Trübung auf uns gekommen». Und die ursprünglich gesunde Wurzel dieser Tradition ist im Lauf der Zeit auch nicht produktiv geworden: «hier hat sich seit Jahrtausenden nichts aus innerer Lebensfülle weiterentwickelt, sondern alles ist, wie im Judenthum überhaupt, in Gehalt und Form starr haften geblieben». Wieder eines der Stereotypen, das möglicherweise von Bauer zu Wagner gelangt ist. Wagner kannte die Versuche der modernen Synagoge, den Gottesdienst zu reformieren, um das wieder zu entdecken, was als ursprünglich angenommen wurde. Aber er hatte keine Bedenken, dies als Werk einer «höheren, reflektierenden jüdischen Intelligenz» abzutun, die kein Ersatz für jene Inspiration sein konnte, die aus der «eigentlichen Quelle des Lebens im Volke» stammt.[34] Es war der volkstümliche Gottesdienst mit seiner ganzen dissonanten musikalischen Atmosphäre, der die jüdischen Komponisten beeinflußt hatte. Und so wie er glaubte, daß er Spuren des jüdischen Dialekts in der Sprache moderner Juden gefunden hatte, behauptete er, daß er den Einfluß der verächtlichen jüdischen Musik in den Kompositionen von Menschen wie Mendelssohn und Meyerbeer gefunden habe. Und welche minderwertigen Stellen er in ihren Werken fand, er schrieb sie dieser Quelle der Inspiration zu, nicht aber möglichem Versagen des jeweiligen Komponisten.

Nachdem Wagner die schlechte Musik von Mendelssohn und Meyerbeer als jüdisch erkannt hatte, wandte er sich der Frage zu, wie diese Werke eines fremden jüdischen Geistes beim deutschen Publikum so großen Anklang hatten finden können. Die Antwort auf diese Frage war schon durch Wagners scharfe Kritik an den herrschenden Maßstäben des Musiklebens vorweggenommen. Da die deutsche Musik der letzten Generation verdorben war, war auch der musikalische Geschmack verdorben und der Urteilssinn getrübt, behauptete er. So war der Weg frei zur Aufnahme jüdischer Musik in der Öffentlichkeit. «So lange die musikalische Sonderkunst ein wirkliches organisches Lebensbedürfnis in sich hatte, bis auf die Zeiten Mozarts und Beethovens, fand sich nirgends ein jüdischer Künstler: unmöglich konnte ein diesem Lebensorganismus gänzlich fremdes Element an den Bildungen dieses Lebens teilnehmen.» Bei diesem Gedanken, daß die deutsche Kultur in einem früheren Stadium gegenüber jüdischen Einflüssen immun gewesen sei, griff Wagner zu einer Analogie mit den biologischen Vorgängen in einem lebendigen Körper, im Unterschied zum Leichnam. Der lebende Organismus würde das Eindringen fremder Elemente nicht dulden. Erst wenn er tot ist, können solche Elemente die Oberhand gewinnen: «dann löst sich wohl das Fleisch dieses Körpers in wimmelnde Viellebigkeit von Würmern auf: wer möchte aber bei ihrem Anblick den Körper selbst noch für lebendig halten?» Diese ekelerregende Metapher zeigt Wagners Abscheu vor dem zeitgenössischen Musikleben.[35]

Man muß fairerweise zugeben, daß Wagner den Verfall der deutschen Musik nicht jüdischem Einfluß zuschrieb. Ganz im Gegenteil, er erklärte die Vorherrschaft des jüdischen Elements als Resultat dieses Verfalls. Und doch enthielt sein Urteil über die Lage ein vernichtendes Urteil über jüdische Kreativität. Denn während die deutsche Unzulänglichkeit als vorübergehend angesehen wird, die durch Neubelebung zu heilen ist, wird die jüdische Minderwertigkeit als Teil des jüdischen Wesens dargestellt.[36] Zumindest in dieser Verbindung tragen die Juden an der Schuld für den beklagenswerten Zustand der Musik jener Zeit mit. Denn sie nutzten die Chance, die sich ihnen in der zeitweiligen Schwäche des deutschen Geistes bot. Wagner häufte Zorn und Verachtung auf den jüdischen Beitrag zur Musik und deutet an, daß der jüdische Künstler allein an der geschäftlichen Seite seines Berufs interessiert sei. Die Arbeitsfrüchte der alten und mittelalterlichen Welt wurden durch den modernen Juden zu Geld gemacht, und ähnlich verwandelte dieser künstlerische Werke aus zweitausend Jahren in Waren, in «Kunstwarenwechsel».[37]

Die schlechte deutsche Musik war in ihrem Wesen jüdische Musik. Deutsche, die sie verteidigten oder gar verherrlichten, zeigten dadurch, daß sie selbst geistig zu Juden geworden waren. Und wer diese Diagnose nicht annahm oder keine Konsequenzen daraus ziehen wollte, «den eben begreifen wir jetzt mit unter der Kategorie der ‹Judenschaft in der Musik›».[38]

Musik war das zentrale Thema in Wagners Ausführungen. Aber er sprach auch von Dichtung, die seiner Meinung nach dasselbe Schicksal wie die Musik durch die Juden erlitten hatte. Im letzten Abschnitt des Aufsatzes wendet sich der Verfasser diesem Thema direkt zu und behauptet, daß die Rolle, die Mendelssohn und Meyerbeer in der Musik spielten, in der Dichtung von Heinrich Heine übernommen sei. Zur Zeit Goethes und Schillers hätte kein Jude einen Platz in der deutschen Literatur gefunden. Erst als die wahre Dichtung der Klassiker durch nur vorgetäuschte Schöpfungen verdrängt war, war es wieder einmal ein Jude, der hoch begabte, aber negative Heine, der die Anmaßungen seiner Zeitgenossen wie seine eigene dichterische Armut enthüllte.[39]

Aber diese Anmerkungen zu Heine waren nicht Wagners letztes Wort zum Thema. Wie durch Gedankenassoziation angeregt, öffnet er den Schlußabschnitt mit dem Satz: «Noch einen Juden haben wir zu nennen, der unter uns als Schriftsteller auftrat.» Dieser war Ludwig Börne.[40] Was Wagner über Börne zu sagen hatte, kann als paradoxe Umkehrung der Hauptthese seines Aufsatzes angesehen werden, zumindest ist es ein Bruch in seiner Argumentation. Börne «trat Erlösung suchend unter uns», d. h. ans deutsche öffentliche Leben. Er fand nicht das, was er suchte, aber es wurde ihm klar, daß seine Chance, das Gesuchte zu finden, mit «unserer Erlösung zu wahrhaften Menschen» zusammenhing. Wagner wollte sagen, daß Börne nach einer besseren Welt suchte, in der der Mensch seine unvollkommene Natur überwinden könne. Im Lauf dieser Verwandlung könnte dann auch ein Jude wahre, gereinigte Menschlichkeit erlangen. Dies bedeutete sicher für den Juden, daß er alles hinter sich lassen müsse, das zu seiner früheren Existenz gehörte. Und jedenfalls war das Ziel nur durch «Schweiß, Not, Ängste und Fülle des Leidens und Schmerzes» zu erreichen – die mit anderen Menschen gemeinsam zu ertragen waren. Wagner spricht hier eine quasi-religiöse Sprache mit christlicher Färbung. Und er spricht von «dem auf euch (den Juden) lastenden Fluche» sowie über «wiedergebärende Erlösungswerke». Wenn er diese Begriffe verwendet, dann denkt er sicher nicht an eine Bekehrung zum Christentum. Die Verwandlung, der sich die Juden zu unterziehen hatten, ging viel weiter. Sie mußte bis zur «Selbstauflösung» gehen. Die Erlösung des Ahasver, des Ewigen Juden, war sein «Untergang».[41]

Warum Wagner sich Börne als die Ausnahme von seiner Regel herausgriff, ist leicht zu erraten. In seiner Jugend gehörte Wagner wahrscheinlich zu den Bewunderern Börnes, dank dessen furchtlosem Eintreten für das demokratische Prinzip. Früher hatte er auch Heine hoch geschätzt, wie wir sahen, aber mit dem wachsenden Vorurteil gegen jüdische Intellektuelle wurde er zu dessen Kritiker – eine Haltung, die durch die persönliche Bekanntschaft mit dem Dichter in Wagners Pariser Jahren (1839–40) verstärkt worden sein kann. Börne lebte damals schon nicht mehr; er war 1835 gestorben, also lange bevor Wagner seine antijüdische Stellung einnahm, darum blieb die Erinnerung an ihn unbeschädigt.[42]

Und doch bleibt die Tatsache, daß Wagner – aus welchen Gründen immer – eine mögliche Einheit mit Juden in einer gemeinsamen Menschheit zugestanden hat, ein wichtiger Hinweis auf seine grundlegende Weltsicht. So radikal und giftig seine Ablehnung der Juden auch war, sie gründete nicht in rassistischen Vorstellungen. Nur ganz flüchtig streift er den Gedanken, daß es für die jüdische Besonderheit im Gebrauch der Sprache einen physiologischen Grund geben könne.[43] Aber diese Erklärung wurde rasch durch Überlegungen ersetzt, die auf eine kulturelle Abhängigkeit oder, auf anderer Ebene, auf eine metaphysische Bestimmung der Juden hinauslaufen. Dies war eindeutig eine säkulare Version der christlichen Vorstellung über das Wesen der Juden, und dazu gehörte notwendigerweise die Möglichkeit, daß der Jude durch ein verwandelndes Selbstopfer erlöst werden könne.[44]

Und Wagner blieb bei dieser nicht-rassistischen Sicht des Judentums, als er 1869 «Das Judenthum in der Musik» unter eigenem Namen erneut veröffentlichte. In einem längeren Zusatz, in Form eines Briefes an einen seiner aristokratischen Bewunderer, erzählt er die Geschichte seines Kampfes um Anerkennung angesichts einer feindlichen Presse und anderer Hindernisse gegen die Wertschätzung seiner Musik. All diese schreibt Wagner den Machenschaften von Juden zu, die trotz der Anonymität seine Verantwortung für «Das Judenthum in der Musik» kannten und ihm diese Kühnheit nicht vergeben konnten. Tatsächlich waren Juden wie Nichtjuden zu jener Zeit über die künstlerischen Verdienste von Wagners Musik tief gespalten; einige Juden gehörten zu seinen eifrigsten Förderern, und Wagner hatte keine Bedenken, ihre Hilfe anzunehmen. Wenn er seine Theorie über den zerstörerischen Einfluß von Juden auf die Musik festhalten wollte, mußte Wagner irgendwie damit fertig werden, daß er jüdische Unterstützung erfuhr. Dies tat er, indem er zugestand, daß ein Jude durch psychologische Bemühungen von seinem Judentum frei werden könne. Und Wagner sagte in der Tat, daß außergewöhnliche Juden – also besonders solche, die hinsichtlich der Überlegenheit Wagnerscher Musik das Richtige erkannt hatten – am meisten unter der jüdischen Minderwertigkeit zu leiden hätten. Jedenfalls weist ihre Existenz auf eine mögliche Lösung des jüdischen Problems hin: absolute und vorbehaltlose Assimilation. Im Dienst dieser Lösung wollte Wagner seine Analyse geschrieben haben: «Soll dagegen dieses Element uns in der Weise assimiliert werden, daß es mit uns gemeinschaftlich der höheren Ausbildung unserer edleren menschlichen Anlagen zureife, so ist es ersichtlich, daß nicht die Verdeckung der Schwierigkeiten dieser Assimilation, sondern nur die offenste Aufdeckung derselben hierzu förderlich sein kann.» So gezwungen und scheinheilig diese Selbstinterpretation sein mag – im Rahmen einer rassistischen Weltanschauung wäre sie unmöglich gewesen. Offenbar hatte Wagner diese Weltanschauung auch in den späten sechziger Jahren noch nicht übernommen, zwei Jahrzehnte nach der ersten Veröffentlichung seines «Judenthum in der Musik».[45]

Was für Wagner gilt, gilt auch für seine Vorläufer von Eduard Meyer bis Heinrich Laube, die wie er jüdische kulturelle Leistungen als fremd, minderwertig und ärgerlich empfanden, ohne jeden Hinweis auf eine Rassenlehre. Auch in ihren schlimmsten Äußerungen gibt es keine Andeutung in dieser Richtung. Die Wahrheit ist, daß den Gegnern der Juden keine konsistente Theorie zur Verfügung stand, mit der sie ihre Abneigung gegen die Juden hätten deuten können. Die schärfste polemische Waffe, die ihnen zur Verfügung stand, war die Betonung der Fremdheit des Juden, die ihn von der Gemeinschaft mit anderen Völkern ausschloß.

Man muß die Frage stellen, ob dies nur ein Vorurteil war oder ob es irgend etwas in der jüdischen Wirklichkeit gab, das dafür einen Anhaltspunkt lieferte. Haben diejenigen, die das Eindringen jüdischer Elemente in die deutsche Kultur ablehnten, Züge in der Dichtung und Musik von Juden gefunden, die ihnen als eigentümlich jüdisch erschienen, oder haben sie einfach die Vorstellung von Fremdheit und Minderwertigkeit, die am Wort «Jude» hing, mit den Werken dieser Künstler verbunden?

Es wird kaum eine befriedigende Antwort auf diese Frage zu geben sein. In einigen Fällen, vor allem bei Heine, hat man typisch jüdische Züge in seinem Stil, seinem Witz, seinen Gedanken und Bildern vermutet, und zwar nicht nur Gegner, sondern auch unvoreingenommene Beobachter. Ein jüdischer Zeitgenosse, kein Bewunderer Heines, sagte: «Wenn man nur ein paar Zeilen von Heine gelesen hat, dann gibt es keinen Juden, der nicht sofort weiß, daß Heine jüdischer Herkunft ist.»[46] Aber die Versuche dieses Lesers, die Indizien, durch die das Judesein des Dichters erkennbar sei, genau aufzuführen, bleiben so vage wie möglich. Gustav Pfizer, ein christlicher Kritiker, konnte nicht entscheiden, ob Heine «bestimmte Züge in seiner Natur und seinem Wesen von den Besonderheiten seines Volkes ererbt (habe), etwa den Witz und die Kühnheit». Auch Pfizer bemerkte die «wachsende Verjudung der Literatur» im allgemeinen, aber er war nicht in der Lage zu sagen, wie denn die erkennbaren Eigenschaften des Judeseins aussahen. Er konnte nur sagen, daß es einen charakteristischen jüdischen «Beigeschmack» gebe und daß sich das Jüdische in einer «polemischen, scheeläugigen Düsternis» zeige. Dies ist nichts anderes, als wir aus Richard Wagners Beobachtungen zu Heines angeblich erkennbar jüdischen Wesenszügen entnehmen können.[47]

Und Wagner ging es nicht besser, als er die jüdischen Eigenschaften in der Musik von Mendelssohn und Meyerbeer aufzeigen wollte, womit er seine Theorie belegen und untermauern wollte. Es gibt keine gedankliche Beziehung zwischen dem, was Wagner über die traditionelle jüdische Musik sagte, und seiner Erklärung, warum die Kompositionen moderner jüdischer Komponisten ungenügend seien. Tatsächlich taucht die Kennzeichnung «jüdisch» in seiner Kritik auch nicht auf; erst im letzten Satz eines langen Abschnitts über Meyerbeer greift er darauf zurück, wenn er behauptet, daß die Diskrepanz zwischen Wollen und Können sowie die Täuschung über diese Diskrepanz Meyerbeer zu einer tragikomischen Gestalt mache – Eigenschaften, die dem Judentum zugeschrieben werden.[48] Wir müssen die Folgerung ziehen, daß die Kritiker, entgegen dem, was sie behaupteten, daß sie nämlich schlechte, «typisch jüdische» Züge in den Werken dieser Künstler erkannt hätten, umgekehrt zu ihrem Urteil gelangten: Weil sie wußten, daß die Künstler Juden waren, wurden die wirklichen oder angeblichen Schwächen ihrer Werke ihrer jüdischen Herkunft zugeschrieben. Damit sagen wir nicht, daß es nicht eine jüdische Mentalität gegeben haben mag, die manche Werke jüdischer Künstler beeinflußt hat. Sicher ist jedoch, daß die Verifikation dieses Einflusses keine Bedingung dafür gewesen, die Werke als jüdisch zu klassifizieren. Es genügte, daß ein Werk als Werk eines Juden bekannt war, um es als jüdisch einzustufen, mit allen negativen Konnotationen, die mit diesem Namen verbunden waren. Die Umkehrung von Ursache und Folge in der Beurteilung dessen, was jüdisch war, ist dem Ergebnis parallel, das wir im wirtschaftlichen Bereich gefunden haben. Dort konnten zweifellos typische Züge entdeckt werden, wie Juden ihre Geschäfte im Bankwesen, im Trödelhandel und Hausieren durchführten, diese wurden aber nie zu ihren Gunsten gewertet. Womit immer Juden sich befaßten, das erhielt die unrühmliche Kennzeichnung «jüdischen Handelns» wie «Schacher» und ähnliches.[49]

Der Vergleich der Einstellung gegenüber jüdischen wirtschaftlichen, künstlerischen oder geistigen Leistungen zeigt noch etwas anderes. Der Verdacht nichtjüdischer Geschäftsleute gegenüber ihren jüdischen Konkurrenten nährte sich vor allem dadurch, daß Juden miteinander kooperierten, was auf ihre gesellschaftlichen Beziehungen zurückzuführen ist, die über bloße Geschäftsverbindungen hinausgingen. Dies soziologisch sehr verständliche Phänomen konnte von den Gegnern leicht als Verschwörung interpretiert werden, die der Bevölkerung insgesamt und besonders den nichtjüdischen Konkurrenten der Juden schadete. Als Juden in Kunst, Literatur und Presse bekannt wurden, entstand ein ähnlicher Verdacht gegen sie: Ein Jude würde einen anderen Juden unabhängig von seinen echten Verdiensten unterstützen und sich Nichtjuden gegenüber umgekehrt verhalten.

Die ersten Anzeichen dieser Einstellung wurden bereits in den dreißiger Jahren deutlich. Eduard Meyer beschuldigte Börne, zu Heines Gunsten voreingenommen zu sein: «Natürlich wird Heine von Börne gelobt, seinem

Glaubensgenossen.» Pfizer behauptete, daß die jüdische Solidarität auch getaufte Juden wie Heine umfaßte, darum seien alle mitverantwortlich für seine antireligiösen Frechheiten. Zwar mache sich Heine gelegentlich über die Juden lustig und werde wegen seiner Konversion zum Christentum öffentlich von ihnen verleugnet, «aber ein Teil von ihnen, vor allem jene, die am lautesten nach Emanzipation rufen, hat nicht aufgehört, ihn insgeheim als zugehörig anzusehen». Hier wird angenommen, daß Juden, die sich öffentlich engagierten, stillschweigend zusammenarbeiteten, und dies gilt als Verletzung der ungeschriebenen Gesetze, nach denen sie in die Gesellschaft aufgenommen worden waren. Dieser Vorwurf wird dann von Richard Wagner sehr stark wieder erhoben, der an eine echte jüdische Verschwörung gegen seinen wohlverdienten Erfolg glaubte, wie wir sahen.[50]

Die Ähnlichkeit in der Einstellung gegenüber Juden in der Wirtschaft wie in der Kunst wird auch in der herabsetzenden Kennzeichnung «jüdisch» deutlich, die auf die Arbeit von Nichtjuden angewandt wurde. Kritiker der Gesellschaft, vor allem Konservative in Wirtschaft und Kunst, betrachteten vieles von dem, was zu ihren Lebzeiten geschah, als gemein, vulgär, als unerwünschte Neuerung. Weil Juden jetzt Zugang zu diesen Handlungsfeldern hatten, waren sie an dieser Modernisierung – manchmal auffällig – beteiligt. Und für alle die, die diese Neuheiten ablehnten und sie fürchteten, war die Verbindung dieser Erscheinungen mit dem verhaßten Namen «jüdisch» ein willkommener Grund, beides abzulehnen. Der Begriff «Verjudung», der für Neues von angeblich jüdischer Herkunft oder Natur angewendet wurde, und zwar in der Kunst wie in der Wirtschaft, ist ein unübersehbarer Hinweis darauf, daß dieselbe Tendenz in den beiden so verschiedenen Bereichen der Gesellschaft am Werk war.

15. Der christliche Staat

Die Radikalisierung des theologischen, politischen und gesellschaftlichen Denkens durch Männer wie David Friedrich Strauss, Ludwig Feuerbach, Bruno Bauer, Karl Marx und andere war in den vierziger Jahren des 19. Jahrhunderts die stärkste Neuerung im geistigen Leben Deutschlands, wenn nicht Europas. So überrascht es nicht, daß dieses Denken die Aufmerksamkeit der Historiker auf sich zog und sie von den konservativen Tendenzen ablenkte, die es in der damaligen deutschen Gesellschaft auch gab. Vielleicht haben die radikalen Denker wirklich neue Aussichten in der «Judenfrage» von bleibendem und weitreichendem Einfluß eröffnet. Aber die weniger offensichtlichen Tendenzen der Zeit haben damals wohl stärker gewirkt.

In den Jahren 1842–44 taucht der Ausdruck «christlicher Staat» erstmals im Titel von Schriften (oder in Kapitelüberschriften) auf, die sich mit der

Stellung der Juden in einer nichtjüdischen Gesellschaft befassen. Zuerst wird er von Wolfgang Bernhard Fränkel verwendet, *Die Unmöglichkeit der Emancipation der Juden im christlichen Staat*; es folgt H. E. Marcard, *Über die Möglichkeit der Juden-Emancipation im christlich-germanischen Staat*; der nächste ist Constantin Frantz, der in *Ahasverus oder die Judenfrage* das dritte Kapitel mit «Über das Verhältnis der Juden in dem christlichen Staat» überschreibt. Für unsere Betrachtung ziehen wir noch zwei Schriften von Philip Ludwig Wolfart hinzu, der den Begriff im Titel zwar nicht nennt, aber den Gedanken aufgreift.[1]

Natürlich ist es nicht neu, den Staat im Zusammenhang mit der Judenfrage mit dem Adjektiv «christlich» zu versehen. Schmidt-Phiseldeck spricht von «christlicher Bürgerverein» im Titel seines schon besprochenen Buches, wobei «Bürgerverein» als Synonym für «Staat» verwendet wird.[2] 1833 betitelt der preußische Staatsrat Karl Streckfuß seine Abhandlung über die Judenemanzipation mit «Über das Verhältniss der Juden in den christlichen Staaten», und zehn Jahre später nimmt er denselben Titel für ein weiteres Buch. Im ersten zögerte er noch, eine völlige Emanzipation zu empfehlen wegen der angeblichen moralischen und bürgerlichen Schwächen der meisten Juden; im zweiten gibt er seine Vorbehalte auf.[3] Streckfuß, Schmidt-Phiseldeck und andere stellten die Frage, ob die Judenemanzipation angemessen und dienlich sei vor allem im Blick auf die moralische und geistige Verschiedenheit von Juden und Nichtjuden. Der Begriff «christlich» bedeutet bei ihnen nichts anderes als die objektive Tatsache, daß die Bevölkerung zu dieser Religion gehörte. Es ist von Bedeutung, daß Streckfuß von den christlichen Staaten im Plural redet, Frantz dagegen, der den Wortlaut von Streckfuß' Titel sonst übernimmt, den Plural in einen Singular verwandelt. «Der christliche Staat» im Singular ist eine Abstraktion und vermittelt die Vorstellung, daß der Staat als solcher die Qualitäten des Christentums habe, womit Juden von Natur aus ausgeschlossen werden. Diese Folgerung wird direkt oder indirekt von den Vertretern dieser Vorstellung ausgesprochen. Wolfart beginnt mit der Beobachtung, daß eine Erörterung der Emanzipation der Juden nicht mit der Frage einsetzt, wer oder was die Juden seien, sondern danach fragt, was das Wesen des Staates sei. Weil der preußische Staat eine «rein evangelisch-christliche Monarchie» sei, sind Juden automatisch davon ausgeschlossen, in seinen Institutionen eine Funktion zu übernehmen. Sie können höchstens erwarten, als passive Untertanen des Herrschers geduldet zu werden. Für Fränkel besteht eine «organische Verbindung zwischen Staat und Kirche»; nach Frantz setzt «die völlige moralische Gemeinschaft» im Staat «einen gemeinsamen Glauben seiner Glieder» voraus; nach Marcard hat «der christlich-germanische Staat, wie er aus dem christlich-germanischen Volk erwachsen ist, eine christlich-germanische Persönlichkeit» – alles Definitionen, die zu ähnlichen, wenn auch nicht identischen Folgerungen führten.[4]

In all diesen Streitschriften ging es um die Frage, welchen politischen und bürgerlichen Status Juden in einem christlichen Staat haben sollten. Wir interessieren uns hier dafür, wie die Argumentation antijüdische Gefühle und die damit verbundene Ideologie lebendig hielt, neu schuf oder veränderte.

Ideologisch spiegelt die Theorie vom christlichen Staat die Vorstellungen von Friedrich Rühs wider, dem führenden Judengegner in der vor-liberalen Zeit. Im ersten Absatz seiner langen Abhandlung bekennt H. E. Marcard seine Verpflichtung gegenüber Rühs, die zudem in seinem ganzen Gedankengang wie im Begriff «christlich-germanisch» im Buchtitel zum Ausdruck kommt. Wie Rühs verband Marcard eine völkische Vorstellung mit einer Verpflichtung zum Christentum, deren offenkundiges Ergebnis ein Ausschluß der Juden aus der Gemeinschaft der Deutschen sein mußte, und zwar wegen der Religion, der fremden Herkunft und der fehlenden gemeinsamen historischen Erinnerungen. Das christliche Prinzip implizierte zugleich, daß die Juden durch ihre Konversion zum Christentum aufgenommen werden könnten.[5]

Diese paradoxe Haltung verlangte ziemlich viel geistige Akrobatik, damit Marcard die traditionellen christlichen Stereotypen heranziehen konnte – jüdische Verblendung, von-Gott-verlassen-Sein und ähnliches –, während er gleichzeitig ererbte oder erworbene Wesenszüge der Juden – kulturelle, intellektuelle oder moralische – heranzog. Hierin ging Marcard kaum über die Position seines Vorgängers hinaus, und bei vielen seiner antijüdischen Vorwürfe wiederholt er schlicht Rühs' Angriffe. Aber die drei Jahrzehnte, die zwischen beiden lagen, hatten die Umstände deutlich verändert, darum mußte der spätere Verfasser neue Antworten geben.

Das Aufkommen der liberalen Bewegung in den dreißiger Jahren hatte die geistige Einstellung zur Judenfrage verändert. Verbunden mit diesem Trend hatte sich auch die verfassungsmäßige Stellung der Juden verschoben, vor allem in den süddeutschen Ländern wie Württemberg, Baden und anderen. Eine ganze Gruppe jüdischer Intellektueller – getaufte und ungetaufte, Schriftsteller, Künstler und Denker – trat an die Öffentlichkeit, und ihre Taten galten als jüdisch, auch wenn sie getauft waren. Auch das Judentum selbst schien sich zu wandeln – eine wachsende Zahl Juden gab wesentliche Teile des Religionsgesetzes auf, ganze Gemeinden änderten unter Anleitung ihrer Rabbiner die Gestalt ihres Gottesdienstes.[6] Wie die Teilnahme von Juden am deutschen Kulturleben beurteilt wurde, haben wir in Kapitel 14 behandelt. Die inneren Wandlungen im Judentum wurden von den christlichen Ideologen nicht positiv gewertet: «Was das gebildete moderne Judentum angeht, so ist es eine Absurdität, die blanke Verneinung des jüdischen Gesetzes wie eine Verneinung des Christentums; es ist ein oberflächlicher Deismus, dem alle Entschiedenheit und jeder Inhalt fehlt, auch wenn er sich vom völlig starren und begrenzten Theismus des Alten Testamentes unterscheidet.» Wo liegt die Quelle dieses modernen Judentums? Da es auf diese Frage keine Antwort gibt, folgert man, daß «das gegenwärtige Judentum keine positive Religion ist... die ihren Anhängern Frieden und irgendeinen Trost geben könnte.»[7]

Es ist bezeichnend für die Anhänger der Idee eines christlichen Staates, daß sie, unabhängig von der Stellung, die sie den Juden in ihrer Sicht zuschreiben, nur mit den Juden alten Typs, den orthodoxen Juden zu tun haben wollten. Zwar erklärte Frantz, daß die Reform der jüdischen Religion eine Gewissensfrage sei, in die der Staat sich weder fördernd noch hindernd einmischen dürfe, aber wenn er von der historischen Rolle spricht, die die Juden in der Zukunft noch spielen würden – was die Erlösung der Welt meint, die mit der Konversion des jüdischen Volkes zum Christentum zusammenfällt –, dann macht er klar, daß dies davon abhängt, daß die Juden an ihrem Glauben festhalten und nicht versuchen sollten, ihn in einen bloßen Humanismus umzuformen und sich so «in den Staat hineinzuschmuggeln durch schändliche Sophistereien». Und Wolfart protestiert dagegen, daß religiöse Reformen von Juden als Mittel benutzt werden, sich politisch annehmbar zu machen.[8]

Wenn die Frage religiöser Reformen im Judentum nur gelegentlich in den Ausführungen dieser Autoren auftaucht, dann spielt sie in Wolfgang Bernhard Fränkels Klagen über die Auflösung der jüdischen Tradition eine entscheidende Rolle, ebenso wie in den Folgerungen, die er zieht. Der Arzt Fränkel war ein getaufter Jude, der in einem früheren Buch die Geschichte seiner Bekehrung geschrieben hatte, womit er sie ideologisch rechtfertigen wollte.[9] Die wenigen persönlichen Erfahrungen, die Fränkel erzählt, reichen nicht aus, um einen psychologisch überzeugenden Bericht einer echten Bekehrung zu ergeben. Aber jedenfalls nahm Fränkel danach eindeutig die Position eines überzeugten Christen ein – und die Verdammung des Judentums, das er verlassen hatte, diente als Beleg für seine neue Bindung an das Christentum.

Fränkel lehnt das Judentum uneingeschränkt ab, das alte wie das neue, das orthodoxe wie das reformierte. Und doch richtet sich seine Kritik vor allem gegen die säkularisierte reformierte Version, die jüngst entstanden war. Die Reformjuden hätten die Autorität des Alten Testaments wie des Talmuds aufgegeben. Aber es sei ihnen nicht gelungen, eine neue religiöse Autorität einzusetzen, und ihre Launenhaftigkeit sei ein schlagender Beweis für eine verlorene Sache, für «religiöse Anarchie», und die intelligenteren und gebildeteren Juden hätten aller Religion abgeschworen, «um bürgerlich emanzipiert zu werden». Dabei sei das, was für sie ein Mittel für ihre Emanzipation erscheine, in Wirklichkeit das größte Hindernis dagegen. Fränkel zitiert zustimmend die Äußerung eines Gegners der Emanzipation in der jüngsten Diskussion: «Das Judentum, wie es sich im Fortschreiten der Zeit entwickelt hat, ist nicht nur eine Verneinung unserer Kirche, sondern ihr offener Widerspruch.» Und weil der Staat nicht ohne die Hilfe der Kirche existieren kann, sei es unmöglich, deren Gegenteil und Verleugnung, nämlich das Judentum, darin aufzunehmen.[10]

Gewöhnlich wird die Idee des christlichen Staates Friedrich Julius Stahl (1802–1861) zugeschrieben. Auch Stahl war ein jüdischer Konvertit, aber einer, dem es nicht nur gelang, sich seiner nichtjüdischen Umgebung anzupassen, sondern der dort sogar eine herausragende Position erreichte. Im geistigen und akademischen Leben in Deutschland spielte er als Juraprofessor an der Universität Berlin und als bedeutender politischer Philosoph eine wichtige Rolle. Er wurde Mitglied des preußischen Oberhauses und der führende Kopf der preußischen Konservativen Partei.[11]

Stahl war in einem orthodoxen jüdischen Haus in München aufgewachsen und konvertierte, als er mit 17 Jahren sein Studium begann. Obwohl er zunächst durch die üblichen säkularen Motive der kulturellen und gesellschaftlichen Anpassung zu diesem Schritt bewegt worden war, wurde er im Lauf der Zeit nicht nur ein überzeugter Protestant, sondern nahm das Christentum auch als Grundlage für seine soziale und politische Philosophie. Die Bedeutung seiner Lehren für Juden und Judentum wird in vielen seiner Schriften klar, im einzelnen hat er sie in *Der christliche Staat und sein Verhältniss zum Deismus und Judenthum* ausgeführt, das 1847 erschien.[12]

Das Buch wurde durch eine Debatte im Vereinigten Landtag über die Stellung der Juden in jenem Jahr hervorgerufen. Aufgrund der geschichtlichen und politischen Umstände unterlagen die Juden in den verschiedenen preußischen Provinzen unterschiedlichen, manchmal gegensätzlichen Gesetzen und Bestimmungen. Die Regierung wollte diesem Zustand durch eine einheitliche Gesetzgebung ein Ende setzen. Weil das Problem auf der Tagesordnung des Landtages stand, schlugen die liberalen Mitglieder vor, den Versuch zu unterlassen, die Rechte und Pflichten der Juden im Staat zu definieren und stattdessen zu erklären, daß Bürgerrechte unabhängig von der Religionszugehörigkeit gültig seien. Damit wurde die Idee des christlichen Staates angegriffen, und Stahl schrieb sein Buch zur Verteidigung dieser Vorstellung.[13]

Er begann mit der Behauptung, daß allein das Christentum die Quelle für die moralische Autorität der königlichen Regierung wie für die gesellschaftlichen Ordnung und die Unterwerfung unter die Rechtsinstitutionen sei: Der Staat forme die Lebensbedingungen nach moralischen Ideen, und «weil das Christentum der göttliche Ausdruck der moralischen Ideen dieser Lebensumstände ist, ist es nur vernünftig, daß das Christentum das Wesen des Staates bestimme».[14] Es ist hier nicht notwendig, Stahls Begründungen für seine Theorie und die Widerlegungen der logischen und tatsächlichen Einwände dagegen im einzelnen zu verfolgen. Unser Interesse ist darauf gerichtet zu klären, welche Folgerungen sich für Juden und Judentum aus seinen Voraussetzungen ergeben.

Wenn der Staat eine christliche Größe ist, dann sollten Angehörige anderer Religionen – Juden oder Deisten – in ihm keinen Platz haben. Aber wenn Stahl vom Staat spricht, dann dachte er so wenig wie seine Vorläufer an die Bevölkerung, die diesen Staat ausmacht. Er bezog sich vielmehr auf die Art der Regierung und ihre Institutionen. Diese, nicht die Bevölkerung, die nur passives Objekt des staatlichen Handelns ist, müssen christlich sein. Darum können Juden und Deisten nicht nur zugelassen sein, sondern können auch das Recht haben, allen Nutzen aus ihrer Mitgliedschaft zu genießen – außer, daß sie an der Verwaltung und Verteilung dieses Nutzens keinen Anteil haben.[15]

Als Menschen sind Juden keineswegs unfähig, solche Aufgaben zu erfüllen. Stahl wendet sich gegen jene Gegner der Emanzipation, die ihre Einwände auf die Besonderheiten des jüdischen Charakters oder den schlechten Einfluß der jüdischen Religion gründen. Juden haben wie andere Völker ihre Eigenheiten, und die jüdischen Besonderheiten mögen besonders auffällig sein. Aber die gegenwärtige Sicht dieser Frage stellt «die jüdische Volksanlage» intellektuell zu hoch und moralisch zu niedrig. Stahl geht es nicht darum, diesen Punkt, der auf beobachtbare Tatsachen zurückgreifen muß, näher auszuführen. Stattdessen wendet er sich der Beurteilung des jüdischen Wesens zu, wie sie in der traditionellen christlichen Vorstellung von der Rolle der Juden in der Geschichte vorbestimmt ist: «Es ist das auserwählte Volk Gottes, seine Mission ist eine religiöse, den Glauben an den wahren Gott inmitten einer heidnischen Welt zu bewahren . . ., um aus seiner Mitte den Retter der Menschheit hervorzubringen.» Darum ist das jüdische Wesen rein religiös. Seine einzige moralische Rechtfertigung ist seine Fähigkeit, seine Religion genauestens zu bewahren. In dem religiösen Bewußtsein findet das Judentum moralische Hilfe. Und diese Eigenschaft bestimmt das jüdische Verhalten auch, nachdem seine Mission erfüllt ist, die Welt für das Christentum vorzubereiten und seinen Gründer hervorzubringen: «Darum findet sich bis zu dieser Stunde unter den echten Juden eine Art sehr wertvoller Menschen . . . Menschen tiefer Religiosität, einer Gewissenhaftigkeit, wie sie ihr Leben führen.» Diesen Typus überhäuft Stahl mit fast grenzenlosem Lob, um dann vor diesem Hintergrund die Juden zu verdammen, die ihre Verankerung in ihrer alten Religion verloren haben: «Es findet sich unter ihnen auch eine Art, die über alle Maßen abstößt . . . die ihren eigensten moralischen Antrieb verloren hat . . . von einer Arroganz, die ihre Befriedigung allein in der Äußerlichkeit ihres Geistes findet.» Hier haben wir das stereotype Bild vom unmoralischen Juden, das durch die theologische Vorstellung von der ausschließlich religiösen Bestimmung untermauert wird, und ein Jude, der dieser Bestimmung untreu wird, muß notwendigerweise jeden moralischen Halt verlieren.[16]

Dieses Verdikt über die moralische Polarität jüdischer Persönlichkeiten, das ein Ergebnis der theologischen Voraussetzungen ist, wird durch die Beobachtung gemildert, daß jetzt die meisten Juden sich von ihrer eigentlichen Mentalität befreit und weitgehend an die Sitten und Moral ihrer Umgebung angepaßt hätten: «Nachdem die Abschließung einmal aufhörte, konnten kleine Gruppen nicht von der moralischen Atmosphäre, die sie umgab, frei bleiben... All das, was das Denken des heutigen Europa ausmacht, hat sich auf den gebildeten Juden übertragen, der in der christlichen Gemeinschaft lebt.» Kurz, Juden konnten sich moralisch verhalten, wo eine hohe Moral erforderlich war, aber dies dankten sie nicht ihren religiösen oder menschlichen Quellen, sondern ihrer erfolgreichen Anpassung an die nichtjüdische Umwelt.[17]

Ebenso ambivalent geht Stahl mit dem anderen traditionellen Einwand gegen die jüdische Gleichberechtigung um, der Absonderung des jüdischen Volkes. In ihrer ursprünglichen Gestalt war die jüdische Gemeinschaft nicht nur unfähig, sondern unwillig, am sozialen oder politischen Leben anderer Völker teilzunehmen. Aber die Grenzen bestehen seit langem nicht mehr. «Der heutige Jude im allgemeinen ist nicht innerlich an einer Teilnahme an der staatlichen Existenz der deutschen Völker gehindert, weder wegen seiner Religion, noch wegen seiner Denkungsart.» Diese Fähigkeit hat er durch die Aufgabe des «echten Judentums, das in Deutschland nicht länger existiert», erreicht. So hoch der Preis gewesen sein mag, er wurde bezahlt, und die Teilnahme am Staat ist erreicht.[18]

Was war dann noch ein Hindernis gegen die volle Partizipation von Juden an der Staatsführung? Die moralische Symbiose von Staat und Christentum. Wäre der Staat eine säkulare Institution, wie das revolutionäre Frankreich, dann müßten Juden vorbehaltlos akzeptiert werden. Aber die Deutschen, denen die Drangsale einer Revolution noch erspart geblieben waren, hatten noch einen Staat höherer moralischer Ordnung, und es wäre frech, seine Abschaffung um der politischen Gleichheit willen zu fordern.[19]

Stahl hat sich zweifellos bewußt bemüht, zu einem fairen Urteil über seine Brüder im Fleisch zu gelangen. Wenn dies nur begrenzt erfolgreich war, dann lag das an seiner rückhaltlosen Treue gegenüber der christlich-theologischen Konzeption, und diese schloß nun einmal ein negatives Urteil über die Konkurrenzreligion, das Judentum, ein. Irgendwie ist es Stahl gelungen, die zeitgenössischen Juden von den moralischen Folgerungen dieses Urteils auszunehmen, aber er hielt es für die jüdische Religion voll aufrecht. Auf die Frage, warum Protestanten die Staatsführung mit Katholiken, aber nicht mit Juden teilen könnten, antwortete er, daß Protestanten und Katholiken über die richtige Auslegung derselben Offenbarung getrennt seien. Juden aber bestritten die Wahrheit der christlichen Offenbarung, sie waren Angehörige einer anderen, veralteten, niederen Religion. Und weil nach Stahl die moralische Rechtfertigung des Staates aus seiner Verbindung mit der christlichen Religion stammte, konnte deren Rivalin nur begrenzt toleriert werden. Die unvollkommene Religion könnte von ihren Anhängern innerhalb des Staates befolgt werden, aber sie konnte nicht fordern, daß der Staat sie unterstütze. Die Vorstellung, daß der Staat Christentum und Judentum als Religion verschiedener Bevölkerungsgruppen akzeptieren könne, wobei jede die öffentliche Moral ihrer Anhänger garantiere, taucht bei Stahl auf, wird aber gleich zurückgewiesen. Katholizismus und Protestantismus können sich als komplementär ansehen, «aber es würde einem gläubigen Christen nicht einfallen, daß das Judenthum oder der Deismus dem Christentum gleichwertig sei». Darum erscheint es als absurd, daß neben den vom Staat erhaltenen christlichen theologischen Fakultäten ähnliche jüdische Institutionen errichtet werden sollten.[20]

Die dem Christentum zugeschriebene Rolle in der Staatsführung und -begründung war eine Rechtfertigung dafür, Juden als Bürger zweiter Klasse zu behandeln. Aber vielleicht war es noch wichtiger, daß dank dieser Konzeption der jüdischen Religion als solcher eine absolut mindere Stellung auf Dauer zugeschrieben wurde.

16. Vorurteile gegen Juden und die Assimilation

In der Argumentation deutscher Konservativer verband sich das negative Bild vom Juden mit der Forderung, dessen Rechte einzuschränken. Wie die Geschichte des Antisemitismus in Frankreich gezeigt hat, blieben das jüdische Stereotyp und die entsprechenden Ideologien bestehen und entwickelten sich weiter, ob es nun eine Möglichkeit der Einschränkung jüdischer Rechte gab oder nicht. Der Wunsch, daß die Juden sich den Normen der herrschenden Kultur anpassen möchten, war ein ausreichender Grund, um das negative Bild der Juden zu zeichnen und zu fordern, daß es mittels Assimilation ausgelöscht werden sollte. Anders als im Kampf um politische Rechte ging es im Streit um die Assimilation nicht um ein konkretes Ziel, darum gab es hier auch keine klaren verbalen Polemiken. Stattdessen wurden die unangenehmen jüdischen Eigenschaften in der Geschichtsschreibung oder der Literatur dargestellt: In Frankreich sind die Werke von Michelet und Renan ein Beispiel für die erstere Form, in Deutschland stehen die Romane *Soll und Haben* von Gustav Freytag und *Der Hungerpastor* von Wilhelm Raabe für letztere.[1] Freytags Roman wurde Mitte der fünfziger, der Raabes Mitte der sechziger Jahre veröffentlicht. In beiden spielen jüdische Gestalten eine entscheidende Rolle. Sie werden bewußt ihren nichtjüdischen Partnern gegenübergestellt, und der Gegensatz ist gemäß der vorherrschenden literarischen Mode eine Schwarz-Weiß-Zeichnung.

Das Land, in dem Freytags Roman spielt, wird nicht genannt, aber es ist leicht als Schlesien mit seiner Hauptstadt Breslau erkennbar. Die Geschichte spiegelt die drei wichtigsten gesellschaftlichen Kreise des Landes wider: den Landadel, patriarchalische deutsche Kaufleute und Juden. Letztere gehören eigentlich in dieselbe sozio-ökonomische Gruppe, denn sowohl die christlichen Kaufleute wie die Juden machen Geschäfte. Freytag zeichnet sie jedoch nicht nur als zwei getrennte gesellschaftliche Gruppen, sondern als zwei verschiedene Welten. Der erste Beweis für die Andersartigkeit der Juden ist ihre kulturelle Fremdheit, die in der Sprache zum Ausdruck kommt. Mit der einen Ausnahme des «guten Juden», auf den wir später noch eingehen werden, spricht kein Angehöriger dieser Gruppe jemals einen korrekten deutschen Satz, auch wenn sie dies wollen, wie Veitel Itzig, die wichtigste jüdische Gestalt. Alle jüdischen Männer und Frauen haben einen schlechten Geschmack und ungehobelte Manieren; ihre gelegentlichen Versuche, dies zu verbessern, machen sie aufgrund der Diskrepanz zwischen Wollen und Können nur lächerlich.[2]

Diesem ästhetisch abstoßenden Äußeren entspricht das moralische Verhalten der Juden. Der Hauptstoß in Freytags Roman richtet sich gegen den unberechtigten Anspruch des Adels auf Qualität, Ehre und Vorrechte, weil diesen Privilegien nicht durch Sparsamkeit, Ehrlichkeit und Klugheit entsprochen wird. In Freytags Geschichte liegen alle gesellschaftlichen Tugenden bei den Geschäftsleuten der wohlhabenden Mittelschicht, sie sind bestimmt, den Landadel als Vorbild der ganzen Gesellschaft zu ersetzen. In diesem nichterklärten Krieg um die Führung zwischen den beiden Gruppen der nichtjüdischen Welt spielen die Juden eine zutiefst unheilvolle Rolle. Sie werden durch Ehre oder Moral nicht gehindert und werden so das Instrument, das den wirtschaftlichen Fall und ethischen Niedergang des Adels herbeiführt. Auch wenn die Geschäfte der Juden nicht unbedingt kriminell sind, stehen sie doch im Verdacht, so zu werden. Im Vergleich mit den nichtjüdischen Geschäftsleuten, die sich höchst moralisch verhalten, sind die Juden in *Soll und Haben* eine Art Unterwelt, die bereit ist, jede Schwäche in der moralischen oder wirtschaftlichen Struktur der nichtjüdischen Gesellschaft auszunutzen. Daß Juden diese Eigenschaft haben, wird durch ihre Verbindung mit einem wirklichen Kriminellen gezeigt – dem einzigen unter den Nichtjuden –, einem mittellosen Advokaten, der sich in einer jüdischen Spelunke aufhält und Veitel Itzig zu zweifelhaften Geschäften anregt.[3]

Freytag liefert keine Theorien über die Laster und Tugenden seiner Gestalten oder über die Gründe, warum sie sich so entwickeln. Warum die Juden so sind, wie sie sind, wird nicht gesagt, weder vom Autor noch von einer der Gestalten des Romans. Aber zwischen den Zeilen werden einige Vorstellungen davon vermittelt, woher die jüdischen Eigenschaften stammen. Der «gute Jude» zeigt, daß die jüdischen Eigenarten und Schwächen weder rassisch bedingt noch unveränderbar sind – der Sohn des reichen Händlers Ehrenthal, dem es nur ums Geld geht, der aber seinem Sohn Bernhard hilft, sich wissenschaftlich fortzubilden. Diese Bildung zahlt sich zwar nicht aus, weil Juden von der Universitätslaufbahn ausgeschlossen sind, ist aber für die Charakterbildung höchst erfolgreich. Bernhard lebt zwar im Haus seiner Eltern, hat aber alle negativen jüdischen Eigenschaften abgeworfen, auch die unmoralischen. Darum ist er es wert, der Freund der Hauptfigur des Romans zu sein, Anton Wohlfahrt, Vorbild aller Tugenden und Tapferkeiten. Der «gute Jude» Bernhard zeigt auf dem Totenbett seinem Vater die moralischen Schwächen seiner selbst und seiner Gruppe auf: «Seitdem du als armer jüdischer Junge das Haus unseres Großvaters verlassen hast... hast du an nichts anderes als an Geld gedacht. Niemand lehrte dich etwas anderes, und dein Glaube hat dich vom Verkehr mit jenen ferngehalten, die besser wissen, was dem Leben wirklichen Wert gibt.» Nur im Kontakt mit Nichtjuden kann ein Jude die Werte jenseits der rein materiellen schätzen lernen. Das Judentum allein kann seinen Anhängern weder Moral noch Kultur vermitteln. Dies ist die schreckliche Folgerung, die durch *Soll und Haben* vermittelt wird, aus dem Millionen Deutsche mehrerer Generationen ihr Bild vom jüdischen Leben abgeleitet haben, das ihre Vorurteile wenigstens verstärkte. Die daraus zu ziehende Lehre lautet für den liberalen Gustav Freytag, daß der Kontakt zwischen Juden und Nichtjuden verstärkt und alle Hindernisse entfernt werden sollen. Aber diese Konsequenz ist nirgendwo deutlich ausgesprochen, nur angedeutet, darum hat wahrscheinlich Freytags populärer Roman das vorherrschende Stereotyp vom gierigen, hemmungslosen Juden eher verstärkt als verändert oder reformiert.[4]

Raabes *Hungerpastor* ist eine viel unkompliziertere Geschichte als *Soll und Haben*. Hier geht es nur um die Konfrontation zwischen den beiden Hauptfiguren, dem nichtjüdischen Helden und dem jüdischen Schurken. Beide werden in früher Kindheit Freunde, als der christliche Junge seinen jüdischen Nachbarn vor der Feindschaft seiner Kameraden beschützen will. Im späteren Leben, als der wahre Charakter des Juden zum Vorschein kommt, zeigt es sich, daß beide nicht zusammenpassen, und es ist für jeden außer dem Helden klar, daß der Jude die Gunst niemals wert war, die er erhielt. Denn während der junge Christ, obwohl er aus ärmsten Verhältnissen stammt, den höchsten ethischen Maßstäben nachstrebt und nach geistigen Werten sucht, ist sein jüdisches Gegenstsück ein absoluter Egoist, der seine beachtlichen geistigen Gaben rückhaltlos für sich selbst nutzt. In Moses Freudenstein, der zum Katholizismus konvertiert und sich dann Theophilus Stein nennt, haben wir den literarischen Vertreter des jüdischen Intellektuellen, wie seine Verächter ihn sahen: in jeder Gesellschaft ohne Wurzeln, keinem Ideal verpflichtet, geleitet durch einen kühl rechnenden Intellekt, eine moralische Gefahr für seine Umgebung.

Raabe erklärt nicht, woher diese jüdischen Eigenschaften stammen – sicherlich versucht er keine rassische Erklärung. Aber Moses Freudenstein selbst sagt so oft, daß diese Eigenschaften zum jüdischen Intellektuellen gehören; außerdem wird dies an seinem Vater gezeigt, einem heimatlosen Hausierer, der insgeheim für seinen Sohn ein Vermögen ansammelt, den begabtesten Schüler in einer Klasse mit nichtjüdischen Mitschülern. Der

Vater sieht die Karriere seines Sohnes voraus und sieht in dessen Aufnahme in die nichtjüdische Gesellschaft eine Kompensation für die Frustrationen, die er erleiden mußte. Der Sohn andererseits überträgt den schlichten Erwerbsdrang seines Vaters in die reichen Möglichkeiten, die ihm in der höchsten christlichen Gesellschaft offen sind. Es gibt eine ganz offene Kontinuität im Verhalten des Vaters, des verachteten jüdischen Hausierers, und des Sohnes, dem klugen Doktor der Philosophie.[5]

Daß Literatur zur Erforschung der Sozialgeschichte herangezogen werden kann, ist darin begründet, daß die sozialen Typen eines erfolgreichen Autors das Ergebnis zusammenfassender Beobachtung sind, eine Art künstlerischer Idealtypus, der sich nicht von dem unterscheidet, den der Sozialhistoriker mit seinen Methoden erheben will. Diese Typen behalten deshalb auch in romanhafter Verkleidung ihre geschichtliche Richtigkeit. Es ist zu fragen, ob dies auch für die jüdischen Typen gilt, die in den Romanen von Freytag und Raabe auftauchen. Die Frage bezieht sich nicht nur darauf, ob das moralische Verhalten dieser Juden glaubwürdig ist. Es geht auch um den lebenslosen Schematismus dieser jüdischen Gestalten, um ihre langweilige psychologische Zeichnung, um den fehlenden Gehalt ihres sozialen Lebens. Raabe schreibt seinem Juden ein Verhalten zu, das den herrschenden jüdischen Sitten offen widerspricht. Ein sterbender Jude wird nicht vom Ortsrabbiner besucht, sondern von den Mitgliedern der Beerdigungsbruderschaft, und kein Jude, und sei er noch so korrupt, würde sich nach dem Begräbnis seines Vaters seinen weltlichen Geschäften zuwenden, ohne zuerst die sieben Trauertage einzuhalten. Da er die Wirklichkeit jüdischen Lebens nicht kannte, hat Raabe in seinem Bild einzelnen Juden die kollektiven Züge des jüdischen Stereotyps zugeschrieben. Dies ist die Umkehrung des Prozesses, mit dem ein Idealtyp gewonnen wird, sei es durch einen einfühlsamen Schriftsteller oder durch einen ausgebildeten Sozialhistoriker. Gustav Freytag hat vielleicht mehr Möglichkeiten gehabt, Juden zu beobachten, aber wenn er sie in seiner Kunst darstellen wollte, zeigt er nicht das geringste Anzeichen von Einfühlung. Die Juden in *Soll und Haben* sind moralisch das Gegenteil der beiden anderen Gruppen, und abgesehen von ihrer Immoralität sind die Juden unwirklich, kaum menschliche Wesen, tatsächlich nur eine Individualisierung herrschender Vorurteile gegen Juden. Dies verzerrte Bild von den Juden bei zwei viel gelesenen Schriftstellern konnte nur die Neigung fördern, Juden nicht nur zu verurteilen, sondern von ihnen auch ausschließlich mittels vorheriger Vorstellungen und Ideologien zu denken.

Freytags andere Charaktere zeigen verschiedene Aspekte des Lebens ihrer sozialen Gruppe, die Juden zeigen nur den einen Charakterzug, der sie nach dem herrschenden Vorurteil bestimmt, daß sie nämlich unmoralisch und unkultiviert seien. Die Juden dieser beiden berühmten Romane sind aus Vorurteilen geboren, und sie haben in den Lesern diese Vorurteile zweifellos verstärkt, auch wenn die Autoren dies gar nicht wollten. Wir wissen, daß Gustav Freytag ein aktiver Liberaler war, der beim Ausbruch der antisemitischen Bewegung in den Reihen derer zu finden war, die diese lautstark verdammten. Nach seiner Sicht konnte der Antisemitismus aufgehalten werden, wenn die Juden sich den deutschen Verhaltensregeln und der deutschen Kultur anpaßten. Es ist zu vermuten, daß er diese Anpassung ermutigen wollte, als er in seinem Roman einen Juden so negativ darstellte. Von daher wurde hier das Stereotyp im Dienst der Assimilation verwendet.[6]

Zu dieser Zeit finden wir eine eindeutige Verbindung zwischen der Herabsetzung von Juden und dem Ziel der Anpassung bei Wilhelm Marr. Marr, der einer der Gründer der antisemitischen Bewegung werden sollte, wurde 1818 in Hamburg geboren und lebte von 1841 bis 1845 in der Schweiz, wo er sich der radikalen Gruppe des Jungen Deutschland anschloß. Nach seiner Rückkehr nach Hamburg wurde er als Schriftsteller politisch aktiv; während der Revolution von 1848 war er Mitglied des Revolutionsrates, wo er eine atheistische, sozial-reformistische, radikale Position vertrat. Als die Revolution 1852 endgültig geschlagen war, ging Marr ins Exil nach Mittelamerika, aber von 1859 an war er in seiner Geburtsstadt wieder politisch aktiv. Während seiner politischen Arbeit jener Zeit hatte Marr Kontakt mit Juden, einige waren mit ihm im radikalen Lager, andere, wie Gabriel Riesser, waren seine politischen Gegner. Von daher kannte er sich in der Frage der Emanzipation der Juden gut aus, die die Öffentlichkeit jener Jahre – vor allem in Hamburg – beherrschte. Außerdem war seine erste Frau die Tochter eines konvertierten Hamburger Juden, wie die zweite und dritte, aber nicht die vierte.[7]

Marrs Sicht von der Zukunft von Juden und Judentum hing mit seinem Radikalismus zusammen. Er wollte eine totale Trennung von Staat und Kirche. Die Situation in Hamburg, wo die jüdische Gemeinde noch den Status einer rechtlichen Körperschaft hatte, die vom Staat garantiert wurde, war in seiner Sicht eine Anomalie, die abgeschafft werden sollte. Diese Sicht wurde von einem beachtlichen Teil der Gemeinde geteilt, der 1862 der Bürgerschaft ein Memorandum vorlegte, in dem die Auflösung der Körperschaft befürwortet wurde – gegen die Wünsche der Orthodoxen. In dieser Situation schrieb Marr sein polemisches Buch *Der Judenspiegel*, das sich gegen orthodoxe Juden wandte, aber mit anderen Themen vermischt war, so daß es ein Generalangriff auf Juden und Judentum wurde. Marr behauptete, daß auch liberale Juden – wie sein persönlicher und politischer Gegner Gabriel Riesser – noch tief im Judentum steckten und nichts dafür taten, die menschliche Gesellschaft aus den Fängen der religiösen Tradition zu befreien, ein Argument, das so ähnlich auch von Bruno Bauer in seiner radikalen Zeit vertreten wurde. Marrs Behauptung grenzte an rassische Eigenschaften, die deutlich physisch zu sehen seien, ob ererbt oder erworben, und er beruft sich dabei ausdrücklich auf die Theorie von Nordmann, die noch behandelt werden wird.[8]

Außerdem griff Marr häufig auf Voltaires deistisch-moralische Schriftkritik zurück und wendete sie auf die Juden seiner Zeit an. Marr hatte zu diesem Zeitpunkt die wichtigsten Gedanken der antisemitischen Ideologie entwickelt, die er in den späten siebziger Jarhen ausarbeiten sollte. Dennoch nennt er seinen *Judenspiegel* im nachhinein eine philosemitische Arbeit. Dies war nicht völlig falsch. Denn die Schlußfolgerung hier lautet nicht, daß die Juden keinerlei Hoffnung auf Besserung hätten; im Gegenteil, es bestünde für sie die dringende Notwendigkeit, die Last der Vergangenheit abzuschütteln, sich von ihren typisch jüdischen Eigenschaften zu trennen und sich ihrer Umgebung anzupassen. Auch hier steht der Antisemitismus noch eindeutig im Dienst der Assimilation.[9]

In seiner Zeit war Marrs *Judenspiegel* ein Mißerfolg, und seine Gegner in Hamburg sahen keine Notwendigkeit, darauf zu antworten.[10] Die Gedanken, die im Lauf der Zeit und in anderem Zusammenhang ihre verborgene Macht noch enthüllen sollten, hatten noch keine Wirkung. In den sechziger und frühen siebziger Jahren stärkte sich die Position der Juden und ihr Fortschritt. Dies heißt nicht, daß das Negativbild der Juden verschwand, denn weniger als eine Generation später kam es um so mächtiger wieder zum Vorschein. Antijüdische Einstellungen waren nur eine Zeitlang außer Sicht.

Robert von Mohl, ein herausragender politischer Wissenschaftler, ein moderater Liberaler und Kritiker der Judenemanzipation, faßte die Lage 1869 zusammen, und zwar nicht in einer Streitschrift, sondern in einem Kapitel eines größeren Werkes über Verfassungsrecht und Politik.[11] Die Befürworter der Judenemanzipation, die die wahre Natur des Problems nicht kannten, hatten die früheren Parias zu Vollbürgern gemacht, schrieb von Mohl. Dies taten sie im Gehorsam gegenüber dem abstrakten Prinzip menschlicher Gleichheit und mißachteten dabei die außergewöhnliche Verfassung der Gruppe der Juden. Diese Außergewöhnlichkeit kam in zwei Besonderheiten zum Ausdruck, in der doppelten Nationalität des Juden und seiner Zugehörigkeit zu bestimmten Berufen. Von Mohl gestand zu, daß Juden die Nationalität ihres Landes annehmen könnten, sie würden sich als Deutsche, Franzosen oder Italiener fühlen, zugleich aber ihre jüdische Nationalität beibehalten, und diese Bindung habe großen Einfluß auf sie. Beruflich konzentrierten sich Juden vor allem in Handel und Finanzen, hier und da auch in künstlerischen und geistigen Tätigkeiten. Auf jeden Fall würden sie sich niemals über die ganze Bevölkerung verteilen und in ihrer Mehrheit in härtere und weniger lukrative Berufe eintreten.

Von Mohl sah die Situation als Ergebnis einer falschen Theorie und politischer Fehler. Die politischen Denker hatten geglaubt, daß ein Mittelweg möglich sei: den Juden Bürgerrechte zu geben, ohne höhere Positionen in Staat und Gesellschaft mit ihnen zu teilen und sie damit auf bescheidenere und gesamtgesellschaftlich unsichere Berufe zu beschränken. Aber die einmal unternommenen Schritte würden unvermeidlich zur vollen Emanzipation der Juden führen. «Einmal zugestandene Freiheitsrechte können nur durch eine völlige Umkehrung aller Dinge entzogen werden, nicht durch eine einfache Revision der Gesetzgebung.»[12] Darum vermied von Mohl von vornherein jede mögliche praktische Konsequenz aus seiner Diagnose. Er hatte seine Analyse nur zum Zweck der «Selbsterkenntnis» vorgelegt. Er behielt seine Vorbehalte gegen die Emanzipation der Juden bei, nannte aber kein Mittel dagegen. Wir haben guten Grund zu der Annahme, daß diese ambivalente Haltung keine Besonderheit von Mohls war, sondern genauer Ausdruck des Meinungsklimas, das insgesamt herrschte. So erklärt sich die Ruhe, die die Juden zu dieser Zeit empfanden, und der Sturm, der in nicht zu ferner Zukunft losbrechen sollte.

17. Nachhutgefechte der Konservativen

Zwischen 1850 und 1871 ging es für die Juden um die endgültige Durchsetzung der politischen Emanzipation. Die Sprecher der Revolution von 1848, versammelt im deutschen Parlament zu Frankfurt, hatten das Prinzip vertreten, daß die Bürgerrechte von der Religionszugehörigkeit unabhängig sein sollten. Dieses Prinzip wurde in die Verfassungen aufgenommen, die von den jeweiligen Regierungen unter dem Druck der Verhältnisse erlassen wurden, vor allem von der preußischen. Auch in anderen Ländern machte man Zugeständnisse in Richtung auf eine Gleichberechtigung der jüdischen Bürger.[1]

Da die Revolution ihre Ziele aber nicht erreichen konnte, wurden die Zusagen über die Stellung der Juden nicht völlig eingehalten. Manche der Freiheiten, die durch die Revolution von den Bürgern allgemein und von den Juden speziell erreicht worden waren, wurden wieder aufgehoben, andere nie eingeführt. Aber diese reaktionären Maßnahmen waren eher administrativer als legislativer Natur. Nachdem die Reaktion sich mit dem Aufkommen der sogenannten Neuen Ära um 1858 endgültig durchgesetzt hatte, wandelte sich die Stimmung wieder zugunsten der Juden. Nach der Vereinigung der nördlichen Staaten 1866 und dann nach der Reichsgründung 1871 wurde eine neue Verfassung erlassen, die dezidiert nicht-revolutionär war, aber die Gleichheit vor dem Gesetz unabhängig von der Religionszugehörigkeit war eines ihrer Prinzipien.

In dieser Zeit zwischen der Revolution von 1848 und der Reichsgründung von 1871 wurde der Judenfrage nicht viel Aufmerksamkeit zuteil, auch wenn eine endgültige Entscheidung noch ausstand. Die Maßnahmen einzelner Regierungen, ob zugunsten oder zuungunsten der Juden, galten nicht als Grundsatzfragen und wurden wenig diskutiert. Die Emanzipation schließlich kam mit den neuen Verfassungen – Ergebnisse der Kriege gegen

Österreich 1866 und gegen Frankreich 1871 –, sie geschah fast unbemerkt. Während der vorangehenden Epoche, in den dreißiger und vierziger Jahren waren öffentliche Diskussionen über die Judenfrage an der Tagesordnung, in den fünfziger und sechziger Jahren fehlten sie fast ganz. Die *Allgemeine Zeitung des Judenthums*, die repräsentative Stimme der deutschen Judenheit, konnte wiederholt mit Befriedigung feststellen, daß die Flut antijüdischer Streitschriften um 1865 herum nur noch ein Rinnsal sei.[2]

Antijüdische Propaganda mit einem klaren politischen Ziel kam nur noch von der äußersten Rechten, den preußischen Konservativen. Ihre Vertreter brachten 1852 und 1856 eine Gesetzesvorlage in den Landtag ein, mit der die Unabhängigkeit der Bürgerrechte von der Religionszugehörigkeit aus der Verfassung wieder gestrichen werden sollte. In den Augen der Konservativen schadete der entsprechende Artikel dem christlichen Charakter des Staates, darum sollte er verschwinden. Die Parteizeitung – die *Neue Preußische Zeitung*, besser als *Kreuzzeitung* bekannt, deren Herausgeber Hermann Wagener 1856 die Gesetzesvorlage im Landtag einbrachte – tat alles in ihrer Macht Stehende, um die Idee des christlichen Staates zu verbreiten und den Ausschluß der Juden aus der staatlichen Verwaltung zu fordern. Wagener faßte seine Gedanken in dem Buch *Das Judenthum und der Staat* zusammen, das den Gesetzesentwurf begründen sollte, der nach Wageners eigenen Worten wegen einer «äußerst lebhaften Unruhe» unter den preußischen Juden abgelehnt worden war, dagegen waren 264 Petitionen für die jüdischen Gemeinden eingereicht worden.[3]

Wagener und seine Anhänger folgten im wesentlichen den Ideen von Friedrich Julius Stahl, nur standen sie modernen Entwicklungen im Judentum, vor allem dem Reformjudentum, äußerst kritisch gegenüber. Wagener berichtet, daß er sein Buch «zusammen mit einem Freund, einem Experten» geschrieben habe. Angesichts der genauen Kenntnis interner jüdische Probleme, die das Buch vermittelte, ist es wahrscheinlich, daß dieser Freund ein jüdischer Konvertit war; Samuel Holdheim vermutet, daß es sich um Selig Paulus Cassel handelte.[4]

Wagener und sein getaufter Freund wollten, daß die Juden ihrer ererbten Tradition treu bleiben sollten, aus theologischen wie aus politischen Gründen. Die christliche Lehre erwartete von den Juden, daß sie bei der zweiten Ankunft Jesu eine eschatologische Rolle spielen sollten, wenn die Anerkennung der christlichen Wahrheit sie vom Alten zum Neuen Testament führen würde. Darum mußten sie bis zu diesem Zeitpunkt dem Alten Testament treu bleiben. Politisch ging Wagener davon aus, daß die traditionellen Juden sich leichter mit der passiven Rolle in Staat und Gesellschaft abfinden würden, die ihnen in der Konzeption des christlichen Staates zugeschrieben wurde. Reformjuden und Juden, die sich assimiliert hatten, waren dagegen ein gefährliches gesellschaftliches Element. Ihre intellektuellen Exponenten wandten die philosophische Deutung der Religion auch auf das Judentum an. In dieser Sicht war Offenbarung identisch mit der Entfaltung des menschlichen Bewußtseins, und so konnte das Judentum benutzt werden, um «unter dem Mantel einer Religion» «anti-christliche Lehren» zu verbreiten. Jüdische Reformer, die die Grundlagen ihrer eigenen Religion untergruben, gefährdeten zugleich die Existenz des Christentums.[5]

Die Hauptgefahr lag jedoch nicht im theoretischen Bereich, sondern in der sozialen Wirklichkeit. Die meisten Juden, die einer Reformgemeinde beitraten, hatten wenig Interesse an intellektuellen Theorien, der große Umbruch erfolgte in ihrem Verhalten: «Die Masse des Volks, nachdem die zähe Energie ihres Naturells von der Religion abgewendet war, (ist; J. Katz) nur noch auf Erwerb und Genuß versessen.» Sie vertraten jene «jüdische Auflösung, die an Nichts glaubt, als an baar Geld und sichere Papiere, und nichts will, als ein gut Geschäft». Nur wegen ihrer «geistigen Indolenz» sowie ihrer familiären und geschäftlichen Beziehungen konvertierten nicht mehr Juden, die keine echte Bindung an ihre Religion mehr hatten. Sie hätten vielleicht sogar nichts dagegen, «wenn die ganze Judenschaft durch Mischehen mit Christen aufgesogen» würde. Und mit der Einführung der Zivilehe wie in Frankreich war dies nicht unmöglich. Sicher, auch assimilierte Juden wandten sich gegen Mischehen, aber dies lasse sich kaum mit religiösen Motiven begründen. Man müsse vielmehr vermuten, «daß sie sich trotz aller Phrasen von Menschen- und Bürgerthum, dennoch als abgesonderte Klique zu behaupten gedächten, nur um in einer religionslosen, zerbröckelten Gesellschaft durch ihr festes Zusammenhalten an die Spitze der Dinge zu kommen – nach aller Aufklärung und Gesetzesläugnung zuletzt doch der herrschende Jude (bleiben; J. Katz)».[6]

Dies ist zweifellos die Stimme eines abtrünnigen Juden, dessen Verzweiflung über die Unfähigkeit des Judentums, sich neuen geschichtlichen Umständen anzupassen, ein wichtiger Faktor für seinen «Herzenswandel» war. Der konservative Christ Wagener nutzte das Ressentiment und die Gedanken des früheren Juden. Sie paßten hervorragend zu seinen eigenen Ansichten über das säkularisierte Judentum, deren Höhepunkt, wie der zuletzt zitierte Satz zeigt, die Aussicht auf ein jüdisches Streben nach Weltherrschaft war.

Hermann Wagener gab die Herausgeberschaft der *Kreuzzeitung* 1854 auf und trennte sich auch von der Führung seiner Partei. Stattdessen verfolgte er einen unabhängigen, noch radikaler konservativen Kurs. Dies zeigt seine Verbindung mit Bruno Bauer, der sich in dieser Zeit überraschenderweise im konservativen Lager befand. Wagener seinerseits ging mit jedem zusammen, dessen Ziel mit dem seinen übereinstimmte, unabhängig von möglichen ideologischen Differenzen. Darum ist es gut möglich, daß die anonyme Schrift *Die Juden und der deutsche Staat* (Berlin 1861), die später von Johannes Nordmann als seine Arbeit identifiziert wurde, in Zusammenarbeit mit Hermann Wagener entstanden ist.[7]

Nordmanns Schrift erlebte viele Auflagen, und Spuren ihres Einflusses finden sich in späteren antijüdischen Publikationen. Ihr politisches Ziel war es, Juden von öffentlichen Ämtern fernzuhalten, eine in Preußen und einigen anderen deutschen Staaten noch ungelöste Frage. Zur Begründung dieser Forderung geht der Verfasser nur am Rande auf den christlichen Charakter des Staates ein. Er schien eine enge Verbindung zwischen Religion und Staat nicht für vorteilhaft zu halten, «es mag dies aus einem höheren Gesichtspunkt als Mangel erscheinen». Religion als solche zählte nicht, «auf die Mythe kommt es nicht an». Die christliche Moral verlieh Staat und Gesellschaft ihren Charakter, und weil die Juden dieser Moral nicht genügen konnten, mußten sie ausgeschlossen bleiben.[8]

Um diesen Punkt zu belegen, beschreibt Nordmann die moralische Minderwertigkeit der Juden. Da er sich an die christliche Dogmatik nicht gebunden fühlte, griff er auf die jüdische Treue zum Alten Testament zurück, damit folgte er dem antijüdischen Bild deistischer Herkunft. Nordmann erklärte, daß eine richtige Beurteilung biblischer Gestalten und die Analyse biblischer Lehren besser zur Kenntnis der jüdischen Mentalität beitrügen als zufällige Beobachtungen zeitgenössischer Juden. Entsprechend wiederholte er alle jene Vorwürfe über die jüdische Unmoral, die sich im Verhalten der Erzväter oder der alten Israeliten gegenüber anderen Völkern fanden. Daß diese jüdischen Eigenschaften sich durch die Zeit hindurch erhalten hatten, gilt als sicher, es wird der andauernden Entfremdung der Juden von ihrer Umgebung zugeschrieben: «Mehrtausendjährige Abschließung und Inzucht haben die durchgreifende Herrschaft des Racentypus befestigt und die Denkweise zu einem Theile desselben gemacht. Jüdisches Blut und jüdischer Sinn sind untrennbar geworden, und wir müssen das Judenthum nicht allein als Religion und Kirche, sondern auch als den Ausdruck einer Racen-Eigenthümlichkeit auffassen.» Um das Bild zu vervollständigen, versucht Nordmann, physische Eigenheiten der jüdischen Rasse aufzuzeigen. Dabei geht er davon aus, daß die Juden im Unterschied zu den Deutschen «die Mängel südlicher Racen, ohne ihre Vorzüge» besitzen. Unter dieser Voraussetzung konnte der jüdische Typus höchst unvorteilhaft dargestellt werden; Juden werden einfach alle möglichen physischen Mängel und deren geistige und moralische Begleiterscheinungen zugeschrieben.[9]

Nordmann scheint in Deutschland der erste gewesen zu sein, der die Rassenidee zum Angelpunkt einer antijüdischen Ideologie gemacht hat. Und doch fehlte der Vorstellung zu dieser Zeit noch die umfassende Bedeutung, die sie in späteren Jahrzehnten bekommen sollte. Sie war noch nicht mit biologischer Dauer und Determination verbunden. Tatsächlich ließ Nordmann Juden die Möglichkeit offen, durch Annahme des Christentums in die nichtjüdische Gesellschaft aufgenommen zu werden, obwohl die Rasse eine so wichtige Rolle bei ihm spielt. Die Konversion hätte zwar kaum religiöse Bedeutung, käme aber einem Bruch mit der Moral seiner

Rasse gleich: der Jude würde «von seinem Stamm getrennt und aufnahmefähig für die Kultur». Sogar ohne Taufe konnte sich ein Jude von den rassischen Mängeln freimachen, und Nordmann hoffte, daß in ferner Zukunft die ganze Judenheit so befreit werden könnte: «Wir kennen und achten manche Juden, bei denen die Racen-Eigenthümlichkeiten so eingeschränkt sind, daß sie dem Menschenwerthe keinen Eintrag thun. Wir sind daher geneigt Ausnahmen gelten zu lassen, ... wenn dann in einer fernen Zeit eine schönere Moral in das Herz des auserwählten Volkes eingezogen sein, ... und Jahrhunderte sittlicher Erhebung den Bruch mit der Erbschaft von Jahrtausenden bewiesen haben werden, ... dann wird unseren späten Nachkommen der Grund und die Möglichkeit fehlen, zwischen Deutschen und Juden einen Unterschied zu machen.»[10]

Angesichts der Übereinstimmung dieser Rassenvorstellung mit traditionellen Ideen ist es verständlich, daß Nordmanns Ausführungen Konservativen wie Wagener gefielen. Es ist weniger verständlich, daß Wagener Gefallen an den radikaleren, wenn auch versteckteren Theorien von Bruno Bauer fand. Und doch haben beide eng zusammengearbeitet. Wagener wie Bauer trennten sich von ihren früheren Ideen und gingen gemeinsam daran, die Gesellschaft durch die Verbreitung ihrer kritischen, konservativen Gedanken zu beeinflussen. Wagener schuf sich zwei Instrumente für diesen Zweck, die Zeitschrift *Die Berliner Revue* und das *Staats- und Gesellschaftslexikon.* In der Zeitschrift kommentierte Bauer die laufenden Ereignisse, im Lexikon lieferte er seinen Lesern Informationen über geschichtliche und philosophische Themen. In beiden zeigte er eine absolut negative Einstellung zu Juden und Judentum in Vergangenheit und Gegenwart.[11]

Bauer wandte sich von seiner junghegelianischen Vergangenheit ab und übertrug seine antijüdischen Gefühle in eine neue konservative Weltanschauung, wo sie noch schärfer als vorher formuliert werden. Bei ihm wurde die Kritik und sogar die offene Verleumdung jüdischer Dinge zu einer Gewohnheit, die schon fast Besessenheit war. Die psychologischen Gründe, die zu dieser Fixierung führten, sind nicht recht deutlich, aber wie sie funktionierte, ist klar genug. Bauer freut sich geradezu daran, das Judentum zu verhöhnen, er nennt Juden gemein, unfruchtbar, veraltet, und er schreibt ihnen jede mögliche negative Eigenschaft zu, wo immer er darauf stößt.

In Wageners Lexikon schrieb Bauer alle Artikel, die mit Juden und Judentum zu tun hatten, so hatte er genügend Möglichkeiten, sie zu verurteilen. Kein Jude besteht vor ihm, wenn es um Originalität oder Anstand geht. Heine und Börne zeigen nichts als «jene abstoßende Frechheit, die nur eine oberflächliche Färbung der deutschen Umgebung annimmt, und auch dies nur, um herabzusetzen und zu schmähen». Moses Mendelssohn steht für den Juden, dessen einzige Ehre vom Umgang mit bedeutenden Männern der Gesellschaft stammt, «bis er selbst es für angemessen hält, an die Spitze zu treten». Dies zeigt, wie das negative Urteil über einen einzelnen Juden auf den Juden als Typ ausgedehnt wird, oder anders, wie angenommene Eigenschaften des Typs auf den einzelnen übertragen werden. Die Artikel über einzelne Juden beschränken sich nicht darauf, ihr Thema zu behandeln, sondern schließen immer Urteile über Juden und Judentum im allgemeinen ein. Dann gibt es längere Artikel über die jüdische Geschichte zu verschiedenen Zeiten, in denen Bauer sich ausführlich äußern konnte. Seinen Artikel über die jüngste Zeit, «Das Judenthum in der Fremde», hat er 1863 als eigenständige Schrift veröffentlicht.[12]

Bauers Darstellung der jüdischen Geschichte, die Aufteilung in Epochen und deren geistige Beurteilung folgt der christlichen theologischen Tradition, und unter dem Deckmantel traditioneller Vorstellungen führt er seine Eigenheiten ein. Das erste Anzeichen dafür, daß Bauer sich der christlichen Tradition unterworfen hat, ist in seiner Darstellung der biblischen Zeit zu sehen. Er findet nichts, was er an den Handlungen der alttestamentlichen Helden auszusetzen hätte. Die Grausamkeiten bei der Eroberung Kanaans im Buch Josua werden als gottgewollt und darum moralisch einwandfrei dargestellt. Dies ist zweifellos eine Rückkehr zu Bauers frühester Zeit und eine stillschweigende Abkehr von seiner radikalen Periode, in der er in den Fußstapfen der Deisten scharfe Angriffe auf das biblische Judentum verfaßte. Es ist nicht deutlich, ob Bauer – wie sein letzter Biograph annahm – diese duldsame Einstellung nur aus Rücksicht auf die konservative Umgebung angenommen hat, in der er jetzt lebte. Die Veränderung führte jedenfalls nicht zu einem Wechsel in seiner allgemeinen Haltung zum Judentum.[13]

Bauer nahm seine Vorwürfe gegen das Judentum aus seiner radikalen Zeit in seine konservative Phase mit hinüber und fügte einige neue hinzu wie den, daß die Juden angeblich dazu neigten, die Welt zu revolutionieren. Juden hatten alle modernen Revolutionen mit Freude begrüßt, sei es in Frankreich, Polen, Ungarn oder Italien. Dies war in Bauers Deutung nur Ausdruck ihres Ressentiments gegen die christliche Weltordnung, das zum Judentum gehörte, seit dieses vom Christentum aus seiner beherrschenden Stellung verdrängt worden war: «Der Jude, der Ewige Jude, der reinste und am wenigsten veränderte Vertreter des Altertums, (ist) der Träger von Groll und Ärger über eine zweitausendjährige Geschichte, die ohne ihn und gegen seinen Willen gemacht wurde, darum ist er der Freund jeder Revolution.» Auf diese Weise wurde das verbreitete Vorurteil gegen Juden wegen ihrer angeblichen Dominanz in revolutionären Bewegungen christlicherseits historisch-philosophisch abgesegnet. Und weil diese Theorie schon im ersten Absatz von *Das Judenthum in der Fremde* vertreten wird, mußte sie ein zustimmendes Echo beim konservativen Leser auslösen. Für andere Menschen in den sechziger Jahren war eine revolutionäre Einstellung eher eine Tugend als ein Laster; Bauer selbst bewunderte die Kämpfer, die die europäische Gesellschaft durch erlösende revolutionäre Taten erneuern wollten. Um den

Stolz einiger Juden über ihre Beiträge zur Revolution zu verhindern, bemüht sich Bauer am Ende seiner Abhandlung zu zeigen, daß der wirkliche Beitrag von Juden zu den Revolutionen von 1848 in Wien, Budapests oder Berlin minimal war. Bauer wollte beides. Sofern die Revolution ein unberechtigter Eingriff in die traditionelle Ordnung war, waren die Juden schuldig; wenn sie als Befreiungstat verstanden wurde, wurde ihr Anspruch, daran teilgenommen zu haben, zurückgewiesen. Obwohl die Revolution nicht ihr Werk war, begrüßten die Juden den Umsturz der christlichen Weltordnung «als Geburtswehen der messianischen Zeit und unmißverständlichen Vorboten ihrer Weltherrschaft».[14]

Dieselbe passive, doch erwartungsvolle Einstellung wurde den Juden für die Aufklärung zugeschrieben, die ihnen den Zugang zur europäischen Gesellschaft eröffnet hatte. Sie leisteten keinen eigenständigen Beitrag zu ihrem Aufkommen – nicht einmal Spinozas Philosophie wurde als solcher anerkannt –, aber sie ergriffen sie als Mittel, das ihnen zu ihrer erwarteten Weltherrschaft verhelfen würde.[15]

Schon 1842, als Bauer *Die Judenfrage* schrieb, beschäftigte er sich mit dem jüdischen Traum von der Weltherrschaft. Zu jener Zeit hatte er diesen Traum als Illusion verspottet, die von den Juden selbst auf eine ferne messianische Zukunft verlegt wurde. Zwei Jahrzehnte später beschrieb Bauer den Traum angesichts der von den Juden erreichten Fortschritte als unmittelbare Absicht der Juden und akute Gefahr für die nichtjüdische Welt. Die Vorhersage der «Judenherrschaft» beruhte nicht nur und nicht vorwiegend auf dem wachsenden Reichtum der Juden. Vielmehr wurde in der Ersetzung der «christlichen Ordnung» durch «humanistische Phantasien» das Merkmal gesehen, das der Gegenwart einen «jüdischen Charakter» verlieh. Bauer beeilte sich, dem Leser zu versichern, daß der Humanismus in Wirklichkeit ein Produkt christlichen Geistes sei, wie es im geistigen Kampf von Dichtern und Denkern seit der Reformation zutage getreten war. Fälschlicherweise war der Humanismus jedoch als sein Gegenteil dargestellt worden und so in die Hände der Juden gefallen, die ihn für ihre selbstsüchtigen Zwecke nutzten.[16]

Indem Bauer auf die traditionelle christliche Begrifflichkeit zurückgriff, gelang es ihm, der Dichotomie zwischen Juden und Nichtjuden eine geistliche Bedeutung zu geben. Aber er war hier nicht konsequent und geriet schnell in eine Vorstellung mit eindeutig nichttheologischer Grundlage. Neben die jüdisch-christliche Konfrontation tritt bei ihm die jüdisch-deutsche Spannung, und wenn er vom besonderen Wesen von Körper und Geist der Juden spricht, tauchen mehrfach die Begriffe «Blut» und «Rasse» auf. Sie sind noch nicht die Zentralbegriffe einer ausformulierten Theorie, aber ihre Verwendung zeigt doch die Tendenz, jüdische Gestalt und Mentalität als uanbhängig von einer Beziehung zum Christentum zu verstehen. Damit war es nur eine logische Konsequenz, wenn jüdische Eigenschaften der

Gegenwart auf die Vergangenheit übertragen wurden. «Der jüdische Stamm hatte eine andere Art Blut als das christliche Volk von Europa. Er hatte einen anderen Körper und eine andere Verfassung, andere Neigungen und Verlangen.» Und zum anderen Körper kam die Entfremdung, zu der die Juden nicht erst seit der Zerstörung des Tempels, sondern von Anfang an verurteilt waren.[17]

Wenn Bauer die Juden als Rasse beschreibt, war er zweifellos durch Nordmanns Buch beeinflußt. Und weil beide mit Wagener zusammenarbeiteten, müssen sie die Schriften des anderen gekannt haben. Außerdem finden sich Spuren von Nordmanns Einfluß auf Bauer in den Einzelheiten seiner Gedanken, obwohl Bauer seinen Mentor im Stil und in der Breite des Wissens weit überragt. Bauer war der Ansicht, daß die Juden in sich die Mängel verschiedener Rassen vereinigten, und er nannte den Juden einen «weißen Neger». Jetzt diente die Annahme von der rassischen Minderwertigkeit der Juden als Beleg für seine negative kulturelle und moralische Beurteilung. Das Eindringen dieser minderwertigen Minderheit in die europäischen Völker, besonders ins deutsche Volk, war das zentrale Thema des Buches; und es raubte ihm sein seelisches Gleichgewicht, wie er selbst sagte.[18]

Wie Richard Wagner nannte Bruno Bauer die kulturelle Entwicklung des letzten Jahrzehnts «Verjüdelung». Die Verantwortung hierfür lag jedoch nicht bei den Juden, sondern bei den Nichtjuden: «Es kann nicht gesagt werden, daß die Juden sich uns aufdrängten, als sie in der Mitte des letzten Jahrhunderts erstmals in der Gesellschaft erschienen; wir waren es, die sie riefen und einführten und sie dreist machten ... Wir, wir allein, vor allem wir Deutschen, sind schuld, wenn wir uns jetzt gegen die Juden verteidigen müssen.»[19]

Wie diese Verteidigung praktisch aussehen sollte, hat Bauer nicht ausgeführt. Wie alle seine Kommentare zum öffentlichen Leben zeichnet sich auch seine Kritik an der Rolle der Juden mehr durch eine genaue, wenn auch willkürliche Analyse als durch die Darlegung praktischer Lösungen aus. Im Vorwort zu *Das Judenthum in der Fremde* beschreibt er selbst seine Aufgabe ausdrücklich als die einer Analyse der Situation, deren Mangel bis jetzt die Suche nach praktischen Lösungen verhindert habe. Auf der Grundlage der von ihm vorgelegten Theorie könnte dann eine Lösung gefunden werden – von anderen.[20]

Allerdings hat Bauers Theorie in Wirklichkeit nicht zu einer Lösung beigetragen, sondern sie vielmehr verhindert. In seiner radikalen Zeit, so kritisch er der versteinerten jüdischen Tradition auch gegenüberstand, hat Bauer die Hoffnung nicht ausgeschlossen, daß Juden und Nichtjuden in gemeinsamer Humanität vereint werden könnten, wenn beide Seiten sich erst von ihren jeweiligen religiösen Phantasien befreit hätten. Aber als er die positive Rolle des Christentums zur Unterstützung der traditionellen Ordnung anerkannt hatte, war diese Möglichkeit ausgeschlossen. Außerdem verneinte die rassische Deutung jüdischer Besonderheiten die christliche Erwartung einer schließlich Bekehrung der Juden, das erhoffte Resultat jüdischer Emanzipation in der Vorstellung vieler ihrer Befürworter. Im Unterschied zu ihnen zeigte Bauer nie den Wunsch, daß Juden sich zum Christentum bekehren sollten; er sah in ihnen ein nichtassimilierbares gesellschaftliches Element und nahm die logischen Konsequenzen dieser Überzeugung in Kauf.

Im letzten Abschnitt seiner Schrift kommt Bauer dazu, seine Unfähigkeit, eine praktische Lösung anzubieten, fast offen einzugestehen. Wenn er vom politischen Status der Juden spricht, geht er kurz auf das offizielle Programm der preußischen Konservativen ein. Dies lief auf die Forderung hinaus, die herrschende Praxis, Juden aus öffentlichen Ämtern fernzuhalten, gesetzlich abzusichern. Bezeichnenderweise gründet Bauer seine Zustimmung zu dieser Forderung nicht wie die Konservativen auf den christlichen Staat, sondern er erklärte, daß es ein Angriff auf die deutsche Ehre sei, Ämter von Würde und Gewissen «zu einem Geschäft verkommen zu lassen», indem man sie in die Hände von Juden gäbe.[21]

Aber wie immer die Begründung lautete, es war keine Antwort auf das Problem, das durch Bauers radikale Kritik aufgeworfen war, Juden lediglich das politische Fortkommen zu erschweren. Angesichts dieses Widerspruchs in seinem Denken, zwischen radikaler Verurteilung der jüdischen Existenz und relativer Toleranz, erklärt Bauer die Juden schließlich zu einem notwendigen Übel, dank ihres «Weltsinnes», ohne den die Gesellschaft nicht wirklich funktionieren könne. «Der Herr dieser Welt benötigt die Juden, um seine letzten weltlichen Ziele zu erreichen, und seine Not ist so groß, daß er seine Heerscharen jetzt auch aus den Reihen der Christen rekrutiert; ohne die Juden wären wir alle genötigt, ihren Platz einzunehmen.» Dieser letzte Satz der langen Abhandlung ist ein Antiklimax. Er zeigt die relative Harmlosigkeit einer radikalen Ideologie, wenn die gesellschaftliche Wirklichkeit ganz anders ist. Jüdische Fortschritte in den sechziger Jahren waren so offensichtlich, die gesellschaftlichen und politischen Kräfte so eindeutig, daß sogar ein Vertreter einer radikalen Ideologie vor Folgerungen zurückschreckte, die mit der sozialen Wirklichkeit nicht übereinstimmten. Man konnte es sich leisten, Bauers Ideologie einfach zu ignorieren. Während seine *Judenfrage* 1843 eine ganze Serie von Antworten hervorgerufen hatte, wie wir sahen, wurde Bauers Schrift von 1863 einfach nicht beachtet. Im historischen Rückblick nimmt Bauers radikales Denken jedoch einen Trend voraus, der in späterer Zeit unter veränderten Bedingungen schrecklich wirksam werden sollte.[22]

Wagners konservative Kreise waren nicht der einzige Zufluchtsort für den antijüdischen Geist in einer Zeit, als allgemein gesellschaftlich die Opposition zum Judentum schwand. Richard Wagners *Judenthum in der Musik* wurde wiederholt neu aufgelegt, seit 1869 unter dem Namen des Verfassers. 1871 wurde *Die Eroberung der Welt durch die Juden* von Osman Bey in Basel veröffentlicht, zuerst auf Französisch, direkt danach auf Deutsch. Zunächst wurde die Schrift trotz ihres schreienden Titels nicht beachtet. Erst mit dem Aufstieg der antisemitischen Bewegung am Ende der siebziger Jahre wurde die Schrift ein weit verbreitetes Propagandamittel. Ebenso erging es dem *Talmudjuden* von August Rohling; als dieses Buch 1871 in Münster erschien, erregte es einige Aufmerksamkeit, erst in den achtziger Jahren wurde es zum Klassiker des religiösen Antisemitismus, vor allem in Österreich und Ungarn.[23]

Rohlings Angriff auf das Judentum begann 1871 im Vorwort zu einem Psalmenkommentar, in dem er mehrere talmudische Stellen anführte, die eine Verachtung von Nichtjuden bezeugen sollten sowie die Art, wie Juden diese diskriminierten. Einige Behauptungen dieses Theologieprofessors der Universität Münster wurden im *Westfälischen Merkur*, der Lokalzeitung abgedruckt. Sie führten zu Aufregung in der jüdischen Gemeinde, und es begann eine Kontroverse zwischen Rohling und Dr. Theodor Kroner, dem Direktor des jüdischen Lehrerseminars in Münster; sie stritten zunächst in der Zeitung, danach in verschiedenen Streitschriften. Noch vor dem Ausbruch der antisemitischen Bewegung wurde *Der Talmudjude* mehrfach überarbeitet und neu aufgelegt, schließlich wurde er eine der schärfsten antijüdischen Veröffentlichungen. Wie der Autor selbst zugab, folgte das Buch den Spuren Eisenmengers und anderer. Aber dies heißt nicht, daß Rohling selbst nicht in der Lage gewesen wäre, talmudische Quellen zu lesen, wie ihm in einer Diskussion in Wien vorgeworfen wurde. In seiner Debatte mit Dr. Kroner war dieser keineswegs immer der Überlegene. Wir haben hier ein ähnliches Phänomen wie bei Eisenmenger: ein christlicher Wissenschaftler, wenn auch nicht von der Größe Eisenmengers, konnte die hebräischen Texte lesen, irrte sich aber sehr in den Folgerungen, die er aus ihnen zog.[24]

Rohling war orthodoxer Katholik. Seine Gegnerschaft zum talmudischen Judentum war eine theologische. Gemäß seinem Glauben mußten die Juden dem mosaischen Gesetz folgen, wie es geschrieben war, oder die Lehren Jesu annehmen, die die legitime Fortsetzung der ersten Offenbarung waren. Juden, die dem Talmud folgten, hatten sich selbst vom Alten Testament entfernt, ohne die Ebene des Neuen zu erreichen. Das Gesetz, nach dem sie lebten, war eine menschliche Erfindung, und es konnte sie weder zu religiöser Wahrheit noch zu moralischem Verhalten führen. Weil die talmudische Tradition nur eine Sammlung menschlicher Meinungen war, konnte sie im Gegenteil ein geeignetes Mittel werden, jeden Aberglauben, Korruption und andere Schändlichkeiten zu rechtfertigen. Rohlings erklärtes Ziel war es, die Juden von ihrem Irrtum zu überzeugen und sie zu bewegen, ihre Religion aufzugeben und das Christentum anzunehmen. Er wollte dies Ziel dadurch erreichen, daß er Auszüge aus der jüdischen Religion sammelte und sie zwar nicht verfälschte, aber doch falsch darstellte und die Bedeutung verfehlte, die sie für ihre Anhänger hatten. Der naive Leser der Schrift mußte diese als giftigen Angriff auf die jüdische Religion und ihre Anhänger verstehen. Dennoch war die Wirkung der Streitschrift zunächst begrenzt. Sie wurde nur in der katholischen Presse beachtet, die *Allgemeine Zeitung des Judenthums*, die wichtigste jüdische Stimme, tat sie als lokales Münsteraner Phänomen ab. In dieser Epoche fehlte es zwar nicht an Gegnerschaft des Judentums, aber sie schien in eine Ecke gedrängt.[25]

V. Teil

ÖSTERREICH-UNGARN
1780–1880

18. Österreichisches Vorspiel

Österreich war das erste Land Europas, das im Toleranzedikt Josephs II. 1782 das Recht der Juden auf Staatsbürgerschaft anerkannte. Allerdings garantierte das Edikt den Juden nicht mehr als einen genau umschriebenen Lebensraum und bestimmte Berufe, gleichzeitig verpflichtete es die Juden, ihre Kinder in moderne Schulen zu schicken und sich auch sonst kulturell anzupassen. Während dann in andern europäischen Ländern – Frankreich, Holland, Preußen und anderen deutschen Staaten – die Juden große Fortschritte auf die volle rechtliche Integration hin machten, blieben die österreichischen Juden für Jahrzehnte in der gesetzlichen Position, die das Edikt von 1782 ihnen eingeräumt hatte. Erst die Revolution von 1848/49 zwang die Regierung, sich von ihrer extrem konservativen Haltung in der Judenfrage wie in anderen, längst überfälligen gesellschaftlichen und politischen Fragen fortzubewegen. Die Verfassung, die von den Revolutionären erlangt wurde, gab allen Bürgern unabhängig von ihrer Religionszugehörigkeit gleiche Rechte – eine Konzession, die die Regierung schnell wieder zurückzog, als die Revolution unterdrückt war. Aber einige der schlimmsten Maßnahmen wurden nicht wieder eingeführt, etwa die zahlenmäßige Begrenzung für Familien, die in Böhmen und Mähren leben durften, die strikte Kontrolle der jüdischen Bevölkerung in der Hauptstadt und das Verbot, dort eine jüdische Gemeinde zu gründen. Die folgenden Jahrzehnte waren wechselhaft, die legalen Beschränkungen wurden gelockert, die volle Emanzipation blieb aber noch vorenthalten, bis sie nach der österreichischen Niederlage gegen Preußen 1867 gewährt wurde.[1]

Die jüdische Situation während der Übergangszeit von 1782 bis 1867 ist von der großen Diskrepanz zwischen der wirklichen Lage und der formellen Anerkennung durch die Behörden gekennzeichnet. Diese Haltung war für die österreichische Regierung und ihre Behörden nicht untypisch. Trotz weitgehender gesetzlicher Beschränkungen waren die Juden sogar schon vor der Revolution von 1848 in Positionen gekommen, die ihnen nach dem Buchstaben des Gesetzes nicht erlaubt waren. In Wien, das für Juden – bis auf besonders privilegierte – theoretisch verboten war, lebten Tausende, vor deren Anwesenheit die Behörden schlicht die Augen verschlossen. Der aufblühende Handel und die wachsende Industrie, zu denen Juden nicht unerheblich beitrugen, machten die Anwesenheit von Juden in der Hauptstadt einfach notwendig. Und die Behörden zogen es vor, die Gesetze zu umgehen, anstatt sie zu ändern.[2] Aber diese Diskrepanz zwischen der tatsächlichen Situation und dem Gesetz war zu augenfällig, als daß sie hätte dauern können. So ist es kein Wunder, daß der Ruf nach voller Emanzipation durch die Juden und ihre Unterstützer an Gewicht und Bedeutung zunahm, vor allem nach der Revolution von 1848, bis das Ziel endlich erreicht war.

Gleichzeitig gab es genügend Gegner der jüdischen Fortschritte. Ursprünglich entstand die Opposition als Antwort auf das Toleranzedikt von Joseph II., und sie folgte jedem weiteren Schritt zur Emanzipation. Es war nicht zu erwarten, daß verfestigte antijüdische Vorurteile in einem Land, das so tief in der christlichen Tradition wurzelte, plötzlich verschwinden würden. Aber in dem geistigen Klima zur Zeit Josephs gründeten die Gegner ihre Ablehnung häufig auf rationalistische Argumente. Eine Streitschrift in Prag 1782 zitierte Voltaire, wenn es dort heißt: «Ein Volk, das es dazu gebracht hat, von allen Völkern gehaßt zu werden, muß diesen Haß notwendigerweise selbst verschuldet haben.» Der Verfasser behauptete wie ein anderer in Wien ein Jahr zuvor, daß die Juden ihre Berufe und ihre Moral ändern müßten, bevor an ihre Aufnahme in Staat und Gesellschaft ernsthaft zu denken sei.[3]

Die Juden veränderten sich wirklich, allerdings nicht in die Richtung, die ihre Kritiker erwartet hatten. Sie weiteten ihre wirtschaftlichen Aktivitäten aus, als die langsame, aber unaufhaltsame Industrialisierung und Modernisierung ungeahnte Möglichkeiten in traditionell jüdischen Berufen boten, im Bankwesen, im Handel und in Kapitalinvestitionen. Als Juden einmal Zugang zum modernen Bildungswesen hatten, begannen sie, am geistigen Leben der großen Städte aktiv Anteil zu nehmen. Sie ergriffen bestimmte Berufe, vor allem den des Juristen und Mediziners, und waren führend an der Gründung und Förderung der Presse beteiligt. Die ersten Schritte in diesen Bereichen erfolgten in jenen Jahrzehnten, als die Juden gesetzlich und politisch noch stark eingeschränkt lebten. Sie haben wohl ihre Erfolge als Vorspiel für die Aufnahme in die Gesellschaft und die volle legale und politische Emanzipation angesehen.[4] Ihre Gegner kamen jedoch zu anderen Folgerungen aus diesen ersten Versuchen einer Zusammenarbeit mit Juden unter annähernd gleichen Bedingungen. Sie sahen darin drohende Anzeichen zukünftiger Entwicklungen.

In einem Aufsatz «Beobachtungen und Abhandlungen aus dem Gebiet der Natur- und Heilkunde» in den *Medizinischen Jahrbüchern* von 1842 sah Anton E. von Rosas in der überproportionalen Zunahme an jüdischen Ärzten den Hauptgrund für eine allgemeine Verschlechterung des Berufes. Von wenigen ehrenhaften Ausnahmen abgesehen sollten die jüdischen Ärzte zur Scharlatanerie neigen. Da sie seit zweitausend Jahren dem Händlergeist verfallen waren und sich in ihrem Handeln nur vom materiellen Gewinn leiten ließen, konnten Juden nicht zu jener ethischen Höhe der «Selbstverleugnung» gelangen, die im medizinischen Beruf notwendig war. «Der Israelite, so wie er ist, mag Bauer, Handwerker, Künstler, alles eher werden als Arzt, Jurist oder christlicher Theologe.» Hier diente ein Vorurteil über die jüdische Mentalität als ideologische Waffe, um das ausschließliche Recht von Christen auf bestimmte Berufe zu verteidigen, in denen jetzt jüdische Konkurrenz drohte.[5]

Auch wo jüdische Leistungen zugegeben werden, geht ihre Beurteilung vom alten Judenbild und der Stellung der Juden in der nichtjüdischen Gesellschaft aus. Weil diese negativ waren, konnte die Tatsache eines jüdischen Erfolges in ein Argument gegen die Emanzipation gewendet werden, die weitere jüdische Erfolge gebracht hätte. Um die Forderung der böhmischen Juden nach Abschaffung einer speziellen Judensteuer zu bekämpfen, die von Kaiserin Maria Theresia erlassen worden war, führte ein Artikel in der *Revue österreichischer Zustände* (1842) die jüdischen Erfolge in «Handel und Wandel» an. Juden ginge es besser als jedem anderen Teil der Gesellschaft. Juden seien stolz auf ihre Leistungen und rühmten sich, die Industrie des Landes zum Blühen gebracht zu haben. Dies sei richtig, sollte aber nicht zu ihren Gunsten gewertet werden. Denn die tatsächliche Arbeit in den Fabriken werde von Christen getan, während Juden nur als Manager und Aufseher tätig würden. Zwischen dem jüdischen Industriellen und seinen Arbeitern gäbe es «kein Band der Liebe oder des Dankes, sondern nur eines des Selbstinteresses. Wie immer die Beziehungen sind, sie bleiben einander fremd, fremd im Glauben, fremd in der Liebe.» Welchen Vorteil ein Jude durch seine Arbeit auch immer erreichen möge, stets bliebe dieser seinem Wesen nach eine widerrechtliche Aneignung: «Die Wohltaten einer Gemeinschaft sollten nur deren Bewohnern, nicht aber Fremden zugute kommen; diese können Schutz beanspruchen, aber keine Rechte.»[6]

Als ein Kritiker den Verfasser der religiösen Intoleranz beschuldigte, enthüllte sich dieser als Graf Ferdinand Schirnding, der durch sein *Österreich im Jahre 1840* weit bekannt geworden war, eine Übersicht über die politischen, gesellschaftlichen und kulturellen Zustände des österreichischen Reiches, in dem er erstmals seine Ansicht in der Judenfrage dargelegt hatte. Drei Jahre später fand er eine weitere Gelegenheit, auf dieses Thema zurückzukommen, und alle Beiträge lehnen den jüdischen Anspruch auf Bürgerrecht und Gleichheit mit wachsender Feindseligkeit ab.[7] Schirnding, ein verarmter Adliger, galt als Liberaler, und seine antijüdischen Argumente ähneln denen seiner deutschen Gesinnungsgenossen (vgl. Kapitel 12).[8] Schirndings Haupteinwand gegen die Juden und der Grund, warum er die Emanzipation ablehnte, war die jüdische wirtschaftliche, gesellschaftliche, kulturelle und religiöse Absonderung. Der Begriff «Staat im Staat» taucht in den Schriften des Grafen immer wieder auf, er wird wiederholt erklärt und in allen Aspekten beleuchtet. Kurz, wieder einmal wurden die Juden als fremde soziale Einheit angesehen, und darum wollten ihre Gegner sie nicht als gleichberechtigt anerkennen. Wenn sie einmal als Fremde galten, dann sprach keine wirtschaftliche oder sonstige Leistung zu ihren Gunsten – vielmehr sprachen sie gegen sie, weil sie als Übergriff in die Lebenssphäre der einheimischen Bevölkerung eingeschätzt wurden.[9]

Die liberale Verkleidung dieser radikalen Ablehnung der Juden und des Judentums bestand in der theoretischen Akzeptanz der Juden unter der Bedingung, daß sie ihren sozialen Zusammenhang auflösten. Als Weg zu dieser Auflösung galt die berufliche Streuung sowie die Mischehe. Reichtum und Bildung verbesserten zwar die Stellung der Juden, konnten sie aber nicht für Positionen akzeptabel machen, die den Vollbürgern vorbehalten waren. «Wenn das Volk des Judenthums sich anders emancipieren will, so muß sich dasselbe erst mit dem Blute der Christenheit amalgamieren.» Auch muß es seine Neigung zu Handel, Finanzen, den wissenschaftlichen und künstlerischen Berufen aufgeben: «So lange es sich nicht auch mit der Agricultur und den freien Handwerken befaßt, ... sich nicht ... in den engern Band der Verschwägerung und Bluteinigung setzt: so lange ist eine Emancipation des Judenthums nicht denkbar.»[10]

Mit dem Vorschlag von Mischehen zwischen Juden und Christen ging Schirnding wissentlich einen Konflikt mit der katholischen Orthodoxie ein. Dies macht seine wiederholte Behauptung glaubwürdig, daß ihn nicht die religiöse Trennung zwischen den Juden und ihren Nachbarn zu seiner Ansicht geführt hatte. Auf der intellektuellen Ebene gingen Liberale wie er, die der von Joseph II. eingeleiteten Tendenz folgten, über die Position der katholischen Kirche hinaus. Aber Züge der christlichen Lehre finden sich auch bei ihnen, wie Schirndings Haltung zu Juden und Judentum auf der praktischen Ebene zeigt. Obwohl er nicht forderte, daß die Juden konvertieren sollten, konnte er doch keine Möglichkeit sehen, daß sie ihr Judentum beibehielten, auch nicht in der reformierten Form. Die jüdische Emanzipation hing davon ab, daß sie sich dem Christentum anpaßten. Für diese Forderung gibt es nur eine Erklärung: Schirnding und andere sahen in der entstehenden Kultur eine säkulare oder halb-säkulare Wandlung des Christentums. Und in diese sollten die Juden, zumindest theoretisch, aufgenommen werden und damit verschwinden.[11]

Erst im Lauf der Revolution von 1848 gab es in Österreich radikalere Versuche, den katholischen Einfluß auf das öffentliche Leben zurückzudrängen, und sie riefen sofort eine noch deutlichere Bestätigung der katholischen Ansprüche hervor. Die Laisierung des Staates war ein erklärtes Ziel der Revolution, darum mußte die Judenemanzipation als notwendiges Nebenergebnis des Aufruhrs erscheinen. Und sie wurde zu einem heiß diskutierten Thema in Broschüren und Zeitungen, die nach der Abschaffung der Zensur die Hauptstadt überfluteten. Viele der Begründer und Mitarbeiter in neuen Presseorganen waren Juden. Und bei den aktiven Teilnehmern an der Revolution war die Zahl der Juden weit höher als ihr Prozentsatz in der

Bevölkerung. Nachdem sie in den Jahren zuvor nur gerade toleriert worden waren, hofften jüdische Intellektuelle, daß sie der österreichischen Gesellschaft eine Form geben könnten, die ihnen eine unbegrenzte Handungsfreiheit gab.[12]

Aber die starke Beteiligung von Juden an öffentlichen Geschehnissen rief eine negative Reaktion hervor. Die sichtbare Rolle von Juden an revolutionären Aktivitäten wurde von Gegnern der Revolution benutzt, um diese schlechtzumachen. Juden wurden als Anstifter der Unruhen denunziert, weil sie so das zu erreichen hofften, was ihnen vorenthalten war, solange Recht und Ordnung herrschten.[13] Einige wollten die völlige Negation jüdischer Rechte; Quirin Endlich schrieb in einem giftigen Pamphlet, daß die Juden nichts zum Wohle des Staates beitrügen, sondern ihn nur zum eigenen Nutzen ausbeuteten. Diese Argumente wurden vor allem in konservativen und katholischen Zeitschriften und Zeitungen immer wiederholt, beispielsweise in der *Wiener Kirchenzeitung*, die während der Revolution von Sebastian Brunner gegründet worden war und in den folgenden Jahrzehnten relativer Ruhe und Sicherheit für Juden weiterhin erschien. Brunner war ordinierter Priester und Universitätsprediger in Wien, und er wurde zum führenden Kopf eines militanten Neo-Katholizismus in Österreich. Für seine Verteidigung katholischer Lehre und Praxis griff er zu modernen Ausdrücken, darin ähnelte er französischen Publizisten, von denen es im Frankreich der Restauration viele gab. Wie diese wollte er die frühere Stellung der Kirche in Staat und Gesellschaft beibehalten oder wiedergewinnen, und er bekämpfte alle Erscheinungen der Moderne. Natürlich gehörten die Emanzipation und gesellschaftlichen Fortschritte der Juden zu den Dingen, die abgelehnt wurden.[14]

Verurteilungen, antijüdische Bemerkungen bis hin zu offener Diffamierung finden sich in den vielen Veröffentlichungen Brunners. Die *Wiener Kirchenzeitung* verfolgte das politische und soziale Geschehen in Österreich wie im Ausland und kommentierte es im Sinne ihres Herausgebers. Juden und Judentum waren ein stets aufgegriffenes Thema. Die Leser der Zeitung sollten die Juden als Hauptfeind der katholischen Kirche ansehen, als Anstifter all dessen, was in der modernen Gesellschaft schlecht und destruktiv war.

Hinter dieser antijüdischen Propaganda lauert natürlich die theologische Vorstellung, welche Position Juden in der Welt in christlichen Zeiten einzunehmen hätten. Gelegentlich wird diese Vorstellung klar ausgesprochen, wie etwa in Brunners Einleitung der von ihm veröffentlichten Übersetzung von *L'Eglise et la synagogue* von Louis Rupert (1864). Brunner stimmt ganz mit den Ansichten dieses französischen Theologen überein – der sogar den Vorwurf des Ritualmordes aufnahm – und faßt darin seine eigene Sicht der jüdisch-christlichen Beziehungen zusammen. Ruperts Ausführungen wurden als Antwort auf den jüdisch-liberalen Vorwurf empfohlen, die Kirche schaffe einen Geist der Intoleranz. In Wahrheit – nach Rupert und Brunner – habe die Kirche aber sich immer nur selbst gegen den jüdischen Überlegenheitsanspruch verteidigt, dessen jüngste Erscheinungsform «die Herrschaft des Geldes und des Journalismus in vielen Staaten in Ost- und Mitteleuropa» sei. «Feinde der christlichen Wahrheit» bei Menschen, «die im Schoß des Christentums geboren» seien, kämen den Juden zu Hilfe. Die Juden oder vielmehr das Judentum als geistige Größe sei es, das immer zu «Feindschaft und Intoleranz» aufgerufen habe. «Diese wurzeln im Geist der alten Synagoge, sie sind das natürliche Kind des dunklen Geistes, der im Talmud herrscht... Die Synagoge ist verantwortlich für die Handlungsweise ihrer Anhänger. Denn sie selbst erzeugt im Juden den feindlichen Sinn gegen Christen wie gegen andere Völker.»[15]

Dies ist die genaue Formulierung der traditionellen Einschätzung des talmudischen Judentums, die sich von Eisenmenger nur durch eine kompliziertere Wortwahl unterscheidet. Damit wird das Schicksal gerechtfertigt, das Juden durch Christen erlitten haben. Gleichzeitig werden alle modernen Versuche von Juden und Nichtjuden abgetan, die jüdische Position durch Emanzipation und soziale Integration zu verbessern. Der einzige Weg, auf dem Juden sich aus ihrer Verlegenheit befreien können, ist die Annahme des Christentums. Der Schlußsatz von Brunners Einleitung zu Ruperts Abhandlung ist ein Aufruf an die intelligenten Juden, die richtige Konsequenz aus der Lektion des Buches zu ziehen und zu konvertieren.[16]

1866 ging die Herausgeberschaft der Kirchenzeitung in die Hände von Albert Wiesinger über, und seitdem verfolgte die Zeitung einen noch radikaleren Kurs antijüdischer Propaganda, jedenfalls was Stil und Wortwahl betrifft. Wiesinger war ein volkstümlicher Schriftsteller, der den Geschmack der unteren Klassen katholischer Gläubiger ansprach. 1870 versammelte er um sich einen Kreis gleichgesinnter Autoren, um eine Reihe von Schriften herauszugeben, deren Absicht eine Stärkung des katholischen Glaubens und der Treue der ungebildeten Massen war. Das Mittel, um dieses Ziel zu erreichen, war die Enthüllung und Verurteilung dessen, was in Staat und Gesellschaft als liberal, modern oder fortschrittlich galt. Juden und Judentum wurden in diesen Broschüren mehrfach behandelt, einige widmeten sich ausschließlich der Judenfrage. Der Ton war immer kritisch oder feindlich. Die Inhalte waren die uralten Vorwürfe aus der christlichen Tradition oder deren moderne Varianten. Der Titel von Wiesingers eigener Schrift, *Arme Christen und Hungerleider, jüdische Kapitalisten und Geldvergeuder*, deutet die herrschende Richtung dieser Publikationen an. In einer anderen Schrift taucht der Begriff «Judenpresse» im Titel auf.[17]

Diese Propaganda griff die steigende Aktivität von Juden an, die Wirtschaft über ihren traditionellen Rahmen hinaus zu entwickeln und Mittel für den Ausdruck säkularer Gedanken zu schaffen. Diese Vorgänge waren eine Quelle des Ärgers für kirchentreue Konservative, und sie wurden wegen der Beteiligung von Juden nur noch schärfer verdammt. Diese antijüdische Propaganda hat in anderen europäischen Ländern der liberalen Epoche kein Pendant, weder in der Quantität noch in der Heftigkeit. Dennoch erregte sie damals nicht viel Aufmerksamkeit. 1860 griff Ignaz Kuranda, Herausgeber der *Ostdeutschen Post* und eine in der Öffentlichkeit bekannte Persönlichkeit (später Vorsitzender der Wiener jüdischen Gemeinde) Sebastian Brunner in seiner Zeitung scharf an. Als er deswegen angeklagt wurde, konnte er beweisen, daß Brunner aus Quellen wie Eisenmenger geschöpft hatte, um die jüdischen Mitbürger zu verleumden. Kuranda wurde freigesprochen.[18]

Allgemein wurde der Propaganda aus klerikalen Quellen nur wenig Gewicht beigelegt. Ein Leitartikel in der jüdischen Zeitung *Neuzeit* spottete 1872 über Wiesingers *Kirchenzeitung*, sie werde von Juden nur zur Unterhaltung gelesen. Es ist zweifelhaft, ob dies stimmt, aber es zeigt das Maß jüdischen Selbstvertrauens zu jener Zeit. Da die Propaganda mit der Kirche zusammenhing, galt sie als ein veraltetes Phänomen einer Kultur, das im Lauf der Zeit verschwinden würde.[19]

19. Ungarisches Vorspiel

In den letzten Jahrzehnten des 18. Jahrhunderts lebten in Ungarn weniger als einhunderttausend Juden, die meisten in Dörfern und Kleinstädten verstreut, wo ihnen der Adel oder die Großgrundbesitzer erlaubt hatten zu wohnen, die Feudalherren des Landes. Nur ein kleiner Teil dieser Juden waren Nachkommen der ungarischen Juden des Mittelalters. Die meisten waren in der letzten Zeit aus Böhmen und Mähren zugewandert, dem Erbbesitz des Kaisers im Westen, oder aus dem benachbarten Galizien im Norden. Außer denen mit besonderer königlicher Erlaubnis durften keine Juden in den Städten leben, die königliche Stadtrechte hatten. Nur in Kleinstädten, die der direkten Jurisdiktion des Landadels unterstanden, konnten sich größere jüdische Gemeinden entwickeln, wie in Bratislava, das den Palfys gehörte, oder Eisenstadt und den benachbarten «Sieben Gemeinden», die unter der Herrschaft der Esterhazys standen.[1]

Die entscheidende Zeit der ungarischen Judenheit war die Zeit vom Toleranzedikt Josephs II. bis zur Emanzipation 1867. Diese Epoche sieht ein schnelles Anwachsen der jüdischen Bevölkerung durch natürlichen Zuwachs und andauernde Einwanderung; entsprechend vergrößerte sich das Gebiet, in dem Juden leben durften. Diese Entwicklung war ein direktes Ergebnis oder vielmehr ein integraler Bestandteil der fortlaufenden Verfassungsreform wie der Erneuerung des wirtschaftlichen, gesellschaftlichen und kulturellen Lebens in Ungarn.[2]

Obwohl die Reformen Josephs II. Ungarn zur Modernisierung verhalfen, nahm die Entwicklung einen anderen Verlauf, als ihre Initiatoren erwartet hatten. Anstatt die Verbindung zu stärken, die Ungarn mit dem kaiserlichen Zentrum in Wien verband, schwächten oder lösten die Reformen im ungarischen Leben und seinen Institutionen diese Bindungen. Der aufkommende Nationalismus war eine zusätzliche Kraft bei der Modernisierung, er förderte die Auflösung traditioneller Strukturen und uralter gesellschaftlicher und kultureller Lebensweisen. Im Namen der nationalen Erneuerung wurden neue Formen des wirtschaftlichen Handelns, der gesellschaftlichen und politischen Umgangsformen verlangt. Die Entfernung der materiellen und gesetzlichen Beschränkung der Juden, die Zulassung ihres Kapitals, ihrer Erfahrung und ihres Einfallsreichtums auf allen Gebieten, wo diese von Nutzen waren, gehörten zu den Forderungen der liberalen nationalen Reformer.[3]

Einige entscheidende Veränderungen der jüdischen Situation wurden schon durchgesetzt, bevor die Reformbewegung ihren Höhepunkt – und ihre kurzfristige Unterdrückung – in der Revolution von 1848 fand. Die wichtigste Veränderung war eine Entscheidung des ungarischen Reichstages von 1838–1840, die den Juden fast völlige Freiheit bei der Wahl des Wohnsitzes gab; sie ermöglichte die Ansiedlung in allen Städten außer einigen wenigen, in denen es Erzbergbau gab. Diese Entscheidung führte zur Gründung der meisten städtischen jüdischen Gemeinden in Ungarn, die die Juden aus den nahegelegenen Dörfern wie die Einwanderer aus dem Westen und Norden anzogen.[4]

Diese neu gegründeten Gemeinden erlebten wie die alten schon bald Streit und Konflikte zwischen denen, die sich der neuen Situation anpassen wollten, und denen, die an der überlieferten Tradition festhielten. Die Befürworter der Anpassung identifizierten sich mit den Bestrebungen der ungarischen Patrioten, sie wurden zu Fahnenträgern sowohl der nationalen ungarischen Erneuerung als der jüdischen Assimilation. Die Traditionalisten auf der anderen Seite lehnten jede Veränderung in wichtigen Dingen des jüdischen Gemeinde- wie Privatlebens ab, obwohl auch sie die enorme Verbesserung der jüdischen Situation anerkannten.[5]

Obwohl es Parallelen in dem gab, was einige Jahrzehnte früher in Frankreich und Deutschland geschehen war, war der Konflikt in den ungarischen jüdischen Gemeinden doch besonders tiefgehend. Die Traditionalisten unter der Führung der starken Persönlichkeit des Rabbiners von Bratislava, Moses Sofer, der selbst deutscher Herkunft war, waren durch die Ereignisse im Westen gewarnt und versuchten, die langsame Auflösung der jüdischen Tradition zu verhindern. Sie entwickelten eine klare ideologische Position und errichteten institutionelle Barrieren, hinter denen sie sich eingruben. Die Mehrheit der ungarischen Juden in den nördlichen Gebieten stand auf der Seite der Neotraditionalisten, sie waren meist galizischer Herkunft und chassidischer Überzeugung und tief in der jüdischen Volkskultur verwurzelt.[6]

Die starke Präsenz traditioneller Juden innerhalb der ungarischen Judenheit muß berücksichtigt werden, wenn man die Debatte um eine mögliche Integration der Juden ins ungarische Volk verstehen will, die während der Reformzeit stattfand. Der kulturelle Abgrund, der die traditionellen Juden von der übrigen Gesellschaft trennte, schien unüberbrückbar, und das negative Judenbild wurde durch reale Begegnungen eher verstärkt als abgebaut. Die Juden erschienen als ethnisch fremd, moralisch verdächtig und kulturell unassimilierbar. Als er die Gründe für die Verelendung der ungarischen Bauern im 18. Jahrhundert untersuchte, fand Lajos Kossuth, der zum Anführer der Revolution von 1848 werden sollte, in der Allgegenwärtigkeit jüdischer Wirtshausbesitzer, die die Bauern angeblich zu Trunksucht und Verschwendung verführten, einen wesentlichen Grund.[7] Obwohl Kossuth behauptete, daß er seine Folgerungen auf persönlichen Beobachtungen gründete, hat zweifellos ein überliefertes Vorurteil zu seiner Verallgemeinerung beigetragen. Wenn Kossuth über jüdisches Verhalten urteilt, dann beschränkt er sich nicht auf die Juden, die er in den nördlichen Bezirken getroffen haben mag, wo er früher lebte. Er spricht von den Juden überall und zu allen Zeiten, er bemitleidet sie wegen ihrer Heimatlosigkeit und ihrer Leiden, gleichzeitig verurteilt er sie wegen ihrer unangenehmen Eigenschaften, die sie entwickelten, als ob sie sich an ihren Verfolgern für ihre schrecklichen Leiden rächen wollten: «Diese Menschengruppe, die... durch die Jahrhunderte bewahrt blieb, ohne mit den Völkern zu verschmelzen, unter denen sie lebte, ist wie ein Schwamm, der die nährende Feuchtigkeit der Pflanzen aufnimmt. Sie hat noch gar nicht an Nationalismus gedacht.»[8] Der letzte Satz zeigt, daß Kossuth glaubte, daß die Juden keinerlei Gefühl für eine gemeinsame nationale Identität mit den Völkern hatten, unter denen sie lebten. Also ließ er sie als mögliches Element der ungarischen Nation außer acht, die durch die nationale Erneuerung wieder geschaffen werden sollte. Wir werden sehen, daß er diese Position in späteren Jahren änderte, aber andere berühmte ungarische Nationalisten hatten eine ähnliche Einstellung, wie vor allem Graf István Széchenyi, der sowohl Freund als Gegner von Kossuth war.

Graf Széchenyi befürwortete die meisten Reformideen, die die ungarische Gesellschaft aus einer Sammlung von streng strukturierten Ständen in eine Gemeinschaft verwandeln sollten, in der individuelle Mobilität, soziale Kontakte zwischen Angehörigen verschiedener Klassen und innovative Ideen im wirtschaftlichen, wissenschaftlichen und geistigen Leben möglich waren. István wurde 1791 in Wien in die Familie eines der großen Reichsfürsten hineingeboren, und er nahm die fruchtbaren Gedanken seiner Zeit durch Lektüre und, noch wichtiger, durch persönliche Kontakte auf seinen Reisen in die weiter entwickelten europäischen Länder auf. Es fehlte nur noch die kreative Kraft einer Begabung, um diese Ideen den besonderen Bedingungen der ungarischen Situation anzupassen. Der Brennpunkt, in dem Széchenyi seine Ideen sammelte, war sein Glaube an die nationale

Wiedergeburt Ungarns, den er angesichts einer trostlosen und entmutigenden Wirklichkeit beibehielt. Dieser moderne Aristokrat verband einen romantischen Nationalismus mit Liberalismus und der Treue zu einem humanistischen katholischen Christentum. Mit diesem geistigen Gepäck ist Széchenyis Einstellung zu Juden und Judentum nicht zu schwer verständlich.[9]

Durch seine europäischen Verbindungen hatte Széchenyi auch einige jüdische Aufsteiger kennengelernt, die zu jener Zeit bereits den Rand der nichtjüdischen Oberschicht erreicht hatten, ohne daß es ihnen unbedingt gelungen war, die antijüdischen Vorurteile zu zertreuen. Bei den Rothschilds hatte er 1825 in Paris Alexander von Humboldt kennengelernt, und er mochte ihn nicht, nicht zuletzt, weil der berühmte Forscher und Reisende «ein Bewunderer und gehorsamer Diener des Juden zu sein schien, mit dem er diniert hatte.»[10] Und nicht nur hier verwendet er die Bezeichnung «Jude» für Menschen, die in seinem Tagebuch erwähnt werden. Damit stimmt er eindeutig einer Formel zu, durch die der nichtjüdische Partner weiterhin den sozialen Abstand von den Juden zeigt, indem er dem Juden seine Individualität abspricht. Diese Praxis war schon damals im Abklingen, und öffentlich hätte Széchenyi sie auch vermieden. Trotz seiner persönlichen Einstellung hielt er es für nützlich, gebildete Juden in den Kreis der gesellschaftlichen Elite aufzunehmen, von dem aus der Anstoß zur sozialen Reform ausgehen würde. Um solche Kreise zu schaffen, gründete der junge Graf das Nationalkasino in Budapest, und er erwartete, daß diese Einrichtung in anderen wichtigen Städten des Landes nachgeahmt werden würde. Er wollte Juden den Zugang zum Kasino ermöglichen, scheiterte aber, weil andere Mitglieder dies ablehnten.[11]

Solche gesellschaftliche Nachsicht sollte nur einigen wenigen auserwählten Juden gewährt werden, sie war weit davon entfernt, Juden in das ungarische Volk aufnehmen zu wollen. Die menschliche Substanz des Volkskörpers sollte zuerst und vor allem aus Ungarn bestehen. Aber Széchenyis Idee von der Nation war nicht mit einer Rassenvorstellung verbunden. Ein wichtiges Element zur Wiederbelebung der Nation war die Förderung der vernachlässigten Nationalsprache. Der ungarische Nationalismus wurde von Széchenyi und seinen Zeitgenossen beinahe mit Treue zur ungarischen Sprache gleichgesetzt. Und weil eine Sprache erlernbar ist, konnten sie die Angehörigen anderer ethnischer Gruppen kaum davon ausschließen, der Nation beizutreten. In der Tat sollte die Nationalitätenfrage – Slowaken, Rumänen, Deutsche und andere – durch sprachliche Assimilation gelöst werden, und die radikalsten ungarischen Patrioten forderten eine zwangsweise Einführung des Ungarischen. So sollte verhindert werden, daß die Gegenwart ethnischer Minderheiten die Einheit der ungarischen Nation gefährdete. Széchenyi lehnte eine erzwungene Ungarisierung ab, hatte aber nichts gegen die Ungarisierung auf freiwilliger Grundlage – mit Ausnahme der Juden.[12]

Széchenyi veröffentlichte seine Ansicht in der Judenfrage zweimal, erstmals 1839 bei einer Versammlung der Abgeordneten von Pest vor der Parlamentssitzung jenes Jahres; das zweite Mal 1844, als die Judenemanzipation auf der Tagesordnung des Reichstags stand. Der Text seiner zweiten Rede ist erhalten, von der ersten besitzen wir nur die Zusammenfassung im Polizeibericht.[13] Dennoch ergänzen sich beide und enthüllen Széchenyis Ansicht sowie seine ideologische Begründungen.

Széchenyi gestand zu, daß die Juden sich bemühten, Ungarisch zu lernen, aber er tat dies als bloße Spielerei oder als geziertes Mittel ab, sich heimlich zu emanzipieren. Er konnte darin nicht den Wunsch von Juden sehen, Teil des ungarischen Volkes zu werden. Nach seiner Sicht waren Juden zu stark mit deutschem Geist erfüllt, dem Haupthindernis für die ungarische nationale Wiedergeburt. Sie konnten in die ungarische Nation nicht assimiliert werden, die dank ihres asiatischen Ursprungs einen einzigartigen orientalischen Charakter hatte.[14]

Zweifellos sah Széchenyi – vielleicht unbewußt – die Kluft, die Juden und Ungarn trennte, und wollte sie rational erklären. Diese Vorstellung wird noch deutlicher in seinen Bemerkungen zum Thema im Reichstag 1844 ausgesprochen. Wenn er auf die Argumente der Befürworter der Judenemanzipation eingeht, dann lehnt er deren humanitären Appell damit ab, daß die Verpflichtung gegenüber der eigenen Rasse Vorrang haben müsse. Wenn man den Juden schon zu diesem Zeitpunkt alle Bürgerrechte gäbe, würde dies die ungarische Wiedergeburt gefährden. In dieser Hinsicht konnte Ungarn den Beispielen Frankreichs oder Englands nicht folgen, die ihre jüdischen Gemeinden emanzipiert hatten. Die Anzahl der Juden in diesen Ländern war minimal, während in Ungarn zu viele Juden lebten, um ohne Schaden für den ungarischen Volkscharakter aufgenommen zu werden. In diesem Zusammenhang gebrauchte Széchenyi das dann oft zitierte Gleichnis von der Tintenflasche, die im Ozean keine Spur hinterlassen würde, eine Schüssel Suppe aber ungenießbar mache. Dies klingt wie ein ausschließlich quantitatives Argument, aber er führt auch qualitative Gründe an. Es gibt bedeutende Charakterunterschiede zwischen Juden und Ungarn. Juden hätten «mehr Intelligenz und mehr Fleiß» als die Ungarn. Diese jüdischen Eigenschaften könnten zwar zum materiellen Wohl der Nation durchaus beitragen, aber der Preis für diesen Beitrag wäre der Verlust des reinen ungarischen Volkscharakters – wie immer dieser Charakter sein mag. Für die ferne Zukunft war Széchenyi bereit, an einen Zustand zu denken, in dem alle Menschen einschließlich der Juden gleiche Rechte hätten. Für die Gegenwart aber machte es die Schwäche der ungarischen Nation, die gerade erst angefangen hatte, ihre Werte zu entwickeln, notwendig, diese gegen zu starke äußere Einflüsse zu schützen.[15]

Es gibt Widersprüche und Schwankungen in Széchenyis Haltung zu den Juden. Obwohl er die Emanzipation ablehnte, scheint er von antijüdischen

Einstellungen frei gewesen zu sein, die ihn zu einem Vorläufer des Antisemitismus gemacht hätten. Die Charakterzüge, Intelligenz und Fleiß, die er anführt, um gegen eine Aufnahme von Juden zu argumentieren, sind positiv, nicht negativ, und der Ausschluß der Juden vom Bürgerrecht ist nur zeitweilig, jedenfalls nicht unbedingt auf Dauer. In der Tat hätte Széchenyi jede bewußte, diffamierende Anklage gegen Juden abgelehnt. Und doch gibt es Gründe für die Annahme, daß seine Vorbehalte gegen einen Einschluß von Juden in die ungarische Nation tiefere Wurzeln hatten, als seine Polemiken zeigen. Hier ist es wichtig, daß er an eine Aufnahme von Juden in den Staat, aber nicht in die Nation dachte. Dieses Zukunftsgebilde würde als politischer Rahmen dienen, der – ganz entsprechend der damaligen liberalen politischen Philosophie – gegenüber ethnischen und religiösen Unterschieden neutral wäre. Die Frage, die sich aber jetzt in der Debatte über Emanzipation stellte, war, ob Juden in die ungarische Nation aufgenommen werden könnten, nicht einfach in den ungarischen Staat. Széchenyi beantwortete diese Frage nicht direkt, aber seine Meinung – eine negative – kann aus dem abgeleitet werden, was er sagte.

Wie erwähnt, hielt Széchenyi das Christentum im allgemeinen, nicht in seinen konfessionellen katholischen oder evangelischen Ausprägungen, für eines der Elemente, die die ungarische Nationalität ausmachten. Obwohl er das Christentum auf seinen gemeinsamen Nenner reduzierte, gab er ihm keineswegs eine bloß deistische oder humanistische Interpretation. Als überzeugter Katholik war es für ihn ein genügend großes Zugeständnis, daß er anderen christlichen Konfessionen Anteil am nationalen Geist gab. Nichtchristen, Juden und die Anhänger anderer Religionen konnten zwar in einen staatlichen Rahmen eingeschlossen werden, in eine formale Organisation, die für das Wohl und die Sicherheit ihrer Mitglieder zu sorgen hatte. Aber um zur Nation zu gehören, erforderte es mehr als nur ein so sichtbares Zeichen der Nationalkultur wie die ungarische Sprache, man mußte geistige Qualitäten haben, die sich aus dem Christentum ableiteten.[16]

Széchenyis Aufruf zu stetigen, aber vorsichtigen Reformen rief zunächst positive Reaktionen hervor, wurde aber schließlich durch die Ereignisse überrollt. Diese waren eine Antwort auf die radikale Dynamik unter der Führung von Széchenyis Rivalen Kossuth; sie führten zu der Revolution von 1848/49, deren Held und Opfer Kossuth wurde. Die Veränderungen spiegelten sich auch in Kossuths wechselnder Einstellung in der Judenfrage. Obwohl er Vorurteile gegen Juden hatte, vermutlich nicht weniger als Széchenyi, hatte Kossuth sich der Idee einer sofortigen, radikalen Veränderung der Gesellschaft verschrieben, und diese schloß die Juden mit ein. Darum befürwortete er eine uneingeschränkte Emanzipation, allerdings unter der Bedingung, daß die Juden sich von allen religiösen und sonstigen Eigenheiten freimachten, die sie vom Rest des ungarischen Volkes trennten. Kossuth war eher Deist als Christ, und er glaubte an einen umfassenden Nationalismus, der fähig wäre, alle bestehenden religiösen oder ethnischen Unterschiede zu überwinden. Weil das Judentum mit seinen partikularistischen Geboten offenbar ein Hindernis für die nationale Einheit war, sollte es reformiert werden, um sich mit der ungarischen Nation vereinen zu können. Die Speisegesetze, der andere Festkalender und das Verbot der Ehe mit Nichtjuden müßten abgeschafft werden. Kossuth war vom Wert der nationalen Einheit überzeugt und glaubte, daß Juden wie Nichtjuden die logische wie die historische Notwendigkeit seiner Forderungen erkennen müßten.[17]

Kossuth gab dieser Überzeugung wiederholt Ausdruck, und er war bereit, nach ihr zu handeln, als er während der Revolution die politische Macht hatte. Trotzdem vertagte die Revolutionsregierung eine Entscheidung in der Judenfrage bis zur letzten Minute, bis zum Sommer 1849, als bereits klar wurde, daß sie von Österreichern und Russen besiegt werden würde; dies Zögern ging auf die unmißverständliche Abneigung von Nichtjuden zurück, Juden als gleichberechtigt anzuerkennen. In den ersten Monaten der Revolution kam es in Bratislava und anderen Städten zu antijüdischen Unruhen. In Budapest weigerten sich christliche Bürger, zusammen mit jüdischen Freiwilligen in der Nationalgarde zu dienen, obwohl jüdische Jugendliche aktiv an der Revolution teilgenommen hatten. Durch diese und ähnliche Ereignisse war Kossuths Regierung vorsichtig geworden, und sie verschob die Emanzipationserklärung, obwohl sie theoretisch immer dafür war. Die Verkündigung des Gesetzes in der Stunde der Niederlage belegt, daß die Regierung daran glaubte. Dabei ist es wichtig, daß das Gesetz den Juden die Gleichberechtigung gab, sie aber zugleich verpflichtete, das Judentum zu reformieren. Die Regierungserklärung ordnete an, daß die jüdischen Gemeinden eine Rabbinerversammlung einzuberufen hätten, um die Prinzipien des Reformjudentums festzulegen. Andere Regierungen hatten bei Gewährung der Emanzipation erwartete, daß das Judentum entsprechend reformiert werden würde, und Napoleon hatte sogar eine Rücknahme angedroht, um die Rabbiner zum Handeln zu zwingen. Aber die direkte Verbindung zwischen Emanzipation und Reform ist eine Besonderheit der ungarischen Revolution, sie spiegelt deutlich Kossuths radikale, schließlich gescheiterte Ansichten.[18]

Die revolutionäre Gesetzgebung brachte nicht nur keine Emanzipation, sie schuf auch keine religiöse Reform. Der wichtigste ideologische Befürworter der Judenemanzipation, Graf Joseph Eötvös – der sie schon 1840 gefordert hatte –, sollte als Kultusminister der ungarischen Bewegung nach dem Kompromiß mit Österreich 1867 die Emanzipation durchsetzen. Auch Eötvös dachte zweifellos, daß eine weitgehende Anpassung der jüdischen Religion für die völlige Integration notwendig sei. Aber sein Liberalismus war ein anderer als der Kossuths. Er verband ihn mit einem moderaten, beinahe bedächtigen Gemüt, das zu dem intellektuellen Ästheten paßte, und er hätte seinen Willen niemals einer religiösen Minderheit aufgezwungen, um ihr dafür politische oder soziale Rechte zu geben.[19] Es gab eine Versammlung, den sogenannten jüdischen Kongreß, unter seiner Schirmherrschaft, aber die Aufgabe war nicht, eine beschlossene Regierungsentscheidung durchzusetzen, sondern einen organisatorischen Rahmen der ungarischen Judenheit zu schaffen. Eine Mehrheit des Kongresses befürwortete die Reform, oder zumindest eine kulturelle Anpassung an die neuen Bedingungen. Aber eine gewichtige und unbeugsame Minderheit war zu keiner Anpassung bereit, wie etwa moderner Erziehung oder Predigten in einer anderen Sprache als Jiddisch oder irgendwelchen religiös bedeutsamen Veränderungen. Der Streit führte zum Auszug der orthodoxen Minderheit aus dem Kongreß und zur Errichtung verschiedener Organisationen für jede Gruppe. Die Regierung stimmte zu, wenn auch widerwillig. So erhielt die religiöse und kulturelle Polarisierung der ungarischen Juden eine Art offzieller Anerkennung, womit sich die Spaltung nur verschärfte. Während eine beträchtliche Zahl ungarischer Juden sich religiös und kulturell schnell anpaßte, vergruben sich die Orthodoxen hinter einer institutionellen Struktur, die die Grundzüge der traditionellen Ghettogemeinde beibehielt. Die ungarische Öffentlichkeit ermutigte diesen Trend zwar nicht, aber sie ließ ihn zu. Die Liberalen, die ihre ursprüngliche Kraft verloren hatte, waren kompromißbereit, und trotz einer allgemeinen Liberalisierung bestand vieles von der traditionellen Gesellschaft weiter, die auf den Privilegien der herrschenden Klasse sowie auf der Vorherrschaft der Kirche gegründet war. Innerhalb solcher Strukturen konnte die jüdische Orthodoxie ungestört weiterleben. Die Forderung nach kultureller und ethnischer Integration, die die Befürworter der Emanzipation als Preis für die Gleichberechtigung aufgestellt hatten, wurde schweigend oder ausdrücklich aufgegeben.[20]

Man muß von diesem Fortbestehen der jüdischen Orthodoxie wissen, um die ersten antisemitischen Reaktionen zu verstehen, zu denen es in Ungarn schon 1875, weniger als ein Jahrzehnt nach der Emanzipation kam. Am 8. April jenes Jahres stellte Györö Istoczy, Mitglied der regierenden liberalen Partei, im Parlament drei Fragen. Erstens: Würde die Regierung das oft versprochene Gesetz in Kraft setzen, das eine Einwanderung fremder Juden, die das Land überschwemmten, verbot? Zweitens: Würde die Regierung eine gewaltfreie Verteidigungsbewegung gegen «diese aggressive Kaste», die Juden, fördern oder hindern? Drittens: Wolle die Regierung den neutralen oder indifferenten Kurs in der Judenfrage fortsetzen, den sie seit Erlaß der Emanzipation verfolgte und der sich als nicht mehr zu rechtfertigende Politik erwiesen habe?[21]

Um die erste Frage zu verstehen, muß man wissen, daß Ungarn wie andere Länder, die die Emanzipation durchführten, dazu nur bereit war für diejenigen Juden, die schon legale Einwohner waren, wollte die Einwanderung von Juden aus anderen Ländern aber verhindern, wo es noch verschiedenste Beschränkungen gab. Dies war in Ungarn besonders dringlich, weil ein großer Teil der ungarischen Juden aus Einwanderern bestand. Zugleich war eine gesetzliche Regelung besonders schwierig, weil die Einwanderer im strengen Sinn keine Ausländer waren, da sie aus Böhmen, Mähren und Galizien kamen, alles Länder des österreichischen Kaiserreiches, zu dem auch Ungarn gehörte. Obwohl ein Einwanderungsverbot von der Regierung erwogen worden war, als die Emanzipation erlassen wurde, war die Idee wieder aufgegeben worden. Istoczy wußte genau, als er die Frage aufwarf, daß es kein praktisches Ergebnis geben konnte. Seine Fragen sollten ihm nur die Möglichkeit geben, seine Ansicht in der Judenfrage darzulegen, ein Thema, bei dem er mit der Mehrheit seiner Partei wie mit der damaligen öffentlichen Meinung nicht übereinstimmte.[22]

Der Schwerpunkt von Istoczys Ausführungen war eine neue Definition des Judentums, das offiziell als religiöse Konfession galt. Er sah es als «geschlossene gesellschaftliche Kaste, zusammengehalten wie eine dicht versiegelte Einheit durch die Einheit des Blutes, durch eine von altersher überlieferte Tradition, durch gemeinsame Interessen und durch die Religion». Das Judentum gäbe zwar vor, nur eine Religion zu sein, und Staat und Gesellschaft hätten diese Definition akzeptiert, gäben ihm damit den Schutz, den alle religiösen Bekenntnisse von der modernen Gesellschaft erwarten könnten. Aber die Religion sei nur ein Element des Judentums, das immer auch eine separate gesellschaftliche Einheit gewesen sei. Istoczy wollte die Juden nicht als Nation bezeichnen, weil ihnen mit der gemeinsamen Sprache eine wesentliche Eigenschaft einer Nation fehlte; aber er zeichnete die Juden als die, die das ewige jüdische Ziel verfolgten: die Weltherrschaft, die sie teilweise schon errichtet hätten, weil sie in Wirtschaft und Presse herrschten, somit die Meinung in der modernen Gesellschaft bestimmen könnten.[23]

Istoczy spottete über die Naivität von Menschen, die glaubten, daß die jüdische Gemeinde durch Assimilation und Mischehen anzupassen sei. Es gäbe zwar Juden, die sich von den traditionellen jüdischen Lebensweisen getrennt hätten, die ihre Bewegungsfreiheit außerhalb des jüdischen Zusammenhangs einschränkten. Solche Juden seien bereit, sich bis zur Mischehe in die nichtjüdische Gesellschaft hineinzubegeben. Aber dabei hörten sie nicht auf, Juden zu sein, ganz im Gegenteil, sie nutzten die neu erworbene Stellung nur, um die Interessen ihrer Kaste zu fördern. Istoczy sah in der Trennung zwischen orthodoxen Anhängern des strikt traditionellen Lebens und den Erneueren nur eine Fiktion, ein Mittel, um das gemeinsame Ziel zu erreichen. Hier greift Istoczy eindeutig auf eine Verschwörungstheorie zurück, wie wir sie schon bei des Mousseaux gefunden haben, durch den er vielleicht beeinflußt worden war. Nach dieser Theorie hatten die Orthodoxen die Aufgabe, den Kern der jüdischen Gesellschaft zu bewahren, Zufluchtsort für all diejenigen, die von ihrer abenteuerlichen Reise in die fremde Welt der Nichtjuden zurückkehren wollten. Die Neuerer andererseits waren die Botschafter, ausgesandt um die jüdische Weltherrschaft durch ihr Eindringen ins Innerste der zu erobernden Welt voranzutreiben.[24]

Istoczy ist von der Idee einer jüdischen Weltherrschaft geradezu besessen. Er kann sie natürlich von irgendeinem der deutschen oder französischen Schriftsteller übernommen haben, die er gelesen hatte. Wenn er die Aktivitäten der *Alliance Israélite Universelle* als Beispiel für die Verwirklichung jüdischer Vorherrschaft heranzieht, verrät er damit wenigstens eine seiner Quellen, des Mousseaux, der die *Alliance* als Instrument der jüdischen Weltherrschaft bezeichnet hatte. Aber auch wenn er von deutschen und französischen Quellen beeinflußt war, paßte Istoczy seine Theorie den besonderen Bedingungen seines Landes an. Frankreich und Deutschland, obwohl durch die jüdische Vorherrschaft viel weniger gefährdet als Ungarn, hätten «den Lärm mehr als eines Alarmschreis» schon gehört und würden zweifellos in der Zukunft praktische Maßnahmen ergreifen, um sich zu verteidigen. In Ungarn wären solche Maßnahmen längst überfällig.[25]

Trotz dieser Dringlichkeit entwickelte Istoczy zu dieser Zeit noch kein antijüdisches Programm. Er lehnte den Gedanken ab, die Emanzipation wieder abzuschaffen, weil dies hinsichtlich der herrschenden Vorstellung von politischer Gleichheit nicht sinnvoll sei. Außerdem wäre es angesichts der jüdischen Fortschritte schon vor der Emanzipation auch nicht wirksam. Der Staat könne die jüdischen Aktivitäten nicht so einschränken wie die der Sozialisten, eine Gruppe, die in Istoczys Sicht viel weniger gefährlich war als die Juden. Deshalb müsse nicht der Staat, sondern die Gesellschaft handeln, sie solle sich gegen die kollektiven Übergriffe der Juden in die Rechte der Bevölkerung zur Selbstverteidigung organisieren. Er verlangte vom Staat nur, daß er Organisationen zulasse, deren Aktivitäten sich nicht gegen eine Religionsgemeinschaft, sondern gegen eine Kaste, gegen eine Konkurrenzgesellschaft richten würden.[26]

Ideologisch gibt es in Istoczys Ausführungen nichts Neues. Er wiederholt Klagen über jüdische Fortschritte in Frankreich und Deutschland. Die Schriften antijüdischer Verfasser – Paulus, Bauer, Wagner – stehen hinter seinen Argumenten. Wie seine Vorgänger sieht er in den Juden eine eigene soziale Gruppe, fremd und nicht assimilierbar, die ihre egoistischen Ziele unabhängig von dem verheerenden Schaden verfolgte, den sie anrichtete. Seine Begrifflichkeit schließt die biologische Vorstellung vom Parasiten ein, «der, unfähig, aus sich selbst zu existieren, von den Pflanzen lebt, bis er sie völlig zerstört hat». Dabei greift Istoczy für sein Judenbild auf sehr verschiedene Quellen zurück, einschließlich der christlichen Tradition, die den Juden mit beinahe teuflischen Mächten und Neigungen versehen hatte.[27]

Was Istoczys Ausführungen ihre besondere Bedeutung gab, war seine Stellung sowie das Forum, vor dem er sie vortrug. Seine ideologischen Vorläufer waren mehr oder weniger marginale Intellektuelle, deren Schriften nicht mehr als einen gewissen Teil der Bevölkerung erreichen konnten. Istoczy als Mitglied der Regierungspartei seines Landes richtete sich von einer publizistisch gesehen höchst vorteilhaften Position an die ganze ungarische Nation. Zu jener Zeit stand er allein, vielleicht nicht mit seinen Überzeugungen, aber doch mit der Entschlossenheit, sie öffentlich auszusprechen. Premierminister Béla Wenckheim, der zu antworten verpflichtet war, konnte Istoczys drei Fragen als zeitlich unpassend und inopportun bezeichnen, er tat sie ab als Widerspruch zu den Prinzipien, auf denen die neue Verfassung gründete: Unabhängigkeit der Rechte eines Bürgers von seiner Religionszugehörigkeit, was das Judentum einschloß. Hier wollte sich Istoczy unterscheiden, und er tat dies im vollen Bewußtsein seiner isolierten Position. Warum er diese Position so starrköpfig beibehalten hat, ist nicht ganz klar, aber er hatte wohl einige unerfreuliche Erfahrungen mit jüdischen Prozeßgegnern in seiner Heimat, im westlichen Ungarn, machen müssen. Er gehörte dort zum niederen Landadel, der wegen der wirtschaftlichen Entwicklung an Boden verlor, zu der jüdisches Kapital und jüdische Kapitalisten beitrugen. Dies mag dazu geführt haben, daß er die Geschichte als ewigen Konflikt zwischen Juden und Nichtjuden sah. Wie auch immer, Istoczy war überzeugt, daß er den Schlüssel zum richtigen Verständnis der gegenwärtigen Situation gefunden hatte. Er nutzte jede Gelegenheit, seine Argumente zu wiederholen, und paßte sie dem jeweiligen Kontext und seinen Bedingungen an.[28]

Eine willkommene Gelegenheit für eine seiner großen Reden im Parlament kam während des Berliner Kongresses von 1878, als die europäischen Großmächte die Balkanfrage diskutierten. Diesmal schlug Istoczy vor, daß die ungarische Regierung, falls auf dem Kongreß die Errichtung eines jüdischen Staates zur Lösung der Balkan- und Nahostfragen erwogen würde, dies unterstützen solle. Istoczy behauptete, daß der Gedanke nicht von ihm stamme, die gegenwärtige politische Situation dazu zu nutzen, die Juden in ihrer alten Heimat wieder zu sammeln. Er schrieb ihn einem englischen Verfasser in der Zeitschrift *Nineteenth Century* zu. Weil der damals auch anderswo erwogen wurde, mag er ihn auch aus anderen Quellen haben. Aber was die Quellen auch gewesen sein mögen, im Ungarn des Jahres 1878 erschien der Gedanke an einen jüdischen Staat ganz undenkbar. Von daher war es weit hergeholt, das Parlament zu einer Resolution aufzufordern, die von der nur hypothetischen Annahme ausging, daß der Kongreß die Errichtung eines jüdischen Staates erwägen würde. Kein Wunder, daß die Zuhörer Istoczys eher amüsiert als beeindruckt waren, so daß Istoczy seinen Vorschlag zurückzog mit dem Argument, daß dessen Hauptziel nur gewesen war, die Judenfrage im allgemeinen einmal wieder zu stellen.[29]

Daß dies wirklich der Fall war, wird durch eine genauere Untersuchung von Istoczys Rede deutlich. Der Redner führte zwar das politische Vorgehen für die Gründung eines jüdischen Staates im einzelnen aus, er zeigte zugleich die psychologische und materielle Fähigkeit des jüdischen Volkes für eine solche Aufgabe auf. Manche seiner Abschnitte erinnern stark an die Vorschläge von Theodor Herzl wie an manche anderen Argumentationen zionistischer Denker für einen jüdischen Nationalismus. Aber Istoczy führt all dies nur an, um zu zeigen, daß die Juden eine Alternative besäßen, ihr Schicksal zu ändern, aber dies nicht wollten. Er bestand darauf, daß die Juden die Möglichkeit und die finanziellen Mittel zur Errichtung eines eigenen Staates hätten, sie aber lieber den Kurs verfolgten, «dem jüdischen Willen zur Herrschaft über die europäischen Völker zu folgen».[30]

Istoczy war von dem Gedanken einer jüdischen Weltherrschaft in Europa und vor allem in Ungarn fast besessen. Um ihm einen Schein von Rationalität und Substanz zu geben, zitierte er statistisches Material. Gleichzeitig warnte er die Juden, sich nicht über den Widerstand zu täuschen, dem sie begegnen würden, wenn sie ihr Ziel verfolgten. Er bezog sich auf Beispiele vergangener Jahrhunderte, als ähnliche Umstände zu «Massenvernichtungen von Juden» führten. Obwohl es unwahrscheinlich sei, daß solches passieren könne, solange die jüdische Herrschaft dauere, könnte es doch dazu kommen, wenn es in mehreren Staaten zu «einem großen politischen Aufruhr oder einem gesellschaftlichen Umbruch» käme. Moralische Erwägungen würden eine solche Lösung nicht hindern – in Istoczys Sicht wäre sie nichts anderes als die Ausübung des Rechts der Völker, sich zu verteidigen.[31]

Dies sind schockierende Aussagen, vor allem von heute aus gesehen, weil wir sie als Vorwegnahme jener Mentalität sehen müssen, die die Naziverbrechen möglich machte. Istoczy schockierte aber auch seine Zeitgenossen. Während seine langen Ausführungen zum jüdischen Staat nur Gelächter von seinen Zuhörern hervorriefen, während der Minister, der darauf zu antworten hatte, sie als literarische Übung abtat, wirkte Istoczys Bezug auf die mittelalterliche Methode, mit der Judenfrage fertigzuwerden, auf viele Zuhörer wie ein Schock. Der Parlamentspräsident fühlte sich verpflichtet, den Redner zu ermahnen, daß er zur Ordnung gerufen werden müsse, wenn er wirklich gesagt habe, was der Präsident gehört zu haben glaubte. Die Anwendung von Gewalt gegen Juden auch nur hypothetisch zu erwägen, war geschmacklos und galt als unparlamentarisch.[32]

Obwohl Istoczy später eine wichtige Rolle in der antisemitischen Bewegung sowohl in Ungarn wie auf internationaler Ebene spielen sollte, sind seine Äußerungen von 1875 bis 1878 doch nur Vorläufer der Bewegung. Zum einen sah er seine Gedanken als rein theoretisch; er dachte an keinerlei organisatorische oder andere Aktivitäten. Obwohl er bei vielen Nichtjuden Sympathie gefunden haben mag, als er seine Abneigung gegen zu rasche Fortschritte der emanzipierten Juden äußerte, führte eine solche Abneigung keineswegs notwendigerweise zur Annahme jener katastrophalen Konsequenzen, die Istoczy voraussah. Auf jeden Fall fühlte sich niemand zum

Handeln verpflichtet. Obwohl Istoczy überzeugt war, daß die Zeit für aktive antijüdische Maßnahmen kommen würde, ist es zweifelhaft, ob er dachte, daß dies schon bald sei. Es muß ihn überrascht haben, als weniger als ein Jahrzehnt nach seiner ersten Rede im ungarischen Parlament die von Adolf Stoecker initiierte antijüdische Bewegung in Deutschland seine Voraussage erfüllte. Angeregt vom deutschen Beispiel wurde die ungarische Bewegung unter der Führung von Istoczy organisiert, und als sich 1882 die Antisemiten erstmals auf internationaler Ebene in Dresden trafen, sollte Istoczy eine wesentliche Rolle dabei spielen, das Programm der Bewegung und ihre Propaganda zu formulieren. Damit waren antisemitische Ideen in das Stadium aktiver Verwirklichung getreten.[33]

VI. Teil

DIE BEWEGUNG

20. Methodischer Exkurs

Die Darstellung der jüdischen Integration in den vier Ländern Deutschland, Frankreich, Österreich und Ungarn sowie die folgenden Reaktionen durch ihre Gegner hat uns zu dem Punkt gebracht, als der Widerstand gegen diese Integration aufhörte, das Interesse einer Minderheit zu sein, eine Art Nachhutgefecht eines fliehenden Feindes. Jetzt wandelte er sich zum Gegenangriff in Gestalt der aufkommenden antisemitischen Bewegung. Erst zu diesem Zeitpunkt tauchte der neue Begriff «Antisemitismus» auf. Was ihn auslöste und was er bedeutete, ist in der Einleitung bereits dargestellt worden und wird im folgenden Kapitel noch genauer ausgeführt werden. Es genügt hier, zu sagen, daß der Begriff sehr schnell aufgegriffen wurde und daß er seitdem für alle möglichen Erscheinungen verwendet wird, deren gemeinsamer Nenner ein Element von Abneigung, Haß oder Feindschaft gegen Juden und Judentum ist, in welchem Zusammenhang und zu welcher Zeit – Antike, Mittelalter oder Moderne – auch immer. Zudem ist dieser undifferenzierte Gebrauch des Begriffs Antisemitismus und seiner Ableitungen nicht auf ideologische Kontroversen beschränkt. Er ist in die wissenschaftlichen Arbeiten verschiedener Disziplinen eingedrungen. Darum haben wir gelehrte Abhandlungen über den antiken, den christlichen oder den modernen Antisemitismus, soziologische und psychologische Untersuchungen seiner Quellen, Analysen seiner Funktion sowie philosophische und theologische Beurteilungen.

Weil jede der genannten Disziplinen beansprucht, einen Zugang zum Verständnis des Antisemitismus gefunden zu haben, muß jeder, der eine Disziplin einer anderen vorzieht, die Gründe erklären, warum er sich so entscheidet, wo und wie er sich von den Methoden anderer Disziplinen abgrenzt oder inwieweit er sie aufnimmt.

Die Verbindung verschiedener wissenschaftlicher Methoden, vor allem die Verbindung von Geschichte mit der Soziologie und der Psychologie, wird heute oft gefordert. Aber dieser Forderung blind zu folgen, ohne zu fragen, was jede dieser Disziplinen zur Erhellung des Phänomens beitragen kann, führt nur zu einer willkürlichen Vermischung der Ansätze. Solche methodische Vielfalt wird die jeweiligen Einsichten eher neutralisieren, als sie zu vertiefen oder zu verstärken.

Bis zu diesem Punkt unserer Untersuchung sind wir der historischen Methode gefolgt. Wir haben dargelegt, in welcher Position sich die jüdische

Gemeinde befand und wie sie von ihrer christlichen Umwelt vor der Wende von der mittelalterlichen zur modernen Welt am Ende des 17. Jahrhunderts gesehen wurde. Wir haben festgestellt, daß hier in vieler Hinsicht die belastenden Folgen einer zweitausendjährigen Geschichte wirksam waren. Wo immer die Juden lebten, sie galten den christlichen Völkern als fremd, auch wenn diese eine geistige Verbindung mit ihnen fühlten, weil sie die Nachkommen der biblischen Juden waren. Als solche durften sie in christlichen Ländern leben, wobei die Bedingungen ihrer politischen Stellung, ihrer wirtschaftlichen Rolle und ihrer gesellschaftlichen Einordnung klar definiert waren. Politisch waren sie von jeder Teilnahme an der Staatsführung auf allen Ebenen ausgeschlossen. Wirtschaftlich waren sie auf Funktionen beschränkt, die mit Geld zu tun hatten. Diese waren zu Zeiten wichtig, aber nie sehr geschätzt. Ihre gesellschaftliche Stellung konnte innerhalb des vorgegebenen Rahmens nicht wirklich definiert werden, weil sie außerhalb dieses gesellschaftlichen Rahmens lebten. Der Begriff «Paria», den Max Weber zur Beschreibung der jüdischen Stellung in der mittelalterlichen Gesellschaft wählte, beschreibt die Situation sehr gut, auch wenn er nicht ganz dem – ursprünglich indischen – Begriff entspricht. Er deutet auf eine rituell gesicherte gesellschaftliche wie wirtschaftliche Trennung sowie auf eine soziale Degradierung. Der Paria-Status erklärt das Judenbild der Nichtjuden, das im Lauf der Zeit immer dunklere, sogar teuflische Züge annahm. Dem gesellschaftlich degradierten Juden, der physisch nah, kulturell aber weit entfernt war, traute man jede Untat und jedes Verbrechen zu. Gelegentlich hörte der Jude in den Augen der Nichtjuden auf, überhaupt menschlich zu sein.[1]

Ein besonderes Merkmal dieser Stellung der jüdischen Gemeinde in der nichtjüdischen Welt ist die Tatsache, daß sie beiderseits ideologisch untermauert wurde, von seiten der Nichtjuden, die diese Stellung bestimmten, ebenso wie von seiten der Juden, die unter ihr zu leiden hatten. Die christliche (und auch die islamische) wie die jüdische Religionslehre enthielten sowohl auf der systematisch-theologischen als auf der Frömmigkeitsebene Elemente, mit denen das Leiden der Juden erklärt und gerechtfertigt werden konnte. Für die Christen verurteilte die Ablehnung Jesu als Messias das jüdische Volk zu seiner Außenseiterposition. In der jüdischen Lehre war es die Sünde, die Verletzung des Bundes mit Gott, dem eigentlichen Grund für die jüdische Ausnahmestellung, die in ihrer Folge das Exil mit allen dazugehörigen Leiden und Entbehrungen nach sich zog.

Der Wandel von der mittelalterlichen zur modernen Stellung der jüdischen Gemeinde vollzog sich, als die wirtschaftlichen, politischen und sozialen Grundlagen wie deren ideologischen Komponente – die jüdische wie die christliche – zusammenbrachen. Die jüdische Emanzipation mit all ihren Folgen ist ein integraler Bestandteil der Modernisierung der westlichen Welt. Die Gesellschaft wandelte sich von einer Ständeorganisation in eine Ansammlung von Individuen, die von vernünftig erklärbaren Absichten und Zielen bewegt wurden. Die Auflösung der traditionellen jüdischen Gesellschaft ging mit diesem Wandel einher. Und es war nicht länger unvorstellbar, wie einige hofften und andere fürchteten, daß die Juden in einer nicht zu fernen Zukunft von ihrer Umgebung aufgesogen und damit verschwinden würden. Jedenfalls konnte man annehmen, daß sich die Beziehungen zwischen Juden und Nichtjuden von Grund auf ändern würden, wobei das Feindbild vom Juden sich mit vielen anderen überlieferten Vorurteilen und Fehlurteilen auflösen würde.[2]

Heute wissen wir, daß sich die Dinge anders entwickelten. Das jüdische Leben im politischen, wirtschaftlichen und gesellschaftlichen Bereich ändert sich gründlich, so auch die Geisteshaltung, die Einstellung zur nichtjüdischen Welt wie die zur jüdischen Tradition. Auch das Judenbild der Nichtjuden veränderte sich, aber diese Veränderung war keine Auflösung. Einige Elemente des traditionellen Bildes, vor allem die aus der kirchlichen Lehre abgeleiteten rationalen Momente, verschwanden. Der Vorwurf des Gottesmordes oder der Kreuzigung Jesu konnte nicht länger wie früher für die wahren oder vermuteten jüdischen Wesenszüge verantwortlich gemacht werden; es konnte auch nicht länger behauptet werden, daß der Fluch, der deshalb auf sie gekommen war, sie dazu bestimmte, in alle Ewigkeit an jedem Bösen teilzunehmen. Auch die altkirchliche Lehre von der göttlichen Verwerfung der Juden konnte nicht mehr als Grund für die Verlängerung ihrer niedrigen Stellung herangezogen werden. *Aber wenn auch die theologische Rechtfertigung aufgegeben wurde, so folgte daraus nicht notwendigerweise, daß man das Judenbild inhaltlich revidieren müsse oder daß die soziale Degradierung der Juden eine unerträgliche gesellschaftliche Anomalie sei.* Zumeist ersetzten diejenigen, die sich vom antijüdischen Vorurteil nicht befreien konnten, die theologischen oder religiösen Komponenten des Judenbildes durch rationale, scheinbar empirische Vorstellungen. Es wurde nicht länger behautpet, daß ihr Charakter wie ihre soziale Stellung als Ergebnis ihrer Sünde oder eines göttlichen Urteils festgelegt seien. Stattdessen wurde behauptet, daß die Juden von Natur aus eine Neigung zum Bösen hätten, die Teil ihres gemeinsamen Erbes oder Ergebnis ihrer geschichtlichen Erfahrungen sei.

Diese Metamorphose des theologischen Judenbildes in ein scheinbar rationales ist das Thema unserer Untersuchung. Wir haben diesen Vorgang verfolgt, indem wir die Gedankenwelt einzelner Persönlichkeiten aufzeigten, die verschiedene Glaubensrichtungen und Weltanschauungen sowie unterschiedlichste gesellschaftliche Stellungen hatten. Weil Verallgemeinerungen nur auf der Grundlage mannigfacher Belege zulässig sind, mußten wir die verschiedenen Typen in unterschiedlichen Ländern detailliert untersuchen. Und man kann den Vorgang der Wandlung des traditionellen Judenbildes in seine moderne Gestalt konkret nur bei einzelnen beobachten. Erst nachdem wir viele Einzelbeispiele für diesen Prozeß gesammelt haben, können wir versuchen, die dahinterliegenden Kräfte zu benennen, die den Verlauf bestimmten. Trotz aller individuellen oder sonstigen Unterschiede wirkten diejenigen, die das Feindbild vom Juden ideologisch neu errichteten, in dieselbe Richtung; darum müssen wenn nicht identische, so doch parallele Kräfte sie bewegt haben.

Wenn man diese Kräfte erkennen will, muß man sowohl das Subjekt wie das Objekt der entsprechenden Vorurteile betrachten; die, die das Judenbild in ihren Köpfen haben, und die Juden selbst, deren Bild sich im Vorurteil angeblich spiegelt. Bei beiden muß untersucht werden, ob sie Elemente der Vergangenheit beibehalten hatten, auf denen das Judenbild gründete.

Auf nichtjüdischer Seite hängt die Beibehaltung des Judenbildes sicher mit dem begrenzten Erfolg der sogenannten Säkularisierung zusammen. Die christliche Tradition in ihrer strengen Form, mit scharf formulierten Dogmen einschließlich der jüdischen Schuld am Gottesmord, bestimmte die Gebildeten und Aufgeklärten nicht mehr. Aber das Christentum in einer verfeinerten oder abgeschwächten Version blieb ein bestimmender Zug der europäischen Mentalität. Ob als Grundlage des akzeptierten Moralsystems, ob als wichtiger Teil des Nationalbewußtseins oder einfach als Hintergrund gegenwärtiger Kultur und Kreativität, das Christentum blieb ein wichtiger Faktor der europäischen Zivilisation. Denker wie Michelet oder Renan, der junge Hegel und Schopenhauer haben dies immer anerkannt, wenn auch bedauert. Aber selbst die Entfremdung dieser Kritiker vom Christentum hatte ihre Grenzen, sie machte vor dem Gründer des Christentums halt, dessen Lehre ganz anders gewesen sei als das, was spätere Generationen daraus gemacht hatten. Und die angeblich urchristliche Lehre stimmte immer mit der Philosophie des jeweiligen Kritikers überein, im Fall des jungen Hegel mit der Kantschen Ethik, bei Renan mit dem Ideal des Liberalismus und bei Schopenhauer mit einer pessimistischen Weltanschauung. So identifizierten sich auch die schärfsten Kritiker mit einer Art Christentum, und diese Identifikation enthielt immer eine Ablehnung des Judentums, das als historisches wie als philosophisches Gegenbild des Christentums dargestellt wurde.[3]

Die Vorbehalte gegen das Judentum waren in den Lehren von Theologen und sich christlich nennenden Denkern und Ideologen noch klarer ausgedrückt, auch wenn sie nicht unbedingt einem orthodoxen Christentum, sondern einer Neuinterpretation der christlichen Dogmen und Rituale folgten. Indem sie die Struktur der christlichen Tradition und Rituale beibehielten, konnten sie mit ihrer freien Interpretation sich nicht von den antijüdischen Elementen trennen. Im Gegenteil, weil das Christentum im modernen Gewand als dem zeitgenössischen Denken angemessen erschien, gewannen auch seine antijüdischen Elemente neue Bedeutung und Lebenskraft.[4]

So konnte die moderne Fassung der antijüdischen Elemente des Christentums mit anderen, zum Teil sogar widersprechenden Teilen vermischt werden. Die antijüdischen Argumente der Rationalisten und Deisten vermischten sich oft mit christlichen, was zu einem synkretistischen Antisemitismus führte. Die meisten der hier untersuchten antisemitischen Ideologien des 19. Jahrhunderts nahmen ihr Material aus verschiedenen Quellen. Manchmal folgte die Grundstruktur der Ideologie dem christlichen Muster, dem rationalistische Argumente zugefügt wurden. Manchmal waren die rationalistischen Elemente bestimmend und die christlichen antijüdischen Motive kamen dazu. Was diese aus so verschiedenen Quellen stammenden Elemente zusammenhielt, war nicht ihre innere Logik auf einer kognitiven Ebene. Ihre Verbindung wurde möglich, weil sie alle demselben Zweck dienten – die Juden zu diffamieren – und den Trieb befriedigten, im Juden einen weniger wertvollen Menschen zu sehen als in seinem Ankläger. Angesichts dieses Eklektizismus der Judenfeindschaft können wir folgern, daß ein emotionales Vorurteil der psychologische Grund dafür gewesen ist. Dieses gesellschaftliche Vorurteil gehörte zum traditionellen christlichen Judenbild und konnte späteren Generationen weitergegeben werden, auch nachdem sein geistiger Inhalt längst verblichen war.

Und selbst dort, wo ein antisemitischer Ideologe sich im Widerspruch zum Christentum sah, wie Voltaire oder Bruno Bauer, kann der antijüdische Anstoß aus dem Christentum eine Rolle gespielt haben. Es gibt auch in diesen Fällen einen deutlichen Unterschied in der Feindschaft gegen das Christentum und der gegen das Judentum. Das Christentum ist verhaßt, das Judentum wird lächerlich gemacht und verachtet. Das Judenbild Voltaires, obwohl ihm die theologischen Inhalte der christlichen Tradition fehlen, spiegelt dennoch den Pariastatus des Juden und die emotionale Ablehnung gegen ihn wider, wie sie im Christentum entwickelt wurden.

Solche paradoxen Mischungen sollten uns nicht zu sehr überraschen, sie liegen im Wesen dessen, was wir die rationalistische Säkularisierung nennen. Der Rationalismus konnte die geistige Struktur der traditionellen Weltanschauung abbauen, aber die emotionalen Grundlagen und auch bestimmte Grundgedanken bestimmten die kommenden Generationen weiter. Aufgrund dieser Beobachtung können wir im modernen Antisemitismus eine Säkularisierung sehen. Denn es war weiterhin das vom Christentum übernommene Judenbild und seine Einschätzung, das die Grundanschauung vom Juden bestimmte. Der Unterschied war nur, daß diese Sicht auf der auf der kognitiven Ebene jetzt durch Gründe belegt werden mußte, die aus den neu entwickelten Denksystemen stammten. Dies macht den zusammengesetzten Charakter des modernen Antisemitismus aus, ein absolut archaisches Bild, das von einer Schicht nachträglicher Rechtfertigungen verdeckt ist, ein irrationales Phänomen, das logischen Argumenten nicht zugänglich ist.[5]

Diese Erkenntnis vom wahren Wesen des Judenbildes, wie es in den Köpfen von Nichtjuden weiterlebte, ist zwar wichtig, reicht aber nicht aus, um seine Kraft ganz zu erklären. Ebenso wichtig ist die Tatsache, daß die jüdischen Gemeinden relativ konsistent blieben, so wurde das Judenbild stets neu gespeist. Das Phänomen des Antisemitismus in seinem subjektiven Aspekt zu untersuchen, also bei denen, die antisemitische Neigungen zeigen, ist nur die halbe Aufgabe. Die andere Hälfte besteht darin, die jüdischen Gemeinden in den Blick zu bekommen, deren Erscheinungsbild sozusagen die Reaktion des antisemitischen Reflexes auslöste.

In der hier behandelten Zeit, also vom Aufkommen der Idee einer Judenemanzipation in den letzten Jahrzehnten des 18. Jahrhunderts bis zu ihrer Durchsetzung in den westlichen Ländern hundert Jahre später, wurde der Jude als der frühere Paria gesehen, der vom Rand der Gesellschaft ins Zentrum rückte. Darum schien er Positionen einzunehmen, oder zumindest danach zu streben, die bisher anderen vorbehalten waren. Diese Sicht war zwar oft durch Übertreibung verzerrt, aber doch nicht nur ein Phantasieprodukt. Die Emanzipation, ob sie nun wie in Frankreich auf einen Schlag erfolgte oder nur allmählich, nach langen Kämpfen wie in Deutschland, Östereich und Ungarn durchgesetzt wurde, bedeutete immer, daß sich der wirtschaftliche, gesellschaftliche und nicht zuletzt der intellektuelle Lebensraum der Juden erweiterte. Von Beginn der Emanzipation an ließen sich Juden in Straßen, Städten und Gebieten nieder, die ihnen zuvor verboten waren. Sie gewannen Zugang zu Berufen außerhalb des Handlungsspielraumes, den frühere Generationen ihnen gewährt hatten. Sie kamen in gesellschaftliche Kreise, die ihnen zuvor nicht zugänglich waren und die sie auch nicht interessiert hatten, indem sie Klubs, Logen oder Vereinen beitraten oder einfach, indem sie Cafés, Restaurants, Theater und ähnliches besuchten. Sobald sie die Sprache ihrer Umwelt und die Grundelemente ihrer Kultur angenommen hatten, begannen sie, aktiv und passiv am geistigen und künstlerischen Leben teilzunehmen. Viele Juden wurden zu Mäzenen, sie machten oft einen großen Teil des Theaterpublikums oder der Leserschaft von Büchern und Zeitschriften aus. Die Begabten begannen selbst, geistig und künstlerisch tätig zu werden.[6]

Dieser rasche Fortschritt in die allgemeine Gesellschaft hinein mußte die Ansicht von ihrem Wesen und ihren Fähigkeiten beeinflussen. Dieser Einfluß war jedoch nicht eindeutig in eine bestimmte Richtung. Die von den Juden erhoffte Wirkung, daß es für das ihnen anhaftende Stereotyp keine Grundlage gab, daß alle Unterschiede zwischen ihnen und anderen nur oberflächlich und vorübergehend waren, wurde nicht generell erreicht, und es ist zweifelhaft, ob sie je die Ansicht einer Mehrheit war. Auch jemand, der persönlichen Kontakt mit Juden hatte und von ihnen positiv beeindruckt war, mußte nicht unbedingt dahin gelangen, das Stereotyp abzutun. Dieser Widerspruch konnte gelöst werden, indem man den, von dem man den positiven Eindruck empfangen hatte, zur Ausnahme erklärte. Der Wiener Professor Billroth hatte jüdische Ärzte kennengelernt, die im Blick auf ihre berufliche und persönliche Qualifikation dem höchsten Standard entsprachen. Trotzdem ignorierte er diese Beispiele, als er das Wesen jüdischer Ärzte beschrieb. Er beschränkte seine Beschreibung auf jene, die dem Feindbild vom Juden entsprachen und auch im medizinischen Beruf nur ein Mittel persönlichen Nutzens sahen.[7]

Die Literatur dieser Zeit ist voller Lob für einzelne, isolierte Juden, als ob dieses Lob gerade die Wertlosigkeit der Mehrheit zeigte. Man kann dies der starken Wirkung des Stereotyps zuschreiben. Aber häufig kam ein persönliches Interesse an der Aufrechterhaltung des Stereotyps dazu. Und zwar sollte man darunter nicht nur ein individuelles Interesse verstehen, es gab auch die Sorge um die Interessen der Gruppe, mit der man sich identifizierte. Wenn Professor Billroth, der für die Ausbildung von Medizinern in Wien zuständig war, den Juden die Qualifikation für diesen Beruf absprach, weil sie angeblich negative Eigenschaften hatten, dann sprach er für seine Klasse, die deutsche Bourgeoisie, die sich das Recht vorbehalten wollte, Ärzte hervorzubringen. Juden schienen die zu bedrängen, die ein verbrieftes Recht auf solche Ämter hatten. So waren die Stereotypen, die gegen Juden vorgebracht wurden, nichts als Waffen in einem gesellschaftlichen Konkurrenzkampf. Dies geschah auch bei den Bürgern in Straßburg, Frankfurt oder Budapest, die ein Eindringen von Juden in Berufe fürchteten, die bisher nur ihnen vorbehalten waren. Es war nicht zufällig, daß ein Judenbild, das dem angeblichen Traum von der jüdischen Weltherrschaft entsprach, bei den bekannten Antisemiten des 19. Jahrhunderts eine so wichtige Rolle spielte. Die objektive Tatsache, daß Juden bestimmte Positionen erreichten, wurde in den Köpfen dieser Beobachter mit dem Phantasiebild vom Juden vereint, der sich in seinen messianischen Träumen als Herr der Völker der Welt sah.[8]

Die meisten Argumente der Antisemiten machten sich an einer bestimmten Tatsache der jüdischen Wirklichkeit fest. Die angebliche Fremdheit der Juden ist ein solcher Punkt, an dem sich tatsächliche Beobachtungen und Vorurteile unentwirrbar vermischen. Denn auch wenn sich die Juden den Verhaltensmustern der nichtjüdischen Gesellschaft angepaßt hatten, so behielten sie doch einige typische Züge ihrer früheren Gewohnheiten. Welche genau diese waren, ist nicht leicht festzustellen, aber daß es sie gab, vor allem in den ersten Generationen der aus dem Ghetto Befreiten, steht außer Frage. So wird nicht nur von jüdischen Trödlern und Händlern, sondern auch von jüdischen Kaufleuten und Bankiers, Predigern und Journalisten, Dichtern und Komponisten gesagt, daß sie Spuren ihrer jüdischen Herkunft zeigten. Und was für Wirtschaft und Kultur gilt, gilt auch für das Sozialverhalten. Auch Juden, die ihren Weg in der Gesellschaft machten, die zu Klubs und Logen gehörten, die selbst zum Zentrum sozialer Zusammenkünfte wurden wie die Damen der jüdischen Salons, zeigten in diesen Rollen typisch jüdische Eigenschaften. Diese besonderen jüdischen Eigenschaften im Geschäftsleben, bei geistigen und künstlerischen Unternehmungen wie im sozialen Verhalten hätten als willkommene Bereicherung angesehen werden können – wenn nicht schon der Begriff «jüdisch» von der negativen Konnotation belastet gewesen wäre, die ihm geschichtlich anhaftete. Theodor Mommsen, der sich gegen die antisemitischen Aktivitäten in den frühen achtziger Jahren wandte, ermahnte seine deutschen Landsleute, daß sie mit der Geschichte nicht rechten sollten, die ein Prozent jüdischen Elementes dem deutschen Volkswesen zugefügt habe. Dieser Aufruf zur Toleranz durch den liberalen Historiker bedeutete nicht, daß er dieses jüdische Element als Bereicherung erhalten sehen wollte. Ganz im Gegenteil, wie so viele gutwillige Liberale erwartete auch Mommsen, daß die Juden von der Mehrheit aufgesogen würden, sobald sie sich von ihren jüdischen Besonderheiten freimachten. Denn diese Besonderheiten galten nicht nur als anders und fremd, sondern als minderwertig und ausgesprochen schlecht und schädlich. Daß sie verschwinden sollten, womit in der Tat das Auslöschen der jüdischen sozialen Existenz impliziert war, wurde ein mehr oder weniger deutlich ausgesprochenes Thema aller Zukunftsentwürfe.[9]

Wenn schon einzelne an erkennbar jüdischen Zügen zu identifizieren waren, dann galt dies um so mehr für die Gemeinschaft, die nie aufhörte, als eine Gruppe mit einzigartigem Charakter zu erscheinen. Die jüdische soziale Gruppe bestimmte ihre Grenzen vor allem durch die Heiraten innerhalb der Gruppe. Diese kennzeichneten sie nach außen und waren nach innen ein starkes Band der Einheit. Anders als zu Zeiten des Ghettos gab es jetzt auch Ehen mit Christen, aber diese führten nicht zu Kontakten der betroffenen Familien. Auch wenn der jüdische Teil nicht konvertierte, trennte er sich doch von der jüdischen Gemeinde. Mischehen führten zu Trennungen von der jüdischen Gesellschaft, verwischten aber nicht die Grenzen zwischen ihr und der Umwelt.[10]

Wie schon erwähnt, gelang es den Juden in dieser Zeit, ihre Berufe über den engen Rahmen der Ghettozeit hinaus auszuweiten, aber sie verteilten sich keineswegs über das ganze Spektrum beruflicher Vielfalt. Wenn es eine jüdische Mobilität gab, dann war es eine kollektive. Juden blieben in bestimmten Berufen konzentriert, ob dies nun ein Ergebnis ihrer Familienbindungen oder das der andauernden Anziehungskraft der traditionellen Berufe war oder ob andere, weniger leicht erkennbare gesellschaftliche Kräfte dazu führten.[11]

Deshalb fanden die wichtigsten und engsten sozialen Kontakte immer noch zwischen Juden und Juden statt, auch dort, wo es in neutralen Gruppen wie den Freimaurerlogen oder Klubs andere soziale Mischungen gab. Und natürlich blieben die Juden in ihren besonderen religiösen Institutionen organisiert. Hier kamen familiäre, wirtschaftliche, soziale und religiöse Faktoren zusammen; und der Zusammenhalt auf einem Gebiet verstärkte den auf anderen.[12]

Die verbreitete Ansicht, daß die Juden in der Zeit der Assimilation – oder, neutraler, der kulturellen Anpassung – sich in ihre Umgebung integrierten, erfordert eine gewisse Korrektur. Wir sprechen hier nicht von Integration, sondern von dem Entstehen einer jüdischen sozialen Gruppe, die einer ähnlichen nichtjüdischen Gruppe parallel war. Im Blick auf Einkommen, Lebensstil, politische Überzeugung und ähnliches gehörten die Juden zur Mittelschicht. Aber diese Bestimmung zeigt nur ihren Platz innerhalb der gesellschaftlichen Hierarchie an, nicht jedoch den Grad ihrer Vermischung auf der – gleichen – Ebene ihrer Klasse. Es gab weder in Frankreich, noch in Deutschland oder Ungarn eine einzige Mittelschicht, zu der Juden und Christen gehörten. Die Entfremdung der Juden führte dazu, daß neben der christlichen Mittelschicht eine kleinere jüdische entstand. Die Angehörigen dieser Gruppen begegneten sich, sie arbeiteten auch auf verschiedenen Gebieten zusammen. Aber diese flüchtigen Kontakte zwischen Angehörigen beider Gruppen hob ihre getrennte Existenz nicht auf.[13]

Die jüdische Gemeinde stellte sich ihren Beobachtern immer als eine eigene Gruppe dar. Wenn der Beobachter die Juden nicht mochte, dann fand er in dieser separaten Existenz einen Grund, die Juden herabzusetzen. Die Juden gaben sich nicht mit niedrigen Aufgaben ab; sie halfen einander, waren aber jedem fremd, der nicht zu ihrem Bund gehörte; sie waren ein eigenes Volk, ein Staat im Staat. Der Grund für alle diese Vorwürfe war die besondere soziale Existenz der Gemeinschaft.

Die subjektiven Faktoren des Antisemitismus, die irrationale Abneigung gegen Juden und die rationalen Gründe, die zu ihrer Rechtfertigung angeführt wurden, und der objektive Faktor, die gesellschaftliche Ausnahmesituation der jüdischen Gemeinde der Zeit, waren beide das Ergebnis einer historischen Entwicklung. Diese Entwicklung zu verfolgen, deren einzelne Stadien und Veränderungen gelegentlich überraschend waren, aber im nachhinein doch erkärbar sind, ist die Aufgabe der Geschichtsschreibung.

Der Historiker, der diese Entwicklung darstellen und erklären will, muß dabei gelegentlich auf Methoden zurückgreifen, die anderen Wissenschaften wie der Psychologie oder der Soziologie entstammen. Die Begriffe «Stereotyp» oder «Vorurteil», die wir in dieser Untersuchung gebrauchen, schließen in sich eine psychologische Theorie ein. Sie gehen davon aus, daß die Fähigkeit des Menschen, die gesellschaftliche Realität wirklich zu erkennen, von vorherigen Bildern von dieser gesellschaftlichen Realität begrenzt wird. Die Quelle solcher Bilder liegt im kulturellen Erbe des jeweiligen Beobachters. Wie Stereotypen wirken, das wurde vor allem von der psychologischen Schule Gordon Allports und seiner Nachfolger erforscht. Und das Stereotyp vom Juden diente als Beispiel dafür, die Regeln aufzuzeigen, nach denen dieser psychologische Vorgang abläuft. Theodor Adorno und seine Schüler untersuchten das Problem des Antisemitismus, als sie die Eigenschaften des Menschen enthüllen wollten, der zu antisemitischen Vorurteilen neigt. Sie dachten, daß sie diese in der Struktur der autoritären Persönlichkeit gefunden hätten. Diese und ähnliche Untersuchungen versorgen den Historiker mit Analysemethoden, um das Verhalten von einzelnen und Gruppen zu verstehen, die er beschreiben und erforschen will. Sie machen seine Arbeit aber nicht überflüssig, und sie können ihn sogar in die Irre leiten, wenn er diese Methoden schematisch auch dort anwendet, wo die Daten und ihre Bedeutung eine solche Anwendung nicht rechtfertigen.[14]

Vorurteile, ihre Dauer, das durch sie verzerrte Bild der Wirklichkeit und ähnliches findet seinen Ausdruck in der Beziehung zu ethnisch, sprachlich oder religiös fremden Gruppen. Aber die Erscheinungsform ändert sich je nach dem Ausmaß und der Tiefe der Entfremdung zwischen der einen und anderen Gruppe. Die Definition des Vorurteils als «Abneigung gegen das andere», die auch zur Definition des Antisemitismus verwendet wird, ist eine rein formale. Der Inhalt des antisemitischen Vorurteils, die Art, wie es zum Ausdruck kommt, die weite Verbreitung und die dauerhafte Wirkung können nur erklärt werden, wenn man die Beziehung der jüdischen Gemeinschaft und ihrer Umwelt durch die Generationen untersucht. Dies zu tun, ist die Pflicht des Historikers, die der Psychologe ihm nicht abnehmen kann.[15]

Was hier über die Psychologie gesagt wurde, gilt negativ wie positiv auch für die Psychoanalyse. Auch deren Konzeptionen können dem Historiker bei seiner Analyse der verschiedenen Aspekte des Antisemitismus helfen. Die Aussage etwa, daß der Antisemitismus wegen des Widerspruchs zwischen seiner atavistischen emotionalen Fixierung und seiner offenen Begründung und Rechtfertigung rationalen Argumenten nicht zugänglich ist, verdankt der Historiker psychoanalytischen Einsichten. Die Analytiker gebrauchen die Vorstellung der Verdrängung, um das Verhalten eines einzelnen zu erklären, der in der Vergangenheit einen emotionalen Schock erlitten hat und weiterhin dadurch zu bestimmten Handlungen getrieben wird, auch wenn sein Gedächtnis diesen Schock längst aus dem Bewußtsein verdrängt hat. In solchen Fällen kommt es zu einem Widerspruch zwischen dem, was jemand als Anlaß seiner Reaktion wahrnimmt, und deren Ausmaß und Stärke. Diese sind nicht durch den Anlaß bestimmt, den der Betroffene wahrnimmt, sondern durch Gefühle und Komplexe in seinem Unbewußten und darum für seinen Verstand nicht zugänglich.

Ähnliche Verkettungen von Ursache und Wirkung gibt es auch im Verlauf historischer Prozesse wie etwa bei der Entstehung des modernen Antisemitismus. Emotional besetzte Bilder von Juden und Judentum im Bewußtsein von Menschen haben Generationen lang bestanden, auch wenn ihre geistigen Gründe längst verloren waren. Zwar fand dieser Prozeß nicht in den Köpfen einzelner, sondern vielmehr im Strom der kollektiven Kulturtradition statt. Aber die Dauer und die Wirksamkeit von Bildern im Leben des Kollektivs unterscheidet sich nicht von dem des Individuums, darum ist eine Erklärung des letzteren auch für das erstere anwendbar.

Aber es stellt sich die Frage, inwieweit diese Erklärung das tatsächliche historische Phänomen erhellen kann. Die Einsicht, daß eine Schicht emotionaler Motive unter der Oberfläche rationaler Argumente versteckt sein kann, hilft ein gutes Stück weiter, den Mechanismus des Ausbruchs zu verstehen. Sie beantwortet aber nicht die Frage, wie dies irrationale Bild ursprünglich entstanden ist und wie es an spätere Generationen weitergegeben wurde. Eine Antwort auf diese Frage finden wir nur, wenn wir den Konflikt zwischen Judentum und Christentum untersuchen, in dem das Bild entstand und mit allen Veränderungen beibehalten wurde. Kurz, die psychologische und psychoanalytische Interpretation des Antisemitismus erspart es uns nicht, seine geschichtlichen Erscheinungsformen in ihren Veränderungen zu untersuchen.

Das Problem des Antisemitismus wurde durch die Psychoanalyse untersucht, und ihre Vertreter von Sigmund Freud bis Erich Fromm haben verschiedenen Theorien zu seiner Erklärung vorgelegt. Die Analytiker gingen davon aus, daß die historischen Tatsachen – die Ablehnung des christlichen Messias durch die Juden, die prekäre wirtschaftliche Funktion einer unterlegenen religiösen Minderheit und ähnliches – nicht ausreichten, um das Wesen der Judenfeindschaft und ihr Andauern zu erklären. Entsprechend erklärten sie das Phänomen mit Komplexen, die im Unbewußten der Menschheit vorhanden waren, dem Komplex des primitiven Vatermordes, dem Ödipuskomplex und anderen. Der offene Antagonismus zwischen Juden und Christen vor einem religiösen Hintergrund und all seine Implikationen waren nach dieser Theorie die äußere Erscheinungsform unbewußter Vorgänge, die der Sicht von außen verborgen waren.[16]

Die psychoanalytische Theorie ist in dem Maße unwiderlegbar, in dem sie unbeweisbar ist. Ein Historiker, der sie als Interpretationsmethode ablehnt, sagt damit nichts über ihre Gültigkeit, Wahrheit und Nützlichkeit (was nicht dasselbe ist) in ihrem eigenen Bereich, d. h. der Psychotherapie. Sein Zögern, sie in seinem Bereich anzuwenden, kommt nicht daher, daß er sie für falsch hält; es reicht aus, wenn er überzeugt ist, daß sie irrelevant ist. Der Beweis einer Theorie der Geschichte ist ihr Nutzen, d. h. ihre Fähigkeit, daß man mit ihr den historischen Prozeß beschreiben kann. Mit anderen Worten, eine Theorie dient dazu, eine Folge von Ereignissen, Veränderungen einer Gesellschaft und ähnliches so zu beschreiben, daß die Kontinuität der verschiedenen Entwicklungsstufen evident wird. Die Theorie sollte dem Historiker helfen, den Lauf der Entwicklung zu rekonstruieren. Wenn sie dazu fähig ist, dann hat sie ihre Gültigkeit bewiesen. Für unseren Fall würde dies bedeuten, daß die ganze Geschichte des Antisemitismus mit ihren Höhen und Tiefen die Bedeutung der psychoanalytischen Interpretation spiegeln müßte. Die Psychoanalyse sollte uns also nicht nur eine Formel liefern, mit der wir die verborgene Quelle des Antisemitismus entdekken, sondern eine Anleitung, um seine historischen Erscheinungsformen zu verfolgen. Dies würde erfordern, daß eine Geschichte des Antisemitismus oder zumindest einige zusammenhängende Kapitel dieser Geschichte im Licht der Theorie geschrieben werden müßten, die kontinuierlich beachtet werden müßte. Dies ist jedoch nie versucht worden. Die Psychoanalytiker haben Vermutungen darüber geäußert, welche unbewußten Triebe oder Komplexe das Verhalten von Antisemiten bestimmt haben könnten; und Historiker haben der Versuchung manchmal nachgegeben, diese oder jene Vermutung für das Verhalten einzelner oder das von Gruppen zu übernehmen. Aber diese psychoanalytischen Interpretationen sind kaum jemals ein integraler Teil der historischen Darstellung gewesen, meist erscheinen sie als isolierte Einfügung oder künstlich aufgepfropfte Reflexionen.[17]

Die Inkongruenz psychoanalytischer Deutungen sticht vor allem dort ins Auge, wo sie im Zusammenhang einer realistischen Darstellung historischer Ereignisse auftauchen. Wenn sie andererseits unabhängig oder parallel zur historischen Darstellung dargeboten werden, sind sie nicht integriert und wahrscheinlich überflüssig. Dies wird bei Norman Cohn deutlich, der in seinem *Warrant for Genocide* beides haben will. Im Hauptteil des Buches verfolgt der Verfasser die Geschichte der Angst vor der jüdischen Weltherrschaft, wie sie in den Protokollen der Weisen von Zion dokumentiert ist. Dies ist eine klare Darstellung dessen, was bekannt wurde, soweit der Historiker eine Folge von Ereignissen erkennen kann. Im letzten Kapitel bietet Cohn dann unter der Überschrift «Eine Fallstudie in kollektiver Psychopathologie» seine psychoanalytischen Beobachtungen: «Die Juden als Kollektiv werden unbewußt sowohl als der ‹böse› Sohn, d. h. als der rebellische Sohn voller Mordwünsche gegen den Vater gesehen, als auch als der ‹böse› Vater, d. h. als der, der den Sohn potentiell quält, kastriert und tötet.» Es wird nicht versucht, beide Teile des Buches zu verbinden. Die faktische Darstellung des historischen Vorgangs und seine psychoanalytische Deutung bewegen sich auf ganz verschiedenen Ebenen, und wenn man nicht bereit ist, der Theorie einer zwiefältigen Wahrheit zu folgen, kann man kaum mit beiden gleichzeitig leben. Die Angst vor der jüdischen Weltherrschaft wird auf zwei verschiedenen Spuren zu zwei unterschiedlichen Quellen zurückverfolgt. Auf der Ebene der Realität ist die Angst das Resultat historischer Traditionen, des jüdischen Fortschritts in der modernen Gesellschaft und der Reaktion darauf in Form feindlicher Propaganda, Fälschungen und ähnliches – alles realistisch zu erklärende Faktoren. In der anderen Version stammt die Angst jedoch aus den Tiefen des kollektiven Unbewußten. Beide Konzeptionen treffen sich nicht und stimmen auch nicht überein. Denn wenn die realistische Darstellung der Ereignisse, in deren Verlauf Menschen aus bewußten Motiven heraus handeln, diese seien rational oder irrational, richtig und gültig ist, dann ist es ungerechtfertigt, dieselben Handlungen der Kraft unbewußter Komplexe zuzuschreiben. Andererseits, wenn die Komplexe der Antrieb bestimmter Handlungen sind, dann muß das, was in der historischen Beschreibung als erklärbare Ergebnisse von Ursache und Wirkung erscheint, als Sinnestäuschung und Überlistung unseres Verstandes angesehen werden. Wir müssen zwischen beiden Interpretationsweisen entscheiden, und der Historiker – wie wohl auch der Psychoanalytiker – wird nicht lange zweifeln, wie er sich zu entscheiden hat.[18]

Wenn es darum geht, Hilfe bei anderen Wissenschaften zu suchen, dann sind soziologische Konzeptionen für den Historiker notwendig und gerechtfertigt. Ein Beispiel dafür ist, daß wir nach einer soziologischen Vorstellung griffen, als wir den «Paria» beschrieben, was die Situation der Juden am Rande der Gesellschaft in der Zeit des Ghettos genau traf. Aber erst wenn man die Folgen dieser Situation in der Zeit der Emanzipation verfolgt, als sie scheinbar ganz anders geworden war, dann werden die wahren Bedingungen des jüdischen Lebens in dieser Zeit deutlich.

Nur im Rückgriff auf soziologische Differenzen können wir die gesellschaftliche Stellung der Juden in ihrer Umwelt korrekt darstellen – eine Vorbedingung dafür, wenn wir die falschen Vorstellungen im antisemitischen Feindbild des Juden ermessen wollen. Das Judenbild stammt aus einer alten, archaischen Tradition, aber es wirkt in einer bestimmten gesellschaftlichen Situation und paßt sich ihr an. Der entscheidende Faktor dieser Situation ist die tatsächliche Struktur, die Funktion und die Stellung der jüdischen Gruppe an sich und in Beziehung zu ihrer Umgebung. Wenn man das Judenbild der Nichtjuden nachzeichnet, und wenn man die Ideologien analysiert, die die Judenfeindschaft gestützt haben, dann muß man diese Realität der jüdischen Situation im Auge behalten. Denn erst aus der Verbindung mit dieser Realität bekommen das Bild und die Ideologie ihre Bedeutung; nur durch die Kenntnis ihres wahren Wesens kann der Historiker deren Funktion, den «Sitz im Leben» erkennen. Und da die Situation Veränderungen unterworfen ist, verändert sich auch die Funktion des Judenbildes und der dazugehörigen Ideologie. Die Verachtung und Herabsetzung des Ghetto-Juden diente als Rechtfertigung für seinen Pariastatus. Als dieser Status nicht länger selbstverständlich war, als das Ghetto sich aufzulösen schien, erhielten das traditionelle Judenbild und die feindliche Ideologie die Aufgabe, die verbesserte Situation, die die Juden jetzt hatten, wieder abzuschaffen oder wenigstens abzuschwächen. Der Wechsel in der Funktion machte eine Veränderung der kognitiven Inhalte der Ideologie notwendig, wenn nicht auch ihres emotionalen Ansatzes. Auf jeden Fall war es in dieser Nach-Ghetto-Zeit, als die Juden vom Rand der Gesellschaft sich auf ihr Zentrum zuzubewegen schienen, daß die Reaktion gegen eine Verbesserung der Lage der Juden an Kraft gewann.

Der Antisemitismus in all seinen Erscheinungsformen setzt eine Geisteshaltung voraus, die sich in Ideen und Ideologien ausdrückt. Aber dies macht eine Darstellung der Geschichte als Ideengeschichte nicht ausreichend. Denn solche Ideen entwickeln sich nicht kraft der inneren Logik einiger

Grundprinzipien. Ihre Entwicklung hängt vielmehr von dem gesellschaftlichen Kontext ab, in dem sie entstehen, sowie von den Notwendigkeiten und Trieben, denen sie dienen. Die Aufmerksamkeit des Historikers muß sich deshalb der Analyse sowohl der kognitiven und emotionalen Inhalte der antisemitischen Ideologien als auch der gesellschaftlichen Situation zuwenden, in der sie ihre konkrete Gestalt annehmen.

Die Darstellung des Antisemitismus, wie er vor dem Hintergrund der Beziehungen zwischen Juden und Nichtjuden entstanden ist, ist oft gefordert, aber nur selten und nie konsequent von den Historikern durchgeführt worden. Anstatt sich auf die Beziehungen zwischen den beiden betreffenden Gruppen zu konzentrieren, haben die soziologisch orientierten Historiker es oft vorgezogen, die Bedingungen und die Grundverfassung der Gesamtgesellschaft zu untersuchen. Die Schwäche der Gesellschaft an bestimmten Punkten ihrer Entwicklung oder die Fehler an den Wurzeln des Systems eher als die Spannungen zwischen Juden und Nichtjuden wurden so für den Ausbruch oder das Wiederaufkommen des Antisemitismus verantwortlich gemacht.

Dieser zweite Ansatz, der das Übel des Antisemitismus als unvermeidliches Ergebnis eines falschen Gesellschaftssystems ansieht, wird von den sozialistischen Denkern vertreten. Auf den Spuren von Karl Marx wird das Judentum immer mit den Begriffen seiner wirtschaftlichen Funktion definiert. Juden im Zeitalter des Feudalismus sind die Monopolisten beweglichen Kapitals, im kapitalistischen System sind sie die Hauptvertreter der Ausbeutung der Arbeitskraft anderer Leute. Weil die auf feudalistischen oder kapitalistischen Prinzipien gegründeten Gesellschaften der menschlichen Natur widersprechen, müssen sie unweigerlich zu Spannungen, Unruhen und Aufruhr führen. Und wenn die Juden auch nicht die Hauptnutznießer des kapitalistischen Systems sind, so gelten sie zumindest als seine sichtbarsten Vertreter. Darum wurden sie die ersten Opfer der immer wieder vorkommenden Krisen, die sich in Störungen und Volksunruhen ausdrückten. Diese Deutung der Vergangenheit wurde durch eine Vision der zukünftigen Gesellschaft vervollständigt. Wenn das kapitalistische System durch den Sozialismus ersetzt sein würde, dann verlören die Juden ihre besondere Funktion und würden entweder aufhören, Juden zu sein, oder zumindest die Menschen nicht mehr zum Widerspruch reizen und in Ruhe und Frieden wie jede andere Gesellschaftsgruppe leben.[19]

Der utopische Charakter dieser Vision enthüllt natürlich auch ein bestimmtes Verständnis von Vergangenheit und Gegenwart. Obwohl in scheinbar wissenschaftlicher Terminologie formuliert, ist es nicht das Ergebnis einer objektiven Analyse der jüdischen Rolle und Wirklichkeit in der Geschichte, sondern – ähnlich wie die gesamte sozialistische Theorie – die Frucht einer philosophischen Weltanschauung. Als solche hat sie eine enorme Anziehungskraft auf Menschen ausgeübt, die eine Gesamtkonzeption suchen, die alle Dimensionen der Zeit umfaßt. Ihre historische Wirkung stimmte mit ihrer verführerischen Vision überein. Dies ist aber kein Beweis für ihre theoretische Gültigkeit, und der Historiker kann sie außer acht lassen, ohne auf die Tatsache hinweisen zu müssen, daß der reale Sozialismus die Voraussage eines Verschwindens der Judenfrage nicht erfüllt hat. Die sozialistische Theorie des Antisemitismus ist für eine Erklärung der damit zusammenhängenden Phänomene schlicht nicht angemessen. Wie die psychoanalytische Interpretation verliert auch die sozialistische an Plausibilität, sobald man von der Höhe der Verallgemeinerungen in die Niederungen greifbarer, detaillierter Tatsachen herabsteigt. In der Tat ist auch nie eine Geschichte des Antisemitismus geschrieben worden, die die Ereignisse in ihrer Folge Schritt für Schritt darstellt und sich von der Theorie über die Rolle der Juden in der feudalistischen und kapitalistischen Gesellschaft leiten läßt. Es ist auch nicht wahrscheinlich, daß eine solche Geschichte je geschrieben werden wird. Die Marxisten wie andere Theoretiker verbleiben lieber im Reich der Abstraktionen, wo sie sich unangreifbar fühlen. Sie scheuen den Abstieg in das Arbeitsfeld des praktischen Historikers – beide stoßen auch kaum aufeinander.

Anders verhält es sich mit einem soziologischen Ansatz, der seine Aufmerksamkeit auf die tatsächliche Situation lenkt, in der die antisemitischen Erscheinungen auftreten. Dieser Ansatz wird sehr gut von Eleonore Sterling vertreten, die die frühen Phasen des deutschen Antisemitismus in den ersten Jahrzehnten des 19. Jahrhunderts untersucht hat und eine eigene Studie über die Höhepunkte der antisemitischen Agitation nach den Freiheitskriegen gegen Napoleon verfaßt hat. Die langsame, aber unaufhaltsame Auflösung der traditionellen Ordnung in Folge der napoleonischen Kriege, die politischen Umbrüche zusammen mit dem allgemeinen Trend wirtschaftlicher Veränderungen entfremdeten die Menschen ihrer herkömmlichen sozialen Stellung und führten zu Unzufriedenheit und Verzweiflung. Die entwurzelten Elemente aus verschiedenen Teilen der Gesellschaft wurden die Träger sozialer Unruhen, die irgendeinen Anlaß suchten, ein Ziel, auf das sich die angesammelten Gefühle richten konnten. Die Juden als die am wenigsten geschützte Gruppe der Gesellschaft waren sozusagen das natürliche Ziel, das diese soziale Explosion auslösen konnte. Sterling nennt diesen Vorgang eine Ersatzbefriedigung für den sozialen Protest, und sie gibt damit einem psychoanalytischen Begriff eine soziologische Bedeutung. Nach dieser Theorie erhielten die Juden die Schläge, die den herrschenden Schichten der Gesellschaft galten, den wirklich Verantwortlichen für die Leiden der Massen.[20]

Ähnliche Erklärungen hat es für andere Phasen in der Stellung des Antisemitismus gegeben. Adolf Stoeckers Propaganda, die den Aufstieg des politischen Antisemitismus in den achtziger Jahren markierte, geschah zeitgleich mit der Wirtschaftsstruktur der Gründerjahre des neu gegründeten deutschen Reiches und einer Welle der Enttäuschung, die der unvollkommenen Verwirklichung des nationalen Traumes folgte. Die Reaktion gegen die Juden kann leicht mit den Schwächen der deutschen Gesellschaft erklärt werden. Dasselbe gilt für den französischen Antisemitismus mit der Dreyfus-Affäre als Höhepunkt. Sie fiel mit Wirtschaftsskandalen zusammen, mit einer Verschlechterung der öffentlichen Moral und mit einem Höhepunkt politischer Spannungen, die die Existenz der Republik bedrohten. Juden waren an skandalösen Vorgängen der Gesellschaft beteiligt, und darum konnten «diese Parasiten auf einem verdorbenen Körper einer durch und durch dekadenten Gesellschaft ein zunehmend gefährliches Alibi liefern. Weil es sich um Juden handelte, konnte man sie zum Sündenbock machen, als die öffentliche Erregung abgelenkt werden mußte.» Obwohl sie sonst auch andere, handfestere Gründe des Antisemitismus aufführt, kommt Hannah Arendt mit diesen Sätzen doch sehr nahe an die Behauptung, daß der französische Antisemitismus auf die Übel der französischen Gesellschaft zurückzuführen sei.[21]

Die Sündenbocktheorie oder andere Vermutungen über die Verbindung zwischen Spannungen in der Gesellschaft allgemein und dem Aufkommen von Judenfeindschaft wird in historischen Darstellungen des Antisemitismus oft stillschweigend vorausgesetzt. Soziale Spannungen können in der Tat als ein Prinzip bezeichnet werden. Denn in einem Zustand völligen gesellschaftlichen Gleichgewichts könnten auch tiefsitzende religiöse oder rassische Vorurteile nicht gewalttätig aufbrechen oder Feindschaft oder Diskriminierung hervorrufen. Die Schwierigkeit liegt darin, daß die Gesellschaft, besonders die moderne Gesellschaft, vom Gegenteil eines solchen Gleichgewichts charakterisiert wird, nämlich durch Spannungen, Konkurrenz und Rivalität zwischen einzelnen und Gruppen wie durch immer wieder auftretende Krisen mehr oder weniger ernster Natur.

Darum reicht die Tatsache, daß es soziale Spannungen oder Krisen gibt, nicht aus, um den Antisemitismus zu erklären. Die Frage ist, warum Spannungen und Krisen gerade die Juden treffen. Wenn wir zwischen Anlaß und Grund unterscheiden – eine der methodologischen Grundforderungen der Historiographie –, dann ist der Anlaß das, was dem Phänomen die Möglichkeit gibt, aufzutreten, während der Grund das ist, was die Sache hochbringt. Wenn man sich also auf die Beschreibung sozialer Spannungen und Krisen als Hintergrund des Antisemitismus konzentriert, dann behandelt man den Anlaß und lenkt die Aufmerksamkeit vom Grund ab. Man muß den Grund des Antisemitismus dort suchen, wo es um die Beziehungen zwischen Juden und anderen Teilen der Bevölkerung geht. Und solche Beziehungen haben zwei Seiten. Da gibt es die tatsächlichen wirtschaftlichen, sozialen und kulturellen Kontakte, die potentielle Reibungen zwischen den Gruppen hervorbringen, und dann gibt es geistige Kontakte auf der Ebene von Vorstellungen, Bildern, emotionalen Komplexen, die den Juden infolge der generationenlangen Entfremdungen anhaften. Eine Beschreibung der Geschichte des Antisemitismus muß die Entwicklung der Beziehungen auf diesen beiden Ebenen verfolgen, wie sie zusammenhängen, denn die Geschichte dieser beiden Gesellschaften, der allgemeinen und der jüdischen, bildet den Hintergrund für die Wandlungen der festgestellten Beziehungen.[22]

Es ist in der Tat überraschend, daß die Forschung bisher diesen methodologischen Unterscheidungen nicht genügend Aufmerksamkeit geschenkt hat. Es scheint, daß der Grund dafür die Weigerung ist, in der Judenheit eine soziale Größe zu sehen, deren Beziehung zur umliegenden Welt problematisch ist. Eine solche Sicht scheint einem der zentralen antisemitischen Argumente recht zu geben, daß die Juden eine Gesellschaft für sich sind und scharf definiert als Volk im Volk bezeichnet werden können. Aber eine emotionale, totale Ablehnung aller Behauptungen der Antisemiten kann ebenfalls die Sicht der historischen Wirklichkeit verzerren. Schließlich ist die Weiterexistenz einer jüdischen Gesellschaft als Gruppe mit eigener Struktur und Gestalt auch nach der Emanzipation eine Tatsache, auf die wir schon hingewiesen haben. Die Antisemiten haben diese Tatsache nicht erfunden, obwohl sie ihr phantastische Vorstellungen zugefügt haben, die daraus ein Zentrum verschwörerischer Aktivitäten machten. Im Kontrast dazu haben Apologeten der Juden schon bestritten, daß es diesen jüdischen Zusammenhang gab, oder sie haben zumindest desen Gewicht heruntergespielt. Antisemitismusforscher dieser Kategorie haben die Anklagen der Antisemiten als reines Phantasieprodukt dargestellt, das keinen äußeren Anstoß besaß. So gelangt man zu einer Sicht des Antisemitismus als einer Verkettung von Ideen, wobei eine der anderen folgt, wie es für die Methode der Ideengeschichte üblich ist. Wenn solche Wissenschaftler überhaupt sozialgeschichtliche Methoden angewendet haben, dann haben sie diese auf eine Untersuchung der wirtschaftlichen und gesellschaftlichen Vorgänge in der nichtjüdischen Umgebung beschränkt, und so wollten sie den Grund für das Auftreten des Antisemitismus in Schwierigkeiten und Spannungen hier sehen.

Eine Verbindung zwischen dem Auftreten von Ideen mit wirtschaftlichen und gesellschaftlichen Vorgängen ist nur eine der sozialgeschichtlichen Methoden, sie ist eine Abwandlung der marxistischen Sicht über die Beziehung zwischen der materiellen Basis und dem geistigen Überbau darüber. Man kann aber von der Methode der Ideengeschichte auch in eine andere Richtung abweichen, wenn wir die Entwicklung von Ideen betrachten, wie sie mit dem gesellschaftlichen Zweck, dem sie dienen, zusammenhängen. Die modernen Erscheinungsformen des Antisemitismus werden verständlich, wenn wir sie als Waffen ansehen, die sich gegen die jüdische Minderheit richten sollten. Und diese Formen, diese Bilder wären nicht entstanden, wenn sie nicht wenigstens in ihrem Kern über das kulturelle Erbe von früheren Generationen überkommen wären. Und sie hätten nicht gedauert, sie wären nicht wieder neu aufpoliert worden, hätte die jüdische Gemeinschaft nicht als separate Einheit gegenüber der allgemeinen Gesellschaft bestanden. Die schwere Last der Vergangenheit lastet sowohl auf der Übertragung dieser außergewöhnlichen jüdischen Wirklichkeit in die moderne Gesellschaft als auch auf der Übertragung von Bildern, die in den Köpfen von Beobachtern damit verbunden sind. Der moderne Antisemitismus ist aus dem Zusammenkommen dieser beiden Faktoren entstanden.

21. Inkubation

Das Jahr 1879 ist ein Wendepunkt in der jüdischen Geschichte unserer Zeit: jetzt beginnt der moderne Antisemitismus. Die sichtbaren Zeichen des Phänomens waren das Auftreten des Berliner Hofpredigers Adolf Stoecker als antijüdischer Agitator und die Veröffentlichung einer zumeist von Vorurteilen geprägten Analyse des jüdischen Problems durch den bekannten Historiker und liberalen Politiker Heinrich von Treitschke in den geachteten *Preußischen Jahrbüchern*. Diese beiden Ereignisse im September und November jenes Jahres erstaunten die Öffentlichkeit und riefen weit verbreitete antijüdische Aktivitäten hervor.[1] Die Zeitgenossen bezeichneten die Folgen dieser Ereignisse als das Aufkommen einer «Bewegung». Die von Adolf Stoecker geführten politischen und sozialen Aktivitäten der folgenden Jahre hießen «Berliner Bewegung», und das Wort *Bewegung* wurde ganz allgemein für die Unternehmung antijüdischer Gruppen verwendet. Historiker, die das Phänomen im nachhinein untersuchten, haben den Begriff allerdings vermieden. Sie haben die Ereignisse unter zwei anderen Aspekten beschrieben, analysiert und diskutiert: als Ideologien (Weltanschauungen oder Philosophien) oder als Programme politischer Parteien. So haben wir Untersuchungen über den Aufstieg und Fall antisemitischer Parteien sowie Studien über das Wesen, die intellektuellen Komponenten und die historischen Wurzeln der antisemitischen Argumentation. Der Begriff *Bewegung*, die ursprüngliche Bezeichnung, wird wenn überhaupt, dann nur am Rande benutzt. Er ist nie zu einem zentralen Thema in der Untersuchung des modernen Antisemitismus gemacht worden.[2]

Natürlich ist eine Bewegung im Vergleich zu einer Ideologie oder zum Programm einer politischen Partei eine unsichere, schwer greifbare Größe.[3] Eine soziale Bewegung setzt voraus, daß die Idee gesellschaftlichen Wandels weithin erwünscht ist. Auf der Grundlage solcher Ideen könnten politische Parteien gegründet werden, deren erklärtes Ziel die Durchführung des gewünschten Wandels ist. Die Anzahl der Menschen, die mit solchen Ideen sympathisieren und zu ihrer Verwirklichung beitragen wollen, ist immer größer als die Anzahl derer, die Mitglieder der zu diesem Zweck gegründeten Parteien werden. Wir werden noch sehen, daß die antisemitische Ideologie, nachdem sie einmal aufgenommen war, viele Wege der sozialen Verwirklichung neben den Kanälen politischer Aktivitäten fand. Eine soziale Bewegung ist durch die Unklarheit ihrer Grenzen gekennzeichnet sowie durch die unterschiedliche Stärke des Engagements ihrer Anhänger und die Verschiedenheit der Mittel, die sie zur Verwirklichung ihrer Ziele einsetzt.

Im allgemeinen erscheint eine Bewegung als ein Ausbruch, der durch ein unvorhergesehenes, aber bedeutsames Ereignis hervorgerufen wird. Diesem Ausbruch geht jedoch eine Inkubationszeit voraus, in deren Verlauf die Ideen, die die Bewegung intellektuell stützen sollen, von ihren zukünftigen Anhängern entwickelt werden. Die eigentliche Bewegung ist dann das Bemühen um Veränderung eines Aspekts der Gesellschaft, der während der Inkubationszeit zum Ziel der Kritik geworden ist. Während der Inkubationszeit liegen die Hauptgedanken, die später die gesellschaftliche Aktion der Bewegung leiten werden, in der Luft. Und jedes Ereignis, das den gewohnten Lebenslauf der Gesellschaft unterbricht, oder auch nur das Auftreten eines Führers, der eine Situation nutzen will, können als Stimulanz wirken, das die Bewegung auslöst.

Die antisemitische Bewegung setzte sich die Aufhebung der Judenemanzipation zum Ziel, oder zumindest die Neutralisierung ihrer gesellschaftlichen Folgen. Ob das Gesetz, das den Juden das Bürgerrecht und die Gleichberechtigung verlieh, aufgehoben werden sollte oder könnte, war unter den Antisemiten umstritten; aber sie waren sich einig, daß den Juden in der Wirtschaft, Politik und Kultur der deutschen Gesellschaft eine Rolle zugestanden worden war, die über erträgliche Grenzen hinausging. Darum forderten sie, daß die Emanzipation, wie sie vom Staat gewährt worden war und von den Juden zu ihren eigenen Gunsten genutzt wurde, korrigiert werden müsse.

Wir haben gesehen, daß große Teile der deutschen Gesellschaft die Emanzipation ablehnten, bevor sie verwirklicht wurde. Ganze Argumentationsreihen wurden gegen sie herangezogen. Diejenigen, die die Emanzipation ablehnten oder ihre Folgen nicht wollten, konnten auf diese Argumente zurückgreifen und gleichzeitig auf die Tatsachen hinweisen, die diese Argumentation angeblich stützten. Die Theorien des nach-emanzipatorischen Antisemitismus sind die direkte Fortsetzung dieser früheren Version. Zwischen beiden Epochen, also zwischen den großen Debatten über die Judenfrage in den ersten Jahrzehnten des 19. Jahrhunderts und dem Ausbruch des Antisemitismus in den späten siebziger Jahren, lag eine Zeit von fast zwei Generationen. Während dieser Zeit wurde die Emanzipation in der Folge der Einigung des deutschen Reiches ohne große Debatten eingeführt und akzeptiert. Vorbehalte und Ablehnung wurden lediglich von Ultrakonservativen geäußert. Antijüdische Gefühle schienen zu verschwinden. Um die Emanzipation später zu bekämpfen, war es notwendig, das antijüdische Vorurteil wieder zu beleben und die antijüdischen Ideen der neuen Situation anzupassen. Dies geschah in den Jahren 1873–1879, der Inkubationszeit des politischen und sozialen Antisemitismus.

Das Jahr 1873 in der europäischen und besonders in der deutschen Geschichte ist das Jahr des großen Bankrotts, als viele Finanzunternehmen zusammenbrachen, die in den vorhergehenden Jahren eines außergewöhnlichen wirtschaftlichen Wachstums gegründet worden waren. Dieses Finanzdebakel leitete die große Depression der Bismarckjahre ein, die mit einigen Schwankungen bis 1896 dauerte. Weil die antisemitische Bewegung in dieser Zeit aufkam und stark wurde, wird im allgemeinen eine Kausalbeziehung zwischen beiden angenommen, obwohl die Art dieser Beziehung unklar bleibt. Man konnte leicht die Juden für das große wirtschaftliche Desaster verantwortlich machen, entweder wegen ihrer erkennbaren Beteiligung an dem unsicheren Wirtschaftsboom, der der Katastrophe voranging, oder wegen der deutlichen Verbindung zwischen jüdischen Interessen und dem politischen und wirtschaftlichen Liberalismus des Systems, in dem die Katastrophe geschah. Die Enttäuschung, die durch die Wirtschaftskrise hervorgerufen wurde, hatte wohl eine Geisteshaltung geschaffen, in der jede Theorie aufgegriffen werden würde, die das Leiden der Menschen an der Schuld eines sichtbaren Objekts festmachte. In dieser Situation wurde der traditionell verdächtigen jüdischen Minderheit beinahe automatisch die Rolle des Sündenbocks zugeschrieben.[4]

In den Jahren vor dem Aufkommen des eigentlichen Antisemitismus schien die deutsche Judenheit den Kampf um politische und bürgerliche Rechte hinter sich zu haben. Nicht nur war die formale Emanzipation gewährt worden, sondern Juden konnten eine wichtige Rolle im politischen Schicksal des Landes spielen. Bismarck regierte mit Hilfe der National-Liberalen Partei, und in ihr hatten zwei nicht getaufte Juden, Ludwig Bamberger und Eduard Lasker, führende Positionen. Obwohl sie sich ihres Judeseins bewußt waren, fühlten sich diese Politiker – wie viele weniger prominente Juden – nicht gehindert, die Verantwortung für Staat und Gesellschaft mit anderen Deutschen zu teilen. Es war Eduard Lasker, der im Januar und Februar 1873 die zweifelhaften Praktiken der Gründer von Wirtschaftsunternehmen, besonders im Eisenbahnbau, angriff. Der Eisenbahnbau war noch ein Privatunternehmen, konnte aber nur mit Erlaubnis der staatlichen Behörden durchgeführt werden. Das notwendige Kapital wurde entweder von großen Firmen oder Banken zur Verfügung gestellt oder von Aktiengesellschaften, die für diesen Zweck gegründet wurden. Bethel Henry Strousberg, ein zum Christentum konvertierter Jude aus Ostpreußen, nutzte die zweite Methode und erlebte in den sechziger und frühen siebziger Jahren eine steile wirtschaftliche und gesellschaftliche Karriere. Strousberg erwarb durch gewagte Unternehmen ein großes Vermögen und kam in die höchsten Gesellschaftskreise des preußischen Adels, er wurde sogar als Konservativer in den Reichstag gewählt. In seinen Geschäften, so behauptete Strousberg, habe er stets so redlich wie jeder andere gehandelt. Er führte seine Projekte unter der Aufsicht der Behörden durch und wurde von wichtigen und, wie Lasker selbst zugab, unangreifbaren Persönlichkeiten unterstützt. Aber zur Zeit von Laskers Angriff im preußischen Landtag war Strousbergs Reputation bereits geschädigt. Er wollte Eisenbahnen in Rumänien bauen und stieß dort auf große Schwierigkeiten, wobei er die Einlagen seiner Aktionäre gefährdete und den guten Ruf deutscher Unternehmen schädigte. Als Emporkömmling, der versagte, bot er sich als Ziel für Laskers schwere, aber undifferenzierte Angriffe an. In der Tat diente die Anklage gegen Strousberg in Laskers Reden nur als Hintergrund für die Anklage gegen andere, vor allem gegen den Staatsrat Hermann Wagener. In einer legal höchst zweifelhaften Art hatte diese Gruppe ihre hohe Stellung dazu benutzt, um das «System Strousberg» zu ihren Gunsten anzuwenden. Obwohl Wagener nicht angeklagt wurde, mußte er zurücktreten, und die ganze Gruppe, die eindeutig mit den Konservativen verbunden war, war der öffentlichen Verachtung ausgesetzt. Lasker andererseits wurde als mutiger Verteidiger öffentlicher Moral gelobt.[5]

Auf den ersten Blick hatte die ganze Affäre, die Lasker aufdeckte, nichts mit der Judenfrage zu tun. Die Tatsache, daß der Held wie einer der Bösewichte Juden waren – obwohl der Bösewicht getauft war –, hätte eigentlich zeigen müssen, daß religiöse oder ethnische Zugehörigkeit irrelevant war, wenn es um Redlichkeit oder Moral ging. Die deutsche Gesellschaft war aber weit davon entfernt, eine objektive Haltung gegenüber öffentlich bekannten Personen einzunehmen und sie allein nach ihren individuellen Handlungen und Erfolgen zu beurteilen. Die jüdische Herkunft von Strousberg und Lasker wurde nicht übersehen. Als er Lasker für seine Haltung in dieser traurigen Affäre dankte, drückte Adolf Stahr – ein bekannter Philologe, Gatte der damals berühmten Schriftstellerin Fanny Lewald, einer getauften Jüdin – seine tiefe Genugtuung darüber aus, daß es ein Jude war, der die unsauberen Finanzpraktiken aufgedeckt hatte, deren Nutznießer vor allem «die Pereires und Mires, die Strousberg und Konsorten» seien.[6]

Als Stahr so die moralische Tat des einen Juden mit den Fehlern vieler anderer verrechnete, behauptete er damit ihre kollektive moralische Verantwortung. Weiterhin wurden die Juden als eine kollektive gesellschaftliche Größe angesehen, und diese Sicht stand hinter den Diffamierungen, die nach dem großen Debakel einsetzten, als die Beteiligten öffentlich untersucht wurden. Initiator dieser Untersuchung war der Journalist Otto Glagau, der im Dezember 1874 eine Artikelserie in der vielgelesenen Wochenzeitung «Die Gartenlaube» begann. Der Titel, «Der Börsen- und Gründungsschwindel in Berlin», verrät kein Interesse an einer jüdischen Beteiligung an dem Skandal. Die Artikel sollten vielmehr die Schuld derer aufzeigen, die – wie Glagau es sah – für den Ruin einfacher Leute verantwortlich waren, als sie diese verführten, ihre Ersparnisse in zweifelhaften, wenn nicht betrügerischen Unternehmen zu investieren. Glagau sah das Ganze rein moralisch. Wirtschaftler, die die Ereignisse mit Begriffen ihrer Disziplin erklären wollten und von den normalen Wellen wirtschaftlicher Krisen und ähnlichem sprachen, wurden von ihm beschuldigt, mit den Gründern zusammenzuarbeiten, um deren Schuld zu verdecken. Und als er darauf hingewiesen wurde, daß alle Teile der Bevölkerung während des Booms vom «Spekulationsfieber» erfaßt worden waren, weil sie auf rasche Gewinne hofften, dann bestritt er leidenschaftlich die Verantwortung der Opfer des Debakels. Alle Schuld lag bei denen, die die Geschäfte in den Banken, an der Börse und in der Presse förderten. So begrenzt diese Sicht war, so mußte sie doch denen zusagen, die sich dadurch entlastet fühlten, daß die ganze Schuld anderen zugeteilt wurde.[7]

Die Beschuldigten waren ursprünglich nicht besonders als Juden charakterisiert worden, vor allem nicht ausschließlich. In den ersten Angriffen der *Gartenlaube* stehen die Namen von jüdischen und nichtjüdischen Gründern scheinbar unschuldig nebeneinander. Als Glagau beschuldigt wurde, die Gründer als Juden identifiziert zu haben, konnte er mit Recht auf eine Reihe christlicher Namen verweisen, die in jedem Artikel neben den jüdischen standen. Trotzdem vermittelte er den Eindruck, daß vor allem Juden als Gründer identifiziert wurden, denn während die christlichen Namen ohne jede weitere Kennzeichnung erschienen, wurden Juden als solche vorgestellt, entweder direkt oder durch ein witziges, aber negatives Beiwort. Glagau mag dies ursprünglich nur als stilistische Würze gemeint haben, nicht als antijüdische Propaganda. Und natürlich war es amüsant zu erfahren, daß Bethel Henry Strousberg eigentlich Baruch Hirsch Straußberg hieß und zum «auserwählten Volk» gehörte. Der Herausgeber der «Gartenlaube», der stolz auf den Anstand seines Blattes war, entfernte einige der härteren Ausdrücke. Aber es blieben genug übrig, so daß die Gründer jüdischer Herkunft nicht nur als Beteiligte an zweifelhaften Wirtschaftspraktiken dastanden, sondern auch als Juden.[8]

Außerdem beschreibt Glagau gelegentlich nicht nur die Taten einzelner Juden, sondern handelt von Juden im allgemeinen. In einem Kapitel mit der Überschrift «Berlin wird Weltstadt» werden vier Gründer vorgestellt. Die drei mit guten nichtjüdischen Namen – Hermann Gelber, Heinrich Quistorp, I. A. W. Carsten – werden ohne Hinweis auf ihre soziale Herkunft aufgeführt. Der vierte, Paul Munk, wird jedoch gesondert betrachtet. «Herr Paul Munk, der wie so viele seiner Glaubensgenossen hier sein Glück machte, kam aus der Grafschaft Posen. Seit 1866 ist fast halb Posen nach Berlin gekommen. Die Zahl der Juden hier wuchs von 20000 auf beinahe 50000. Die Kinder Israels vermehren sich in Berlin so rasch wie einst in Ägypten. Fast alle sind wohlhabende Leute; wirklich arme Juden findet man hier nicht. Das Klima in Berlin ... bekommt den Nachkommen Abrahams außerordentlich gut, und wenn man heute ihren Kummer der letzten 1800 Jahre lindern wollte und sie in das Land, wo Milch und Honig fließen, zurückführen wollte, dann würden sie sagen: ‹Nein, danke.›»[9]

Solche allgemeine Betrachtungen über Juden, die der Identifizierung einzelner, jüdischer Gründer hinzugefügt wurden, vermittelten den Eindruck, daß alle Juden an der Depression schuld seien, und wenn dies auch nur eine Assoziation war. Es war nicht bloße Empfindlichkeit gegenüber Kritik, die jüdische Leser der «Gartenlaube» gegen Ton und Inhalt von Glagaus Artikeln protestieren ließ. Glagaus Antwort auf diese Kritik enthüllt den Mechanismus antijüdischer Vorurteile. Erwähnte er nicht ebenso nichtjüdische, sogar adlige Namen? «Aber es ist nicht meine Schuld, daß von den Gründern und Börsenmaklern 90 Prozent mit Sicherheit Juden sind – wie ich mit Zahlen belegen werde – und höchstens 10 Prozent Christen.» Hier finden wir eine weitere irreführende Identifizierung, nämlich die von Gründern und Börsenmaklern. Der hohe Prozentsatz von Juden unter den an der Börse Aktiven wird als Beleg dafür angenommen, daß derselbe Prozentsatz für die betrügerischen Gründer zutrifft. Daß dies Glagaus Argumentation war, wird anhand der angeblichen Belege deutlich, die er für seine Behauptung heranzieht. Obwohl es um die Gründer ging, beziehen sich die herangezogenen Tatsachen auf Börsenmakler: «Nicht nur in Berlin, Wien, Frankfurt a. M., nicht nur in Deutschland und Österreich-Ungarn sind die Börsianer zu neun Zehntel Juden resp. getaufte Juden; auch an den Börsen von London und Paris dominieren die Juden. Auch hier ruhen die Geschäfte an den jüdischen hohen Feiertagen.» Für die Börse waren die Belege für jüdische Einflüsse leicht zu erbringen. Und etwas zögernd versprach Glagau, den Beweis für ein Übergewicht von Juden bei den betrügerischen Gründern ein anderes Mal vorzulegen. Inzwischen wurde aber ein Schlagwort erfunden: «90 Prozent der Gründer und Makler sind Juden.»[10]

Dieses Schlagwort löste sofort ein großes Echo aus. Es wurde von Zeitungen und Zeitschriften aufgegriffen, vor allem in der katholischen «Germania», die eine Reihe von antijüdischen Artikeln brachte, die zumindest teilweise auf Glagaus «Enthüllungen» beruhten. Die Katholiken hatten ihre besonderen Gründe, auf den antijüdischen Zug aufzuspringen. Sie standen mitten im Kulturkampf gegen Bismarck, und die zum liberalen Lager gehörenden Juden unterstützten die antikatholischen Maßnahmen des Kanzlers.

Glagau zitierte solche Publikationen, die seine Arbeit aufgegriffen hatten, als Beleg für die Wahrheit seiner Sicht, noch bevor er die höchst zweifelhaften Statistiken gefunden hatte, die er dann als Beleg brachte. Die Zusage, Belege anzuführen, machte er in der Einleitung des Buches, das die «Gartenlaube»-Artikel umfaßte und 1876 erschien. Ein Jahr später folgte die Fortsetzung, die die Geschichte der zweifelhaften Unternehmen der Gründerjahre und ihres Zusammenbruchs in ganz Deutschland weiter ausführte.[11]

Hellmut von Gerlach, der sich später gegen den Antisemitismus wandte, verglich Glagaus Methode mit der von Edouard Drumont, dem Meister antisemitischer Agitation in Frankreich ein Jahrzehnt später. Wie Drumont trug auch Glagau sein Material in einer personalisierten Form vor. Die

Akteure in seinen Geschichten werden stets namentlich genannt, wodurch sie glaubwürdig werden, ob sie nun wirklich existierten oder nicht. Die Färbung ist immer Schwarz-Weiß, die Opfer des Gründerschwindels immer unschuldig, die Gründer immer bewußte Betrüger. Viel stärker als die Belege durch Tatsachen überzeugte der moralische Ton der Verurteilung die Leser von der Wahrheit der Vorwürfe. Das Argument, daß 90 Prozent der Gründer Juden seien, wird schon durch das Material widerlegt, das für die Begründung herangezogen wurde. Die Schuld der Juden und nicht so sehr ihre Zahl, wird hervorgehoben, um sie als die Hauptverantwortlichen für den Schwindel erscheinen zu lassen. Ursprünglich hatten Juden keine so herausragende Rolle zugeschrieben bekommen.[12]

Es war nicht der wirkliche oder angebliche Anteil von Juden an der Wirtschaftskrise, der Glagaus Feindschaft hervorrief. Es war ihre sichtbare Rolle im Wirtschaftsleben – Banken, Finanzen, Börsen – und ihr schneller Aufstieg zu wirtschaftlichem, gesellschaftlichem und politischem Ansehen. Dies wird in der Einleitung zur Buchveröffentlichung seiner Artikel deutlich, wo er Herkunft und Geschichte der Juden nacherzählt. Im Buch sind all die negativen Beiworte, die von den Herausgebern gestrichen waren, wieder da, einige weitere wenig schmeichelhafte Beobachtungen über Juden noch dazu. Das neue Schlußkapital enthält die satirische Beschreibung eines Besuches an der Berliner Börse, in der die ganze Institution als fast ausschließlich jüdischer Klub erscheint, wo nur die Dienstboten eindeutig nichtjüdisch sind. Hier wird das ominöse Schlagwort von den «90 Prozent» sichtbar gemacht.[13]

In der Einleitung und in den Anmerkungen unternimmt es Glagau, die Einwände gegen seine Beobachtungen über die Juden zu widerlegen, und dabei wird er nur noch leidenschaftlicher, bis er das Thema der jüdischen Beteiligung an der jüngsten Wirtschaftskrise verläßt und zu einer totalen Verdammung jüdischer Präsenz in der deutschen Gesellschaft gelangt. «Nicht länger dürfen wir's dulden, daß die Juden sich überall in den Vordergrund, an die Spitze drängen, überall die Führung, das große Wort an sich reißen. Sie schieben uns Christen stets beiseite, sie drücken uns an die Wand, sie benehmen uns die Luft und den Atem. Sie führen thatsächlich die Herrschaft über uns ... Die ganze Weltgeschichte kennt kein zweites Beispiel, daß ein heimatloses Volk, eine physisch wie psychisch entschieden degenerirte Race blos durch List und Schlauheit, durch Wucher und Schacher über den Erdkreis gebietet.»[14]

Hier haben wir auf kleinstem Raum alle antisemitischen Phobien, Ängste und Anklagen, die noch ausgeführt werden sollten, um dann die antisemitische Bewegung zu beherrschen. Diese brach im Lauf einer Kontroverse auf, in der es zunächst gar nicht um Juden als solche ging. Wir mögen glauben, was Glagau im letzten Absatz seiner Einleitung sagte, daß er, als er seine Artikel veröffentlichte, ein größeres Thema im Sinn hatte als die jüdischen

Makler, daß er «die Korruption einer Gesellschaft» aufzeigen wollte, «die von oben bis unten durch unsaubere Elemente verseucht ist». Erst während der Veröffentlichung der Artikel wurde deutlich, daß seine Angriffe auf die Juden viel mehr Aufmerksamkeit fanden als die allgemeine Gesellschaftskritik. Dies zeigte sich sowohl an der emotionalen jüdischen Reaktion als auch daran, daß die Angriffe in anderen Zeitschriften aufgegriffen wurden, ganz abgesehen von der Zustimmung, die der Verfasser privat erfuhr. Darum wandte er seine Aufmerksamkeit der Judenkritik zu, und er wurde bei der Buchveröffentlichung der Artikel wie in späteren Schriften zu einem herausragenden antijüdischen Propagandisten.[15]

Zu diesem Zeitpunkt stand die antijüdische Agitation noch außerhalb aller Parteipolitik. Glagau gestand ein, daß Lasker einen wertvollen Dienst geleistet hatte, als er die Schwindelpraktiken der Gründer aufdeckte, kritisierte ihn aber, daß er seinen Angriff auf die Gründer beschränkt hatte, die zur konservativen Partei gehörten. Dies heißt aber noch nicht, daß er damit Laskers Partei zugunsten der Konservativen schlechtmachen wollte. Dieses politische Manöver wurde jedoch von den Konservativen selbst eingeleitet. Im Juni und Juli 1875 erschienen fünf Artikel in der «Kreuzzeitung», dem Organ der konservativen Partei, «Die Ära Bleichröder-Delbrück-Camphausen». Sie gipfelten in einem Generalangriff auf die Wirtschaftspolitik des Liberalismus, die in Preußen von den zwei im Titel genannten Ministern durchgeführt wurde. Bleichröder, der dritte, war Direktor der wichtigsten Berliner Bank und Bismarcks Finanzberater in staatlichen wie in privaten Angelegenheiten.[16]

Die konservative Opposition gegen die Wirtschaftspolitik der Liberalen war natürlich nicht neu. Die Konservativen vertraten die adligen Grundbesitzer und befürworteten einen Protektionismus, sie lehnten die Politik des freien Handels und des ungehinderten Privatunternehmertums ab, die seit der politischen Allianz zwischen Bismarck und den National-Liberalen in der Mitte der sechziger Jahre herrschte. Angesichts der Wirtschaftskrise, die das Land infolge des großen Bankrotts überzog, schien eine Wende in der liberalen Politik möglich. Die allgemeine Enttäuschung würde die liberale Partei diskreditieren, und dies war das Ziel der «Ära-Artikel», wie sie genannt wurden. Hier interssiert uns die Methode, durch die die Verfasser ihr Ziel am besten zu erreichen glaubten; sie bestand darin, das Ganze als eine jüdische Erfindung anzuprangern. Diese Tendenz wird im ersten Absatz des ersten Artikels deutlich ausgesprochen, wo es um die jeweilige Verantwortung der drei Männer, Bleichröder, Delbrück und Camphausen, geht. Die beiden Minister, die sich über den Nutzen des Systems täuschten, hätten vielleicht gerne das Verdienst für sich beansprucht, aber in Wirklichkeit war nur der einzige Wirtschaftsexperte des Trios, Bleichröder verantwortlich, der sich selbst allerdings im Hintergrund hielt. Durch Beruf und Tradition in den fraglichen Problemen zu Hause, ist er der Kopf hinter dem ganzen

Sytem «Herr G. von Bleichröder, wie wir in Klammern hinzufügen, ist mosaischen Glaubens und ein führender Bankier – die Übereinstimmung, Jude und Bankier, ergibt sich von selbst. Schließlich waren 1861 in Preußen, von 642 Bankiers nur 92 Christen, die anderen 550 Juden.» Daß Bleichröder sich in einer Zeit der Publizität aus dem Rampenlicht der Öffentlichkeit heraushalten konnte, verdankt er einer anderen Seite der jüdischen Vorherrschaft, ihrer Kontrolle über die Presse: «Ihre wichtigsten Organe sind in der Hand seiner Glaubensgenossen oder von Leuten, die mehr oder weniger von ihnen abhängen.» Während anderen Juden vorgeworfen wird, daß sie durch die Presse Publizität suchen, macht man Bleichröder zum Vorwurf, daß er das Gegenteil tut. Der Verfasser dieser Artikel will zeigen, daß die Staatsführung allgemein in jüdischen Händen liegt, daß deutsche Politik de facto Judenpolitik sei. Um diesen Vorwurf zu belegen, verweist der Verfasser auf die entscheidende Rolle, die Juden wie Eduard Lasker, Ludwig Bamberger und H. B. Oppenheimer in den Parlamenten, im preußischen Landtag und im Reichstag, spielen konnten. Und da die Finanzen, die Presse und die Legislative in jüdischer Hand sind, sei es kein Wunder, daß das Reich «beinahe nur zum Nutzen unserer Mitbürger mosaischen Glaubens und jüdischer Nationalität» geführt werde. Die deutsche Öffentlichkeit, die sich dieser Situation nicht bewußt war, habe bis jetzt das herrschende System toleriert. Aber wenn sie erst über dessen wahres Wesen Bescheid wüßte, würde sie es hinwegfegen.[17]

Die «Ära-Artikel» erschienen anonym, aber man weiß, daß sie von Franz Fürchtegott Perrot verfaßt wurden, einem lautstarken Gegner der Wirtschaftspolitik Bismarcks. Aber die Artikel sind nicht das Werk eines einzigen Verfassers. Perrots Bruder hat bezeugt, daß die Reihe vor der Veröffentlichung mit führenden Männern der konservativen Partei besprochen wurde, in der folgenden Polemik mit Kritikern der fünf Artikel hat sich dann auch der Herausgeber der «Kreuzzeitung» am Kampf beteiligt, und er wurde noch deutlicher. Um das System zu diskreditieren, wurde angedeutet, daß der Reichskanzler aus seiner Verbindung mit Bleichröder unerlaubten Gewinn gezogen habe. Dies kann der Grund sein, warum diese Artikel so weitgehend beachtet wurden. Ihre Bedeutung in der Geschichte des Antisemitismus liegt allerdings darin, daß ihre Befürworter davon ausgingen, daß es ein angemessenes Mittel zum Erreichen ihres politischen Zieles sei, das antijüdische Gefühl auszuspielen. Der Kreis um die «Kreuzzeitung» ließ wissen, daß man dort seine Vorbehalte gegen die Emanzipation noch nicht aufgegeben hatte. Jüdisches Bürgerrecht beinhalte zwar den Anspruch der Juden auf Gastfreundschaft und Schutz durch den Staat, aber nicht das Recht auf verantwortliche Positionen – diese falsche Vorstellung von Emanzipation habe zu dem Unwesen der jüdischen Vorherrschaft geführt. Da diese Kreise sich bewußt waren, daß ein Mißbrauch, der einmal begonnen hat, nur schwer wieder entfernt werden kann, hofften sie nicht, daß die

Emanzipation auf einen Schlag rückgängig gemacht werden könnte. «Aber wir wollen eine solche Aufhebung immer im Blick behalten und ihr den Weg bereiten, sie letztlich vollenden ... durch allmähliche gesetzliche Rücknahme.»[18]

Der ideologische Hintergrund der Vorbehalte gegen die volle Emanzipation ist die Idee des christlichen Staates, zu der sich die Vertreter des Kreises um die «Kreuzzeitung» offen bekannten. Die säkulare Grundlage des Staates, wie sie mit der Reichsgründung auch formal durchgesetzt worden war, hatte gegenteilige Vorstellugnen in konservativen Kreisen nicht aufgehoben. Die Ablehnung des gegenwärtigen politischen, gesellschaftlichen und wohl auch wirtschaftlichen Lebens gehörte hier zur ererbten Weltanschauung. Neu bei den Ereignissen Mitte der siebziger Jahre war, daß diese Ablehnung offen in politischen Polemiken ausgesprochen wurde, und sie wurde von Leuten aufgegriffen, die den konservativen Kreisen fern standen oder sogar zu ihren Gegnern gehörten, wie die Beispiele von Franz Perrot, C. Wilmanns und Rudolf Meyer zeigen.

Wie erwähnt, war Perrot ein unabhängiger Kritiker des herrschenden Wirtschaftsystems, und er verband seine antiliberale Haltung nicht mit antijüdischen Motiven. Er wandte sich gegen Finanztransaktionen, die auf überhöhten Aktienkursen beruhten, wie sie von den Gründern vor dem Wirtschaftsdebakel praktiziert worden waren. In einem Buch, das er Anfang 1873 schrieb, konzentrierte er sich auf den Eisenbahnbau und zitierte Laskers Rede ausführlich und mit Zustimmung. Perrot argumentierte, der Staat dürfe nicht erlauben, daß Unternehmen von öffentlichem Interesse Privatunternehmen seien. Der Eisenbahnbau war zu einem Monopol von Kapitalisten geworden, eine goldene Gelegenheit für abenteuerliche Gründer. Perrot sprach von der Herrschaft einer «internationalen Bankokratie» und verurteilte deren Praktiken und Funktion, er ging aber nicht auf die soziale oder religiöse Bindung derer ein, die dahinter standen. Deshalb wurde die Judenfrage in dieser Diskussion nicht berührt. Erst später, in den «Ära-Artikeln», beschuldigte Perrot die Juden als verantwortlich für die Wirtschaftskrise. 1879 war er zum antijüdischen Agitator geworden und veröffentlichte eine Schrift über Juden im Leben des deutschen Staates und seiner Gesellschaft. Im gleichen Jahr ließ er einen lauten Protest gegen die Gründung der deutschen Reichsbank vom Stapel, die auf eine Initiative von Ludwig Bamberger zurückging. Der Protest beschränkte sich aber nicht auf soziale oder wirtschaftliche Vorbehalte, die Reichsbank wurde als Erfindung angegriffen, die bewußt die jüdische Herrschaft über Deutschland fördern sollte. Er erklärte, daß er frei von Judenhaß sei, und fuhr dann fort: «Man kann gegenüber der Gefahr nicht blind sein, die daher rührt, daß ein Volk fremder Abstammung, fremder Nationalität, fremder Religion und fremder Sprache, obwohl eine Minderheit von eins zu achtzig oder einhundert in der Bevölkerung, dennoch alles Kapital in Deutschland an sich reißt, die Presse und die öffentliche Meinung überall beherrscht, das Parlament und die Verwaltung überall führt und sich in Spitzenstellungen vordrängt, wo sie zur Zeit noch konvertierte Juden in den Führungspositionen beschäftigen.»[19] Wir werden später noch auf diese Sicht der jüdischen Wirklichkeit zurückkommen, wie sie sich in dieser Behauptung von Perrot zeigt. Zunächst wollen wir einige weitere Beispiele dafür betrachten, wie sich die gesellschaftliche Kritik auf Juden konzentrierte.

C. Wilmanns und Rudolf Meyer gehörten zu den schärfsten Kritikern der herrschenden Wirtschaftspolitik und ihres politischen Hintergrundes. Wilmanns' Analyse zeigt eine klare Einsicht in das Zusammenspiel von wirtschaftlichen und legislativen Faktoren, in die Durchsetzung partikularer Interessen durch parlamentarische Vertreter und in die gesellschaftlichen Folgen davon. Er sah deutlich, daß ein Gesetzessystem, das Kapitalinvestitionen unbegrenzte Freiheit gewährte, die Gesellschaft radikal verändern würde. Die Besitzer von Kapital, die klug genug waren, es zu nutzen, würden an die Spitze gelangen. Die historisch gewachsenen Schichten der Handwerker, Bauern, Landbesitzer würden verschwinden, und die neu entstandene Arbeiterschaft, das Proletariat, würde der Ausbeutung ausgeliefert sein. Seine Folgerung lautete, daß eine neue Partei der gesellschaftlichen Reform gegründet werden müsse, deren Ziel es sein müsse, die wirtschaftliche Entwicklung in Richtung auf eine ausgewogene, gesunde Gesellschaft zu steuern.[20]

Wilmanns' Voraussetzung wie seine Folgerung hätten ohne jede Erwähnung von Juden vorgetragen werden können. Im ersten Teil des Buches, bei der Diagnose der gesellschaftlichen Mißstände, kommt er auch ohne den Bezug auf Juden aus. Das Kapital nimmt seinen zerstörerischen Lauf wegen der inneren Kräfte seiner Natur. In einer früheren Schrift von 1872 hatte Wilmanns bereits auf «die Fertigkeit und List der Gründer und ihrer Agenten» hingewiesen, die die Ersparnisse kleiner Kapitalisten gefährdeten, aber auch hier gab es keinen Hinweis, daß die Spekulanten und ihre Opfer verschiedener Religion sein könnten.[21] 1876 aber war die Identifikation von Juden mit Bankleuten, Spekulanten und Gründern schon ein Allgemeinplatz geworden, und Wilmanns gibt im zweiten Teil seines Buches dieser Versuchung nach. Er zitiert Glagaus Formel, daß 90 Prozent der skrupellosen Gründer Juden seien, und vervollständigt sie mit einigen Hypothesen über die Herkunft der jüdischen Fähigkeit, diese angeblich jüdische Funktion zu erfüllen. Juden seien anderen gegenüber ethisch indifferent oder sogar feindlich. Um diese Behauptung zu belegen, zitiert Wilmanns aus Rohlings *Talmudjuden*, und damit war die alte christliche Vorstellung über die jüdische Unmoral in die neue antijüdische Kampagne eingeführt. Kein Jude, und sei er ein Anhänger des Reformjudentums oder sogar ein Konvertit zum Christentum, könne den talmudischen Einfluß auf sein Wesen auslöschen. Im Lauf der Jahrhunderte habe dies die Art einer Rasseneigenschaft angenommen: «Ihr Wesen steht in schreiendem Gegensatz zum deutschen und allgemein zu dem Wesen okzidentaler Völker.» Juden seien unfähig, in anderen Völkern aufzugehen, und sie führten zu einer Zersetzung der Gesellschaft, in der sie lebten – eine Behauptung, für die es einen viel zitierten, aber mißverstandenen Satz von Theodor Mommsen gibt. In seiner Arbeit über den Untergang des römischen Reiches hatte Mommsen die Juden als «Ferment der Dekomposition» bezeichnet, eine Charakterisierung, die später als rassische Eigenschaft genommen wurde. Je mehr die Juden von anderen entfremdet seien, um so stärker werde die Solidarität und Zusammenarbeit innerhalb auf der nationalen wie auf der internationalen Ebene. Sie seien der Kern wie die treibende Kraft hinter der «goldenen Internationale», deren Existenz und Funktion Wilmanns beschreiben und verdammen wollte.[22]

Einer einzigen Gruppe im kapitalistischen System eine solche aktive Rolle zuzuschreiben, paßt kaum zu Wilmanns Einsichten über die historischen Kräfte, die den Kapitalismus hervorgebracht hatten. Im Kontext seines Buches erscheinen seine Anmerkungen zu den Juden auch als künstlich, der sozio-historischen Analyse aufgepropft. Aber gerade dies muß zum Erfolg des Buches beigetragen haben; innerhalb weniger Monate erlebte es mehrere Auflagen. Sein Titel, *Die goldene Internationale*, wurde in den folgenden Jahren ein Schlagwort der antijüdischen Agitation.

Rudolf Meyer schloß sein Buch *Politische Gründer und die Corruption in Deutschland* (1877) mit den Sätzen: «Solange wie Graf Bismarck das einzig mächtige Idol bleibt, solange wird das deutsche Volk dem Reich geopfert werden und das Reich dem Kanzler – und der Kanzler gehört den Juden und Spekulanten. Darum gibt es für unsere Politik nur den einzigen unvermeidlichen Weg: *Auslöschung des jetzigen Systems und seiner Träger* (Hervorhebung im Original). Wie in den «Ära-Artikeln» Perrots werden auch hier antijüdische Gefühle benutzt, um das System und seinen mächtigsten Vertreter zu bekämpfen. In diesem Buch zeigt Meyer keine Alternative auf. Aber wir wissen aus seinen anderen Schriften, daß er sich für eine scharfe Kontrolle der Wirtschaft des Landes einsetzte, um die Arbeiter zu schützen. Um die Notwendigkeit solcher Kontrolle zu zeigen, zeichnete er ein Bild von der Wirtschaft als chaotisch, die öffentliche Moral sei im Verschwinden. Die Rolle der Juden als derjenigen, die das System handhaben und davon profitieren, wird von Meyer wiederholt betont, aber sie sind bei ihm nicht die Initiatoren oder Hauptnutznießer. Sie sind auch nicht sein wichtigstes Angriffsziel. Meyer hätte seine Absicht auch ohne jeden Bezug zu Juden ausführen können. Aber indem er die Juden hereinbrachte, gewann seine Kampagne eine zusätzliche Dimension, sie wurde – wie Wilmanns' Buch – schärfer und wirksamer.[23]

Im nachhinein nannte Ludwig Bamberger die Mitte der siebziger Jahre als den Zeitpunkt, an dem sich der antijüdische Trend auch in seiner national-liberalen Partei bemerkbar machte. Ganz eindeutig schuf, oder besser: spiegelte der literarische Ausdruck antijüdischer Gefühle eine gesellschaftliche Realität wider. Wie schnell und wie tief dieser neue Trend wirkte, kann aus dem geschlossen werden, was wir über den Sinneswandel in den Freimaurerlogen wissen. Der Kampf um die Zulassung von Juden dauerte seit Anfang des Jahrhunderts, ganz parallel dem Kampf um politische Emanzipation. In den Jahrzehnten des aufkommenden Liberalismus gab es einen stetigen Fortschritt bei der ungehinderten Zulassung. Immer mehr Freimaurer hatten dafür gestimmt, ihre Logen auch jüdischen Mitglieder zu öffnen. Seit 1875 aber drehte sich der Wind. Nicht nur gingen die Abstimmungen zugunsten der Juden zurück, es kam auch zu einer offen antijüdischen Propaganda mit stark rassistischen Obertönen in freimaurerischen Publikationen.[24]

Diese Veränderung kann nicht einfach der Laune einiger schreibender Personen zugeschrieben werden. Die Nachwirkungen der Wirtschaftskrise machten die Menschen mißtrauisch, neidisch, sie ließen nach Sündenböcken suchen – aber auch dies erklärt nicht, warum die Juden herausgestellt wurden. Zwar fand man Juden im Zentrum von Handel, Banken und Börsen, all dem, was der Hintergrund für die zweifelhaften Aktivitäten der Gründer gewesen war, die die Krise heraufführten. Aber trotzdem kam es der Öffentlichkeit oder den Autoren, die später antisemitische Propagandisten wurden, nicht gleich in den Sinn, die Juden für das Debakel verantwortlich zu machen. Es dauerte zwei bis drei Jahre, bis man sie beschuldigte. Aber nachdem die Aufmerksamkeit einmal auf die Juden gerichtet war, beschränkte man sich nicht auf die Beschuldigungen, die ihnen als Gründern vielleicht mit Recht zukamen. Die Anwesenheit von Juden in der deutschen Gesellschaft wurde zum Ziel der Angriffe.

Die Wurzel für diesen Ausbruch des Antisemitismus wird in Theodor Mommsens Antwort auf Heinrich von Treitschke deutlich, der 1879 in die wachsende Diffamierung von Juden einstimmte und sie in den besten akademischen Kreisen hoffähig machte. Mommsen, ein zuverlässiger, eindeutiger Liberaler, gestand zu, daß die jüdische Gemeinschaft ethnisch und kulturell zu verschieden sei, um leicht in das neu vereinigte deutsche Volk integriert werden zu können. Die richtige Einstellung seitens der übrigen Gesellschaft könne nur sein, die Sonderlichkeiten zu ignorieren und auf eine allmähliche Anpassung und Verschmelzung zu hoffen. Dies entsprach genau dem Verhalten der deutschen Öffentlichkeit, bis die antijüdischen Agitatoren eingriffen.[25]

Wenn man Mommsens Beobachtungen bewerten will, muß man zwischen den Tatsachen und den Folgerungen unterscheiden, die daraus gezogen werden. Mommsen hatte Recht, daß die Juden, auch nachdem sie sich kulturell angepaßt hatten, als eine separate gesellschaftliche Gruppe erkennbar waren. Ebenfalls stimmte es, wenn Mommsen feststellte, daß während des Liberalismus die deutsche Öffentlichkeit ihre Aufmerksamkeit weitgehend von allen Zeichen einer inneren Einheit unter den Juden abgewandt hatte. Aber dies bedeutete nicht, daß man sich mit der Existenz einer separaten jüdischen Gesellschaft abgefunden oder ausgesöhnt hatte, sondern nur, daß man stillschweigend hoffte, sie möge verschwinden. Die andere Folgerung Mommsens, daß diese Erwartung sich realisiert hätte, wenn die Antisemiten nicht dazwischen gekommen wären, ist eindeutig hypothetisch und, wie die Erfahrung zeigte, utopisch. Schließlich führte eine kulturelle Anpassung der jüdischen Gemeinschaft niemals und nirgendwo zu einer völligen Verschmelzung dieser Gemeinschaft mit der übrigen Gesellschaft. Was geschah, war, daß die bewußte Indifferenz gegenüber der jüdischen Gemeinschaft sich in ein starkes Bewußtsein ihrer Existenz, ihrer Stellung und ihres besonderen Wesens verwandelte. Danach wurden alle Bilder, die vor der Emanzipation über die Juden im Umlauf waren, neu belebt und stärkten den neuen Antisemitismus.

Diese Wende von Indifferenz zu einem kritischen, feindlichen Bewußtsein geschah im Zusammenhang mit einer Wirtschaftskrise und einer politischen Wende von einem liberalen zu einem konservativen Regime. Aber Zusammenhang ist nicht gleichbedeutend mit «Ursache». Die Wirtschaftskrise und die Ablehnung des Liberalismus boten eine Gelegenheit, Judenfeindschaft zu äußern, aber sie haben sie nicht geschaffen. Der entscheidende Faktor für den antisemitischen Ausbruch war das Versagen, die Bedingung zu erfüllen, die für das Verlöschen von nichtjüdischen Verdächtigungen gegen Juden gestellt war, nämlich das Verschwinden der engverbundenen jüdischen Gemeinschaft. Diese Gemeinschaft verschwand nicht, sondern nahm nur eine neue Gestalt an, die nicht in allem von den Nichtjuden gutgeheißen wurde. Obwohl Juden jetzt in der deutschen Gesellschaft aktiv waren, in der Wirtschaft, Kultur und Politik, blieben sie als Gruppe erkennbar. Ihre Bestrebungen waren nie zentral geplant oder geleitet, sondern von historischen und gesellschaftlichen Faktoren bestimmt. Sie übernahmen wirtschaftliche Positionen, die mit ihrer früheren beruflichen Erfahrung übereinstimmten. Kulturell fanden sie ihre Nische in Berufen, die allen offenstanden, wie im Journalismus. Sie traten politischen Parteien bei, deren Ziele ihren eigenen Interessen entsprachen. Und trotz ihrer Integration traten sie als eng verbundene Gruppe hervor. Ich habe diese Situation schon zuvor in *Aus dem Ghetto in die bürgerliche Gesellschaft* zusammengefaßt, wo ich den Prozeß der Emanzipation und Assimilation analysiert habe:

«Ein Blick auf die Juden und ihre Tätigkeit in den Jahrzehnten fortschreitender Emanzipation – zwischen 1848 und 1880 – zeigt, daß es sich nicht einfach um einen Assimilationsvorgang handelte. Die Assimilation machte allerdings Fortschritte insofern, als Juden immer engere Kontakte zu Nichtjuden aufnahmen und sich alle Juden mehr und mehr dem kulturellen Muster ihrer Umgebung anpaßten. Doch gleichzeitig schufen die Juden ein

Instrument, das sie auch weiterhin zusammenhielt und ihnen half, eine separate soziale Einheit zu bleiben. Die Vorstellung, daß die Juden als Gemeinde nur von einem gemeinsamem Glaubensbekenntnis zusammengehalten wurden, war reine Theorie. In Wirklichkeit besaßen sie die Eigenschaften einer Untergruppe in der Gesellschaft, erkennbar an ihrem ethnischen Ursprung, an ihrer wirtschaftlichen Zusammenballung, ihrer verhältnismäßigen Isolierung auf gesellschaftlichem Gebiet und ihrer abweichenden Minderheitsreligion. Das soziale Bild dieser Gruppe unterscheidet sich natürlich erheblich von dem der jüdischen Gemeinschaft hundert Jahre früher, als die Juden eine geduldete Gruppe darstellten, ökologisch zusammengeballt, wirtschaftlich streng begrenzt sowie gesellschaftlich und kulturell weitgehend isoliert. Damals war diese Gruppe straff organisiert und diszipliniert, und die Religion diente als mächtige verbindende Kraft. Jetzt, in der zweiten Hälfte des 19. Jahrhunderts, waren die Juden unter sich in religiösen Fragen zerstritten. Man könnte fast sagen, daß der einzige gemeinsame Nenener in der Ablehnung des Christentums bestand. Die kulturelle Absonderung hatte fast völlig aufgehört, und die wirtschaftliche Einseitigkeit hatte wenigstens nachgelassen. Was jedoch unverändert geblieben war, war die Inzucht der Juden, das Festhalten an rein jüdischen Familienbindungen. Dies und die Überreste religiöser Abweichung, wie auch eine verhältnismäßige wirtschaftliche Zusammenballung und gesellschaftliche Absonderung, und auch gewisse kulturelle Besonderheiten, verliehen der jüdischen Gruppe eine besondere Physiognomie. Wenn diese Gruppe auch anders aussah als vor einem Jahrhundert, so hatte sie doch nicht jene Züge angenommen, die die Befürworter einer Verschmelzung mit der christlichen Gesellschaft erwartet hatten.»[26]

So hatte sich die jüdische Gemeinschaft nur verändert, aber sie hatte sich nicht vollständig aufgelöst. Und jetzt wurden die alten Vorurteile neu belebt. Die abwartende Haltung der nichtjüdischen Bevölkerung, die das Verbergen und Unterdrücken antijüdischer Gefühle einschloß, verwandelte sich in offene Ressentiments. Und an diesem Punkt brach der Antisemitismus offen auf.

22. Kristallisierung

Im Februar 1879 erschien Wilhelm Marrs Schrift *Der Sieg des Judenthums über das Germanenthum*. Im Herbst des Jahres war sie bereits in zwölfter Auflage erschienen und damit zum ersten antisemitischen Bestseller geworden. Marrs These wird schon im Titel deutlich ausgesprochen: die jüdische Herrschaft über Deutschland sei keine zukünftige Gefahr mehr, sondern schon eine Tatsache. Juden hatten ihr ewiges Ziel erreicht; sie hatten Deutschland erobert, und zwar mit Hilfe der Deutschen selbst. «Ihr wählt die Fremdherrschaften in Eure Parlamente, Ihr macht sie zu Gesetzgebern und Richtern, Ihr macht sie zu Diktatoren der Staatsfinanzsysteme, Ihr habt Ihnen die Presse überantwortet, ... was wollt Ihr denn eigentlich? Das jüdische Volk wuchert mit seinen *Talenten* und Ihr seid geschlagen, wie das ganz in der Ordnung ist und wie Ihr es tausendfach verdient habt.»[1]

Der scharfe Ton der Schrift, ihr bezeichnender Titel und die direkte Anrede des deutschen Lesers mögen dazu beigetragen haben, daß die Schrift so große Aufmerksamkeit erregte. Inhaltlich fügte die Schrift der Ideologie oder Argumentation antijüdischer Schriften früherer Jahre nichts Neues hinzu. Ihre Bedeutung lag nicht in dem, was sie sagte, sondern darin, was sie nicht sagte. Marr nahm die antijüdische Argumentation aus ihren politischen Kontroversen heraus. Er tat dies bewußt und sagte selbst, daß er sein Buch geschrieben habe, «um die Judenfrage endlich einmal aus dem Nebel der Abstraktionen und dem Streite der Parteieinseitigkeiten herauszubringen».[2] Marr war überzeugt, daß eine antijüdische Überzeugung – die er bald antisemitisch nennen sollte – ihre Anhänger vereinen könne, ohne daß sie mit anderen kontroversen politischen oder sozialen Themen verbunden war. Marrs Schrift war die erste, die nach dem erneuten Aufbrechen der Judenfrage in den siebziger Jahren ihre antijüdische Tendenz so deutlich schon im Titel aussprach. Von jetzt an segelte der Antisemitismus unter eigener Fahne.

Marr gab zwar vor, daß er bezweifelte, ob ein Kampf gegen die Juden sich noch lohne, weil ihr Sieg bereits endgültig und unumkehrbar sei. Aber dies war natürlich rein taktisch. In Wirklichkeit fühlte er – zu Recht, wie sich zeigen sollte –, daß die gesellschaftliche Atmosphäre genügend mit antijüdischem Gefühl erfüllt war, um einen Angriff auf die Juden zum verheißungsvollen politischen Unternehmen zu machen. In seiner Schrift forderte er die Gründung einer Zeitschrift, um die antijüdische Ideologie zu verbreiten, und dank der Hilfe konservativer Unterstützer konnte er im Oktober 1879 mit der Publikation der *Deutschen Wache* beginnen.[3] Hier kündigte er die Gründung eines Vereins an, der «Antijüdischer Verein» genannt werden sollte. Der Begriff «jüdisch» wurde bald durch «semitisch» ersetzt, da bereits seit einiger Zeit das Wort «Semite» für «Jude» modern war. So begann die schicksalhafte Geschichte des Wortes «antisemitisch», nicht ohne daß sein Erfinder zumindest eine Ahnung von dessen destruktivem Potential hatte.[4]

Marr wollte die Unzufriedenen der Gesellschaft in der Opposition gegen die angebliche Judenherrschaft sammeln. Dies wird in den Statuten seiner Antisemitenliga deutlich, deren erster Absatz das Ziel benennt: «Alle nichtjüdischen Deutschen aller Bekenntnisse, aller Parteien, aller Stellungen zu einer gemeinsamen, engen Vereinigung zu bringen, die nach einem Ziele streben wird ... das deutsche Vaterland vor der vollständigen Verjudung zu bewahren.»[5] In dieser Phase der antijüdischen Agitation ist neu, daß alle

Übel der Gesellschaft jüdischem Einfluß zugeschrieben werden und daß man glaubte, diese Folgen durch Beseitigung ihrer Ursachen aufheben zu können. Es ist nicht erstaunlich, daß diese Formel, die durch ihre Einfachheit bestach, so weithin angenommen wurde. Alexander Friedrich Pinkert rief schon im April 1879 in Breslau zur Gründung einer neuen Partei auf, die *Deutsche Reform-Partei* heißen sollte. Der Name erinnert an die Forderung von Wilmanns in der «Goldenen Internationale», auf die sich Pinkert auch bezieht, aber der Anstoß zum Handeln kam aus Marrs Schrift, und die neue Partei sollte auf Marrs Ideen gründen. Wilmanns dachte an eine umfassende gesellschaftliche Reform, aber Pinkert konzentrierte sich ausschließlich auf Juden. Und der einzige praktische Schritt, den er sich vorstellte, war die Gründung eines Zentrums, das alle antijüdischen Bestrebungen vereinigte – ein Programm würde sich von da aus automatisch ergeben.[6]

Auch Otto Glagau war sich der Komplexität gesellschaftlicher Probleme bewußt, als er daran ging, die weit verbreitete Korruption aufzudecken. Erst allmählich wurde die Judenfrage das ausschließliche Thema seiner Beschäftigung, als ob von hier aus eine Lösung aller Probleme erreicht werden könnte. 1879 hatte er seine Vorstellungen auf eine knappe Formel gebracht: «Die soziale Frage ist einfach die Judenfrage.»[7] Die «soziale Frage», also die Unruhe unter der Arbeiterschaft, wie sie in der wachsenden Stärke der Sozialdemokratischen Partei zum Ausdruck kam, beschäftigte die deutsche Öffentlichkeit zu dieser Zeit sehr. Glagau wollte sie damit beantworten, daß er sie der Judenfrage unterordnete. Sobald die Judenfrage gelöst sei, würden sich alle anderen sozialen Fragen von selbst lösen.

Daß die Judenfrage von größeren Problemen der Gesellschaft ablenken konnte, zeigte sich am besten in der bekannten Karriere des Hofpredigers Adolf Stoecker und in der Geschichte seiner Christlich-Sozialen Arbeiterpartei.[8] Als großer Redner, dessen Ehrgeiz sich in einem starken Gefühl sozialer Sendung ausdrückte, unternahm Stoecker den für einen Mann seiner Stellung höchst ungewöhnlichen Schritt, eine politische Partei zu gründen. Durch die Verbindung von «christlich» mit «sozial» wollte er die Arbeiterschaft von den Sozialisten abwerben, die im Proletariat der Hauptstadt sehr erfolgreich geworden waren. Zunächst hatte er nur wenig Erfolg. Die Arbeiterschaft, Kirche und Staat entfremdet, blieb einem Mann gegenüber mißtrauisch, der beides repräsentierte. Und die Mittelschichten fühlten sich durch das Parteiprogramm nicht angesprochen. Die Judenfrage war nicht in diesem Programm enthalten, und Stoecker vermied in seinen Reden auch jeden Bezug darauf; so ist es glaubhaft, daß er die Judenfrage erst auf Anfrage einiger seiner Anhänger ansprach.[9] Im Herbst 1879 hatte es die Agitation von Marr und seinen Gesinnungsgenossen allerdings fast unmöglich gemacht, das Thema zu vermeiden. Und nachdem sich Stoecker dem Thema einmal zugewandt hatte, war er gegenüber der jüdischen Wirklichkeit so kritisch wie irgendein anderer antijüdischer Agitator. Er trug seine

Ansichten zwar in einer würdigeren, aber darum nur um so wirksameren Weise vor. Seine erste Rede hielt er am 19. September 1879: «Unsere Forderungen an das moderne Judenthum.» Die Rede, auf deren Ideologie wir noch eingehen werden, reflektierte das Verhalten emanzipierter Juden. In der Sicht des Redners hatten die Juden die Emanzipation mißverstanden, als sie darin die Erlaubnis sahen, sich als gleichberechtigt mit Deutschen – oder sogar überlegen – zu verhalten. Sie sollten anerkennen, daß sie nur die Stellung geduldeter Fremder hatten und sich entsprechend benehmen.[10]

Angesichts des Enthusiasmus, mit dem Stoeckers Rede aufgenommen wurde, muß man schließen, daß sie im Herzen seiner Zuhörer eine gleichklingende Saite angesprochen hatte. Und als Antwort auf das unerwartete Echo seiner Worte änderte Stoecker die Richtung seiner politischen Bemühungen. Seine Partei kümmerte sich nicht mehr um die Nöte der Arbeiterschaft, sondern wurde ein Sammelbecken unzufriedener Mittelschichten, die glaubten, daß sie ein Allheilmittel für ihre Leiden gefunden hatten – den Antisemitismus. Stoecker selbst wurde eine führende Gestalt in dem, was bald als Berliner Bewegung bekannt wurde.

Die Bewegung entstand in Berlin, aber sie umfaßte rasch ganz Deutschland und ging über seine Grenzen hinaus, wie wir noch sehen werden. Daß es sich im streng soziologischen Sinn wirklich um eine gesellschaftspolitische Bewegung handelte, wird aus den zeitgenössischen Beschreibungen deutlich, ob diese wohlwollend waren oder nicht. Schon im November 1879 wurde sie von Heinrich von Treitschke als eine «leidenschaftliche Bewegung gegen das Judenthum» charakterisiert. Er benannte einige Aspekte des Phänomens. Zunächst waren die Wähler nicht mehr gewillt, jüdische Vertreter in die Parlamente zu entsenden, was in den letzten Wahlen zum Preußischen Landtag deutlich geworden sei, als unter anderem sogar Eduard Lasker in Frankfurt und Breslau nicht wiedergewählt wurde. Sodann die Gründung antisemitischer Vereine – eins der ersten Beispiele für den spontanen Gebrauch des Wortes antisemitisch. Weiter würde die Judenfrage auf vielen Sitzungen und Versammlungen diskutiert. Und schließlich habe eine Flut antijüdischer Schriften den Markt überschwemmt.[11]

Treitschkes Artikel selbst zeigt eine Ablehnung der schärferen Formen antijüdischer Aktivität, aber er bekannte seine Übereinstimmung mit den Grundimpulsen der Bewegung. Der Artikel trug dazu bei, die Bewegung zu stärken – als eine Veröffentlichung in den geachteten *Preußischen Jahrbüchern* aus der Feder des bewunderten liberalen Historikers, Politikers und Publizisten half er, den Antisemitismus in akademischen und intellektuellen Kreisen respektabel zu machen.[12]

Daß auch die akademische Jugend der Bewegung beitrat, verstörte all diejenigen, die im Antisemitismus eine Verirrung des deutschen Geistes sahen und sich noch an die Rolle erinnerten, die Studenten in den Revolutionen von 1830 und 1848 gespielt hatten, die die Ära des Liberalismus heraufführten.[13] Eben diese Tatsache aber bestätigte die Antisemiten in ihrer Überzeugung, daß sie ein legitimer Ausdruck des deutschen Zeitgeistes seien und eine Botschaft für die Zukunft hätten.

Zwei Jahre nach Beginn der Bewegung legte Otto Glagau Rechenschaft über die Fortschritte ab und schloß diese mit einer moralischen Beurteilung. Er gab zu, daß ein Grundmotiv vieler Antisemiten die Angst vor jüdischer Konkurrenz oder das Leiden an dem von Juden gemachten Wirtschaftssystem sei. «Aber zu diesen materialistischen Gründen kommen ideale, moralische und religiöse hinzu», nämlich die Furcht vor einem jüdischen Eindringen in die deutsche Gesellschaft, womit die einheimische deutsche Kultur und Zivilisation untergraben würde. Vor allem die Jugend, so Glagau, komme aus «reiner, edler Begeisterung» zu den Antisemiten.[14] Aus historischer und soziologischer Sicht ist es zweifelhaft, ob eine solche Unterscheidung zwischen materialistischem und idealistischem Antisemitismus möglich ist. Auch die Studenten mußten die Konkurrenz jüdischer Kommilitonen fürchten – die große Zahl jüdischer Studenten an den Universitäten, weit mehr als ihr Anteil in der Bevölkerung, war ein immer wiederkehrendes Thema antijüdischer Klagen. Und obwohl es eindeutig eine Beziehung zwischen Antisemitismus und sozialer Herkunft gibt und die Bewegung vor allem in ihren Anfängen eine wesentlich von den Mittelschichten getragene war, heißt dies nicht, daß persönliche und Klasseninteressen die Hinwendung zu dieser Bewegung bestimmten. Verschiedene Mitglieder einer Gruppe reagieren verschieden. So wissen wir zum Beispiel, daß eine beachtliche Minderheit von Studenten in Göttingen gegen den Anschluß ihrer Studentenverbindung an die Bewegung protestierte, aber von der Mehrheit überstimmt wurde, und dies mag auch anderswo geschehen sein.[15] Was immer die unbewußten Gründe für solche Entscheidungen gewesen sein mögen, die bewußte Motivation, der Bewegung beizutreten, war das Gefühl, daß die Juden eine Gefahr für das materielle und geistige Wohl der deutschen Gesellschaft darstellten. Die Antisemiten selbst sahen sich, so paradox das klingt, als eine defensive Bewegung. Ein beträchtlicher Teil der deutschen Gesellschaft handelte so, als ob eine fremde Invasion unmittelbar drohte. Und dies ist keine reine Metapher: das Bild vom Juden als Angehörigem einer fremden und fremdartigen Nation beherrschte die Antisemiten.

Bestimmte Merkmale der jüdischen Gemeinschaft – Ablehnung von Mischehen, die berufliche Konzentration und die starke gegenseitige Solidarität – verstärkten zweifellos das Bild von ihr als einer separaten und besonderen sozialen Größe. Die antisemitische Wahrnehmung verlieh dieser Größe jedoch Dimensionen, Eigenschaften und Absichten, die äußerst beängstigend waren. Diese übertriebene Sicht der jüdischen Gemeinschaft war natürlich das Ergebnis einer historischen Last, die ihr anhaftete. Für die Antisemiten waren Juden nicht einfach eine emanzipierte Minderheit, die mit ihrem Eintritt in die bürgerliche Gesellschaft zu einem starken Rivalen und Konkurrenten der Mehrheit geworden war. Die Juden waren immer noch die Nachkommen der neutestamentlichen Pharisäer, die Söhne und Töchter der Ghettobewohner, die Parias der europäischen Gesellschaft, deren Name bereits einen ganzen Komplex negativer Assoziationen hervorrief. Dies negative Bild von den Juden, das zur christlichen Tradition gehört und im Bewußtsein der europäischen Völker tief verwurzelt war, war während der Zeit des Liberalismus bewußt verdrängt worden. Aber nachdem sich das politische und geistige Klima verändert hatte, konnte sich das alte Judenbild der christlichen Tradition – in einer der neuen Situation angepaßten Form – leicht wieder befestigen.

Die traditionelle antijüdische christliche Einstellung in ihrer echten theologischen Form war der Hintergrund für den Antisemitismus von Adolf Stoecker. Obwohl Stoecker den größten Teil seiner ersten antijüdischen Reden dem säkularisierten modernen Juden und dem Reformjudentum widmete, kommt die Leidenschaft seiner Ablehnung am besten in seinen Aussagen über das orthodoxe Judentum zum Ausdruck. Dieses ist im innersten Kern «eine verkümmerte Form von Religion, eine niedrigere Offenbarung, ein überlebter Geist», zwar noch ehrwürdig, aber von Christus abgetan und in der Gegenwart nicht länger Wahrheit. Hier haben wir die unveränderte ungemildete Lehre der Kirche über die Ablösung des Judentums durch das Christentum.[16]

Als orthodoxer Protestant nahm Stoecker diese These als unbezweifelbare Wahrheit, und von hier aus ergoß sich sein Zorn über das moderne Judentum. Die Sprecher des letzteren wagten zu behaupten, daß dem Judentum eine führende Rolle in der modernen Welt zukomme, sie sprachen von einer religiösen Mission, die zur jüdischen Tradition gehöre. Dieser Anspruch war oft mit einer Kritik am Christentum verbunden, das für eine ähnliche historische Aufgabe wegen seiner Neigung zur Weltflucht oder anderer Züge nicht geeignet sei. Für jemanden, der an die göttliche Verwerfung des Judentums glaubte, war eine größere Beleidigung kaum denkbar. Der Anspruch der Juden war ein arroganter Einbruch in die geistige Sphäre, und ihre gesellschaftliche Arroganz leitete sich hiervon ab. Durch ihre angebliche religiöse Überlegenheit fühlten sie sich berechtigt, immer mehr herausragende gesellschaftliche Stellungen auf Kosten der christlichen Bevölkerung einzunehmen. In der Sicht des christlichen Theologen waren ihre politischen und gesellschaftlichen Erfolge eine geistige Usurpation mit fast blasphemischen Implikationen. Kein Wunder, daß Stoecker die Situation verändern wollte; mit welchen Mitteln werden wir noch sehen.[17]

Am anderen Ende des ideologischen Spektrums steht die Theorie von Eugen Dühring. Dühring war ein bekannter Wirtschaftswissenschaftler und Philosoph, zugleich ein Säkularist und radikaler Kritiker des Christentums. In einem kurzen Abschnitt einer seiner philosophischen Abhandlungen kam schon 1875 seine antijüdische Einstellung zum Ausdruck. Er führte sie 1880 weiter aus, als die Judenfrage ein öffentliches Thema geworden war, und zwar ging er zu einem giftigen groben Frontalangriff gegen die Juden und Judentum über. Die Schrift *Die Judenfrage als Rassen-, Sitten- und Culturfrage* gab vor, das Problem ohne jeden Bezug zur jüdisch-christlichen Kontroverse zu behandeln. In Dührings Sicht waren die Juden eine einzigartige menschliche Art mit erkennbaren physischen und moralischen Eigenschaften. Diese waren alle negativ, und sie waren belegbar, seit Juden in der menschlichen Geschichte aufgetaucht waren. Dühring war hierin keineswegs originell, sondern setzte die Argumentation von Voltaire und seinen Nachfolgern, vor allem Renan, fort. In ihrer Nachfolge leitete er die jüdischen Eigenschaften aus der Bibel wie aus der jüdischen Geschichte bis in die neueste Zeit her. Dühring unterschied sich von anderen antisemitischen Autoren, die die Quelle der jüdischen Unmoral in den Lehren des Talmud zu finden glaubten. Die jüdische Bibel, die von den Christen verehrt wurde, bot genügend Zeugnisse für die Minderwertigkeit der jüdischen Rasse auf allen Gebieten. Dühring war ein bemerkenswerter Wissenschaftler, der sogar in seiner antisemitischen Schrift ein großes Maß an analytischem Scharfsinn bewies, und er glaubte allen Ernstes, daß er in seinen Zeitgenossen die wiederkehrenden jüdischen Eigenschaften finden könne, wie sie in der Bibel beschrieben waren. In Wahrheit verband Dühring ein großes Maß an Intelligenz mit einer morbiden Geistesverfassung, die wahrscheinlich noch dadurch verstärkt wurde, daß er mit dreißig Jahren völlig erblindete. Seine jähzornige Natur trug zum Streit mit Kollegen und Gegnern seiner Wirtschaftstheorien bei, darunter Karl Marx und Friedrich Engels. Auf jeden Fall entdeckte er die angebliche jüdische Inferiorität in jedem, der jüdischer Herkunft war, sei es Ricardo, Spinoza, Heine, Börne, Stahl, Marx oder Lassalle und natürlich bei vielen ungenannten zeitgenössischen Politikern und Journalisten. Dies läßt eine *idée fixe* vermuten; jedenfalls kann es kaum als Ergebnis tatsächlicher Untersuchung gelten. Daß seine Behauptungen aus seiner Besessenheit stammen, zeigt sich deutlich darin, daß er fälschlicherweise Gotthold Ephraim Lessing aufgrund der typisch jüdischen Züge in seinen Schriften und seinem Verhalten jüdische Eltern gab.[18]

Wenn dies auch Wahnsinn war, so hatte es doch Methode. Indem Dühring den Juden eine unveränderte und unveränderbare Minderwertigkeit zuschrieb, gab er der Judenfeindschaft – der antiken, der christlichen oder der modernen – einen Anschein von Universalität. Somit erschien der neue Antisemitismus nur als neue Phase in der andauernden Selbstverteidigung aller Nichtjuden gegen die ewige jüdische Gefahr. Damit hatte der christlich-jüdische Konflikt keine besondere Bedeutung mehr, sondern war nur noch ein Fall unter vielen.

Bei näherer Untersuchung entdeckt man jedoch, daß der Säkularist Dühring durchaus die besondere christliche Empfindlichkeit auszunutzen wußte, um die Wirkung seiner antijüdischen Argumente zu verstärken.

Seine Theorie hatte eindeutig Elemente der christlichen Vorbehalte gegen Juden und Judentum übernommen. Jesus war ein Opfer der «Korruption der Schriftgelehrten in Jerusalem», deren Verantwortung zeitgenössiche jüdische Gelehrte so gern den Römern zuschieben wollten. Diese fügen der Verletzung noch die Beleidigung hinzu, daß die gesammelte Weisheit des Talmud den Lehren Jesu überlegen sei. Jüdische Autoren seien ständig damit beschäftigt, das Christentum lächerlich zu machen und zeigten keinerlei Achtung vor «dem höchsten Martyrium der Menschheit». Dühring schreckte auch nicht davor zurück, seine eigene Ablehnung des Christentums mit einer Herabsetzung der Juden zu verbinden, weil sie Christus nicht folgen wollten. Andere Menschen brauchten die vom Christentum verlangte Selbstaufgabe der Natur nicht: aber «der Ewige Jude, belastet mit dem Fluch der Natur», verpaßte die Möglichkeit einer Selbstreinigung durch Christus.[19]

Die Beziehung des modernen Antisemitismus zu seinen christlichen Vorläufern ist bei Dühring komplizierter als bei Stoecker, aber sie ist doch erkennbar. Dührings Antisemitismus ist «antichristlicher Antisemitismus» genannt worden.[20] Wenn dies bedeutet, daß die Gegner des Judentums auch Gegner des Christentums waren, dann ist die Bezeichnung korrekt. Wenn damit aber gesagt werden soll, daß dieser Antisemitismus aus der Ablehnung des Christentums stammt – in derselben Weise, wie der christliche Antisemitismus mit dem Christentum verbunden ist – oder daß die Ablehnung des Christentums und die des Judentums dieselben Wurzeln und dasselbe Gewicht hatten, dann ist die Bezeichnung falsch. Zwar kritisierte Dühring in seiner Religionskritik Judentum wie Christentum, aber seine Ablehnung des Judentums hatte noch weitere Gründe. Das Judentum war in zweierlei Hinsicht geschlagen: es war unter den anderen Religion geächtet, und es trug die Erblast aus seinem Zusammenstoß mit dem christlichen Konkurrenten. In der Kristallisierung der antisemitischen Bewegung spielte die Religionskritik keine entscheidende Rolle. Die antijüdischen Gefühle allein reichten aus. Darum konnten Männer wie Stoecker und Dühring, die im Blick auf das Christentum unversöhnliche Gegner waren, sich als zugehörig zur gleichen Bewegung, nämlich zum Antisemitismus ansehen. Andere, die in ihrem Denken noch weniger logisch waren, konnten ohne Schwierigkeiten Teile ideologischer Elemente jeder Herkunft vereinen, solange diese ihre antijüdischen Ideen unterstützten.

Alle Antisemiten waren sich über die angebliche moralische Minderwertigkeit der Juden einig, aber nicht über deren Gründe. Obwohl Stoecker die traditionelle christliche Einschätzung des Talmud als Quelle der jüdischen Exklusivität und Unmoral kannte, war er doch gerecht genug, zuzugeben, daß für die Mehrheit der modernen Judenschaft diese Einflußquelle nicht mehr gültig war, selbst wenn diese Mehrheit das talmudische Judentum nicht total ablehnte. Er erklärte die moralische Rücksichtslosigkeit des modernen Juden, von der er überzeugt war, als Ergebnis dessen religiöser Trägheit und der Ablehnung jeder Tradition, auch der des Judentums.[21] Andere Antisemiten wurden durch solche offensichtlichen Veränderungen in der Geistesverfassung der modernen Judenheit nicht davon abgehalten, talmudische Aussagen als Quelle der behaupteten moralischen Unfähigkeit der Juden zu zitieren. Der Bezug auf talmudische Quellen, meist aus Rohlings *Talmudjude*, wurde ständiges Thema der antisemitischen Propaganda. Rohlings Buch wurde von Perrot im Nachwort zu den «Ära-Artikeln» zitiert, von Constantin Frantz in seinem *Nationalliberalismus und Judenschaft*, von Pinkert in seiner *Judenfrage*, um nur einige der wichtigsten antijüdischen Schriften dieser Zeit zu nennen. Dühring andererseits hielt die Lehren des Alten Testaments für verantwortlich für die jüdische Unmoral und sah die «häufige Zitierung talmudischer Beispiele» als überflüssig an. Trotz dieser Differenzen hatten alle drei Schulen – die theologische, die christlich-ideologische und die säkulare – dasselbe gemeinsame Ziel, den Kampf gegen die jüdische Unmoral, deren Herrschaft als bewiesen galt.[22]

Wenn es um die Gründung der Bewegung geht, dann muß gesagt werden, daß Marrs Aufruf, aller Unterschiede der Herkunft und Überzeugung zu überwinden, bemerkenswert erfolgreich war. Christen und Atheisten, Katholiken und Protestanten, Konservative und Liberale (oder frühere Liberale) unterstützten die antisemitische Sache.[23] Sie waren sich einig in ihrem gemeinsamen Feindbild vom Juden. In der Anfangsphase der Bewegung reichte ein solches gemeinsames Gefühl aus. Im Lauf der Zeit jedoch mußte die Bewegung ihre eigenen Organe zur Verwirklichung ihrer Ziele schaffen, und an diesem Punkt war es mit der Einheit der Antisemiten vorbei. Sie zerstritten sich hoffnungslos über die Definition ihrer Ziele sowie über die Mittel zu ihrer Verwirklichung.

Wieder einmal ist es nützlich, die beiden extremen Tendenzen zu vergleichen, deren eine von Treitschke und Stoecker, deren andere von Dühring vertreten wird. Ob Treitschke ein Antisemit genannt werden sollte, ist eine Frage der Semantik. Er stand den Ergebnissen der Emanzipation höchst kritisch gegenüber, aber erklärte eine Aufhebung trotzdem für undenkbar. Andererseits ist seine Sicht der jüdischen Wirklichkeit so negativ wie die jedes anderen Antisemiten, und er machte die Juden allein für alle jüdischen Schwächen verantwortlich, die besser sein könnten, wenn sie nur wollten. Stoecker stimmte mit der Diagnose überein, auch mit der vorgeschlagenen Therapie, aber wollte sich nicht darauf verlassen, daß die Juden sich selbst bessern könnten. Ursprünglich zögerte er, ob er eine Aufhebung des Emanzipationsgesetzes fordern sollte, aber er wollte eine Veränderung: die Anzahl jüdischer Richter sollte begrenzt werden, Schulen sollten überhaupt keine jüdischen Lehrer haben. Ein Jahr nach Stoeckers erster Rede wurde die sogenannte Antisemiten-Petition dem Kanzler Bismarck vorgelegt. Zusätzlich zu Stoeckers Forderungen verlangte sie das Verbot jüdischer Einwanderung nach Deutschland, die Einführung einer besonderen Judenzählung dort und den Ausschluß von Juden aus verantwortlichen Regierungspositionen. Nach einigem Zögern setzte auch Stoecker seine Unterschrift neben die anderen 265000 unter die Petition.[24]

Die hier geforderten Maßnahmen waren bescheiden im Vergleich zu dem, was Dühring wollte. Als er sich 1875 das erste Mal mit der Judenfrage befaßte, schlug er keine konkreten Schritte vor. In dem herrschenden gesellschaftlichen System schienen die jüdische Emanzipation und sogar ihre Vorherrschaft unveränderbare Tatsachen zu sein – und in der Gesellschaft der Zukunft, von der Dühring glaubte, daß sie sozialistisch, aber nicht marxistisch sei, würde das Problem seine Bedeutung verlieren. Aber als am Ende des Jahrzehnts die Aufhebung der Emanzipation zum Schlachtruf der Antisemiten geworden war, übernahm auch Dühring diese Forderung und wurde einer ihrer radikalsten Vertreter. Jetzt wollte er die Lösung des Problems durch eine allgemeine Gesellschaftsreform nicht mehr abwarten, sondern er behauptete jetzt, daß nichts anderes als eine spezielle antijüdische Gesetzgebung helfen könnte. Die Einzelheiten der vorgeschlagenen Gesetzgebung liefen darauf hinaus, die jüdische Aktivität auf die Ränder der deutschen Gesellschaft einzuschränken. Andere zivilisierte Nationen würden dem deutschen Beispiel folgen, aber auch dies sollte nur eine vorläufige Maßnahme sein. Im Grunde bestritt Dühring den Juden das Existenzrecht als solches, und zwar unter anderen Völkern wie in einem besonderen jüdischen Staat in Palästina oder anderswo. Obwohl es nicht explizit gesagt wird, wird der Wunsch nach Auslöschung der verhaßten Rasse – natürlich in Verteidigung der Humanität – im letzten Absatz von Dührings Schrift von 1880 unmißverständlich laut.[25]

Ein latenter Konflikt zwischen Stoecker und Dühring, der später offen ausbrach, betraf die Einstellung zu getauften Juden. Obwohl Dührings Grundvorstellung noch Reste christlicher Theologie enthielt, war sie rationalistisch. Dies wird in der Schlüsselstellung der Rassenidee deutlich, die diese in seinem System einnahm. Indem er der Rassenidee eine zentrale Rolle gab, ist implizit der unveränderbare Charakter der jüdischen Mentalität behauptet. Darum konnte die Taufe keinerlei Unterschied machen. Dühring war nicht der einzige, der diese Stellung einnahm. Sie gehörte zum Begriff «Antisemitismus». Wilhelm Marr, ein Atheist wie Dühring, ließ keinen Zweifel über die Folgerungen offen, also darüber, daß Religionszugehörigkeit bei der Definition des Juden auszuschließen sei. Selbst Männer wie Glagau, Perrot, Wilmanns und Rudolph Meyer, die nicht antichristlich waren, unterschieden nicht zwischen getauften und ungetauften Juden. Glagau zögerte nicht, getaufte Juden wie Strousberg mit anderen jüdischen Maklern einzureihen und behauptete, daß sie «vom getauften Minister bis zum letzten polnischen Schnorrer» eine vereinigte Gruppe seien – und die anderen sagten ähnliches.[26]

Die weltliche Motivation vieler Konvertiten war ein offenes Geheimnis, darum ist es verständlich, daß man sie mit ihren früheren Glaubensgenossen gleichsetzte. Aber eine solche Einordnung war eine offene Kritik an der Kirche, die solche Scheinkonvertiten in die christliche Gemeinde zuließ. Publizisten wie Glagau und Politiker wie Wilmanns (Mitglied des Reichstages) konnten es sich leisten, die kirchliche Praxis zu kritisieren. Aber nicht so ein Kirchenmann wie der Hofprediger Stoecker. Nach der offiziellen kirchlichen Lehre ist jeder Getaufte – aus welchem Grund auch immer – ein Christ. Wenn die Taufe aus niederen Beweggründen erfolgte, dann mußte der Betreffende als Christ für seine schlechten Taten bestraft werden, aber er konnte unter keinen Umständen in die Gemeinschaft der ungetauften Juden wieder eingeordnet werden. Als die Antisemiten also entscheiden mußten, ob getaufte Juden zu den Zielen ihrer antijüdischen Kampagne hinzuzurechnen seien, war der Konflikt zwischen Stoecker und den rassisch gesinnten Antisemiten unvermeidlich.[27]

Der antisemitische Gedanke, der Menschen verschiedener Herkunft, unterschiedlicher philosophischer und religiöser Überzeugung vereinigte, erwies sich als stark genug, sie um ein gemeinsames Gefühl zu sammeln, aber er war nicht stark genug, sie zu gemeinsamem Handeln zu bewegen, noch nicht einmal in der Judenfrage. Die Verkünder des Antisemitismus täuschten sich selbst, wenn sie glaubten, daß sie nicht nur eine Lösung für die Frage der Juden, sondern auch einen Schlüssel für alle Probleme der deutschen Gesellschaft gefunden hatten. In ihrer Vorstellung allerdings sollte der Antisemitismus dazu helfen, alle gesellschaftlichen Trennungen zu überwinden und eine umfassende nationale Einheit zu festigen.

Paradoxerweise war es der große Erfolg des Antisemitismus, in die verschiedensten Schichten und Kreise der Gesellschaft einzudringen, der dazu führte, daß sich diese Vorstellung als falsch erwies. Der Antisemitismus diente in Vereinen wie der Antisemitenliga als vereinigendes Moment, in der sich Menschen ähnlicher Herkunft und Überzeugung sammelten. Aber jede Gruppe von Antisemiten fügte zur antisemitischen Idee ihre eigene gesellschaftliche Sicht, ihre wirtschaftlichen Interessen und religiösen Lehren hinzu. Und diese Differenzen kamen immer dann zum Vorschein, wenn es um die Zusammenarbeit dieser Gruppen ging, eine Vereinigung aller Parteien auf der Grundlage des Antisemitismus war unmöglich. Der Vorwurf der Gegner, daß der Antisemitismus die Wahrnehmung der gesellschaftlichen Wirklichkeit verzerrte, wenn er in den Juden die universelle Ursache aller gesellschaftlichen Spannungen sah, wurde durch die Ereignisse bestätigt.[28]

Wenn der Antisemitismus sich als Mittel der Vereinigung unfähig erwies, so war er doch höchst erfolgreich, wenn es um gesellschaftliche Segregation ging. Die Ausdehnung der antisemitischen Bewegung wurde deutlich, als Vereine, Parteien und Studentenverbindungen, deren eigentliche soziale

Ziele völlig neutral waren, mehr oder weniger explizite Klauseln in ihre Verfassungen einfügten, die Juden von der Mitgliedschaft ausschlossen.

Der am weitesten bekannt gewordene Ausschluß dieser Art war der der Burschenschaften, gleich zu Beginn der Bewegung. Die Teilnahme am Leben dieser patriotischen Vereinigungen gehörte zum Leben jedes deutschen Studenten. Während der liberalen Zeit hatten auch jüdische Studenten von dieser Möglichkeit Gebrauch gemacht. Jetzt, als die Studentenverbindungen sich der antisemitischen Agitation öffneten und der Antisemitismus ein reguläres Thema der Aktivitäten dort wurde, fanden sich jüdische Studenten über Nacht, oft auf unhöflichste Weise, von ihren Verbindungen ausgeschlossen. Die jüdische Reaktion auf diese Ereignisse war die Gründung besonderer jüdischer Studentenverbindungen, womit die Trennung von Juden und Nichtjuden innerhalb derselben Institution manifest wurde.[29]

Ähnliches wie in den Studentenverbindungen geschah in den Freimaurerlogen. Schon Mitte der siebziger Jahre hatte sich das Klima hier verändert. So wurde die Politik der offenen Türen in ihr Gegenteil verkehrt, vor allem in den preußischen Logen. In den betont christlichen Logen hatte früher zumindest eine Minderheit versucht, die religiösen Anforderungen zu lokkern und auch Juden zuzulassen, dies gab es jetzt nicht mehr. Und wo Juden zuvor als Mitglieder oder Gäste zugelassen wurden, wurden jüdische Kandidaten jetzt wiederholt abgewiesen, womit die wirkliche Einstellung der christlichen Mehrheit deutlich wurde, und die jüdischen Mitglieder verließen die Logen. Solche ehemaligen jüdischen Logenmitglieder in Berlin halfen dann, die Bruderschaft des B'nai B'rith zu gründen, die sich mit dem Hauptzweig dieser Organisation in den Vereinigten Staaten verband. Das schnelle Wachsen dieser ausschließlich jüdischen Logen – innerhalb von drei Jahren nach seiner Gründung 1882 konnte der B'nai B'rith dreiundzwanzig Logen in ganz Deutschland zählen – zeigt die neue Tendenz einer gesellschaftlichen Isolation von Juden in Deutschland mehr als deutlich.[30]

Auch in den politischen Parteien und Vereinigungen wurde die Tendenz zur Segregation spürbar, wenn auch weniger formal. Natürlich hatten sich Juden niemals gleichmäßig über alle politischen Parteien verteilt. Der wohlgemeinte Rat Eduard von Hartmanns, den er nach Ausbruch des politischen Antisemitismus erteilt hatte, daß Juden sich in ihrem eigenen Interesse über das ganze politische Spektrum verteilen sollten, zeigte eine erstaunliche Naivität angesichts der gesellschaftlichen Wirklichkeit. Selbst zur Zeit des Liberalismus war die Wahlmöglichkeit von Juden begrenzt, sowohl durch die Exklusivität des rechten Flügels als auch durch ihre eigene Neigung zur Mitte und zur Linken. Die Preußische Konservative Partei stand getauften Juden offen, und Julius Stahl erreichte in ihr eine führende Position – aber es muß für einen ungetauften Juden extrem schwierig gewesen sein, dort seine politische Heimat zu finden. Und trotz solcher deutlich erkennbaren Tatsachen ignorierte von Hartmann die natürliche Neigung jeder gesellschaftlichen Gruppe, die Partei zu unterstützen, deren Programm den eigenen wirtschaftlichen und politischen Interessen am nächsten stand. Nach ihrer beruflichen Orientierung wie nach ihrer gesellschaftlichen Stellung mußten Juden bestimmte Parteien unterstützen. Ihre Nähe zu den National-Liberalen war bekannt, und dies rührte nicht allein aus der führenden Rolle von Männern wie Ludwig Bamberger und Eduard Lasker. Theoretisch war die Wahlmöglichkeit breiter, und mit Ausnahme der betont christlichen Parteien fanden sich in der Tat Juden auch in den anderen politischen Lagern. Mit dem Aufkommen des Antisemitismus war die jüdische politische Mobilität jedoch äußerst eingeschränkt worden. Selbst die National-Liberalen zögerten jetzt, jüdische Kandidaten aufzustellen, denn deren Judesein galt als Nachteil im Kampf gegen nichtjüdische Mitbewerber. Von nun an neigten viele Juden der Linken zu, den radikalen Freisinnigen und sogar den Sozialisten. Diese spontane Konzentration von Juden auf der Linken förderte nur noch den Ausschluß aus den staatstragenden Parteien, damit wurde die gesellschaftliche Segregation vollendet.[31]

Seit Mitte der sechziger Jahre diente antisemitische Propaganda Konservativen und Katholiken als Waffe in ihrem Kampf gegen die Liberalen, wie wir sahen. Als diese schließlich letztere als parlamentarische Verbündete Bismarcks verdrängten, konnte leicht der Eindruck entstehen, daß der Kanzler von diesem neuen Trend profitiere und ihn förderte. Die persönliche Einstellung Bismarcks und anderer leitender Beamter zum Antisemitismus war ohne Zweifel ambivalent. Aus diesen hohen Kreisen ist keine einzige Verurteilung der Bewegung laut geworden. Die Antisemiten-Petition, die da facto eine Beschränkung der jüdischen Rechte forderte, wurde von der Regierung aus formalen Gründen zurückgewiesen, indem man auf die Verfassung verwies, die die Bürgerrechte unabhängig von der Religion garantierte. Aber die beabsichtigte Diffamierung wurde nicht verurteilt.[32]

Ob eine eindeutige Zurückweisung seitens der Behörden die Welle aufgehalten hätte, ist eine müßige Frage. Aber die Regierung ist nicht wegen ihres Schweigens mitverantwortlich für das, was geschah. Ihre Sorge hätte die Anwendung des Gesetzes sein müssen, das Juden die gleichen Rechte wie anderen Bürgern gewährte. Im Bereich der öffentlichen Verwaltung einschließlich Universitäten und Armee blieb das Gesetz aber ein toter Buchstabe, vor allem in Preußen. Und hier wurde die Politik des ganzen Landes gemacht. Selbst getaufte Juden hatten Schwierigkeiten, in der Armee oder Verwaltung voranzukommen, und dies sogar während der Glanzzeit des Liberalismus. Zu jener Zeit wurde dies als Rest früherer Hindernisse erklärt, die mit der fortschreitenden Demokratisierung von Staat und Gesellschaft verschwinden würden. Ob eine solche Entwicklung überhaupt möglich gewesen wäre, muß der Spekulation überlassen bleiben. Nachdem die antisemitische Bewegung die Gesellschaft ergriffen hatte, wurden solche liberalisierenden Tendenzen – wenn es sie je gab – umgekehrt. Die Behörden dachten gar nicht daran, die öffentliche Meinung zugunsten der jüdischen Gleichberechtigung zu beeinflussen, sondern sie entschuldigten ihre eigene Diskriminierung jetzt mit der mangelnden Bereitschaft der Öffentlichkeit, Juden in führenden administrativen oder universitären Stellungen zu dulden. Der Ausschluß von Juden aus solchen Positionen macht noch mehr als ihre gesellschaftliche und politische Segregation die ungewöhnliche und prekäre Situation deutlich, in der Juden lebten; wieder einmal drängt sich die Vorstellung des Parias auf.[33]

23. Die ungarische Variante

Der Ausbruch des Antisemitismus in Deutschland war keine lokal begrenzte Angelegenheit. Er rief internationale Aufmerksamkeit hervor, das Auf und Ab der Bewegung wurde in der gesamten europäischen und sogar in der amerikanischen Presse beobachtet. Die meisten Reaktionen im Westen zeigten Überraschung, daß so etwas gegen Ende des 19. Jahrhunderts noch geschehen konnte.[1] Aber diejenigen, die ähnlich fühlten, hörten mit Freude, was da aus Berlin zu ihnen drang. Für Győző Istoczy in Ungarn war der Bericht aus Berlin eine höchst willkommene Botschaft; sie bestätigte ihm, daß er seit über fünf Jahren – meist tauben Ohren – nicht nur das Produkt seiner eigenen Animosität gegen die ungarischen Juden gepredigt hatte. Bekannte Vertreter der großen Nation der Dichter und Denker – der Hofprediger Stoecker, der berühmte Historiker Treitschke und der militante Philosoph Dühring – sagten im wesentlichen dasselbe. Es muß für Istoczy sehr befriedigend gewesen sein, daß seine Rede über die mögliche Repatriierung der Juden nach Palästina von dem führenden Radikalantisemiten Wilhelm Marr zitiert wurde. Er begann einen Briefwechsel mit Marr und gab darin der Hoffnung Ausdruck, daß die antijüdische Kampagne in Deutschland seine Bemühungen in seiner Heimat unterstützen würde.[2]

Derart in seiner Überzeugung bestätigt, griff Istoczy das Thema nicht nur in seinen Parlamentsreden wieder auf, sondern suchte noch nach weiteren Möglichkeiten, seine Gedanken zu verbreiten. Im Oktober 1880 begründete er eine antisemitische Zeitschrift und publizierte die Satzung eines «Central-Vereins der Nichtjuden von Ungarn». Istoczys Zeitschrift, die *Zwölf Rundschreiben*, erschien während der nächsten vier Jahre, und sie berichtete über antisemitische Aktivitäten in Ungarn und im Ausland und veröffentlichte antisemitische Beiträge verschiedenster Herkunft und Güte. Die Satzung des Vereins war von der Antisemitenliga Wilhelm Marrs übernommen worden, allerdings mit wichtigen Änderungen. Wer im geheimen für die Zurückdrängung des jüdischen Einflusses arbeiten wollte, konnte dem Verein beitreten, ohne daß die Mitgliedschaft irgendwo bekannt wurde. Und, noch überraschender, es gab eine Möglichkeit für getaufte

Juden, als Geheimmitglieder dem Verein beizutreten. Diese beiden Punkte zeigen, wie komplex die Lage in Ungarn war, wo eine Trennung zwischen Juden und ihren Gegnern nach klaren gesellschaftlichen oder anderen Kriterien ausgeschlossen war.[3]

Es ist nicht bekannt, inwieweit Istoczy mit diesen Unternehmungen sofortigen Erfolg hatte. Zunächst war die Satzung des Vereins zumindest mehr ein Entwurf für die Zukunft als reale Wirklichkeit. Aber schon der Vorschlag, einen antisemitischen Verein zu gründen, rief genügend Aufmerksamkeit hervor, so daß ein Mitglied des Parlaments die Regierung fragte, ob der Verein mit den Gesetzen des Landes übereinstimmte und ob man um Zulassung gebeten habe. Im Vergleich mit der Verachtung, auf die Istoczys frühere Versuche gestoßen waren, zeigte der Ton der Anfrage wie der Antwort der Regierung – die sich deutlich von Istoczys Absichten distanzierte –, daß sich die Lage gründlich verändert hatte. Jetzt sah man in Istoczys Vorschlägen eine mögliche Gefahr für den Frieden des Landes, nicht länger die Phantasien eines Spinners. Auch Istoczys Zeitschrift, von der nicht bekannt ist, wie weit sie gelesen wurde, bestand weiter. Dies war anders als bei einem früheren Versuch, ein Jahr vor Ausbruch der deutschen Bewegung, von dem Istoczy selbst sagte, daß er ein totgeborenes Kind gewesen sei. Der sichtbarste Erfolg von Istoczy war aber, daß er andere Parlamentsmitglieder in seinen Kreis hinzuziehen konnte; 1882 bestand die antisemitische Gruppe im Parlament aus fünf Mitgliedern.[4]

Daß die antisemitische Agitation das öffentliche Leben beeinflußte, wurde in den Studentenunruhen der Universität Budapest Anfang 1881 deutlich. Jüdische Studenten wurden angegriffen, und der Grund hierfür war der Ärger der christlichen Studenten über die hohe Anzahl jüdischer Studenten – 36 Prozent der Medizin- und 26 Prozent der Jurastudenten waren Juden. Istoczy wurde der Mentor wie das lebende Ideal der antisemitischen Studenten. Eine Petition mit über vierhundert Unterschriften wurde ihm übergeben, er sei der beste Mann, um die Klagen der Studenten vor Parlament und Regierung vorzutragen. All dies entsprach dem deutschen Vorbild – mit einem wichtigen Unterschied. Die ungarische Regierung nahm eindeutig Stellung gegen die lautesten Manifestationen der Bewegung. Eine Studentenversammlung im Anschluß an die Unruhen wurde von der Polizei auf direkten Befehl des Premierministers Tisza verhindert, eine Maßnahme, gegen die Istoczy im Lauf einer parlamentarischen Anfrage protestierte.[5]

Einige Menschen spürten die Gefahr und versuchten, die Gründe für den wachsenden Antisemitismus zu finden. Ein liberaler Parlamentarier äußerte die Meinung, daß das Versagen der Regierung, die Zivilehe einzuführen – wegen des Widerstands der Kirche und konservativer Kreise in der ungarischen Gesellschaft –, die volle Integration der ungarischen Juden durch Mischehen verhindert habe. Offenbar teilten auch einige Regierungsmitglieder diese Ansicht, denn einige Wochen später wurde ein Gesetzesentwurf für die Zivilehe, für die Fälle, wo eine religiöse Eheschließung unmöglich war, dem Parlament vorgelegt. Aber selbst wenn dieses Gesetz verabschiedet worden wäre – es wurde von der Tagesordnung wieder abgesetzt –, hätte es die Assimilation wohl nicht genügend beschleunigt, um antisemitische Angriffe zu verhindern.[6]

Die Assimilation der Juden in Ungarn war vorangekommen. Es gab Mischehen[7], allerdings mußte der jüdische Partner dafür konvertieren. Und obwohl die Zahl der Mischehen in manchen Kreisen sehr groß war, blieb sie aufs Ganze der jüdischen Gemeinschaft doch marginal. Die ungarische Judenschaft war eine erkennbare Minderheit, zwar kulturell mehr oder weniger angepaßt, in jeder Hinsicht auffällig, vor allem weil sie in bestimmten Wirtschaftssektoren und Berufen konzentriert war. Diese Auffälligkeit setzte die Judenschaft kritischer Beobachtung aus.[8] Nach dem deutschen Vorbild wurden die Kommentare offen antisemitisch. Und 1882 erhielt die Bewegung aus zwei Quellen einen mächtigen Anstoß, die eine aus Rußland, die andere ein lokales Ereignis, der Ritualmordprozeß in Tiszaeszlár.

Nach der Ermordung von Alexander II. im Frühjahr 1881 kam es in Rußland zu den ersten großen Pogromen. Wenn es stimmt, wie einige Historiker sagen, daß die antijüdische Propaganda, die der Gewalt in Rußland voranging, durch die Berichte aus Deutschland gefördert, wenn nicht angeregt worden war, dann ist die wesentliche Bedeutung des deutschen Antisemitismus – nicht als einzige Ursache, aber doch als Initialzündung – noch deutlicher. Auf jeden Fall hatten die Pogrome in Rußland eine deutliche Wirkung in Ungarn, das schon durch den direkten Kontakt mit Deutschland beeinflußt war. Eine große Zahl russischer Juden – Vorläufer der großen Emigrationswelle nach den Pogromen – floh 1881 und 1882 nach Ungarn. Die ungarische öffentliche Meinung hatte die Frage der Einwanderung seit langem diskutiert, weil vor und nach der Emanzipation ständig osteuropäische Juden dorthin gekommen waren. Die bessere politische und wirtschaftliche Lage der ungarischen Juden zog ihre weniger glücklichen Brüder aus Rußland und Galizien an. Die Welle 1881/1882 war besonders auffällig, wenn nicht wegen ihrer Größe, dann doch wegen ihres Ursprungs in den bekannten russischen Ausschreitungen. Die ungarische Reaktion war zweideutig. Liberale Kreise teilten wohl die Empörung im Westen über die vorgekommene Inhumanität, andere hatten mehr Angst davor, daß die russische Verfolgung eine unwillkommene Einwanderung nach Ungarn auslösen könnte. Und einige Bezirke in Nordost-Ungarn, durch die die Einwanderung erfolgte, legten dem Parlament denn auch eine Petition vor, in der ein gesetzlicher Schutz vor der Immigration gefordert wurde.[9] Die antijüdischen Gefühle, die im Lauf der Debatte über diese Frage laut wurden, verstärkten sich noch, als sie mit der Unruhe über den Ritualmordvorwurf in Tiszaeszlár zusammenkamen.

Die kleine jüdische Gemeinde in Tiszaeszlár, einer Kleinstadt am Oberlauf des Tisza, bestand aus chassidischen Juden, die immer noch als Galizier angesehen wurden, auch wenn sie sich der ungarischen Umgebung angepaßt hatten. Am Sabbath vor Pessach verschwand ein fünfzehnjähriges nichtjüdisches Mädchen. Die Mutter des Mädchens, die das Verschwinden ihrer Tochter nicht erklären konnte, glaubte den zunehmenden Gerüchten, daß die Juden sie getötet hätten, um ihr Blut zu bekommen, das sie für das bevorstehende Fest brauchten. Der Glaube an Ritualmorde war im ländlichen Ungarn noch weit verbreitet. In Verbindung mit dem Fall in Tiszaeszlár wurden viele Beispiele zitiert, und zwar sowohl von Verteidigern der Juden – um zu zeigen, daß die Vorwürfe in der Vergangenheit immer unbegründet waren – als auch von Gegnern der Juden – um den Ritualmordvorwurf zu belegen.[10]

Der Fall in Tiszaeszlár wäre wohl wie die meisten anderen irgendwann vergessen worden, auch wenn die Wahrheit über das Opfer nicht entdeckt worden wäre. Aber in diesem Fall weitete sich die Anklage gegen die Juden von der lokalen auf die nationale Ebene aus. Der katholische Priester von Tiszaeszlár berichtete darüber in der Presse und forderte Istoczy und seinen Kollegen Geza von Onody auf, die Verdunkelung der Gerechtigkeit durch die Juden zu verhindern, an deren Schuldmöglichkeit er glaubte. Die antisemitischen Agitatoren – und Journalisten auf der Suche nach Neuigkeiten – griffen die Sensation auf und gaben ihr durch eine parlamentarische Anfrage und ausführliche Presseberichte nationale Bedeutung. Die lokalen Behörden wurden zu eifrigen Verfolgern der jüdischen Angeklagten, so daß selbst dann, als der Leichnam des verschwundenen Mädchens im Fluß Tisza entdeckt wurde, die Identifizierung durch psychologische und juristische Spitzfindigkeiten erschwert wurde.

Der Prozeß, der mit dem Freispruch der jüdischen Angeklagten endete, dauerte länger als ein Jahr. Er wurde international beachtet, rief eine landesweite Agitation hervor, die mit dem Urteilsspruch keineswegs endete. Die Judenhasser, die von vornherein von der jüdischen Schuld überzeugt waren, waren mit dem Ergebnis des Prozesses keineswegs zufrieden, sondern wurden dadurch noch angestachelt. Angriffe auf Juden und allgemeine Ruhestörungen waren schon zu Beginn der Angelegenheit vorgekommen. Die massivsten Unruhen geschahen im September 1882 in Bratislava. Sie nahmen in den Monaten nach dem Freispruch gefährliche Ausmaße an. Wieder einmal war Bratislava der Ort der stärksten Unruhen, die aber auch auf die Hauptstadt und viele andere Städte und Dörfer in Ungarn übergriffen. Die jüdische Öffentlichkeit machte die bewußte Agitation der Propagandisten für die Unruhen verantwortlich. Daran mangelte es in der Tat nicht, aber die Unruhen waren zugleich Ausdruck antijüdischer Vorurteile und Ressentiments gegen die jüdischen Fortschritte der jüngsten Zeit. Nur dank der festen Haltung der Regierung, die sofort eingriff, wenn es nötig wurde, konnten die pogromähnlichen Angriffe des Mobs in Grenzen gehalten werden.[11]

Für Antisemiten wie Istoczy waren die Ereignisse von 1880 bis 1883 höchst befriedigend. Sie schienen seine Überzeugung zu bestätigen, daß die Judenfrage eine ernste, wenn nicht zentrale Bedeutung hatte. Die antijüdische Agitation, zu der er in Reden und Schrift fleißig beitrug, wurde von Istoczy als Zeichen der Zeit gedeutet, daß nunmehr politische Aktionen sinnvoll seien, um seine weitergehenden Ziele zu erreichen. Seine Einstellung zur Judenfrage verhärtete sich. Wenn er 1880 noch daran gedacht hatte, getaufte Juden in seine Bewegung aufzunehmen, so wurde seine Ansicht in den folgenden Jahren ausgesprochen rassistisch. Gleichzeitig griff er auf die traditionellen christlichen Argumente zurück. Er zitierte Rohling zur Erhärtung des Ritualmordvorwurfs und veröffentlichte Artikel über die Unmoral der Juden, wobei er sich wieder auf den damals weithin bekannten *Talmudjuden* berief.[12] Rohling selbst, seit 1876 Professor für Althebräisch an der Karlsuniversität in Prag, griff in die ungarischen Angelegenheiten ein. Er bot an, im Prozeß von Tiszaeszlár als Zeuge auszusagen, daß die Juden nach ihren eigenen traditionellen Quellen wirklich Christenblut für ihre Pessachfeier benötigten.[13] Angesichts all dessen ist es kein Wunder, daß der Antisemitismus auf der gesellschaftlichen wie auf der politischen Ebene immer extremer wurde.

Wie erwähnt, gehörten fünf andere Parlamentsmitglieder zu der antisemitischen Gruppe um Istoczy. Er selbst blieb Mitglied der liberalen Regierungspartei. Die anderen fünf gehörten der radikalen Opposition an, der Unabhängigkeitspartei – die insofern radikal war, als sie in der Frage der ungarischen Autonomie innerhalb des österreichisch-ungarischen Reiches eine kompromißlose Haltung einnahm. Daß der Antisemitismus noch immer mit widersprüchlichen politischen Einstellungen verbunden werden konnte, zeigt an, daß er noch nicht zum umfassenden geistigen und politischen Prinzip geworden war. Auch die Parteien konnten weiterhin abweichende Meinungen in einer Frage, die noch als unwichtig angesehen wurde, ertragen. Aber die antisemitische Agitation sollte sich lawinenartig entwikkeln. Zuerst forderten die antisemitischen Bezirke Schutz vor jüdischer Einwanderung, dann wurde dem Parlament eine Petition vorgelegt, die eine Aufhebung des Emanzipationsgesetzes verlangte, eine Forderung, die die antisemitischen Parlamentsmitglieder sich zu eigen machten. In dieser Frage war kein Kompromiß möglich. Die Liberalen wie die Unabhängigkeitspartei waren dem Prinzip der Gleichheit vor dem Gesetz verpflichtet, unabhängig von der Religionszugehörigkeit. Istoczy hatte die Liberalen schon 1882 verlassen, die anderen Antisemiten folgten ihm ein Jahr später, um eine eigene Partei zu gründen.[14]

Die Geschichte der antisemitischen Partei, deren Einzelheiten hier nicht ausgeführt werden müssen, zeigt wie die Geschichte der antisemitischen

Parteien in Deutschland, daß der Antisemitismus nicht ausreichte, um Menschen zu vereinigen, die sich in anderen sozialen und politischen Fragen unterschieden. Die Wahlen 1884 fanden in der Folge des Prozesses in Tiszaeszlár statt und brachten der antisemitischen Partei ihren größten Erfolg mit 17 Parlamentariern von 257. Sie waren dem antisemitischen Programm verpflichtet, mit dem sie gewählt worden waren, aber als das Thema der Beziehung zu Österreich, das Schibboleth der ungarischen Politik, zur Debatte stand, da zerbrach die Einheit der Antisemiten. Als überzeugter Anhänger des Ausgleichs, der Politik der herrschenden Liberalen, zu denen er gehört hatte, konnte Istoczy mit den Antisemiten nicht mehr zusammenarbeiten, die anderer Ansicht waren. Er und zwei weitere Mitglieder der antisemitischen Partei trennten sich von den übrigen. Derart gespalten verlor der Antisemitismus die parlamentarische Kraft, die er besessen hatte.[15]

Die historische Bedeutung der antisemitischen Welle, die in den achtziger Jahren durch die ungarische Gesellschaft ging, liegt darin, daß sie den Prozeß der Integration aufhielt, der auf die Emanzipation gefolgt war. Äußerlich beruhigte sich das Land gegen Ende des Jahrzehnts, und die herrschenden Liberalen verabschiedeten mehrere Gesetze, die die Stellung der Juden sichern sollten. 1895 wurde die Zivilehe eingeführt, das Judentum wurde zur anerkannten Religion, damit den christlichen Kirchen gleichgestellt. Aber in beiden Häusern des Parlaments, vor allem im Oberhaus, wurden diese Gesetze gegen eine wütende Opposition von Vertretern der katholischen Kirche und konservativer katholischer Kreise durchgesetzt. Diese gründeten jetzt eine neue Partei, die Volkspartei, die den christlichen Charakter der Gesellschaft und des Staates bewahren sollte. Diese Ziele waren deutlich antisemitisch, und die Partei setzte sich aktiv dafür ein, Juden aus bestimmten Stellungen in Wirtschaft und Gesellschaft zu verdrängen. Verbraucherorganisationen und Finanzeinrichtungen, die von der Volkspartei gegründet worden waren, konkurrierten nicht nur mit jüdischen Interessen, sondern verbreiteten einen neuen Geist der Feindschaft gegen Juden und Judentum. Die Konservativen standen auch der Teilnahme von Juden am kulturellen Leben in Ungarn feindlich gegenüber. Wo sie Macht hatten, etwa in den Erziehungsinstitutionen, verhinderten sie, daß Juden eine ihren Fähigkeiten und Qualifikationen entsprechende Stellung erhielten. Der Mißerfolg des Antisemitismus im Hinblick auf seine politischen Ziele ließ ihn nicht verschwinden. Die Reste der antisemitischen Bewegung blieben als trennende und subversive Kräfte im ungarischen Leben wirksam, nicht anders als in Deutschland, wo der Antisemitismus entstanden war.[16]

Der Antisemitismus, der sich in Ungarn so zäh behauptete, schien die Meinung seiner Gegner zu widerlegen, daß er ein ausschließlich deutsches Phänomen sei. Die deutschen wie die ungarischen Antisemiten, die sich zwar den örtlichen Bedingungen anpaßten, vertraten ihre Vorstellungen so, daß sie alle christlichen Länder in Europa angingen. Juden wurden als Gefahr für alle zivilisierten Völker dargestellt, und der Antisemitismus wurde als Heilmittel für eine universale gesellschaftliche Krankheit angeboten. Um den universalen Charakter der Bewegung zu zeigen, entstand der Gedanke eines internationalen antisemitischen Kongresses. Wer ihn zuerst äußerte, ist nicht bekannt, aber als er im September 1882 in Dresden zusammentrat, spielten die drei ungarischen Vertreter, alle Parlamentsmitglieder, eine wichtige Rolle in den Verhandlungen. Ivan von Simonyi war einer der Vorsitzenden. Er sprach über *Antisemitismus und die Gesetze der menschlichen Gesellschaft*, Istoczy verfaßte ein *Manifest an die Regierungen und Völker der durch das Judenthum gefährdeten christlichen Staaten*. Darin sollte die nichtjüdische Welt zur Wachsamkeit gegen den gemeinsamen Feind, den Juden, aufgerufen werden.[17]

Der Dresdener Kongreß brachte einige der führenden Persönlichkeiten der antisemitischen Bewegung zusammen: Stoecker, Ernst Henrici und Pinkert-Waldegg aus Deutschland; Karl von Zerboni (von dem wir im nächsten Kapitel hören werden) aus Österreich; Simonyi und Istoczy aus Ungarn. Im Protokoll werden auch Vertreter aus Rußland erwähnt, aber ohne Namensnennung.[18] Obwohl sie sich in ihrer Ablehnung von Juden und Judentum einig waren, arbeiteten die Kongreßteilnehmer doch unter unterschiedlichen politischen Bedingungen und konnten nicht hoffen, ein gemeinsames praktisches Programm zu entwickeln. Außerdem waren die deutschen Vertreter mit Stoecker auf der einen, Henrici auf der anderen Seite zutiefst uneins, sowohl was die ideologischen Grundlagen als auch was die praktischen Konsequenzen ihres Antisemitismus betraf. Istoczy versuchte in seinem Memorandum, die beiden unterschiedlichen Richtungen zu versöhnen. Er legte die Judenfeindschaft der europäischen Völker in religiösen wie in rassischen Begriffen dar: «Das Judentum unterminiert die christliche Religion immer stärker, die zu einer besonderen Rassenreligion der europäisch-arischen Völker geworden ist.»[19] Der Entwurf des Manifests wurde den Vertretern der verschiedenen Richtungen vorgelegt, und die endgültige Fassung war zweifellos ein Kompromiß.[20] Die Folgerungen des Kongresses waren notwendigerweise begrenzt. Sie bestanden in einem Aufruf an alle, die sich der «jüdischen Gefahr» bewußt waren, sich in Vereinen zusammenzuschließen, um der jüdischen Vorherrschaft eine Grenze zu setzen. Diese Vereine sollten sich der neu gegründeten *Alliance Antijuive Universelle* anschließen. Der Name dieser Organisation war als bewußtes Gegenstück zur *Alliance Israélite Universelle* gewählt worden, in der man das Mittel der jüdischen Weltherrschaft sah. Der Mythos von der jüdischen Weltverschwörung war eine der leitenden Ideen der Konferenz.[21]

Die Anstrengungen der Organisatoren, die Unterschiede zwischen den widersprüchlichen Ideologien auszugleichen, waren nur wenig erfolgreich, und sie wurden schon bald von einem Dr. J. Amman aus Berlin, einem Anhänger von Eugen Dühring, heftig angegriffen. Schon daß sich Istoczys

Memorandum an die christlichen Völker richtet, war in Ammans Sicht ein Rückgriff auf veraltete Vorstellungen, der die moderne säkulare Begründung des Antisemitismus, wie sie von Eugen Dühring entwickelt worden war, außer acht ließ.[22] Der Streit zwischen den beiden Richtungen beherrschte die Diskussion des zweiten internationalen Kongresses, der ein Jahr später, im April 1883, in Chemnitz tagte.[23] Er war internationaler als der erste, da diesmal auch Vertreter aus Rumänien, Serbien und Frankreich anwesend waren (die Österreicher fehlten), aber die Verhandlungen waren noch stärker auf Deutschland konzentriert. Obwohl dieses Mal konkretere Schritte zur Verwirklichung der Ziele beschlossen werden sollten, verbrachte die Konferenz ihre Zeit damit, die ideologischen Differenzen zu diskutieren. Obwohl das Prinzip, daß der Antisemitismus Nichtjuden aller Überzeugungen und Völker vereinigen solle, weiterhin laut vertreten wurde, mußte der Vorsitzende, Otto Glagau, zugeben, daß dies Prinzip nur selten praktiziert werde. Die Schwäche des Antisemitismus als Prinzip organisatorischer Vereinigung wurde damit auch international bewiesen. Die praktischen Ratschläge, die die Teilnehmer mit nach Hause nehmen konnten, liefen letztlich auf die Forderung von Liebermann von Sonnenberg hinaus, daß jeder in seinem Land an der gesellschaftlichen Isolation und dem wirtschaftlichen Boykott von Juden arbeiten solle. Man solle die jüdische Presse nicht lesen und keiner Gruppe beitreten, die Juden zuließ.[24] Auf diese Weise wurde der Antisemitismus lokal ein wirksamer gesellschaftlicher Faktor jener Zeit.

24. Die österreichische Version

Trotz der geographischen und kulturellen Nähe Österreichs zu Deutschland, trotz ähnlicher wirtschaftlicher Unruhen lief die antisemitische Bewegung in Österreich nur langsam an. Der Börsenkrach begann in Wien 1873, und die zerstörerischen Nachwirkungen, vor allem für kleine Sparer, waren nicht weniger hart als in Deutschland; auch die jüdische Teilnahme an dem künstlichen Boom vorher war nicht weniger auffällig. Als man anfing, nachzudenken und nach Schuldigen zu suchen, wurden Juden erwähnt. Sie wurden aber nicht wie in Deutschland zu den allein Schuldigen gemacht. Sicher, es gab deutliche Ressentiments und auch Kritik an den großen Fortschritten von Juden in der Wirtschaft und anderen Berufen. Dies wird an Theodor Billroths Protest gegen ein jüdisches Übergewicht in der Medizin deutlich. Billroth sprach den Juden 1876 die Fähigkeit ab, Arzt zu werden, weil sie angeblich meist ererbte schlechte Eigenschaften hatten. Obwohl der Professor, der an der medizinischen Ausbildung in Wien beteiligt war, sich von dem «beliebten modernen Judenschimpfen» abgrenzte, gibt es deutliche Ähnlichkeiten. Sein Protest und dessen positive Aufnahme durch die nichtjüdische Studentenschaft müssen als Teil eines weit verbreiteten Ärgers über den bemerkenswerten Fortschritt der Juden gesehen werden. Charakteristischerweise wurde Billroths Kritik praktisch von allen Organen der liberalen Öffentlichkeit zurückgewiesen. Diese wurden zumeist von Juden herausgegeben, was die Interessengleichheit zwischen der herrschenden politischen und sozialen Ordnung und der österreichischen Judenschaft widerspiegelt.[1]

Ein wichtiger Unterschied der jüdischen Situation in Österreich und Deutschland ist in der unterschiedlichen sozialen Stellung der Liberalen oder zumindest ihrer politischen Führung zu sehen. Der Liberalismus in Deutschland war im wesentlichen ein Produkt der aufstrebenden Mittelschichten, zu denen die Juden gehörten. Einzelne Juden wie Ludwig Bamberger oder Eduard Lasker konnten in die Führung der liberalen Partei aufsteigen. Der österreichische Liberalismus dagegen wurzelte im hohen und niederen Adel, ein Erbe aus der Zeit Josephs II. Diese Aristokraten nahmen bewußt an den Errungenschaften der wirtschaftlichen und sozialen Modernisierung teil, die durch jüdisches Kapital und durch jüdischen Erfindungsgeist gefördert wurde, behielten jedoch die politische Führung ihren eigenen Kreisen vor. Ignaz Plener antwortete in einem Brief 1872 auf eine Beobachtung, die sein Sohn ein Jahr zuvor gemacht hatte, daß «Juden noch nicht in die Politik drängen», und er schrieb, daß sich die Dinge seit der letzten Wahl geändert hätten. Seitdem waren einige Juden im Parlament und zwei getaufte Juden in der Regierung.[2] Wenn Juden vor allem im Finanzwesen und in ihren übrigen Berufen aktiv waren, dann gaben auch Angehörige des Adels ihren Namen zu den wirtschaftlichen und finanziellen Unternehmen, die seit dem Krach von 1873 in Schwierigkeiten geraten waren. Die enge Verbindung mit dem Adel mag die Juden davor bewahrt haben, falsch dargestellt zu werden. Auf jeden Fall blieben in den ersten Jahren der Wirtschaftskrise Angriffe auf Juden noch auf die militant klerikalen Kreise um die Schule von Sebastian Brunner beschränkt.[3]

Die ernsthafteren katholischen Denker, vor allem Karl von Vogelsang, hielten sich zunächst von der antijüdischen Kampagne fern. 1876 wurde Vogelsang gefragt, ob es nicht sinnvoll sei, wenn seine Wochenzeitung *Vaterland* sich ihrem Berliner Gegenstück, der katholischen *Germania*, anschlösse und die Zerstörung aufdeckte, die von Juden über das österreichische Leben gebracht würde, und er lehnte dies ab. Zu diesem Zeitpunkt war es der Liberalismus als System, der scharf angegriffen wurde. Nicht nur die langsam entstehende sozialistische Bewegung gehörte zu seinen Gegnern, auch katholische Denker, die sich der großen sozialen Probleme bewußt geworden waren, die durch die Herrschaft des freien Unternehmertums und der kapitalistischen Investition entstanden waren. Karl Vogelsang war der geistige Führer dieser Gruppe, die ihre Ideen im *Vaterland* und in der *Österreichischen Monatsschrift für Gesellschaftswissenschaft* publizieren konnte.

In der letzteren veröffentlichte der bekannte Wirtschaftswissenschaftler Anton Tschörner 1879 eine eingehende Untersuchung über die Arbeitsbedingungen und Löhne in verschiedenen Industriezweigen. Er fand heraus, daß die Arbeiter, die durch kein Gesetz geschützt waren, vor allem in den neuen Industriezweigen von den Kapitalisten ausgebeutet wurden. Tschörner warf den Nutznießern des Systems vor, daß sie die Härten und Leiden, die durch ihre Unternehmen hervorgerufen wurden, nicht zur Kenntnis nähmen, wenn nicht militante Sozialisten sie darauf aufmerksam machten. Dieser Aufsatz, geschrieben in der Zeit, als die antijüdische Propaganda in Deutschland ihren Höhepunkt erreichte – die den Juden die Schuld an allen Übeln des wirtschaftlichen Liberalismus gab –, erwähnte die Juden überhaupt nicht. Tschörners Erkenntnisse, die auf einer wirklichen Untersuchung beruhten, waren gleichermaßen für die Wirtschaftszweige mit starker jüdischer Beteiligung – wie die Textilindustrie – gültig wie für jene – wie die Schwerindustrie –, an denen Juden gar nicht beteiligt waren.[4]

Obwohl das gesellschaftliche System als solches Ziel der Kritik in Vogelsangs Kreisen war, heißt das nicht, daß man die Juden für unschuldig hielt. Als Vogelsang 1876 erklärte, warum er der antijüdischen Kampagne der *Germania* nicht beitrat, sagte er, daß die Situation in Österreich nicht durch Angriffe oder sogar den Ausschluß von Juden gebessert werden könnte. Der Liberalismus als solcher sei «durch und durch mit jüdischem Geist» durchtränkt, und die Gesellschaft könne nur durch eine Aufhebung der liberalen Institutionen von ihrem Übel befreit werden. Die Judenfrage würde dann von selbst verschwinden.

Die ideologischen Wurzeln dieser Einstellung sind in Vogelsangs Glaube an die Soziallehre der Kirche zu sehen, die alle gesellschaftlichen Schäden heilen könne, wenn sie der modernen Situation angepaßt würde. Dies erinnert an die Lehren katholischer Denker in Frankreich während der Restaurationszeit, und es schließt den Versuch des Katholizismus ein, verlorenes Terrain durch ernsthafte intellektuelle Anstrengungen wiederzugewinnen. Vogelsang nutzte dieses Denken, um die Nähe von Judentum und Liberalismus sowie eine christliche Abneigung dagegen zu behaupten. Das Christentum vertrete den Gedanken von Gegenseitigkeit und Gerechtigkeit, während das Judentum Träger des «minderwertigen Geistes des Individualismus» sei, ein Produkt des von Gott auferlegten zweitausendjährigen Exils. Sobald der Liberalismus durch eine «wirklich christliche Gesellschaft» ersetzt sei, würde das Judentum automatisch verschwinden. Und weil Vogelsang an eine radikale Verbesserung der Situation glaubte, hielt er es für unnötig, nach dem Muster der Berliner eine antijüdische Kampagne zu starten. Aber wenn er den Juden einen Platz in der Gesellschaft der Zukunft bestritt, dann war dies zugleich eine Verurteilung der jüdischen Existenz der Gegenwart. Die Verbreitung solcher Ideen konnte nur eine Atmosphäre schaffen, in der es normal wurde, aktiv gegen Juden vorzugehen, ein Kampf, an dem schließlich auch Vogelsang und seine Freunde teilnahmen.[5]

Die ersten praktischen Folgerungen aus antijüdischen Gefühlen wurden in den Studentenverbindungen gezogen. Während des Liberalismus sahen jüdische Studenten in den Verbindungen eine Möglichkeit der sozialen Integration. Da sie einen beachtlichen Teil der Studentenschaft ausmachten – in Wien 1870 21 Prozent –, spielten Juden auch in den Verbindungen eine wichtige Rolle. Anläßlich der Billroth-Affaire 1876 wollte der Leseverein Deutscher Studenten dem kritisierten Professor einen Solidaritätsgruß übermitteln. Dies konnte nur gegen die heftige Opposition der jüdischen Mitglieder durchgesetzt werden. Offenbar war die Integration keine vollständige, obwohl die Verbindungen wenigstens formal weiterhin für Juden offen blieben. Erste Ausschlüsse von Juden hat es wohl schon 1878 gegeben, aber die meisten Verbindungen begannen die Diskussion erst 1880. 1883 siegten die antijüdischen Mitglieder in der Teutonia, und am Ende des Jahrzehnts waren alle Verbindungen «judenrein» geworden.[6]

Diese langsame Entwicklung in der österreichischen Studentenschaft unterscheidet sich von der in den deutschen Burschenschaften, wo Juden innerhalb weniger Monate an allen Universitäten ausgeschlossen wurden. Aber für Österreich ist eine solche langsame Entwicklung typisch; der Antisemitismus drang langsam, aber gründlich in die Organisationsstruktur der österreichischen Gesellschaft ein, nur gelegentlich von der Art spontaner Agitation begleitet, wie sie in Deutschland üblich war. Diese zurückhaltende Reaktion auf die Anregungen aus Deutschland ist um so erstaunlicher, als Österreich und vor allem Wien durchaus eigene Anlässe für Antisemitismus hatten.[7] Das starke Anwachsen der jüdischen Gemeinschaft in Wien von 6200 im Jahr 1860 (2,2 Prozent) auf 72600 im Jahr 1880 (10 Prozent der Bevölkerung) – in Berlin zur gleichen Zeit von 3,5 auf 4,8 Prozent – mußte für Menschen, die den Juden mit Abneigung gegenüberstanden, eine Irritation sein. Zudem war die kirchlich inspirierte, antijüdische Indoktrination in Österreich unvermindert weitergegangen. Wenn sich der Antisemitismus dennoch nur langsam zu einem deutlichen politischen Trend entwickelte, dann muß der Grund in der besonderen sozio-politischen Situation des Landes gesucht werden.[8]

Deutschland war seit Beginn der liberalen Ära in den späten fünfziger Jahren durch eine große gesellschaftliche und politische Mobilität gekennzeichnet. Politische Trends kamen in der Gründung von Vereinen und Parteien zum Ausdruck. Darum konnte der Antisemitismus in den Dienst politischer Ziele gestellt werden, wie Stoecker dies beispielhaft tat, und er spielte zumindest eine zusätzliche Rolle, die liberale Regierung abzulösen. In Österreich gründete die Regierung auf einem viel restriktiveren Wahlsystem, das nur etwa 3 Prozent der Bevölkerung – dem Adel und dem Großbürgertum – eine Mitsprache durch Vertreter im Reichsrat erlaubte. Die

Oberschicht war so stark, daß sie ohne Rücksicht auf Klagen der unteren Schichten oder Kritik ihrer intellektuellen – katholischen oder sozialistischen – Fürsprecher regieren konnte. Und in der Tat war der Regierungswechsel und die folgende Änderung des Wahlsystems nicht das Ergebnis inneren sozialen Drucks. Die liberale Verfassungspartei wurde im August 1879 aufgrund einer Auseinandersetzung mit Kaiser Franz Joseph über eine außenpolitische Frage abgelöst, die Besetzung Bosniens. Der neue Ministerpräsident, Graf Taaffe, hatte keine antiliberalen Neigungen, und es war nicht klar, welchen innenpolitischen Kurs er steuern würde. Aber die Handwerker und Arbeiter, die von den Liberalen beiseite gelassen worden waren, dachten, daß die Zeit gekommen sei, eine Veränderung zu ihren Gunsten zu bewirken. Im Herbst 1880 fand in Wien eine erste Versammlung von Handwerkern statt, einberufen durch den Uhrmacher Buschenhager. Sie verlangte den Schutz ausgebildeter Handwerker vor der Konkurrenz durch jüdische Hausierer. Aus dieser Versammlung ging ein Jahr später die «Vereinigung für den Schutz der Handwerker» hervor; 1882 wurde diese der «Österreichische Reformverein» genannt.

Reformverein nannte sich auch die Vereinigung der deutschen Antisemiten, und es war eine bewußte Übernahme von deren Programm und Methoden, als der Name auf die Wiener politische Szene übertragen wurde. Die Führung lag jetzt nicht mehr in den Händen einfacher Handwerker, sondern wurde von Politikern wie dem Juristen Robert Pattai und Karl von Zeboni übernommen, dem Herausgeber der Wochenzeitung *Österreichischer Volksfreund*. In dieser Zeitung wurden die Ziele des Vereins propagiert, um durch die Mobilisierung weiter Volkskreise politische Macht zu gewinnen. Dieser Versuch war vielversprechend, weil Ministerpräsident Taaffe einen unvorhergesehenen Schritt unternahm. Er brauchte politische Unterstützung und schloß deshalb mit dem polnischen und tschechischen Landadel, der bisher weitgehend vom Wahlrecht ausgeschlossen war, einen Kompromiß. Das neue Wahlsystem, das 1882 eingeführt wurde, gab jedem Mann, der mindestens fünf Gulden direkte Steuern zahlte, das Wahlrecht. Dadurch erhielt eine große Anzahl Menschen, die bisher politisch machtlos war, Zugang und Mitsprache in öffentlichen Angelegenheiten.[9]

Die meisten Politiker, die jetzt auftraten, benutzten die antisemitischen Gefühle nur zu gerne, von denen Wien voll war. Der Reformverein begann eine aktive Agitation. Er verlangte den Ausschluß von Juden aus ihren politischen, wirtschaftlichen und gesellschaftlichen Stellungen. Man sollte nicht für sie stimmen, nicht bei ihnen kaufen und überhaupt jeden Kontakt mit ihnen meiden. Die Ideologie hinter dieser Agitation bestand aus Elementen der gängigen antijüdischen Argumentation, mit einer starken Färbung durch die traditionelle christliche Vorstellung von Juden und Judentum. Im April 1882 erklärte ein Redner namens Franz Holubek vor einer Versammlung von mehreren hundert Menschen: «Die Juden haben sich der

Emanzipation nicht würdig erwiesen... Der Jude ist nicht länger ein Mitbürger. Er hat sich zu unserem Herrn, zu unserem Unterdrücker gemacht... Wißt ihr, was diesen Menschen das Recht gibt, unseren Nacken zu beugen? Der Talmud, in dem ihr Christen Hunde, Esel und Schweine genannt seid.» Diese Ausfälle führten zu einem Aufruhr, so daß die Polizei die Versammludng auflöste. Holubek wurde wegen religiöser Beleidigung angeklagt, aber in dem Prozeß, in dem er von Pattai verteidigt wurde, freigesprochen. Die Verteidigung plädierte, daß die angebliche Beleidigung eine wissenschaftliche Wahrheit sei, wie sie in der gelehrten Abhandlung *Der Talmudjude* behauptet werde, von August Rohling, Professor für Hebräisch an der Karlsuniversität in Prag.[10]

Rohlings *Talmudjude* unterschied sich nicht wesentlich von den vielen Schriften und Artikeln, die schon früher von Sebastian Brunner und Albert Wiesinger veröffentlicht worden waren, ohne viel Aufmerksamkeit hervorzurufen. Aber der Urteilsspruch im Fall Holubek schien die Anklagen gegen den Talmud zu bestätigen, damit die Diffamierung der jüdischen Gemeinschaft. Darum protestierten Adolf Jellinek und Moritz Güdemann, Rabbiner der Wiener Gemeinde und bekannte Wissenschaftler, gegen die Beleidigung. Und ihr weniger bekannter Kollege Samuel Bloch, Rabbiner des Wiener Vororts Floridsdorf, entschloß sich, die Gelegenheit zu nutzen und die angebliche wissenschaftliche Autorität Rohlings zu entlarven. Er warf Rohling darum vor, die talmudischen Quellen gefälscht zu haben, Eisenmengers Zitate zu benutzen, weil er gar nicht in der Lage sei, das aramäische Original zu lesen. Es begann eine öffentliche Kontroverse zwischen dem Professor und dem Rabbiner, die schon bald über den Fall Holubek hinausging. Denn inzwischen erregten die Nachrichten aus Tiszaeszlár die Öffentlichkeit, und Rohling hatte sich erboten, vor dem Gericht in Ungarn unter Eid auszusagen, daß die jüdischen Religionsquellen tatsächlich eine Vorschrift für den Ritualmord an Christen enthielten. Rabbi Bloch warf Rohling einen versuchten Meineid vor, womit er den Professor zwang, ihn wegen Verleumdung zu verklagen.[11]

Die Affäre endete mit einer moralischen Niederlage Rohlings. Er wußte, daß er seine Behauptung nicht beweisen konnte und so zog er seine Klage zurück, aber erst 1885. Selbst dann waren die, die antijüdische Vorurteile hatten, von Rohlings Versagen nicht überzeugt, und in der Zwischenzeit hatten sein *Talmudjude* und seine anderen Veröffentlichungen große Verbreitung gefunden. In der Tat erreichte dieser scharfe Antisemitismus in diesen Jahren in Österreich seinen Höhepunkt. Die Versuche der Regierung, ihn einzudämmen, hatten keinen Erfolg, obwohl etwa die Verbreitung von Istoczys antisemitischem Manifest, das in Dresden verabschiedet worden war, verboten wurde. Die Behörden haben wohl auch verhindert, daß österreichische Vertreter den Kongreß in Chemnitz besuchten.[12] Aber solche administrativen Maßnahmen konnten die Agitation nicht aufhalten, die breite Kreise der Bevölkerung ansprach. Wie weitgehend die Situation davon bestimmt war, ist aus der Beobachtung Ernst Pleners ersichtlich, in welchem Dilemma sich die Führung der Liberalen befand. Weil die Partei von Juden unterstützt wurde, vor allem von der Intelligenz und in ethnisch gemischten Gebieten wie Mähren, erwartete man von ihr, daß sie in der Stunde der Gefahr für die Juden Stellung bezog. Aber dies zu tun, hätte die Stimmen des Kleinbürgertums gekostet, das immer noch zum liberalen Programm stand.[13]

Die Zahl der liberalen Parteimitglieder, die austrat, muß enorm gewesen sein. Einige von ihnen halfen bei der Gründung anderer Parteien und nahmen im Lauf der Zeit eine antisemitische Haltung ein.[14] Das bekannteste Beispiel ist Georg Ritter von Schönerer, Gründer der deutsch-nationalen Partei. Schönerers politisches Ziel war der Anschluß der deutschsprachigen Teile Österreichs an das Reich. Dies politische Fernziel hatte einige direkte Konsequenzen. Es verlangte die Herrschaft der Deutschen über die anderen Nationalitäten – Ungarn, Tschechen und Polen – und die Lockerung der Verbindung mit ihnen. Die engere Zusammenarbeit mit dem deutschen Reich wurde als ideologische wie als praktische Notwendigkeit dargestellt. Obwohl Schönerer sich für den Schutz des Landbesitzes und der produktiven Arbeit vor der «semitischen Geldherrschaft» einsetzte, fehlte ihm noch ein eigentliches antisemitisches Programm. Es gab Juden, die sich den nationalistischen wie den sozialen Teilen seiner Ideologie anschlossen und bei der Gründung der Partei beteiligt waren. Und die endgültige Formulierung ihrer politischen Ziele, das Linzer Programm von 1882, war ebenso das Werk des jüdischen Historikers und Publizisten Heinrich Friedjung wie das Schönerers.[15]

Aber die starke Betonung des Nationalismus nach deutschem Vorbild schuf natürlich eine Nähe zum Antisemitismus. Und da sich der Antisemitismus im Aufwind befand, war es nur nützlich für jede Partei, ihn zu übernehmen. Von daher fügte Schönerer 1885 einen Absatz zum Parteiprogramm hinzu, in dem es hieß, daß die Verwirklichung des Programms den «Ausschluß des jüdischen Einflusses in allen Bereichen des öffentlichen Lebens» erforderte. Aber als früherer Liberaler behielt Schönerer seine starken antiklerikalen Überzeugungen bei. Dies machte es unmöglich, daß er seinen Antisemitismus auf die religiösen Voraussetzungen gründete, wie dies etwa Karl von Vogelsang tat. Obwohl er vor den populären Angriffen auf das talmudische Judentum nicht zurückschreckte, war das Hauptziel seiner Angriffe die jüdische Rasse, wobei er ausdrücklich die Möglichkeit einer Assimilation durch die Taufe bestritt.[16]

Indem er Blut und Rasse zu den zentralen Begriffen seiner Propaganda machte, trat Schönerer bewußt in die Reihen der radikalen Antisemiten im Reich, Marr, Dühring und andere. Obwohl diese radikale Richtung aus Deutschland stammte, hatte sie doch ihre Vertreter auch in Österreich, vor allem in akademischen Kreisen. In seinem Buch *Babylonierthum, Judenthum und Christenthum* (1882) hatte Adolf Wahrmund, Dozent an der Wiener Universität und der Orientalischen Akademie, die rassische Terminologie zwar vermieden und scheinbar eine geistige Orientierung vertreten. In Wirklichkeit stattete er die Juden aber mit unveränderlichen dämonischen Eigenschaften aus: «übersteigerter Hochmut, geistige Schwäche und unmenschliche Herzensträgheit». Darum konnte die Taufe nichts verändern.[17]

Schönerer fand vor allem bei nationalgesinnten Studenten Anhänger für seinen durchgängig rassistischen Antisemitismus. In der breiteren Öffentlichkeit blieb der religiös gefärbte Antisemitismus eines Karl von Vogelsang beherrschend. Obwohl Vogelsang eher Ideologe als Organisator war, beteiligte er sich doch an der Gründung der Christlich-Sozialen Organisation 1887. Diese wollte, getreu der Vorstellung Vogelsangs, die notwendigen gesellschaftlichen Reformen auf einer positiv christlichen Grundlage durchführen, womit sie unvermeidlich ins antisemitische Fahrwasser geriet. Wie schon erwähnt, wollte Vogelsang zunächst den jüdischen Einfluß nur durch die Festigung der christlichen Grundlage der nichtjüdischen Gesellschaft bekämpfen. Aber nachdem er sich in die praktische Politik begeben hatte, waren solche Feinheiten nicht länger gültig. Die Sprecher der Organisation zögerten nicht, auf alle gängigen antisemitischen Schlagworte zurückzugreifen, die seit Beginn der antisemitischen Bewegung im Umlauf waren. Ob es an dieser Agitation lag oder an dem sozialen Programm – jedenfalls hatte die Organisation großen Erfolg. Die Versammlungen wurden von ungewöhnlich vielen Menschen besucht, lokale Gruppen bildeten sich in verschiedenen Bezirken der Hauptstadt wie im Land. Wegen ihrer praktischen Wirkung trat einer der populärsten Politiker Wiens, Karl Lueger, der Organisation bei, die zum willigen Werkzeug seiner politischen Karriere wurde.[18]

Lueger hatte wie Schönerer zum radikalen Flügel der Liberalen gehört. Die Mitglieder dieser Gruppierung hielten an den Prinzipien des Liberalismus fest, standen deren Anwendung durch die Partei in der Landesregierung wie in der Wiener Stadtverwaltung aber kritisch gegenüber. Lueger und sein Kollege Ignatz Mandl, ein jüdischer Anwalt, kämpften im Stadtparlament gegen Korruption und Unfähigkeit sowie gegen die moralische Indifferenz des Establishments gegenüber den Leiden der unteren Klassen. Luegers soziale Einstellung, die viel mit der der christlichen Sozialisten gemeinsam hatte, brachte ihn in ihre Nähe, wobei er in der Judenfrage wohl keine festen Überzeugungen hatte. Die Christlich-Sozialen ihrerseits wollten diese populäre Persönlichkeit, zudem ein hervorragender Redner, in ihren Reihen sehen. Zunächst war Lueger reserviert, ob wegen der antijüdischen Seite der Organisation oder aus anderen Gründen. Erst 1887 nahm er eine Einladung an, auf einer der Versammlungen der Organisation zu sprechen, und bei dieser Gelegenheit übertraf er in seinen antijüdischen Äußerungen sogar seinen Vorredner, einen bekannten Antisemiten aus Ungarn. Jetzt wurde Lueger rasch im christlich-sozialen Lager aufgenommen. Er lernte Vogelsang kennen, akzeptierte seine geistige Führung und trat als loyal praktizierender Katholik auf. Dafür erhielt er die unbestrittene Leitung der Christlich-Sozialen und begann, eine wichtige Rolle im öffentlichen Leben des Landes und vor allem der Hauptstadt zu spielen.[19]

Gegen Ende der achtziger Jahre war die Eintönigkeit der politischen Szene gebrochen. Im Vergleich zu den vorangehenden Jahren wurde das Bild ungewöhnlich bunt. Obwohl die Liberalen nicht mehr an der Macht waren, behielten sie wichtige Positionen in der Verwaltung und in der Wirtschaft wie in der Kontrolle der öffentlichen Meinung durch die Presse (*Neue Freie Presse*). Dieses liberale Bollwerk wurde von rechts durch die Katholiken angegriffen, die selbst in die Klerikalen der Schule Sebastian Brunners, die Konservativen meist adliger Herkunft und die Christlich-Sozialen gespalten waren. Von links waren es die Radikalen und die Sozialdemokraten, deren Partei 1889 gegründet worden war. Und auch die ersten Vertreter des Antisemitismus, die Handwerker und Anhänger des Reformvereins, waren weiterhin aktiv. Von all diesen unterschied sich wegen ihrer Orientierung nach Deutschland die deutsch-nationale Partei Schönerers. Die Vertreter der Tschechen und Polen im Reichsrat fügten dem Bild noch ihre jeweiligen Farben hinzu.

Vor diesem Hintergrund spielte sich der politische Kampf der Folgejahre ab. Ein Ergebnis war, daß Lueger seinen Ehrgeiz verwirklichen konnte und Bürgermeister von Wien wurde. Die christlich-soziale Partei unter der Führung Luegers gewann neue Anhänger aus den Reihen der Radikalen, des Reformvereins und der Deutsch-Nationalen. Der einzige tüchtige Gegner unter den Führern dieser Parteien war Schönerer, aber sein Appell an die nationalen Gefühle stieß viele ab, auch wenn er einige anzog, denn dieser Appell schien gegen die österreichischen Loyalitäten zu gehen. Außerdem brachte Schönerer Menschen durch seine Kompromißlosigkeit gegen sich auf, und er beging taktische Fehler. Lueger dagegen war ein glänzender Werbestratege, der Anhänger aus verschiedensten Kreisen anzog. Dennoch konnte keine Partei hoffen, alle anderen aufzusaugen, und der Erfolg Luegers gründete schließlich darin, daß er seine politischen Ziele begrenzte. Er versuchte nicht länger, alle antiliberalen Kräfte zu einigen, sondern begnügte sich damit, sie ad hoc zu gemeinsamen politischen Aktionen zusammenzubringen. Unter dem Namen «Vereinigte Christen» schuf er eine lokkere Koalition aller Fraktionen. Und obwohl der Name den positiv christlichen Aspekt hervorhob, wurde er zu einem Synonym für Antisemiten. Der Protest gegen die jüdische Vorherrschaft im öffentlichen Leben Wiens war es schließlich, der Kaiser Franz Joseph zwang, Lueger als gewählten Bürgermeister der Hauptstadt 1897 zu bestätigen, nachdem er dies mehrfach abgelehnt hatte.[20]

Wenn man die politische Wirkung des Antisemitismus in Österreich und Deutschland vergleicht, dann fallen entscheidende Unterschiede ins Auge. Der tiefere Grund hierfür ist in der unterschiedlichen politischen Entwicklung dieser beiden vom Antisemitismus befallenen Länder zu sehen. In Deutschland kam der Antisemitismus kurz nach der Einigung im Reich auf, die geschaffen wurde, ohne daß eine umfassende Konzeption dieses Reiches vorlag, wie Helmuth Plessner bemerkte. Die Grundlage der Einigung war ausschließlich national. Juden, die einige Merkmale ihrer eigenen Nationalität behalten hatten, konnten nicht ohne weiteres als Teil der vereinten Nation gelten. Als der Antisemitismus die Menschen auf diese Situation aufmerksam machte, hatte dies sofortige gesellschaftliche und politische Konsequenzen – die Juden wurden ausgeschlossen. Der deutsche Antisemitismus erreichte seinen ideologischen und seinen gesellschaftlichen Höhepunkt auf einen Schlag. Zeitweiliges Abklingen war lediglich die Folge von Kompromissen und Ermüdung. Doch es ist nie gelungen, eine Konzeption zu entwickeln, die das nationale Prinzip ersetzt und so die Juden möglicherweise in die Gemeinschaft der Staatsbürger hätte aufnehmen können.[21]

Die jüdische Emanzipation in Österreich erfolgte in einer Zeit, als sich gute Staatsbürgerschaft noch als Treue zur Idee des österreichischen Reiches ausdrückte, wie sie im Haus Habsburg verkörpert und symbolisiert war. Als die Juden Bürger wurden, erwartete man von ihnen, daß sie sich den modernen Bedingungen in der Form anpaßten, wie sie zur Zeit Josephs II. herrschten. Integration bedeutete hier nicht wie in Deutschland und Ungarn die Assimilation in eine der Nationalitäten des Reiches. Wenn eine Assimilation stattfand – und zumeist war es eher eine Anpassung an die Kultur des herrschenden deutschen Teils der Bevölkerung –, dann ganz spontan. Die völlige Verschmelzung mit der einheimischen Bevölkerung war weder implizit noch ausdrücklich eine Bedingung für die Emanzipation. Als darum die Reaktion auf die Emanzipation in Gestalt der antisemitischen Bewegung entstand, richtete sich diese gegen die wirtschaftlichen und beruflichen Fortschritte der Juden, die in der Sicht ihrer Gegner auf Kosten und zum Schaden anderer erfolgt waren. Das Ressentiment ging nicht wie in Deutschland mit einer echten oder angeblichen Enttäuschung über die ungenügende jüdische Assimilation Hand in Hand. Dem österreichischen Ressentiment fehlte ein zentraler Gedanke, der die Stimmung plötzlich hätte gegen die Juden kehren können, wie etwa ihre Einschätzung als Fremde.

Ethnisch oder kulturell anders zu sein, war in einem Land, in dem sich die Loyalität immer noch auf das Herrscherhaus und den Gedanken eines geschichtlich gewachsenen Reiches richtete, kein Grund, irgendwen von irgendwelchen Rechten auszuschließen. Dieses Loyalitätsprinzip wurde zwar schon durch einen aufkommenden Nationalismus in Frage gestellt, und so ist es kein Zufall, daß sich die radikalste Form des österreichischen Antisemitismus in der deutsch-nationalen Bewegung Schönerers entwikkelte. Und als der deutsche Nationalismus den Gedanken der Reichsverfassung ersetzt hatte, erfolgte der Ausschluß von Juden nach deutschem Vorbild sofort. Aber andere, die an dem alten Prinzip festhielten, begründeten ihren Antisemitismus mit der traditionellen Unterscheidung zwischen Juden und Christen. Dies bedeutete aber nicht, daß man im Blick auf die Rolle der Religion im öffentlichen Leben zu der vor-emanzipatorischen Sicht zurückwollte. Die Bedeutung des Begriffs *christlich* wurde durch seine Verbindung mit *sozial(istisch)* verändert. Das Christentum sollte in der Lage sein, die sozialen Probleme lösen zu helfen, die zumindest zum Teil auch durch jüdisches Kapital, Wissen und Unternehmertum mitgeschaffen worden waren. Diese Verzerrung des Begriffs *christlich* machte den Namen auch für Menschen akzeptabel, die einer Organisation mit rein religiösen Zielen niemals beigetreten waren. Deshalb sprach das christlich-soziale Programm so viele an, es versprach die Antwort auf die soziale Frage wie auf die Judenfrage.

Die antisemitische Bewegung entstand, als die Ablehnung jüdischer Fortschritte sich in einen gesellschaftlichspolitischen Impuls verwandelte, der sich in den Gedanken des Nationalismus und des christlichen Sozialismus ausdrückte. In Deutschland entsprach die Bewegung diesen Prinzipien von Anfang an, in Österreich mußten sich die Grundlagen für beide erst langsam entwickeln. Darum hatte der antisemitische Anstoß, so wild er in den frühen achtziger Jahren auch vertreten wurde, keine sofortigen sozialen Folgen. Juden wurden nicht über Nacht aus Studentenverbindungen oder politischen Vereinen ausgeschlossen, und die beiden zentralen Führer der Bewegung, Schönerer und Lueger, trennten sich erst 1887 bzw. 1889 von ihren jüdischen Mitstreitern Friedjung und Mandl. Die emotionale Abneigung der Antisemiten gegen Juden sowie ihr irrationaler Widerstand gegen eine jüdische Integration waren dieselben in allen Ländern. Aber die ideologische Rechtfertigung und die praktischen Konsequenzen unterschieden sich je nach dem geistigen Klima und den politischen Bedingungen.[22]

25. Der französische Antisemitismus

Die französische Tageszeitung *Le Figaro* schloß ihren Bericht über den ersten internationalen Antisemiten-Kongreß in Dresden mit folgender Beobachtung: «Eine antisemitische Bewegung, wie sie sich in einigen Teilen der Welt zeigt, würde in Frankreich allgemein verlacht werden. Auf jeden Fall, wenn sie sich hier zeigen würde, würde die Regierung nicht stillhalten und die Gerichte würden handeln.» Aus der günstigen Sicht einer aufgeklärten Öffentlichkeit schien dies eine gutbegründete Einschätzung der Situation zu sein. Die französische Presse berichtete gewissenhaft über die antijüdischen Ereignisse der jüngsten Jahre in Deutschland, über den Prozeß in Tiszaeszlár in Ungarn und über die Pogrome in Rußland, und die meisten Menschen waren schockiert über das, was für sie ein schamloses Verhalten kulturell rückständiger Länder war.[1]

Aber neben solch eindeutigen Zurückweisungen des Antisemitismus gab es auch eine Tendenz, der antisemitischen Propaganda und Organisation nachzueifern. Während der Konferenz in Dresden waren aus Frankreich nur Journalisten anwesend, aber auf der Versammlung in Chemnitz waren auch einige ungenannte französische Vertreter.[2] Schon 1881 und 1882 wurden zwei antisemitische Wochenzeitungen gegründet. Diese stellten jeweils nach einigen Wochen schon ihr Erscheinen wieder ein, aber eine dritte, die im Juni 1883 gegründete *L'Antisémitique*, hielt sich über ein Jahr. Der Herausgeber dieser Zeitung, A. Vrecourt und seine Freunde, versuchten gleichzeitig, eine internationale Antisemitenliga zu gründen und eine antisemitische Konferenz einzuberufen. Weil sie mit ihren deutschen Gesinnungsgenossen nicht kooperieren wollten, suchten und fanden sie die Zustimmung der ungarischen Antisemiten um Istoczy. Aber alle diese Pläne wurden nicht verwirklicht. Auch nachdem *L'Antisémitique* im Januar 1884 aus der Provinzstadt Montdidier nach Paris gewechselt war, konnte sie sich auf Dauer nicht halten.[3]

Der Mißerfolg von *L'Antisémitique* stand in schreiendem Gegensatz zu dem enormen Erfolg, den Edouard Drumonts Buch *La France juive* kaum zwei Jahre später hatte.[4] Aber diese Diskrepanz ist leicht zu erklären, wenn man die Einstellung beider Publikationen zur christlichen Tradition betrachtet. *L'Antisémitique* enthielt alle gängigen Anklagen gegen Juden, vor allem über ihre angeblich zerstörerische Rolle im Wirtschaftsleben eines Landes, aber sie vertrat einen Antisemitismus Voltairescher Prägung. Die Schädlichkeit der Juden wurde Eigenschaften zugeordnet, die schon in den Geboten und Gestalten des Alten Testaments deutlich seien. Auch von sonst sympathisierenden Lesern hagelte es Proteste. Diese nahmen zwar die antijüdischen Anklagen bereitwillig auf, aber nicht auf Kosten einer Herabsetzung dessen, was die christliche Tradition schätzte. Indem er auf diese profane Version des Antisemitismus zurückgriff, brachte Vrecourt die Kreise der französischen Öffentlichkeit gegen sich auf, die am ehesten geneigt waren, seine Argumente zu übernehmen – den Klerus und die kirchlichen Katholiken.[5] Dasselbe gilt für Auguste Chirac, der in *Les Rois de la République* das Thema von Alphonse du Toussenel wieder aufnahm, aber es mit rationalistischen Theorien über den säkularen Ursprung aller Religionen verband.[6]

Die dogmatischen Katholiken hatten ihre Vorbehalte gegen Juden und Judentum nie aufgegeben. Und die Reaktion dieser Kreise auf den aufkommenden Antisemitismus im Ausland war bestenfalls ambivalent. Die katholische Presse schwankte in ihren Berichten über den Ritualmordprozeß in Tiszaeszlár zwischen reinen Tatsachenberichten, dem Bedauern nur über

Exzesse seitens der Massen und eindeutigen Bestätigungen der Schuld der Angeklagten. Wenn man sich erinnert, was rechte Katholiken wie Rupert oder des Mousseaux über die angebliche Wahrheit des Ritualmordvorwurfs gesagt hatten, dann ist dies kein Wunder. Zumindest eine Zeitung, die legitimistische *L'Union*, begrüßte die Dresdener Konferenz und gab der Hoffnung Ausdruck, daß sie zu einer Ausweitung der antisemitischen Bewegung führen würde.[7]

In der Geschichte der Bank *L'Union Générale* wird die katholische Sicht der Juden als einer fremden, schädlichen Gruppe deutlich. Die Bank wurde 1878 von Eugene Bontou gegründet, einer bekannten Persönlichkeit mit starken katholischen Neigungen. Die Bank warb um potentielle Kunden nicht einfach auf geschäftlicher Grundlage, sondern auch als katholische Einrichtung. Ihr Zweck sollte es sein, den Katholiken jene Finanzmacht zu verschaffen, die sie bisher nicht hatten, weil diese in der Hand von «Protestanten und Juden» konzentriert sei. Durch solche Werbung angesprochen, gaben viele Katholiken von Bischöfen und Klerikern bis zum einfachen Volk ihre Ersparnisse dieser Bank. Als sie 1882 Bankrott machte, glaubten die Verlierer den Gerüchten nur zu gerne, daß jüdische Machenschaften die Katastrophe herbeigeführt hätten. Obwohl es keinerlei Hinweis auf eine Verwicklung gab, wurde der Name Rothschild in den Gerüchten und offenen Angriffen immer wieder genannt. Die Nachwirkungen der Affäre um die *L'Union Générale* bereiteten den Boden zumindest in bestimmten Kreisen für eine größere Aufnahmebereitschaft der antijüdischen Propaganda vor.[8] Aber es bedurfte der propagandistischen Kraft eines Edouard Drumont, um diese Möglichkeit zu verwirklichen.

Drumont war 1886, als er sein zweibändiges Werk *La France juive: Essai d'histoire contemporaine* veröffentlichte, ein wenig bekannter Journalist kleinbürgerlicher Herkunft. In den ersten zwei Monaten verkaufte sich das Buch nur schlecht, und der Verleger wollte es schon beinahe wieder einstampfen lassen, als in *Le Figaro* eine Rezension erschien, die das Buch als katholischen Gegenangriff auf die wachsende Laisierung der Republik charakterisierte. Das Buch und sein Thema wurden zum Gesprächsthema in Paris und ganz Frankreich. Die Publizität verstärkte sich noch, nachdem Drumont ein Duell mit einem jüdischen Journalisten, Arthur Meyer, ausgefochten hatte, der sich durch einige Abschnitte in *La France juive* beleidigt sah und dessen Verfasser forderte. Innerhalb eines Jahres erlebte das Buch über hundert Neuauflagen und machte Drumont zu einer der bekanntesten Persönlichkeiten in Frankreich.[9]

Was verschaffte dieser überlangen Abhandlung eine so große Aufmerksamkeit, die aus zufälligen Zitaten, Klatschgeschichten und falschen Beschuldigungen bestand? So wenig überzeugend das Material war, so wiederholte das Buch doch eine zentrale Behauptung, daß die Juden, die Angehörigen einer minderwertigen Rasse, die Anhänger einer primitiven und verächtlichen Religion, sich zu Herren des modernen Frankreichs gemacht hätten. Dies klingt wie ein Echo von Wilhelm Marrs Schlagwort vom jüdischen Sieg über Deutschland. Aber wenn Drumont in den ersten Sätzen von «conquest juive» spricht, dann übernahm er diesen Ausdruck von dem Historiker Hippolyte Taine. Taine hatte vom «Sieg der Jakobiner» geschrieben, Drumont wollte «den jüdischen Sieg» beschreiben. Der Anstoß für diesen antijüdischen Angriff leitete sich ohne Zweifel aus den Ereignissen in Deutschland und Österreich-Ungarn her. Drumont bezeichnet in seiner Einleitung Stoecker und Istoczy als «wahrhaft große Männer», die nur darum in Frankreich noch nicht bekannt seien, weil die Presse in jüdischer Hand sei. Er lobte auch die Aktivitäten der *Alliance Antijuive Universelle* über alle Maßen, die auf lange Sicht ihr jüdisches Gegenstück, die *Alliance Israélite Universelle*, neutralisieren würde. Obwohl Drumont einige Anregungen aus ausländischen Quellen übernahm, verließ er sich im wesentlichen doch auf die französische antijüdische Tradition. Er wandte sie geschickt an und schmückte sie mit seiner eigenen Phantasie aus, so daß er damit eine genügende Grundlage hatte, auf der eine der ausführlichsten und giftigsten antisemitischen Abhandlungen aufbauen konnte.[10]

La France juive zitiert alle Versionen des französischen Antisemitismus, den populären katholischen, den sozialistischen und den liberalen. Die These der wirtschaftlichen Vorherrschaft der Juden im modernen Frankreich wird durch Belege aus den Schriften der Sozialisten Proudhon, Leroux und besonders Toussenel untermauert. Vor allem Toussenels *Les Juifs les rois de l'époque* ist Drumonts Kronzeuge gegen Juden allgemein und gegen die unablässig verfolgten Rothschilds besonders. Aus katholischen Quellen übernahm er die alte Anklage wegen Deizid, den Vorwurf, daß Juden das Christentum haßten und daß sie unmoralisch seien, wobei er ihnen jedes Verbrechen gegen Nichtjuden bis hin zum Ritalmord unterstellte. Die Identifikation von Juden mit Freimaurern war in der Mitte der achtziger Jahre sehr beliebt. *L'Antisémitique* ging darauf in fast jeder Ausgabe ein. Und Drumont widmet diesem Thema ein ganzes Kapitel, wobei er Chabouty als Informationsquelle zitiert.

Drumont ließ sich von offenkundigen Ungereimtheiten nicht stören, und er vermischte den traditionellen christlichen Antisemitismus mit der rassistischen Diskriminierung von Juden und Judentum. Deren Hauptvertreter in Frankreich war Ernest Renan. Obwohl Drumont ihn wegen seines zweifelhaften Charakters und wegen seiner freundschaftlichen Beziehungen mit jüdischen Notabeln verachtete, zitierte er ihn dennoch – oder deshalb? – als objektiven Fachmann. Die ersten Abschnitte von *La France juive*, in denen die Juden als Zweig der kulturell minderwertigen und moralisch unverbesserlichen, semitischen Rasse eingeführt werden, beruhen fast gänzlich auf Renans Arbeiten.[11]

Die durchgängige Definition der Juden als Rasse schloß eine mögliche

Konversion zum Christentum eigentlich aus. Drumont vermied es, die Frage der Konversion zu berühren, aber er rechnete Konvertiten unerbittlich den Juden an. Des Mousseaux hatte bei den Juden zwischen den orthodoxen und den nichtreligiösen unterschieden, die jedoch in ihrem gemeinsamen Ziel, die Nichtjuden zu beherrschen, eins waren. Drumont fügt eine dritte Kategorie hinzu, die Konvertiten, «die zwar dem Anschein nach Christen sind, aber mit den anderen durch die stärksten Bande verbunden sind und ihren Gefährten alle Geheimnisse verraten, die ihnen dienen.» Um möglichen Einwänden der Kirche gegen diese Haltung zur Konversion zu begegnen, verwies Drumont auf die Ordensregel der Jesuiten, die Juden und Sarazenen bis zur fünften Generation ausschloß.[12] Dies ist eines der vielen Beispiele, in denen Drumont jede Anstrengung unternahm, um seine Ansichten treuen Katholiken schmackhaft zu machen. Seine eigene Einstellung zum Christentum ist nicht ganz eindeutig. Er war in einer ziemlich laisierten Umgebung aufgewachsen und wandte sich erst später der Religion zu. Und sein Einsatz für den Katholizismus war eher derart, daß er ein kulturelles Erbe schützen als eine religiöse Wahrheit verteidigen wollte. Seine Klagen über die wachsende Entfremdung der Menschen von der christlichen Tradition waren aber zweifellos echt; ebenso wie sein Ärger über die Verachtung der Kirche durch die Laizisten, was er dezidiert jüdischem Einfluß zuschrieb. Auf jeden Fall lockte seine Art, die christlichen Gefühle ohne dogmatische Forderungen anzusprechen, auch Menschen von außerhalb der klerikalen Kreise in das Umfeld des Antisemitismus. Er vermied jede Aussage, die orthodoxe Katholiken hätte verärgern können, und gewann damit die Sympathie der Gläubigen, die sowieso Juden und Judentum ablehnend gegenüberstanden. Er stellte den Antisemitismus als eine Verteidigung gegen fremde Eindringlinge dar, die dabei seien, die Stärke, die Kultur und die Moral der französischen Gesellschaft zu unterminieren, und damit appellierte er an den Patriotismus der Franzosen, was große Teile der Bevölkerung begrüßten.[13]

Die propagandistische Wirkung dieser gelungenen Verbindung disparater ideologischer Elemente wurde durch die Art der Darstellung noch gefördert. Drumont formulierte seine Theorien und Thesen in knappen klaren Sätzen, die er dann mit Geschichten und Anekdoten würzte, um ihren Wert zu verdeutlichen. Er war von seiner guten Sache überzeugt, und darum kümmerte er sich überhaupt nicht um die Wahrheit seiner Behauptungen. Was immer mit dem nicht übereinstimmte, was für ihn französische Kultur und Tradition war, wurde schlicht jüdischem Einfluß zugeschrieben, und die Menschen, die solche Dinge vertraten, waren eben Juden. Er wurde in einem Fall schnell seines Fehlers überführt, aber das hinderte ihn nicht, dieselbe Methode weiterhin zu benutzen. Er erhob seine Vorwürfe und Anklagen mit gewohnter Kühnheit weiter und beeindruckte damit zweifellos eine schlecht informierte und unkritische Öffentlichkeit.[14]

Die antisemitische Propaganda war überall mit Gesellschaftskritik verbunden. Die Antisemiten zeigten die Schwächen der Gesellschaft auf und machten die Juden dafür verantwortlich. Drumont war in dieser Hinsicht einer der besten. Er zeichnete ein Bild von der französischen Gesellschaft als in Politik, Verwaltung, Polizei und Gerichtswesen absolut korrupt – all dies natürlich eine Wirkung des jüdischen Giftes –, und er übertraf damit seine antisemitischen Zeitgenossen in anderen Ländern. Seine Rhetorik erinnert an die Nazi-Propaganda während der Weimarer Republik, und diese Ähnlichkeit liefert auch einen Schlüssel zum Verständnis von Drumonts Radikalismus.[15]

In Deutschland wie in Österreich und Ungarn sollten die antisemitischen Ziele innerhalb des herrschenden Systems verwirklicht werden. Die Antisemiten dieser Länder waren stets bemüht, ihre Loyalität gegenüber ihren Herrschern zu betonen. So begannen die Sitzungen der Konferenz in Chemnitz mit einer Akklamation der deutschen, österreichischen und russischen Kaiser.[16] Vielleicht war der Ritter von Schönerer in Österreich eine Ausnahme von dieser Regel, der ein germanisiertes Österreich anstrebte, in dem Juden vom öffentlichen Leben ausgeschlossen waren. Aber auch Schönerer bestritt niemals offen die Legitimität des herrschenden politischen Systems oder die Autorität der Regierung.[17] Aber genau dies tat Drumont in Frankreich. Er gehörte zu jenen Politikern und Publizisten des rechten Flügels, die als Royalisten oder Bonapartisten die Dritte Republik als eine politische Usurpation ansahen, der jede legitime, innere Autorität fehlte. Drumont erklärte offen, daß er auf den Offizier wartete, «mutig genug und genügend beeinflußt durch die Demütigung, die unser Land erleidet, daß er sein Leben riskierte, um es zu retten». Ein solcher Mann mit fünfhundert anderen aus den Vorstädten, ein Regiment, das die jüdischen Banken besetzte – das sei ausreichend, um die fruchtbarste Revolution der Moderne zu verwirklichen.[18]

Die Gleichsetzung des Regimes mit den Juden diente als wirksame Waffe gegen beide. Der Begriff *République juive*, der die *Judenrepublik* der Nazis vorwegnimmt, war eine Erfindung Drumonts.[19] Nicht daß die Nazis den französischen Vorläufer für ihre Propaganda gebraucht hätten! Aber die Situation war dieselbe – die Bestreitung der Legitimität der Regierung und die Ächtung der jüdischen Minderheit, die dieser Regierung gegenüber loyal war –, darum wurden ähnliche Mittel angewendet.

Bis zum Ende der Dreyfus-Affäre 1906 erregte der Extremismus in Denken und Ausdruck eine enorme Aufmerksamkeit für *La France juive*. Dies ist nicht weiter verwunderlich, spielte doch Drumont in dieser Affäre bis zu ihrem Ende eine zentrale Rolle. Wie weit das Interesse am Buch mit dem Glauben an seinen Inhalt identisch gewesen ist, kann unmöglich herausgefunden werden. Einige Leser erkannten das Buch als das, was es wirklich war, die willkürliche Interpretation unkritisch gesammelten Materials im

Dienst einer Verschwörungstheorie. Léonce Reynaud etwa widerlegte in seinem Buch *La France n'est pas juive* (1886) die behaupteten Tatsachen wie die Folgerungen daraus Schritt für Schritt. Reynaud war ein erfahrener Beamter im Ruhestand, der dem Ideal der bürgerlichen Gleichheit in einem säkularen Staat und einer mobilen Gesellschaft verpflichtet war. Andere, auch wenn sie nur zum Teil mit Drumont übereinstimmten, waren gegenüber seinen Übertreibungen weit weniger kritisch.

Gabriel de Gonet, ein Sozialist in der Nachfolge Fouriers, stimmte zwar mit Drumont über die Rolle der Juden in der modernen Gesellschaft nicht überein, aber er begrüßte *La France juive*. Er sah darin vielleicht eine unbeabsichtigte Bestätigung des Fourierismus. Um die Nähe zwischen beiden zu dokumentieren, gab de Gonet Toussenels *Les Juifs les rois de l'époque* neu heraus, das ja aus der Schule Fouriers stammte und von Drumont ausführlich zitiert worden war. Doch die größte Sympathie fand *La France juive* in katholischen Kreisen. Das Buch wurde praktisch in der gesamten katholischen Presse gelobt, und Drumont war stolz auf die vielen Beweise der Zustimmung, die er aus dem niederen Klerus und vom einfachen katholischen Volk erhielt.[20]

Im Vergleich zu dem ungewöhnlichen Erfolg des Buches blieben die praktischen politischen Ergebnisse minimal und für Drumont tief enttäuschend. Er glaubte an die Wahrheit seiner Diagnose und war überzeugt, daß diejenigen, die ihr zustimmten, sich um ihn sammeln würden, gleichgültig, was ihre Einstellung in anderen politischen, sozialen oder religiösen Fragen war. Dies geschah bei Jacques de Biez, der zwar ein Republikaner war, aber nach Erscheinen von *La France juive* Drumont seine Dienste für die antisemitische Sache anbot. Nach drei Jahren gründete sie *La Ligue Nationale Antisémitique de France*. Mitglied in der Liga konnte jeder werden, der dem Antisemitismus verpflichtet war, unabhängig von sonstigen politischen oder religiösen Überzeugungen. Dasselbe Prinzip wurde bei der Auswahl der Mitarbeiter von *La Libre Parole* befolgt, einer antisemitischen Tageszeitung mit katholischen Tendenzen, die Drumont 1892 gründete. Raphael Viau berichtet, daß *La France juive* ihn zum Antisemitismus bekehrte, aber daß er als Mitarbeiter bei *La Libre Parole* durch Jahre hindurch blieb, was er vorher gewesen war: «ni religieux ni anticlérical, mais plutot *areligieux*» (Hervorhebung im Original).[21]

Bekennende Katholiken, vor allem die Mitglieder und Anhänger der religiösen Orden wie die Assumptionisten, hielten sich abseits. Sie unterstützten Drumont nur in seinem Kampf gegen die angeblichen Feinde der Kirche. Aber sie wollten nicht mit jemandem zusammen gesehen werden, der seine eigene Art des Katholizismus in Lehre und Praxis entwickelt hatte und mit jedem nur auf der Grundlage des Antisemitismus zusammenarbeiten wollte. Drumonts Bereitschaft zum Duell, das von der Kirche strikt verboten war, verhinderte, daß er in irgendeiner Weise als Vertreter der Kirche auftreten konnte. Dies wurde überdeutlich, als die Mitglieder der neu gegründeten Antisemitenliga unter der Führung von Drumont 1889 für den Stadtrat von Paris kandidierten. Da ihnen die Unterstützung des religiösen Establishments fehlte, wurde keiner von ihnen gewählt, auch Drumont nicht. Von da an stand Drumont seinerseits, obwohl er den Katholizismus als Prinzip weiterhin vertrat, der religiösen Führung kritisch gegenüber und beschuldigte den höheren Klerus, daß er mit der neuen Geldaristokratie Kompromisse geschlossen hätte. Damit war die wichtigste Quelle einer möglichen politischen Förderung für Drumont neutralisiert.[22]

Die Einflußsphäre, die Drumont weiterhin offenstand, war Literatur und Journalismus. Eine ganze Reihe Bücher nach *La France juive* sollte seine Ideen weiter verbreiten. Noch wirksamer war *La Libre Parole*, deren Rolle bei der Schaffung einer antijüdischen Atmosphäre vor und während der Dreyfus-Affäre kaum überschätzt werden kann. Drumonts Zeitung beschuldigte die jüdischen Armeeoffiziere der Untreue gegen ihr Land und sogar der Spionage schon zwei Jahre, bevor Kapitän Dreyfus verhaftet wurde. Als die Verhaftung erfolgte, wurde sie natürlich als Bestätigung der antisemitischen Behauptung begrüßt. Da die Zeitung mit keiner der politischen Parteien der Rechten – Royalisten, Bonapartisten und andere – verbunden war, unterstützte sie all diejenigen, die die Legitimität der Republik und ihrer säkularistischen Tendenz bestritten.[23]

Drumont spielte nur einmal eine direkt politische Rolle, und auch dies nur kurz, als die Dreyfus-Affäre und die antijüdische Begleitpropaganda auf ihrem Höhepunkt waren. 1899 wurde Drumont für Algerien, wo der Antisemitismus viel virulenter war als im Mutterland, in die Deputiertenkammer gewählt. Zusammen mit Drumont kamen achtzehn andere Vertreter ins Parlament, die sich offen zu einem antisemitischen Programm bekannten. Drumont war der Mittelpunkt dieser Gruppe, die sich aber nicht als formal organisierte Fraktion konstituierte. Und auch als lockere Koalition bestand sie nur bis zur nächsten Wahl 1902, als die meisten wie Drumont selbst nicht wiedergewählt wurden.[24]

In Deutschland, Ungarn und auch Österreich versuchten Antisemiten verschiedener politischer Überzeugungen, Parteien zu organisieren. In Frankreich wurde der Antisemitismus nur als zusätzlicher Zug in anderen politischen Bewegungen wirksam. Als der Antisemitismus 1897 bis 1901 auf seinem Höhepunkt war, wurden verschiedene antisemitische Vereine gegründet. Drumonts Antisemitische Liga, die schon kurz nach ihrer Gründung 1890 wieder aufgelöst worden war, wurde als *Grand Occident de France* neu belebt, ein Name, der die Gegnerschaft zu den Freimaurern anzeigte, die als *Grand Orient* arbeiteten. Außerdem gab es die *Jeunesse Antisémitique* und *Patrie Française*. Morès und Guérin, die Führer von *Grand Occident*, hofften, daß daraus eine Partei werden würde, die Antisemiten aller politischen Überzeugungen vereinen würde, «Monarchisten, Republikaner, Katholiken und Freidenker». Aber jede Gruppe zog nur Anhänger der je eigenen politischen Überzeugung an. Offenbar hatte Drumont zu dieser Zeit jede direkte politische Aktivität schon aufgegeben; selbst als Abgeordneter zeigte er keinerlei Initiative und wirkte apathisch. Die antisemitischen Gruppen hatten verschiedene Führer. Sogar *La Libre Parole* hatte in *Antijuive* einen Konkurrenten, herausgegeben von Jules Guérin, der auch in *Grand Occident* der führende Kopf war. Drumonts Begabung war Kritik, Verleumdung und Provokation, aber er hatte keinerlei Fähigkeit für das eigentlich politische Geschäft.[25]

Der Antisemitismus hatte in jedem Land, je nach gesellschaftlicher und politischer Situation, eine andere Funktion, wobei auch eine Rolle spielte, welche Stellung die Juden jeweils einnahmen. Die französischen Juden, vor allem diejenigen, gegen die sich die antisemitischen Vorwürfe besonders richteten, nämlich die Finanzleute und die Intellektuellen, waren in den achtziger und neunziger Jahren ein integraler Teil der französischen Gesellschaft, auch wenn ihre jüdische Herkunft klar gesehen wurde. Dies wird paradoxerweise durch das Verhalten der Antisemiten selbst deutlich, vor allem Drumonts und seiner Freunde, die den Juden Satisfaktion gewährten – ein Privileg, das der Elite einer Gesellschaft offensteht, in der das Duell eine akzeptierte Form der Konfliktlösung ist. In Österreich waren die Mitglieder jüdischer Studentenverbindungen für nichtjüdische Verbindungsstudenten nicht satisfaktionsfähig, und auch in Deutschland bedeutete der Ausschluß der jüdischen Studenten aus den Burschenschaften das absolute gesellschaftliche Abseits.[26]

Mit der Annexion des Elsaß' durch Deutschland nach dem Krieg von 1870/1871 war der Brennpunkt der jüdischen Gemeinschaft aus Frankreich verschwunden, ebenso das typisch jüdische Stereotyp, das Hauptziel der antijüdischen Aktivität zuvor. Zwei Drittel der 60 000 in Frankreich verbliebenen Juden lebten in Paris, die übrigen 20 000 verstreut im Osten des Landes und in einigen Gebieten im Norden und Süden. Eine Karte, die die Ausdehnung des Antisemitismus in den achtziger und neunziger Jahren zeigt, stimmt keineswegs mit den Orten überein, an denen Juden lebten. Es gab Antisemitismus in Städten und Gegenden, wo die Einwohner vermutlich nie einen Juden gesehen hatten. Dies war eine ganz andere Situation als die in Deutschland oder Österreich–Ungarn, wo der Anteil der Juden an der Bevölkerung viel größer war und wo sie in manchen Gegenden sehr auffielen. Auch in Frankreich fand die Feindschaft ihre konkreten Ziele, und manche Angriffe weiteten sich beinahe zu gewalttätigen Unruhen aus. Aber im wesentlichen richtete sich der französische Antisemitismus ganz gegen eine Abstraktion des Judentums, für die die jüdische wirtschaftliche Elite und die Intelligenz standen. Diese Art des Antisemitismus hatte durchaus die Fähigkeit, in der Ideologie wie im Extremismus zu wachsen.[27]

Obwohl der französische Antisemitismus in seinen Endzielen radikaler war als sein deutsches Gegenstück, hatte er weit geringere gesellschaftliche Folgen.[28] Das politische Ziel der Propaganda Drumonts, wie es im Motto von *La Libre Parole* zusammengefaßt war, «La France aux Français», erinnert an das Ziel der Nazis. Wenn die Ergebnisse so ganz verschieden waren – und am Ende der Dreyfus-Affäre 1906 schien der Antisemitismus in Frankreich völlig diskreditiert zu sein –, dann lag dies an der ganz anderen politischen Atmosphäre. Die französischen Antisemiten setzten Juden mit Freimaurern gleich, dies war ein Mythos. Die Vorwürfe gegen die Juden waren mit einem Generalangriff auf die Republik und vor allem auf die Laisierung verbunden. In der Antwort darauf fanden sich die Juden Seite an Seite mit allen, deren Ideale und Interessen durch die antisemitische Bewegung bedroht waren. Von daher hatte die jüdische Sache – ganz unbeabsichtigt – ihre Verteidiger. Und da die Republik und die Tendenz zur Laisierung weiter bestanden – durchaus zur Zufriedenheit auch der eher realistischen Katholiken –, führte der Versuch, die Juden zu ächten, zu nichts.[29]

Aber die Welle des Antisemitismus hat ihre Spuren in Frankreich wie in den anderen Ländern, durch sie sie lief, hinterlassen. Wenn auch die laute Agitation von *La Libre Parole* zum Schweigen gebracht wurde – die Zeitung war 1910 in andere Hände übergegangen und hatte auch die Richtung verändert –, dann wurde sie durch die vornehmeren Anklagen der *Action française* unter Charles Maurras, Leon Daudet und anderen ersetzt. Diese strebten eine Renaissance Frankreichs auf der Grundlage eines *nationalisme integral* an, der Elemente katholischer Spiritualität enthielt und damit automatisch die Juden ausschloß. Durch solche Gedanken wurde die Judenfeindschaft am Leben erhalten bis in die Vor-Nazi- und die Nazizeit, als sie noch einmal eine politisch und später auch physisch zerstörerische Gestalt annahm.[30]

VII. Teil

DIE KULMINATION

26. Rassismus und sein Tiefpunkt im Nationalsozialismus

Mit dem Mißerfolg der antisemitischen Parteien in Ungarn, Frankreich und Deutschland – Österreich war dank des Erfolges von Lueger in Wien eine Ausnahme – schien die antisemitische Bewegung ihre Kraft verloren zu haben. Einige der Initiatoren, Istoczy in Ungarn, Marr in Deutschland, die meisten Freunde Drumonts in Frankreich, zogen sich auch enttäuscht zurück.[1] Es gab genügend Gründe für ihre Enttäuschung. Das jüdische Bürgerrecht, Hauptangriffsziel der Antisemiten, blieb erhalten. Ein weitgehender gesellschaftlicher Ausschluß der Juden und ein gewisses Maß an wirtschaftlichem Druck waren die einzigen Ergebnisse der antisemitischen Propaganda. Obwohl diese an sich willkommen waren, führten sie doch zu einem Teufelskreis, der den antisemitischen Zielen widersprach. Juden mußten sich jetzt wirtschaftlich und gesellschaftlich noch stärker als vorher auf sich konzentrieren. Mehr Juden, nicht weniger, ergriffen die Berufe, die ihnen offen standen, wie Medizin und Jura. Zudem wirkten die historischen und gesellschaftlichen Kräfte weiter, die dazu geführt hatten, daß Juden in bestimmten Bereichen der Wirtschaft und des öffentlichen Lebens so stark vertreten waren. Im Bankwesen, an den Börsen und in der Presse spielten Juden weiterhin eine erkennbare Rolle. Die großen Warenhäuser, die in den letzten Jahrzehnten des 19. Jahrhunderts gegründet wurden, waren von Juden erfunden worden, was ihre Rolle bei der Modernisierung noch deutlicher machte. Diejenigen, die den Verlust einer ruhigeren Lebensweise bedauerten, oder die sich wirtschaftlich oder aus anderen Gründen durch die moderne Entwicklung bedroht fühlten, empfanden die Modernisierung selbst als Dorn im Fleisch. Überzeugt von der Grundannahme des Antisemitismus, daß Juden ein fremdes und schädliches Element in der Gesellschaft seien, mußte die Konzentration wichtiger Funktionen in jüdischen Händen für sie unerträglich sein.[2]

Die Vorstellung von der schädlichen Fremdheit der Juden lag dem antisemitischen Grollen und der Propaganda zugrunde, die trotz des Mißerfolgs der antisemitischen Parteien bei der Verwirklichung ihrer Ziele weiterging. Eine Richtung setzte ihre Hoffnungen von Anfang an auf die Wirkung der Propaganda. Sie glaubte, daß ihre Ziele nur erreicht werden könnten, wenn die verschiedensten Kreise der Gesellschaft die antisemitischen Gedanken absorbiert hätten. Theodor Fritsch war der führende Vertreter dieser Richtung. Seine Rolle bei der Schwächung der jüdischen Position, durch Verleumdung ihrer Religion, ihres Charakters und ihrer Mentalität, kann gar nicht überschätzt werden.

Fritsch, ein Ingenieur von Beruf, war 1881 mit 29 Jahren zur antisemitischen Bewegung gestoßen, als er seine erste antijüdische Schrift verfaßte.[3] Im Unterschied zu anderen Antisemiten wie Glagau, Stoecker oder Dühring, die die antisemitische Ideologie in ihre vorherige Weltanschauung eingebaut hatten, war für Fritsch der Antisemitismus sein einziges und ausschließliches geistiges Unternehmen. Er blieb diesem Unternehmen bis zum Tod 1933 treu, einige Monate nach Hitlers Machtübernahme, und so ist er eine lebendige Brücke vom Anfang der Bewegung bis zu ihrer schrecklichen Kulmination.

Fritsch war ein außergewöhnliches Propagandatalent. Er konnte sich auf verschiedenen intellektuellen Ebenen gleich gut ausdrücken und paßte seinen flüssigen, immer überzeugenden Stil dem jeweiligen Publikum an. Er sah die Dinge klarer als seine Gesinnungsfreunde und glaubte nie, daß eine antisemitische Partei jemals genügend politische Macht erreichen könne, um ihre Ziele zu verwirklichen. Er verließ sich stattdessen auf die langsame, aber methodische Indoktrination mit antisemitischen Gedanken, denn er glaubte, daß diese von den Angehörigen jeder politischen Partei, jeder sozialen oder religiösen Überzeugung aufgenommen werden könnten. Er vertrat diese Ansicht 1885 auf dem antisemitischen Kongreß, wurde aber von der Mehrheit überstimmt, die eine Partei gründen wollte, die antisemitische Deutsche Reformpartei. Fritsch übernahm den Posten eines Generalsekretärs, aber sah in ihm vor allem eine Möglichkeit der Propaganda, eine Aktivität, die er zuvor verfolgt hatte und die er weitermachte, als er 1894 die Partei verließ.[4]

Fritschs Propaganda zielte darauf, Charakter und Mentalität der Juden herabzusetzen. Er wollte seine Zeitgenossen überzeugen, daß die Juden, eine schädliche und destruktive Rasse, in Notwehr bekämpft werden müßten, womit der Kampf moralisch sanktioniert war. Seine erste Schrift, populäre Gebrauchslyrik, beschrieb die Juden als betrügerische Parasiten, als Feinde der Menschheit, unfähig, sich durch Taufe oder anders zu verbessern. Als Apologie für seine unflätige Sprache zitierte er in seinem Vorwort verschiedene Talmudtexte, die er wahrscheinlich aus Rohlings *Talmudjude* übernommen hatte, um damit zu zeigen, wie die jüdischen religiösen Schriften Nichtjuden benannten. In späteren Veröffentlichungen, die sich an das gebildetere Publikum richteten, untermauerte Fritsch seine These mit der Rassentheorie, wobei er die damals gängige Unterscheidung zwischen den degenerierten, untermenschlichen Semiten und den physisch und geistig vollkommenen Ariern gebrauchte. In seinem *antisemitischen Katechismus*, der später in *Handbuch des Antisemitismus* unbenannt wurde, sammelte Fritsch Zeugnisse, Behauptungen und angebliche Enthüllungen aus der ganzen zugänglichen antisemitischen Literatur, einiges christlicher, anderes rationalistischer Herkunft, aber alles ideologisch entweder religiös oder rassentheoretisch begründet. Das *Handbuch* wurde 1896 erstmals veröffentlicht, es erreichte vor dem Ersten Weltkrieg schon 36 Neuauflagen und muß Millionen Leser erreicht haben.[5]

Obwohl er bei der Auswahl seines Materials nicht wählerisch war, ging Fritsch doch davon aus, daß es am meisten Erfolg versprach, wenn er die jüdische Mentalität in ihrem talmudischen (Zerr-)Bild darstellte. Juden seien im Besitz des Kapitals und sie kontrollierten die Presse, darum sei es zur Zeit nutzlos, sie direkt anzugreifen. «Aber das Judentum hat eine große Schwäche, die *talmudische Moral*. Der Rabbinismus ist die Achillesverse der jüdischen Weltherrschaft, und nur hier kann der Feind tödlich getroffen werden. Nur hier kann er in seinem Kern und Wesen überwältigt werden, an den Wurzeln seiner teuflischen Macht.»[6]

Im Hinblick auf die Religion bezeichnete sich Fritsch als «freireligiös», ein Name, den diejenigen angenommen hatten, die der Lehre und Praxis der Kirche kritisch gegenüberstanden, aber doch bereit waren, der Religion einen begrenzten Ort im privaten wie im öffentlichen Leben zuzugestehen.[7] Diese Haltung, so denkt man, sei eigentlich mit Intoleranz nicht zu vereinbaren, aber ihr wichtigster Vertreter in jener Zeit, Paul de Lagarde (1827–1891), schaffte es mühelos, seine vernichtende Kritik am traditionellen Christentum (sowohl am Protestantismus wie am Katholizismus) mit einer tiefsitzenden Feindschaft nicht nur gegenüber der jüdischen Religion, sondern gegen Juden als Gruppe zu verbinden.[8] Lagarde war ein Exeget und Orientalist von Bedeutung, und er schätzte die prophetische Religion des Alten Testaments sehr. Aber das Studium der alten Quellen sollte nur eine religiöse Erfahrung vermitteln, die unmittelbare Gottesbeziehung anregen. Dasselbe galt für die Evangelien und sogar für Jesus selbst. Keine ethische Lehre und keine Gottesdienstform konnte aus der Bibel abgeleitet werden; diese mußten sich aus der eigenen nationalen Tradition und Kultur ergeben. Die deutsche «Religion der Zukunft» mußte im Bild ihres inneren Wesens geschaffen werden und alle fremden Elemente ausscheiden, die vom Christentum eingeführt worden waren, vor allem jene, die aus dem jüdischen Erbe kamen.[9] Juden als fremde Nation konnten natürlich an dieser deutschen religiösen Schöpfung keinen Anteil haben. Schon ihre bloße Anwesenheit in der deutschen Gesellschaft war ein Hindernis für deren Wiedergeburt, ein Vorgang, auf den Lagarde jedenfalls kaum noch zu hoffen wagte. Seine Religions- und Gesellschaftskritik war rein negativ. Er verurteilte die Gesellschaft aufs schärfste, aber nannte keinerlei Lösung. Er hatte auch keine positive Vorstellung davon, was mit den Juden geschehen sollte, seine Aussagen über sie beschränken sich auf heftige Beleidigungen.[10]

Fritsch benutzte Lagardes antisemitische Behauptungen gerne, die außerhalb ihres ursprünglichen Kontextes noch schärfer klangen als im Original.[11] Man kann sagen, daß Fritsch auf einer ganz anderen Ebene eine religiöse Richtung verfolgte, die der des bedeutenden Wissenschaftlers nicht unähnlich war. In diesem Zusammenhang griff Fritsch nicht nur den Talmud, sondern auch das Alte Testament an, was bei den konservativeren Kreisen im antisemitischen Lager Ärger auslöste. Die Mißachtung eines Bibelteiles würde den Antisemitismus in den Augen der ungebildeten Gläubigen diskreditieren, vor allem beim ländlichen Klerus.[12] Dies mag der Fall gewesen sein, aber wirklich nur dort, wo die christliche Orthodoxie noch bestand. Alle anderen, deren Christentum nur noch ein Gefühl für die zentralen Glaubenssymbole war, konnten sich mit Fritschs antisemitischen Aussagen leicht identifizieren. Er behielt eine respektvolle, sogar dankbare Einstellung zu dem bei, was für ihn der eigentliche Kern des Christentums war. Er erklärte, dies sei nichtsemitischer, sondern in Wirklichkeit arischer Herkunft. «Die christliche Lehre erwuchs als Protest des arischen Geistes gegen den unmenschlichen Judengeist.»[13] Fritsch interessierte sich nicht für die geschichtliche Wahrheit, und so war er einer der ersten Antisemiten, die behaupteten, daß Jesus arischer Abstammung sei. Selbst im Alten Testament versuchte er einen Weg zu finden, um die Gefühle der Gläubigen nicht zu beleidigen: Nur die unmoralischen Teile seien eine jüdische Schöpfung, diese sollten zurückgewiesen werden. Die Teile, die edle Lehren oder echte religiöse Gefühle enthielten, seien arischen Ursprungs und von den Juden nur übernommen worden.[14]

So seltsam diese Methode erscheint, sie erfüllte ihren Zweck und versöhnte die christlichen Werte mit einem rassisch orientierten Antisemitismus. Traditionelle Christen mögen durch ein so eigenmächtiges Herangehen an ihren Glauben schockiert worden sein, selbst Juden fühlten sich verpflichtet und berechtigt, diesen Ansatz als unchristlich zu bezeichnen;[15] aber es bleibt eine Tatsache, daß genau diese Art Umdeutung des Christentums populär wurde und den Boden bereitete für eine rassische Sicht der Geschichte allgemein, der Judenfrage im besonderen.

Auf einer anderen Ebene, aber mit demselben Antijudaismus, war eine rassische Interpretation des Christentums das zentrale Thema der bekanntesten antisemitischen Abhandlung der Zeit: *Die Grundlagen des neunzehnten Jahrhunderts* von Houston Stewart Chamberlain. Chamberlain war gebürtiger Engländer, Wahl-Deutscher und in zweiter Ehe der Schwiegersohn Wagners. Er war ein Anhänger des Wagnerkultes und wurde der Prophet des deutschen nationalen Aufstiegs. Dieser Aufstieg sollte durch ein richtiges Verständnis der Kräfte erreicht werden, die die menschliche Geschichte bestimmten. Die *Grundlagen*, ein tausendseitiges Werk, behauptete, der historische und philosophische Führer zu diesem Verständnis zu sein, eine Diagnose des Zustandes, den die Geschichte der Menschheit am Ende des 19. Jahrhunderts erreicht hatte.[16]

Das wichtigste geistige Mittel, das Chamberlain anwandte, war wie bei Fritsch die Rassentheorie, aber mit einem Unterschied. Während Fritsch und die anderen Antisemiten vor ihm auf der Spannung zwischen den niederen und verächtlichen Semiten und den begabten und schätzenswerten Ariern gründeten, entwickelte Chamberlain einen differenzierteren Ansatz. Nach Chamberlain waren positive oder negative Eigenschaften keine inneren Begabungen irgendeiner Rasse. Sie waren vielmehr das Ergebnis von günstigen oder ungünstigen Mischungen von Rassen mit verschiedenen Eigenschaften. Eine glückliche Mischung würde den höchsten Standard menschlicher Eigenschaften und Errungenschaften hervorbringen, wie es bei den germanischen Völkern der Fall war. Das Gegenteil galt für die Juden, die von einer schlechten Rassenmischung mit all ihren Konsequenzen zu leiden hatten.[17]

Es bedurfte der Kühnheit eines Ideologen, der von der Richtigkeit seiner Erkenntnis überzeugt war, um eine solche Theorie als Grundlage seiner Weltsicht vorzutragen. Viele Zeitgenossen sahen in der Intuition eine höhere Erkenntnisquelle, und Chamberlain neigte ganz besonders dazu, dies anzunehmen. Er war ein Autodidakt, aber recht gut in den Naturwissenschaften, der Religionsgeschichte, der Philosophie und anderen Gebieten belesen, und er behauptete, daß sein direktes, umfassendes Verständnis den Erkenntnissen der Fachleute überlegen sei. «Ich bin dieses Thema nicht als Wissenschaftler angegangen, sondern als Kind meiner Zeit, das seine Gegenwart verstehen will.»[18]

Obwohl er letztlich sich auf das verließ, was er als seine intuitive Erkenntnis ansah, sammelte Chamberlain doch eine große Menge anthropologischen und historischen Materials, um seine Theorie zu untermauern. Das Material über die Juden machte einen großen Teil des Buches aus, es besteht aus zwei Kategorien. Die eine erklärte die physische Konstitution der jüdischen Art und gipfelte in dem, was über die schlechte Rassenmischung gesagt wurde. Die andere Kategorie war eher beschreibend, sie stellte die Mentalität der Juden dar, ihre kulturelle Unfruchtbarkeit, moralische Minderwertigkeit und den Mangel an religiösem Gefühl. Anders als die volkstümlichen Antisemiten wie Fritsch betonte Chamberlain den religiösen Punkt, wobei er bestritt, daß die Juden jemals auch nur Ansätze dessen besessen hätten, was eine wahre Religion genannt werden könne. «Kein Volk der Welt hat einen solchen äußersten Mangel an echter Religion wie die Semiten und besonders ihre Halbbrüder, die Juden.»[19] Indem Chamberlain den Juden das bestritt, was bisher ihre ureigenste Schöpfung war, behauptete er ihre absolute geistige Armut und bestätigte damit die Annahme ihrer rassischen Minderwertigkeit.

Wenn er die physische und geistige Seite des jüdischen Lebens behandelte, dann wechselte Chamberlain oft zwischen beiden Aspekten und zog seine Folgerungen von der einen Art der Minderwertigkeit auf die andere und umgekehrt. Das erste Glied in der Argumentationskette war die geistige Minderwertigkeit der Juden, wie sie in der religiösen Unfruchtbarkeit zum Ausdruck kam. In diesem Punkt konnte Chamberlain auf eine lange Tradition zurückgreifen. Die *Grundlagen* sind voller Zitate und Belege, die die jüdische Religion herabsetzen. Eine solche Charakterisierung war die Frucht des uralten jüdisch-christlichen Konflikts, und die moderne Bibelwissenschaft hatte zu diesem Erbe nur noch beigetragen. Obwohl Exegeten wie Renan, Wellhausen und andere nicht mehr dogmatisch waren, so blieben sie doch bei der christlichen Selbsteinschätzung, daß das Christentum das Judentum überwunden und es auf einer niedrigeren Entwicklungsstufe hinter sich gelassen habe. Diese Wissenschaftler waren Chamberlains Kronzeugen, und sie belegten die Verworfenheit des Judentums.[20] Gleichzeitig bestritt Chamberlain nicht, daß er positive Elemente in der jüdischen Tradition gefunden habe. Aber getreu seiner subjektiven Methode schrieb er diese fremden Quellen zu, oder besser: fremdem Blut. So seien die Zehn Gebote ägyptischen Ursprungs, und der unbestreitbare Charme, der Mut und der visionäre Enthusiasmus eines König David ging auf das Erbe einer hypothetischen amoritischen Mutter zurück, und so weiter, und so weiter.[21]

Die Herabsetzung des Judentums ging mit einer Verherrlichung des Christentums Hand in Hand. Obwohl Chamberlain Vorbehalte gegen die Dogmen der Kirche hatte, sie auch gelegentlich verwarf, bestand er doch auf seinem Recht, als Nachfolger Christi angesehen zu werden – nicht weil er irgendwelche Lehren Christi akzeptiert hatte, sondern wegen seiner Einstellung zur Person Christi, in dem er eine Quelle der geistigen, vielleicht sogar mystischen Inspiration sah. Nachdem er Teile aus der Bergpredigt zitiert hatte, rief er aus: «Niemand vorher hat je so zu uns gesprochen, niemand hat es seitdem getan!» Und dann erklärte er, daß die Bergpredigt keine Lehre enthalte. Was sie ihren Hörern damals vermittelte, was sie immer noch denen vermittelte, die sich von ihr beeindrucken ließen, sei die Inspiration der einzigartigen Person des Predigers: «Wir wissen nicht genau, was er sagte, aber sein unverkennbarer, unvergeßlicher Ton trifft unsere Ohren und ergreift unsere Herzen.»[22]

Damit wurde die Gestalt Christi zu einen Anstoß für höchste religiöse Erfahrungen. Juden, unfähig zu solcher Exaltation, konnten an dieser Erfahrung keinen Anteil haben. Darum war es kein Zufall, daß sie Jesus abgelehnt hatten. Diese Ablehnung entstammte dem unüberbrückbaren Abgrund zwischen ihrer rassisch bedingten Mentalität und der Erfahrung, die durch die Person Jesu vermittelt wurde. Und weil er seiner Vorstellung von rassischer und geistiger Parallelität treu blieb, konnte Chamberlain den Juden nicht zugestehen, daß sie Jesus hervorgebracht hätten, noch nicht einmal biologisch. Er sei – wahrscheinlich – arischer Herkunft gewesen. Dies historisch plausibel zu machen, ging natürlich nicht über die Fähigkeit von Chamberlains überragender Intuition hinaus.[23]

Obwohl sich Chamberlain auf der hohen Ebene historischer Verallgemeinerung bewegte, stieg er doch gelegentlich in die Niederungen der gesellschaftlichen Wirklichkeit hinab. Jeder Leser, wenn er dem Antisemitismus zuneigte, konnte aus den Prinzipien des Buches nur zu leicht eine Rechtfertigung der gängigen Diskriminierung der Juden ableiten. Der Verfasser sprach die zerstörerische Wirkung von Juden auf die arische Kultur deutlich aus. Die Idee von Gesetz und Gerechtigkeit, wie sie sich in der Jurisdiktion der arischen Völker verkörperte, ging über das jüdische Verständnis hinaus. Darum sei die antisemitische Ablehnung jüdischer Richter nicht unbegründet, versicherte Chamberlain seinen Lesern in einer Randbemerkung.[24]

Die *Grundlagen* hatten eine breite und dauernde Wirkung. Sie erregten sofort Aufmerksamkeit, und das Buch war am Ende des Ersten Weltkriegs mehr als hunderttausendmal verkauft worden. Obwohl viele Kritiker seine innere Schwäche aufzeigten – die Anwendung subjektiver Urteile auf schein-wissenschaftliches Material –, taten es doch nur wenige als ideologischen Unsinn ab. Einer von diesen wenigen – ein Jude – erklärte die positive Aufnahme des Buches trotz seiner offenkundigen Schwächen mit einem Goethezitat: «Jede Behauptung, die die Einbildung und Berechnung befriedigt, reicht aus, um unter der gewöhnlichen Menge viele Anhänger zu finden.»[25]

Chamberlains Ausführungen befriedigten das deutsche Nationalgefühl wirklich. Von den Deutschen hieß es, daß sie die besten arischen Rasseneigenschaften verkörperten und bestimmt seien, die menschliche Kultur aus ihrem gegenwärtigen Elend zu erlösen. Chamberlains Kapitel «Der Eintritt der Juden in die Geschichte des Westens» allein wäre schon dankbar begrüßt worden. Hier verwob er die jüdische Minderwertigkeit in ein System, das anscheinend die gesamte Menschheitsgeschichte umfaßte, und damit gab er den verbreiteten antijüdischen Vorurteilen eine wissenschaftliche Grundlage und philosophische Würde. Gleichzeitig trennte er das antijüdische Vorurteil nicht von seinen historischen Wurzeln im jüdisch-christlichen Konflikt, aus denen es seine emotionale Leidenschaft und Stärke bezog. Obwohl Chamberlain kein Christ im strengen Sinne war, behielt er nicht nur das zentrale Symbol des Christentums, die Person Christi, bei, sondern stellte ihn in seinem eigenen System auch an die Spitze. Dies machte es möglich, daß praktizierende Christen wie der Kaiser Wilhelm II. Chamberlains Theorie übernahmen, der die *Grundlagen* als eine Offenbarung zum Verständnis der gegenwärtigen Welt lobte. Eher dogmatisch orientierte Christen würden natürlich an vielen von Chamberlains unorthodoxen Behauptungen Anstoß nehmen, aber die gewöhnlichen Gläubigen, die sich wie der Kaiser um kirchliche Feinheiten nicht kümmerten, waren damit zufrieden, daß Chamberlain sich irgendwie als Christ identifizierte, und sie folgten seinen Ausführungen nur zu gerne.[26]

Die Verbreitung der *Grundlagen* und damit der Rassentheorie geschah zwischen 1900 und 1914, als der politische Antisemitismus in Deutschland auf seinem Tiefpunkt war. Dennoch erfüllte die Theorie eine gesellschaftliche Funktion. Sie sicherte und rechtfertigte, daß die jüdische Minderheit in eindeutigen gesellschaftlichen und wirtschaftlichen Grenzen gehalten wurde. In der Zukunft, mit dem Aufstieg der Nazis, sollte diese Theorie eine politische Funktion erfüllen, die unvorhergesehene Konsequenzen und Intensität hatte.

Die Rassentheorie als Mittel der Interpretation historischer Phänomene ist mit dem Namen Gobineau und seinem *Essai sur l'inégalité des races humaines* (1853–1855) verbunden. Gobineaus Theorie war nicht antijüdisch. Ganz im Gegenteil, er sah in den Semiten eine der begabten und kulturell produkiven Arten der Menschheit. Obwohl sein Essay angeborene Unterschiede zwischen Gruppen verschiedener rassischer Herkunft behauptet, hatte er doch keine konkreten gesellschaftlichen Ziele. Ideologisch wollte er nur den wahrscheinlichen Niedergang der menschlichen Gesellschaft durch den Verlust der Rassenreinheit der Arier begründen, der Herrenrasse und dem Träger der überlegenen Kultur. Rasse wurde erst zum geistigen Werkzeug der Diskriminierung, als die Arier im Gegensatz zu den Semiten gezeichnet wurden, zu denen die jüdische Minderheit gehörte, praktisch deren einzig greifbare Vertreter in Europa. Diese Konfrontation zwischen Ariern und Semiten als den Extremen auf der Rassenskala begann mit Renan, und sie lag vor der Veröffentlichung von Gobineaus Schrift. Aber als diese fesselnde literarische Arbeit einmal publiziert war, gab sie der Glaubwürdigkeit der Rassentheorie als einer Erklärung der vergangenen und gegenwärtigen menschlichen Gesellschaft großen Aufschwung. Diejenigen, die sich mit der Rolle der Juden in der Geschichte befaßten, glaubten sich auf sicherem Grund, wenn sie die Rassentheorie benutzten, obwohl sie ihr eine Richtung gaben, die der Autor der Theorie nicht beabsichtigt hatte.[27]

Eine zusätzliche Bestätigung der Rassentheorie kam aus einer ganz anderen Quelle, sie war ein Nebenprodukt von Charles Darwins *On the Origin of Species* (1859). Angeregt durch die Idee der natürlichen Auswahl versuchten Gelehrte, physische und kulturelle Kriterien für die verschiedenen Menschenarten zu finden, kurz, die Entwicklung der Rassen nachzuzeichnen.[28] Antisemitische Ideologen warteten das Ergebnis der wissenschaftlichen Forschung nicht ab. Sie nahmen die Rassenlehre zum Ausgangspunkt und entwickelten ihre je eigenen Theorien daraus, die häufig anderen Theorien glatt widersprachen. Die meisten hielten jede Rasse für in ihren physischen und geistigen Eigenschaften statisch, obwohl sie sich nicht einig waren, was diese Eigenschaften waren und woher sie stammten. Chamberlain erklärte jedoch, daß die Vorstellung eines von Anfang an fixierten Rassencharakters ein Phantasieprodukt sei. Er nahm als Schlüssel Darwins Idee der natürlichen Auswahl, darum behauptete er, wie wir sahen, daß erst die besondere Verbindung rassischer Elemente die jeweilige Konstitution von Ariern, Semiten und Juden hervorgebracht habe.[29]

Der einzige Punkt, an dem sich alle antisemitischen Theoretiker wirklich einig waren, war, daß die jüdischen Rasseneigenschaften eindeutig negativ waren. Da eine solche Charakterisierung schon vor dem Aufkommen der Rassentheorie ein integraler Bestandteil der antijüdischen Tradition war, ist es diese Tradition und nicht die Rassentheorie als solche, die als entscheidender Faktor in der rassischen Diskriminierung von Juden angesehen werden muß. Im heutigen Sprachgebrauch sind der Begriff *Rasse* und seine Ableitung *Rassismus* gewöhnlich gleichbedeutend mit Diskriminierung. Ursprünglich war *Rasse* jedoch ein ganz neutraler Begriff, und auch, als er zur Bezeichnung primitiver nicht-europäischer Stämme verwendet wurde, fehlten ihm die offen herabsetzenden Konnotationen. Diese Färbung erhielt er erst, als er im Kampf gegen eine Minderheit, die Juden, gebraucht wurde, da und seitdem wurde der Begriff mit der Vorstellung von Minderwertigkeit und Verderbtheit assoziiert. Die Rassentheorie hat den Antisemitismus keineswegs erzeugt, sondern sie hat ihre negative Konnotation erst durch die Verbindung mit dem Antisemitismus erhalten.

Chamberlains und Fritschs rassische Visionen waren nicht einfach in konkretes Handeln zu übersetzen. Chamberlain bewegte sich auf einer abstrakten Ebene, darum konnte er es völlig offen lassen, wie seine religiösrassische Wiedergeburt erfolgen sollte. Auch der kluge Propagandist Fritsch sah über eine Verbreitung seiner Ideen nicht hinaus. Gelegentlich deutete er an, daß die staatlichen Behörden den jüdischen Einfluß begrenzen sollten, sonst würden die unteren Schichten versuchen, «das Problem auf ihre Weise zu lösen».[30] Er dachte dabei wohl an unkontrollierte Gewaltausbrüche gegen Juden, nicht an eine Veränderung des Systems, das die Juden als Staatsbürger schützte. Aber beide, Chamberlain und Fritsch, erlebten es noch, daß sich im deutschen Reich ungeahnte Möglichkeiten auftaten, daß ihre Ideen die Chance erhielten, verwirklicht zu werden.

Sowohl der Erste Weltkrieg wie sein Nachspiel, die Revolution von 1918, hatten eine ambivalente Wirkung auf die soziale und politische Stellung der Juden in Deutschland. Der Enthusiasmus bei Ausbruch des Krieges führte zu einem Gefühl nationaler Einheit, das auch die Juden einzuschließen schien, auch wenn Theodor Fritsch – zweifellos im Namen des harten Kerns der Antisemiten – selbst zu diesem Zeitpunkt noch sein Unbehagen darüber ausdrücken mußte. Aber als sich der Krieg unerwarteterweise jahrelang hinzog, wurde immer häufiger die Frage gestellt, was die Juden denn wirklich zu der nationalen Anstrengung beitrügen. Juden wurden beschuldigt, ihre Pflicht nicht zu erfüllen, sich hinter der Front zu verstecken und vom Schwarzmarkt zu profitieren. Als Antwort auf diese Vorwürfe veranlaßte der preußische Kriegsminister im November 1916 die sogenannte Judenzählung, die die Juden an der Front und die Juden, die zur Kriegsanstrengung nichts beitrugen, zählen sollte.[31] Natürlich konnte das Ergebnis, auch wenn es nicht bestritten wurde, die Frage in keiner Weise klären. Die Bedeutung der Judenzählung lag darin, daß sie zeigte, daß die Juden keineswegs in der deutschen Nation akzeptiert waren, sei es, weil sie eine besondere soziale Gruppe waren, sei es, weil das Feindbild der Juden weiterhin bestand oder aus anderen Gründen. Diese Tatsache sollte die Ereignisse weiterhin bestimmen, auch wenn sich die Situation grundlegend änderte, als in der Folge der Revolution die kaiserliche Herrschaft durch die Weimarer Republik ersetzt wurde.

Die deutsche Revolution von 1918, eine Folge der physischen und geistigen Erschöpfung an der Front wie im Hinterland, konfrontierte die neue Regierung mit ungeheuren Schwierigkeiten. Sie mußte die politischen Bedingungen erfüllen, die die siegreichen Alliierten der geschlagenen Nation auferlegt hatten. Die große Summe an Reparationen, die bezahlt werden mußte, erschwerte die wirtschaftliche Erholung und führte zu der rasenden Inflation von 1923, an deren Ende die völlige Entwertung der deutschen Währung stand. Aber jede Möglichkeit, die Situation zu verbessern, war von vornherein durch die Tatsache erschwert, daß die neue Regierungsform nur begrenzt öffentlich unterstützt wurde. Die Sozialdemokraten und die Demokraten mußten gegen linke wie gegen rechte Gegner des Prinzips der Mehrheitsentscheidung kämpfen. Die radikalen Sozialisten wollten eine Diktatur nach russischem Vorbild, und sie spielten die Erfolge der Revolution herunter. Die Rechten, die aus mehreren Gruppen bestanden, vertraten zwei politische Richtungen. Die eher Konservativen hielten an den Überresten des früheren Kaiserreiches fest und verachteten die Republik und das, wofür sie stand, ganz offen. Die andere Richtung, die aus den neu entstandenen Veteranengruppen und anderen gesellschaftlich unangepaßten Elementen bestand, folgte radikalen nationalistischen und manchmal auch sozialistischen Idealen, und auch sie wollte die Regierung aus den Händen der verhaßten Republikaner entreißen. Es mangelte nicht an Versuchen, dieses mit Gewalt zu erreichen. In den ersten Jahren der Republik waren politische Morde an der Tagesordnung, und es gab mehrere Putschversuche, der bekannteste der gescheiterte Putsch von Adolf Hitler in München im November 1923.[32]

Aus jüdischer Sicht war die Errichtung der Republik zweifellos eine entscheidende Verbesserung – zumindest sah dies für die absehbare Zukunft so aus. Erstmals seit der Kooperation Bismarcks mit den Liberalen konnten Juden in der Politik mehr als nur eine marginale Rolle spielen. Juden hatten sowohl bei den unterlegenen radikal-sozialistischen Gruppen als auch in den Parteien, die zunächst die Regierung übernahmen, führende Positionen. Hugo Preuss, ein Verfassungsexperte, dem unter dem Kaiser keine angemessene akademische Stellung erreichbar war, konnte jetzt Innenminister werden und so für die Verfassung der Republik verantwortlich zeichnen.[33]

Die aktive Teilnahme von Juden an den Angelegenheiten der Weimarer Republik verdankte sich formal nichts anderem, als daß entsprechend der Verfassung Geburt und Religion keine Rolle mehr spielten. Diese Teilnahme wurde aber von den rechtsorientierten Gegnern der Republik als Beweis für die undeutsche Natur der Republik angesehen. Das antijüdische traf mit dem antirepublikanischen Vorurteil zusammen, und beide verstärkten sich gegenseitig. Alle rechten Parteien, ob monarchistisch, reaktionär oder revolutionär, fügten irgendeinen antijüdischen Punkt in ihre Programme ein. Die militärische Niederlage und die nationalistische Reaktion darauf schufen ein Klima, das einen Sündenbock brauchte. Erst als Nachspiel des Krieges wurde das Schlagwort «Juden und Freimaurer», das aus Frankreich kam, in Deutschland wirksam. Die Theorie einer jüdisch-freimaurerischen Verschwörung für die Weltherrschaft, die in dem Schlagwort impliziert war, wurde durch die *Protokolle der Weisen von Zion* noch verstärkt. Sie waren im zaristischen Rußland zusammengebraut worden und kamen jetzt in den Westen. Die *Protokolle* wurden verbreitet und geglaubt, obwohl bekannt war, daß sie eine Fälschung waren. Aber sie waren nur eine der zahlreichen antisemitischen Schriften, Flugblätter und Artikel, die das Land jetzt überschwemmten. Ihre bereitwillige und breite Aufnahme zeigt nur, wie negativ das geistige Klima in der Folge der umstürzenden geschichtlichen Ereignisse Krieg und Revolution geworden war. Aber dies Klima war auch das Ergebnis der bewußten Machenschaften von Propagandisten, die die Leichtgläubigkeit der Massen nutzten, um sie für ihre politischen Ziele einzuspannen. Unter diesen ragte Adolf Hitler durch seine Energie, seine Erfindungskraft und den völligen Mangel an moralischer Zurückhaltung hervor.[34]

Adolf Hitler war in Österreich geboren, und er diente während des Krieges in der deutschen Armee. Noch über ein Jahr nach der Revolution wurde er als Ausbildungsoffizier in München zurückgehalten. Seine Vorgesetzten, obwohl sie jetzt doch der Republik dienten, unterstützten offen rechtsgerichtete Organisationen, und Hitler wurde beschäftigt, weil er extrem nationalistische Neigungen gezeigt hatte. Nachdem er die Armee verließ, trat er einer dieser Organisationen bei, der Deutschen Arbeiterpartei, wurde bald einer ihrer Sekretäre und dann der unumstrittene Führer. Die Organisation änderte ihren Namen durch die Hinzufügung der Bestimmung «nationalsozialistisch», und das Parteiprogramm versprach, alle nationalen und sozialen Probleme in Deutschland zu lösen. Paragraph 4 des Programms hieß: «Nur Volksgenossen können Staatsbürger sein. Nur wer deutschen Blutes ist, kann Volksgenosse sein. Juden können darum keine Volksgenossen sein.» Und Paragraph 5 fügte hinzu, daß Nichtbürger in Deutschland nur als Gäste geduldet würden und einer Sondergesetzgebung unterworfen würden.[35]

Durch harte Arbeit, List und eine besondere Anziehungskraft, die die meisten Menschen bezauberte, die mit ihm in Kontakt kamen, gelang es Hitler, die Anhängerschaft seiner Partei zu vergrößern. Ende 1923 fühlte er sich stark genug, um den ersten Griff nach der Macht zu wagen und die Regierung in München durch Gewalt an sich zu reißen. Der Putsch mißlang, eine Reihe seiner Anhänger wurde getötet, er selbst wurde verhaftet. Seine Karriere schien zu Ende. Aber er war weiterhin beliebt. Die bayrischen Behörden ließen sogar zu, daß er seinen Prozeß dazu benutzte, seine Ideen zu verbreiten und die Grundlagen der Republik offen anzugreifen. Im Gefängnis durfte er *Mein Kampf* diktieren, eine ausführliche Biographie, in der er seine Zukunftspläne darlegte.[36]

Hitlers Bericht über seine Jugend ist unzuverlässig und irreführend. Aber die Struktur seiner seltsamen Persönlichkeit kann dennoch daraus erschlossen werden, auch seine Handlungsmotive. Er war außerordentlich begabt, Gedanken, Ansichten und wirkliches Wissen aufzunehmen und es auf die jeweils einfachste Formel zu bringen. Gleichzeitig hatte er genügend Willenskraft, um sich selbst davon zu überzeugen, daß er seine Ziele erreichen könne, die aus seinen Überzeugungen erwuchsen. Während seiner Wiener Jahre war er entschlossen, großartige Werke als Künstler und Architekt zu schaffen. Während dieser Zeit befaßte er sich auch mit politischen und sozialen Fragen, und dabei formten sich seine Grundüberzeugungen, darunter ein radikaler Antisemitismus. Ohne Aussicht, seine Begabung als Künstler zeigen zu können, und kaum in der Lage, seinen Lebensunterhalt in einem normalen Beruf zu verdienen, muß er in seinen eigenen Augen – und sicher in denen anderer – ein völliger Versager gewesen sein. Die unvorhergesehenen Umstände der revolutionären Situation gaben ihm endlich, vielleicht zur eigenen Überraschung, die Möglichkeit zu zeigen, was er konnte.[37]

Hitler mag zutreffend berichten, wie eine Begegnung mit Juden in Wien und die Reaktionen von Führern wie Lueger und Schönerer auf Juden seine Haltung bestimmten. Ob er literarische Quellen benutzte, ob er antisemitische Klassiker wie Chamberlain oder andere gelesen hat, ist nicht klar.[38] Was er selbst über Juden und Judentum zu sagen hatte, war eine bunte Sammlung unverbundener antisemitischer Behauptungen. Daß die Juden angeblich nicht an ein Jenseits glaubten, ihr Zusammenstoß mit Jesus und seine Tötung wurde ebenso gern wiederholt wie die jüdische Lust auf nichtjüdische Frauen, der zerstörerische Einfluß der jüdischen Presse, der jüdische Drang zur Weltherrschaft mit Hilfe der Freimaurer, und so weiter. Es gab allerdings eine Grundkonzeption, die all diese Vorwürfe plausibel zusammenbrachte, die Annahme nämlich, daß eine besondere, teuflische Rasseneigenschaft in jedem Juden, in allen Aspekten des jüdischen Lebens und in jeder Phase der jüdischen Geschichte am Werke sei. Hitler übernahm die Rassentheorie und brachte sie auf eine einfache, grausame Formel. Während Chamberlain die verschiedenen Eigenschaften verschiedener Rassen ihrer günstigen oder ungünstigen Mischung zuschrieb, damit Raum für Differenzierungen und Übergänge ließ, behauptete Hitler die absolute Spaltung zwischen Ariern und Semiten. Arier besaßen alle Tugenden, waren die Quelle jeder Kreativität; Juden waren die Verkörperung des Bösen und der Zersetzung.[39] Der österreichische Wissenschaftler Adolf Wahrmund, der dem Ursprung der jüdischen Mentalität nachforschte, schrieb ihn ihrer Wanderung von Land zu Land zu. Er nannte Juden die ewigen Nomaden. Mit Bezug auf diese Theorie erklärte Hitler, daß «Parasit» die einzig angemessene Bezeichnung der Juden sei, weil damit ausgesagt sei, daß sie nur auf Kosten anderer überleben könnten.[40]

Durch das Scheitern seines Putsches vorsichtig geworden, gab Hitler die Idee auf, die Regierung durch Gewalt zu erlangen. Stattdessen entschied er sich, alle Mittel der Propaganda zu nutzen, um seine Anhängerschaft so zu vergrößern, daß sie eine Mehrheit der Bevölkerung ausmachte, die ihn durch Abstimmung an die Macht bringen würde. Um dies zu erreichen, brauchte er einfache Schlagworte, um die großen Massen anzusprechen. Die vereinfachte Version der Rassentheorie erfüllte diesen Zweck hervorragend. Die christlichen Elemente, die in dieser Rassentheorie noch aufgehoben waren, der Name Jesu als Kriegsgott des arischen Protestes gegen die Juden – all dies war Teil einer bewußten Anstrengung, die christlichen Gefühle seiner Zuhörer anzusprechen.[41] Obwohl er seine Versatzstücke unkritisch aus der antisemitischen Tradition auswählte, vermied er bewußt jene Richtung, die den Antisemitismus mit einer Kritik am Christentum verband, weil dieses dem Judentum so viel verdankte. Er setzte auch das Alte Testament nicht herab, um Juden zu diskreditieren. Aber er duldete es, wenn auch ungern, daß seine Anhänger Mittel benutzten, die ernsthafte Christen zum Widerspruch reizen mußten. Aus religiöser Sicht war die Nazi-Bewegung alles andere als einheitlich. Theodor Fritsch trat ihr bei und agitierte weiterhin in seiner «freireligiösen» Richtung. Alfred Rosenberg, eines der frühesten Mitglieder der Bewegung, war noch radikaler. In seinem *Mythus des zwanzigsten Jahrhunderts* (1930) hatte er versucht, Chamberlain nachzuahmen und seine rassische Weltanschauung in ein scheinbar christliches Gewand zu hüllen, aber was Chamberlain gelang, schaffte er nicht.[42] Das Buch rief, sehr zu Hitlers Mißfallen, Proteste der Christen hervor, der Katholiken wie der Protestanten.[43] Wenn man seine beträchtliche Verbreitung als Maßstab nimmt – das Buch wurde mehr als eine halbe Million mal verkauft –, dann muß die Grundthese des Buches der herrschenden Tendenz entsprochen haben. Das Buch sagte die rassische Wiedergeburt der Arier voraus, sobald sie sich vom semitischen Element und von dessen schädlichem Einfluß gereinigt hätten. Dies konnte Hitler gewiß unterschreiben. Es ist anzunehmen, daß seine Vorbehalte gegen Rosenbergs Abhandlung eher taktischer Art waren. Auf jeden Fall betrafen ihre Differenzen die Einstellung zum Christentum. Im Hinblick auf die Juden sprachen sie dieselbe Sprache. Auch Rosenberg bezeichnete die Juden als Parasiten, aber anders als sein Mentor Chamberlain ging er davon aus, daß die jüdische Rasse und ihre schlechten Eigenschaften von Anfang an von Natur aus determiniert seien.[44]

Ideologisch hatte der Antisemitismus der Nazis dem der Vorkriegszeit nichts Neues hinzuzufügen. Sein Extremismus lag in der Tatsache, daß er sich auf ein begrenztes, zugleich jedoch revolutionäres politisches Ziel richtete: die Abschaffung der Republik. Als Hitler im Dezember 1924 aus dem Gefängnis entlassen wurde, organisierte er seine Partei neu. In den folgenden acht Jahren, bis Hitler zum Reichskanzler ernannt wurde, war das Schicksal der Partei wechselnd. Gelegentlich sah es aus, als ob die Nazis verschwinden würden, um das Feld den moderaten Amtsinhabern zu überlassen. Später, als die deutschen Massen infolge der Wirtschaftskrise von 1929 radikaler wurden, schien es, als ob die Nazis von den Kommunisten überflügelt werden würden, ihre Hauptkonkurrenten um die Herrschaft. Im Kampf um die Unterstützung der Massen war der Antisemitismus eine der wichtigsten Waffen, die Hitler und seine Parteigenossen anwendeten. Was immer seine Gegner vertraten – Demokratie, den Parlamentarismus der Gemäßigten, den Sozialismus der Radikalen, die Verfassung der Republik –, wurde als jüdische Erfindung bezeichnet, als solche von Natur aus schädlich.[45] Juden wurden für alles verdammt, was als jüdisch charakterisiert werden konnte, und diese Verdammung wurde unaufhörlich wiederholt, in Reden wie in Schriften, aber vor allem auf Hitlers emotional geladenen Massenversammlungen, bis es ein Allgemeinplatz wurde, daß Juden schuld seien.

Gegen eine solche bewußte Diffamierungskampagne gegen die Juden schien es kein Mittel zu geben. Was zur Verfügung stand – Anrufung der Gerichte, die Verbreitung aufklärender Information über Juden und Judentum, was jüdische Verteidigungsorganisationen schon seit vor dem Kriege versuchten –, war angesichts der Aufgabe jetzt völlig unzureichend.[46] Die deutsche Judenschaft, besorgt über die Ereignisse, aber nicht übermäßig alarmiert, setzte ihre Hoffnung darauf, daß die Republik überleben würde. Es schien unglaublich, daß das Schicksal einer großen Nation in die Hände eines Mannes wie Hitler gelegt werden sollte. Als das Unglaubliche geschah, konnten Juden noch immer hoffen, daß Hitler und seine Partei – einmal an der Macht und mit der Staatsführung befaßt – ihr antijüdisches Programm aufgeben oder zumindest mäßigen würden, das der Propaganda gedient hatte. Diese Erwartung, die von den meisten Zeitgenossen wohl geteilt wurde, darunter Menschen, die auf die eine oder andere Art Hitler an die Macht verholfen hatten, täuschte sich über das Wesen der Nazi-Bewegung und noch mehr über die Mentalität ihres Führers.[47]

Im nachhinein, aber nur im nachhinein, ist es nicht schwer zu erkennen, daß Hitler, der in vieler Hinsicht ungewöhnlich fähig war, von einem manischen Judenhaß besessen war, der ein Grundelement seiner psychologischen Struktur war. Die antisemitische Ideologie war kein zufälliger Zug seiner Weltanschauung, sondern das zentrale Motiv seines Denkens und Vorstellens. Es war eine Überzeugung, die er mit anderen Gründern der Bewegung teilte, die in ihren entscheidenden Jahren aus denselben geistigen Quellen genährt worden waren.[48] Die Behauptung, daß Juden absolut schädlich seien, war von Theologen, Spinnern, Philosophen und Demagogen so oft wiederholt worden, daß sie schließlich von Revolutionären internalisiert worden war, die entschlossen waren, entsprechend zu handeln. Sie hatten keinerlei Zweifel an der Richtigkeit dieser Behauptung oder an der Weisheit ihrer Konsequenzen. Mit der Rassentheorie verbunden, die für sie eine umfassende Weltanschauung war, war die antijüdische Lehre eine unbezweifelbare Wahrheit. Darum wurde der Paragraph des nationalsozialistischen Parteiprogramms, der den Juden die deutsche Staatsbürgerschaft absprach, sofort in die Tat umgesetzt. Aber dies war nur die offen angekündigte Konsequenz der Rassentheorie. Was noch nicht angekündigt wurde, aber zumindest von Hitler schon gedacht wurde, war die physische Vernichtung der Juden. Das Grundprinzip des radikalen Antisemitismus, das den Juden das Existenzrecht absprach, wurde erst damit völlig unerwartet, aber nicht ohne logische Konsequenz, als Politik einer Regierung erfüllt.

27. Antisemitismus durch die Zeiten

Nachdem wir die Entwicklung antijüdischer Einstellungen in der Neuzeit verfolgt haben, müssen wir fragen, ob diese Untersuchung die Frage beantwortet hat, von der sie ausgegangen ist. Diese Frage kann folgendermaßen nochmals formuliert werden: Die jüdische Emanzipation, die in den europäischen Ländern seit dem Ende des 18. Jahrhunderts durchgesetzt wurde, setzte die Auflösung jener ideologischen Struktur voraus, die die antijüdische Überzeugung getragen hatte. Diese Struktur schien aufs engste mit der traditionellen christlichen Lehre verwoben, die ein negatives Bild von Judentum und Juden, vor allem von ihren religiösen Überzeugungen und ihrer Moral, in sich trug. Die Aufnahme von Juden in Staat und Gesellschaft der Moderne schien zu bedeuten, daß man die christlichen Vorbehalte gegen Juden aufgegeben hatte. Wie konnte dann die antijüdische Agitation in den letzten Jahrzehnten des 19. Jahrhunderts von neuem aufkommen, die mit Bildern und Vorurteilen arbeitete, die seit über einem Jahrhundert doch scheinbar obsolet geworden waren?

Die Antwort, zu der wir im Lauf der Untersuchung gekommen sind, kann jetzt zusammengefaßt werden. Es ist richtig, daß das Christentum seinen bestimmenden Einfluß auf das Denken der Menschen und auf Staat und Gesellschaft verloren hatte. Der Staat und seine Institutionen waren nicht länger institutionell mit der Kirche verbunden, und die Entwicklung der Gesellschaft wurde nicht mehr von christlichen Überzeugungen gelenkt. Die führenden Eliten in Staat und Gesellschaft standen jetzt unter dem Einfluß eher säkularer Kräfte. Aber dieser Rückgang des christlichen Einflusses war nicht gleichbedeutend mit seinem Verschwinden. Das Christentum auch in seiner dogmatischen Gestalt war nicht abgestorben. Es bildete imer noch den universalen Bezugsrahmen und das geistige Klima von Teilen der Gesellschaft, und bei diesen behielt die traditionelle Sicht von der Rolle der Juden in der Geschichte ihre Gültigkeit. Das Feindbild, das dem Wort *Jude* anhaftete, löste sich nicht von seiner ideologischen Wurzel. Es lebte latent weiter und konnte bei Gelegenheit bewußt aktualisiert werden. Und dies geschah mit dem Aufkommen der antisemitischen Bewegung im 19. Jahrhundert. Wie wir gezeigt haben, gab es eine ganze Reihe orthodoxer Christen unter den Anführern und Vorläufern der antisemitischen Bewegung: Stoecker, Rohling, Vogelsang und andere, um die Vermittler wie de Bonald und des Mousseaux in Frankreich, Julius Stahl und Hermann Wagener in Preußen und Sebastian Brunner in Österreich gar nicht weiter zu nennen, die vor dem Ausbruch der antisemitischen Bewegung als Brücke zwischen dem traditionellen Judenhaß und seiner modernen Form dienten.

Eine zweite Variante des christlichen Hintergrundes hinter dem modernen Antisemitismus findet sich bei denen, die sich für die dogmatische Wahrheit des Christentums nicht mehr interessierten, aber doch die Religion als Komponente des Nationalismus beibehalten wollten und das Christentum als einzig möglichen Garanten der privaten und öffentlichen Moral darstellten, oder die ihm aus anderen, nicht wirklich religiösen Gründen treu blieben. Diese Art Christentum, so verwässert es war, hielt an der Lehre der Überlegenheit des Christentums über das Judentum fest, und diese konnte rasch zu offenem Antisemitismus werden. Diese mehr oder weniger deutliche Verbindung zwischen antisemitischen Argumenten und ihrem christlichen Hintergrund findet sich in den Schriften von Männern wie Glagau, Istoczy, Drumont und anderen überall. Sie waren keine Christen im konfessionellen oder dogmatischen Sinn, wurzelten aber tief genug in der christlichen Tradition, um von dort die Begründungen ihrer Theorien und die Stärke ihrer Überzeugungen zu beziehen. Die These von der moralischen Empfindungslosigkeit der Juden, von ihrem vermeintlichen Drang nach Weltherrschaft und ähnliches wurde zwar von aktuellen Anlässen verstärkt, wie etwa der gesellschaftlichen Distanz zwischen Juden und Christen oder den tatsächlichen wirtschaftlichen und politischen Erfolgen der Juden, aber sie leitete sich eindeutig aus traditionellen christlichen Ansichten über die Mentalität der Juden und jüdische messianische Hoffnungen her.

Weithin erwies sich der moderne Antisemitismus also als eine Fortsetzung der vormodernen Ablehnung des Judentums durch das Christentum, selbst wenn er jede Verbindung damit bestritt oder sich sogar als feindlich zum Christentum bekannte. Der Wunsch, den Antisemitismus anders als in der jüdisch-christlichen Trennung zu begründen, blieb in Wahrheit nichts als eine Absichtserklärung. Kein Antisemit, selbst wenn er antichristlich war, verzichtete je auf den Gebrauch jener antijüdischen Argumente, die in der Ablehnung von Juden und Judentum durch frühere christliche Zeiten wurzelten. Zumindest historisch galt das Christentum immer als die höhere Religion, und dies gilt auch für das Denken so gründlich säkularisierter Antisemiten wie Voltaire, Bruno Bauer oder Eugen Dühring.

Der Beleg dafür, daß die antijüdischen Vorstellungen der vor-emanzipatorischen christlichen Zeit in den nach-emanzipatorischen Antisemitismus übertragen wurden, findet sich nicht allein im Bereich der ideologischen Rechtfertigungen. Die soziale Situation der frisch emanzipierten und widerstrebend akzeptierten Minderheit erregte die Feindschaft der Mehrheit, weil die jüdische Gemeinschaft vor der Emanzipation ein Paria gewesen war, an den Rand der christlichen Gesellschaft verdrängt.

Die Antisemiten wollten die Juden weiterhin unten halten oder sogar zur vor-emanzipatorischen Situation zurückkehren. Auch wenn sie die christlichen Überzeugungen, die für die frühere Stellung der Juden verantwortlich waren, nicht teilten, so war diese Stellung doch ihre Handlungsgrundlage. Es gibt eine eindeutige historische Kontinuität zwischen beiden Phasen der jüdischen (Zwangs-)Situation.

Das Wort «verantwortlich», das im vorherigen Absatz gebraucht wurde, klingt moralistisch; bewußt angewendet, versetzt es das Subjekt des Antisemitismus aus dem Bereich der Geschichte in den der Ethik. Es bedeutet, daß das Christentum verantwortlich, zuständig ist für alle Ungeheuerlichkeiten des Antisemitismus bis zur Kulmination im Holocaust. Es gibt Historiker und Theologen, die dieses Urteil angenommen und Folgerungen daraus gezogen haben. Sie werden am besten durch den französischen Historiker Jules Isaac vertreten, der schon im Titel seines Buches, *L'Enseignement du mépris*, die zentrale Aussage zusammenfaßt: Die Verbreitung der Lehre der Kirche über den verächtlichen Charakter der Juden bereitete den Boden für die Diffamierung und Ächtung der Juden in der Neuzeit vor. Isaac war ein säkularer Jude, der zu seiner Erforschung der Judenfrage durch die nationalsozialistische Judenverfolgung bewegt wurde, der auch seine Familie zum Opfer gefallen war. Isaacs Anklage gegen das Christentum ist von seinen Gefühlen und philosophischen Überzeugungen gefärbt; erstaunlicherweise hat er Theologen und gläubige Christen überzeugt.[1]

Der Historiker, der die Frage der Verantwortlichkeit beurteilen will, kann sich nicht mit einer Aufzählung von Tatsachen zufrieden geben und sich eines moralischen Urteils enthalten. Wenn er die Frage der Verantwortlichkeit einmal gestellt hat, dann beschäftigt er sich nicht länger nur mit Tatsachen. Er muß nach der Kausalverbindung zwischen Ereignissen fragen. Er muß auch auf das achten, was seinem Urteil zu widersprechen scheint. Das stärkste Argument, das von christlichen Apologeten wie von antisemitischen Ideologen angeführt worden ist, um das Christentum von dem Vorwurf freizusprechen, den Antisemitismus hervorgebracht zu haben, ist die Tatsache, daß es antijüdische Gefühle und sogar Gewaltausbrüche gegen Juden im hellenistischen Alexandria wie in der römischen Welt gegeben hat, lange bevor das Christentum entstand. Daß diese antiken Phänomene als *Antisemitismus* bezeichnet werden, hat das Gewicht dieses Arguments noch verstärkt. Wenn die Judenfeindschaft der Antike grundsätzlich dieselbe gewesen ist wie zur christlichen und modernen Zeit, dann konnte der Antisemitismus nicht einem erst später entstandenen Faktor zugeschrieben werden. Das einzige Element, was in allen drei Phasen, der vor-christlichen, der christlichen und der modernen, immer dagewesen ist, sind die Juden selbst. Damit war es für die antisemitischen Experten einfach, zu dem Schluß zu gelangen, daß die Juden wegen ihres hassenswerten Charakters und Verhaltens selbst die Ursache ihres Unglücks in ihrer langen Geschichte gewesen sind.[2]

Völlig abgesehen von der Frage der Verantwortlichkeit halte ich die Gegenwart der einzigartigen jüdischen Gemeinschaft unter anderen Völkern in der Tat für den Anreiz zur Feindschaft gegen sie. Die Reaktionen auf diesen Anreiz unterscheiden sich jedoch örtlich und zeitlich, und soweit diese verschiedenen Reaktionen untereinander chronologisch verbunden sind, kann man von einer Geschichte des Antisemitismus sprechen. Die historische Verantwortung kann beurteilt werden, wenn man die Arten und Ausdrucksweisen des Antijudaismus in verschiedenen Zeiten vergleicht und die Wirkung früherer Arten und Ausdrucksweisen auf spätere Veränderungen aufspürt. In diesem Sinne ist die Geschichte und das Wesen des antiken Antisemitismus für eine Beurteilung seiner christlichen und modernen Varianten wichtig. Elemente der antiken antijüdischen Tradition sind uns bisher nur so begegnet, wie sie von ihrer christlichen Nachfolgerin überliefert sind. Aber wenn die antike Phase des Antisemitismus mit den späteren verglichen werden soll, dann muß sie in ihrem spezifischen historischen Kontext gesehen werden.[3]

Auch in der antiken Welt haben Nichtjuden Feindschaft gegen die unter ihnen lebenden Juden gezeigt, und diese ging über die gewöhnliche Spannung zwischen ethnischen Gruppen hinaus, die miteinander um wirtschaftlichen oder politischen Einfluß konkurrierten. Juden wurden von Hellenisten und Römern wegen ihrer fremdartigen Riten, Beschneidung, Sabbat und Speisegesetze, Angriffen und Verachtung ausgesetzt. Die Treue zu diesen religiösen Vorschriften verstärkte die gesellschaftliche Isolation der jüdischen Gemeinschaft, und eine der wichtigsten war das Verbot von Mischehen mit Angehörigen anderer Gruppen. Natürlich traten Juden in die Welt der Nichtjuden zuerst durch den Kontakt mit ihren Nachbarn und Eroberern im eigenen Land ein und dann erst als Diasporagemeinden, die einer religiös sanktionierten Exklusivität verpflichtet waren, die es sonst in der Antike nicht gab. Juden nahmen an der Religion ihrer Nachbarn nicht teil, sie verurteilten und verspotteten sie sogar als sinnliche Riten der geistlich Blinden. Diese Exklusivität verstärkte den inneren sozialen Zusammenhalt, sie half vermutlich auch, der Gruppe in einer fremden und feindlichen Umgebung das Überleben zu sichern. Zugleich rief allerdings diese Überlebensgarantie selbst eine besondere gesellschaftliche Feindschaft hervor, oder verstärkte diese zumindest, die wegen ihrer Ähnlichkeit mit ihrem modernen Gegenstück *Antisemitismus* genannt wird. Der erste Anlaß für die Feindschaft ist in beiden Fällen der soziale Zusammenhalt der Juden. Als Reaktion darauf entwickelte sich ein ganzer Komplex von Phantasievorstellungen über die jüdische Mentalität und ihre Eigenschaften. Manche Aspekte des antiken und des modernen Antisemitismus ähneln sich, aber bei näherer Untersuchung werden Unterschiede deutlich, die zumeist dem christlichen Antisemitismus zugeschrieben werden müssen, der während der langen Zeit wirksam war, die den modernen Antisemitismus von seinem antiken Gegenstück trennt.

Daß der christliche Antisemitismus – also die Stigmatisierung der Juden aufgrund christlicher Lehren und Weltanschauungen – nicht einfach die Verlängerung seines antiken Vorläufers ist, ist offensichtlich. Die christliche Feindschaft fügte den früheren Vorwürfen noch Anklagen hinzu, die aus dem Religionskonflikt zwischen Judentum und Christentum stammten, der sein Zentrum in der Ablehnung des christlichen Messias durch die Juden hatte; von hier stammt der Vorwurf des Gottesmordes. Und die anderen Vorwürfe, einschließlich der in der heidnischen Antike gängigen wie der Haß auf Nichtjuden oder die moralische Rücksichtslosigkeit gegenüber Fremden, erschienen jetzt in Verbindung mit der religiösen Schuld der Juden und ihrer vermeintlichen Verwerfung durch Gott. Von daher erhielt die Verdammung der Juden eine fast metaphysische Qualität, die sie in der antiken Welt nicht hatte. Dieser religiös sanktionierte Antisemitismus hatte dann soziale Konsequenzen. Weil der Judenhaß mit dem Kern des Christentums verbunden war, verbreitete er sich unter dessen umfassendem Einfluß durch die ganze Gesellschaft. Der antike Antisemitismus mag einen religiösen Beiklang gehabt haben, der aus der jüdischen Verachtung der heidnischen Götter stammte. Aber er kam in emotionaler Intensität und gesellschaftlicher Ausbreitung bei weitem nicht an sein christliches Gegenstück heran.

Andererseits hatte der christliche Antisemitismus, der quantitativ und qualitativ über seinen heidnischen Vorläufer hinausging, rettende Elemente. Die Verdammung war nicht bedingungslos, es gab ein Schlupfloch für die Juden, die das Christentum annahmen. Die Tolerierung von Juden durch die Kirche, die doch sonst gegenüber Häretikern und Angehörigen anderer

Religionen fanatisch exklusiv war, gründete in dem Glauben, daß die Juden am Ende der Zeit bekehrt werden würden. Dem heidnischen Antisemitismus fehlte eine solche Möglichkeit in seiner Verurteilung des Judentums. Die durchgängige Definition von Juden als Feinde der Menschheit ließ keinen Raum dafür, sie zu tolerieren. Dies führte gelegentlich zu der theoretischen Forderung, das jüdische Volk total zu zerstören; praktisch führte es zu Verfolgungen, wann immer ihr religiöser Nonkonformismus als besonders provokativ empfunden wurde. Wenn solche feindseligen Reaktionen die Ausnahme blieben, wenn Juden in der Regel ungestört blieben, gelegentlich sogar willkommen und privilegiert leben konnten, dann lag dies daran, daß die antisemitische Theorie in der Weltanschauung der Antike nur eine marginale Rolle spielte. Der Nonkonformismus und die Exklusivität der Juden waren ärgerlich, aber die Ablehnung der jüdischen Existenz wurde nicht zum Prinzip erhoben. Die latente Feindschaft brauchte immer eine besondere Gelegenheit, um gesellschaftlich oder politisch wirksam zu werden.[4]

Der moderne Antisemitismus vereinigte die schlimmsten Züge seines antiken und seines christlichen Vorläufers. Er entstand in der Folge des christlichen Antisemitismus und erbte deshalb dessen geistige und soziale Totalität. Vorbehalte gegen Juden, von einem Gefühl des Unbehagens bis zu offener Feindschaft, blieben bestehen, auch wo die geistige Struktur der christlichen Weltsicht abgetragen war. Aber die Schwächung des Christentums bedeutete zugleich, daß sich die christliche Sicht von der Rolle der Juden in der Geschichte auflöste, die ihre Präsenz inmitten der nichtjüdischen Gesellschaft gesichert hatte und die eine zukünftige Bekehrung zum Christentum erwartete. Die Vision von der jüdischen Bekehrung wurde durch die Erwartung ersetzt, daß sich die Juden in nicht zu ferner Zukunft anpassen und assimilieren würden. Der christliche Glaube an die Wirksamkeit der Bekehrung – die Reinigung des bekehrten Juden von all seinen angenommenen Lastern und Schwächen – ebenso wie die feste Gewißheit als Teil des Glaubensbekenntnisses, daß die universale Bekehrung der Juden in der Zukunft geschehen würde, waren trotz aller Widersprüche der Realität aufrecht erhalten worden. Ihr rationalistisches Ersatzstück aber, die Erwartung der Assimilation der Juden, stand auf dem Prüfstand empirischer Verifikation. Und die Überprüfung des jüdischen Verhaltens in den Jahrzehnten nach der Emanzipation, ob die Juden sich entsprechend ändern würden, war die offene Seite dieser Verifikation.[5] Zugleich war sie eine Manifestation des latenten Antisemitismus. Denn wenn die jüdische Integration durch beobachtbare Fakten begründet werden mußte, dann konnte das Ergebnis nur heißen, daß die Juden als einzelne und sicherlich als Kollektiv immer noch ihre charakteristischen Züge beibehalten hatten. Und weil die grundlegende Schlechtigkeit des jüdischen Charakters als unbestreitbare Wahrheit galt, mußte die weitere Existenz von Juden in der nichtjüdischen Welt unvertretbar werden.

Diese Schlußfolgerung fand in der Rassentheorie ihre Begründung, die seit den sechziger Jahren scheinbar wissenschaftlich begründet war. Die Voraussetzungen dieser Theorie lauteten, daß Rassen deutlich unterschieden waren, daß diese Unterschiede die menschliche Geschichte bestimmten und daß es eine notwendige Konfrontation zwischen den semitischen und den arischen Rassen gab. Ursprünglich wurden diese Hypothesen nur in der historischen und linguistischen Forschung angewandt. Aber unglücklicherweise kam die Konfrontation zwischen Semiten und Ariern mit der traditionellen Unterscheidung zwischen Juden und Christen zusammen; alles, was über die Juden gesagt worden war, wurde jetzt auf die Semiten übertragen, und das Gegenteil galt immer von den Ariern. So wurde die Verurteilung von Juden und Judentum aus ihrem ursprünglich religiösen Rahmen in einen angeblich wissenschaftlichen Kontext übersetzt. Von dort wurde sie wieder in die Öffentlichkeit getragen. Im 19. Jahrhundert wurde die Rassentheorie gesellschaftlich und politisch nur auf die Juden angewendet, und selbst im Blick auf sie hatte die Rassentheorie keine vorrangige Bedeutung. Sie schuf den gesellschaftlichen Gegensatz zwischen Juden und Nichtjuden nicht, auch nicht die Kritik am Judentum durch seine Verächter. Diese Kritik mit ihren zahlreichen Argumenten und Begründungen gipfelte in der Verwandlung der antijüdischen Tradition, wobei die Rassentheorie diese jetzt mit einer Erklärung versah, die aus Vorstellungen über das Wesen von Völkern und über die geschichtlichen Gesetze, die sie regieren, abgeleitet worden war. Somit war die Theorie nicht die Ursache der Situation, sondern nur ihre ideelle Begleitung. Der Gedanke, die Juden auszulöschen, war lange vor dem Entstehen der Rassentheorie in den Köpfen radikaler Antisemiten entstanden. Die Theorie verhalf diesem Gedanken nur, sich in eine klare Vorstellung zu verwandeln – eine Vorstellung, die sich in der Ausrottung der Juden durch die Nazis verwirklichen sollte.

Natürlich bedurfte es der Mentalität der Nazis und der besonderen historischen Situation, in der sie wirkten – beide nicht vorhersehbar –, damit die Prinzipien realisiert werden konnten.[6] Die Prinzipien selbst waren mehr oder weniger scharf von den Ideologen der antisemitischen Bewegung im späten 19. Jahrhundert und von einigen ihrer Vorläufer formuliert worden. Und doch erscheint der Antisemitismus des 19. Jahrhunderts erst im nachhinein als Vorbote der Hitler-Katastrophe. Die Antisemiten jener Zeit, und vor allem die radikalen unter ihnen, waren Demagogen, die vor jeder Verantwortung für eine Anwendung ihrer Ideen zurückscheuten, die auch nicht für die Wirkung verantwortlich gemacht werden wollten, die diese Ideen auf das Denken und Handeln anderer hatten. Hitler wurde von den meisten seiner Zeitgenossen als ein solcher Demagoge angesehen. Wer konnte voraussehen, daß er die teuflische Entschlossenheit hatte, die er dann zeigte, und, ein weiterer Schritt, daß er auch die notwendige Macht zur Durchsetzung seines Willens erhalten würde?

Die antisemitische Bewegung des 19. Jahrhunderts, die in der Nazizeit kulminierte, ist das Ergebnis einer besonderen Konstellation historischer Gegebenheiten. Diese bestand in der offenen Reaktion auf die Emanzipation der Juden in Ländern, in denen das uralte christliche Ressentiment gegen Juden und Judentum eine latente, aber starke Kraft geblieben war. Diese Konstellation war einmalig – wie im übrigen jede Konstellation, die von vielen Faktoren bestimmt ist –, sie sollte sich so kein zweites Mal ergeben. Und selbst wenn alle Faktoren, die jene Konstellation herbeiführten, wieder auftauchen sollten, wäre die Situation eine andere, denn sie würde die Reaktion auf die Folgen der früheren unvermeidlich mit einschließen. Der Versuch, die Zukunft aufgrund von Analogien der Vergangenheit vorherzusagen, ist ein nutzloses Unternehmen.

Was der Historiker jedoch tun kann, außer daß er die Vergangenheit kritisch untersucht, ist, das Maß zu ermessen, in dem Elemente vergangener Ereignisse in der Gegenwart noch wirken und wie die Reaktionen auf deren Konsequenzen sich gestalten – ohne allerdings zu wissen vorzugeben, welche neuen Konstellationen sich aus diesen und anderen Elementen ergeben können.

Reaktionen auf die Kulmination des Antisemitismus im Holocaust gibt es in der nichtjüdischen wie in der jüdischen Welt. In ersterer war eine deutliche Reaktion der bewegende Versuch von Theologen und Intellektuellen – angeregt von Jules Isaac –, den Vatikan zu bewegen, einige der anstößigsten antijüdischen Abschnitte aus der katholischen Liturgie zu entfernen, auch wenn dieser Versuch nur einen bescheidenen Erfolg hatte. Die Kritik dieser christlichen Denker an der antijüdischen Einstellung der Kirche geht sehr viel weiter als nur die Kritik an der Liturgie. Sie berührt das Ganze der christlichen Tradition und verlangt eine grundlegende Revision der Darstellung der Evangelien über den Ursprung des Christentums vor dem Hintergrund eines degenerierten und von Gott verlassenen Judentums. Obwohl dies durch die Ergebnisse der neueren historischen Forschung gedeckt wird, die eine Überprüfung auf der Grundlage geschichtlicher Tatsachen rechtfertigen würden, ist es zweifelhaft, ob eine solche Revision theologisch überhaupt möglich ist. Es ist von Kritikern dieser Richtung überzeugend argumentiert worden, daß der Versuch, die antisemitischen Folgen aufzuheben, das gesamte Lehrgebäude des Christentums umstürzen würde. Es ist auch aufgezeigt worden, daß die Entfaltung der christlichen Lehre auch bei den bedeutendsten modernen Theologen den Gedanken der christlichen Überlegenheit einschließt, damit zugleich eine negative Einschätzung von Juden und Judentum. Darum ist es wahrscheinlich, daß der Versuch einer Revision, einer Rehabilitation des Judentums im Rahmen des Christentums, ein esoterisches Unternehmen bleibt, dessen Wirkung auf eine intellektuelle Elite beschränkt ist.[7]

Veränderungen in der Beziehung zwischen religiösen Gruppen wie Christen und Juden sind nicht das Ergebnis von Aktionen, die von Intellektuellen geplant wurden. Da die moderne Gesellschaft seit der antisemitischen Bewegung des 19. Jahrhunderts sich beträchtlich weiter säkularisiert hat, könnte es sein, daß die antijüdischen Neigungen des Christentums abgestorben sind trotz der andauernden dogmatischen Negation des Judentums. Ob dies jedoch als ein Anzeichen des baldigen Verschwindens des Antisemitismus genommen werden kann, ist höchst zweifelhaft, denn der Antisemitismus hat sich gleichermaßen von seinen christlichen Wurzeln gelöst. Er hat auf jeden Fall die Paralysierung des Christentums als organisierter Religion in der Sowjetunion und in anderen kommunistischen Ländern in Osteuropa überlebt.

Zu seiner Zeit hat Schopenhauer behauptet, daß das Judentum wegen des besonderen Zusammenhalts seiner Anhänger dauern würde, auch wenn sein Konkurrent, das Christentum, völlig verschwinden würde.[8] Ob dies richtig ist, kann noch nicht geprüft werden. Denn auch wenn das Christentum schwächer geworden ist, so haben seine antijüdischen Aspekte doch überlebt, und von daher verstärken sich der jüdische Zusammenhalt und die feindliche Reaktion darauf weiterhin. Dies gilt auf jeden Fall für alle Länder, in denen der Antisemitismus virulent geworden ist, die Dimensionen einer Bewegung angenommen hat und das uralte christliche Vorurteil in seine moderne Gestalt verwandelt hat. Es gilt weniger für Länder, in die Juden erst im Zeitalter der Säkularisierung eingewandert sind und in denen sie gleichberechtigte Mitbürger mit allen Möglichkeiten wurden.[9] Aber auch in diesen Ländern sind sie eine nonkonformistische Minderheit geblieben, die einen ungewöhnlichen Zusammenhalt zeigt. Und es gibt keinerlei Garantie dafür, daß die Erinnerung an ihren Paria-Status vor der Emanzipation ihre Stellung in der Zukunft nicht beeinflussen wird.

Der Zionismus hat eine radikale Veränderung versucht, ausgehend von der Sicht, daß der Antisemitismus mit dem Minderheitenstatus der Juden unauflöslich verbunden ist. Aber obwohl es dem Zionismus gelungen ist, einen jüdischen Staat zu gründen, hat er sein Endziel, die Aufhebung der Diaspora, nicht erreicht. Der Staat Israel hat die Juden von ihrer Existenz als Minderheit nicht befreit, sondern hat zu ihrer Ausnahmesituation noch beigetragen – Juden, die nicht nach Israel eingewandert sind, werden jetzt nicht nur mit ihrem jeweiligen Land, sondern auch mit Israel identifiziert. Israel selbst, ein Neuling auf der internationalen Szene, der seine Existenz besonderen historischen Umständen verdankt, ist das Ziel ständiger Angriffe. In die ideologische Rechtfertigung dieser Angriffe sind antisemitische Motive stets verwoben. Und diese Angriffe betreffen unausweichlich auch die Situation der Diaspora-Judenschaft, die auf Gedeih und Verderb mit dem Staat Israel verbunden ist. Darum können Juden auch dort, wo ihre Beziehung zu Nichtjuden frei von Diskriminierung ist, wegen ihrer Verbindung mit dem Staat Israel das Ziel von Angriffen und Verdächtigungen werden.

Wo andererseits der Antisemitismus aufgrund lokaler Anstöße überlebt hat, drückt er sich heute auch als Reaktion auf den jüdischen Staat aus. Da die jüdische Geschichte stets von Judenfeindschaft begleitet war und die neueste Phase dieser Geschichte durch die Schaffung des jüdischen Staates charakterisiert ist, ist diese neue Metamorphose nicht erstaunlich. Ob diese jüngste Variante des Antisemitismus das Nachbeben vergangener Erschütterungen oder das Anzeichen neuer ist, ist eine offene Frage, die sich dem Beobachter nicht ohne Bangenuns aufdrängt.

ANHANG

ANMERKUNGEN

Abkürzungen

AZJ	Allgemeine Zeitung des Judenthums
BLBI	Bulletin des Leo-Baeck-Instituts
HUCA	Hebrew Union College Annual
JSS	Jewish Social Studies
LBIYB	Leo Baeck Institute Year Book
MGWJ	Monatsschrift für die Geschichte und Wissenschaft des Judenthums
REJ	Révue des études juives

Einführung

[1] Für eine ausführliche Darstellung der Herkunft des Wortes vgl. Kap. 22.

[2] Die grundlegenden Fakten des Emanzipationsprozesses finden sich in jeder Arbeit über moderne jüdische Geschichte. Für einen ausführlichen Bericht vgl. S. Dubnow, Die neueste Geschichte des jüdischen Volkes, II und III, Berlin 1923/1929.

[3] J. Katz, The Term «Jewish Emancipation»: Its Origin and Historical Impact, in: A. Altmann (Hg.), Studies in Nineteenth-Century Jewish Intellectual History, Cambridge/Mass. 1964, S. 1–25; vgl. auch R. Rürup, Emanzipation und Antisemitismus, Göttingen 1975, S. 126–132.

[4] Für Einzelheiten vgl. Kap. 22–25.

[5] J. Toury, Die politischen Orientierungen der Juden in Deutschland, Tübingen 1966, S. 170–245; M. Marrus, The Politics of Assimilation: A Study of the French Jewish Community at the Time of the Dreyfus Affair, Oxford 1971, S. 122–140.

[6] I. Schorsch, Jewish Reactions to German Anti-Semitism 1870–1914, New York 1972, S. 17, 39–42.

[7] Vgl. die Vorrede zu Th. Herzl, Der Judenstaat, Königsstein 1978, S. 197–199, und L. Pinsker, Autoemancipation! Mahnruf an seine Stammesgenossen von einem russischen Juden, Berlin 1882.

[8] Die erste Version vertritt B. Lazare, L'Antisemitisme, son histoire et ses causes, Paris 1894. Vgl. auch A. G. Whiteside, The Socialism of Fools: Georg Ritter von Schönerer and Austrian Pan-Germanism, Berkeley 1975, S. 89–90.

[9] Die wissenschaftliche Literatur zum Thema ist enorm. Für eine Analyse und Zusammenfassung der Forschung vgl. I. Schorsch, German Anti-Semitism in the Light of Post-War Historiography, in: LBIYB 19 (1974), S. 257–271.

[10] Eine Zusammenfassung und Bibliographie findet sich in S. W. Baron, A Social and Religious History of the Jews, New York 1952, I, S. 188–195. In Kap. 27 werde ich den Anteil des antiken Antisemitismus an späteren Entwicklungen behandeln.

[11] Der christliche Antisemitismus ist ein integraler Teil der jüdischen Geschichte des Mittelalters; die Untersuchungen über die Beziehungen der beiden Gruppen sowie über das teuflische Bild vom Juden sind recht zahlreich. Eine der neueren Untersuchungen darüber ist L. Poliakov, Geschichte des Antisemitismus, II, Worms 1978.

[12] Für den Vorgang des *embourgeoisement* und seine soziale Bedeutung vgl. meine Arbeit Aus dem Ghetto in die bürgerliche Gesellschaft. Jüdische Emanzipation 1770–1870, Frankfurt 1986.

1. Die christliche Tradition: Eisenmenger

[1] Dies ist die Methode, die z. B. L. Poliakov in seiner «Geschichte des Antisemitismus», Worms 197ff., ebenso wie viele andere anwendet, die die Geschichte des Antisemitismus in Gestalt einer Übersicht darstellen, wie auch B. Lazare, L'Antisemitisme, son histoire et ses causes, Paris 1894; J. Parkes, Antisemitism, London 1963; F. Heer, Gottes erste Liebe. 2000 Jahre Judentum und Christentum, München/Esslingen 1967; S. W. Baron, Changing Patterns of Anti-Semitism, in: JSS 38 (1976), S. 5–28.

[2] J. A. Eisenmenger, Entdecktes Judenthum, 2 Bände, Königsberg/Berlin 1710.

[3] J. Katz, The Sources of Modern Anti-Semitism: Eisenmenger's Method of Presenting Evidence from Talmudic Sources, hebräisch in: Proceedings of the Fifth World Congress of Jewish Studies, Jerusalem 1972, Bd. 2, S. 210–211.

[4] H. Graetz, Geschichte der Juden von den ältesten Zeiten bis auf die Gegenwart. Leipzig 1878–97, Bd. 10, S. 282–286; G. Wolf, Der Prozeß Eisenmenger, in: MGWJ 18 (1869), S. 378–384, 425–432, 465–473; L. Loewenstein, Der Prozeß Eisenmenger, in: Magazin für die Wissenschaft des Judenthums 18 (1891), S. 209–210.

[5] H. Graetz, Geschichte der Juden, X, S. 276.

[6] M. Kayserling, Les hébraisants chrétiens du XVIIe siècle, in: REJ 20 (1890), S. 261–268; Sh. Ettinger, The Beginning of the Change in Attitude of European Society towards the Jews, in: Scripta Hierosolymitana 7 (1961), S. 193–219; H. J. Schoeps, Philosemitismus im Barock, Tübingen 1952, S. 134–162.

[7] Dieser Abschnitt geht auf mein Buch Exclusiveness and Tolerance: Studies in Jewish-Gentile Relations in Medieval and Modern Times, Oxford 1961, vor allem Teil I, S. 3–63, zurück.

[8] Eisenmenger, II, S. 397–400.

[9] Eisenmenger, II, S. 397–400.

[10] Eisenmenger, II, Kap. 13–14.

[11] Eisenmenger, I, Kap. 2–4 und 7.

[12] Eisenmenger, I, Kap. 12; II, Kap. 3 und 11.

[13] J. Katz, Exclusiveness and Tolerance, S. 59–63.

[14] Vgl. den Artikel *Z'chirat Maasseh Amalek* (Gedächtnis der Taten Amaleks), in: Encyclopedia Talmudica, XII, S. 217–223.

[15] Eisenmenger, II, S. 189–193, 200–218; auch I, S. 654–659, 691–693, 748–754.

[16] J. Katz, Eisenmenger's Method, Anm. 22; Eisenmenger, II, S. 206–210.

[17] Eisenmenger, II, S. 220–225, 227–234, 469–472, 501–515, 574–613.

[18] Eisenmenger, II, Kap. 18, vor allem S. 1017–1025; auch S. 647–668 und S. 1208.

[19] Diese Worte stammen von J. D. Michaelis, dem Göttinger Orientalisten, in seiner Kritik an Dohms Buch (vgl. Kap. 4); sie erschienen in: Orientalische und exegetische Bibliothek 19 (1782), S. 9.

[20] S. Stern, Der preußische Staat und die Juden, Tübingen 1963, S. 75–88.

[21] R. Anchel, La Tolerance au moyen-âge, in: dsb., Les Juifs de France, Paris 1946, S. 93–124.

2. Die rationalistische Neubesinnung

[1] P. Hazard, The European Mind, 1680–1715, London 1953; B. Willey, The Seventeenth Century Background, London 1962.

[2] J. Katz, Aus dem Ghetto in die bürgerliche Gesellschaft. Jüdische Emanzipation 1770–1870, Frankfurt 1986, S. 50f.

[3] Hiermit nehme ich Ergebnisse aus Kap. 3 über Voltaire und Kap. 13 über die deutschen Radikalen vorweg.

[4] L. Strauss, Die Religionskritik Spinozas als Grundlage seiner Bibelwissenschaft: Untersuchungen zu Spinozas theologisch-politischem Traktat, Berlin 1930, S. 90f.

[5] L. Strauss, Spinoza, S. 126–128, 255–260.

[6] Für die Geschichte der Bibelkritik vgl. H.J. Kraus, Geschichte der historisch-kritischen Erforschung des Alten Testaments von der Reformation bis zur Gegenwart, Neukirchen 1956, S. 36f., 52–55.

[7] J. Guttmann, Jean Bodin in seinen Beziehungen zum Judenthum, in: MGWJ 49 (1905), S. 315–348, 459–489; G. Röllenbeeck, Offenbarung, Natur und jüdische Überlieferung bei Jean Bodin, Gütersloh 1964; R. Chauviré, Jean Bodin, auteur de la ‹République›, Genf 1969, S. 141–170; H. Baudrillart, Bodin et son temps: Tableau des theories politiques et des idées économiques au XVIème siècle, Aalen 1964, S. 190–221.

[8] B. Spinoza, Tractatus theologico-politicus, Kap. 5 und 18. Über Spinoza und seine Einstellung zur Bibel gibt es eine eigene Literatur, vgl. z. B. M. Joel, Spinozas theologisch-politischer Traktat, Breslau 1870; S. Zac, Spinoza et l'interpretation de l'écriture, Paris 1965.

[9] J. Toland, Nazarenus, or Jewish, Gentile and Mahometan Christianity, 12. Auflage London 1718; L. Stephen, History of English Thought in the Eighteenth Century, London 1902, I, S. 103 f.; G. V. Lechler, Geschichte des englischen Deismus, Stuttgart/Tübingen 1841, S. 468–471; M. Wiener, John Toland and Judaism, in: HUCA 16 (1941), S. 215–242. Vgl. auch Sh. Ettinger, Jews and Judaism as Seen by the English Deists of the Eighteenth Century, hebräisch in: Zion 29 (1964), S. 188–190.

[10] Für die Geschichte der Deisten vgl. J. Orr, English Deism: Its Roots and its Fruits, Grand Rapids 1934; N. L. Torrey, Voltaire and the English Deists, New Haven 1930; R. Stromberg, Religious Liberalism in Eighteenth-Century England, London 1954, S. 52–87, sowie Lechler, Geschichte des englischen Deismus.

[11] Jüngere Studien haben die Sicht immer mehr in Frage gestellt, daß die deistische Bewegung monolithisch gewesen sei, vgl. A. R. Winnet, Were The Deists ‹Deists›?, in: Church Quarterly Review 161 (1960), S. 70–77. Eine genaue Analyse der verschiedenen Deisten findet sich in den Einführungen von Günther Gawlick in der von F. Frommann herausgegebenen Ausgabe ihrer Werke.

[12] Einzelheiten und bibliographische Angaben zu diesen Denkern finden sich in der in Anm. 10 angegebenen Literatur.

[13] Bei den verschiedenen Autoren läßt sich eine Art Arbeitsteilung feststellen: Toland konzentriert sich auf historische Probleme der Tradition, Woolston attackiert die Tradition wegen ihrer Wundergeschichten, Tindal und Morgan kritisieren sie aus moralischen Gründen. Vgl. die jeweiligen Kapitel in Torrey, Voltaire and the English Deists.

[14] Th. Woolston, A Fourth Discourse on the Miracles of Our Saviour in View of the Present Controversy between Infidels and Apostates, London 1728, S. 28–43; dsb., A Fifth Discourse on the Miracles of Our Saviour in View of the Present Controversy between Infidels and Apostates, London 1728, S. 42–56. Im folgenden Jahr erschien noch eine sechste Abhandlung. Die Zeitgenossen durchschauten den Betrug des fiktiven Rabbi natürlich, und es genügt hier, zwei Quellen anzuführen. W. Gardiner, A Short Answer to a Long Rabbinical Letter, Supposed to be Wrote to Mr. Woolston, London 1729, sieht im Rabbi eine eindeutig fiktive Gestalt, genauso wie der Biograph von Woolston. H. Chr. Lemker, Historische Nachricht von Thomas Woolstons Schicksal, Schriften und Streitigkeiten, Leipzig 1740, S. 113f., 304–310.

[15] P. Annet, Supernaturals Examined, in: A Collection of the Tracts of a Certain Free Enquirer, London 1734, S. 109–119. Auch in Morgans Buch taucht ein Rabbi auf (vgl. Anm. 18), aber er nimmt an dem Streitgespräch gar nicht teil, als hätte der Verfasser ihn vergessen.

[16] Vgl. B. Smalley, The Study of the Bible in the Middle Ages, Oxford 1964, S. 1–13.

[17] Ettinger, Jews and Judaism, S. 184–188.

[18] Th. Morgan, The Moral Philosopher, London 1737, I, S. 247 f.

[19] Vgl. die Zusammenfassung von Günther Gawlick in der Faksimile-Ausgabe des *Moral Philosopher,* hg. v. F. Frommann, Stuttgart 1969, S. 17–20.

[20] Für Shaftesburys Stellung unter den Deisten vgl. A. O. Alridge, Shaftesbury and the Deist Manifesto, in: Transactions of the American Philosophical Society, n. s. 41/2 (1951).

[21] A. of Shaftesbury, Characteristicks of Men, Manners, Opinions, Times, London 1732, I, S. 357.

[22] Shaftesbury, Characteristicks, S. 358.

[23] Shaftesbury, Characteristicks, S. 358.

[24] W. Rex, Essays on Pierre Bayle and Religious Controversy, Den Haag 1965, S. 197–255.

[25] The Life of David, the History of the Man after God's Own Heart, London 1761. Das Buch erschien anonym und wurde verschiedenen Autoren zugeschrieben. Man weiß heute, daß es von Annet stammt, vgl. Torrey, Voltaire and the English Deists, S. 187–195. Auch später war das Thema für Rationalisten interessant, vgl. H. S. Reimarus, Übrige noch ungedruckte Worte des Wolfenbüttlischen Fragmentisten, ein Nachlaß von Gotthold Ephraim Lessing (o. O. 1787), der David eine längere Skizze widmet und ihn moralisch total verurteilt. Annets Einfluß wird in der Art der Darstellung deutlich erkennbar.

[26] M. Tindal, Christianity as Old as Creation, London 1730, S. 92–96; Annet, The Free Enquirer, London 1826, S. 28–30. G. Gawlick, Abraham's Sacrifice of Isaac Viewed by the English Deists, in: Studies on Voltaire and the Eighteenth Century 57 (1967), S. 577–600, hat das ganze Material gesammelt und das Motiv bei allen Deisten untersucht.

[27] Es ist fraglich, ob man der Erklärung seiner Ernsthaftigkeit Glauben schenken kann, vgl. Stromberg, Religious Liberalism, S. 73.

[28] Für eine Zusammenfassung von Tindals Werk vgl. Torrey, Voltaire and the English Deists, S. 104–129.

[29] Für eine Analyse von Morgans Lehren vgl. Gawlicks Einführung, Anm. 19. Für seine Einstellung zum biblischen Judentum vgl. Ettinger, Jews and Judaism, S. 197–202.

[30] Vgl. Lechler, Geschichte des Deismus, S. 387; auch Gawlicks Kommentare, S. 22 f.

[31] Der Gegensatz wird im vollen Titel des Buches deutlich: *The Moral Philosopher: Dialogue between Philaletes, a Christian Deist and Theophanes, a Christian Jew,* vgl. Gawlick, S. 9, Anm. 21, und Stromberg, Religious Liberalism, S. 71, Anm. 1.

[32] Die ganze Angelegenheit ist detailliert dargestellt bei Th. Perry, Public Opinion, Propaganda and Politics in Eighteenth Century England, Cambridge/Mass. 1962, vor allem S. 72–122, und Anhang B, S. 194–199.

[33] Perry, Public Opinion, S. 11 f., 75 f., 87 f., 99, 178–180, 194–199.

[34] Nach Ettinger, Jews and Judaism, S. 206.

[35] Vgl. Archaicus, Admonitions from Scripture and History from Religious and Common Prudence, Relating to the Jews, Oxford 1753.

[36] E. (J), Some Considerations on the Naturalisation of the Jews, London 1753, unterscheidet zwischen polnischen und sefardischen Juden, wobei die polnischen als schlimmer angesehen werden.

[37] B. Glassman, Anti-Semitic Stereotypes without Jews: Images of the Jews in England, 1290–1700, Detroit 1975, verfolgt die Weitergabe von Vorurteilen in England während der Zeit, als es keine Juden im Lande gab.

[38] Christian (pseud.), Case of the Jews Considered with Regard to Trade, Commerce, Manufactures and Religion, etc., London 1753, S. 12.

[39] Gegen diese Argumente wendet sich der Verfasser von Unprejudiced Christian's Apology for the Jews, London 1753, S. 35.

[40] J. Tucker, Letter to a Friend Concerning Naturalisation, etc., London 1753, S. 16 f.

[41] Überzeugende Belege finden sich bei E. R. Samuel, The Jews in English Foreign Trade: A Consideration of the ‹Philo Patriae› Pamphlets of 1753, in: Remember the Days:

Essays on Anglo-Jewish History Presented to Cecil Roth, hg. v. J. M. Shaftesley, London 1966, sowie in der dort zitierten Literatur.

[42] Philo Patriae, Further Consideration on the Act to Permit Persons Professing the Jewish Religion to be Naturalized by Parliament; In a Letter from a Merchant in Town to his Friend in the Country, London 1753, S. 100.

[43] Philo Patriae, Further Consideration, S. 86.

[44] G. M. Trevelyan, History of England, London 1943, S. 187f.

[45] H. Schöffler, Abendland und Altes Testament. Untersuchung zur Kulturmorphologie Europas, insbesondere England, Bochum 1937.

[46] Verschiedene Forscher haben den Einfluß der Deisten auf das spätere Denken am Rande vermerkt, aber nur Shmuel Ettinger hat in seinem Aufsatz «Jews and Judaism» das antijüdische Material aus den deistischen Schriften gesammelt und auf das Problem angemessen aufmerksam gemacht.

3. Voltaire

[1] Die biographische wie die thematische Literatur zu Voltaire ist kaum überschaubar. Zwei jüngere Biographien sind Th. Besterman, Voltaire, London 1969, und I. O. Wade, The Intellectual Development of Voltaire, Princeton 1969.

[2] Über den Wendepunkt in Voltaires Leben vgl. Besterman, Voltaire, S. 360, und Wade, Intellectual Development, S. 253 und S. 559.

[3] R. Pomeau, La Religion de Voltaire, Diss. Paris 1956, I, S. 74–115.

[4] N. L. Torrey, Voltaire and the English Deists, New Haven 1930, belegt die Abhängigkeit Voltaires von den Engländern detailliert, zeigt aber auch, wie sorglos er zitierte und welche Freiheit er sich gelegentlich mit den englischen Autoren erlaubte, wenn er ihre Namen für seine Polemik nutzte. Voltaires Abhängigkeit in der Judenfrage von den englischen Deisten ist die Grundthese von Sh. Ettinger, Jews and Judaism as Seen by the English Deists of the Eighteenth Century, in: Zion 29 (1964), hebräisch S. 182–207. Ettinger kommt unabhängig von Torrey zu seinen Ergebnissen.

[5] P. Gay, Voltaire's Politics: The Poet as a Realist, Princeton 1959, S. 239–241, weist auf die Bedeutung des Begriffs hin.

[6] Für Voltaire als Historiker vgl. F. Meinecke, Die Entstehung des Historismus, München 1959, S. 73–114; auch J. H. Brumfitt, Voltaire Historian, Oxford 1958, und Wade, Intellectual Development, S. 451–515.

[7] Meinecke, Historismus, S. 81–87.

[8] Voltaire, Essai sur les moeurs et l'espirt des nations, Paris 1963, I, S. 203; II, S. 806. Hier sagt er, daß der Geist des Menschen durch Klima, Regierungsform und Religion bestimmt wird.

[9] Meinecke, Historismus, S. 101–104.

[10] Zum Beispiel: «Nous ne toucherons le moins que nous pourrons à ce qui est divin dans l'histoire des Juifs; où si nous sommes forcés d'en parler, ce n'est qu'autant que leurs miracles ont un rapport essentiel à la suite des évènements. Nous avons pour les prodiges continuels qui signalèrent tous les pas de cette nation le respect qu'on leur doit: nous les croyons avec la foi raisonable qu'exige l'Eglise substituée à la Synagogue; nous ne les examinons pas; nous nous en tenons toujours à l'historique», Essai, I, S. 135f.

[11] Vgl. W. Engemann, Voltaire und China. Ein Beitrag zur Geschichte der Völkerkunde und zur Geschichte der Geschichtsschreibung sowie zu ihren gegenseitigen Beziehungen, Diss. Leipzig 1932, S. 121f., sowie Essai, I, S. 216–218.

[12] Voltaires Ansichten über biblische Gestalten sind gut zusammengefaßt bei H. Emmrich, Das Judentum bei Voltaire, Breslau 1930, vor allem S. 128, 135, 142 und

178. Eine systematische Untersuchung von Voltaires Methode und Ergebnissen der biblischen Forschung ist B. E. Schwarzbach, Voltaire's Old Testament Criticism, Genf 1971.

[13] Für die Frage, ob Moses je gelebt hat, vgl. Emmrich, Judentum, S. 25; für die geschichtliche Wahrheit über Pinchas' Tod und Korahs Revolte S. 60f.

[14] Voltaires moralischer Ansatz wird von vielen Wissenschaftlern hervorgehoben, vgl. Meinecke, Historismus, S. 87–90; J. Rosenthal, Voltaire's Philosophy of History, in: Journal of the History of Ideas 16 (1955), S. 151–178, und Schwarzbach, Criticism, S. 232–254; außerdem Voltaire, La Bible enfin expliquée par plusiers aumoniers, in: Œuvres complètes, XXXIII, Paris 1824, S. 242.

[15] Vgl. Voltaire, Dictionnaire philosophique, hg. v. R. Pomeau, Paris 1964, S. 22–25, 294–298. Über Menschenopfer vgl. Essai, I, S. 129f., und Emmrich, Judentum, S. 178f.; über Aberglauben vgl. Emmrich, Judentum, S. 112–116. Für die Gründe von Voltaires Behauptungen über Menschenopfer vgl. Schwarzbach, Criticism, S. 244–250.

[16] Vgl. Emmrich, Judentum, S. 10–21, 104–116; Essai, I, S. 98, 136; II, S. 797, sowie Dictionnaire, S. 298f.

[17] Das Buch von Gay über die Politik Voltaires korrigiert die Vorstellung, daß Voltaire zu politischen Urteilen nicht fähig gewesen sein soll, aber auch Gay gibt zu, daß dies nicht zu seinen hervorragenden Eigenschaften gehörte.

[18] Vgl. die Zusammenfassung bei Emmrich, Judentum, S. 99–103.

[19] Gay, Voltaire's Politics, S. 159–172.

[20] Vgl. Essai, I, S. 140f., und die Zusammenfassung bei Emmrich, Judentum, S. 161–166. Voltaire betont die Nützlichkeit des Glaubens an die Unsterblichkeit der Seele in Essai, I, S. 41, wo er auch sagt, daß «die Pharisäer erst in der hasmonäischen Zeit zum Glauben an die Unsterblichkeit der Seele und die Lehre von Lohn und Strafe nach dem Tod gelangten»; vgl. auch Essai, I, S. 60.

[21] Vgl. Emmrich, Judentum, S. 28–50. Voltaire bezieht sich mehrfach auf die nachbiblische jüdische Geschichte, so in La Bible enfin expliquée, Œuvres complètes, XXXIII, S. 434–492; Essai, I, S. 148–152, 163–165; II, S. 61–64.

[22] Sermon du Rabbin Akib, in: Œuvres complètes, XXXI, S. 470f.

[23] Zitiert nach Gay, Voltaire's Politics, S. 351f., aus dem Artikel «Tolérance», in: Questions sur l'Encyclopédie.

[24] Philosophie, in: Œuvres complétes, XXXI, S. 410.

[25] Zitiert nach Schwarzbach, Criticism, S. 109.

[26] Urteile über Juden bei Gay, Voltaire's Politics, S. 351. Vgl. auch Dictionnaire, S. 136–138, und Essai, II, S. 61.

[27] Vgl. die Zusammenfassung bei Emmrich, Judentum, S. 144–146. Schwarzbach, Criticism, S. 104, Anm. 42, glaubt, daß die Quelle für Voltaires Sicht der Herrschaft in der Bibel in seiner Analyse der jüdischen Psalmgebete liegt, die er in «Philosophie de l'histoire» vorlegt. Wer die Psalmen jedoch unvoreingenommen liest, wird sicher nicht die Vorstellung einer zukünftigen Herrschaft als ihr Leitmotiv finden, und auch Voltaire betont eher den Wunsch nach Rache an Feinden als die Hoffnung, sie zu beherrschen, vgl. die kritische Ausgabe des Textes in: Studies in Voltaire and the Eighteenth Century 28 (1963), S. 227–229.

[28] Für Einzelheiten vgl. die Biographie von Besterman, S. 112, 311f. Über die Hirschel-Affaire vgl. W. Mangold, Voltaires Rechtsstreit mit dem Königlichen Schutzjuden Hirschel, Berlin 1905.

[29] Zitiert nach A. Hertzberg, The French Enlightenment and the Jews, New York 1968, S. 134f., Anm. 174, aus dem Briefwechsel. Vgl. auch Besterman, Voltaire, S. 86.

[30] Vgl. Gays Anhang zu Voltaire's Politics, S. 351–354, sowie Gay, The Party of Humanity: Essays in French Enlightenment, New York 1964, S. 97–108, wo er diesen Gedanken näher ausführt. Gay versucht erfolglos, das Paradox aufzulösen, vgl. H. Trevor-Ropers Rezension über Hertzbergs Buch, in: The New York Review of Books, 22. August 1968, S. 11–14, und Hertzbergs Antwort vom 24. Oktober 1976, S. 37f.

[31] Pomeau, La Religion de Voltaire, S. 110f., 358f.

[32] Gay zeigt einen Voltaire, der sich gesellschaftlich aktiv engagiert, aber gerade dieser Ansatz macht deutlich, daß Voltaire keinesfalls revolutionär war.

[33] Vgl. J. Katz, The Term «Jewish Emancipation»: Its Origins and Historical Impact, in: Nineteenth-Century Jewish Intellectual History, hg. v. A. Altmann, Cambridge/Mass. 1964, S. 4–9. Für Montesquieu vgl. Hertzberg, French Enlightenment, S. 273–276, und Katz, Aus dem Ghetto in die bürgerliche Gesellschaft. Jüdische Emanzipation 1770–1870, Frankfurt/M. 1986, S. 39–53.

[34] De Pintos Einwände erschienen zunächst 1762 in Amsterdam, Apologie pour la nation juive, ou reflexions critiques sur le premier chapitre du VIIe tome des œuvres de M. de Voltaire au sujet des Juifs. Par l'auteur de «l'Essai sur le luxe». Sie wurden mit Voltaires Antwort und Anmerkungen des Herausgebers noch einmal veröffentlicht: A. Guénée, Lettres de quelques juifs portugais et allemands à M. de Voltaire, Paris 1769. Vgl. auch Hertzberg, French Enlightenment, S. 280–308.

[35] Essai, II, S. 63.

[36] Emmrich, Judentum, S. 201.

[37] Essai, II, S. 66f.

[38] Zu Marx vgl. Kap. 13.

4. *Der ideologische Gegenangriff*

[1] Schon der Bezug auf zwei «heilige Schriften» des Judentums, Altes Testament und Talmud, ist ein deutliches Zeichen des späteren religiösen Antisemitismus.

[2] J. Katz, Aus dem Ghetto in die bürgerliche Gesellschaft. Jüdische Emanzipation 1770–1870, Frankfurt 1986, S. 179–194; sowie dsb., The Term «Jewish Emancipation»: Its Origins and Historical Impact, in: Nineteenth Century Jewish Intellectual History, hg. v. A. Altmann, Cambridge/Mass. 1964, S. 21–45.

[3] I. Klingler, Über die Unnütz- und Schädlichkeit der Juden im Königreiche Böhmen und Mähren, Prag 1782.

[4] C. W. Dohm, Über die bürgerliche Verbesserung der Juden, Berlin 1781; V. Eichstädt, Bibliographie zur Geschichte der Judenfrage, Hamburg 1938, S. 8–15.

[5] F. T. Hartmann, Untersuchungen ob die bürgerliche Freiheit der Juden zu gestatten sei, Berlin 1783; J. H. Schulz, Philosophische Betrachtung über Theologie und Religion überhaupt und über die jüdische insonderheit, Frankfurt/Leipzig 1784.

[6] Für Frankreich vgl. Kap. 8; für Holland vgl. Actenstücke zur Geschichte der Erhebung der Juden zu Bürgern in der Republik Batavien, Neustrelitz 1797; für Preußen vgl. I. Freund, Die Emanzipation der Juden in Preußen, 2 Bände, Berlin 1912.

[7] Dies wird im nächsten Kapitel näher diskutiert werden.

[8] A. Cahen, L'Emancipation des Juifs devant la Societé Royale des Sciences et Arts de Metz en 1787 et M. Roederer, in: REJ 1 (1880), S. 88f.

[9] Über Friedländer und seinen Vorschlag vgl. M. Meyer, The Origins of the Modern Jew, Detroit 1967, S. 57f.; J. A. de Luc, Lettre aux auteurs Juifs d'un Memoire adresse à M. Teller, Berlin 1749, S. 6.

[10] C. L. Paalzow, Die Juden nebst einigen Bemerkungen über das Sendschreiben an Herrn Probst Teller zu Berlin, Berlin 1799, S. 51; dsb., Der Jude und der Christ – eine Unterhaltung auf dem Postwagen, Berlin 1803, S. 83; Schulz, Philosophische Betrachtung, S. 221; F. W. Grattenauer, Über die physische und moralische Verfassung der heutigen Juden, Leipzig 1791, S. 6f.

[11] C. L. Paalzow, Über das Bürgerrecht der Juden, Berlin 1803, S. 98–102, 116; Grattenauer, Über die physische und moralische Verfassung, S. 40–47; Paalzow, Die Juden, S. 14–21; F. Buchholz, Moses und Jesus, Berlin 1803, S. 145.

[12] Grattenauer, Über die physische und moralische Verfassung, S. 19f., 24f., 114f.
[13] Buchholz, Moses und Jesus, S. 208f.
[14] F. T. Hartmann, Untersuchungen, S. 11–20, 40, 117–122.
[15] J. G. Fichte, Beitrag zur Berichtigung der Urteile des Publikums über die Französische Revolution, Jena 1793, S. 101.
[16] Hartmann, Untersuchungen, S. 17–19.
[17] E. T. v. Kortum, Über Judenthum und Juden hauptsächlich in Rücksicht ihres Einflusses auf bürgerlichen Wohlstand, Nürnberg 1795, S. 50, 54–56.
[18] Das Folgende ist eine Zusammenfassung meines Aufsatzes A State within a State. The History of an anti-Semitic Slogan, abgedruckt in J. Katz, Zur Assimilation und Emanzipation der Juden, Darmstadt 1982, S. 124–153.
[19] Schulz, Philosophische Betrachtung, S. 222.
[20] Katz, State within a State, S. 125–133.
[21] Fichte, Beitrag zur Berichtigung, S. 188.
[22] Herders Sämmtliche Werke, hg. v. B. Suphan, Berlin 1886, XXIV, S. 63; XIV, S. 67, 283f. Entgegen der allgemeinen Meinung über Herders Einstellung zur Judenempanzipation ist es aus seinem Kommentar von 1802 (XXIV, S. 63f.) klar, daß er eindeutig dagegen war. Vgl. F. M. Barnard, Herder and Israel, in: JSS 28 (1966), S. 25–33.
[23] Hartmann, Untersuchungen, S. 155–186.
[24] Kortum, Über Judenthum und Juden, S. 63–85, 78, 88, 91ff., 98.
[25] Kortum, Über Judenthum und Juden, S. 83.

5. Philosophie als Nachfolgerin der Theologie

[1] Für Tindal vgl. Kap. 2.
[2] Diese These wird von J. Fleischman, The Problem of Christianity in Jewish Thought from Mendelssohn to Rosenzweig, Jerusalem 1964, (hebräisch) sehr gut vertreten.
[3] Mendelssohns Vorsicht in seinen Äußerungen über das Christentum wird vor allem in seinem berühmten Streit mit Lavater deutlich, vgl. A. Altmann, Moses Mendelssohn: A Biographical Study, Alabama 1973, S. 209–283. Vgl. auch J. Katz, Die Entstehung der Judenassimilation in Deutschland und deren Ideologie, Diss. Frankfurt 1935, S. 72f., wieder abgedruckt in: dsb., Zur Assimilation und Emanzipation der Juden, Darmstadt 1982, S. 1–81.
[4] J. H. Schulz, Philosophische Betrachtung, Frankfurt 1784, S. 11–36, 42–52, 71–75, 76–100.
[5] Allgemeine Deutsche Biographie, XXXII, S. 745–747; Altmann, Mendelssohn, S. 634–640. Schulz stimmte einem Bürgerrecht für Juden nur unter der Bedingung zu, daß sie ihre Lehren und Traditionen aufgaben, vgl. Philosophische Betrachtung, vor allem S. 218–223.
[6] F. Buchholz, Moses und Jesus, Berlin 1803, S. 11, 34, 58, 84f.
[7] Für das Folgende vgl. meinen Aufsatz Kant and Judaism, the Historical Context, in: Tarbiz 41 (1972), (hebräisch) S. 219–237; auch N. Rotenstreich, The Image of Judaism by Kant, in: Tarbiz 27 (1958), (hebräisch) S. 288–305.
[8] I. Kant, Die Religion innerhalb der Grenzen der bloßen Vernunft, hg. v. K. Vorländer, Leipzig 1922. Kants Ansicht über das Wesen der Religion ist oft diskutiert worden, vgl. E. Hirsch, Geschichte der neuen Evangelischen Theologie, Gütersloh 1952, IV, S. 55ff.
[9] Kant, Religion, S. 145; vgl. auch Rotenstreich, The Image of Judaism, S. 397–401.
[10] Katz, Kant and Judaism, S. 227.
[11] Katz, Kant and Judaism, S. 232–235; E. T. v. Kortum, Über Judenthum und Juden, Nürnberg 1795, S. 30–34.

[12] S. Ascher, Eisenmenger der Zweite. Nebst einem vorangesetzten Sendschreiben an den Herrn Professor Fichte in Jena, Berlin 1794, S. 35, 77. Vgl. auch Katz, Kant and Judaism, S. 236f.

[13] Vgl. H. Nohl (ed.), Hegels theologische Jugendschriften nach den Handschriften der Kgl. Bibliothek in Berlin, Tübingen 1907, S. 21–47. Für Hegels Einstellung zum Judentum vgl. N. Rotenstreich, Hegel's Image of Judaism, in: JSS 15 (1953), S. 33–52; H. Liebeschütz, Judentum im deutschen Geschichtsbild von Hegel bis Max Weber, Tübingen 1967; Y. Yovel, Hegel's Concept of Religion and Judaism as the Religion of Sublimity, in: Tarbiz 45 (1976), (hebräisch) S. 301–326.

[14] Hegel, Jugendschriften, S. 32.

[15] Hegel, Jugendschriften, S. 92.

[16] Hegel, Jugendschriften, S. 241, 246f., 261.

[17] Hegel, Jugendschriften, S. 256. Die genaue Bedeutung dieses Satzes ist, soweit ich sehe, früheren Untersuchungen entgangen.

[18] Vgl. Sh. Avineri, The Hegelian Position on the Emancipation of the Jews, in: Zion 25 (1960), (hebräisch) S. 134–136.

[19] Dies ist überzeugend bei Yovel, Hegel's Concept, dargestellt.

[20] Schopenhauers Judenfeindschaft ist bekannt und oft dargestellt, findet aber in der wissenschaftlichen Literatur nur wenig Aufmerksamkeit. Vgl. I. Unna, Die Stellung Schopenhauers zum Judentum, in: Jüdische Studien. Josef Wohlgemuth zu seinem sechzigsten Geburtstag gewidmet, Frankfurt 1928, S. 103–119; J. Denner, Schopenhauer und die Juden, in: Archiv für Judenfrage 1 (1943), S. 39–62 (ein Nazi-Autor); H. W. Brann, Schopenhauer und das Judentum, Bonn 1975. Letzterer hat das relevante Material gesammelt, nimmt aber eine apologetische Haltung ein.

[21] A. Schopenhauer, Die Welt als Wille und Vorstellung, I und II, Wiesbaden 1972; vor allem I, S. 274; II, S. 427, 577, 580f., 666, 716f. Vgl. auch Brann, Schopenhauer, S. 23–26.

[22] Brann, Schopenhauer, S. 4.

[23] Brann, Schopenhauer, S. 76–110. Hegel war öfter zu Gast bei dem Bankier Beer, dem Vater des Komponisten Meyerbeer, dessen Bruder war einer seiner engeren Freunde wie auch der Schriftsteller Moritz Gottlieb Saphir schon vor seiner Bekehrung; vgl. G. Nicolin, Hegel in Berichten seiner Zeitgenossen, Hamburg 1970, S. 233f., 296, 344, 451–453.

[24] A. Schopenhauer, Parerga und Paralipomena, II, Wiesbaden 1972, S. 297. Brann, Schopenhauer, S. 58–61, möchte Schopenhauers Definition der Juden als Volk gern eine Art zionistische Deutung geben, was aber für den historischen Kontext, in dem Schopenhauers Bemerkung steht, völlig anachronistisch ist.

6. Nationalismus und Romantik

[1] Für Frankreich vgl. Kap. 8.

[2] S. Baron, Die Judenfrage auf dem Wiener Kongreß, Wien/Berlin 1920, S. 6f.

[3] Baron, Judenfrage, S. 7–23, 146–177.

[4] Baron, Judenfrage, S. 23–45.

[5] F. Rühs, Über die Ansprüche der Juden an das deutsche Bürgerrecht, Berlin 1816, S. 3f.

[6] Rühs, Ansprüche, S. IV–VI.

[7] B. Offenburg, Das Erwachen des deutschen Nationalbewußtseins in der preußischen Judenheit von Mendelssohn bis zum Beginn der Reaktion, Diss. Hamburg 1933, S. 56–64.

[8] Rühs, Ansprüche, S. 2, 4. Rühs antwortete seinen Kritikern in: Die Rechte des Chri-

stenthums und des deutschen Volks, vertheidigt gegen die Ansprüche der Juden und ihrer Verfechter, Berlin 1816.

[9] Rühs, Ansprüche, S. 32, 37, 23, 31 f., 38.

[10] Rühs, Ansprüche, S. 3–5.

[11] Rühs, Ansprüche, S. 4 f.; S. Maimon, Geschichte des eigenen Lebens, Berlin 1935, S. 156 (das Buch wurde erstmals 1792 veröffentlicht).

[12] Rühs, Ansprüche, S. 5, vgl. S. 33.

[13] Rühs, Ansprüche, S. 2, 33–35, 33.

[14] Daß diese Idee von Spinoza stammt, hat schon S. Ascher, Die Germanomanie. Skizze zu einem Zeitgemälde, Berlin 1815, S. 59, aufgezeigt; vgl. auch J. Guttmann, Mendelssohns Jerusalem und Spinozas Theologisch-politischer Traktat, in: Bericht der Hochschule für die Wissenschaft des Judentums, Berlin 1931, S. 31–67.

[15] J. F. Fries, Über die Gefährdung des Wohlstandes und Charakters der Deutschen durch die Juden, Heidelberg 1816.

[16] Rühs, Ansprüche, S. 6; Fries, Gefährdung, S. 3, 8, 21, 23 f.

[17] Fries, Gefährdung, S. 21.

[18] Fries, Gefährdung, S. 22, 14.

[19] J. F. Fries, Von deutscher Philosophie, Art und Kunst. Ein Votum für Friedrich Heinrich Jacobi gegen F. W. J. Schelling, Heidelberg 1812, S. 38 f.; E. L. Th. Henke, Jakob Friedrich Fries, aus seinem handschriftlichen Nachlaß zusammengestellt, Leipzig 1867, S. 147 f.; J. F. Fries, Zwei politische Flugschriften, 1814 und 1817, Münster 1910.

[20] Fries, Gefährdung, S. 11, 23. Der Antisemitismus von Rühs und Fries wird oft als identisch dargestellt, vgl. S. Stern-Täubler, Der literarische Kampf um die Emanzipation in den Jahren 1816–1820 und seine ideologischen und soziologischen Voraussetzungen, in: HUCA 23 (1950–1951), S. 171–196. Rühs selbst weist auf die Unterschiede zwischen sich und Fries hin, in: Die Rechte, S. 5.

[21] J. Kracauer, Geschichte der Juden in Frankfurt a. M. (1150–1824), Frankfurt 1927, II, S. 355–431, 432–521; S. Scheuermann, Der Kampf der Frankfurter Juden um ihre Gleichberechtigung (1815–1824), Kallmünz 1933.

[22] G. F. K. Robert, Kurze Erledigung des sogenannten Nachtrags zu der an die Hohe Teutsche Bundesversammlung gerichteten Beschwerdeschrift der Frankfurter Judenschaft, Frankfurt 1817, S. 42, 44; J. und J. I. v. Gerning, Ansichten und Bemerkungen über die bürgerlichen Rechtsverhältnisse der Juden in der freyen Stadt Frankfurt a. M., Teutschland 1816, S. 11; L. v. Dresch, Betrachtungen über die Ansprüche der Juden auf das Bürgerrecht insbesondere in der freien Stadt Frankfurt a. M., Tübingen 1816, S. 4–10, 17, 37; eine ähnlich düstere Vorhersage findet sich bei J. F. Benzenberg, Über Verfassung, Dortmund 1816, S. 505; Erneuter Abdruck eines Gutachtens der Juristen-Facultät an der großherzoglich Hessischen Universität zu Gießen, o. O. 1817, S. 86; Die Judenschaft von Frankfurt und ihre Rechte, S. 4.

[23] Robert, Kurze Erledigung, S. 31.

[24] Anonym, Über die Ansprüche der Judenschaft zu Frankfurt am Main auf das volle Bürgerrecht dieser Stadt, o. O. 1817, S. 3.

[25] An die Hohe Deutsche Bundesversammlung. Beurkundete Vertheidigung der Rechte der Bürgerschaft zu Frankfurt a. M., Frankfurt 1817, Anhang 20, S. 39 f. Ebenso zitiert bei Dresch, Betrachtungen, S. 8; Rühs, Die Rechte, S. 11–19, 32 f.; anonym, Was soll bei der neuen Verfassung aus den Juden werden?, Frankfurt 1815, S. 17 f.; Die Judenschaft von Frankfurt und ihre Rechte, o. O. 1817, S. 6 f.

[26] Was soll aus den Juden werden, S. 2; Die Judenschaft von Frankfurt, S. 7.

[27] Robert, Kurze Erledigung, S. 32.

[28] Was soll aus den Juden werden, S. 18 f.; vgl. auch Dresch, Betrachtungen, S. 18; anonym, Über die Ansprüche, S. 4; J. C. Ehrmann, Das Judenthum in der M-Y. Eine Warnung an alle Deutschen, o. O. 1816.

[29] Abdruck der Gegen-Erklärung des Senats der freien Stadt Frankfurt a. M. an die Hohe Deutsche Bundesversammlung, Frankfurt 1817, S. 38; Erneuerter Abdruck, S. 34, Anm. 32; G. A. Rapp, Versuch einer rechtlichen Prüfung der sogenannten bürgerlichen Rechte der Frankfurter Judengemeinde, Frankfurt 1817, S. 4f.; anonym, Über die Ansprüche, S. 6; J. G. Rössing, Historisch-juridische Entwicklung der unveränderten Unterthanspflicht der jüdischen Gemeinde zu Frankfurt a. M. und des Rechtsbestandes aller eigenthümlichen Juden-Gefälle dieser freien Stadt, Frankfurt 1817, S. 134.

[30] Anonym, Über die Ansprüche, S. 22–26; Die Judenschaft, S. 6f., 52; Weissen-Bekker, Die Christen und die Juden oder Richterspruch der Vernunft über das Leben, Dichten und Trachten der Juden, Frankfurt 1819, S. 85; v.Gerning, Ansichten und Bemerkungen, S. 15.

[31] K. B. A. Sessa, Unser Verkehr. Eine Posse in Einem Anfange, Leipzig 1815 [anonym erschienen], S. 15f., 104.

[32] J. Hahn, Julius von Voss, Berlin 1910, S. 40–53; J. v. Voss, Neue Possen und Marionettenspiele, Berlin 1826, S. 237–294 («Das Judenkonzert in Krakau»).

7. Anstiftung zum Aufruhr

[1] Nemesis. Zeitschrift für Politik und Geschichte 8, Teil 1 (1816), S. 3.

[2] L. Holst, Über das Verhältnis der Juden zu den Christen in den deutschen Handelsstädten, Leipzig 1818, S. 3, 35–49, 55–59, 68f., 112–117. Holsts Buch ist eine wichtige Quelle bei S. Stern-Täubler, Der literarische Kampf um die Emanzipation in den Jahren 1816–1820 und seine ideologischen und soziologischen Voraussetzungen, in: HUCA 23 (1950/51), S. 171–196. Über Holst vgl. H. Schröder, Lexikon der hamburgischen Schriftsteller bis zur Gegenwart, Hamburg 1857, III, S. 332f.

[3] Holst, Über das Verhältnis, S. 32–39, 291.

[4] Holst, Über das Verhältnis, S. 55, 287–290.

[5] G. Merkel, Über Deutschland, wie ich es nach einer zehnjährigen Entfernung wiederfand, Riga 1818, S. 144.

[6] Merkel, Über Deutschland, S. 158.

[7] Merkel, Über Deutschland, S. 158f.

[8] G. Merkel, Briefe über einige der merkwürdigsten Städte im nördlichen Deutschland, Leipzig 1801, I, S. 282–291.

[9] Merkel, Über Deutschland, S. 152.

[10] Merkel, Über Deutschland, S. 161f.

[11] Merkel, Über Deutschland, S. 162f.

[12] A. Lips, Über die künftige Stellung der Juden in den deutschen Bundesstaaten, Erlangen 1819, S. 20; S.J. Cohn, Historisch-kritische Darstellung des jüdischen Gottesdienstes und dessen Modifikationen von den ältesten Zeiten an bis auf unsere Tage, Leipzig 1819, S. xxf.

[13] K. A. Varnhagen v. Ense, Denkwürdigkeiten des eigenen Lebens, die Karlsruher Jahre 1816–1819, hg. v. H. Häring, Baden 1924, S. 370f.

[14] W. Menzel, Denkwürdigkeiten, Bielefeld/Leipzig 1877, S. 96.

[15] Das Folgende beruht auf meinem Aufsatz The Hep-Hep Riots in Germany in 1819: The Historical Background, in: Zion 38 (1973), (hebräisch) S. 62–115.

[16] T. A. Scheuring, Das Staatsbürgerrecht der Juden, Würzburg 1819.

[17] Katz, Hep-Hep Riots, S. 65–70.

[18] Katz, Hep-Hep Riots, S. 74–99.

[19] Katz, Hep-Hep Riots, S. 74–80.

[20] Katz, Hep-Hep Riots, S. 80–90.

[21] Katz, Hep-Hep Riots, S. 91–98.

[22] L. Sterling, Anti-Jewish Riots in Germany in 1819: A Displacement and Social Protest, in: Historia Judaica 12 (1950), S. 105–142.
[23] Katz, Hep-Hep Riots, S. 100–104.
[24] G. Sartorius, Über die Gefahren, welche Deutschland bedrohen, und die Mittel ihnen mit Glück zu begegnen, Göttingen 1820, vor allem S. 169.

8. Revolutionäre Verheißung und katholische Reaktion

[1] R. Rürup, Emanzipation und Antisemitismus, Göttingen 1975, S. 30.
[2] Vgl. Kap. 5.
[3] Vgl. Einleitung, Anm. 2.
[4] P. Girard, Les Juifs de France en 1789 à 1860, Paris 1976, S. 70–86.
[5] B. Blumenkranz (ed.), Les Juifs et la revolution française, problèmes et aspirations, Toulouse 1976, S. 12–18 und 48.
[6] F. Hell, Observation d'un Alsacien sur l'affairs présente des juifs d'Alsace, Frankfurt 1779.
[7] Hell, Observation, S. 100; vgl. auch J. Katz, A State within a State, the History of an Anti-Semitic Slogan, in: Proceedings of the Israel Academy of Sciences and Humanties 4 (1971), S. 38.
[8] La Revolution française et l'emancipation des juifs, Paris 1968, VII, 5: Opinion de M. le Prince de Broglie sur l'admission des juifs à l'état civil, S. 4; ebd. VI, 7: Lettre au Comité de Constitution sur l'aiffaire des juifs par M. de Bourge, representante de la Commune de Paris, 19. Mai 1790, S. 31–33.
[9] La Revolution française, VII, 3: Opinion de le Comte Stanislas de Clermont-Tonnère, député de Paris, 23. Dezember 1789, S. 13.
[10] La Revolution française, VII, 5: Opinion de M. le Prince de Broglie, député de Colmar, S. 6–8.
[11] La Revolution française, VI, 7: Lettre au Comité de Constitution sur l'affaire des juifs par M. de Bourge, S. 43.
[12] Blumenkranz, Les Juifs et la revolution française, S. 105–119.
[13] Blumenkranz, Les Juifs, S. 14–18.
[14] Poujol, Quelques observations concernant les juifs ..., Paris 1806.
[15] Poujol, Quelques observations, S. 42–53, 56–70, 150 f.
[16] Poujol, Quelques observations, S. 132–136, 153.
[17] Poujol, Quelques observations, S. 124–132.
[18] Poujol, Quelques observations, S. 140.
[19] Poujol, Quelques observations, S. 124–136, 153–155.
[20] Für de Bonald vgl. J. Hours, Un Précurseur oublié de l'antisemitisme français, le Vicomte de Bonald, in: Cahiers sioniens 4 (1950), S. 165–170.
[21] De Bonalds Artikel «Sur les juifs» ist in seine gesammelten Werke aufgenommen: Œuvres complètes, Paris 1859, III, S. 934–948.
[22] De Bonald, Œuvres, III, S. 936, 939 f., 942, 958.
[23] De Bonald, Œuvres, III, S. 947.
[24] De Bonald, Œuvres, III, S. 943 f.
[25] F. R. Artz, France under the Bourbon Restauration, 1814–1830, New York 1967, S. 104–112.
[26] De Bonald, Œuvres, I, S. 552.
[27] Für das Verhältnis von Lamennais zu den Juden vgl. A. Ages, Lamennais and the Jews, in: Jewish Quarterly Review 63 (1972), S. 158–170.
[28] F. de La Mennais, Essai sur l'indifférence en matière de religion, 3 Bände, Paris 1825.
[29] De La Mennais, Essai, III, S. 56 f.

[30] Der Gedanke beschränkt sich natürlich nicht nur auf Frankreich, aber der sprachliche Ausdruck ist im Französischen geläufiger als in anderen Sprachen.

[31] E. Sevrin, Les Missions religieuses en France sous la Restoration (1815–1830), Paris 1948. Die bleibende Wirkung der katholischen Erziehung ist von P. Demann, La Catechese chrétienne et le peuple de la Bible, Paris, Cahiers sioniens 6 (1952), S. 1–220, aufgezeigt worden.

[32] J. Katz, Religion as a Uniting and Dividing Force in Modern Jewish History, in: The Role of Religion in Modern Jewish History, Cambridge/Mass. 1975, S. 4–8.

[33] P. Klein, Mauvais juif, mauvais chrétien, in: Revue de la pensée juive, April 1951, S. 57–102; P. Blanchard, Le Venerable Libermann, Paris 1960; P. Theotime de Saint-Just, Les Frères Lemann, juifs convertis, Paris 1937.

[34] Th. Ratisbonne, Mes souvenirs, Rom o. J.

[35] L. Bautain, Philosophie du christianisme, correspondance religieuse, Paris 1835, I, S. xxxiii–lxii.

[36] Ratisbonne, Mes souvenirs, S. 69–75.

[37] Bautain, Philosophie du christianisme, I, S. 69.

[38] A. Cerfberr de Médelsheim, Ce que sont les juifs de France, Paris 1844.

[39] Cerfberr de Médelsheim, les Juifs de France, S. 46.

[40] Seine Entgegnungen finden sich auf den Seiten 127–167, vor allem S. 141 f.

9. Sozialistische Anklagen

[1] Für die Demographie der französischen Judenheit vgl. P. Girard, Les Juifs de France de 1789 à 1860, Paris 1976, S. 105–114.

[2] P. Girard, Les Juifs de France, S. 121–132.

[3] N. v. Riasanowsky, The Teaching of Charles Fourier, Berkeley 1969; E. Silberner, Sozialisten zur Judenfrage, Berlin 1962, S. 16–27.

[4] Riasanowsky, The Teaching of Fourier, S. 1–31.

[5] Publication des manuscrits de Charles Fourier, Paris 1853–1856, III, 24; Silberner, Sozialisten zur Judenfrage, S. 22–25.

[6] Ch. Fourier, Le Nouveau monde industriel et societaire, in: Œuvres complètes, Paris 1846–1848, VI, S. 421; dsb., Théorie des quatre mouvements, in: Œuvres complètes, VI, S. 61, sowie I, S. 253.

[7] Théorie des quatre mouvements, S. 61.

[8] Le Nouveau monde, S. 421; Publication des manuscrits, II, S. 34–37.

[9] Publication des manuscrits, II, S. 36.

[10] Fourier, La Fausse industrie, Paris 1836, S. 660, 783.

[11] G. D. H. Cole, A History of Socialist Thought, London 1955, I, S. 71–74; Silberner, Sozialisten zur Judenfrage, S. 28–43; A. Toussenel, Les juifs rois de l'époque. Histoire de la féodalité financière, Paris 1845, S. 328–377.

[12] Toussenel, Les juifs, S. 4, 173–180.

[13] Toussenel, Les juifs, S. vii; Archives Israélites (1845), S. 752–754.

[14] Toussenel, Les juifs, Vorwort zur zweiten Auflage, S. i–ii.

[15] Toussenel, Les juifs, Vorwort zur zweiten Auflage, S. ii–iii.

[16] Toussenel, Les juifs, 1. Auflage, S. 73, 201 f.

[17] Toussenel, Les juifs, 1. Auflage, S. 74.

[18] Toussenel, Les juifs, 2. Auflage, S. xii f.

[19] Toussenel, Les juifs, 2. Auflage, S. 122–132, vor allem S. 123, 132.

[20] Toussenel, Les juifs, 2. Auflage, S. xvii. Vgl. auch seine Bezüge auf Juden in: Travail et faineantise, programme démocratique, Paris 1849, S. 12–17.

[21] Toussenel, Les juifs, S. 148.

[22] Satan (Georges-Marie Mathieu-Dairnvaell), Histoire édifiante et curieuse de Rothschild Ier roi des juifs, Paris 1840, und dsb., Rothschild Ier, ses valets et son peuple, Paris 1846, S. 35.

[23] Silberner, Sozialisten zur Judenfrage, S. 44–55; P. Leroux, Malthus et les économistes, Boussac 1849.

[24] Leroux, Malthus, S. 15–18.

[25] Silberner, Sozialisten zur Judenfrage, S. 56–64.

10. Liberale Zweideutigkeiten

[1] G. Weill, Histoire de l'idée laique en France au XIXe siècle, Paris 1929.

[2] M. E. Johnson, Michelet et le christianisme, Paris 1951, S. 17–59, 63–145; G. Monod, Michelet et les Juifs, in: REJ 53 (1907), S. i–xxv.

[3] J. Michelet, Bible de l'humanité, Paris 1890.

[4] Michelet, Bible, S. 375 f.

[5] Michelet, Bible, S. 366.

[6] Michelet, Bible, S. 379, 381 f. Für Voltaire vgl. H. Emmrich, Das Judentum bei Voltaire, Breslau 1930, S. 46, 101; Monod, Michelet et les Juifs, S. xvii.

[7] A. Franck, La Kabbale où la philosophie religieuse des Hébreux, Paris 1843; Michelet, Bible, S. 383–385.

[8] Michelet, Bible, S. 373 f., 376.

[9] M. Weber, Gesammelte Aufsätze zur Religionssoziologie, Tübingen 1947, sowie dsb., Grundriß der Sozialökonomie, Wirtschaft und Gesellschaft, Tübingen 1947, S. 636 f. Für die Geltung seiner Thesen vgl. Kap. 27, Anm. 2.

[10] Michelet, Bible, S. 380, 382 f.

[11] H. W. Wardman, Ernest Renan: A Critical Biography, London 1964. Für Renans Einstellung zu Juden und Judentum vgl. S. Almog, The Racial Motif in Renan's Attitude toward Judaism and the Jews, in: Zion 32 (1967), hebräisch S. 175–200; E. Renan, Histoire du peuple d'Israel, 5 Bde, Paris 1887; dsb., De la part des peuples sémitiques dans l'histoire de la civilisation, Paris 1862, S. 23.

[12] E. Renard, Renan, les étapes de sa pensée, Paris 1929, S. 64–71; Renan, Peuples sémitiques, S. 22.

[13] E. Renan, Vie de Jésus, Paris 1863, besonders S. 64; P. Cassel, Über Renans Leben Jesu, Berlin 1864, S. 1–9; R. Levy, La Synagogue et M. Renan, Luneville 1863, S. 9–11.

[14] Vgl. Kap. 5.

[15] Renan, Vie de Jésus, S. 410, 412.

[16] J. Barzun, Race: A Study in Superstition, New York 1965, S. 17–33, 47–105; J. Buenzod, La Formation de la pensée de Gobineau et l'essai sur l'inégalité des races humaines, Paris 1967, S. 283–289; L. Poliakov, The Aryan Myth: A History of Racist and Nationalist Ideas in Europe, New York 1974, S. 17–36, 188–214; M. D. Biddiss, Father of Racist Ideology: The Social and Political Thought of Count Gobineau, London 1970.

[17] Renan, De l'Origine du language, Paris 1848, S. 28–36; 2. Auflage 1858, S. 104–190; dsb., Histoire général et système comparé des langues sémitiques, 2. Aufl., Paris 1858, S. 4; Ch. Lassen, Indische Altertumskunde, Bonn 1847, S. 414–417.

[18] Renan, Histoire général et système comparé, S. 5, 7.

[19] Renan, Histoire général, S. 7.

[20] Renan, Histoire général, S. 9, 12.

[21] Renan, Histoire général, S. 13, 15.

[22] Renan, Histoire général, S. 16.

[23] Renan, De l'Origine, 2. Auflage, S. 199–209; sowie Histoire des langues sémitiques, S. xv–xvi. Renan arbeitete mit Adolphe Neubauer in seinen wissenschaftlichen Publika-

tionen zusammen. Sein Vortrag *Le Judaisme et le Christianisme* wurde 1883 vor *La Société des Etudes Juifs* gehalten; vgl. Almog, The Racial Motif, S. 178.

11. Juden und Freimaurer

[1] Die wesentliche Abhandlung von Drach ist L'Harmonie entre l'église et la synagogue, Paris 1849.

[2] L. A. Chiarini, Théorie du judaisme, appliquée à la réforme des Israélites de tous les pays de l'Europe, et servant en même temps d'ouvrage preparatoire à la version du Thalmud de Babylone, Paris 1830, 2 Bände. Für die Umstände der Veröffentlichung vgl. S. M. Dubnow, History of the Jews in Russia and Poland, Philadelphia 1918, S. 100–115.

[3] Für die Grundfakten des Mortara-Falls vgl. I. Elbogen, A Century of Jewish Life, Philadelphia 1966, S. 30f.

[4] L. Veuillot, Mélanges religieux, historiques, politiques et literaires, 2. Reihe, Paris 1860, Bd. 5.

[5] Veuillot, Mélanges, Bd. 5, S. 189–202; auf S. 191 führt er eine Reihe von Büchern auf, aus denen man über den Talmud lernen könne. Seine Zitate stammen aber nur aus zwei französischen Quellen. Veuillots Angriffe riefen eine Reihe jüdischer Erwiderungen hervor, nicht nur in der Presse. S. Klein, der Rabbiner von Colmar, antwortete in seinem Buch Le Judaisme où la vérité sur le Talmud, Mülhausen 1895.

[6] L. Rupert, L'Eglise et la synagogue, Paris 1859, vor allem S. 233; S. Brunner, Die Kirche und die Synagoge, Schaffhausen 1864.

[7] Rupert, L'Eglise, S. 256f., 265–310.

[8] Rupert, L'Eglise, S. 240.

[9] P. Girard, Les Juifs de France de 1789 à 1860, de l'emancipation à l'égalité, Paris 1976, S. 97–132.

[10] Th. Ratisbonne, La Question juive, Paris 1868, S. 8f.

[11] Th. Ratisbonne, La Question juive, S. 27–31.

[12] G. des Mousseaux, Le Juif, le judaisme et la judaisation des peuples chrétiens, Paris 1869; R. Byrnes, Antisemitism in Modern France, New Brunswick 1950, S. 113f.

[13] Des Mousseaux, Le Juif, S. ix, 36, 40, 47, 57, 230f., 242f.

[14] Des Mousseaux, Le Juif, S. 60, 85, 129, 181, 351–353.

[15] Wie diese beiden Ziele von Propaganda zusammengefallen sind, habe ich in meinem Buch Jews and Freemasons in Europe 1723–1939, Cambridge/Mass. 1970, beschrieben.

[16] Katz, Jews and Freemasons, S. 18f., 153–159, 219f.

[17] Des Mousseaux, Le Juif, S. 262–272, 504–509; Katz, Jews and Freemasons, S. 153–157.

[18] E. H. Chabauty (C. C. de Saint André), Franc-Maçons et juifs, sixième age de l'église d'après l'Apocalypse, Paris 1880. Für den Verfasser vgl. Byrnes, Antisemitism, S. 70f., 718–735.

[19] Katz, Jews and Freemasons, S. 157–159; des Mousseaux, Le Juif, S. 494–499. Chabauty will in seinem Buch versuchen, das kommende Endreich und die Erfüllung aller christlichen Erwartungen zu beweisen.

12. Das Judenbild der deutschen Liberalen

[1] I. M. Jost, Neuere Geschichte der Israeliten in der ersten Hälfte des 19. Jahrhunderts, 3 Bde, Breslau 1846–1848, ist immer noch eine wichtige Studie für diese Zeit. Moderne Arbeiten sind I. Freund, Die Emanzipation der Juden in Preußen, Berlin 1912, I, S. 229–240; S. Schwarz, Juden in Bayern im Wandel der Zeiten, München/Wien 1963,

S. 181–274; I. Kracauer, Geschichte der Juden in Frankfurt, Frankfurt 1925–1927, II, S. 432–521; H. Krohn, Die Juden in Hamburg 1800–1850. Ihre soziale, kulturelle und politische Entwicklung während der Emanzipationszeit, Frankfurt 1967; M. L. Bamberger, Beiträge zur Geschichte der Juden in Würzburg-Heidingsfeld, Würzburg 1905.

[2] Vgl. J. H. Clapham, Economic Development of France and Germany, 1815–1914, Cambridge/Mass. 1968, S. 29–52, 82–103. Für die Rolle der Juden vgl. J. Toury, Der Eintritt der Juden ins deutsche Bürgertum, in: Das Judentum in der deutschen Umwelt 1800–1850, hg. v. H. Liebeschütz/A. Pauker, Tübingen 1977, S. 139–242. Über die Rolle der Rothschilds als Vertreter der jüdischen Sache in Frankfurt vgl. Kracauer, Juden in Frankfurt, II, S. 488, 503–505. Ein Beispiel für die Verbindung zwischen wirtschaftlichen Faktoren und dem Fortschritt der Emanzipation findet sich bei R. Rürup, Die Emanzipation der Juden in Baden, in: dsb., Emanzipation und Antisemitismus, Göttingen 1975, S. 37–73.

[3] F. W. Riemer, Mitteilungen über Goethe aus mündlichen und schriftlichen gedruckten und ungedruckten Quellen, Berlin 1841, S. 428 f.

[4] Für Pfaff vgl. Allgemeine deutsche Biographie, XXV, S. 582–587.

[5] C. F. v. Schmidt-Phiseldeck, Über das Verhältnis der jüdischen Nation zu dem christlichen Bürgerverein und dessen künftige Umgestaltung. Zwey Abhandlungen, Kopenhagen 1817, S. 123–126.

[6] C. H. Pfaff, Über das Verhältnis christlicher Regierungen und Staaten gegen die Juden in dem gegenwärtigen Zeitpuncte, in: Kieler Blätter 1 (1819), S. 124, 141 f.

[7] Pfaff, Über das Verhältnis, S. 141; Schmidt-Phiseldeck, Verhältnis, S. 62.

[8] Pfaff, Über das Verhältnis, S. 142.

[9] L. Holst, Judenthum in allen dessen Theilen aus einem staatswissenschaftlichen Standpuncte betrachtet, Mainz 1821.

[10] A. Lips, Über die künftige Stellung der Juden in den deutschen Bundesstaaten, Erlangen 1819.

[11] Lips, Über die künftige Stellung, S. 30, 33.

[12] J. B. Graser, Das Judenthum und seine Reform als Vorbedingung der vollständigen Aufnahme der Nation in den Staatsverband, Bayreuth 1828. Für Graser vgl. Allgemeine deutsche Biographie, IX, S. 584 f. Am 2. November 1819 schreibt Zunz in einem Brief an M. Ehrenberg: «Die Juden für die Lips seine herrliche Schrift geschrieben . . .», vgl. N. N. Glatzer, Leopold Zunz. Jude – Deutscher – Europäer, ein jüdisches Gelehrtenschicksal des 19. Jahrhunderts in Briefen an Freunde, Tübingen 1964, S. 102.

[13] Schmidt-Phiseldeck, Verhältnis, S. 66.

[14] Pfaff, Über das Verhältnis, S. 123.

[15] Lips, Über die künftige Stellung, S. 21.

[16] Graser, Das Judenthum, S. 27, 46.

[17] Holst, Judenthum, S. 20, 146 f., 423.

[18] Schmidt-Phiseldeck, Verhältnis, S. 20, 26, 32–36; Lips, Über die künftige Stellung, S. 14; Graser, Das Judenthum, S. 36–38.

[19] Die jüdischen *Maskilim* (Aufklärer) waren sich in dieser Frage einig und bemühten sich um eine Korrektur. Der Pädagoge und Publizist Anton Rée widmet sein Buch *Die Sprachverhältnisse der heutigen Juden im Interesse der Gegenwart und mit bes. Rücksicht auf Volkserziehung besprochen* (Hamburg 1844) dem Problem, die Spuren der besonderen jüdischen Sprache nachzuzeichnen. Das Buch wurde in der AZJ begeistert besprochen (9/1845, S. 93 f., 106–108, 126 f., 141 f.), ebenso in: Israelit des neunzehnten Jahrhunderts 7 (1845), S. 63 f., 121–124.

[20] Schmidt-Phiseldeck, Verhältnis, S. 48 f., 112.

[21] Pfaff, Über das Verhältnis, S. 124; Graser, Das Judenthum, S. 31 f., 35.

[22] Holst, Judenthum, S. 166, 225 f., 115 f.

[23] L. Börne, Der ewige Jude, in: Gesammelte Schriften, Leipzig o. J., II, S. 171.

[24] J. Katz, The Term ‹Jewish Emancipation›: Its Origins and Historical Impact, in: Nineteenth Century Jewish Intellectual History, hg. v. A. Altmann, Cambridge/Mass. 1973, S. 21–25.

[25] Für Paulus vgl. E. Hirsch, Geschichte der neueren evangelischen Theologie, Gütersloh 1954, V, S. 27–36.

[26] H. E. G. Paulus, Die jüdische Nationalabsonderung nach Ursprung, Folgen und Besserungsmitteln, Heidelberg 1831, S. 11, 13, 24, 28, 46, 50–54, 88.

[27] Paulus, Nationalabsonderung, S. 20.

[28] Vgl. Rürup, Emanzipation, S. 54f., für diese Art Reform in Baden.

[29] Paulus, Nationalabsonderung, S. 40–42, 65.

[30] Paulus, Nationalabsonderung, S. 6f., 47, 118.

[31] Paulus, Nationalabsonderung, S. 114f., 147.

[32] Paulus, Nationalabsonderung, S. 15, 119, 122f.

13. Die Radikalen: Feuerbach, Bauer, Marx

[1] Die Einstellung von Strauß ist nicht bekannt, aber jedenfalls war er bei Juden wie Abraham Geiger recht beliebt; vgl. M. Wiener, Jüdische Religion im Zeitalter der Emanzipation, Berlin 1933, S. 51. Feuerbach wird später in diesem Kapitel noch näher behandelt; für Carové vgl. Sh. Avineri, Hegel's View on Jewish Emancipation, in: JSS 25 (1963), S. 150f. Grün erläuterte seine Ansicht in Die Judenfrage, Darmstadt 1844, und in Meine Stellung zur Judenfrage, in: Neue Anekdota, Darmstadt 1845, S. 283–297. Für Ruge vgl. E. Silberner, Sozialisten zur Judenfrage, Berlin 1962, S. 116f.

[2] Sie werden in diesem Kapitel näher untersucht; für Bauer vgl. auch Kap. 17.

[3] Für den Begriff vgl. J. Toury, «The Jewish Question»: A Semantic Approach, in: LBIYB 11 (1966), S. 85–106.

[4] H.J. Schoeps, Das andere Preußen. Konservative Gestalten und Probleme im Zeitalter Friedrich Wilhelms IV., Berlin 1974, S. 176–218.

[5] H. Leo, Vorlesungen über die Geschichte des Jüdischen Staates, gehalten an der Universität zu Berlin, Berlin 1828, S. 2.

[6] Leo, Vorlesungen, S. 11, 2f.

[7] Leo, Vorlesungen, S. 16, 54.

[8] Leo, Vorlesungen, S. 184.

[9] L. Feuerbach, Das Wesen des Christentums, Nachdruck Berlin 1973. Für eine Darstellung seines Denkens im allgemeinen wie seiner Haltung zum Judentum vgl. E. Kamenka, The Philosophy of Ludwig Feuerbach, London 1970, S. 15–32.

[10] Vgl. Kamenka, Feuerbach, S. 35–68.

[11] Feuerbach, Wesen des Christentums, S. 208, 210.

[12] Feuerbach, Wesen des Christentums, S. 208f.

[13] W. Bolin, Ludwig Feuerbach: Sein Wirken und seine Zeitgenossen, Stuttgart 1891, S. 12, 312f.

[14] Für eine Biographie über Bauer vgl. E. Barnikol, Bruno Bauer. Studien und Materialien aus dem Nachlaß ausgewählt und zusammengestellt von Peter Heimer und Hans Martin Sass, Assen 1972.

[15] B. Bauer, Die Prinzipien der mosaischen Rechts- und Religionsverfassung, in: Zeitschrift für spekulative Theologie 2 (1837), S. 292–305.

[16] B. Bauer, Kritik der Geschichte der Offenbarung. Einziger Teil: Die Religion des Alten Testaments in der geschichtlichen Entwicklung ihrer Prinzipien dargestellt, 2 Bände, Nachdruck Aalen 1983, II, S. 9f.

[17] Bauer, Religion des Alten Testaments, II, S. 37.

[18] Alle Biographen Bauers befassen sich mit dieser geistigen Wende, kürzlich Z. Rosen,

The Anti-Jewish Opinions of Bruno Bauer (1838–1843), their Sources and Significance, in: Zion 23 (1968), hebräisch S. 66f., Anm. 51. Er glaubt, daß Bauer durch J. C. Edelmann, Moses mit aufgedecktem Angesicht (1742), beeinflußt worden war, das er in jener Zeit las. Edelmann war einer der ersten rationalistischen Religionskritiker in Deutschland – vor allem des Christentums und des Judentums – und war für Bauer in dieser entscheidenden Epoche eine Autorität, auf die Bauer sich berief. Obwohl eine solche kritische Herangehensweise an die Bibel ihm nicht unbekannt war, kannte er sie doch durch die Arbeiten der englischen Deisten, hatte er sie in seiner orthodoxen Epoche apologetisch zurückgewiesen.

[19] H. König, Die Rheinische Zeitung von 1842–43 in ihrer Einstellung zur Kulturpolitik des Preußischen Staates, Münster 1927, S. 81.

[20] Dieser Brief ist zitiert von G. A. van den Bergh van Eysinga, Godsdienst-Wetenschappelijke Studien, Haarlem 1952, XII, S. 29f. Vgl. V. R. de Mirabeau, Sur Moses Mendelssohn, sur la reforme politique des juifs et en particulier sur la revolution tentée en leur faveur en 1753 dans la grande Bretagne, London/Straßburg 1787.

[21] B. Bauer, Die Judenfrage, Brunswick 1843; vgl. auch N. Rotenstreich, For and Against Emancipation: The Bruno Bauer Controversy, in: LBIYB 4 (1959), S. 3–36.

[22] Bauer, Judenfrage, S. 60f.

[23] Der Artikel «Die Fähigkeit der heutigen Juden und Christen frei zu werden» erschien erstmals in der Sammlung von G. Herwegh, Einundzwanzig Bogen aus der Schweiz, Zürich/Winterthur 1843, und wurde erneut abgedruckt in B. Bauer, Feldzüge der reinen Kritik, hg. v. H. M. Sass, Frankfurt 1968. Nach dieser Edition wird hier zitiert, vgl. S. 193 f.

[24] K. Grün, Die Judenfrage. Gegen Bruno Bauer, Darmstadt 1844, S. 13–15.

[25] Bauer, Judenfrage, S. 4f., 9, 12–16, 55–59; dsb., Feldzüge, S. 178, 187.

[26] Bauer, Judenfrage, S. 103 f.; dsb., Feldzüge, S. 185 f.

[27] Bauer, Judenfrage, S. 75, 78; dsb., Feldzüge, S. 181, 188.

[28] Bauer, Judenfrage, S. 43; dsb., Feldzüge, S. 181. Als Beispiel für die Haltung jüdischer Rationalisten vgl. Josts Brief in N. N. Glatzer, On an Unpublished Letter of Isaak Marcus Jost, in: LBIYB 23 (1977), S. 132.

[29] Bauer antwortete auf diese Kritik in der von ihm herausgegebenen Allgemeinen Literatur-Zeitung im Dezember 1843, S. 1–17; vgl. Rotenstreich, For and Against Emancipation, S. 11–18.

[30] K. Marx, Zur Judenfrage. Marx-Engels-Gesamtausgabe, Berlin 1968 u. ö., Bd. I, S. 347–377.

[31] Silberner, Sozialisten zur Judenfrage, S. 108 f. Von den zahlreichen Biographien über Marx vgl. vor allem W. Blumenberg, Karl Marx in Selbstzeugnissen und Bilddokumenten, Hamburg 1962.

[32] A. Massiczek, Der menschliche Mensch. Karl Marx's jüdischer Humanismus, Wien 1968.

[33] Silberner, Sozialisten zur Judenfrage, S. 108 f.

[34] Die Petition wurde von A. Kober veröffentlicht, Karl Marx's Vater und das napoleonische Ausnahmegesetz gegen die Juden 1818, in: Jahrbuch des Kölnischen Geschichtsvereins 14 (1932), S. 111–125.

[35] L. Feuer, The Conversion of Karl Marx's Father, in: Jewish Journal of Sociology 14 (1972), S. 149–166; H. Monz, Karl Marx und Trier. Verhältnisse – Beziehungen – Einflüsse, Trier 1964, S. 180f.

[36] In einem Brief vom 3. Februar 1837 beschreibt der Vater die Lebensbedingungen des Sohnes im Unterschied zu den harten Umständen seiner eigenen Jugend, die er überwinden mußte. Warum diese hart waren, wird nicht konkretisiert. Über Marx' enthüllende Verwirrung im Blick auf sein Judesein vgl. Silberner, Sozialisten zur Judenfrage, S. 112–115.

[37] Monz, Karl Marx, S. 181–183.

[38] König, Die Rheinische Zeitung, S. 74–84; Blumenberg, Karl Marx, S. 58f. Der Text des Briefes ist bei Silberner, Sozialisten zur Judenfrage, S. 116f., zitiert.

[39] Der Unterschied zwischen Marx und Bauer ist sehr gut erklärt von L. Koch, Humanistischer Atheismus und gesellschaftliches Engagement. Bruno Bauers «kritische» Kritik, Stuttgart 1971, S. 72–81.

[40] So setzte der klassische Biograph von Marx an, F. Mehring, Marx. Die Geschichte seines Lebens, Leipzig 1933, S. 43–98.

[41] Vgl. Kap. 9.

[42] Padover, Marx on Religion, S. 187.

[43] Silberner, Sozialisten zur Judenfrage, S. 125–127, 140–142.

[44] Die verschiedenen Ansichten über Marx und seine jüdische Abstammung faßt Monz, Karl Marx, S. 184–186, zusammen; vgl. auch R. Misrahi, Marx et la question juive, Paris 1972.

14. Das Ärgernis jüdischer Künstler. Richard Wagner

[1] Für Mendelssohn vgl. A. Altmann, Moses Mendelssohn: A Biographical Study, Alabama 1973, S. 698–712; für Ascher vgl. E. Littmann, Saul Ascher, First Theorist of Progressive Judaism, in: LBIYB 5/1960, S. 107–121. Aschers *Germanomanie* wurde von Friedrich Rühs angegriffen in: Über die Ansprüche der Juden an das deutsche Bürgerrecht, Berlin 1816, S. 17f.

[2] S. Kaznelson, Juden im deutschen Kulturbereich, Berlin 1959, S. 23f., 150, 217, 875.

[3] Für das Junge Deutschland vgl. H. Koopmann, Das Junge Deutschland. Analyse seines Selbstverständnisses, Stuttgart 1970; für Börnes und Heines publizistische Arbeiten vgl. G. Ras, Börne und Heine als politische Schriftsteller, Groningen/Den Haag 1926.

[4] E. Meyer, Gegen L. Börne, den Wahrheit-, Recht- und Ehrvergessenen Schriftsteller aus Paris, Altona 1831.

[5] Börnes «Briefe aus Paris» erschienen zwischen 1830 und 1833; Heines «Reisebilder» von 1826–1841. Für Börnes und Heines Haltung zu Goethe vgl. Koopmann, Das Junge Deutschland, S. 114–131, dort auch über Saphir wie in Anm. 2 oben. Vgl. auch Meyer, Gegen L. Börne, S. 5, 12f.

[6] Meyer, Gegen Börne, S. 13f.

[7] Meyer, Gegen Börne, S. 14.

[8] Über Menzel vgl. den Index bei Koopmann, Das Junge Deutschland.

[9] E. Schuppe, Der Burschenschaftler Wolfgang Menzel, Frankfurt 1952, S. 108f.

[10] Votum über das «Junge Deutschland», S. 27–31.

[11] Die jeune Allemagne in Deutschland, Stuttgart 1836, S. 9, 14f. Die Identität des Verfassers wurde von V. Eichstädt festgestellt, Bibliographie zur Geschichte der Judenfrage, Hamburg 1938, S. 216.

[12] Jeune Allemagne, S. 11, 19–23.

[13] Jeune Allemagne, S. 26f.

[14] W. Menzel, Herr Börne und der deutsche Patriotismus, in: Morgenblatt für gebildete Stände 30/1836, Literaturblatt, S. 145–148. Vgl. auch Koopmann, Das Junge Deutschland, Index zu Wienbarg.

[15] J. Weil, Das junge Deutschland und die Juden, Frankfurt 1836; B. Auerbach, Das Judenthum und die neueste Literatur, Stuttgart 1836; G. Riesser, Börne und die Juden: Ein Wort der Erwiderung auf die Flugschrift des Herrn Dr. Eduard Meyer gegen Börne, Altenburg 1832.

[16] H. Laube, Struensee, Leipzig 1847; zitiert nach Gesammelte Werke, Leipzig 1909, XXIV, S. 123–145.

[17] Laube, Struensee, S. 130f.

[18] Laube, Struensee, S. 131 f.

[19] Laube, Struensee, S. 132.

[20] Laube, Struensee, S. 130 f.

[21] Die eindrücklichste Biographie über Wagner ist E. Newman, The Life of Wagner, 4 Bände, New York 1933–1946. Über das Problem seines Antisemitismus vgl. jetzt J. Katz, Richard Wagner. Vorbote des Antisemitismus, Königstein 1985.

[22] Newman, Wagner, I, S. 384–387.

[23] Abend-Zeitung vom 2. bis 4. August 1841. Eine Kopie dieses Artikels findet sich in der Schocken-Bibliothek in Jerusalem, in einer Sammlung unveröffentlichter Aufsätze über Heine von E. Löwenthal anläßlich des 60. Geburtstages von Salman Schocken 1937.

[24] R. Wagner, Das Judenthum in der Musik, Leipzig 1869, S. 10.

[25] R. Wagner, Mein Leben, 2 Bände, München 1963, I, S. 338.

[26] Die beiden Aufsätze finden sich in R. Wagner, Gesammelte Schriften und Dichtungen, Leipzig 1907, Bd. III.

[27] Wagner, Judenthum in der Musik, S. 10, 13, 15, 22. «Wir hatten uns das unwillkürlich Abstoßende, welches die Persönlichkeit und das Wesen der Juden für uns hat, zu erklären, um diese instinktmäßige Abneigung zu rechtfertigen» (S. 10). Eine Nähe zu den Gedanken Bauers zeigt sich auch an anderer Stelle, wie wir noch sehen werden, vgl. Judenthum in der Musik, S. 13.

[28] B. Bauer, Judenfrage, S. 114; S. K. Padover (ed.), Karl Marx on Religion, New York 1974, S. 122. Daß die Juden keine weitere Emanzipation brauchten, wird schon von Paulus gesagt in: Jüdische Nationalabsonderung, S. 4 f., aber er bezieht sich nicht auf ihre wirkliche Freiheit, sondern ihre wirtschaftliche Macht.

[29] Judenthum in der Musik, S. 12; vgl. C. Cobet, Der Wortschatz des Antisemitismus in der Bismarckzeit, München 1973, S. 147. Der Verfasser berücksichtigt allerdings nicht, daß der Text von 1869 auf eine Publikation von 1850 zurückgeht.

[30] Judenthum in der Musik, S. 12 f. Für Meyerbeer vgl. Anm. 22; Mendelssohn-Bartholdys Name taucht auf S. 25 und S. 30 auf. Im Artikel selbst werden nur die unakzeptablen künstlerischen Methoden Meyerbeers besprochen; in einem Anhang (S. 41–43) wird noch die Anklage zugefügt, Meyerbeer habe gesellschaftliche Beziehungen für seinen Erfolg genutzt. Über die Beziehung zwischen Heine und Meyerbeer ist ein ganzes Buch geschrieben worden: H. Becker, Der Fall Heine-Meyerbeer, Berlin 1958.

[31] Judenthum in der Musik, S. 20 f.

[32] Judenthum in der Musik, S. 18.

[33] Judenthum in der Musik, S. 14 f. Fichte entwickelte diese Idee in seinen «Reden an die deutsche Nation» von 1809; vgl. H. C. Engelbrecht, Johann Gottlieb Fichte: A Study of his Political Writings with Special Reference to his Nationalism, New York 1933, S. 112–121.

[34] Judenthum in der Musik, S. 21 f. Bauer widmet dem «Erstarren des jüdischen Volksbewußtseins» ein ganzes Kapitel in seiner «Judenfrage», S. 32–35.

[35] Judenthum in der Musik, S. 31; vgl. auch Anm. 26 oben.

[36] Judenthum in der Musik, S. 17. Auch hier folgt Wagner Bauer, vgl. dessen Judenfrage, S. 38.

[37] Judenthum in der Musik, S. 17.

[38] Judenthum in der Musik, S. 31.

[39] Judenthum in der Musik, S. 31 f.

[40] Judenthum in der Musik, S. 32.

[41] Judenthum in der Musik, S. 32. Die Gestalt des ewigen Juden Ahasver, Symbol für die Wanderschaft Israels, wurde in dieser Zeit oft verwendet und diente auch Auerbach für seinen historischen Roman *Spinoza*. Vgl. auch Schopenhauer, Parerga und Paralipomena, II, S. 278.

[42] Newman, Wagner, I, S. 275–277.

[43] Judenthum in der Musik, S. 20.

[44] L. Stein, The Racial Thinking of Richard Wagner, New York 1950; auch O. D. Kulka, Richard Wagner und die Anfänge des modernen Antisemitismus, in: BLBI 4/1961, S. 290–296.

[45] Judenthum in der Musik, S. 34–36, 57.

[46] AZJ 4/1840, S. 545; G. Pfizer, Heines Schriften und Tendenz, in: Deutsche Viertel-Jahresschrift, 1838, S. 216.

[47] Pfizer, Heine, S. 217. Vgl. auch Anm. 39.

[48] Judenthum in der Musik, S. 29.

[49] Der bayerische Wirtschaftler Ignaz von Rudhart sagte, daß die jüdischen Trödler dem Bauern helfen würden, Nebenprodukte seiner Arbeit zu verwerten, die sonst verloren gingen, in: Über den Zustand des Königsreichs Bayern nach amtlichen Quellen, Stuttgart 1825–1827, I, S. 67–89.

[50] Meyer, Gegen Börne, S. 10; Pfizer, Heine, S. 216; auch Anm. 45.

15. Der christliche Staat

[1] W. B. Fränkel, Die Unmöglichkeit der Emanzipation der Juden im christlichen Staate: Als Entgegnung historisch nachgewiesen, Elberfeld 1842; H. E. Marcard, Über die Möglichkeit der Juden-Emancipation im christlich-germanischen Staat, Minden 1843; C. Frantz, Ahasverus oder die Judenfrage, Berlin 1844; vgl. auch die Analyse von J. Philippson, Constantin Frantz, in: LBIYB 13/1968, S. 102–119; P. W. Wolfart, Über die Emanzipation der Juden in Preussen, Potsdam 1844; und dsb., Art und Ziel der öffentlichen Stimme in der preußischen Judenfrage, Potsdam 1844.

[2] Vgl. Kapitel 12.

[3] K. Streckfuß, Über das Verhältniss der Juden zu den christlichen Staaten, Halle 1833; und dsb., Über das Verhältniss der Juden zu den christlichen Staaten: 2. Schrift unter diesem Titel, Berlin 1843.

[4] Wolfart, Über die Emanzipation, S. 7; Fränkel, Die Unmöglichkeit der Emanzipation, S. 110; Frantz, Ahasverus, S. 18; Marcard, Über die Möglichkeit, S. 37.

[5] Marcard, Über die Möglichkeit, S. 6, 22 f.

[6] Marcard, Über die Möglichkeit, S. 31.

[7] Frantz, Ahasverus, S. 33–35.

[8] Wolfart, Art und Ziel, S. 28–30.

[9] W. B. Fränkel, Das Bekenntnis des Proselyten: Das Unglück der Juden und ihre Emanzipation in Deutschland, Elberfeld 1841.

[10] Fränkel, Die Unmöglichkeit, S. 119–216.

[11] G. Masur, Friedrich Julius Stahl: Geschichte seines Lebens. Aufstieg und Entfaltung 1802–1840, Berlin 1930; R. A. Kann, Friedrich Julius Stahl: A Re-examination of his Conservatism, in: LBIYB 12/1967, S. 55–74; Hamburger, Juden im öffentlichen Leben Deutschlands, Tübingen 1968, S. 197–206.

[12] F. J. Stahl, Der christliche Staat und sein Verhältniss zu Deismus und Judenthum. Eine durch die Verhandlungen des Vereinigten Landtags hervorgerufene Abhandlung, Berlin 1847.

[13] M. Philippson, Neueste Geschichte des jüdischen Volkes, Leipzig 1907, I, S. 272–275.

[14] Stahl, Der christliche Staat, S. 8–15.

[15] Stahl, Der christliche Staat, S. 31–56.

[16] Stahl, Der christliche Staat, S. 40 f.

[17] Stahl, Der christliche Staat, S. 42.

[18] Stahl, Der christliche Staat, S. 43 f.

[19] Stahl, Der christliche Staat, S. 65 f.

[20] Stahl, Der christliche Staat, S. 60 f., 68 f. Seit 1837 hatte die jüdische Öffentlichkeit die Errichtung einer theologischen Fakultät oder Hochschule als staatliche Einrichtung gefordert, vgl. J. M. Jost, Neuere Geschichte der Israeliten, Breslau o. J., III, S. 152 f.

16. Vorurteile gegen Juden und die Assimilation

[1] Freytags Buch *Soll und Haben* erschien erstmals 1855 in Berlin, zitiert wird er nach der in Berlin von Schreiter verlegten Ausgabe (o. J.); W. Raabe, Der Hungerpastor, wird nach der 25. Auflage, Berlin 1906, zitiert.

[2] Eine sozialgeschichtliche Analyse des Romans findet man in E. Kohn-Bramstedt, Aristocracy and the Middle-Classes in Germany 1830–1900, London 1937, S. 132–141. Vgl. auch G. L. Mosse, The Image of the Jew in German Popular Literature: Felix Dahn and Gustav Freytag, in: dsb., Germans and Jews, New York 1970, S. 61–76; auch P. Angel, Le Personage juif dans le roman allemand (1815–1915). La Racine littéraire de l'antisémitisme Outre-Rhin, Paris 1973, S. 11–34, 161–177.

[3] Freytag, Soll und Haben, S. 119–132.

[4] Freytag, Soll und Haben, S. 432. Für jüdische Reaktionen auf Freytags Buch vgl. AZJ 19 (1855), S. 633 f. Vgl. Anm. 6 über Freytags Einstellung zum Antisemitismus.

[5] Raabe, Der Hungerpastor, S. 107 f.

[6] Vgl. Kohn-Bramstedt, Aristocracy, S. 1–8; G. Freytag, Über den Antisemitismus: Eine Pfingstbetrachtung, Berlin 1893, S. 13–16. Auch Angel, Le Personage juif, S. 179–185 bringt weitere Belege dafür, daß Freytags und Raabes persönliche Einstellungen nicht mit den Tendenzen ihrer Bücher übereinstimmten.

[7] In der Literatur über Marr gibt es zu viele vage, grundlose Behauptungen. Sie wurden erst durch den hervorragenden Artikel von M. Zimmermann korrigiert, Gabriel Riesser und Wilhelm Marr im Meinungsstreit, in: Zeitschrift des Vereins für Hamburgische Geschichte, 61 (1975), S. 59–84. Für Marrs Biographie vgl. S. 63 f.

[8] Für den Hintergrund von Marrs «Judenspiegel» (Hamburg 1862) vgl. Zimmermann, Riesser und Marr, S. 76–78. Die Nähe zu Bruno Bauers Gedanken kann natürlich auch als Ausdruck derselben geistigen Situation gedeutet werden, aber es scheint doch so, daß Marr Bauers Buch gekannt hat. Für Nordmann vgl. das nächste Kapitel. Marr baut auf dessen Gedanken auf und fügt hinzu, daß die rassische Degeneration der Juden ein Ergebnis der Rassenvermischung sei, vgl. S. 39 f.

[9] Voltaire wird auf S. 26 zitiert; vgl. auch S. 7–29. Zimmermann, Riesser und Marr, S. 72, zitiert Marrs handschriftliche Erinnerungen für seine Einschätzung des *Judenspiegels* als philosemitisch. Diese Behauptung wird damit begründet, daß er bereit sei, Juden über die Assimilation zu integrieren. Vgl. auch Judenspiegel, S. 45–52.

[10] Zimmermann, Riesser und Marr, S. 20.

[11] R. v. Mohl, Staatsrecht, Völkerrecht und Politik, Tübingen 1869, III, S. 673–679.

[12] Mohl, Staatsrecht, S. 680.

17. Nachhutgefechte der Konservativen

[1] Für dieses und das folgende Kapitel vgl. S. Dubnow, History of the Jews, South Brunswick 1967–1973, V, S. 255–274.

[2] AZJ 29 (1864), S. 566.

[3] H. Wagener, Das Judenthum und der Staat. Eine historisch-politische Skizze zur Orientierung über die Judenfrage, Berlin 1857, S. 1 f. Über Wagener vgl. A. Hahn, Die

Berliner Revue. Ein Beitrag zur Geschichte der konservativen Partei zwischen 1855–1875, Berlin 1934.

[4] Wagener, Vorwort zu *Das Judenthum;* I. H. Ritter, Beleuchtung der Wagener'schen Schrift: Das Judenthum und der Staat, Berlin 1857, S. 8. Paulus Cassel war ein jüdischer Gelehrter, der offenbar aus Überzeugung konvertiert ist. Er war missionarisch aktiv, kam aber bei Ausbruch des Antisemitismus den Juden zu Hilfe, wie wir sehen werden. Für sein Leben vgl. Allgemeine Deutsche Biographie, XLVII, S. 465 f.

[5] Wagener, Das Judenthum, S. 5, 36–39, 68.

[6] Wagener, Das Judenthum, S. 34 f., 60.

[7] J. Nordmann, Die Juden und der deutsche Staat, 2. Auflage, Berlin (Posen) 1861. Über Wageners Anteil schreibt Theodor Fritsch in der Einleitung zur 13. Auflage von Nordmanns Buch, Leipzig 1920, S. 2.

[8] Nordmann, Die Juden, S. 5 f., 9.

[9] Nordmann, Die Juden, S. 20 f., 28, 32.

[10] Nordmann, Die Juden, S. 61–63, sowie die Einleitung zur 3. Auflage, S. 7.

[11] Hahn, Berliner Revue, S. 88–91; H. Wagener, Staats- und Gesellschaftslexikon, Berlin 1859–1867.

[12] Wagener, Lexikon, Art. «Börne», S. 302, und «Mendelssohn», S. 217; B. Bauer, Das Judenthum in der Fremde, Berlin 1863.

[13] Wagener, Lexikon, Art. «Judenthum», S. 605; Barnikol, Bruno Bauer, S. 351.

[14] Bauer, Das Judenthum in der Fremde, S. 2, 71–76. Vgl. Lexikon, Art. «Jacobi» und «Fischoff».

[15] Bauer, Das Judenthum in der Fremde, S. 7. In seiner *Judenfrage,* S. 9, hatte er es abgelehnt, Spinozas Leistungen den Juden zuzurechnen, weil der Philosoph nicht mehr zur jüdischen Gemeinde gehörte, als er sein System entwickelte.

[16] Bauer, Judenfrage, S. 44; Judenthum in der Fremde, S. 3–5, 12 f.

[17] Bauer, Judenthum in der Fremde, S. 8 f.

[18] Bauer, Judenthum in der Fremde, S. 10. Über die Veränderung in Bauers Einstellungen in Richtung auf einen Rassismus zwischen der *Judenfrage* und dem *Judenthum in der Fremde* vgl. Rothenstreich, For and Against Emancipation: The Bruno Bauer Controversy, in: LBIYB 4 (1959), S. 35.

[19] Bauer, Judenthum in der Fremde, S. 4 f.

[20] Bauer, Judenthum in der Fremde, S. 111.

[21] Bauer, Judenthum in der Fremde, S. 77.

[22] Bauer, Judenthum in der Fremde, S. 77; Rothenstreich, S. 36.

[23] Vgl. Kapitel 14. Osman-Bey (Pseud.), La Conquête du monde par les Juifs, Basel 1871; deutsch Basel 1873.

[24] A. Rohling, Die Psalmen übersetzt und erläutert, Münster 1871, S. i–viii. Über Rohling vgl. I. A. Hellwing, Der konfessionelle Antisemitismus im 19. Jahrhundert in Österreich, Wien 1972, S. 71–76. Der Streit fand in der Zeitung zwischen dem 3. und 15. Mai 1871 statt; die Streitschriften sind: Kroner, Entstelltes, Unwahres und Erfundenes in dem «Talmudjuden» Prof. Dr. August Rohlings, nachgewiesen von Rabbiner Dr. Kroner, Münster 1871; Offener Brief an ... August Rohling als Antwort auf sein Pamphlet «Der Talmudjude» von einem Münsterischen Juden im Namen Vieler, Münster 1871; sowie die verschiedenen Ausgaben des *Talmudjuden,* vgl. die 3. Auflage, S. 8 f.; Rohlings Antwort auf Kroner im Anhang zur 2. Auflage, S. 63–86, wurde in den folgenden Ausgaben weggelassen.

[25] Solche Gedanken finden sich überall im Buch, sie sind vor allem in der Einleitung der 3. Auflage zusammengefaßt. Auf S. 5 in dieser Auflage nennt Rohling die Zeitungen, die mit seinen Ansichten «übereinstimmten». Mit Ausnahme der Berliner *Kreuzzeitung* handelt es sich dabei ausschließlich um katholische Zeitungen. AZJ 35 (22. August 1871), S. 674. Rohlings erklärtes Ziel einer Konversion wird schon in der Einleitung zur 1. Auflage klar ausgesprochen.

18. Österreichisches Vorspiel

[1] Ein genauer Überblick über die wichtigsten Tatsachen findet sich bei H. Tietze, Die Juden Wiens, Leipzig 1933, S. 113–206.

[2] Eine lebendige Beschreibung der Situation findet sich bei S. Mayer, Ein jüdischer Kaufmann, 1831–1911, Leipzig 1911; dsb., Die Wiener Juden. Kommerz – Kultur – Politik 1700–1900, Wien/Berlin 1917.

[3] I. Klingler, Über die Unnutz- und Schädlichkeit der Juden im Königreich Böhmen und Mähren, Prag 1782, S. 69; dsb., Die Juden, wie sie sind und wie sie seyn sollen, 2. Auflage, Wien 1781.

[4] Tietze, Die Juden Wiens, S. 143–177.

[5] A. v. Rosas, Beobachtungen und Abhandlungen aus dem Gebiet der Natur- und Heilkunde, in: Medizinische Jahrbücher des kaiserlich-königlichen österreichischen Staates, Wien 1842, S. 1–19.

[6] Soll die Judensteuer in Böhmen aufgehoben werden?, in: Revue österreichischer Zustände 1 (1842), S. 7–42, vor allem S. 21–24.

[7] F. Schirnding, Österreich im Jahre 1840. Von einem österreichischen Staatsmanne, 4 Bände, Leipzig 1840–1844; dsb., Die Juden in Österreich, Preußen und Sachsen, Leipzig 1842; dsb., Das Judenthum in Österreich und die böhmischen Unruhen, Leipzig 1845. In der Einleitung zum erstgenannten Buch (S. iii f.) bekennt Schirnding, daß er den Artikel in der *Revue* verfaßt hat.

[8] Über Schirnding vgl. K. Wurzbach, Biographisches Lexikon des Kaiserthums Österreich, XXX, S. 36–38.

[9] Österreich im Jahre 1840, Bd. 2, S. 42 f.; Revue, S. 29 f.; Die Juden in Österreich, S. 53–55, 73 f., 103 f.; Das Judenthum in Österreich, S. 11 f., 56, 82–85.

[10] Österreich im Jahre 1840, Bd. 2, S. 42 f.

[11] Das Judenthum in Österreich, S. 131 f., 124–126; Österreich im Jahre 1840, S. 58.

[12] S. W. Baron, Impact of the Revolution of 1848 on Jewish Emancipation, in: JSS 11 (1949), S. 195–248; Freiherr v. Helfert, Die Wiener Journalistik im Jahre 1848, Wien 1877, S. 145–147.

[13] J. Toury, Turmoil and Confusion in the Revolution of 1848, Merhavya 1968, hebräisch S. 42–44, 138–143; J. Qu. Endlich, Der Einfluss der Juden auf unsere Civilisation mit besonderer Rücksicht auf Industrial-Anstalten in Österreich, Wien 1848.

[14] Über Brunner vgl. E. Weinzierl, On the Pathogenesis of the Anti-Semitism of Sebastian Brunner (1814–1893), in: Yad Vashem Studies on the European Jewish Catastrophe and Resistance, hg. v. L. Rothkirchen, Jerusalem 1974, X, S. 217–239; S. Brunner, Die Kirche und die Synagoge. Aus dem Französischen des L. Rupert, Schaffhausen 1864.

[15] Brunner, Kirche und Synagoge, S. iii f., VII.

[16] Brunner, Kirche und Synagoge, S. viii.

[17] A. Wiesinger, Arme Christen und Hungerleider, jüdische Kapitalisten und Geldvergeuder, in: Weckstimmen für das katholische Volk, IV, Wien 1870; H. v. Hurter, Der moderne G'schaftlhuber im Gewande der Judenpresse, in: Weckstimmen, II.

[18] Presseprozeß Sebastian Brunner contra Ignaz Kuranda, Wien 1860.

[19] Die Neuzeit, 18. Oktober 1972, S. 463 f.

19. Ungarisches Vorspiel

[1] N. Katzburg, History of the Jews of Hungary, in: P. Hakehillot, Encyclopaedia of Jewish Communities: Hungary, Jerusalem 1976, S. 7–12.

[2] Katzburg, History of the Jews of Hungary, S. 19–24.

[3] B. Hóman/G. Szekfü, Magyar történet (Ungarische Geschichte), Budapest 1935/1936,

V, S. 257–302; C. A. Macartney, Hungary: A Short History, Edinburgh 1962, S. 122–154; Katzburg, Jews of Hungary, S. 20–22.

[4] Katzburg, Jews of Hungary, S. 22.

[5] Katzburg, Jews of Hugnary, S. 24–28.

[6] J. Ben-David, Beginning of Modern Jewish Society in Hungary During the First Half of the Nineteenth Century, in: Zion 17 (1952), (hebräisch) S. 101–128; J. Katz, Contributions Towards a Biography of the Hatam Sofer, in: Studies in Kabbalah and the History of Religions. Festschrift für Gerschom Scholem, Jerusalem 1968, (hebräisch) S. 115–148.

[7] I. Barta (Hg.), Kossuth Lajos ifjúkori iratok (Kossuths Jugendschriften), Budapest 1966, S. 179 f.

[8] Barta, Kossuth Lajos, S. 179.

[9] Für Széchenyi vgl. die Einleitung zu seinem Tagebuch (Anm. 10) durch den Herausgeber Gyula Viszota, die seine Biographie beschreibt; außerdem G. Barany, Stephen Széchenyi and the Awakening of Hungarian Nationalism 1791–1841, Princeton 1968. Für seine Einstellung zu Juden vgl. N. Katzburg, Anti-Semitism in Hungary, Tel Aviv 1969, (hebräisch) S. 25–28.

[10] G. Viszota (Hg.), Grof Széchenyi István Naploi (Tagebücher des Grafen István Széchenyi), Budapest 1926–1939, II, S. 545 f., IV, S. 431.

[11] Für die Errichtung des Kasinos vgl. Viszotas Einleitung, V, xxxvi f.; über die Juden III, S. 318, Anm. 2, und Barany, S. 171, Anm. 111.

[12] G. Szekfü, A mai Széchenyi (Széchenyi heute), Budapest 1935, S. 293–295; Barany, Széchenyi, S. 222 f.

[13] Erstere ist zusammengefaßt in Viszota, Széchenyi Naploi, V, S. 271 f., Anm. 3; die zweite findet sich in J. Török, Széchenyi István politikai iskolája saját müveiböl összeállitva (Széchenyis Politisches Denken aus seinen Werken), Pest 1864, II, S. 387–392. Beide Reden werden von Barany analysiert, S. 357–359.

[14] Széchenyi, Naploi, II, S. 272; Politikai iskolája, II, S. 388 f., 391.

[15] Seine religiösen Ansichten in: Naploi, II, cv–cxii, sowie Barany, Széchenyi, S. 90–93.

[16] A. Károly/V. Tolnai (Hg.), Gr. Széchenyi István döblingi irodalmi hagyatéka (Graf Széchenyis nachgelassene Schriften aus Döbling), Budapest 1921–1925, I, S. 362. Vgl. S. 438, 442, und II, S. 275, 412 f.

[17] I. Barta, A fiatal Kossuth (Der junge Kossuth), Budapest 1966. Kossuths Einstellung zu Juden ist bei Katzburg, Anti-Semitism in Hungary, S. 24, 30–32, zusammengefaßt. Diese Ansichten waren in liberalen Kreisen weit verbreitet, vgl. Bárándy, Über Ungarns Zustände, Pressburg 1847, S. 32–37; Katzburg, Jews of Hungary, S. 22–24, und J. Toury, Turmoil and Confusion in the Revolution of 1848, Merhavyah 1968, hebräisch S. 42–55.

[18] Es gibt eine gewisse Parallele in den Anordnungen in Sachsen-Weimar von 1823, vgl. J. M. Jost, Neuere Geschichte der Israeliten, Breslau o. J., I, S. 226–232.

[19] P. Bödy, Joseph Eötvös and the Modernization of Hungary 1840–1870, Philadelphia 1972.

[20] N. Katzburg, The Jewish Congress in Hungary, in: Hungarian-Jewish Studies 2 (1969), S. 1–33.

[21] N. Katzburg, Anti-Semitism in Hungary, S. 53–55, 81–84. Istoczys Reden sind gesammelt in G. Istoczy, Országgyülési beszédei, inditványai és törvény javaslatai (Parlamentsreden), Budapest 1904. Der Text des Antrags auf S. 12–14.

[22] Istoczy, S. 16.

[23] Istoczy, S. 2, 5 f.

[24] Istoczy, S. 6–8. Vgl. auch Kapitel 11 und später in diesem Kapitel.

[25] Istoczy, S. 4 und Kapitel 11.

[26] Istoczy, S. 10–12.

[27] Istoczy, S. 9.
[28] Katzburg, Anti-Semitism in Hungary, S. 53, Anm. 1; Istoczy, S. 14–16.
[29] Der Text der Rede findet sich in Istoczy, S. 42–63, vor allem S. 42, 54, 63.
[30] Istoczy, S. 46.
[31] Istoczy, S. 44–53, 58 f.
[32] Istoczy, S. 63.
[33] Istoczy, S. 17, 63.

20. Methodischer Exkurs

[1] Der Begriff «Paria» in Verbindung mit der jüdischen Gemeinde ist oft abgelehnt worden – meiner Meinung nach aus wenig überzeugenden Gründen, wenn man vermeidet, ihn ausschließlich mit seiner Bedeutung in Indien gleichzusetzen; vgl. S. W. Baron, Social and Religious History of the Jews, New York 1952, S. 23–25, 297; W. J. Cahuman, Parias, Strangers and Court-Jews. A Conceptual Clarification, in: Sociological Analysis, o. O. 1974, S. 154–166.

[2] Eine detaillierte Beschreibung dieses Vorgangs bei J. Katz, Aus dem Ghetto in die bürgerliche Gesellschaft, Frankfurt 1986, S. 54–58.

[3] Für andere Beispiele vgl. Kapitel 4 und 6.

[4] Beispiele für diese Haltung sind der Historiker Rühs (Kapitel 6) und der Theologe Paulus (Kapitel 12).

[5] Säkularisierung bedeutet hier nicht einfach, daß ein bestimmter Lebensbereich aus der Herrschaft der Religion herauswächst, sondern vielmehr, daß diese ihre emotionale Bedeutung auch für die säkulare Gestalt jenes Bereichs behält; vgl. H. Lübbe, Säkularisierung. Geschichte eines ideenpolitischen Begriffs, Freiburg 1965.

[6] Die wirtschaftliche, soziale und kulturelle Integration der Juden in die europäische Gesellschaft ist mehrfach dargestellt worden. Wenn man den Verlauf antisemitischer Tendenzen verfolgt, muß man diesen Prozeß im Sinn behalten, ohne unbedingt im einzelnen auf ihn einzugehen.

[7] Billroth, Über das Lehren und Lernen der medizinischen Wissenschaft, Wien 1876 S. 148–154. Eine ähnliche Kritik wurde zuvor schon geäußert von A. v. Rosas, Beobachtungen und Abhandlungen, S. 16–19.

[8] Vgl. Billroth, Lehren und Lernen, S. 151. Die Ablehnung jüdischer Teilhabe an der Medizin ist nicht auf Wien begrenzt. Professoren der Breslauer Universität äußerten ähnliche Gefühle; vgl. M. Kalisch, Die Judenfrage in ihrer wahren Bedeutung in Preußen, Leipzig 1867, S. 160–186. Die Geschichte der Angst vor der jüdischen Weltherrschaft, wie sie in den *Protokollen der Weisen vom Zion* kulminiert, ist dargestellt von N. Cohn, Warrant for Genocide, London 1967.

[9] Ein großer Teil der jüdischen Erziehung richtete sich auf das Ziel, das Verhalten der nichtjüdischen Umwelt anzupassen; vgl. M. Eliav, Jewish Education in Germany in the Period of Enlightenment and Emancipation (hebräisch), Jerusalem 1960. Anton Rée, ein Hamburger Erzieher und eine weit bekannte Persönlichkeit, sah in dem Fortbestehen jüdischer sprachlicher Eigenheiten ein Haupthindernis gegen die gesellschaftliche Akzeptanz; vgl. A. Rée, Die Sprachverhältnisse der deutschen Juden im Interesse der Gegenwart und mit besonderer Rücksicht auf Volkserziehung, Hamburg 1844. Zwei Rezensenten des Buches stimmten voll mit seiner These überein, vgl. AZJ 1845, S. 93 f., 106–108, 141 f., 198, sowie Israelit des neunzehnten Jahrhunderts, 1845, S. 63 f., 121–124, und Th. Mommsen, Auch ein Wort über unser Judenthum, in: W. Boehlich, Der Berliner Antisemitenstreit, Frankfurt 1965, S. 218.

[10] Die Tendenz dauerte auch im frühen 19. Jahrhundert noch an, vgl. A. Ruppin, Soziologie der Juden, 2 Bände, Berlin 1950, I, S. 229 f.

[11] Vgl. die eindringliche Analyse von S. Kuznets, Economic Structure and Life of the Jews, in: L. Finkelstein (ed.), The Jews, Philadelphia 1960, II, S. 1597–1666.

[12] J. Katz, Aus dem Ghetto, S. 211–241.

[13] Diese These habe ich in meinem Vortrag «Probleme der deutsch-jüdischen Sozialgeschichte im Zeitalter der Emanzipation» vorgetragen, der im Frühjahr 1975 vor einer Konferenz deutscher und israelischer Historiker in Hamburg gehalten wurde (unveröffentlicht). Daß die Juden mit keiner der nichtjüdischen Gruppen identifiziert wurden, ist aufgezeigt von H. Arendt, Origins of Totalitarianism, New York 1962, S. 13.

[14] G. W. Allport, The Nature of Prejudice, Cambridge/Mass. 1954; Th. W. Adorno, The Authoritarian Personality, New York 1950.

[15] Der Begriff «Abneigung gegen das andere», englisch «the dislike of the unlike» wurde von Professor Salo Baron im Eichmannprozeß in Jerusalem verwendet als Antwort auf die Frage des Verteidigers nach dem Antisemitismusverständnis des Historikers; vgl. International Encyclopedia of Social Sciences, XII, S. 90. Er wiederholte diese Definition in: S. W. Baron, Changing Patterns of Anti-Semitism, in: JSS 38 (1976), S. 5.

[16] Freuds Sicht des Antisemitismus ist zusammengefaßt bei E. A. Grollman, Judaism in Sigmund Freud's World, New York 1965; E. Fromm, The Anatomy of Human Destructiveness, London 1974, das erste Kapitel heißt «Anatomy of Antisemitism»; R. M. Loewenstein, Christians and Jews: a Psychoanalytic Study, New York 1951; S. Friedländer, L'antisémitisme Nazi, histoire d'une psychose collective, Paris 1971.

[17] L. Poliakov, History of Antisemitism, 3 Bände, London 1971. Poliakov bezieht die Psychoanalyse gelegentlich ein, wenn er die Haltung einzelner darstellt, z. B. bei Voltaire und Richard Wagner; III, S. 86–99, 452–457. Friedländer, L'antisémitisme, folgt seinen Spuren; S. 26–28. Aber wenn psychologische Faktoren dieser Art wirklich in der Dynamik des Antisemitismus eine Rolle spielen, dann müßte dies überall im Lauf seiner Entwicklung aufgewiesen werden.

[18] Vgl. oben Anm. 8 zu Cohns Buch. Auf der realistischen Ebene folgt Cohn der Theorie, daß Juden mit der Moderne identifiziert wurden und daß Einwände gegen diese zum Nachteil der Juden wirkten – eine Theorie, die für ihren Bereich nicht unbegründet ist. Aber wenn sie stimmt, ist eine psychologische Deutung überflüssig.

[19] Vgl. die Einleitung. Eine gute Darstellung dieser Theorie ist die von A. Leon, Conception matérialiste de la question juive, Paris 1964.

[20] E. Sterling, Er ist wie du. Aus der Frühgeschichte des Antisemitismus in Deutschland (1815–1850), München 1956. Die zweite Auflage erschien unter dem Titel: Judenhaß. Die Anfänge des politischen Antisemitismus in Deutschland 1815–1850, Frankfurt 1969. Sterling nutzt die psychologischen Begriffe in einem früheren Artikel: Anti-Jewish Riots in Germany in 1819: A Displacement of Social Protest, in: Historia Judaica, Bd. 12 (1950), S. 105–142.

[21] Die wirtschaftliche und die Sündenbock-Theorie sind weit verbreitet; vgl. P. W. Massing, Rehearsal for Destruction; a Study of Political Antisemitism in Imperial Germany, New York 1949, S. 3–20; H. Rosenberg, Große Depression und Bismarckzeit, Frankfurt 1967, S. 88–117. Das Zitat stammt aus Arendt, Origins, S. 98. Arendts Interpretation des Antisemitismus der Dreyfuszeit mit der Sündenbock-These widerspricht ihrer Erklärung im selben Buch (S. 6 f.), daß diese These völlig unzureichend sei, antisemitische Phänomene zu erfassen. Aber dies ist nur einer der Brüche in diesem berühmten Essay, der erhellende Einsichten neben vielen unbegründeten und willkürlichen Behauptungen enthält.

[22] Die Differenzierung kann in diesem Fall damit belegt werden, daß man auf andere Krisen verweist, die zum Ausbruch von Antisemitismus hätten führen können – aber ohne die belastete Geschichte der Beziehung zwischen Juden und Nichtjuden ist Antisemitismus undenkbar.

21. Inkubation

[1] Dies wird im folgenden Kapitel weiter ausgeführt.

[2] Zwei Titel zeitgenössischer Autoren sind z. B. E. Lehnhardt, Die antisemitische Bewegung in Deutschland, besonders in Berlin, nach Voraussetzung, Wesen, Berechtigung und Folgen dargelegt. Ein Beitrag zur Lösung der Judenfrage, Zürich 1844; M. Liebermann v. Sonnenberg, Beiträge zur Geschichte der antisemitischen Bewegung vom Jahre 1880–1885, Berlin 1885. Ein Historiker der ersten Art ist K. Wawrzinek, Die Entstehung der deutschen Antisemitenparteien (1873–1890), Berlin 1927. Die zweite Art stellt G. L. Mosse dar, The Crisis of German Ideology. Intellectual Origins of the Third Reich, New York 1964. Vgl. auch U. Tal, Christians and Jews in Germany: Religion, Politics and Ideology in the Second Reich, 1870–1914, Ithaca 1974. Zur Forschungslage allgemein vgl. I. Schorsch, German Antisemitism in the Light of Post-War Historiography, in: LBIYB 19 (1974), S. 257–271; R. Rürup, Emanzipation und Antisemitismus, Göttingen 1975, S. 115–125.

[3] Vgl. den Artikel «Social Movement» in: International Encyclopedia of Social Sciences, XIV, S. 438–452, und die Bibliographie dort. Die Tatsache, daß der Antisemitismus vor allem eine negativ gerichtete Bewegung ist, schließt aus soziologischer Sicht nicht aus, daß auch für ihn die wesentlichen Merkmale jeder sozialen Bewegung zutreffen.

[4] Einen detaillierten Bericht der Ereignisse findet man bei M. Wirth, Geschichte der Handelskrisen, Frankfurt 1874, II, S. 538–655; H. Rosenberg, Große Depression und Bismarckzeit, Frankfurt 1976. Die Beziehung zwischen der Wirtschaftskrise und dem Aufkommen des Antisemitismus ist in der Forschung allgemein akzeptiert, sie wird besonders hervorgehoben von P. Massing, Rehearsal for Destruction, a Study of Political Antisemitism in Imperial Germany, New York 1949. Vgl. auch Rürup, Emanzipation, S. 87–90; Rosenberg, Große Depression, S. 88–117; Schorsch, German Antisemitism, S. 262f. Für Lasker, Bamberger und Strousberg vgl. E. Hamburger, Juden im öffentlichen Leben Deutschlands, Tübingen 1968, S. 260f., 269–278, 284–296.

[5] Für die politischen Aktivitäten von Juden in dieser Zeit vgl. Hamburger, Juden, sowie J. Toury, Die politischen Orientierungen der Juden in Deutschland, Tübingen 1966, S. 110–169. Laskers Reden sind in der Broschüre «Laskers Rede gegen Wagener... gehalten im Abgeordneten-Hause am 7. Februar 1873, Berlin 1873», erschienen. Vgl. auch die Memoiren von Strousberg, Dr. Strousberg und sein Wirken. Von ihm selbst geschildert, Hamburg 1876. Hamburger kam zu einer rein negativen Sicht Strousbergs, als er dessen Verluste darstellte und Laskers Rede folgte – aber dies Urteil muß revidiert werden; vgl. K. Ottmann, Bethel Henry Strousberg: Eisenbahnkönig der Privatbahnzeit, in: Archiv für das Eisenbahnwesen, 70.2 (1960), S. 167–195. Jüngst wurde neues Licht in die Angelegenheit Strousberg gebracht, vgl. F. Stern, Gold and Iron: Bismarck, Bleichröder and the Building of the German Empire, New York 1977, S. 358–369. Hier erscheint Strousberg als mutiger Initiator, nicht so sehr als Betrüger. Wagener beschrieb die Ereignisse aus seiner Sicht in seinen Erinnerungen: Erlebtes. Meine Memoiren aus der Zeit von 1848–1866 und von 1873 bis jetzt, Berlin 1884, S. 55–62.

[6] P. Wentzcke, Deutscher Liberalismus im Zeitalter Bismarcks. Eine politische Briefsammlung, Bonn 1962, II, S. 15.

[7] O. Glagau, Der Börsen- und Gründungsschwindel in Berlin, in: Die Gartenlaube, Dezember 1874, S. 788–789. Die Artikel wurden in einem Buch desselben Titels gesammelt und 1876 in Berlin erneut veröffentlicht. Dasselbe Thema taucht in allen Werken Glagaus auf, vor allem: Des Reiches Noth und der neue Culturkampf, Osnabrück 1879, S. 15. Der Direktor des statistischen Amtes in Sachsen schlug vor, daß ein eigenes Amt gegründet werden sollte, um die wirtschaftlichen Prozesse zu beoachten und Krisen vorherzusagen. Glagau hatte für diesen Vorschlag nur Zorn übrig: «In der Sicht der Manche-

ster-Wirtschaft sind wirtschaftliche und Handelskrisen keineswegs die Frucht von Betrug und Versagen, sondern ein Naturphänomen wie Stürme und Donner, das vorhergesehen und angekündigt werden muß.»

[8] Glagau, Gründungsschwindel, S. xxiii, Gartenlaube 1874, S. 789. Glagau berichtet über seine Verhandlungen mit dem Herausgeber in der Einleitung, S. xxxiii. Glagau schrieb auch ein Theaterstück, in dem er die Vorgänge an der Börse darstellte: Aktien. Historisches Schauspiel, Leipzig 1877. Das Stück wurde gleich nach Ausbruch der Krise verfaßt und, so der Autor, wenn es gespielt worden wäre, dann hätte er die Gartenlaube-Artikel nicht geschrieben. Die zwei Hauptfiguren, ein Christ und ein Jude, haben gleichen Anteil an den Betrügereien, aber der Jude ist ganz entsprechend dem Stereotyp dargestellt.

[9] Gartenlaube 1875, S. 525.

[10] Einzelheiten in der Einleitung zu Glagau, Gründungsschwindel, S. xix–xxiii, xxv und xxiii–xxiv. Hier antwortet Glagau auf einen Angriff in der Zeitung «Schlesische Presse». Nach seiner Darstellung mußte er die Zeitung zwingen, seine Entgegnung zu veröffentlichen. Diese Entgegnung wurde sofort von vielen anderen Zeitungen aufgegriffen und zitiert.

[11] A. Haase, Katholische Presse und die Judenfrage, München 1975, S. 178. Vgl. auch Glagau, Gründungsschwindel, S. xxv–xxvii.

[12] H. v. Gerlach, Vom deutschen Antisemitismus, in: Patria 1904. Überraschenderweise werden Glagaus Artikel sogar in wissenschaftlicher Literatur zitiert, vgl. A. S. v. Waltershausen, Deutsche Wirtschaftsgeschichte, Jena 1920, S. 276–279. Ein kurzer Blick genügt allerdings zu sehen, daß der Verfasser völlig sorglos zitiert.

[13] Glagau, Gründungsschwindel, S. 294–322.

[14] Glagau, Gründungsschwindel, S. xxx.

[15] Glagau, Gründungsschwindel, S. xxxv. Ein detaillierter Beleg findet sich auf S. xix und in der folgenden Beschreibung. Neben den vier in Anm. 7 und 8 erwähnten Büchern wurden zwischen 1880 und 1887 mindestens drei weitere veröffentlicht; vgl. Wawrzinek, Die Entstehung der Antisemitenparteien, S. 92f. Von 1883 bis 1887 war Glagau Herausgeber der Monatsschrift «Kulturkämpfer» und befaßte sich weiterhin vor allem mit Juden und Judentum. Glagaus Name wird zwar in Arbeiten zur Geschichte des Antisemitismus erwähnt, aber seiner wichtigen Rolle und klugen Propaganda wird zu wenig Aufmerksamkeit geschenkt.

[16] C. Frantz, Der National-Liberralismus und die Judenherrschaft, München 1874. Er setzt offenbar Opposition gegen Juden mit Opposition gegen die herrschende Partei gleich, läßt aber in dieser Schrift wie in anderen jener Zeit eine direkte politische Richtung vermissen. Sein Hintergrund für den Protest blieb derselbe wie in den vierziger Jahren, nämlich die Idee des christlichen Staates; vgl. Kapitel 15, Anm. 3. Glagau, Gründungsschwindel, S. x: Hier erhält seine Darstellung einen antijüdischen Ton. Die Artikel wurden gesammelt unter dem Titel «Die Ära Bleichröder-Delbrück-Camphausen» (Berlin 1876) veröffentlicht; vgl. Stern, Gold and Iron, wo der Angriff auf Bleichröder auf S. 187 und 502 dargestellt ist.

[17] Ära Bleichröder, S. 4–6.

[18] F. Perrot, Bismarck und die Juden, Berlin 1931. Einzelheiten in der Einleitung, S. 11–56 und S. 270. Auch Ära Bleichröder, S. 7f., 52f.

[19] F. Perrot, Der Eisenbahn-Actienschwindel, Resultate des Actiensystems im Eisenbahnwesen, Rostock 1873, S. 104–120, 221–224; F. Perrot, Die sogenannte deutsche «Reichsbank», eine privilegierte Aktien-Gesellschaft von und für Juden, Berlin 1876, S. 35f.

[20] C. Wilmanns, Die «goldene» Internationale und Nothwendigkeit einer sozialen Reformpartei, 2. Auflage, Berlin 1876, S. 35–37, 105–107.

[21] C. Wilmanns, Zur Reform der deutschen Banken, Berlin 1872, S. 11.

[22] Wilmanns, Goldene Internationale, S. 58–61, 61f. Für den Gebrauch des Momm-

sen-Satzes durch Antisemiten vgl. R. Schaefer, Zur Geschichte des Wortes «zersetzen», in: Zeitschrift für deutsche Wortforschung 18 (1962), S. 63–65.

[23] R. Meyer, Politische Gründer und die Corruption in Deutschland, Leipzig 1877, S. 204; R. Meyer, Der Emancipationskampf des Vierten Standes, 2 Bände, Berlin 1875; Meyer, Politische Gründer, S. 4, 19, 57–61 u. ö.

[24] L. Bamberger, Erinnerungen, Berlin 1899, S. 258; J. Katz, Jews and Freemasons in Europe 1727–1939, Cambridge/Mass. 1970, S. 128–159.

[25] Th. Mommsen, Auch ein Wort über unser Judenthum, Berlin 1880, S. 8–13. Dies war auch die Sicht von Ludwig Bamberger, der die weitreichende Wirkung von Treitschkes Eingreifen fürchtete: «Der Vorgang gesellschaftlicher und geistiger Mischung könnte durch das Überfließen eines einzigen unguten Tropfens gestoppt und zerstört werden», Deutschthum und Judenthum, Leipzig 1880, S. 36. Beide Artikel sind wieder abgedruckt bei W. Böhlich, Der Berliner Antisemitismusstreit, Frankfurt 1965, S. 176–179, 215–220.

[26] J. Katz, Aus dem Ghetto, Frankfurt 1986, S. 235. Vgl. auch J. Toury, Soziale und politische Geschichte der Juden in Deutschland, Düsseldorf 1977, S. 69–161.

22. *Kristallisierung*

[1] W. Marr, Der Sieg des Judenthums über das Germanenthum, Bern 1879, S. 46. Gelegentlich wird dem Buch ein anderes Erscheinungsdatum zugeschrieben. Der genaue Zeitpunkt ist jedoch aus den Reaktionen in der AZJ am 18. März 1879, kurz nach Erscheinen des Buches, bekannt.

[2] Marr, Der Sieg des Judenthums, S. 48.

[3] Für konservative Unterstützung von Marrs Initiative vgl. W. Jochmann, Struktur und Funktion des deutschen Antisemitismus, in: W. E. Mosse (ed.), Juden im Wilhelminischen Deutschland, Tübingen 1976, S. 409, 476.

[4] Zum Aufkommen des Begriffs vgl. Ch. Cobet, Der Wortschatz des Antisemitismus in der Bismarckzeit, München 1973, S. 221; Rürup, Emanzipation und Antisemitismus, S. 95, 177. Die Ersetzung des Begriffs «antijüdisch» durch «antisemitisch» macht die Herkunft des Wortes deutlich.

[5] Statuten der Antisemiten-Liga, Berlin 1879, S. 1.

[6] E. Waldegg (A. Pinkert), Die Judenfrage gegenüber dem deutschen Handel und Gewerbe, 5. Auflage, Dresden 1880, S. 40–42.

[7] O. Glagau, Des Reiches Noth und der neue Culturkampf, Osnabrück 1879, S. 282. Dieser Satz wurde später zum viel beachteten Schlagwort.

[8] Für Stoecker vgl. W. Frank, Hofprediger Stoecker und die christlichsoziale Bewegung, 2. Auflage, Hamburg 1935.

[9] Jochmann, Struktur und Funktion, S. 412 f.

[10] A. Stoecker, Das moderne Judenthum in Deutschland, besonders in Berlin. Zwei Reden in der christlich-sozialen Arbeiterpartei, Berlin 1880, S. 17–19.

[11] H. v. Treitschke, Ein Wort über unser Judenthum, Berlin 1881. Wieder abgedruckt bei W. Böhlich, Der Berliner Antisemitismusstreit, Frankfurt 1965; der Begriff «Bewegung» stammt hierher (S. 6 f.).

[13] Ein Student aus Göttingen wandte sich gegen den Sinneswandel bei der Jugend seit der Revolution 1848. Er verfaßte die anonyme Schrift: Die Antisemiten-Agitation und die deutsche Studentenschaft, Göttingen 1881, S. 12–15. Die Protesterklärung vom November 1880 gegen die antisemitische Propaganda, die von 75 bekannten Persönlichkeiten, darunter Treitschkes Kollegen, unterzeichnet war, wandte sich dagegen, daß man «Lessings Erbe» aufgab. In einer emotionalen Rede zu Kaisers Geburtstag äußerte Mommsen am 18. März 1880 seine Enttäuschung über den Verlauf der deutschen Geschichte, vgl. Böhlich, Antisemitismusstreit, S. 203, 243–246.

[14] Der Kulturkämpfer 1881, S. 74.

[15] Eine Klage über die wachsende Zahl jüdischer Studenten findet sich in Stoeckers zweiter Rede, vgl. Das moderne Judenthum, S. 39. Vgl. auch C. Wilmanns, Die «goldene» Internationale und die Nothwendigkeit einer sozialen Reformpartei, 2. Auflage, Berlin 1876, S. 66–68; F. Perrot (H. Bankberger), Die Juden im deutschen Staats- und Volksleben, Frankfurt 1879, S. 30–35. Jochmanns «Struktur und Funktion» widmet sich vor allem der Klärung der sozialen Stellung der Träger des Antisemitismus.

[16] Stoecker, Das moderne Judenthum, S. 6.

[17] Stoecker, Das moderne Judenthum, S. 7–9, 16–19.

[18] G. Albrecht, Eugen Dühring. Ein Beitrag zur Geschichte der Sozialwissenschaften, Jena 1927, S. 5–10; E. Dühring, Cursus der Philosophie als streng wissenschaftliche Weltanschauung und Lebensgestaltung, Leipzig 1875, S. 390–393; E. Dühring, Die Judenfrage als Rassen-, Sitten- und Culturfrage, Karlsruhe/Leipzig 1881, S. 24 f., 46–72, 94 f. Über das Thema Lessing äußerte sich Dühring in: Die Überschätzung Lessings und dessen Anwaltschaft für die Juden, Karlsruhe 1881.

[19] Dühring, Die Judenfrage, S. 26, 113 f.

[20] U. Tal, Christians and Jews in Germany: Religion, Politics, and Ideology in the Second Reich, 1870–1914, Ithaca 1975, S. 223–282.

[21] Stoecker, Das moderne Judenthum, S. 10–15.

[22] Perrot, Die Juden, S. 76–89; Wilmanns, Die «goldene» Internationale, S. 59–61; Frantz, Der National-Liberalismus, S. 50 f.

[23] Stoecker, Das moderne Judenthum, S. 4.

[24] Stoecker, Das moderne Judenthum, S. 10 f.; W. Böhlich, Der Berliner Antisemitismusstreit, Frankfurt 1975, S. 8–12, 258 f.; Schmeitzner's Internationale Monatsschrift (1883), II, S. 314–316; Frank, Hofprediger Stoecker, S. 118–121.

[25] Dühring, Cursus der Philosophie, S. 390–393, sowie Die Judenfrage, S. 94–117, 157 f. Dühring gilt seit langem als der Prototyp des Nazi-Antisemiten, und diese These wird durch seinen Sprachgebrauch noch gestützt. Vgl. I. Seidel, Eugen Dühring als Vorläufer der Nationalsozialisten, in: Im Dienste der Sprache. Festschrift für Victor Klemperer, Halle 1958, S. 383–396.

[26] Dühring, Die Judenfrage, S. 1–4; Marr, Der Sieg des Judenthums, S. 6; Glagau, Gründungsschwindel, S. xxx.

[27] E. Henrici, Was ist der Kern der Judenfrage?, Berlin 1881, S. 4–6. Der Konflikt brach auf, als der zweite Antisemiten-Kongreß weiterging; dies wird in Kapitel 23 weiter behandelt werden.

[28] R. S. Levy, The Downfall of the Anti-Semitic Political Parties in Imperial Germany, New Haven 1975. Hierfür vgl. auch den ersten Parteihistoriker, K. Wawrzinek, Die Entstehung der deutschen Antisemitenparteien (1873–1890), Berlin 1927, S. 82 f. Dies war die sozialistische Position, die sich aus zwei unterschiedlichen Komponenten zusammensetzte: der Kritik des Antisemitismus und den Folgerungen daraus, um sozialistische Theorien zu belegen; vgl. die Einleitung.

[29] A. Asch, J. Philippson, Self-Defense in the Second Half of the 19th Century: The Emergence of the K.C., in: LBIYB 3 (1958), S. 122–128.

[30] J. Katz, Jews and Freemasons in Europe, 1723–1939, Cambridge/Mass. 1970, S. 164–169.

[31] E. v. Hartmann, Das Judenthum in Gegenwart und Zukunft, 2. Auflage, Leipzig 1885; J. Toury, Die politischen Orientierungen der Juden in Deutschland, Tübingen 1966, S. 110–123; Hamburger, Juden im öffentlichen Leben, S. 251–256.

[32] Hamburger, Juden im öffentlichen Leben, S. 34 f. Bismarck vor allem wurde beschuldigt, zur antisemitischen Propaganda geschwiegen zu haben; vgl. Hamburger, S. 561. Über Bismarcks Haltung gegenüber Juden ist viel geschrieben worden, aber nach Fritz Sterns Arbeit kann an seiner Position kein Zweifel mehr bestehen. Er verband die

typische Verachtung der Junker mit seiner Prinzipienlosigkeit, die ihn überall charakterisiert; vgl. Stern, Gold and Iron, vor allem S. 501–507, 516–519.

[33] Hamburger, Juden im öffentlichen Leben, S. 32–68, 69–97.

23. Die ungarische Variante

[1] Für Frankreich vgl. Kap. 25, Anm. 1 und 2. Eine gute Quelle für England ist der *Jewish Chronicle,* der oft Nachrichten aus anderen Zeitungen nachdruckt. Für die USA vgl. M. Eisler, Die Judenfrage in Deutschland, New York 1880. Eislers Reaktion auf die deutschen Ereignisse gründet auf Berichten in der amerikanischen Presse.

[2] W. Marr, Vom jüdischen Kriegsschauplatz. Eine Streitschrift, Bern 1879, S. 42–44. Für Istoczys Kontakt mit Marr vgl. W. Jochmann, Struktur und Funktion des deutschen Antisemitismus, in: W. E. Mosse, Juden im Wilhelminischen Deutschland, Tübingen 1976, S. 420 f. Meine Darstellung beruht auf Istoczys Briefen an Marr. Ich danke Professor Jochmann, daß er mir die Briefe zur Verfügung stellte, die er in seinem Aufsatz erwähnte.

[3] Vgl. die erste Zeitschrift, 12 Röpirat. Havi folyoirat (12 Flugschriften. Monatlich) vom 15. Oktober 1880; Statuten des Central-Vereins auf S. 4 f.

[4] Vgl. N. Katzburg, Antisemitism in Hungary, 1867–1914, Tel-Aviv 1969, hebräisch S. 86, 89 f. Die folgende Darstellung beruht auf Katzburgs Untersuchung sowie auf J. Kubinszky, Politikai Antiszemitizmus Magyarországon, 1875–1890 (Politischer Antisemitismus in Ungarn), Budapest 1976.

[5] Katzburg, S. 95 f.; Kubinszky, S. 131–162.

[6] Katzburg, S. 97 f.

[7] Für die Assimilation von Minderheiten in Ungarn, einschließlich der Juden, vgl. P. Hanak, Polgärosodäs es asszimilacio Magyarországon a XIX században (Verbürgerlichung und Assimilation in Ungarn im 19. Jahrhundert), in: Történelmi Szemle 17 (1974), S. 513–536.

[8] J. Katz, The Uniqueness of Hungarian Jewry, in: Forum (1977), S. 45–53.

[9] Katzburg, Antisemitism, S. 99–104; Kubinszky, Antiszemitizmus, S. 68–104.

[10] Für den Ritualmordprozeß in Tiszaeszlár vgl. P. Nathan, Der Prozeß von Tisza-Eszlár, Berlin 1892; Katzburg, Antisemitism, S. 106–120; Kubinszky, Antiszemitizmus, S. 88–104.

[11] Katzburg, S. 140–155; Kubinszky, S. 105–130.

[12] Diese Entwicklung läßt sich in den Artikeln der Zeitschrift *12 Röpirat* und in seinen Parlamentsreden verfolgen, veröffentlicht in Istoczy, Országgyülési beszédei; vgl. Kap. 19, Anm. 21.

[13] A. Hellwing, Der konfessionelle Antisemitismus im 19. Jahrhundert in Österreich, Wien 1972, S. 105–109.

[14] Katzburg, Antisemitism, S. 159–162.

[15] Katzburg, Antisemitism, S. 173–177.

[16] N. Katzburg, The Struggle of Hungarian Jewry for Religious Equality in the 1890s, in: Zion 22 (1957), (hebräisch) S. 120–148; Katzburg, Antisemitism, S. 182–190.

[17] Eine Teilnehmerliste findet sich im Bericht über den ersten Kongreß in Dresden am Ende des Manifests, S. 11 f. I. v. Simonyi, Der Antisemitismus und die Gesetze der menschlichen Gesellschaft, in: Antisemiten-Kongress zu Dresden, Preßburg 1884. Manifest an die Regierungen und Völker der durch das Judenthum gefährdeten christlichen Staaten, Chemnitz 1883.

[18] Das Manifest nennt nur die Namen der Einberufer und der Vorsitzenden, aber in der Presse sind weitere zu finden; vgl. Le Figaro (Kap. 25, Anm. 1) und die AZJ.

[19] Manifest, S. 4.

[20] Dies kann durch den Bericht über den zweiten Kongreß in Chemnitz belegt werden,

vgl. Anm. 23, S. 263. Die Thesen von Stoecker und einem anderen Teilnehmer sind am Ende des Manifests abgedruckt, um die widersprüchlichen Ansichten zu überbrücken.

[21] Manifest, S. 7–10.

[22] J. Amman, Die Irreführung des Antisemitismus, Berlin 1883. Diese Schrift, die in den meisten antisemitischen Bibliographien fehlt, enthält eine der extremsten Formulierungen der antisemitischen Ideologie aus dem antireligiösen Lager.

[23] Der gesamte Kongreßbericht wurde abgedruckt in: Schmeitzners Internationale Monatsschrift. Zeitschrift für die allgemeine Vereinigung zur Bekämpfung des Judenthums 11 (Mai 1883), S. 255–321; (Juni 1883), S. 323–326. Vgl. auch Der Kulturkämpfer. Zeitschrift für öffentliche Angelegenheiten 7 (1883), S. 26–35.

[24] Schmeitzners Monatsschrift, S. 255, 294, 310f.; Der Kulturkämpfer, S. 27. Für die Abwesenheit der Österreicher vgl. Kap. 24.

24. Die österreichische Version

[1] Th. Billroth, Über das Lehren und Lernen von medizinischen Wissenschaften an den Universitäten der deutschen Nation, Wien 1876, S. 152; Prof. Dr. Billroth's Antwort auf die Adresse des Lesevereines der deutschen Studenten Wiens, Wien 1876; H. Tietze, Die Juden Wiens, Wien 1933, S. 227.

[2] P. Molisch, Briefe zur deutschen Politik in Österreich von 1848 bis 1918, Wien/Leipzig 1934, S. 80.

[3] M. Z. Rosensaft, Jews and Antisemites in Austria at the End of the Nineteenth Century, in: LBIYB 21 (1976), S. 64.

[4] A. Tschörner, Die materielle Lage des Arbeiterstandes in Österreich, in: Österreichische Monatsschrift für Gesellschaftswissenschaft 1 (1879). Die Juden spielten in der Textilindustrie eine relativ bedeutende Rolle, in der Metallindustrie war ihr Anteil aber nur gering; vgl. S. Kuznetz, Economic Structure and Life of the Jews, in: L. Finkelstein (ed.), The Jew, New York 1966, S. 1611–1614, 1628–1631; K. v. Vogelsang, Gesammelte Aufsätze über sozialpolitische und verwandte Themata, Augsburg 1886, I, S. 113.

[5] Vogelsang, Gesammelte Aufsätze, S. 113–115; W. Klopp, Leben und Wirken des Sozialpolitikers Karl Freiherr von Vogelsang, Wien 1930, sowie dsb., Die sozialen Lehren des Freiherrn Karl von Vogelsang, St. Pölten 1899.

[6] P. Molisch, Die deutschen Hochschulen in Österreich und die politisch-nationale Entwicklung nach dem Jahre 1848, München 1922, S. 117–123.

[7] A. Ruppin, Soziologie der Juden, Berlin 1930, II, S. 115; Rosensaft, Jews and Antisemites in Austria, S. 59; R. Charmatz, Österreichs innere Geschichte von 1848–1907, Leipzig 1918, I, S. 40–58.

[8] Die Ereignisse, die zur antisemitischen Bewegung in Österreich führten, sind oft dargestellt worden; vgl. R. Kuppe, Karl Lueger und seine Zeit, Wien 1933, S. 92–94; D. v. Arkel, Antisemitism in Austria, Diss. Leiden 1966; P. G. J. Pulzer, The Rise of Political Antisemitism in Germany and Austria, London 1964, S. 144–147.

[9] Kuppe, Karl Lueger, S. 93–98; Charmatz, Österreichs innere Geschichte, S. 49–52. Die Verbindung zwischen dem Wechsel im Wahlrecht und dem Antisemitismus ist D. v. Arkel, Antisemitism in Austria, S. 34–37, sehr gut herausgearbeitet worden.

[10] Kuppe, Karl Lueger, S. 95–97; Acten und Gutachten in dem Prozesse Rohling contra Bloch, Wien 1890, II, S. 1–4.

[11] Acten, S. 5–29ff.

[12] Schmeitzners Internationale Monatsschrift (1883), II, S. 264. In dem Bericht über Teilnehmer, die nicht anwesend waren, werden die Österreicher Pattai und Schönerer erwähnt, ihre Abwesenheit wird der «österreichischen Gesetzgebung» zugeschrieben, S. 162.

[13] E. Plener, Erinnerungen, 2 Bde, Stuttgart 1911–1921; Parlamentarische Tätigkeit 1873–1891, S. 234.

[14] Der liberale Hintergrund der antisemitischen Führer Schönerer und Lueger wie auch des Sozialisten Victor Adler wurde von Adam Wanduszka herausgearbeitet: Österreichs politische Struktur, die Entwicklung der Parteien und politischen Bewegungen, in: H. Benedikt, Geschichte der Republik Österreich, München 1954, S. 291–297.

[15] A. G. Whiteside, The Socialism of Fools: Georg Ritter von Schönerer and Austrian Pan-Germanism, Berkeley 1975, S. 91–93. Für eine Biographie Schönerers und die Darstellung seiner Einstellung zu Juden und Judentum vgl. E. Pichl, Georg Schönerer, Oldenburg 1938, III, S. 410–417; K. Berchtold, Österreichische Parteiprogramme, München 1967, S. 185–203.

[16] Berchtold, Parteiprogramme, S. 203. Vgl. auch Anm. 15.

[17] A. Wahrmund, Babylonierthum, Judenthum und Christenthum, Leipzig 1882, S. viii f., S. 257–259.

[18] P. Molisch, Geschichte der deutschnationalen Bewegung in Österreich von ihren Anfängen bis zum Zerfall der Monarchie, Jena 1926, S. 143 f.; D. v. Arkel, Antisemitism in Austria, S. 56 f. Für Lueger vgl. Kuppe, Karl Lueger.

[19] Kuppe, Karl Lueger, S. 99–101. Dies ist häufig dargestellt worden, vgl. v. Arkel, Antisemitism, S. 67–80; Pulzer, Rise of Political Antisemitism, S. 162–170.

[20] v. Arkel, Antisemitism, S. 81–107, 186–192; Pulzer, Rise of Political Antisemitism, S. 171–188.

[21] H. Plessner, Das Schicksal des deutschen Geistes im Ausgang seiner bürgerlichen Epoche, Zürich 1935, S. 35–48, 183–185.

[22] Pulzer, Rise of Political Antisemitism, S. 174; Whiteside, The Socialism of Fools, S. 121.

25. Der französische Antisemitismus

[1] J. Verdes-Leroux, Scandale financier et antisémitisme catholique, Paris 1969, S. 118–122.

[2] Vgl. Kap. 23, Anm. 23 und 24.

[3] Verdes-Leroux, Scandale financier, S. 118. In der National- und Universitätsbibliothek zu Jerusalem finden sich die meisten Ausgaben von L'Antisémitique. Die Ausgabe vom 28. Juli 1883 enthält einen Aufruf an die Öffentlichkeit über die Liga, der von den folgenden Ausgaben wiederholt wird; vgl. die Ausgaben vom 6. und 27. Oktober. Am 1. Dezember wird die antisemitische Konferenz angekündigt, auch dies wird mehrfach wiederholt. Nach Verdes-Leroux, S. 118, erschien die Wochenzeitung dann neu als Le Peril social, die aber bald ihr Erscheinen einstellte.

[4] E. Drumont, La France juive, essai d'histoire contemporaine, 2 Bde, Paris 1866.

[5] Artikel dieser Art erschienen in beinahe jeder Ausgabe. Ein Leserbrief dieser Sorte erschien zum Beispiel am 3. November 1883.

[6] A. Chirac, Les Rois de la république, Paris 1883. Dies Buch erschien in einer erweiterten Fassung erneut 1890. Der Verfasser veröffentlichte weiterhin antisemitische Bücher und Aufsätze, und Drumont zitiert ihn häufig in seinen späteren Arbeiten; vgl. E. Drumont, La Fin d'un monde, Paris 1889, und Le Testament d'un antisémite, Paris 1891. Vgl. auch Verdes-Leroux, Scandale financier, S. 120 f., 221 f.; P. Sorlin, «La Croix» et les juifs, 1880–1890, Paris 1967, der die Judenfrage in der katholischen Presse verfolgt; für Tiszaeszlár vgl. dort S. 78–135 f.

[7] Vgl. Kap. 11; Verdes-Leroux, Scandale financier, S. 119.

[8] Verdes-Leroux' Buch konzentriert sich auf eine hervorragende Darstellung des Skandals um den Bankrott. Die Absicht der Bank ist auf S. 24 erläutert; vgl. auch S. 58 f., 115–117.

[9] Über Drumont ist viel geschrieben worden, und er wird äußerst widersprüchlich dargesellt; vgl. P. Pierrard, Juifs et catholiques français, Paris 1970, S. 31–79. Auch seine beiden ehemaligen Mitstreiter bieten biographisches Material: J. Guérin, Les Trafiquants de l'antisémitisme: la Maison Drumont and Co., Paris 1905; J. Drault (A. Gendrot), Drumont, La France juive et la Libre Parole, Paris 1935. Beide zeichnen ein Bild von Drumont, der erste mit rückhaltloser Feindschaft, der zweite mit kritischer Sympathie. Bei Drault, S. 7–9, findet sich der Text der Rezension. Nach Pierrard, S. 31, war es Alphonse Daudet, der beim Herausgeber von Le Figaro intervenierte, um zu versuchen, das Buch der Öffentlichkeit nahezubringen; vgl. auch R. F. Byrnes, Antisemitism in Modern France, New Brunswick 1950, S. 190–192. Das Duell wird in den Erinnerungen von Arthur Meyer beschrieben, Ce que mes yeux ont vu, Paris, 1911, S. 251–254. Meyer konvertierte später und sympathisierte mit dem Antisemitismus (vgl. S. 108–134). Vgl. auch La France juive, I, S. v. Der dritte Teil von Hippolyte Taines Buch Les Origins de la France contemporaine (Paris 1881) heißt «La conquête jacobine», vgl. S. vi, xvi, 137. Am 5. Januar 1884 erschien in L'Antisémitique ein Artikel «La Conquête de la France et de l'Europe par les juifs». Drumont erwähnt L'Antisémitique nirgends, aber es ist unwahrscheinlich, daß er ihn nicht kannte.

[10] I. Schapira, Der Antisemitismus in der französischen Literatur. Edouard Drumont und seine Quellen, Berlin 1927. Schapira führt die wichtigsten Quellen von Drumont hier auf. Das Problem wird auch diskutiert in N. J. Clary, French Antisemitism during the Years of Drumont and the Dreyfus Affair, 1886–1906, Diss. Ohio State University 1970, S. 75 ff.

[11] In welchem Maße diese Quellen genutzt wurden, ist aus dem Index von La France juive zu erkennen. Proudhon wird siebenmal zitiert, Leroux einmal und Toussenel neunmal; vgl. vor allem II, S. 382–348, und I, S. 3–23; S. 13 f. beschäftigt sich mit Renans Einstellung.

[12] La France juive, I, S. 50–52. In seinen späteren Werken lehnt Drumont eine Konversion von Juden ausdrücklich ab, und dies ist einer der Gründe, warum ernsthafte Katholiken sich von ihm abgrenzten; vgl. Sorlin, «La Croix» et les juifs, S. 49–56.

[13] Die Frage von Drumonts Beziehung zum Katholizismus wird ausführlich von Pierrard erörtert, Juifs et catholiques, S. 49–56. Er kommt zu einem ähnlichen Ergebnis wie ich. Die Anziehungskraft von Drumonts antisemitischer Propaganda auf verschiedene Kreise ist schon 1892 sehr gut interpretiert von G. Terrail (Mermeix), Les Antisemites en France, Paris 1892, S. 7–19.

[14] Das hervorstechendste Beispiel ist seine Bezichtigung Gambettas, den er als Juden und als einen der Verantwortlichen für die Republik angriff; vgl. Pierrard, Juifs et catholiques, S. 41–44. In den späteren Ausgaben von La France juive revidierte der Verfasser bei mehreren Genannten ihre Identifikation als Juden, aber dies Beispiel brachte ihn nicht dazu, später sorgfältiger zu arbeiten.

[15] Die enge stilistische Verwandtschaft zwischen der französischen antisemitischen Propaganda und der der Nazis ist schon mehrfach festgestellt worden; vgl. H. Arendt, The Origins of Totalitarianism, Cleveland 1958, S. 93 f.; E. Nolte, Der Faschismus in seiner Epoche, München 1963, S. 61–190.

[16] Schmeitzners Monatsschrift (1883), S. 257, 260.

[17] Vgl. Kap. 23.

[18] La France juive, I, S. 526.

[19] Der Begriff taucht wiederholt bei Drumont auf, etwa La France juive, I, S. 430, 432.

[20] L. Reynaud, La France n'est pas juive, Paris 1886. Reynaud veröffentlichte ein weiteres Buch als Antwort auf Drumonts zweite Arbeit, Les Juifs français devant l'opinion, Paris 1887. G. de Gonet druckte Toussenels Buch 1888 mit einer Einleitung nach. Typisch ist das Buch von A. Guérin, À propos de la France juive, Paris 1886. Obwohl der Verfasser aus katholischer Sicht einige Mängel anmerkt, sieht er in Drumont doch einen

wichtigen Verteidiger des Katholizismus. Für die Haltung der katholischen Presse zu Drumont vgl. Sorlin, «La Croix», S. 202–207.

[21] J. de Biez, La Question juive, Paris 1886, S. 1–3. Der Verfasser bezeichnet sich trotz Drumonts Aufruf als Republikaner, schlägt aber eine Zusammenarbeit vor. Die Ankündigung über die Gründung der Liga erschien in der ersten Ausgabe der Monatsschrift L'Alliance anti-juive pour la défense sociale et religieuse (1891), S. 10–13; vgl. R. Viau, Vingt ans d'antisémitisme, 1889–1909, Paris 1910, S. 2; Sorlin, «La Croix», S. 202–207. Drumont schloß einen Kompromiß: er selbst forderte niemanden je zum Duell, akzeptierte aber die Forderung, wenn sie an ihn erging. Pierrard nennt dies eine «seltsame Kasuistik bei einem Gegner des Talmud», Juifs et catholiques, S. 503.

[22] C. Pontigny (ed.), L'alliance anti-juive pour la défense sociale et religieuse, November 1890 bis Oktober 1891, S. 9–13. Die Kritik am höheren Klerus und vor allem auch am Papst, die Sorlin erwähnt («La Croix», S. 207), findet sich in La France juive nicht. Sie resultiert aus der Enttäuschung über die mangelnde Unterstützung der offiziellen kirchlichen Kreise. Die Entwicklung von Drumonts Denken ist nachgezeichnet bei Drault, Drumont, S. 76–82.

[23] Neben den beiden in Anm. 6 erwähnten Büchern erschien noch vor der Gründung von La Libre parole das Buch La France juive devant l'opinion (Paris 1886). Vgl. auch E. Crémieux-Foa, La Campagne antisémitique, les duels, les responsibilités, Paris 1892, S. 24–27. Nach diesem Angriff auf jüdische Offiziere forderten mehrere die Schreiber von La Libre Parole zu Duellen. Einer von ihnen, Armond Mayer, wurde von Morès getötet, einem Adligen und engen Bekannten von Drumont, und dieser Vorgang rief große Erregung in einflußreichen Kreisen hervor; Einzelheiten bei Crémieux-Foa, S. 30–53. Die Rolle von Drumonts Zeitung in der Hetze gegen Dreyfus ist in der Literatur über den Prozeß genügend dargestellt. Ein detaillierter Bericht findet sich bei P. Boussel, L'Affaire Dreyfus et la presse, Paris 1960.

[24] Clary, French Antisemitism, S. 200–211, 236–250; Viau, Vingt ans, S. 292–301.

[25] Guérin, Les Trafiquants de l'antisémitisme, S. 138; vgl. dort auch die Teile, die sich mit den erwähnten Vereinen befassen, Näheres im Index. Vgl. auch Viau, Vingt ans, S. 190–199. 1903 versuchte Drumont selbst, die Fédération Nationale Antijuive zu gründen (Viau, S. 321), aber zu dieser Zeit war die Bewegung schon im Abklingen; vgl. die Belege und die Einschätzung bei Drault, Drumont, S. 232, 240, 278 f.

[26] Viaus Vingt ans enthält viele Berichte über Duelle. Drumont zwang seine Verbündeten, an Duellen teilzunehmen, die als Kampfmittel angesehen wurden. Vgl. International Encyclopedia of the Social Sciences, VI, S. 508 f.; M. R. Marrus, The Politics of Assimilation: A Study of the French Community at the Time of the Dreyfus Affair, Oxford 1971, S. 153 f.; D. v. Arkel, Antisemitism in Austria, Diss. Leiden 1966, S. 157–177.

[27] Vgl. Sorlin, «La Croix», S. 122, für eine Übersichtskarte zur Verteilung antisemitischer Gruppen. Für die Unruhen in Frankreich vgl. Marrus, Politics of Assimilation, S. 208–210.

[28] Dies war bei Juden und sogar bei einigen Antisemiten eine verbreitete Ansicht. Für die Juden vgl. J. Levoillant, La Génese de l'antisemitisme sous la Troisième Republique, in: REJ 54 (1907), S. lxxvi–c. Dieser Vortrag wurde vor der Société des Études Juifs gehalten, und es scheint, daß die Versammlung wie der Vortragende das Phänomen als einen Alptraum ansahen, der aber jetzt vorbei sei. Im Hinblick auf die Antisemiten ist Viaus Buch, Vingt ans, in einer Atmosphäre des Übergangs von einer Zeit, die vorbei war, geschrieben.

[29] A. Sedgwick, The Ralliement in French Politics, 1890–1898, Cambridge/Mass. 1965.

[30] Drault, Drumont, S. 300–328; E. J. Weber, Action française, Royalism and Reaction in Twentieth-Century France, Stanford 1962; E. Nolte, Der Faschismus in seiner Epoche. Die Action française, der italienische Faschismus, der Nationalsozialismus, München 1963, S. 61–190.

26. Rassismus und sein Tiefpunkt im Nationalsozialismus

[1] Für Istoczy vgl. J. Kubinszky, Politikai antiszemitizmus Magyarországon 1875–1890, Budapest 1976, S. 219. Für die Resignation von Marr und seinen Freunden vgl. Jochmann, Struktur und Funktion des deutschen Antisemitismus, in: W. E. Mosse, Juden im Wilhelminischen Deutschland, 1890–1914, Tübingen 1976, S. 417f.; Levy, The Downfall of the Anti-Semitic Parties, S. 243 f.

[2] Für die wirtschaftliche Situation der deutschen Judenschaft vgl. W. E. Mosse, Die Juden in Wirtschaft und Gesellschaft, in: Juden im Wilhelminischen Deutschland, S. 57–113. Für die romantischen Bestrebungen vgl. F. Stern, The Politics of Cultural Despair, Berkeley 1961.

[3] Für biographische Einzelheiten vgl. Festschrift zum fünfundzwanzigsten Bestehen des Hammer, Leipzig 1926; auch Th. Frey (Th. Fritsch), Leuchtkugeln. Altdeutsch-antisemitische Kernsprüche, Leipzig 1882.

[4] Vgl. seinen Artikel «Vom parteipolitischen Antisemitismus» von 1912, in: P. Lehmann, Neue Wege. Aus Theodor Fritsch's Lebensarbeit, Leipzig 1922, S. 280–288.

[5] Fritsch, Leuchtkugeln, S. 7–9. Das Bewußtsein über die Rassenfrage wird von Fritsch «eine der wichtigsten Errungenschaften der menschlichen Erkenntnis» genannt; Th. Frey (Th. Fritsch), Zur Bekämpfung zweitausendjähriger Irrtümer, Leipzig 1886, S. 45.

[6] Lehmann, Neue Wege, S. 285.

[7] Fritsch beschrieb seinen eigenen religiösen Standpunkt mit «freireligiös» und führte dies in dem Artikel «Religion?» näher aus, in: Lehmann, Neue Wege, S. 95–106.

[8] Für Lagarde vgl. Stern, Politics of Cultural Despair, S. 3–36; R. W. Lougee, Paul de Lagarde 1827–1891, Cambridge/Mass. 1962; U. Tal, Christians and Jews in Germany, Ithaca 1974, S. 271–273.

[9] «Die Religion der Zukunft» heißt ein Artikel von 1878, in: P. de Lagarde, Deutsche Schriften, Göttingen 1904, S. 217–247.

[10] Einzelheiten bei Lougee, Paul de Lagarde, S. 210–215.

[11] Vgl. den Index in Fritsch's Handbuch der Judenfrage in jeder der über vierzig Auflagen.

[12] Lehmann, Neue Wege, S. 283.

[13] Th. Frey (Th. Fritsch), Brennende Fragen, Leipzig 1885, Nr. 15, S. 7.

[14] Festschrift Hammer, S. 44; Fritsch, Zur Bekämpfung zweitausendjähriger Irrtümer, S. 69–76; das wichtigste Kapitel ist «Die Vorläufer der Bibel».

[15] Mitteilungen aus dem Verein zur Abwehr des Antisemitismus. Der Verein wurde 1890 von nichtjüdischen Gegnern des Antisemitismus gegründet, in Zusammenarbeit mit Juden. Die «Mitteilungen» heben wiederholt den «unchristlichen» Charakter des Antisemitismus hervor, vgl. Tal, Christians and Jews, S. 227.

[16] H. S. Chamberlain, Die Grundlagen des neunzehnten Jahrhunderts, München 1900; G. K. Kaltenbrunner, Houston Stewart Chamberlain, in: The Wiener Library Bulletin 29 (1967/68), S. 6–12).

[17] Die Grundlagen, S. 343, 386, 345–421, 465–531.

[18] Die Grundlagen, S. 17.

[19] Vgl. auch Die Grundlagen, S. 18, 220.

[20] Für Renan vgl. Kapitel 10. Für Wellhausen vgl. Tal, Christians and Jews, S. 179f. Tal beschäftigt sich hiermit ausführlich in Kapitel 4.

[21] Die Grundlagen, S. 223, 369.

[22] Die Grundlagen, S. 201, sowie das gesamte Kapitel auf das Auftreten Jesu, S. 189–251.

[23] Die Grundlagen, S. 211–237.

[24] Die Grundlagen, S. 171.

[25] H. S. Chamberlain, Briefe 1882–1924 und Briefwechsel mit Kaiser Wilhelm II.,

München 1928, I, S. 308. Die Rezensionen wurden vom Verleger gesammelt und mehrfach nachgedruckt; Chamberlain, Die Grundlagen des neunzehnten Jahrhunderts, und Immanuel Kant, kritische Urteile, München 1909; H. C. H. M. Cohen, Houston Stewart Chamberlain, die Grundlagen des neunzehnten Jahrhunderts, Dresden/Leipzig 1901, S. 44.

[26] Die Grundlagen, S. 323–459, und Briefe, II, S. 131–275; L. Cecil, Wilhelm II. und die Juden, in: Mosse, Juden im Wilhelminischen Deutschland, S. 330–332.

[27] Vgl. Kapitel 10.

[28] International Encyclopedia of the Social Sciences, XII, S. 86f.

[29] Chamberlain beruft sich ausdrücklich auf Darwin, Grundlagen, S. 264–266, 278–287.

[30] Jochmann, Struktur und Funktion, S. 427. 1904 glaubte Fritsch noch, daß die Judenfrage nur auf legislativem Weg gelöst werden könne; vgl. Lehmann, Neue Wege, S. 289.

[31] W. Jochmann, Die Ausbreitung des Antisemitismus, in: W. Mosse (ed.), Deutsches Judentum in Krieg und Revolution 1916–1923, Tübingen 1971, S. 409f., 425–427; Lehmann, Neue Wege, S. 301–303.

[32] G. Franz-Willing, Ursprung der Hitlerbewegung 1919–1922, Preußisch-Oldendorf 1974.

[33] W. T. Angress, Juden im politischen Leben der Revolutionszeit, in: Mosse, Deutsches Judentum in Krieg und Revolution, S. 137–149, 184–193.

[34] Franz-Willing, Ursprung der Hitlerbewegung, S. 66–83; Jochmann, Die Ausbreitung des Antisemitismus, S. 455–484; J. Katz, Jews and Freemasons in Europe, 1723–1939, Cambridge/Mass. 1970, S. 174–196.

[35] Franz-Willing, Ursprung der Hitlerbewegung, S. 90–136, vor allem S. 174–196.

[36] K. D. Bracher, Die deutsche Diktatur. Entstehung, Struktur, Folgen des Nationalsozialismus, Köln/Berlin 1970, S. 117–132.

[37] Bracher, Deutsche Diktatur, S. 60–72; A. Kubizek, Young Hitler: The Story of Our Friendship, London 1954; F. Jetzinger, Hitler's Youth, London 1958; Franz-Willing, Ursprung der Hitlerbewegung, S. 97–109; A. Hitler, Mein Kampf, München 1943, S. 58–68, 105–116, 119–137.

[38] Der Versuch von W. Daim, Der Mann, der Hitler die Ideen gab (München 1958), überzeugt nicht, Hitlers Quellen zu identifizieren. Es fehlt ihm die nötige Kenntnis der Geschichte des Antisemitismus.

[39] Hitler, Mein Kampf, S. 264–267, 311–362.

[40] A. Wahrmund, Das Gesetz des Nomadentums und die heutige Judenherrschaft, Berlin 1892.

[41] Hitler, Mein Kampf, S. 336–338.

[42] A. Rosenberg, Der Mythus des 20. Jahrhunderts, München 1934; für Rosenberg vgl. R. Cecil, Myth of the Master Race: Alfred Rosenberg and the Nazi Ideology, London 1972.

[43] R. Baumgärtner, Weltanschauungskampf im Dritten Reich, Mainz 1977, S. 154–190, 206–230. Über Hitlers Einstellung zum *Mythus* S. 106–111. Vgl. auch Cecil, Myth of the Master Race, S. 100–104.

[44] Rosenberg gebraucht *Schmarotzer(tum)* synonym mit *Parasit.* Zur Geschichte dieser Ausdrucksweise vgl. A. Bein, Der jüdische Parasit. Bemerkungen zur Semantik der Judenfrage, in: Vierteljahrshefte für Zeitgeschichte 2 (1965), S. 121–149.

[45] Hitler gebraucht diese Kriegslist überall in seinem Buch, und die anderen Nazi-Propagandisten taten dasselbe; vgl. Jochmann, Ausbreitung des Antisemitismus.

[46] I. Schorsch, Jewish Reactions to German Anti-Semitism 1870–1914, New York 1972.

[47] Über die Illusionen der Konservativen, die Hitler stützten, vgl. Bracher, deutsche Diktatur, S. 209–218.

[48] Baumgärtner, Weltanschauungskampf, S. 106–108.

27. Antisemitismus durch die Zeiten

[1] J. Isaac, L'Enseignement du mépris, Paris 1962; W. D. Marsch/K. Thieme (ed.), Christen und Juden. Ihr Gegenüber vom Apostelkonzil bis heute, Mainz 1961.

[2] Dies Argument wurde zuerst von Ignaz Klingler gebraucht (vgl. Kapitel 18, Anm. 3), dann von vielen wiederholt; F. Rühs, Die Ansprüche der Juden an das deutsche Bürgerrecht, Berlin 1816; J. F. Fries, Über die Gefährdung des Wohlstandes und Charakters der Deutschen durch die Juden, Heidelberg 1816, S. 3 f.; B. Bauer, Die Judenfrage, S. 4 f. Der Gedanke ist von H. P. Bahrdt als antisemitische Apologie gut erkannt worden: Soziologische Reflexionen über die gesellschaftlichen Voraussetzungen des Antisemitismus in Deutschland, in: W. E. Mosse (ed.), Entscheidungsjahr 1932. Zur Judenfrage in der Endphase der Weimarer Republik, Tübingen 1966, S. 136.

[3] Über den antiken Antisemitismus gibt es sehr viel Literatur. Die entscheidende Untersuchung ist noch immer I. Heinemann, Antisemitismus, Ergänzungsband 5 der Real-Enzyklopädie der klassischen Altertumswissenschaft («Pauly-Wissowa»), Stuttgart 1929, S. 3–43. Das wichtigste Quellenmaterial ist gesammelt und kommentiert von M. Stern, Greek and Latin Authors on Jews and Judaism, Jerusalem 1976, Band I. Eine zusammenfassende Analyse findet sich auch bei R. Marcus, Antisemitism in the Hellenistic-Roman World, in: K. S. Pinson (ed.), Essays on Antisemitism, New York 1946, S. 61–75. Vgl. auch J. N. Sevenster, The Roots of Anti-Semitism in the Acient World, Leiden 1975.

[4] Stern, Greek and Latin Authors, S. 183; Sevenster, Roots of Anti-Semitism, S. 11 f.; S. W. Baron, Social and Religious History of the Jews, New York 1952, I, S. 230–233; II, S. 100 f. Der Unterschied zwischen dem antiken und dem christlichen Antisemitismus wird überall in der in Anm. 5 genannten Literatur diskutiert. Meine eigene Sicht ist ähnlich wie die von E. H. Flannery, The anguish of the Jews, New York 1965, S. 22–24.

[5] Die Frage nach dem Ausmaß der jüdischen Integration wird von den meisten in diesem Buch behandelten Antisemiten untersucht; die wichtigsten Beispiele sind Paulus und Treitschke in Deutschland, Drumont in Frankreich und Istoczy in Ungarn.

[6] Das Problem, ob das Heraufkommen der Nazis vorhersehbar gewesen ist, habe ich in meinem Aufsatz behandelt: Was the Holocaust Predictable?, in: Commentary 59 (1979). Vor allem Dühring gilt seit langem als Vorbote Hitlers (vgl. Kapitel 22). Aber auf dem Kongreß in Chemnitz bezeichnete Glagau Dühring noch als einen einsamen Wissenschaftler, dessen Ansichten zur Judenfrage nichts mit praktischen oder erreichbaren Zielen zu tun hätten; Schmeitzners Internationale Monatsschrift (1883), II, S. 288.

[7] R. Ruether, Nächstenliebe und Brudermord. Die theologischen Wurzeln des Antisemitismus, München 1978; Ch. Klein, Theologie und Antijudaismus. Eine Studie zur deutschen theologischen Literatur der Gegenwart, München 1975.

[8] A. Schopenhauer, Parerga und Paralipomena, in: Sämtliche Werke, Wiesbaden 1961, II, S. 280.

[9] Für die unterschiedliche Entwicklung der amerikanischen Judenschaft nach dem Kampf um Emanzipation vgl. B. Halpern, The American Jew: A Zionist Analysis, New York 1956.

PERSONENREGISTER

Jüdische Geschichte

Haim Hillel Ben-Sasson (Hrsg.)

Geschichte des jüdischen Volkes

Band 1: Von den Anfängen bis zum 7. Jahrhundert
Von Abraham Malamat, Hayim Tadmor,
Menachem Stern, Shmuel Safrai.
2. Auflage. 1981. IX, 515 Seiten mit 13 Karten
und 44 Abbildungen. Leinen

Band 2: Vom 7. bis zum 17. Jahrhundert. Das Mittelalter
Von Haim Hillel Ben-Sasson
1979. IX, 434 Seiten mit 37 Abbildungen
und 5 Karten. Leinen

Band 3: Vom 17. Jahrhundert bis zur Gegenwart. Die Neuzeit
Von Shmuel Ettinger
1980. XI. 493 Seiten mit 37 Abbildungen
und 10 Karten. Leinen

Franz J. Bautz (Hrsg.)

Geschichte der Juden

Von der biblischen Zeit bis zur Gegenwart
2., durchgesehene Auflage. 1987. 248 Seiten, mit 13 Karten
und 1 Zeittafel. Paperback (Beck'sche Reihe, Band 268)

Wolfgang Benz (Hrsg.)

Die Juden in Deutschland 1933–1945

Leben unter nationalsozialistischer Herrschaft
Unter Mitarbeit von Volker Dahm, Konrad Kwiet,
Günther Plum, Clemens Vollnhals und Juliane Wetzel
im Auftrag des Instituts für Zeitgeschichte.
1988. 779 Seiten mit 27 Abbildungen. Gebunden

Leo Prijs

Die Welt des Judentums

Religion, Geschichte, Lebensweise
2., durchgesehene Auflage. 1984. 222 Seiten mit
38 Abbildungen. Paperback (Beck'sche Reihe, Band 261)

Verlag C. H. Beck